Kohlhammer

Kohlhammer
Standards Psychologie

Begründet von
Theo W. Herrmann
Werner H. Tack
Franz E. Weinert (†)

Herausgegeben von
Marcus Hasselhorn
Herbert Heuer
Frank Rösler

Andreas Gold

Lernschwierigkeiten

Ursachen, Diagnostik, Intervention

Verlag W. Kohlhammer

1. Auflage 2011

Alle Rechte vorbehalten
© 2011 W. Kohlhammer GmbH Stuttgart
Gesamtherstellung:
W. Kohlhammer GmbH + Co. KG, Stuttgart
Printed in Germany

ISBN 978-3-17-019079-5

Inhalt

Vorwort

Lernschwierigkeiten sind Schwierigkeiten des Lernenden, der Schule, der Eltern und der Gesellschaft. Das individuelle Schulleistungsversagen geht deshalb alle an. Vor allem dann, wenn es gemeinsamer und koordinierter Anstrengungen bedarf, um die Schwierigkeiten zu bewältigen.

In diesem Lehrbuch geht es um Ursachen von Lernschwierigkeiten und Handlungsoptionen bei einer beeinträchtigten Lernentwicklung. Manifest werden Lernschwierigkeiten dann, wenn sie sich in einem gravierenden und überdauernden schulischen Leistungsversagen niederschlagen. Dass dieses Schulleistungsversagen nach Merkmalen des Geschlechts, der Ethnie und der sozialen Herkunft ungleich verteilt ist, macht das individuelle zu einem gesellschaftlichen Problem – und damit zu einem Problem der Bildungsgerechtigkeit.

Im Lesen und Rechtschreiben, im Rechnen, aber auch in anderen Lerninhaltsbereichen können nicht alle alles gleich gut lernen – warum das so ist und ob das so sein muss, sind wichtige Fragen, die zu recht zu stellen sind. Auf der Suche nach Antworten wird deutlich werden, dass sich Lernschwierigkeiten nicht immer vermeiden lassen. Entscheidend ist aber, dass alle Lerner – ihrem Leistungsvermögen entsprechend – bestmöglich gefördert werden. Denn Lernschwierigkeiten haben zwar mit Unterschieden in den individuellen Lernvoraussetzungen zu tun, aber auch mit einer nicht hinreichend angemessenen Passung von Lernvoraussetzungen, Lernanforderungen und Lerngelegenheiten. Die besondere Herausforderung besteht darin, individuelle Lernprozesse in institutionellen Lernumgebungen möglichst optimal zu fördern.

Die Bezeichnung »Lernschwierigkeiten« ist weit gefasst, ich ziehe sie aus einer Reihe von Gründen der Lernstörung und der Lernschwäche oder -behinderung vor, auch weil sie die umfassendere ist und weniger veränderungsresistent konnotiert scheint. Denn es sind in den vergangenen Jahren zahlreiche und vielversprechende Konzeptionen zur Prävention von und Intervention bei Lernschwierigkeiten entwickelt worden. Sie in ihren Grundzügen und Möglichkeiten vorzustellen ist – neben der Ursachenanalyse – ein besonderes Anliegen dieses Lehrbuchs.

Warum ein weiteres Buch zum Thema Lernschwierigkeiten? Mit der *Sonderpädagogik des Lernens* (Walter & Wember, 2007), der *Didaktik des Unterrichts im Förderschwerpunkt Lernen* (Heimlich & Wember, 2007), den *Interventionen bei Lernstörungen* (Lauth, Grünke & Brunstein, 2004), den *Lern- und Verhaltensstörungen* (Linderkamp & Grünke, 2007) und *Lernstörungen verstehen* (Wong, 2008) gibt es umfängliche, teilweise handbuchartige Darstellungen jüngeren Datums in deutscher Sprache. Ausgewiesene Experten beschreiben in diesen Sammelbänden jeweils Teilbereiche der Ursachen und Diagnostik von Lernstörungen sowie Prinzipien und Maßnahmen der Prävention und Intervention. Wer sich im Detail sachkundig machen will, wird dort nahezu alles finden. Die hier verfolgte Konzeption ist eine andere: Angestrebt ist eine einheitliche Darstellung von Ursachenanalyse, Diagnostik und Interventionsplanung entlang eines inhaltlichen Leitmotivs, dem der (mangelnden) unterrichtlichen Adaptivität an die individuellen Lernvoraussetzungen. Zwischen *Lernen ist leicht* (Kapitel 1) sowie *Lerner unterscheiden sich* (Kapitel 2) und der Schlussfolgerung *Lernen – ein Passungsproblem* (Kapitel 7) liegt der Spannungsbogen der Ursachen und der geeigneten Behandlung des schwierigen Lernens. Eine einheitliche Darstellung – damals entlang des Grundmotivs von Carrolls Bedingungen schulischer Leistungen – hat im Kohlhammer-Verlag durchaus Tradition: Werner Zielinskis *Lernschwierigkeiten*, erschienen 1980, also vor genau 30 Jahren, erstmals in der Reihe Standards Psychologie.

Im Lehrbuch *Lernschwierigkeiten* finden Sie nicht alles, was Sie wissen müssen. Aber wahrscheinlich vieles, was Sie sich lange schon gefragt haben. Insgesamt zwanzig Fragen sind den Kapiteln vorangestellt. Vielleicht sind es auch Ihre Fragen. Auf die folgenden inhaltlichen und gestalterischen Besonderheiten möchte ich noch hinweisen:

- Dem ersten Kapitel (*Lernen ist leicht*) vorangestellt ist eine einführende Einleitung. Lesen Sie bitte zunächst diese Einleitung! Sie beschreibt das Phänomen, das Ausmaß und die Brisanz des schwierigen Lernens. In der Einleitung werden auch die Strukturen des Lehrbuchs und die Inhalte der nachfolgenden Kapitel angesprochen.
- Im Bemühen um eine leserfreundliche Form der Darstellung wird im Fließtext auf Literaturangaben und Zitationen weitgehend verzichtet (in den Kapiteln 5 und 6 wird davon allerdings abgewichen, wenn die Autoren der jeweiligen Testverfahren und Interventionsprogramme direkt im Text aufgeführt werden). Zu jedem Kapitel gibt es aber Anmerkungen, wo die Belegquellen genannt werden, die den vorangegangenen Ausführungen zugrunde liegen. Am Ende des Lehrbuchs findet sich zudem ein vollständiges Literaturverzeichnis.
- Auch auf die Darstellung empirischer Studien wird im Fließtext weitgehend verzichtet. In separaten Kästen (Hintergrund) werden aber ausgewählte Studien im Detail beschrieben. In ähnlicher Weise werden wichtige Definitionen und Theorien sowie tabellarische Informationen in solchen Kästen dargestellt.
- Absichtlich wird von »Kindern mit Lernschwierigkeiten bzw. Lernstörungen« oder von »Kindern mit besonderem Förderbedarf im Bereich Lernen« gesprochen und nicht von »lernschwierigen«, »lerngestörten« oder »lernbehinderten« Kindern. Wenn gelegentlich gegen diese Regel verstoßen wird, haben stilistische Überlegungen den Ausschlag gegeben.
- Ob und inwieweit geschlechtergerechte sprachliche Formulierungen zu angemesseneren mentalen Repräsentationen führen und inwieweit ein solcher Vorzug mit Beeinträchtigungen bei der Textverständlichkeit erkauft wird, ist eine interessante Forschungsfrage. Sie wird in diesem Lehrbuch nicht beantwortet. In der Schreibweise wird stattdessen eine pragmatische Linie verfolgt: Neben dem generischen Maskulinum werden Beidnennungen (Lehrerinnen und Lehrer) als Alternativen verwendet; auf unschöne Kurzformen von Beidnennungen (der/die Schüler/in) und auf das Binnen-I wird allerdings verzichtet.

Mein Dank gilt den Verantwortlichen beim Verlag, die den sich abzeichnenden Verzug bei der Manuskripterstellung immer wieder toleriert haben. Ich danke Minja Dubowy und Frank Borsch aus meinem Arbeitsbereich für wertvolle Hilfen und Korrekturen sowie Mareike Kunter und Marcus Hasselhorn für kritische Anmerkungen. Und ich bedanke mich besonders bei Angela und unseren Töchtern Anna, Helene und Elisabeth für ihren nachsichtigen Umgang mit meinen zeitintensiven *Lernschwierigkeiten*.

Dietzenbach, im Oktober 2010
Andreas Gold

Einleitung

Wer liest ein Buch über Lernschwierigkeiten? Wohl selten die unmittelbar Betroffenen selbst, sondern eher diejenigen, die als Lehrer, Erzieher oder Eltern mit Kindern und Jugendlichen zu tun haben, denen das Lernen schwerer fällt. Vielleicht ist es deshalb hilfreich, sich selbst einmal in eine schwierige Lernsituation hineinzuversetzen. Beginnen wir mit einem kleinen Test: Sie versuchen, die Inhalte der beiden folgenden Textstellen in eigenen Worten zusammenzufassen, um sie einer anderen Person erläutern zu können.

»Damit sind wir an einem letzten Reflexionspunkt für die Untersuchung der Relevanz fachlicher Kompetenz in einem produktiven Unterricht angekommen. Es geht darum, die Sache im Durchgang durch die erkannte Aneignungslogik des Schülers zur Sprache zu bringen, ja sie allererst als Lerngegenstand zu konstituieren und zu entfalten: Den behandelten Text bringt der Lehrer in dem Maße zu sprechen, in dem er ihn mit den Schülern erschließend sichert. Der Text wird mittels seiner Lektüre in seiner Bedeutung relevant. Damit ist – um Missverständnisse zu vermeiden – alles andere als eine Parteinahme für den Konstruktivismus radikaler oder gemäßigter Provenienz ausgedrückt. Vielmehr geht es um die Tatsache, dass erst mit der erschließenden Lektüre, die Sachlichkeit als gegebene Objektivität erscheint, an der sich Lehrer und Schüler abarbeiten müssen. Die Sache des Lehrers (seine Fachlichkeit) ist eben die Sache, zu der sie im Schüler geworden ist.

Das gilt gleichermaßen für Lehrer des Typs Wagenschein wie für alle anderen Lehrer. Es kann also nicht als normatives Unterrichtsmodell gelten, sondern ist als universale Bedingung der Erscheinung der Fachlichkeit zu verstehen. Mit ihr geht es in der Schule immer um ihr Erlernen, Entdecken, Verstehen, damit Kompetenz oder Bildung entstehen können« (Gruschka, 2008, S. 58).

»Theodor W. Adorno hatte einstens versucht, an der Ethik Spinozas zu demonstrieren, was wahre Bildung sei: Es geht dabei nicht nur um die Kenntnis oder Lektüre dieses Buches, sondern auch um jene Cartesianische Philosophie und deren systematische und historische Kontexte, ohne die Spinoza nicht angemessen verstanden werden kann. Bildung, so könnte man sagen, ist der Anspruch auf angemessenes Verstehen. Für den Halbgebildeten, dem dafür die Voraussetzungen fehlen, wird Spinozas Ethik deshalb zu einem Konvolut logisch nicht nachvollziehbarer Behauptungen, aus dem er Einzelheiten gerade noch als erstarrtes Bildungsgut zitieren kann. Solch ein Bildungsanspruch zerschellt vollends an einem Verfahren, das bestenfalls noch danach fragt, ob die Ethica, ordine geometrico demonstrata von Descartes, Spinoza, Kant oder Hobbes geschrieben wurde. Das Problem besteht nicht darin, dass jemand, der Spinoza und Descartes gelesen hätte, diese Frage nicht zu beantworten wüsste; das Problem besteht darin, dass zu einem Buch wie Spinozas Ethik unter dem Gesichtspunkt medialer Enthusiasmierung keine andere Frage mehr gedacht werden kann als die nach ihrem Autor« (Liessmann, 2006, S. 18).

Sind diese Texte schwierig zu lesen, zu behalten und zusammenzufassen? Eigentlich schon. Andreas Gruschkas Gedankenführung aus seiner lesenswerten Abhandlung über »Die faktische Bedeutung fachlicher Kompetenz für den Unterrichtsprozess« ist ebenso frevelhaft aus dem Kontext gerissen wie die Textstelle aus Konrad Paul Liessmanns unterhaltsamer Streitschrift zur »Theorie der Unbildung«. Auch dem geübten Leser fällt es deshalb nicht leicht, ohne besondere Vorkenntnisse und ohne Kontext die Botschaft der Textpassagen zu verstehen und zu behalten. Möglicherweise sind Sie nun ein wenig verärgert oder gar frustriert, dass ich Sie zu diesem kleinen didaktischen Experiment genötigt habe.

In erheblicher Weise frustriert und entmutigt erleben Schülerinnen und Schüler mit Lernschwierigkeiten tagtäglich ihr fortwährendes Scheitern an den ihnen gestellten Lernaufgaben. Mit durchaus ungünstigen Folgen für ihr weiteres Lernen. Denn das Erleben wiederholten Scheiterns trägt nicht dazu bei, dass sie an künftige Lern- und Leistungssituationen zuversichtlich herangehen.

Lernschwierigkeiten werden manifest, wenn

- die individuellen Lernvoraussetzungen und die angebotenen Lerngelegenheiten nicht ausreichend oder nicht angemessen aufeinander abgestimmt sind, um den gestellten Lern- und Leistungsanforderungen zu genügen;
- die Lerngelegenheiten und Lernpotentiale – aus welchem Grund auch immer – nicht genutzt werden;
- Lernziele unerreichbar bleiben müssen, weil sie unter Nichtbeachtung der Lernmöglichkeiten formuliert wurden.

Am Beispiel der beiden dem Kontext entrissenen Textstellen sollte illustriert werden, dass es für jeden von uns Lernanforderungen gibt, die uns in Schwierigkeiten bringen können. Aber das ist nicht das Thema dieses Buches. Denn es geht nicht um Erwachsene mit Lernschwierigkeiten. Es geht auch nicht darum, bewährte Prinzipien erfolgreichen Lernens und Lehrens darzulegen, um gutes oder sehr gutes Lernen der Leserinnen und Leser weiter zu optimieren. Vielmehr geht es um das *problematische*, das *gestörte* oder eben um das *schwierige* Lernen von Schülerinnen und Schülern. Mit ihren Lernproblemen, Lernstörungen oder Lernschwierigkeiten können und wissen sie nicht nur »etwas weniger« als ihre unauffälligen Mitschüler. Nein, sie können und wissen erheblich weniger und sind deshalb oft in gravierender Weise in ihren schulischen und außerschulischen (Aus-)Bildungsbiographien beeinträchtigt.

Fragen zur Einleitung

1. Was sind Lernschwierigkeiten?
2. Wie viele Kinder und Jugendliche sind betroffen?

Lernschwierigkeiten – wenn Lernen und Lehren scheitern

Die wissenschaftliche Analyse fordert sprachliche Präzision. Was sind eigentlich Lernschwierigkeiten? Was ist genau damit gemeint? »Denn eben wo Begriffe fehlen, da stellt ein Wort zur rechten Zeit sich ein«, lässt Goethe nicht ohne Grund den Mephistopheles spöttisch sagen. Nicht nur in der deutschsprachigen Fachliteratur wird, was im Folgenden mit dem Begriff der Lernschwierigkeiten gemeint ist, in durchaus unterschiedlicher Wortbezeichnung, Gleiches oder Unterschiedliches bezeichnend, benannt: als Lernstörung, Lernbeeinträchtigung oder Lernbenachteiligung, als Lernschwäche oder als Lernbehinderung – von den besonderen Bezeichnungen für inhaltlich begrenzte Lernstörungen gar nicht zu reden. In diesem Buch wird der Begriff *Lernschwierigkeiten* als Oberbegriff für eine beeinträchtigte Lernentwicklung verwendet, und zwar so, wie es dem Erscheinungsbild einer allgemeinen Schulleistungsschwäche bzw. einer allgemeinen Schulleistungsstörung entspricht: wenn nämlich Lesen, Rechtschreiben und/oder Rechnen erheblich beeinträchtigt sind. Auf die der *Leistungsstörung* üblicherweise angefügte Präzisierung »obgleich eine Intelligenzminderung nicht vorliegt«, wird allerdings bewusst verzichtet. Zu früh würde sie Phänomenbeschreibung und Ursachenzuschreibung miteinander verknüpfen. Der Begriff *Lernbehinderung* wird im Folgenden so verwendet, wie er im deutschen Sprachraum üblicherweise gebräuchlich und auch schuladministrativ definiert ist: wenn die Lernbeeinträchtigungen erheblich, überdauernd und umfassend sind und wenn die allgemeine Schulleistungsschwäche zugleich mit einer Intelligenzminderung einhergeht (IQ < 85). Das macht die Lernbehinderung zu einer Teilmenge der Lernschwierigkeit. In ihrer gravierenden Form wird die Lernbehinderung auch als *geistige Behinderung* (IQ < 55) bezeichnet. Neben der allgemeinen Schulleistungsschwäche bzw. Schulleistungsstörung gibt es inhaltlich begrenzte Störungen, sogenannte *Teilleistungsstörungen*, die sich auf Teilbereiche von Schulleistungen beziehen. Für die Lese-Rechtschreib- und für die Rechenstörung liegt hierfür ein standardisierter, schuladministrativ verbindlicher Diagnoseschlüssel vor. Über die Nützlichkeit der in diesem Zusammenhang verwendeten Diskrepanzdefinitionen im Hinblick auf die intellektuelle Leistungsfähigkeit (Minderleistungen im Lesen, Schreiben oder Rechnen bei sonst intakter Intelligenz) wird noch zu reden sein.[1]

Hintergrund: Lernbehinderung, Lernstörung und Lernschwierigkeit

Lernbehinderung. Lernbehindert, d. h. sonderpädagogisch förderbedürftig im Förderschwerpunkt Lernen, nennt man Kinder und Jugendliche, die an Sonderschulen (und zwar an Schulen für Lernbehinderte), an Schulen für Lernhilfe oder an Förderschulen mit dem Förderschwerpunkt Lernen unterrichtet werden, oder an Regelschulen als sogenannte Integrativkinder spezifische Fördermaßnahmen erhalten. Der Einweisung in eine solche Schulart oder Fördermaßnahme geht ein besonderes Verfahren zur Feststellung des sonderpädagogischen Förderbedarfs voraus. Dort sind die Kriterien vermeintlich klar benannt: Zum einen ein erhebliches Schulleistungsversagen (ein Leistungsrückstand von mehr als zwei Schuljahren), und zum anderen erhebliche Defizite in der allgemeinen Intelligenz (IQ-Werte zwischen 55 und 85). Die Lernfähigkeiten und Lernleistungen dieser Kinder sind so erheblich beeinträchtigt, »dass sie an den allgemeinen Schulen nicht ihren Möglichkeiten entsprechend gefördert werden können«, so die Verlautbarung der Kultusministerkonferenz aus dem Jahr 2004. Schulorganisatorisch betrachtet geht mit der Diagnose einer Lernbehinderung und der daraus resultierenden Sonderschulzuweisung zugleich eine Homogenisierung der Lernvoraussetzungen in den allgemeinbildenden Schulen einher. In Bildungssystemen, die wie das deutsche über ein differenziert ausgeprägtes Sonderschulwesen verfügen, konvergieren auf diese Weise nicht selten die Interessen von abgebender (z. B. Grundschule) und aufnehmender (Sonderschule für Lernbehinderte) Institution.

Lernstörung. Im Vergleich zur Lernbehinderung ist die Lernstörung (engl. learning disabilities) der weniger schwerwiegende Fall. Der entscheidende Unterschied ist aber, dass Lernstörungen nicht notwendigerweise mit Defiziten in der allgemeinen Intelligenz einhergehen müssen. Im Gegenteil: Lernstörungen – als erhebliche Schulleistungsstörungen beim Lesen, in der Rechtschreibung und beim Rechnen – treten auf, obwohl man es aufgrund des allgemeinen Intelligenzniveaus (IQ-Werte > 70) eigentlich nicht erwarten würde. Im international gebräuchlichen Klassifikationssystem ICD-10 (International Classification of Diseases, 10. Ausgabe; Dilling, Mombour & Schmidt, 2000) werden Lernstörungen als umschriebene Entwicklungsstörungen schulischer Fertigkeiten (mit dem Diagnoseschlüssel F 81) bezeichnet. Dass im deutschen Schulwesen eine Teilgruppe der als lerngestört Diagnostizierten an Sonderschulen für Lernbehinderte unterrichtet wird (z. B. bei IQ-Werten zwischen 70 und 85), ergibt sich aus der unscharfen Abgrenzung zur Lernbehinderung (s. o.). Neben den allgemeinen bzw. kombinierten (F 81.3) gibt es inhaltlich begrenzte Lernstörungen des Lesens bzw. des Lesens und Rechtschreibens (F 81.0), des Rechtschreibens (F 81.1) oder Rechnens (F 81.2). Dort ist die Abgrenzung zur Lernbehinderung präziser: Teilleistungsstörungen werden diagnostiziert, wenn die Schulleistungen im Lesen, Schreiben oder Rechnen erheblich beeinträchtigt sind, die allgemeine Intelligenz aber nicht (IQ-Werte > 85).

Lernschwierigkeiten. Wenn das Lernen beeinträchtigt ist, sind Schulleistungsprobleme die sichtbare Folge. Die (international nicht gebräuchliche) Kategorie der Lernbehinderung ist die gravierendere Form der Lernbeeinträchtigung als die Lernstörung. Beiden Konstrukten ist aber gemeinsam, dass das Ausmaß des Schulleistungsversagens in Beziehung gesetzt wird zur allgemeinen Intelligenz – im einen Fall ist das Leistungsversagen kongruent, im anderen Fall diskrepant zur intellektuellen Befähigung. Die Diskrepanzdefinition gilt auch für die inhaltlich begrenzten Lernstörungen des Lesens, Schreibens oder Rechnens. Wegen der herausragenden Bedeutung des intellektuellen Leistungsvermögens für das schulische Lernen scheint die Bezugnahme auf die Intelligenz zwar nicht unplausibel, sie engt durch den ihr immanenten Erklärungsanspruch die Sichtweise auf das problematische Lernen allerdings unnötig ein. Mit der formal-klassifikatorisch nicht eingeführten Bezeichnung der *Lernschwierigkeit* ist ein allgemeiner, zugleich voraussetzungsfreier Oberbegriff vorhanden – dazu leichter als die Lernbehinderung anschlussfähig an die in der anglo-amerikanischen Welt gebräuchliche Begrifflichkeit. Dieser wird im Folgenden bevorzugt. Lernschwierigkeiten sind Schwierigkeiten in der Auseinandersetzung mit Lernanforderungen aller Art, die sich in minderen Schulleistungen beim Lesen, in der Rechtschreibung und/oder beim Rechnen niederschlagen. Auch langsame und schwache Lerner lassen sich darunter subsumieren.

Es hat in der Geschichte der Lernbehindertenpädagogik immer wieder Versuche gegeben, durch ausgefeilte Klassifikationen begriffliche Klarheit zu schaffen – nicht selten überlagert von sprachreformerischen Unternehmungen, vermeintlich diskriminierende Namensgebungen wie »Hilfsschule«, »Lernbehindertenschule« oder »Sonderschule« durch weniger problematische Umschreibungen zu ersetzen, um auf diese Weise den Förderaspekt anstelle des Aspekts der Minderbegabung hervorheben (z. B. Schule zur individuellen Lernförderung). Zudem durchzieht die Geschichte des deutschen Sonderschulwesens die Frage, ob es eigene Institutionen zur besonderen Förderung der im Lernen beeinträchtigten Kinder überhaupt geben muss. Eine Frage, die in vielen anderen Ländern schulorganisatorisch von jeher anders beantwortet wurde.[2] Im 6. Kapitel wird darauf näher eingegangen.

Lernschwierigkeiten – individuelles und gesellschaftliches Problem

Menschen unterscheiden sich. Deshalb ist es auch normal, dass nicht alle alles gleich gut lernen können. Dennoch kann das anhaltende Lernversagen, können besonders schlechte Schulleistungen zum dringlichen Problem werden – zunächst einmal für die Lerner selbst, aber auch für die Lehrer und Erzieher,

Hintergrund: Lernschwierigkeiten und Erlebens- sowie Verhaltensauffälligkeiten

Anne Fischbach hat untersucht, ob Grundschulkinder mit schulischen Minderleistungen, die zusammen mit ihren Eltern die Beratungsstelle für Lernschwierigkeiten, Teilleistungsstörungen und Hochbegabung am Institut für Psychologie der Universität Göttingen in Anspruch genommen haben, in höherem Maße von sozio-emotionalen Auffälligkeiten betroffen sind als andere Kinder. Zur Diagnostik solcher Auffälligkeiten wurden selbst- und fremdberichtete Daten (Elternbeschreibungen) zu emotionalen und verhaltensbezogenen Auffälligkeiten und zum sozialen Erleben und Verhalten herangezogen. Unter den 317 Kindern im Alter zwischen sechs und zwölf Jahren waren mehrheitlich solche mit (intelligenzdiskrepanten) Lernstörungen in den Bereichen des Lesens und Rechtschreibens sowie des Rechnens, aber auch Kinder mit Lernschwächen in diesen Bereichen, die das erforderliche Diskrepanzkriterium zwischen Schulleistung und Intelligenz nicht erfüllten. Kinder mit Lernschwächen und mit Lernstörungen waren im sozio-emotionalen Bereich auffälliger als »normale« Kinder. Sie wiesen eine erhöhte Ängstlichkeit, in höherem Maße depressive Tendenzen und eine größere soziale Zurückgezogenheit auf, sowie Symptome von Aufmerksamkeitsstörungen. Vor allem bei den kombinierten Erscheinungsformen (wenn also die Bereiche der Schriftsprache und des Rechnens zugleich betroffen waren) gingen Lernstörungen häufiger als die Lernschwächen mit externalisierendem Problemverhalten und mit mehr sozialen Problemen einher (Fischbach, Schuchardt, Mähler & Hasselhorn, 2010).

denen sie anvertraut sind. Und zwar dann, wenn – aus welchen Gründen auch immer – die Minderleistungen bestimmte Standards erheblich und dauerhaft unterschreiten und wenn so offensichtlich wird, dass eine angemessene Lernförderung in der gegebenen Lernumgebung, beispielsweise in der Schulklasse in einer allgemeinbildenden Schule, nicht mehr gegeben ist. Schwierig wird das Lernen, wenn die institutionellen Bildungsziele den Bereich des für das lernende Individuum Möglichen übertreffen oder wenn die zum Erreichen dieser Ziele zugestandenen Lernzeiten nicht ausreichend sind. Auch wenn individuelle Lernerfolge nur unter Inkaufnahme ungünstiger Begleiterscheinungen sozialer, emotionaler, somatischer oder psychosomatischer Art erzielt werden können (also mit Verhaltensauffälligkeiten, mit Ängsten oder mit Medikamentenmissbrauch einhergehen), wird man von Lernschwierigkeiten sprechen.

Wenn Lernerfolge anhaltend ausbleiben, wird nicht nur die schulische Leistung des Betroffenen schlechter bewertet. Vielmehr können die Misserfolge eine Reihe von Begleit- und Folgeerscheinungen auslösen, die die Schulleistungsproblematik zusätzlich erschweren, verstärken und aufrechterhalten. Dieter Betz und Helga Breuninger haben dafür vor mehr als 20 Jahren die treffende Bezeichnung »Teufelskreis Lernstörungen« geprägt: Zu einem solchen Teufelskreis kommt es, wenn das Schulversagen zu Konflikten mit den Eltern oder im sozialen Umfeld führt, wenn überforderte Lehrerinnen und Lehrer zunächst ihre Leistungserwartungen und dann das Ausmaß der individuellen Förderung reduzieren, wenn das Selbstwertgefühl der Betroffenen und ihr Selbstkonzept eigener Fähigkeiten leidet, wenn Schul- und Versagensängste mit dem darauf folgenden Vermeidungsverhalten ausgebildet werden, wenn die Lernmotivation schwindet.[3]

Problematisch ist der Befund, dass die Minderleistungen in Teilgruppen der Schülerpopulation überzufällig gehäuft auftreten, wie es die Bildungsstatistiken für Schüler aus Zuwanderer- und aus Arbeiterfamilien seit vielen Jahren schon indizieren. Dann wird aus dem individuellen zusätzlich ein gesellschaftliches und damit ein bildungspolitisches Problem. Dass das Schulversagen nicht ohne ökonomische Konsequenzen für den einzelnen und die Gesellschaft bleibt, zeigen bildungsökonomische Studien. Schulabbrecher haben später im Schnitt ein um etwa 400 € niedrigeres Monatseinkommen als Absolventen mit einem Haupt- oder Realschulabschluss – bei einer abgeschlossenen Lehre liegt die Diskrepanz sogar bei etwa 700 €. Und jeder Vierte ohne Schulabschluss, so zeigt die Arbeitslosenstatistik, muss damit rechnen, keine Beschäftigung zu finden.[4]

Ausmaß des Problems

Lernschwierigkeiten oder -störungen und die damit einhergehenden Schulleistungsprobleme sind kein neuartiges Phänomen – auch das wissenschaftliche Interesse an der Thematik ist nicht neu. In der Sonder- und Heilpädagogik, in der Medizin und auch in der Pädagogischen Psychologie hat man sich seit den 60er Jahren des vergangenen Jahrhunderts eingehend mit Lern- und Verhaltensstörungen im Kindesalter beschäftigt. Der deutsche Sonderweg des differenzierten Sonderschulwesens entstammt einer pädagogischen Tradition, die noch weiter zurückreicht. Die (Sonder-)Schule für Lernbehinderte löste erst in der zweiten Hälfte des 20. Jahrhunderts die Hilfsschule des 19. Jahrhunderts ab. Neu ist die bildungspolitische Diskussion darüber, ob sich das deutsche Schulwesen eine so hohe Problem- und Versagensquote weiterhin leisten kann. Neu ist auch, dass unter dem Schlagwort der Bildungsgerechtigkeit nachdrücklicher als früher auf die schon lange bekannten Disparitäten hingewiesen wird, dass nämlich die Häufigkeit des Schulversagens in auffälliger Weise mit Merkmalen der ethnischen, kulturellen und sozialen Herkunft kovariiert.

Zum Ausmaß von Lernschwierigkeiten im Kindes- und Jugendalter kann es nur Schätzungen geben. Die geschätzten Prävalenzen, d. h. die relativen Häufigkeiten des Auftretens spezifischer Störungen der Rechtschreibung und des Rechnens, liegen bei jeweils etwa 8 bzw. 4 % eines Jahrgangs. Da allgemeine Lernschwierigkeiten keiner Meldepflicht unterliegen und in ihrem Schweregrad immer auch subjektiv erlebt werden, lässt sich eine objektive, alle Stö-

rungsbilder umfassende Datenbasis nur schwer zusammenstellen. Hilfsweise lässt sich die gestiegene Nachfrage und der personelle Ausbau in den Einrichtungen der Schul- und Bildungsberatung, in der Kinder- und Jugendpsychiatrie, im schulpsychologischen Dienst oder bei den kommerziellen Nachhilfeinstituten jedoch als Indikator für die Entwicklungsdynamik der Problematik deuten. Nicht alle, aber ein großer Teil der Beratungsanlässe in schulpsychologischen Beratungsstellen haben direkt oder indirekt mit Schulleistungsproblemen zu tun. So ist beispielsweise in den vergangenen Jahren die Anzahl der Planstellen für Psychologinnen und Psychologen an den Schulpsychologischen Beratungsstellen Baden-Württembergs nahezu verdoppelt worden und die Anzahl der Einzelfälle, die schulpsychologisch beraten wurden, stieg von 5 000 im Schuljahr 2006/07 um 23 % auf 6 200 im darauffolgenden Jahr. Unter den kommerziellen Großanbietern professioneller Nachhilfe liegen die jährlichen Wachstumsraten im zweistelligen Bereich – etwa eine Milliarde Euro im Jahr geben die Eltern laut einer Schätzung des Forschungsinstituts für Bildungs- und Sozialökonomie in Berlin für Nachhilfestunden aus. Auch von den Schülerinnen und Schülern aus Gymnasien und aus Gesamtschulen wird vermehrt individuelle Nachhilfe zur zusätzlichen Förderung in Anspruch genommen – teilweise präventiv, was sicherlich auch ein Indiz für die gestiegenen Bildungsansprüche der Eltern ist. Jeder vierte Jugendliche in Deutschland bekommt Nachhilfe.

Zuverlässiger und differenzierter wurden in den vergangenen Jahren die Aufstellungen zu den als Schulleistungsstörungen manifest gewordenen Lernschwierigkeiten. Dem 2006 erstmals vorgelegten Nationalen Bildungsbericht *Bildung in Deutschland*, den Folgebänden aus den Jahren 2008 und 2010 sowie den Jahrbüchern der OECD *Bildung auf einen Blick* sind die wichtigsten statistischen Angaben zum sonderpädagogischen Förderbedarf,

Hintergrund: Beratungsanlässe in schul- und lernpsychologischen Beratungsstellen

In der Schulpsychologischen Beratungsstelle der Stadt Düsseldorf wurden im Jahr 2006 im Bereich der Einzelfallhilfe insgesamt 2 200 Fälle bearbeitet, 1 500 davon waren Neuanmeldungen. Bei den Beratungsfällen sind die Jungen überrepräsentiert (62 %). Der Schwerpunkt der Beratungsfälle liegt im Grundschulbereich. Häufige Anlässe für Individualberatungen sind Probleme im Lern- und Leistungsbereich (62 %) sowie Verhaltensauffälligkeiten und psychische Störungen (19 %). Bei den Beratungsanlässen wegen Problemen im Lern- und Leistungsbereich dominieren die Lese-/Rechtschreibschwierigkeiten, die Rechenschwierigkeiten und die gestörte Aufmerksamkeit.

Zu ähnlichen Ergebnissen führt eine Statistik des Therapie- und Beratungszentrums am Psychologischen Institut der Universität Göttingen, in dem seit 2001 Beratungen zu Lernschwierigkeiten, Teilleistungsstörungen und Hochbegabung angeboten werden. Die Beratungsstelle wird als Lehr- und Forschungsambulanz in der Abteilung für Pädagogische Psychologie und Entwicklungspsychologie betrieben. Für die ersten fünf Jahre liegt eine zusammenfassende Statistik vor: Der Schwerpunkt der Beratungsfälle liegt im Grundschulbereich, Jungen werden häufiger (61 %) als Mädchen vorgestellt. Bei den Beratungsanlässen dominieren Lese-/Rechtschreibstörungen (36 %), Rechenstörungen (19 %) und allgemeine Lernschwierigkeiten (18 %).

In den schulpsychologischen Beratungsstellen Baden-Württembergs nehmen doppelt so viele Jungen wie Mädchen eine Beratung in Anspruch. Vordringlich sind die Beratungsanlässe bei Kindern aus dem Primarbereich und aus der Sekundarstufe I. Die meisten Beratungsanlässe liegen im Bereich der Lern- und Leistungsstörungen sowie im Bereich gestörten Sozialverhaltens.

zum Schulabgang ohne Abschluss und zur Klassenwiederholung zu entnehmen.[5]

Zwischen 1994 und 2004 ist der Anteil von Schülerinnen und Schülern mit festgestelltem sonderpädagogischen Förderbedarf im Förderschwerpunkt Lernen (Lernbehinderung) von 2,4 % auf 2,8 % eines Altersjahrgangs angestiegen, im Jahr 2008 lag er bei 2,6 %. Zählt man die Schülerinnen und Schüler mit sonderpädagogischem Förderbedarf in den anderen Förderschwerpunkten (Sehen, Hören, Sprache, körperliche Entwicklung, geistige Entwicklung, emotionale und soziale Entwicklung) hinzu, so wurde im Jahr 2004 bei 5,6 % eines Altersjahrgangs sonderpädagogischer Förderbedarf diagnostiziert – das waren (ohne die Förderungen im Vorschulbereich) knapp 477 000 Schülerinnen und Schüler. Zehn Jahre zuvor lag die Quote bei 4,3 % eines Altersjahrgangs. Im Jahr 2008 lag die Quote inzwischen bei 6,0 %, ist in Ostdeutschland jedoch höher (8,3 %) als im Westen (5,3 %). Damit liegt die Quote in Westdeutschland ungefähr so hoch wie der Anteil der Kinder, die in den Vereinigten Staa-

ten an besonderen Förderprogrammen für Schüler mit Lernstörungen – meist an Regelschulen – teilnehmen. Knapp 19 % der Schülerinnen und Schüler mit sonderpädagogischer Förderung werden in Deutschland integrativ, d. h. an allgemeinen Schulen unterrichtet, die übrigen an Sonder- oder Förderschulen.

Für eins unter siebzehn Kindern wird also schuladministrativ verordnet sonderpädagogischer Förderbedarf realisiert, für eins unter siebenunddreißig im Förderschwerpunkt Lernen. Aber auch ohne die Feststellung sonderpädagogischen Förderbedarfs kann Lernen schwierig sein. Die Wiederholerquoten in den allgemeinbildenden Regelschulen lagen im Schuljahr 2008/09 in den Klassenstufen 1–12 insgesamt bei 2,2 % (zwei Jahre zuvor waren es noch 2,7 %). Am häufigsten kommt es in den Haupt- und Realschulen sowie in den additiven Gesamtschulen zu Klassenwiederholungen, dort vor allem in den Klassen der Mittelstufe – im Schnitt trifft es in der 7. bis 9. Klasse einen Schüler pro Schuljahr und Klasse. Der Gefahr des »Sitzenbleibens« sind die Schülerinnen und Schüler allerdings in jedem Schuljahr aufs Neue ausgesetzt. Jeder Vierte, so wird geschätzt, wiederholt im Laufe seiner Schulkarriere mindestens einmal eine Klasse.

Ohne Hauptschulabschluss haben im Jahr 2008 insgesamt 7,5 % der Jugendlichen die Schule verlassen – Jungen fast doppelt so häufig wie Mädchen. Das ist ein erfreulicher Rückgang gegenüber 2004 – damals lag die Quote noch bei 8,5 %. Rückläufige Problemzahlen – bei den Schulabgängen ohne Abschluss wie bei den Klassenwiederholungen – sprechen generell für die Wirksamkeit eingeleiteter Maßnahmen auf der unterrichtlichen, schulorganisatorischen und bildungspolitischen Ebene. Verlässliche Indikatoren qualitativer Verbesserungen sind sie allerdings nur dann, wenn die günstigeren Zahlen nicht aufgrund von Niveauabsenkungen oder durch definitorische Neuerungen (wenn z. B. in einem Bundesland das »Sitzenbleiben« einfach abgeschafft wird) zustande gekommen sind. Jungen müssen übrigens häufiger eine Klasse wiederholen und werden häufiger als Mädchen an eine Sonderschule für Lernbehinderte überwiesen. Für beide Indikatoren des Schulversagens liegt das Jungen-Mädchen-Verhältnis bei etwa 3:2.

Auffällig sind auch andere Disparitäten, die in den Statistiken zum Ausdruck kommen. Sie sind in ähnlicher Weise schon aus den großen vergleichenden Schulleistungsstudien TIMSS (Third International Mathematics and Science Study) und PISA (Programme for International Student Assessment) bekannt. Bereits dort war der Leistungsrückstand im Lesen und Rechnen für Kinder aus Zuwandererfamilien beträchtlich gewesen – auf den ersten Blick besonders erstaunlich war der Befund aus PISA 2003 und 2006, dass dies insbesondere für die bereits in der zweiten Generation hier lebenden, also hier geborenen Kinder und Jugendlichen galt. Der Bilanzierung PISA 2009 ist nun zu entnehmen, dass ein Kompositionseffekt unterschiedlicher Generationsstatusgruppen wohl dafür ursächlich war: In der ersten Generation gab es einen

hohen Anteil von Zuwanderern aus der ehemaligen Sowjetunion und aus Polen, die höhere Kompetenzniveaus erreichten, in der zweiten Generation war der Anteil von Kindern türkischer Eltern höher, die im Mittel geringere Kompetenzniveaus erreichten. Betrachtet man die Kompetenzentwicklung innerhalb der einzelnen Herkunftsgruppen gibt es jedenfalls keine Leistungsverschlechterungen (mehr dazu in Abschnitt 2.2).

Indikatoren des Schulversagens weisen in die gleiche Richtung: 18 % der Jungen aus Zuwandererfamilien (Deutsche: 8 %) und 12 % der Mädchen (Deutsche: 5 %) haben 2008 die Hauptschule ohne Abschluss verlassen. Festzuhalten ist aber auch, dass in Frankreich und in den USA mehr als 20 % der Jugendlichen die Schule ohne Abschluss verlassen und dass auch dort die Zuwanderer häufiger betroffen sind. In den ersten drei Grundschulklassen ist das Risiko einer Klassenwiederholung für Kinder mit Migrationshintergrund viermal höher als für Kinder von Nichtmigranten. Und die Übergangsquoten auf Sonderschulen für Lernbehinderte liegen für Kinder aus nicht-deutschen Familien etwa doppelt so hoch wie für deutsche Schüler.[6] Beim Schulabgang ohne Abschluss, bei den Klassenwiederholungen und beim Besuch von Schulen für Lernbehinderte sind Kinder aus Zuwandererfamilien deutlich überrepräsentiert – besonders hoch ist das Risiko für Jungen aus diesen Familien. Die Wahrscheinlichkeit, dass ein männliches Zuwandererkind eine Schule für Lernhilfe besucht, ist mehr als dreimal höher als für ein deutsches Mädchen. Im OECD-Vergleich gab es zu Beginn des Jahrtausends kaum ein anderes Land, in dem die Bildungsintegration der Zugewanderten – legt man die PISA-Kompetenzwerte zugrunde – so schlecht gelang wie in Deutschland. Das hat sich in PISA 2009 ebenso zum Besseren verändert wie sich die enge Kopplung des Kompetenzerwerbs an die soziale Herkunft verringert hat. In PISA 2000 lag Deutschland diesbezüglich noch an der Spitze der OECD-Staaten.[7]

Hintergrund: Lernschwierigkeiten als Schulversagen (Angaben für 2006 und 2008)

Indikatoren des Schulversagens	in Prozent eines Altersjahrgangs	
	2006	2008
Sonderpädagogischer Förderbedarf (insgesamt)	5,8 %	6,0 %
Förderbedarf im Schwerpunkt Lernen (Lernbehinderung)	2,7 %	2,6 %
Schulabgang ohne Hauptschulabschluss	7,9 %	7,5 %
Klassenwiederholung (jährlich)	2,7 %	2,2 %

Quellen: Autorengruppe Bildungsberichterstattung (2008, 2010) und Kultusministerkonferenz (www.kmk.org/statistik/schule.html)

Vorsichtig geschätzt: Bei mehr als 2 % Schülern mit besonderem Förderbedarf im Förderschwerpunkt Lernen, bei gut 7 % Schülern, die keinen Hauptschulabschluss erreichen, bei jährlichen Klassenwiederholungen von mehr als 2 % (wobei die Lernschwachen in jedem neu beginnenden Schuljahr erneut gefährdet sind), sind es vermutlich zwischen 8 und 12 % eines Altersjahrgangs, die sich mit dem Lernen so schwer tun, dass ein schwerwiegendes und anhaltendes schulisches Leistungsversagen die Folge ist. Das sind bei einer durchschnittlichen Klassengröße von 20 zwei Kinder pro Klasse. In Teilbereichen der Gesamtpopulation stellt sich die Problematik noch wesentlich gravierender dar. Hinzu kommen noch Schülerinnen und Schüler mit spezifischen Leistungsschwierigkeiten im Lesen und Schreiben bzw. im Rechnen.

Ursachen für Lernschwierigkeiten

Alle Voraussetzungen und Begleitumstände erfolgreichen Lernens sind zugleich mögliche Ursachen für individuelle Lernschwierigkeiten. Das sind neben den wichtigen individuellen Lernvoraussetzungen auch solche, die sich auf die Entwicklungsangemessenheit der Lernangebote und auf die Adaptivität von Unterricht beziehen. Genauere Kenntnisse über die Ursachen von Lern- und Leistungsstörungen verdanken wir vor allem den empirischen Studien der vergangenen beiden Dekaden. Allerdings gilt: Ungünstige individuelle Lernvoraussetzungen, sprachliche Defizite, wenig förderliche häusliche und schulische Lernumgebungen sind zunächst einmal *nur* die Risikofaktoren des drohenden Schulversagens. Jeder für sich und alle zusammen genommen, gewichtige Risikofaktoren zwar – sie müssen aber nicht zwangsläufig zum individuellen Schulleistungsversagen führen. Die Fokussierung der Risiken darf nicht den Blick auf die individuellen und institutionellen Ressourcen verstellen, die den Risiken gegenüberstehen. Denn: Wo Gefahr ist, wächst das Rettende auch.

Bei der Analyse der Ursachen ist zu fragen, inwieweit eine verallgemeinernde und dekontextualisierte Betrachtung, also das Abstrahieren von den spezifischen Lerninhaltsbereichen, aus Gründen der Vereinfachung zulässig ist. In den oben aufgeführten Statistiken zum Ausmaß der Problematik wurde eine solche verallgemeinernde Perspektive gewählt – dort ging es um das allgemeine Schulleistungsversagen, um Klassenwiederholungen, um das Ausmaß des sonderpädagogischen Förderbedarfs, ganz gleich, ob die Schulleistungsprobleme im Deutsch- oder im Mathematikunterricht ihren Anfang nahmen oder ihren Schwerpunkt haben. Differenzierte Diagnosen und adaptive Interventionen bei individuellen Lernschwierigkeiten verlangen dagegen eine spezifische und lerninhaltsbezogene Betrachtung.

Werner Zielinski unterscheidet in seinem Buch *Lernschwierigkeiten* von 1980 zwischen internen (im Lernenden selbst liegenden), externen (der Quantität und Qualität von Schule und Unterricht geschuldeten) und moderierenden (häusliche und soziale Belange betreffenden) Bedingungen des Lernversagens und legt dabei Carrolls Modell schulischen Lernens und Walbergs Produktivitätsfaktoren zugrunde (vgl. Abschnitt 1.5). Bernice Wong unterzieht dagegen in ihrem Lehrbuch *Lernstörungen* (in deutscher Übersetzung 2008 von Gerhard Büttner herausgegeben) vor allem die individuellen Lernvoraussetzungen, wie die Sprachkompetenz, das Gedächtnis und die Aufmerksamkeit sowie die Fähigkeit zur Selbstregulation des eigenen Lernens einer detaillierten Ursachenanalyse. Beiden Lehrbüchern ist übrigens gemeinsam, dass der Ursachenanalyse ein definitorischer Intelligenz-Filter nicht vorangestellt ist, dass also für intellektuell unterschiedlich befähigte Teilgruppen schwieriger Lerner diesbezüglich keine unterschiedlichen Betrachtungen angestellt werden – und dass eine solche Unterscheidung auch nicht bei der Darstellung von Interventionsmaßnahmen vorgenommen wird.

Bei Werner Zielinski ist die allgemeine Intelligenz – er nennt sie, dem Zeitgeist entsprechend, die Fähigkeit eines Schülers, Instruktionen zu verstehen – zwar einer der möglichen Ursachenfaktoren. Aber eben nicht ein vorgelagerter Faktor, der definitionsmächtig die Kategorie der Lernbehinderung (kongruent) von jener der Lernstörung (diskrepant) abzugrenzen geeignet wäre. Dennoch findet sich auch bei Zielinski eine Diskrepanzdefinition. Allerdings eine gänzlich andere, weniger umstrittene: Lernschwierigkeiten, so Zielinski, liegen vor, wenn wichtige individuelle, soziale oder institutionelle Normanforderungen dauerhaft verfehlt werden, wenn sich also ein eklatantes Missverhältnis zwischen den Lernleistungen und den Leistungserwartungen von Individuum und Institution zeigt.

Auch für Joseph Torgesen, der in Bernice Wongs Sammelband einen historischen und konzeptuellen Überblick der US-amerikanischen Sichtweise bietet, gehört die Diskrepanz zwischen Schulleistung und Intelligenz nicht notwendigerweise zur Bestimmung einer Lernstörung: Langsame Lerner, intelligenzkongruent Leistungsschwache und solche mit intelligenzdiskrepanten Leistungsschwächen profitierten nämlich in aller Regel in gleicher Weise von der gleichen Art von Fördermaßnahmen. Torgesen referiert allerdings eine andere, nicht weniger problematische Definition, die vom Nationalen Gemeinsamen Komitee für Lernstörungen (NJCLD) als verbindlich für das US-Bildungswesen vorgegeben wird.[8] Demnach ist die Lernstörung

> »ein allgemeiner Begriff, der sich auf eine heterogene Gruppe von Störungen bezieht, die sich durch beträchtliche Schwierigkeiten beim Erwerb und Gebrauch von Fähigkeiten wie Zuhören, Sprechen, Lesen, Schreiben, schlussfolgerndem Denken oder Rechnen manifestieren. Es handelt sich um *intrinsische Störungen*, die vermutlich durch eine *Dysfunktion des zentralen Nervensystems* verursacht werden; sie können über die gesamte Lebensspanne hinweg auftreten. Probleme des selbstregulierenden Verhaltens, der sozialen Wahrnehmung und sozialen Interaktion können bei Lernstörungen auftreten, stellen selbst aber keine Lernstörung dar. Obgleich Lernstörungen als Begleiterscheinungen von anderen Beeinträchtigungen oder von extrinsischen Einflüssen auftreten können, sind sie nicht die Folge dieser Beeinträchtigungen oder Einflüsse« (NJCLD, 1988, S. 1; Hervorh. durch den Verf.).

Auch in dieser Definition steckt wieder eine Ursachenanalyse, die den Einfluss exogener Faktoren verneint, insbesondere solcher, die mit dem Unterricht in Zusammenhang stehen könnten (didaktogene Faktoren). Zudem wird durch die Fokussierung auf die zentralnervösen Funktionen die Heterogenität möglicher Ursachen unnötig eingeschränkt. Mit dem in diesem Lehrbuch gewählten Oberbegriff der »Lernschwierigkeiten« werden die genannten Einschränkungen vermieden – im Ergebnis führt das zu einer Ausweitung des zu betrachtenden Phänomens. Der umfassendere und vollständige Blick auf das schwierige Lernen wird allerdings gelegentlich durch Unschärfen erkauft, wo zwischen der Lernstörung, der Lernbehinderung und dem langsamen Lernen nicht unterschieden wird. Mehr dazu in Kapitel 3.

Diagnose, Prävention und Intervention

Es ist ja nicht so, als ob nichts geschehe! Seit man sich mit Lernschwierigkeiten befasst, gibt es auch Maßnahmen, ihnen zu begegnen. Das institutionelle Bildungswesen hält einen bunten Strauß schulorganisatorischer Maßnahmen bereit: Sie reichen von der zurückgestellten Einschulung über das ein- oder mehrmalige Wiederholen einer Klassenstufe (»Sitzenbleiben«) bis zur anforderungs- und leistungshomogenisierenden Schulformzuweisung im gegliederten Regelschulwesen der Sekundarstufe oder gar der Feststellung eines sonderpädagogischen Förderbedarfs einschließlich der Verordnung entsprechender Fördermaßnahmen.[9] Für Schülerinnen und Schüler mit Teilleistungsstörungen im Bereich des Lesens und Rechtschreibens sind aufgrund rechtlicher Verordnungen Befreiungen von der Bewertung ihrer Rechtschreibleistung möglich. Die verschiedenen schulorganisatorisch differenzierenden Maßnahmen werden vor allem im 6. Kapitel thematisiert. Entscheidend ist allerdings nicht wo, sondern *wie* Kinder mit Lernschwierigkeiten unterrichtet werden.

Teilweise urwüchsig entstanden, teilweise wissenschaftlich fundiert, gibt es daneben vielfältige weitere inner- und außerschulisch angewandte remediale (abhelfende) Maßnahmen unterschiedlicher Intensität und Professionalität. Dazu gehören unterrichtliche und unterrichtsadditive Förder- und Trainingsprogramme, die auf die ausgleichende Vermittlung fachlicher Inhalte und/oder auf die

Vermittlung der Prinzipien erfolgreichen Lernens zielen ebenso wie der Einsatz besonderer didaktischer Maßnahmen und Prinzipien im Regelunterricht und geeignete Formen der unterrichtlichen Differenzierung in den Regelschulen. Die Frage ist berechtigt, ob bei den äußerst unterschiedlichen Lernproblemen der Schülerinnen und Schüler, die zudem sehr unterschiedlich begründet sein mögen, im Einzelfall die jeweils »beste« Interventionsmaßnahme zur Anwendung kommt. Deshalb ist von besonderer Wichtigkeit, dass individuelle Lernschwierigkeiten in ihrer Spezifität zunächst einmal zuverlässig diagnostiziert werden. Ist man sich über die Besonderheit einer Lernschwierigkeit im Klaren, folgt in einem zweiten Schritt die Analyse der Ursachen der Störung. Erst danach lässt sich eine zielgerichtete Intervention fundiert planen und durchführen.

Die Effektivität aufwändiger Interventionsmaßnahmen wird danach bemessen, ob sie halten, was sie versprechen. Daher muss der anschließenden Evaluation und Erfolgskontrolle der Lernförderung ein großer Stellenwert eingeräumt werden. Nur so lässt sich verlässlich beurteilen, ob die intendierten Wirkungen tatsächlich erzielt werden. Viel zu selten wird im Übrigen im Umgang mit Lernschwierigkeiten auf präventive Maßnahmen gesetzt. Dabei ist zu erwarten, dass eine frühzeitige Förderung der notwendigen Lernvoraussetzungen eine vergleichsweise »hohe Rendite« verspricht. In diesem Sinne argumentiert jedenfalls der Wirtschaftswissenschaftler James Heckman, der den anfänglichen Kosten von Bildungsinvestitionen ihren kumulierten Nutzen gegenüberstellt. Heckman zufolge versprechen öffentliche Investitionen in die frühkindliche Bildung – und zwar vor allem in den sozial benachteiligten Schichten – den vergleichsweise höchsten gesamtwirtschaftlichen Ertrag. Der Bildungsökonom Ludger Wößmann fordert deshalb, Krippen und Kindergärten stärker als bisher zur gezielten Bildungsförderung zu nutzen und ihren Besuch für jene verpflichtend zu machen, die der Förderung besonders bedürfen. Vor allem der ausgleichenden Sprachförderung in den vorschulischen Einrichtungen kommt hierbei große Bedeutung zu. Für Kinder aus bildungsnahen Mittelschichtfamilien ist der Ertrag solcher Maßnahmen geringer.[10]

Mangelnde Passung

Wenn die an eine Person gestellten Anforderungen und Kompetenzerwartungen in einem deutlichen Missverhältnis zu ihren Lernvoraussetzungen und -möglichkeiten stehen, sind Lernschwierigkeiten eine wahrscheinliche Folge. Sie werden als Schulleistungsstörungen manifest, wenn ein Vergleich oder ein Vergleichsmaßstab ins Spiel kommen – und wenn dieser Vergleich für den Lernenden besonders ungünstig ausfällt. Wenn also, wie im Regelschulwesen üblich, ein verbindliches Lern- oder Leistungsziel – eine Kompetenzerwartung – gesetzt wird, wenn Mittel und Wege zur Zielerreichung bereitgestellt werden und wenn eine Zeiteinheit definiert wird, innerhalb derer die Überprüfung einer Lernleistung vorgesehen ist, und wenn ein Lerner dieses vorgegebene Ziel nicht oder nur teilweise erreichen kann oder nicht in der vorgesehenen Zeit und nach umfangreichen Hilfestellungen. Dabei ist es zunächst einmal unerheblich, ob ein sozialer Vergleich zu den anderen Lernern in der jeweiligen Lerngruppe explizit hergestellt oder ob ein absolutes Kriterium zum Maßstab genommen wird. Entscheidend ist das (eindeutige und wiederholte) Verfehlen einer verbindlich festgelegten allgemeinen Norm.

Naheliegend sind nun drei Fragen:

1. Liegt es nicht in der Natur der Sache, dass einige, wie im sportlichen Wettkampf auch, beim schulischen Lernen scheitern und unterliegen müssen?

2. Was sind die wichtigsten Ursachen für Lernschwierigkeiten?
3. Was kann man dagegen tun?

Die erste Frage ist leicht mit einem »Nein« zu beantworten. Lernen ist keine Konkurrenzveranstaltung. Wenn die Lernangebote und die instruktionalen Hilfen auf die individuellen Lernvoraussetzungen abgestimmt sind und bei der Festlegung des Lernziels der Rahmen des individuell Möglichen nicht überschritten wird, kann (fast) jeder zum Ziel gelangen. Zumindest kann jeder bei geeigneter Förderung das für ihn maximal Mögliche erreichen. Auf die Fragen 2 und 3 wird in Kapitel 3 und 6 dieses Buches eine Antwort aus pädagogisch-psychologischer Sicht auf der Grundlage der empirischen Studien der vergangenen 20 Jahre gegeben. Dabei gilt: Zunächst müssen die Ursachen für allgemeine und spezifische Lernprobleme genauer bekannt sein, erst danach können fundierte präventive oder remediale Maßnahmen der Intervention nachhaltig greifen.

Zum Aufbau dieses Buches

Lernen, unabhängig davon, ob es gelingt oder nicht, ist das beherrschende Thema der Pädagogischen Psychologie. Die Annahme, dass Lernen normalerweise gut funktioniert (Kapitel 1) und dass Lernschwierigkeiten auf ein nicht triviales, aber in gewissem Ausmaß durchaus lösbares Passungsproblem zwischen Lernvoraussetzungen und Lernangeboten bzw. -gelegenheiten zurückzuführen sind (Kapitel 7), ist die verbindende Klammer und zugleich das Leitmotiv dieses Buches. Wichtige individuelle Voraussetzungen erfolgreichen Lernens sind ein funktionstüchtiges Arbeitsgedächtnis sowie Kompetenzen der kognitiven, motivationalen und volitionalen Selbstregulation. Sie sind bei verschiedenen Personen unterschiedlich gut ausgeprägt und unterliegen im Kindes- und Jugendalter teilweise dramatischen Entwicklungsveränderungen. Alle diese Lernvoraussetzungen markieren zugleich mögliche Stolpersteine des Lernens und können so auch zu Lern- und Leistungsproblemen führen. Das wichtigste Prinzip erfolgreichen Lehrens ist die notwendige Anpassung an den individuellen Entwicklungsstand und an die bereichsbezogenen Vorkenntnisse der Lerner. Für Kinder mit Lernschwierigkeiten ist diese Form der Adaptivität des Unterrichtens von besonderer Bedeutung.

Lerner sind unterschiedlich (Kapitel 2). Diese Tatsache an sich ist kein Problem. Problematisch wird es dann, wenn individuelle und institutionelle Ressourcen nicht so ausgeschöpft oder eingesetzt werden, dass jeder Lerner sein eigenes Optimum erreichen kann. Deshalb ist die Frage berechtigt, ob der Unterricht in deutschen Klassenzimmern hinreichend adaptiv vonstatten geht und ob bei der (vor-)schulischen Förderung genügend Anstrengungen unternommen werden, um ungünstige Lern- und Lebensbedingungen von Kindern auszugleichen. Denn bei heterogenen Lernvoraussetzungen produziert Gleichheit im Unterrichtszugang notwendigerweise weitere Ungleichheiten in der zukünftigen Lern- und Leistungsentwicklung. Aber auch wenn sich der Unterricht an die unterschiedlichen Lernvoraussetzungen anpasst, wird die Ungleichheit der Lernergebnisse nicht beseitigt. Ursachen von Lernschwierigkeiten (Kapitel 3) haben mit defizitären individuellen Lernvoraussetzungen zu tun, aber auch mit Entwicklungsverzögerungen oder -störungen in zentralen Funktionsbereichen und mit einer mangelnden Adaptivität des Unterrichts. Auch ungünstige außerschulische Rahmenbedingungen können eine Rolle spielen.

Die Tatsache, dass sich das Risiko schulischer Lern- und Leistungsprobleme durch vorbeugende Maßnahmen verringern lässt, wird in einem eigenen Abschnitt beschrieben (Kapitel 4). Entscheidender Ansatzpunkt

hierfür sind die individuellen Lernvoraussetzungen, wobei der Förderung der sprachlichen Kompetenzen meist eine besondere Bedeutung zukommt. Präventive Maßnahmen sind besonders dann hilfreich, wenn sie frühzeitig appliziert und entwicklungsangemessen gestaltet werden. Wo möglich, sind sie kurativen Maßnahmen vorzuziehen. Nachhaltig wirken sie insbesondere dann, wenn familiäre und institutionelle Erziehungsinstanzen im Sinne eines Gesamtkonzepts zusammenwirken. Weil dieses Ziel nicht immer erreicht werden kann, wird es durch präventive Maßnahmen auch nicht gelingen, Lernschwierigkeiten gänzlich zu vermeiden. Frühzeitige Interventionen, insbesondere frühe Sprachförderprogramme, können aber einen wichtigen Beitrag zur Verringerung der Bildungsarmut und zu mehr Bildungsgerechtigkeit leisten, indem sie benachteiligten Kindern und Jugendlichen Chancen eröffnen, die sonst nicht bestanden hätten.

Im Anschluss an die Ursachenanalyse und die Prävention geht es um die Handlungsoptionen, die Lehrern und Erziehern im Umgang mit Lernschwierigkeiten zur Verfügung stehen. Sie lassen sich unter der Zielperspektive einer individuell-adaptiven Lernförderung zusammenfassend kennzeichnen. Auf die bildungspolitisch überaus kontrovers diskutierten institutionellen und schulsystembezogenen Antworten wird ebenfalls eingegangen. Dem Abschnitt zur Intervention – wie sich Lernschwierigkeiten behandeln lassen (Kapitel 6) – ist einer zur notwendigen Lernstandsdiagnostik vorangestellt (Kapitel 5). Erst der Einsatz standardisierter Testverfahren und die Durchführung regelmäßiger Leistungskontrollen ermöglichen eine zuverlässige Diagnose des Ausmaßes und der Spezifität von Lernschwierigkeiten. Testverfahren mit förderdiagnostischem Anspruch sind unverzichtbare Grundlage einer gezielten und adaptiven pädagogischen Intervention.

Der inhaltlichen Gliederung in die sieben Kapitel sind – wo sinnvoll und möglich –

wiederkehrende Querstrukturen unterlegt: Dazu gehören,

1. dass die wichtigsten Inhaltsbereiche von Lernschwierigkeiten angesprochen werden, nämlich Lesen, Rechtschreiben und Rechnen,
2. dass der Altersbereich benannt wird, auf den sich die Ausführungen beziehen, also auf Lernschwierigkeiten im Elementarbereich, in der Primar- oder in der Sekundarstufe,
3. dass die Ebene und der Ort der Intervention diskutiert wird, also vor allem die Frage, ob es sich um Fördermaßnahmen im oder außerhalb von Unterricht handelt, und
4. dass da, wo dies angezeigt ist, eine differenzierende Betrachtung im Hinblick auf das Geschlecht und die Ethnie der Kinder und Jugendlichen vorgenommen wird.

20 wichtige Fragen

Wenn Sie noch mehr über Lernschwierigkeiten wissen wollen, sollten Sie zusätzlich zur Lektüre dieses Buches weitere Informationsquellen heranziehen. Es gibt andere Lehrbücher, die ihre Schwerpunkte anders setzen und es gibt weitaus detailliertere Abhandlungen zu verschiedenen Teilbereichen – wie etwa zu den Teilleistungsstörungen des Lesens, Rechtschreibens oder Rechnens, zu Aufmerksamkeitsstörungen oder zu Sprachstörungen –, wie sie ein einführendes Lehrbuch nicht leisten kann. Hinzu kommt ein (allerdings nur teilweise seriöses, aber dafür umso umfangreicheres) Angebot sogenannter Ratgeber-Literatur, das sich speziell an Eltern und Erzieher richtet. Lehrerinnen und Lehrer finden darüber hinaus in einschlägigen Handreichungen didaktische Anregungen zur Individualisierung der Lernförderung. In den Anmerkungen zu den jeweiligen Kapiteln finden Sie einige Empfehlungen zum Weiterlesen.

Auch ohne zusätzliche Quellen heranzuziehen, sollte es nach der Lektüre dieses Buches möglich sein, die nachfolgenden 20 Fragen zu beantworten. Dabei ist nicht auszuschließen, dass sich aus diesen Antworten wieder neue Fragen ergeben. Die aus meiner Sicht 20 wichtigsten Fragen sind:

1. Was sind Lernschwierigkeiten?
2. Wie viele Kinder und Jugendliche sind betroffen?
3. Wie funktioniert erfolgreiches Lernen?
4. Wie hängt erfolgreiches Lernen mit Intelligenz zusammen?
5. Welche Rolle spielt der Unterricht für den Lernerfolg?
6. Warum sind die Lernvoraussetzungen von Kindern und Jugendlichen so unterschiedlich?
7. Was ist Bildungsgerechtigkeit?
8. Welches sind die Hauptursachen von Lernschwierigkeiten?
9. Was sind und welche Bedeutung haben die sog. exekutiven Funktionen?
10. Was bewirkt schlechter Unterricht?
11. Warum ist es effizienter, früh zu fördern als spät zu intervenieren?
12. Warum ist die Sprache für den Lernerfolg so wichtig?
13. Bildung und Bindung: Welche Rolle spielt die Familie?
14. Wie diagnostiziert man eine Lernstörung?
15. Was bringen Lernstandserhebungen und Vergleichsarbeiten?
16. Welche Fördermaßnahmen sind wirksam?
17. Kann individuelle Lernförderung auch im Klassenverband stattfinden?
18. Wie kann man Lerngelegenheiten passend machen?
19. Können alle alles lernen?
20. Was wird aus Kindern mit Lernschwierigkeiten?

Antworten auf die ersten beiden Fragen waren auf den vorangegangenen Seiten zu finden; um die restlichen Fragen beantworten zu können, müssen Sie weiterlesen!

1 Lernen ist leicht

Die meisten Menschen lernen jeden Tag viel Neues. Wie das vor sich geht und welchen Gesetzmäßigkeiten das menschliche Lernen folgt, erforscht die wissenschaftliche Psychologie seit mehr als 120 Jahren empirisch, häufig in laborexperimentellen Studien. Im Alltag lernen wir allerdings meistens außerhalb des Labors und oft, ohne dass wir es merken. Das geschieht dann beiläufig und ohne Lernabsicht, in den meisten Fällen auch ohne bewusste Anstrengung. Gelernt wird vor allem durch Beobachtung und aus Erfahrung.

Das schulische Lernen ist eine besondere Form des Lernens. Es geschieht in aller Regel absichtlich und zielgerichtet und ist oft mit Anstrengungen verbunden. Schulisches Lernen wird gezielt herbeigeführt und dient dem systematischen Aufbau von Wissen und Können. Anders als im Laborexperiment vollziehen sich die schulischen Lernprozesse kumulativ, sie sind also keine isolierten Lernakte. Zuvor Gelerntes ist deshalb eine notwendige Voraussetzung dafür, dass Neues gelernt werden kann. Der kumulative Charakter schulischer Lernprozesse bringt es auch mit sich, dass der Aufbau neuen Wissens und Könnens schwer fällt oder gar misslingt, wenn die dafür notwendigen (Vor-)Wissensvoraussetzungen nicht oder nur unzureichend vorhanden sind. Dann kumulieren Lernde-

fizite rasch und ernsthafte Lern- und Leistungsprobleme sind die Folge.

Natürlich sind nicht alle schulischen Lernprozesse in gleicher Weise kumulativ. Wer in der dritten Klassenstufe die Lerneinheit *Ritter und Burgen* versäumt oder ohne Erreichen der Lernziele abgeschlossen hat, wird nicht notwendigerweise bei der darauf folgenden Lerneinheit *Das Wetter* ebenfalls scheitern. Wer aber das kleine 1x1 nicht beherrscht, wird sich in der gesamten Arithmetik schwer tun. Und wer die Grundzüge der Division nicht verstanden hat, wird später algebraische Gleichungen nicht lösen können.

Ob und vor allem wie erfolgreich gelernt wird, hängt von den individuellen Lernvoraussetzungen, also vom Vorwissen, von der Lernmotivation, von der Funktionstüchtigkeit des Arbeitsgedächtnisses und von den eingesetzten Lernstrategien ab, aber auch davon, ob die notwendigen Entwicklungsvoraussetzungen gegeben sind, um die Lernanforderungen und die gestellten Lernaufgaben zu bewältigen. Fünfjährige wird man in der Regel nicht in die Bruchrechnung einführen können, sie sollten aber zählen können und die Mächtigkeit von Mengen unterscheiden. Von 18-Jährigen erwartet man, dass sie Argumente abwägen und Alternativen bedenken können, bevor sie eine Entscheidung treffen, man wird jedoch nicht erwarten, dass sie dies, wenn es um wichtige Lebensentscheidungen geht, mit der Weisheit und Lebenserfahrung eines 60-Jährigen tun. Wie erfolgreich gelernt wird, hängt auch davon ab, ob genügend Lernzeit zur Verfügung steht und ob die Präsentation der Lerninhalte angemessen und auf den Vorkenntnisstand abgestimmt ist.

Fragen zu Kapitel 1

3. Wie funktioniert erfolgreiches Lernen?
4. Wie hängt erfolgreiches Lernen mit Intelligenz zusammen?
5. Welche Rolle spielt der Unterricht für den Lernerfolg?

1.1 Lernen als Aufbau von Wissen und Können

Kinder lernen in der Regel gern. Gleichwohl lässt schon im Verlauf der Grundschuljahre die Lernfreude sichtbar nach, wie fast alle Studien, die sich mit diesem Thema befasst haben, berichten. Das hat auch damit zu tun, dass beim schulischen Lernen Erfahrungen gemacht werden, die von denen des spielerischen Lernens im Vorschulalter verschieden sind. Zum einen werden die individuellen Lernfortschritte anders und vor allem systematischer beobachtet und bewertet als zuvor. Es werden auch andere Vergleichsmaßstäbe angelegt: soziale, die den Lernfortschritt im spezifischen Klassenverband betreffen und institutionelle, die an Standards oder Kompetenzen orientiert sind, die von Kindern einer Klassenstufe, eines Lebensalters oder einer Schulform allgemein erwartet werden. Hinzu kommt, dass durch die Einführung externer Anreiz- und Belohnungsstrukturen

Hintergrund: Warum Lernfreude und Lernmotivation schwinden

Dass die Lernfreude schon in der Grundschulzeit geringer wird, hat beispielsweise Andreas Helmke (1993) anhand der LOGIK- und SCHOLASTIK-Datensätze der Münchner Längsschnittstudien festgestellt. Unmittelbar nach dem Schuleintritt steigt die Lernfreude der Kinder zwar an, schon in der 2. Klasse ist aber ein kontinuierlicher Abwärtstrend zu verzeichnen, der sich bis in die Sekundarstufe hinein fortsetzt. Helmut Fend (1997) differenziert dieses Ergebnis weiter aus: Während bei den meisten Schülerinnen und Schülern die Einstellung zu Schule und Lernen relativ unverändert bleibe, sei eine Teilgruppe von 20–30 % mit einer besonders ungünstigen Entwicklung für den insgesamt negativen Trend verantwortlich. Reinhard Pekrun (1993) hat für die Schülerinnen und Schüler der Mittelstufe von einem weiteren Abfall der Lernmotivation berichtet – vor allem für jene Anteile der Lernmotivation, die sich auf die selbst bestimmten (intrinsischen) Formen des Lernens beziehen.

Wie ist das zu erklären? Zu Beginn der Grundschuljahre gehen die meisten Kinder davon aus, dass sie alles lernen und erreichen können, wenn sie sich nur genügend anstrengen. Dieser kindliche Überoptimismus ist zugleich ein wichtiger Schutzmechanismus bei der Entwicklung des individuellen Leistungsmotivs. Denn wer sich alles zutraut, wird auch engagiert und zuversichtlich eine Herausforderung in Angriff nehmen. Durch erste schulische Lernerfahrungen werden die Selbsteinschätzungen der Kinder aber zunehmend realistischer. Fallen die Leistungsrückmeldungen negativ aus, so sind eine schwindende Lernmotivation und ein negatives Selbstkonzept eigener Fähigkeiten die natürliche Folge. Außerdem kommt es im Entwicklungsverlauf zu einer Ausdifferenzierung der individuellen Interessen: Die allgemeine Lernfreude wird zunehmend ersetzt durch die Ausbildung spezifisch-inhaltlicher Interessen.

die ursprünglich intrinsische kindliche Lern-motivation quasi »umgepolt« wird. In der Folge wird im Unterricht weniger häufig aus Freude an der Sache selbst gelernt, als vielmehr um eine Belobigung, z. B. in Form einer guten Note, zu erhalten.

Lernen

Die Fähigkeit zum Lernen zeichnet den Menschen aus. Diese Lernfähigkeit hat uns in die Lage versetzt, Kenntnisse und Fertigkeiten zu erwerben, um unsere Umwelt aktiv zu gestalten und den gestellten Anforderungen zunehmend besser gerecht zu werden. In der wissenschaftlichen Psychologie ist die Erforschung der Gesetzmäßigkeiten des Lernens eine der zentralen Fragestellungen. Natürlich gibt es unterschiedliche Auffassungen darüber, wie Lernen funktioniert und welchen Regelhaftigkeiten es unterliegt. Das ist auch wenig verwunderlich, weil es sehr unterschiedliche Formen des Lernens gibt. Aber es gibt in der Psychologie eine weithin geteilte Übereinstimmung, wonach Lernen als ein Prozess zu betrachten ist, in dessen Folge es zu einer überdauernden Veränderung des Verhaltenspotentials eines Individuums kommt. Diese Veränderung ist das Resultat von Lernerfahrungen. Lernen hat auch etwas mit Gedächtnis zu tun – einer Instanz oder Funktion, in der die Ergebnisse von Lernprozessen »festgehalten« werden.

Vier einflussreiche theoretische Auffassungen über Lernen lassen sich unterscheiden:

1. Lernen als Assoziationsbildung
2. Lernen als Verhaltensänderung auf der Grundlage operanter Konditionierung
3. Lernen als Wissenserwerb durch Informationsverarbeitung
4. Lernen als Wissenskonstruktion.

Marcus Hasselhorn und Andreas Gold skizzieren in *Pädagogische Psychologie. Erfolgreiches Lernen und Lehren* (2006) diese vier grundlegenden Auffassungen über das Ler-

nen. Alle vier leisten einen wichtigen Beitrag zur Beschreibung und Erklärung unterschiedlicher Lernphänomene. Dem vorliegenden Buch liegt – ähnlich wie dort – die Annahme zugrunde, dass sich erfolgreiches schulisches Lernen als gute Informationsverarbeitung beschreiben lässt. Das kognitionspsychologische Paradigma (Lernen als Informationsverarbeitung) ist auch hilfreich, wenn es um die Analyse von Problemen und Schwierigkeiten geht, die beim Lernen auftreten können. Im Folgenden wird das näher ausgeführt.

Erfolgreiches Lernen als gute Informationsverarbeitung

In den 60er Jahren des vergangenen Jahrhunderts wurden in der Allgemeinen Psychologie Modellvorstellungen formuliert, die Lernen als symbolische Informationsverarbeitung konzipierten und bestimmte Annahmen über innere (mentale) Strukturen und Mechanismen beinhalteten. Die wichtigsten dieser Annahmen betrafen die Funktionsweise des menschlichen Gedächtnisses. Ein sehr einflussreiches Informationsverarbeitungsmodell des menschlichen Gedächtnisses formulierten Richard Atkinson und Richard Shiffrin im Jahr 1968 – es enthält in seinen Grundzügen bereits die Bestandteile, die auch heute der kognitionspsychologischen Sichtweise des Lernens zugrundeliegen.[1] Demnach beruht Lernen auf einem Informationsfluss zwischen drei strukturellen Komponenten des Gedächtnissystems:

1. den modalitätsspezifischen sensorischen Registern (einem auditiven und einem visuellen), die für die reiznahe Verarbeitung und für die Informationsselektion verantwortlich sind,
2. dem Kurzzeit- oder Arbeitsgedächtnis, in dem Informationen durch kognitive Verarbeitungs- und Kontrollprozesse für das Langzeitbehalten vorbereitet werden, und

3. dem Langzeitgedächtnis, das der überdauernden Speicherung und Konsolidierung der neu erworbenen Kenntnisse und Fertigkeiten dient.

Im Langzeitgedächtnis, so die Modellannahme, ist neben dem Faktenwissen – wie es zum Beispiel in der Schule erworben wird – auch das Wissen über die Abläufe komplexer motorischer Fertigkeiten sowie die Erinnerung an persönliche Erfahrungen überdauernd gespeichert:

- das Faktenwissen im semantischen,
- das Wissen über Bewegungs- und Handlungsabläufe im prozeduralen und
- das persönliche Erinnerungswissen im episodischen Teilsystem des Langzeitgedächtnisses.

Uneinig sind sich die Lerntheoretiker darüber, in welchem Format das überdauernde Wissen im Gedächtnis repräsentiert ist.

Beim Lernen werden neue Wissensstrukturen aufgebaut, indem bereits bestehende Strukturen fortwährend ergänzt und verändert werden – eine Sichtweise übrigens, die die kognitionspsychologische mit der konstruktivistischen Auffassung über Lernen teilt. Schon in der Phase der *Informationsselektion* bedarf es für das absichtliche und zielgerichtete Lernen der gezielten Aufmerksamkeitszuwendung. In der Phase der *Informationsorganisation* werden die in den Arbeitsspeicher transferierten Informationen reduktiv verdichtet – das ist hilfreich und notwendig, weil die funktionale Kapazität des Arbeitsspeichers begrenzt ist. In der parallel verlaufenden *Integrationsphase* werden die neuen Wissenselemente mit den im Langzeitgedächtnis bereits vorhandenen elaborativ verknüpft. Lernen gelingt, wenn die beschriebenen Phasen erfolgreich durchlaufen werden. Kompetente Lerner zeichnen sich dadurch aus, dass sie durch strategische Maßnahmen, sogenannte Lernstrategien, Kontrolle über die

---

Hintergrund: Lernen als Informationsverarbeitung

Richard Mayer (1992) hat ein einfaches Modell der mehrstufigen Informationsverarbeitung skizziert, das in der Darstellung die strukturellen mit den prozessualen Komponenten des Gedächtnisses anschaulich verbindet. Weil Mayer die aussichtsreichen Ansatzpunkte pädagogisch-psychologischer Interventionen vor allem auf Seiten der kognitiven Prozesse sieht, nennt man es mit Bezugnahme auf diese Prozesse auch das SOI-Modell (Selegieren – Organisieren – Integrieren).

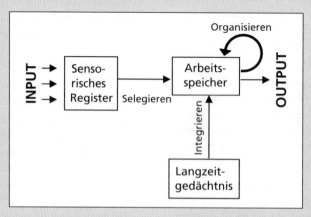

Abb. 1: Modell der mehrstufigen Informationsverarbeitung (nach Mayer, 1992, p. 408).

kognitiven Prozesse des Selegierens, Organisierens und Integrierens von Informationen gewinnen.

Michael Pressley, John Borkowski und Wolfgang Schneider fassten Ende der 1980er Jahre im sogenannten GIV-Modell der *Guten Informations-Verarbeitung* zusammen, was zum erfolgreichen Lernen gehört:

- dass das Arbeitsgedächtnis effizient genutzt wird,
- dass das eigene Lernverhalten geplant und überwacht wird,
- dass geeignete Lernstrategien eingesetzt werden,
- dass lernförderliche motivationale Dispositionen und Überzeugungen vorhanden sind,
- dass ein reichhaltiges und gut organisiertes Weltwissen vorhanden ist.

Zusammengenommen sind das sicherlich die wichtigsten individuellen Voraussetzungen guter Informationsverarbeitung. Es kommen aber zwei weitere Aspekte hinzu:

- die lernförderliche Willensbildung und -regulation (Volition) sowie
- die lernbegleitenden Gefühle (Emotionen) und deren Regulation.[2]

In Abschnitt 1.3 wird auf die individuellen Voraussetzungen erfolgreichen Lernens näher eingegangen.

Und die Übung?

Übung spielt beim Lernen zweifellos eine wichtige Rolle. Und zwar in zweierlei Hinsicht: Zum einen werden Informationen besser behalten, wenn sie häufiger dargeboten und häufiger repetiert werden. Atkinson und Shiffrin waren sogar der Meinung, dass das Ausmaß des Behaltens eine direkte Funktion der Intensität des aufrechterhaltenden Wiederholens im Kurzzeitgedächtnis sei. Auch in Alan Baddeleys Konzept des Arbeitsgedächtnisses spielt diese Vorstellung eine Rolle. Neben dem aufrechterhaltenden ist aber auch das elaborierende (anreichernde) Wiederholen von großer Bedeutung für das Einprägen neuer Informationen, genauso wichtig sind die informationsorganisierenden Prozesse im Arbeitsgedächtnis. Zum anderen wird durch Übung das einmal Gelernte gefestigt, konsolidiert und automatisiert, wenn nämlich das neue Wissen und Können mehrfach durchgearbeitet und wiederholt wird. Aus der laborexperimentellen Lernforschung ist bekannt, dass das wiederholte Aufsagen verbaler Inhalte und das wiederholte Ausführen motorischer Tätigkeiten zu den wirksamsten Einprägungshilfen gehört.

Interessant ist, dass der Erwerb von Fertigkeiten und Kenntnissen zwar von der für das Lernen aufgewendeten (Übungs-)Zeit abhängt, dass es aber durchaus einen Unterschied macht, wie man die für das Lernen aufgewendete Zeit verteilt. Hermann Ebbinghaus hat den positiven Effekt der verteilten Übung schon am Ende des 19. Jahrhunderts beim Auswendiglernen von Wortlisten im Selbstversuch entdeckt. Der englische Psychologe Alan Baddeley hat diesen Effekt in einer empirischen Studie am Beispiel des Erwerbs einer manuellen Fertigkeit (Maschinenschreiben) in den 1970er Jahren bestätigen können. Katherine Rawson und Walter Kintsch replizierten vor einigen Jahren an einer Stichprobe von Studierenden, die wissenschaftliche Texte lesen und behalten sollten, diesen Befund für das Lernen aus Texten. Vor allem für das längerfristige Behalten, so die Erkenntnis der Wissenschaftler, ist das verteilte Lernen wirksamer als das massierte. Im Wesentlichen besagt der Effekt der verteilten Übung, dass es sinnvoller ist, die insgesamt aufgewendete Lernzeit auf unterschiedliche Zeitintervalle zu verteilen, als sie in einem einzigen Zeitblock zu bündeln.[3] Konkrete Empfehlungen, wie groß die Zeitabstände zwischen diesen Intervallen sein sollten, lassen sich aus den genannten Studien allerdings nicht ohne Weiteres ableiten.

Übung ist notwendig, weil durch das wiederholende Üben die neu gelernten Fertigkeiten und Kenntnisse automatisiert werden. Am Beispiel des verstehenden Lesens lässt sich das gut illustrieren: Ein im Lesen noch ungeübter Schüler erliest einen neuen Text nur langsam und stockend. Buchstaben für Buchstaben wird er beim phonologischen Rekodieren zunächst in Laute transformieren, aus den zusammengezogenen Lauten Sinneinheiten (Worte), aus den einzelnen Worten noch größere Sinneinheiten (Sätze) konstruieren. Bei der begrenzten Kapazität des Arbeitsspeichers – hier ist vor allem die phonologische Schleife gefordert – wird der disfluente Leser nur mühsam, wenn überhaupt, zu den höheren Verstehensleistungen vordringen. Mit anderen Worten: Die basalen kognitiven Prozesse der Buchstaben- und Worterkennung beanspruchen beim disfluenten Leser Verarbeitungsressourcen, die eigentlich für die Verstehensprozesse auf der Satz- und Textebene benötigt würden. Erst wenn die hierarchieniedrigen Dekodierprozesse durch vorangegangenes Üben und Wiederholen weitgehend automatisiert vonstatten gehen, werden die notwendigen Verarbeitungsressourcen für das verstehende, sinnentnehmende Lesen frei.

Übung allein genügt aber nicht, weil es Grenzen der Übungseffizienz gibt. Das wird vor allem deutlich, wenn es um den Erwerb einer besonderen bereichsspezifischen Expertise geht. Natürlich haben herausragende Experten, sei es im Sport, in der Musik oder in den Wissenschaften, auf dem Weg zur Expertise viel Zeit mit dem angeleiteten, später selbstständigen Einüben von Kenntnissen und Fertigkeiten verbracht. Dennoch kann nicht jeder von uns in jedem Bereich allein durch Übung zum Experten werden. Individuelle, teils angeborene, teils in der intensiven Nutzung früher Lerngelegenheiten begründete Unterschiede zwischen den Lernerinnen und Lernern beeinflussen ebenso das spätere Leistungsvermögen wie die investierte Anstrengung und Übungszeit.

Wichtig ist allerdings, dass dem Wiederholen und Üben am Ende eines Lernprozesses die notwendige Bedeutung und die dafür benötigte Zeit eingeräumt wird. Am Ende – und nicht zu Beginn des Lernens! Denn das Auswendiglernen und Üben darf erst nach dem Verstehen stattfinden – sonst wird behalten, was zuvor nicht verstanden wurde.

Macht Lernen intelligent?

Lernen hat auch mit Intelligenz zu tun, aber was genau? Ist Intelligenz nichts anderes als das Ausmaß der Lernfähigkeit eines Individuums, oder wird man erst durch Lernen intelligent? Aljoscha Neubauer und Elsbeth Stern haben ein kurzweilig lesbares Buch über Lernen und Intelligenz geschrieben.[4] Intelligente Menschen, so schlussfolgern sie, können leichter, besser und schneller Wissen in komplexen Inhaltsbereichen erwerben, weil sie ihr Arbeitsgedächtnis effizienter nutzen und weil sie Informationen schneller verarbeiten. Aber auch weniger Intelligente können, wenn sie einen größeren Aufwand betreiben, die glei-

---

Hintergrund: Intelligenz

Kognitive Intelligenz (auf die sog. multiplen Intelligenzen wird im Folgenden nicht eingegangen) lässt sich den gängigen Theorien gemäß am besten in einer hierarchischen Struktur vorstellen – nicht als eine einzige Fähigkeit und auch nicht als Bündel unverbundener Teilfähigkeiten. Das Modell der hierarchischen Struktur der Intelligenz von Spearman postuliert einen Generalfaktor (g) der allgemeinen kognitiven Leistungsfähigkeit an der Spitze und mehrere sekundäre Teilfähigkeiten darunter. Die Teilfähigkeiten differenzieren sich ihrerseits in mehr als 70 (im hier dargestellten Schichtenmodell nicht aufgeführte) Primärfähigkeiten. Aufgrund der von John Carroll vorgenommenen Systematisierung, die auf den Arbeiten von Cattell und Horn aufbaut, spricht man in diesem Zusammenhang häufig auch von der Cattell-Horn-Carroll- oder CHC-Theorie der Intelligenz.

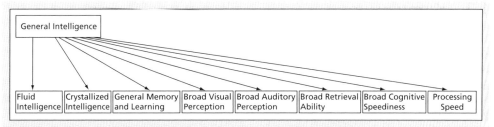

Abb. 2: Schichtenmodell der Intelligenz (nach Carroll, 1993, p. 626).

Die in der Hierarchie der kognitiven Fähigkeiten zuoberst stehende allgemeine (general) Intelligenz (g) kennzeichnet den gemeinsamen Kern der darunter angeordneten Teilfähigkeiten. Einige von diesen haben mehr, andere weniger miteinander zu tun. Sie werden deshalb bei der Lösung spezifischer Intelligenztestaufgaben in unterschiedlichem Maße und in unterschiedlicher Gewichtung benötigt.

Intelligenz verändert sich – und Kinder werden mit zunehmendem Alter zunehmend intelligenter. Diese intraindividuellen Entwicklungsverläufe haben mit Lernen, aber auch mit der Entwicklung und Reifung des Gehirns zu tun. Kinder, später auch Erwachsene, unterscheiden sich aber auch untereinander (interindividuell) in ihrer Intelligenz. Die gebräuchlichen Intelligenztests sind so konstruiert, dass sich die Intelligenztestleistungen innerhalb einer Altersgruppe normal verteilen, d. h., dass etwa 68 % aller Personen im Schwankungsbereich einer statistischen Standardabweichung rechts oder links vom Durchschnittswert (bei den meisten gängigen Verfahren ein Wert von 100) zu liegen kommen und dass nur jeweils 16 % der Personen einer Altersgruppe außerhalb dieses Bereichs liegen – in Richtung einer höheren oder geringeren Befähigung.

Wie bei anderen Personmerkmalen auch, sind die Intelligenzunterschiede teilweise genetisch bedingt, teilweise gehen sie auf Lernerfahrungen zurück. Zusätzlich spielen komplexe Erbe-Umwelt-Interaktionen eine Rolle. So etwa, wenn sich die aufgrund ihrer genetischen Ausstattung intelligenteren Kinder bevorzugt in intellektuell stimulierenden Lernumgebungen aufhalten (und davon profitieren), weil ihre Eltern, die auch intelligenter sind, solche Umwelten eher bereitstellen. Scheinbar paradox nimmt übrigens der Einfluss der Gene auf die Variabilität des intellektuellen Leistungsvermögens mit dem Alter zu, d. h. die Intelligenztestleistungen genetisch Verwandter sind bei älteren Personen einander ähnlicher als bei jüngeren. Aljoscha Neubauer und Elsbeth Stern (2007) erklären dies mit der Wirksamkeit aktiver und passiver Genom-Umwelt-Interaktionen.

chen Lernleistungen erbringen. Vor allem bei den kumulativen Lernprozessen, wie sie beim schulischen Lernen die Regel sind, ist eines noch wichtiger als die allgemeine Intelligenz: die *Reichhaltigkeit* und *Strukturiertheit* des bereichsspezifischen Vorwissens.

Intelligenz ist beides: als Lernfähigkeit eine wichtige Voraussetzung für künftiges Lernen und als intellektuelle Kompetenz, neuartige Aufgaben und Probleme mit Hilfe des Denkens zu lösen, zugleich das Ergebnis komplexer Lern- und Entwicklungsprozesse in schulischen und außerschulischen Umwelten. Vom Anbeginn seiner Entstehungsgeschichte hatten das psychologisch-psychometrische Konstrukt der *Intelligenz*, wie auch die Methoden ihrer Erfassung und Validierung, eng mit Schule und Schulleistungen zu tun. Die Franzosen Alfred Binet und Theodore Simon haben nämlich Anfang des 20. Jahrhunderts im Auftrag des Unterrichtsministeriums den ersten Intelligenztest entwickelt, um schwach- von normalbegabten Kindern zu unterscheiden.

1.2 Kumulative Lernprozesse

Nahezu alle schulischen Leistungen sind das Ergebnis kumulativer, d. h. aufeinander aufbauender Lernprozesse. Auf den kanadischen Psychologen Robert Gagné geht die Vorstellung zurück, dass jeder Lernzuwachs in einer spezifischen Wissensdomäne auf (bereichs-) spezifischen Vorkenntnissen beruhe, die ihrerseits wiederum auf Vorkenntnissen aufbauten, die davor erworben wurden. Bereichsspezifisches Vorwissen oder bereits vorhandene Fertigkeiten erleichtern demnach ganz entscheidend den Aufbau und Erwerb nachfolgenden Wissens und Könnens. Gagné hat für das unterrichtliche Vorgehen daraus den Schluss gezogen, dass die zu vermittelnden Lernstoffe, wo möglich, im Sinne hierarchisch aufeinander aufbauender Voraussetzungsrelationen zu gliedern und in entsprechender Abfolge darzubieten seien. Auf diese Weise könne man den vertikalen Lerntransfer, d. h. die Lernübertragung zwischen den einander voraussetzenden Teilkomponenten des Wissens und Könnens, maximieren. So wie Gagné haben auch andere Unterrichtsforscher in den 1960er und 1970er Jahren die sachlogische Hierarchie und Systematik des zu vermittelnden Wissens zur Grundlage einer kleinschrittig-expliziten Wissensdarbietung im Schulunterricht gemacht. David Ausubel, John Carroll und Benjamin Bloom sind die bekanntesten von ihnen.[5]

Das Gegenteil des *kumulativen* ist das *additive Lernen* im isolierten Lernakt. Auch beim additiven Lernen kommt es zu einem Zuwachs des Wissens und Könnens, einem Zuwachs allerdings, der weniger gut in das bereits vorhandene Wissen und Können integriert ist – gelegentlich wird deshalb auch von »Wissensinseln« gesprochen, um die Isoliertheit der additiv erworbenen Wissenselemente auszudrücken. Beim additiven Lernen werden neue Wissenselemente dem Vorhandenen quasi nur hinzugefügt, beim kumulativen Lernen werden die neuen Lerninhalte in bestehenden Wissensfundamenten verankert und systematisch mit dem bereits vorhandenen Wissen verknüpft. Unverbundene Wissensinseln, so die Erwartung, fallen dem Vergessen leichter und schneller anheim als die über Voraussetzungs- und andere Beziehungsrelationen verknüpften Lerninhalte.

Es ist Aufgabe der Schule, den Aufbau systematischen, miteinander verknüpften Wissens gezielt zu fördern. Wo dies gelingt, wird anstelle isolierten, trägen und nicht transferierbaren Wissens nachhaltig und flexibel anwendbares Wissen und Können erworben. Vor allem für die mathematisch-naturwissenschaftlichen Lerninhalte – auf diesen Bereich bezogen sich auch die illustrativen Beispiele Robert Gagnés – lassen sich die Voraussetzungsrelationen der Wissensinhalte leicht in curricular-didaktische Abfolgen übersetzen.

Soweit die Theorie des kumulativen Lernens. Wie gut hält sie der empirischen Überprüfung stand? In zwei ganz unterschiedlichen Forschungstraditionen hat man sich mit der Bedeutung des bereichsspezifischen Wissens für das Lernen befasst. Zum einen in der vornehmlich (quasi-)experimentellen Expertiseforschung der *Kognitiven Psychologie*, mit ihrer Blütezeit in den 1970er und 1980er Jahren. Vor allem die Arbeiten von Robert Glaser, Michelene Chi, Anders Ericsson und anderen Forschern aus der Pittsburgher Gruppe sind hier zu nennen. Zum anderen wurden in der *Pädagogischen Psychologie* im Quer- und Längsschnitt korrelationsanalytische Studien zur Vorhersage schulischer Leistungen durchgeführt, die zunächst dargestellt werden.

Bedingungen schulischer Leistungen

Schulische Leistungen lassen sich am besten durch vorausgegangene schulische Leistungen vorhersagen. So lässt sich Gagnés Auffassung vom kumulativen Lernen auf einer sehr allgemeinen Betrachtungsebene prägnant zusammenfassen. Was aber heißt das? Eine wegweisende Studie hat eine Heidelberger Forschergruppe um Franz Weinert in den 1970er Jahren durchgeführt.[6] Die Autoren ordneten Arithmetikaufgaben aus der 4. Klassenstufe nach Schwierigkeiten und definierten im Sinne von Gagnés Voraussetzungshierarchien vier (Vor-)Kenntnisebenen, angefangen von der Kompetenz, sehr leichte (»Wie oft ist 3 in 18 enthalten?«) bis hin zur Fähigkeit, sehr schwierige Aufgaben lösen zu können (»Was ergibt 2712 geteilt durch 73?«). In ihrer Studie konnten die Heidelberger Forscher zeigen, dass sich die Rechenleistungen bei Aufgaben der zweiten Vorkenntnisebene am besten durch die bei den Aufgaben auf der ersten Vorkenntnisebene erzielten Leistungen vorhersagen ließen, bei Aufgaben der dritten Vorkenntnisebene entsprechend durch die auf der vorangegangenen Ebene erzielten und so weiter. Besonders interessant ist aber folgendes: Die ebenfalls erfasste Intelligenztestleistung war nur mit den Rechenleistungen bei den (leichtesten) Aufgaben der ersten Vorkenntnisstufe positiv assoziiert, bei den schwierigeren Aufgaben war ein Zusammenhang zwischen Lösungswahrscheinlichkeit und Intelligenz nicht mehr vorhanden – sie wurden nur dann richtig gelöst, wenn auch die Aufgaben auf der darunter liegenden Vorkenntnisebene gelöst worden waren. Also: *Vorwissen toppt die Intelligenz.* Obgleich auswertungsmethodisch nicht optimal und nur auf querschnittlich-korrelativen Daten beruhend, wurde die Heidelberger Studie zum Zitationsklassiker.

In der Münchner SCHOLASTIK-Studie hat Franz Weinert in den 90er Jahren die wesentlichen Befunde der Heidelberger Studie in einem längsschnittlichen Datensatz bestätigen können. Vorher Gelerntes, so die Kernaussage, ist die entscheidende Voraussetzung künftigen Lernerfolgs – zumindest dann, wenn sich die Lerninhalte in eine Sequenz sachlogisch aufeinander aufbauender Vorkenntniskomponenten gliedern lassen. Nur zu Schulbeginn spielt der Einfluss der Intelligenz eine größere Rolle, weil die Schüler in fast allen Inhaltsbereichen noch keine Vorkenntnisse haben, also Novizen sind. Im Verlauf des schulischen Lernens geht aber die Bedeutsamkeit der allgemeinen intellektuellen Fähigkeiten zurück und die von Vorkenntnisunterschieden nimmt zu. Die Pädagogische Psychologie hat diese Inhalts- und Fachspezifität von Lernen erst spät entdeckt.

Hintergrund: Die SCHOLASTIK-Studie

Die Münchner Grundschulstudie zum Zusammenhang von Schulorganisierten Lernangeboten und der Sozialisation von Talenten, Interessen und Kompetenzen (SCHOLASTIK) untersuchte individuelle Entwicklungsverläufe im Grundschulalter. Insgesamt 1 150 Kinder in 54 Schulklassen wurden über einen Zeitraum von vier Jahren hinsichtlich ihrer schulischen Leistungen, der individuellen Determinanten der Schulleistung sowie der Unterrichts- und Kontextmerkmale ihrer schulischen Umwelt untersucht. Im Rahmen der Studie wurden auch die Mathematikleistungen (Arithmetik) in den Klassen 1 bis 4 sowie die allgemeine Intelligenz gemessen. Ganz im Sinne der Wissenkumulation zeigt sich, dass die Mathematikleistungen in der 2. Klasse (Vorkenntnisse) mit den entsprechenden Leistungen in der 4. Klasse eng zusammenhängen ($r = .57$), diese Korrelation ist deutlich höher als die mit der Intelligenz ($r = .26$). Der Zusammenhang bleibt fast unverändert, wenn man durch eine statistische Kontrolle die Intelligenz konstant hält ($r = .53$). Hält man hingegen das Niveau der Vorkenntnisse konstant, so tendiert der Zusammenhang zwischen der Intelligenz und den Leistungen in Klasse 4 gegen Null ($r = .05$). Wenn Vorkenntnisse benötigt werden, spielt die allgemeine Intelligenz also nur noch eine geringe Rolle, und beim kumulativen Lernen lassen sich mangelnde Vorkenntnisse dann nicht mehr durch die allgemeine Intelligenz kompensieren, wenn die Aufgaben schwieriger und anspruchsvoller werden (Weinert & Helmke, 1997).

Genese von Expertise

Der Vorkenntniseffekt lässt sich nicht nur beim schulischen Lernen, sondern auch bei der Bearbeitung von Problemlöse- und Gedächtnisaufgaben aufzeigen. Als Experten-Novizen-Paradigma bezeichnet man einen Forschungsansatz, bei welchem die Experten in einer bestimmten inhaltlichen Domäne (z. B. im Schach- oder Bridgespielen) kontrastiv mit Laien verglichen werden, um etwas über die der Expertise zugrundeliegenden Mechanismen zu erfahren.

Eine klassische Untersuchung mit Großmeistern, guten Spielern und Anfängern im Schach hat der Niederländer Adriaan de Groot schon in den 1940er Jahren durchgeführt. William Chase und Herbert Simon griffen seine Überlegungen in den 1970er Jahren wieder auf, wählten aber einen anderen methodischen Zugang: Chase und Simon präsentierten ihren Untersuchungsteilnehmern Schachstellungen, aber nur für wenige Sekunden. Direkt im Anschluss sollten sie auf einem leeren Spielbrett die zuvor präsentierte Stellung nachbauen. Die Forscher analysierten die Blickbewegungen und die Latenzzeiten bei der Rekonstruktion von Schachstellungen unterschiedlicher Komplexität aus dem Gedächtnis und konnten zeigen, dass die Schachexperten aufgrund ihres inhaltlichen Vorwissens an eine solche Problemaufgabe ganz anders herangehen als gewöhnliche Spieler. Aufgrund ihrer Expertise bildeten sie zusammenhängende Figurenmuster (Chunks), wo die Novizen nur einzelne Figuren wahrnahmen und rekonstruierten. So konnten die Experten leicht die gesamte Konstellation (mehr als 20 Figuren) erinnern, während die Novizen meist nur weniger als zehn Figuren richtig setzten. Den Novizen fehlte das Vorwissen, um die sinnvollen Einheiten zu erkennen. Wenn man eine Zufallsstellung präsentierte – die Figuren also ohne Sinn und Verstand auf dem Brett

verteilt angeordnet waren –, waren ihre Erinnerungsleistungen aber nicht schlechter als die der Experten.[7]

Gute wissenschaftliche Studien müssen nicht notwendigerweise mit großen Stichproben arbeiten. Chase und Simon hatten in ihrer Studie nur drei Versuchsteilnehmer, eine von diesen war die Studentin Michelene Chi, die später selbst am Thema weiterarbeitete. Chi konnte zeigen, dass der beschriebene Expertiseeffekt universell gültig ist, ja dass er sogar die üblichen Entwicklungstrends beim Lernen und Behalten ins Gegenteil verkehren kann: Wenn nämlich Kinder, die sehr gut Schach spielen, im Rahmen der oben geschilderten Behaltensanforderung mit erwachsenen Novizen verglichen werden, sind sie diesen überlegen. Bei allen anderen Behaltensaufgaben sind – wie zu erwarten – die Erwachsenen besser.

Wenn in diesem Zusammenhang von Vorwissen oder von Vorkenntnissen gesprochen wird, ist übrigens nicht die Menge, sondern die Qualität, das heißt die Strukturiertheit und das Organisationsniveau des Vorwissens gemeint. Kumulativ erworbenes ist eben nicht additiv erworbenes Wissen und deshalb geht mit dem Mehr an Wissen stets auch eine andere Qualität des Wissens einher. Das (Vor-)Wissen der Experten ist intelligent geordnet, gut vernetzt und flexibel transferierbar. Die Überlegenheit der Experten bei den beschriebenen Lern- und Gedächtnisaufgaben ist jedoch auf jene Wissensbereiche beschränkt, für die das Spezialwissen der Experten von Bedeutung ist. So eindrücklich die Befunde zur Wirksamkeit des Vorwissens für das Lernen und Behalten neuer Informationen auch sind – entscheidende Fragen bleiben: Wie werden die notwendigen Vorkenntnisse erworben? Welche Bedingungen sind dafür verantwortlich, dass die bereichsspezifischen Vorkenntnisse mehr oder weniger gut ausgebildet werden? Im nachfolgenden Abschnitt wird eine Antwort hierauf versucht.

1.3 Individuelle Voraussetzungen erfolgreichen Lernens

Nicht immer führen Lernabsichten und Lernanstrengungen zum gewünschten Erfolg. Das hängt nicht zuletzt damit zusammen, dass sich Menschen hinsichtlich ihrer Lernvoraussetzungen voneinander unterscheiden und dass sie in unterschiedlicher Weise die ihnen verfügbaren Lernangebote ausnutzen. Welches sind die wichtigsten individuellen Voraussetzungen erfolgreichen Lernens?

Auf die zentralen Bestandteile guter Informationsverarbeitung wurde in Abschnitt 1.1 bereits verwiesen: die grundlegenden Funktionen der Aufmerksamkeitszuwendung und des Arbeitsgedächtnisses sowie den Einsatz von Lernstrategien und Strategien der Selbstregulation. Darüber hinaus ist ein gut organisiertes Vorwissen wichtig, die lernförderlichen motivationalen Dispositionen und das Selbstkonzept, die Funktionen der Willensbildung und der lernbegleitenden Emotionen. Das komplexe Zusammenspiel dieser individuellen Lernvoraussetzungen ist im Detail allerdings noch längst nicht geklärt. Im Folgenden betrachten wir die einzelnen Merkmalsbereiche etwas genauer:

Aufmerksamkeit

Lernen ist eine Kette von Prozessen der Informationsauswahl, -organisation und -transformation. Am Anfang eines Lernprozesses werden Reize, z. B. akustische oder visuelle, in den modalitätsspezifischen *sensorischen Registern* für wenige Millisekunden festgehalten, nicht aber bewusst analysiert. Allerdings erfolgt schon zu diesem Zeitpunkt eine Form der Reizidentifikation, die das Erkennen vertrauter Muster gestattet. Folgt man beispielsweise einem Vortrag oder liest einen Text, dann wird die gehörte Sprache oder die gelesene Schrift zunächst einmal als Repräsentation ihrer physikalischen Merkmale enkodiert. Erst im weiteren Verlauf der Informationsverarbeitung erfolgt eine Interpretation, die ihr Bedeutung verleiht. Erst dadurch werden die sensorischen Registrierungen von Reizqualitäten zu bedeutungshaltigen Daten, zu *Informationen* für den Lernenden.

Ohne die Zuwendung von Aufmerksamkeit funktioniert Lernen nicht. Denn der Lernprozess im eigentlichen Sinne beginnt erst dann, wenn der Lernende einer Auswahl der in den sensorischen Registern »festgehaltenen« Reizinformationen seine Aufmerksamkeit zuwendet. Die Aufmerksamkeitszuwendung kann gezielt oder auch unwillkürlich erfolgen. Entscheidend für die weitere Verarbeitung ist jedoch, dass eine frühe Selektion stattfindet. Nur jene Reizqualitäten gelangen in das *Kurzzeitgedächtnis*, die mit Aufmerksamkeit bedacht werden. Das Kurzzeitgedächtnis wird je nach Gedächtnismodell auch *Arbeitsgedächtnis* genannt, zumindest gilt das für einige, dem Kurzzeitgedächtnis zugeschriebene Funktionen. Es hat in Bezug auf die zu speichernde Informationsmenge und hinsichtlich der Möglichkeit ihrer temporären Aufbewahrung allerdings nur eine begrenzte Kapazität. Weil aber neue Reizqualitäten stetig in das Arbeitsgedächtnis »nachdrängen«, sind die im Arbeitsgedächtnis aktuell befindlichen Informationen beständig der Gefahr ausgesetzt, wieder verloren zu gehen. Vor diesem Hintergrund ist es nicht verwunderlich, dass die Güte und die Effizienz der Informationsverarbeitungsprozesse zuallererst von einer effizienten Steuerung der Aufmerksamkeitsprozesse abhängen. Tatsächlich haben Forschungsarbeiten aus den vergangenen 20 Jahren gezeigt, dass die spezifischen Funktionen der Aufmerksamkeitszuwendung und -kontrolle sowie die Teilfunktionen des Arbeitsgedächtnisses bei unterschiedlichen Personen unterschiedlich gut ausgebildet sind. Im Hinblick auf das

Gelingen individueller Lernprozesse bleibt dies nicht ohne Folgen.

Die sogenannte *Filtertheorie der Aufmerksamkeit* geht auf Donald Broadbents Überlegungen in den 50er Jahren zurück. Sie besagt, dass eine Auswahl der weiter zu verarbeitenden Informationen bereits sehr früh im Prozess der Informationsverarbeitung vorgenommen wird. Das scheint auch sinnvoll und notwendig, weil die Verarbeitungskapazität der nachfolgenden Komponenten des Gedächtnissystems – vornehmlich des Arbeitsspeichers – sehr begrenzt ist. Die *selektive Aufmerksamkeit* wirkt deshalb wie ein Filter, der die Überflutung des Systems durch unerwünschte (gegebenenfalls konkurrierende) sensorische Reizqualitäten verhindert. Heute nimmt man an, dass es unterschiedliche Filter gibt, die diesen »Flaschenhalseffekt« bedingen. Ihre Funktionsweise wird von den Lernzielen und dem Vorwissen des Lerners (»top-down«) ebenso beeinflusst wie von den Informationsmerkmalen selbst (»bottom-up«).

Die Fähigkeit, bedeutsame von irrelevanten Reizen unterscheiden zu können und die Fähigkeit, die als relevant interpretierten Informationen (exklusiv) zu fokussieren, ist eine wichtige Voraussetzung guter Informationsverarbeitung. Menschen unterscheiden sich hinsichtlich dieser Fähigkeit, wie man aus experimentellen Studien weiß, in denen während der Bearbeitung einer Lernaufgabe gezielt ablenkende Reize induziert wurden. Selektivität ist aber auch in späteren Phasen der Informationsverarbeitung wichtig. Wie effizient relevante von irrelevanter Information unterschieden werden kann, ist natürlich in erheblicher Weise von den einschlägigen Vorkenntnissen des Lernenden abhängig. Wer wenig Ahnung hat, wird vieles, oft zu vieles für wichtig erachten. Aus den im Experten-Novizen-Paradigma durchgeführten Untersuchungen ist bekannt, dass Experten in einem Inhaltsbereich sehr viel besser in der Lage sind, innerhalb von Sekundenbruchteilen zwischen relevanten und weniger relevanten Informationsmerkmalen zu unterscheiden. Vor allem aber gilt: Experten wissen auch, was sie nicht wissen müssen!

Arbeitsgedächtnis

Schon Atkinson und Shiffrin hatten dem Kurzzeitspeicher ihres Mehrspeichermodells die Funktion eines Arbeitsgedächtnisses zugewiesen. Im Arbeitsgedächtnis werden Informationen bewusst, wenn auch nur zeitweilig, (zwischen-)gespeichert und dabei in aktiver Weise (weiter-)verarbeitet. Durch den Einsatz von Lern- und Gedächtnisstrategien lassen sich diese Verarbeitungsprozesse optimieren. Die jeweils im Arbeitsgedächtnis befindlichen Informationen beruhen zugleich auf »neuen« und auf »alten« Daten – auf den aus den sensorischen Registern neu hereinkommenden und auf den aus dem Langzeitspeicher aktivierten. Erst im Zusammenspiel mit dem bereits vorhandenen Wissen gewinnen die neuen Informationen ihren Bedeutungsgehalt – durch die Prozesse im Arbeitsgedächtnis werden neue Informationen in bestehendes Wissen integriert.

Einer der wohl einflussreichsten Gedächtnispsychologen, Alan Baddeley, unterscheidet zwischen strukturellen und prozessualen Aspekten, wenn es um die Funktionsweise und Kapazität des Arbeitsgedächtnisses geht.[8] Baddeleys Modell des Arbeitsgedächtnisses lässt sich folgendermaßen zusammenfassen: Es gibt jeweils ein Teilsystem für die Verarbeitung visuell-räumlicher bzw. sprachlich-akustischer Informationen und es gibt eine zentralexekutive Instanz, die der koordinierenden Überwachung und Steuerung von Gedächtnisprozessen dient. Zusätzlich wird ein weiteres Subsystem angenommen – der episodische Puffer –, als Schnittstelle zwischen den Subsystemen, der zentralen Exekutive und dem Langzeitgedächtnis. Die Aufgaben der zentralen Exekutive ähneln teilweise dem, was uns später unter der Be-

Hintergrund: Visuell-räumliches und phonologisches Arbeitsgedächtnis

In Alan Baddeleys (1986) Modell des Arbeitsgedächtnisses (Working Memory, WM) besteht das *visuell-räumliche Arbeitsgedächtnis* aus zwei Komponenten: Einem visuellen Speicher und einem Mechanismus für die Aufnahme räumlicher Bewegungssequenzen. Im visuellen Speicher sind die Form und die Farbe einer Reizinformation repräsentiert. Der räumliche Mechanismus verfügt über ein dynamisches Repräsentationsformat und beinhaltet zudem eine Art bildliche Wiederholungsschleife, um die Informationsqualitäten des visuellen Speichers länger verfügbar zu halten. Auch das *phonologische Arbeitsgedächtnis* (die phonologische Schleife) besteht aus zwei Komponenten: Einem phonetischen Speicher und einem Mechanismus des stillen Wiederholens. Im phonetischen Speicher sind klangliche und sprachliche Reizqualitäten repräsentiert – das Repräsentationsformat ist sequentiell-analog. Oft wird dieser Speicher mit einem Tonaufnahmegerät mit Endlosschleife bei zeitlich eng begrenzter Aufnahmekapazität (etwa zwei Sekunden) verglichen. Im »Aufnahmemodus« werden die aktuellen Inhalte fortwährend durch immer neue Inhalte überschrieben. Der Mechanismus des subvokalen Wiederholens ist eine Art »inneres Sprechen« und dient dazu, die Repräsentationen im phonetischen Speicher länger verfügbar zu halten. Er spielt auch bei der Dekodierung bildlicher Informationen und beim Dekodieren von Graphemen eine wichtige Rolle: Subvokales Wiederholen übersetzt visuell dargebotene und bildhaft verarbeitete Informationen in sprachliche (Effekt der Doppelkodierung).

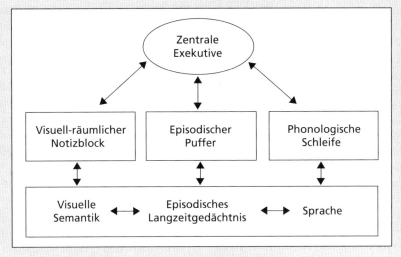

Abb. 3: Modell des Arbeitsgedächtnisses (nach Baddeley, 2000, p. 418)

zeichnung »metakognitive Regulation von Lernen« erneut beschäftigen wird. Die zentrale Exekutive lässt sich auch als Kontrollmechanismus verstehen, der die Aufmerksamkeitszuwendung, also das Wechselspiel zwischen Aktivierung und Hemmung von mentalen Operationen bei der Informationsverarbeitung steuert. Im Ergebnis stellen die Kontrollprozesse sicher, dass die notwendigen Verarbeitungskapazitäten bereitstehen und dass die Verarbeitungsprozesse, wo notwendig, eine fortwährende korrigierende Anpassung erfahren.

Von den beiden modalitätsspezifischen Teilsystemen – Baddeley bezeichnet sie als »visuell-räumlichen Notizblock« (für visuell-räumliche Informationen) und als »phonologische Schleife« (für sprachlich-akustische Informationen) – ist insbesondere die Funktionsweise der phonologischen Schleife gut erforscht. Hier lohnt eine nähere Betrachtung, weil die Funktionstüchtigkeit der phonologischen Schleife, nach allem, was wir heute wissen, für den erfolgreichen Schriftspracherwerb von großer Bedeutung ist.

Dass das phonologische Arbeitsgedächtnis von seiner Kapazität her eng begrenzt ist, lässt sich leicht illustrieren: Der gerade gelesene Satz, leise oder laut gelesen, passt noch gut hinein. Aber schon der nächste, den Sie nun lesen werden, überschreibt gewissermaßen den akustisch-phonetischen Klang des vorangegangenen. Dass Sie seinen Inhalt dennoch unschwer erinnern können, hat mit dessen Einfachheit zu tun und damit, dass die Bedeutungsinhalte der beiden Sätze aufeinander bezogen sind. Mit anderen Worten: Im Rückgriff auf die Konzepte des Langzeitspeichers (also Ihr Vorwissen) haben Sie aus der akustisch-phonetischen Repräsentation des Satzes längst eine semantische gemacht, die abstrakt-konzeptuell vor dem Vergessen geschützt ist – und so ist das rasch folgende Überschreiben und damit Auslöschen des Ausgangssatzes nicht weiter tragisch.

Man kann sich leicht vorstellen, wie wichtig die phonologische Schleife für das Lernen und den Wissenserwerb ist. Die Entwicklung ihrer Funktionstüchtigkeit folgt zwar allgemeinen Gesetzmäßigkeiten – für die Ausbildung interindividueller Unterschiede bleibt jedoch genügend Raum. Entwicklungsverzögerungen und interindividuelle Unterschiede in diesem Teilsystem des Arbeitsgedächtnisses werden uns auf der Suche nach möglichen Ursachen für Lernschwierigkeiten noch eingehender beschäftigen.

Vorwissen

Bei der Darstellung des kumulativen Lernens (Abschnitt 1.2) wurde über die Bedeutsamkeit des Vorwissens für das Lernen gesprochen. Denn das bereits vorhandene Wissen ist nicht nur zum überdauernden Repräsentationsinhalt unseres Langzeitgedächtnisses geworden – es ist zugleich eine der wesentlichen individuellen Voraussetzungen bzw.

Vorbedingungen für weiteres Lernen. Kumulativ lernen wir umso erfolgreicher, je mehr relevantes, d. h. inhaltlich einschlägiges Vorwissen vorhanden ist.

Wichtige Erkenntnisse über die Bedeutsamkeit des bereichsbezogenen Vorwissens für das künftige Lernen verdanken wir den sog. Experten-Novizen-Untersuchungen, zum Beispiel zum Schachspielen oder zum Lösen physikalischer Probleme.[9] Diese Studien haben, wie bereits erläutert wurde, gezeigt, dass Experten nicht nur über ein umfangreicheres, sondern vor allem über ein besser geordnetes und flexibler einsetzbares Vorwissen verfügen. Der wesentliche Vorteil von Experten besteht darin, dass sie die Bedeutungshaltigkeiten der neuen Informationen rasch erkennen, während Unkundige sie oft nicht entdecken, und dass sie die jeweils benötigten Inhalte ihres wohlgeordneten Langzeitwissens rasch und ohne große Anstrengung abrufen können.

Wie aber beeinflusst das Vorwissen das Lernen? Vergegenwärtigen wir uns das Mehrspeichermodell des menschlichen Gedächtnisses und die individuellen Voraussetzungen erfolgreichen Lernens. In allen Phasen der Informationsverarbeitung wird das Vorwissen wirksam. Wenn inhaltsbezogenes Vorwissen bereits vorhanden ist

- kann leichter entschieden werden, ob ein Reiz im Sinne der Lernabsicht informativ ist. Vorwissen beeinflusst deshalb die Prozesse der selektiven Aufmerksamkeit;
- können Konzepte aus dem Langzeitspeicher schneller aktiviert und rascher mit den neuen Informationen verknüpft werden. Vorwissen entlastet damit das Arbeitsgedächtnis;
- können neue Informationen leichter mit den Beständen des Langzeitspeichers verbunden werden. Vorwissen stützt damit die Prozesse der Informationsintegration;
- wird die Lernbereitschaft in aller Regel höher sein. Eine günstigere Lernmotivation wird sich in leistungsförderlichen Arbeitshaltungen niederschlagen.

Hintergrund: Vorwissen und Intelligenz

Vorwissen hat nicht unbedingt mit Intelligenz zu tun, obgleich höhere Intelligenztestwerte auf dem Weg zur inhaltlichen Expertise nicht von Nachteil sein dürften. Ein Inhaltsbereich, der wie kaum ein anderer nicht im Verdacht steht, mit einem besonders hohen Intelligenzniveau assoziiert zu sein, ist das Wissen über Fußball. Schneider, Körkel und Weinert (1989) haben in einer Studie mit mehr als 500 Schülerinnen und Schülern aus 3., 5. und 7. Klassen mit einem eigens entwickelten Test das Wissen über Fußball (Fußballexpertise) und die allgemeine Intelligenz (IQ) der Kinder gemessen. Die Kinder mussten dann Lernaufgaben bearbeiten, die auf Texten über fußballbezogene Inhalte basierten. Das Ergebnis war eindeutig: Auf allen Altersstufen war es das Ausmaß der Fußballexpertise, welches die individuelle Lernleistung besser vorhersagte als die Intelligenz. Auch bei hoher Intelligenz war ein fußballbezogenes Vorwissen nicht entbehrlich, um gute Lernleistungen zu erzielen. Eher war es umgekehrt: Mit einem hohen Maß an Fußballexpertise waren die Kinder zu Lernleistungen in der Lage, die man ihnen aufgrund ihrer Intelligenztestwerte gar nicht zugetraut hätte. Das aber heißt: Das inhaltsbezogene Vorwissen ist wichtiger als die Intelligenz, wenn es um die Verarbeitung inhaltsähnlicher Neuinformationen geht.

Kann Vorwissen auch nachteilig sein? Sicher kann es das. Denn das vorhandene Vorwissen – wie immer es beschaffen sein mag – steuert die Informationsaufnahme und -verarbeitung. Unzutreffendes Vorwissen kann deshalb dazu führen, dass durch nachfolgendes Lernen Fehlkonzepte erworben oder gefestigt werden. Inkongruentes oder mit den neuen Informationen inkompatibles Vorwissen kann dazu führen, dass langsamer gelernt wird. Es kann aber auch dazu führen, dass man sich deshalb intensiver und nachhaltiger mit einer Sache beschäftigt.

Dass es in scheinbar rationalen Entscheidungssituationen nicht immer günstig ist, über viel Vorwissen und über eine große Anzahl von Entscheidungsalternativen zu verfügen, ist eine andere Geschichte. Gerd Gigerenzer hat einige spektakuläre Beispiele beschrieben, in denen (sachinhaltliche) Unkenntnis letztendlich zu einer besseren und gewinnbringenderen Entscheidung geführt hat als zu viel Vorwissen. Solchen sogenannten Bauchentscheidungen liegen intuitive Heuristiken zugrunde, die den Algorithmen rationaler Entscheidungsfindung in Situationen hoher Komplexität durchaus überlegen sein können – zumindest dann, wenn schnelles Handeln gefordert ist. Es muss aber schon völlige Sachunkenntnis gegeben sein, wenn auf der Grundlage solcher Heuristiken erfolgreich entschieden

werden soll – profundes Halbwissen scheint eher nachteilig.[10] Normalerweise haben Lernprobleme aber eher mit zu wenig als mit zu viel Vorwissen zu tun.

Lernstrategien

Die Güte der Informationsverarbeitung und der Erfolg des Lernens lassen sich durch strategische Aktivitäten, die auf die Verarbeitungsprozesse einwirken, verbessern. Seit den 1970er Jahren wird solchen strategischen Aktivitäten vermehrt Aufmerksamkeit geschenkt. Ein großer Teil dessen, was Laien über Gedächtnis und Lernen wissen, ist vermutlich den populärwissenschaftlichen (häufig auch nichtwissenschaftlichen) Büchern über Lernstrategien entnommen.

Was ist eine Lernstrategie? Strategien sind Pläne zielgerichteter Handlungen. Ein Lernziel kann beispielsweise darin bestehen, eine komplizierte Gebrauchanweisung zu verstehen, einem Vortrag zu folgen oder ein Gedicht auswendig zu lernen. Für unterschiedliche Lernziele sind unterschiedliche Lernstrategien hilfreich und zielführend. Wenn man z. B. die Hauptgedanken eines wissenschaftlichen Textes verstehen und behalten will, um sie später einer anderen Person zu erläutern, bietet sich eine Kombination aus ordnenden (Wichtiges unterstreichen, zusammenfassen)

Hintergrund: Lernstrategien und Strategien ihrer metakognitiven Regulation

Häufig wird zwischen kognitiven Strategien, metakognitiven Strategien und sogenannten Stützstrategien des externen und internen Ressourcenmanagements unterschieden, eine Einteilung, die auf einen Vorschlag von Weinstein und Mayer (1986) zurückgeht. Die *Stützstrategien* (wie »Arbeitsplatz zweckmäßig gestalten« oder »hinreichend Pausen vorsehen«) werden auch als sekundäre Strategien bezeichnet, im Unterschied zu den *primären* Strategien der Informationsverarbeitung, die direkt auf eine Optimierung der kognitiven Prozesse zielen.

Kognitive Strategien (primäre) sind Memorier- bzw. Wiederholungs- sowie Organisations- und Elaborationsstrategien. Das memorierende Wiederholen ist beim Auswendiglernen von Fakten hilfreich, vor allem, wenn es sich um isolierte Informationen handelt. Mithilfe von Organisations- oder Kategorisierungsstrategien lassen sich interne Verknüpfungen und Strukturen von Lernmaterial aufdecken (die Abbildung unten lässt sich beispielsweise als Anwendung einer organisierenden Strategie auf die Inhalte dieses Textabschnitts betrachten). Die so entdeckten Strukturen öffnen den Blick für das Wesentliche und führen zu einer Reduktion und besseren Organisation der zu lernenden Inhalte. Elaborationsstrategien helfen, die neuen Informationen besser mit dem vorhandenen Vorwissen zu verknüpfen. Das führt zu einem tieferen Verstehen. *Metakognitive Strategien* werden benötigt, um den Einsatz und die Funktionsweise der kognitiven Strategien zu überwachen und zu steuern. Den übergeordneten Strategien des Planens, Überwachens und Bewertens kommt eine wichtige regulative Funktion zu – selbstgesteuertes Lernen kann nur funktionieren, wenn die lernrelevanten Kognitionen überwacht werden. Zur Funktion der zentralen Exekutive, wie sie Alan Baddeley in seinem Modell des Arbeitsgedächtnisses vorgesehen hat, gibt es hier Entsprechungen.

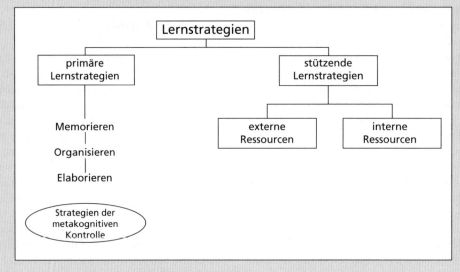

Abb. 4: Lernstrategien (nach Gold, 2005, S. 104)

und elaborierenden (Fragen an den Text stellen, Anwendungsbeispiele konstruieren) Strategien an, gefolgt von einer memorierenden Einprägungsstrategie wie »Notizen anfertigen« oder »wiederholt laut vorlesen«. Wichtig ist auch, dass das strategische Lernen metakognitiv überwacht und reguliert wird, d. h. dass man selbst überprüft, ob eine schwierige Textpassage auch wirklich verstanden wurde und dass gegebenenfalls abhelfende Maßnahmen ergriffen werden, wenn dies nicht der Fall war.

Wie beeinflussen Lernstrategien das Lernen? Beginnen wir mit dem einfachen (aufrechterhaltenden) Wiederholen. Schon Craik und Lockhart waren der Auffassung, dass die Wahrscheinlichkeit des Langzeitbehaltens direkt mit der Anzahl der Wiederholungsvorgänge im Kurzzeitspeicher zusammenhänge. Darüber hinaus gilt: Indem Informationen zu Bedeutungseinheiten zusammengefasst werden (Organisieren/Kategorisieren), wird die begrenzte Kapazität des Arbeitsgedächtnisses besser genutzt. Das ist beim Lesen der Fall, wenn aus Schriftzeichen Buchstaben und Worte, aus Wörtern ganze Sätze zusammengesetzt werden. Indem gezielt das eigene Vorwissen aktiviert wird, um die neuen Informationen damit zu verknüpfen, werden ein reichhaltigeres Enkodieren und ein bindungsreicheres Eingliedern in die bereits bestehenden Wissensstrukturen erreicht (Elaborieren). So wird neues Wissen und Können aufgebaut, indem das bereits vorhandene aktiv genutzt und dabei verändert wird. Wer sich Fragen zu einem Text stellt, eigene Überschriften formuliert, nach Anwendungsbeispielen sucht oder nach Gegenargumenten, dringt zu einem »tieferen« Textverstehen vor. Tiefer verarbeitete Texte werden besser verstanden und behalten. Wer sich verbal präsentierte Sachverhalte zusätzlich bildhaft vorstellt, nutzt den Vorteil der Doppelkodierung.

Die Fähigkeit zur Selbststeuerung des Lernens ist eine wichtige Voraussetzung dafür, dass die genannten strategischen Aktivitäten ihre Wirksamkeit entfalten können. Wichtig ist auch, dass die Lehrerinnen und Lehrer für Lernumgebungen sorgen, die das strategische selbstgesteuerte Lernen ermöglichen und einfordern. Sind die Gestaltung des Unterrichts oder die Aufmachung des Lehrbuchs hingegen so beschaffen, dass sie Eigenaktivitäten des Lerners scheinbar überflüssig machen, so geht die Notwendigkeit einer tiefergehenden Informationsverarbeitung verloren. Mit Blick auf ein zu viel oder zu wenig an extern vorzugebenden Strukturierungshilfen wird deshalb in aller Regel eine gesunde Mischung empfohlen.[11] In Abschnitt 1.5 werden wir auf

Fragen der optimalen Unterrichtsgestaltung nochmals zurückkommen.

Motivation und Selbstkonzept

Als Lernmotivation bezeichnet man die Absicht, sich in einer konkreten Situation (zum Beispiel im schulischen Unterricht) ein bestimmtes Wissen oder eine bestimmte Fertigkeit anzueignen, also die Lernabsicht. Dass Lernen und Lernerfolg mit der Lernmotivation zusammenhängen, scheint evident – wie sich der Zusammenhang aber im Einzelnen gestaltet, ist gar nicht so einfach zu sagen. Manchmal klappt das Lernen nicht, obwohl die gute Absicht durchaus vorhanden ist. Schülerinnen und Schüler, das ist jedenfalls gewiss, unterscheiden sich im Ausmaß ihrer Lernabsichten.

Man kann das Ausmaß der individuellen *Lernmotivation* nicht ohne Weiteres über Klassen von Lernsituationen und Lerninhalten hinweg generalisiert betrachten. Jemand kann sehr hoch motiviert sein, Schwimmen oder Tauchen zu lernen und zugleich nur sehr wenig motiviert, die Binomischen Formeln zu verstehen. Die Bereitschaft, sich bestimmten Lernanforderungen (mehr oder weniger freiwillig) zu stellen und sich gezielt und ausdauernd (allen Ablenkungen zum Trotz) mit den Lernaufgaben zu beschäftigen, ist eine günstige Lernmotivation. Wie kommt sie zustande?

Eine wichtige Unterscheidung ist zunächst einmal die zwischen *intrinsischer* und *extrinsischer* Lernmotivation. Intrinsisch motiviert ist eine Lerntätigkeit dann, wenn sie um ihrer selbst willen durchgeführt wird, weil sie als befriedigend und belohnend erlebt wird, zum Beispiel, weil man ein besonderes Interesse an einem Thema oder an einem Lerngegenstand hat. Im Idealfall geht ein Lerner völlig in einer solchen Lerntätigkeit auf – Mihaly Csikszentmihalyi hat in diesem Zusammenhang den Begriff »Flow-Erleben«

geprägt, der einen Zustand beschreibt, in dem die Person quasi in einer Tätigkeit versinkt und die Außenwelt vorübergehend kaum noch wahrnimmt. Das wird sicherlich nicht bei allen Schülerinnen und Schülern und nur für die wenigsten schulischen Lerngegenstände der Fall sein. Extrinsisch motivierte Lernhandlungen werden dagegen vorgenommen, weil sie mit einer gewissen Wahrscheinlichkeit zu Ergebnissen bzw. zu Ergebnisfolgen führen, die der Lernende als angenehm antizipiert (z. B. Lob und Anerkennung oder gute Noten). Die *Selbstbestimmungstheorie* der intrinsischen Motivation geht davon aus, dass Menschen grundsätzlich das Bedürfnis haben, sich selbst als wirksam und als kompetent zu erleben, bzw. zu erfahren, dass ihre eigenen Handlungen sichtbare Wirkungen hervorrufen. Edward Deci und Richard Ryan sehen in dieser Kompetenz- oder Wirksamkeitsmotivation eine wichtige Triebfeder menschlichen Lernhandelns – im Bedürfnis nach Selbstbestimmung und Selbstveranlassung dieses Handelns jedoch eine ebenso wichtige.

Es hängt von der Art der Lernanforderung und von den Interessen der jeweiligen Person ab, ob jemand eher intrinsisch oder extrinsisch motiviert an eine Aufgabe herangeht. Nicht selten ist auch der Fall, dass eine Lernhandlung extrinsisch motiviert begonnen wird und dass sich im Laufe des Lernens Interesse am Thema einstellt. In der Motivationspsychologie kontrovers diskutiert wird die Frage, ob es zu einer unerwünschten »Korrumpierung« der intrinsischen Lernmotivation kommen kann, wenn eine ursprünglich intrinsisch motivierte Handlung zusätzlich extrinsisch verstärkt wird – beispielsweise durch Belohnungen von Seiten der Lehrer oder Eltern. Im Sinne der Selbstbestimmungstheorie der intrinsischen Motivation wäre eine zusätzlich extrinsisch verstärkte Lernhandlung nämlich »überveranlasst«.[12]

Leistungsmotivation und Lernmotivation sind nicht dasselbe. Man spricht von *Leistungsmotivation*, wenn ein Lernverhalten so ausgeführt wird, dass es absichtlich oder zumindest billigend eine Selbstbewertung eigener Tüchtigkeit zulässt, d. h. eine Selbstbewertung, die sich an einem verbindlichen Gütemaßstab orientiert, den es zu erreichen oder zu übertreffen gilt. Ob die eigene Leistung im Lichte dieser Selbstbewertung dann als Erfolg oder als Misserfolg erlebt wird, hängt nicht zuletzt davon ab, was man sich vorgenommen hatte. Dieser durchaus subjektive Gütemaßstab des Individuums wird als Anspruchsniveau bezeichnet.

Die Leistungsmotivation lässt sich auch als individuelles Persönlichkeitsmerkmal betrachten, ähnlich wie die Intelligenz, die Ängstlichkeit oder die Gewissenhaftigkeit. In der Motivationspsychologie spricht man im Anschluss an die sogenannten Erwartungs-Wert-Modelle von einem individuellen Leistungsmotivsystem, das sich

- durch *Erfolgsorientierung* bzw. *Misserfolgsängstlichkeit*,
- den damit eng verknüpften *Attributionsstil* für Erfolg und Misserfolg sowie
- durch das leistungsbezogene Selbstvertrauen bzw. durch die lern- und leistungsrelevanten *Selbstkonzepte* eigener Fähigkeit gut charakterisieren lässt.

Schon Atkinson (1957) hatte postuliert, dass das individuelle Leistungsmotiv aus zwei Anteilen besteht: dem sogenannten *Erfolgsmotiv* und dem sogenannten *Misserfolgsmotiv*. Später nannte man das »Hoffnung auf Erfolg« und »Furcht vor Misserfolg«. Im einen Fall werden Lernanforderungen erfolgszuversichtlich angegangen, im anderen Fall überwiegt die Tendenz, Lernforderungen aus Furcht vor Misserfolg eher zu meiden. Im Laufe der individuellen Lerngeschichte kommt es zu relativ zeitstabilen und situationsübergreifenden Verfestigungen der einen oder der anderen Tendenz. Interessant ist nun, dass misserfolgsängstliche Personen entweder sehr leichte oder sehr schwierige Aufgaben zur Bearbeitung auswählen, wenn

Hintergrund: Risiko-Wahl-Modell von Atkinson (1957)

John William Atkinson ging davon aus, dass Einschätzungen von Erfolgs- oder Misserfolgswahrscheinlichkeiten (Erwartungen) sowie die Anreize des Gelingens (Wertigkeiten) unser Lernhandeln steuern. Eine subjektiv als recht schwierig eingeschätzte Aufgabenanforderung verlockt zwar durch einen sehr hohen Erfolgsanreiz (es wäre sehr schön, wenn man die Aufgabe meistert) – da die Gefahr des Misslingens jedoch relativ groß ist, motiviert sie nicht wirklich zum Lernhandeln. Ebenso wenig motiviert eine subjektiv als sehr leicht wahrgenommene Aufgabenanforderung zum Handeln – die Wahrscheinlichkeit des Gelingens ist zwar hoch, der Erfolgsanreiz aber gering. Besonders motivierend sind nach Atkinson die subjektiv als mittelschwer erlebten Aufgaben, denn das (rechnerische) Produkt aus Erfolgswahrscheinlichkeit und Erfolgsanreiz (Erwartung mal Wert) verspricht maximalen Gewinn.

So rational haben sich die Lerner, die Atkinson untersuchte, aber nicht immer verhalten. Manche Personen meiden durchgängig Aufgaben mittleren Schwierigkeitsniveaus und wählen vornehmlich leicht zu bewältigende Aufgaben; bisweilen aber auch solche mit sehr hoher Schwierigkeit. Das hängt mit systematischen Unterschieden im individuellen Leistungsmotiv bzw. im Lern- und Leistungsmotivsystem einer Person zusammen. In der Folge von Atkinsons Arbeiten hat sich die Motivationsforschung mit den Ursachen dieser Unterschiede befasst.

man sie wählen lässt. Bei den leichten Aufgaben ist ein Misserfolg sehr unwahrscheinlich, bei den sehr schwierigen Aufgaben dagegen vorprogrammiert – beide Leistungsergebnisse sind aber nicht bedrohlich für das eigene Selbstkonzept, weil sie eine Schlussfolgerung auf die eigene Tüchtigkeit nicht zulassen. Man ist nämlich nicht inkompetent, wenn man an einer sehr schwierigen Aufgabe scheitert. Nur die erfolgszuversichtlichen Lerner verhalten sich allerdings meistens so, wie im Risiko-Wahl-Modell beschrieben. Sie wählen Aufgaben mittlerer Schwierigkeit.

In Folge von Leistungsergebnissen und -bewertungen nehmen Menschen in aller Regel Ursachenzuschreibungen vor – in der Motivationspsychologie werden diese Ursachenzuschreibungen als *Kausalattributionen* bezeichnet: Woran hat es gelegen, dass ich erfolgreich/nicht erfolgreich war? Diese Ursachenzuschreibung führen zu Selbstbewertungen und bleiben nicht ohne Einfluss darauf, welche emotionalen Befindlichkeiten wir im Anschluss an das Lernen entwickeln und wie wir uns in nachfolgenden Lern- und Leistungssituationen verhalten.[13] Sogenannte internale Ursachenzuschreibungen (wenn also die eigene Fähigkeit oder die investierte Anstrengung als ursächlich erlebt wird) füh-

ren bei Erfolgserlebnissen zu Stolz, bei erlebtem Misserfolg zu Beschämung. Wichtig ist auch, ob Ursachen von Erfolg oder Misserfolg als (zeitlich) stabil und als kontrollier- bzw. veränderbar eingeschätzt werden. Im ungünstigsten Fall lässt man nach einem erlebten Misserfolg alle Hoffnung auf künftige Besserung fahren und die Lernbereitschaft sinkt.

Von *Attributionsstilen* spricht man, weil sich die eher erfolgsmotivierten von den eher misserfolgsängstlichen Personen nicht selten in ihren Kausalattributionen nach Erfolg und Misserfolg in einer bestimmten Weise voneinander unterscheiden. Demnach neigen die Erfolgsmotivierten dazu, eigene Lernerfolge stabilen internalen Faktoren, insbesondere der eigenen Fähigkeit zuzuschreiben. Misserfolge werden dagegen bevorzugt zeitvariablen oder externalen Ursachenfaktoren zugeschrieben (z. B. mangelnder Anstrengung oder den widrigen äußeren Umständen). Das ist ein ausgesprochen günstiges Attributionsmuster, weil es positive Anreize für neue Lernsituationen schafft. Die Ursachenerklärung der Misserfolgsängstlichen fällt in dieser Hinsicht wesentlich ungünstiger aus. Sie neigen dazu, erfahrene Misserfolge internal durch unzureichende Fähigkeiten zu erklären.

Damit aber nicht genug: Eigene Erfolge werden external »glücklichen Umständen« oder der vermeintlich »leichten Aufgabe« zugeschrieben. Was ein solches Attributionsmuster im Hinblick auf künftige Lernsituationen verheißt, lässt sich leicht ersehen.

Nun zu den lernrelevanten *Selbstkonzepten*. Wer Lernerfolge internal attribuiert, stärkt mit jedem Erfolgserlebnis das Vertrauen in die eigenen Fähigkeiten. Das Selbstkonzept eigener Fähigkeiten ist eine wichtige Rahmenbedingung schulischen Lernens, weil es mit dafür verantwortlich ist, ob man sich für einen Lerngegenstand interessiert. Wer sich in Physik als begabt oder fähig einschätzt, wird eher bereit sein, sich anspruchsvolle Lernziele zu setzen. Fähigkeitsselbstbilder wirken auch dann, wenn sie nicht ganz den tatsächlichen Begabungen und Fähigkeiten entsprechen, und zwar in beide Richtungen. Ein »unbegründet« negatives Selbstkonzept (»Mathematik ist nichts für mich«) mag zur Folge haben, dass sich ein begabtes Mädchen vom Fach abwendet und seine Interessen auf anderen Gebieten entdeckt. Ein »haltlos« positives Selbstkonzept (»Ich bin ein guter Fußballspieler«) kann aber auch dazu führen, dass sich durch steten Trainingsfleiß tatsächlich Leistungsverbesserungen einstellen, die eigentlich nicht zu erwarten waren.

Wie aber beeinflusst die Motivation das Lernverhalten und den Lernerfolg? Wenn, wie beim schulischen Lernen, Lernleistungen eingefordert und erwartet werden, ist die Bereitschaft, sich Leistungsanforderungen zu stellen, eine Grundvoraussetzung erfolgreichen Lernens. Die mit den Leistungsrückmeldungen einhergehenden Prozesse der Selbstbewertung haben entscheidenden Einfluss darauf, wie künftig gelernt wird. Wer sich für einen Lerngegenstand interessiert, wird mehr Anstrengung (das heißt auch: mehr Lernzeit) und mehr Ausdauer in seine Lerntätigkeit investieren. Lernmotivierte werden sich auch eher um den Einsatz (vergleichsweise aufwendiger) Lernstrategien bemühen, um eine bessere und

tiefere Informationsverarbeitung zu erreichen. Die in der Vergangenheit erlebten Lernerfolge und die günstigen internalen Erklärungszuschreibungen schützen davor, dass es nach Rückschlägen zu Entmutigungen und zu Lernvermeidungsverhalten kommt. Nicht zuletzt ist ein positives Selbstkonzept eigener Fähigkeiten eine wichtige Triebfeder selbstgesteuerten Lernens.

Lernbegleitende Emotionen und volitionale Steuerung

Emotionen sind psychische und physische Vorgänge. Sie umfassen physiologische Erregungen, Erlebens- und Gedankenszustände und gehen mit Reaktionen des Ausdrucks und Verhaltens einher. In der Gedächtnispsychologie geht man davon aus, dass ein Gefühlszustand, der während der Informationsverarbeitung erlebt wird, zusammen mit den anderen in dieser Situation wahrgenommenen Ereignissen und Sachverhalten als kontextgebundene Episode gespeichert wird. Als stimmungskongruente Verarbeitung bezeichnet man das Phänomen, dass wir leichter solche Informationen verarbeiten (und später abrufen können) können, die zu unserer gegenwärtigen Gestimmtheit passen. Auch wird stimmungskongruente Information eher mit Aufmerksamkeit bedacht, so dass es zu einer gründlicheren und tieferen Verarbeitung kommen kann.

Die lernbegleitenden *Emotionen* beschränken sich aber nicht nur auf die Prozesse der Aufmerksamkeitssteuerung, sondern tangieren die Prozesse der Informationsverarbeitung insgesamt, also sowohl die Auswahl und die Nutzung von Lernstrategien, den Wissenszugriff auf den Langzeitspeicher, die Schnelligkeit und Qualität der Wissensspeicherung als auch die Entwicklung der Lernmotivation. Dabei können Emotionen in positiver oder in negativer Richtung wirksam werden. Ein bisschen aufgeregt darf man sein, aber eine ausgewachsene Lern- oder

Prüfungsangst belastet das Arbeitsgedächtnis und entzieht notwendige Anteile der aufgabenbezogenen Aufmerksamkeitszuwendung. Lernfreude oder Stolz über eine erreichte Leistung wirken sich hingegen förderlich auf die Lern- und Leistungsmotivation aus.

Lernabsichten sind nicht das gleiche wie ihre Realisierung, denn es muss auch tatsächlich zur Lernhandlung kommen. Die Volitions- oder Willenspsychologie beschäftigt sich mit der Frage, wie aus Lernabsichten Lerntätigkeiten werden. Die Willenskräfte, derer es bedarf, um eine Lernbereitschaft in die Tat umzusetzen, sind aber nicht nur zur Initiierung einer Lernhandlung von großer Bedeutung. Benötigt werden sie auch, wenn es um das Aufrechterhalten des Lernens geht und um das »Abschirmen« der Lernprozesse gegenüber allfälligen Störungen. Gefragt sind also volitionale Kompetenzen der Selbstkontrolle und der Selbstregulation, Kompetenzen mithin, die dem ähneln, was wir unter dem Stichwort der metakognitiven Strategien im Zusammenhang mit den kognitiven Prozessen bereits angesprochen hatten. In der Tat wird auch der Aspekt der Willenskontrolle gelegentlich unter metakognitiven Gesichtspunkten mitdiskutiert, denn die Selbststeuerung bezieht sich nicht nur auf die Steuerung der kognitiven, sondern auch auf die Kontrolle der motivationalen und emotionalen Prozesse.

Es gibt drei Problemstellen des Lernhandelns, an denen Willenskräfte benötigt werden: bei der Initiierung einer Handlung, bei der Persistenz und bei der Überwindung von Handlungshindernissen.[14] Wie bekommt man diese Problemstellen unter Kontrolle? Mit dieser Frage beschäftigen sich Theorien der Selbstregulation bzw. der Handlungskontrolle. Julius Kuhl beispielsweise unterscheidet sechs Arten von Strategien, um Hindernissen der Lernabsichtsrealisierung zu begegnen:

1. Informationen ausblenden, die absichtswidrige Motivationstendenzen stärken könnten (Aufmerksamkeitskontrolle).

2. Die Informationsverarbeitung ganz bewusst auf die zielrelevanten Informationen lenken (Enkodierungskontrolle).
3. Die Lernmotivation gezielt erhöhen (Motivationskontrolle).
4. Die eigene Gefühlslage positiv beeinflussen (Emotionskontrolle).
5. Misserfolgen gedanklich nicht »nachhängen« und von unerreichbaren Zielen rasch »Abstand nehmen« (Misserfolgs- oder Aktivierungskontrolle).
6. Nicht zu lange zwischen Handlungsalternativen abwägen (Initiierungskontrolle).

Für das erfolgreiche Lernen sind diese Strategien der Handlungskontrolle sehr wichtig. Bis zu einem gewissen Maße können sie trainiert und erlernt werden (vgl. Abschnitt 6.2).

1.4 Entwicklungsvoraussetzungen erfolgreichen Lernens

Lernen und Entwicklung sind unterschiedliche Dinge – zumindest wird das in der wissenschaftlichen Psychologie meist so gesehen. Lernen ist Verhaltensänderung, genauer: die Veränderung des Verhaltenspotentials in der Folge von Erfahrungen. Als Entwicklung bezeichnet man die alterstypische Erweiterung des Verhaltenspotentials durch ein komplexes Zusammenspiel von genetischen Dispositionen und förderlichen bzw. hemmenden Umweltbedingungen. Im Resultat ist Entwicklung nicht immer leicht von Lernen zu unterscheiden – vor allem deshalb nicht, weil viele Lern- und Entwicklungsprozesse eng miteinander verschränkt sind und zudem im Verborgenen ablaufen.

Damit bestimmte Dinge gelernt werden können, müssen die dafür notwendigen Entwicklungsvoraussetzungen gegeben sein. Ein Beispiel: Zwar sind die meisten Forscher heute der Meinung, dass alle Kinder mit einem angeborenen Spracherwerbsmechanismus auf die Welt kommen. Dennoch macht es wenig Sinn, einem sechs Wochen alten Säugling das Sprechen beibringen zu wollen. Eine ganze Reihe notwendiger Reifungsprozesse sind zu diesem frühen Zeitpunkt noch nicht abgeschlossen: So lässt z. B. die Feinmotorik im Gaumen- und Rachenbereich die Artikulation distinkter Laute noch nicht zu. Erst, wenn sich der Kehlkopf tiefer in den Rachen abgesenkt hat, öffnet sich die Rachenhöhle hinter der Zunge soweit, dass durch Vor- und Rückwärtsbewegungen der Zunge Vokale hervorgebracht werden können. Das braucht einige Monate Zeit. Ebenso muss die Entwicklung und Vernetzung von Nervenzellen im Gehirn einen bestimmten Reifungsgrad erreicht haben. Hinzu kommt, dass der Fähigkeit zur Produktion von Sprache der Erwerb rezeptiver Kompetenzen vorausgeht, und dass das Erkennen von Wortbedeutungen erst möglich ist, nachdem produktiv-phonologische Kompetenzen

(Laute bilden können) bereits erworben wurden.[15]

Es gibt universelle, artspezifische Gesetzmäßigkeiten der menschlichen Entwicklung, die auf biologischen Prozessen beruhen – sogenannten Reifungsprozessen. Für Unterricht und Erziehung ist es wichtig, diese Gesetzmäßigkeiten zu kennen und zu berücksichtigen, wenn Lehr-Lern-Prozesse geplant werden. Pädagogisch-psychologische Interventionen, die auf die Veränderung psychischer Prozesse und Strukturen zielen, werden in jedem Fall effizienter sein, wenn sie den Entwicklungsstand der grundlegenden biologischen Prozesse berücksichtigen. Aktuelle Theorien des Lernens und Lehrers gründen auf bestimmten Annahmen über die Funktionsweise kognitiver Strukturen und Prozesse. Auch diese Strukturen und Prozesse unterliegen Entwicklungsverläufen, die bei der Gestaltung von Lehr-Lern-Situationen zu beachten sind. Darüber hinaus gibt es erfahrungsbedingte Voraussetzungen

---

Hintergrund: Zeitfenster, Entwicklungsfenster und sensible Phasen

Als sensible Phasen (oft auch »offene Zeitfenster« genannt) bezeichnet man jene artspezifisch zeitlich begrenzten Entwicklungsabschnitte, die für das Erlernen spezifischer Fertigkeiten und Kenntnisse besonders vorteilhaft sind. Mit der fortwährenden Popularisierung neurowissenschaftlicher Forschungsbefunde hat der Begriff des Zeit- oder Entwicklungsfensters eine zusätzliche Aktualität in der bildungs- und erziehungspolitischen Debatte erhalten.

In der klassischen Verhaltensbiologie als Prägung bezeichnet, ist das Ausnutzen einer kurzen, für das Auslösen einer bestimmten Reaktion sensiblen Phase, vor allem durch die Forschungsarbeiten des späteren Nobelpreisträgers Konrad Lorenz bekannt geworden. Lorenz »prägte« Graugansküken auf das sich bewegende Objekt, das sie wahrnahmen – und zwar auf ihn selbst, weil er zuvor die Muttergans aus der Lernsituation entfernt hatte. Die Küken folgten deshalb ihm nach. Auch in der sogenannten psychologischen Bindungsforschung wird von einer prägenden Phase frühkindlicher Erfahrungen für die weitere sozial-emotionale Entwicklung gesprochen. Umstritten ist, ob die Mutter diese Bindungsperson sein muss und wie lange die kritische Bindungsphase dauert.

Verallgemeinerungen auf die kognitive Entwicklung sind mit Vorsicht zu betrachten. Bruer (2000) spricht sogar vom »Mythos der ersten drei Jahre«, wenn es um die vermeintliche Identifikation von Zeitfenstern für das Erlernen von Kenntnissen und Fertigkeiten geht. Vor allem weist er die Metapher vom »sich schließenden Fenster« zurück, die impliziert, dass früh Versäumtes später nicht mehr nachgeholt werden kann. Für den Erwerb der Erst- und Zweitsprache gibt es allerdings sensible Phasen, in denen neurologische Hirnentwicklung und frühe Spracherfahrung vorteilhaft interagieren. Aber für die weitaus meisten Kenntnisse und Fertigkeiten, die Kinder durch Lernen erwerben, gibt es solche sensiblen Phasen offenbar nicht. Hinzu kommt: Wird zu früh oder zu viel angeboten, können auch Überforderung, Ermüdung und Demotivierung die unerwünschte Folge sein.

erfolgreichen Lernens und Lehrens, wie sie sich in der individuellen Lernbiographie eines jeden Lerners widerspiegeln. Ausführlicher und umfassender als hier möglich, werden die wichtigsten Inhaltsbereiche und Mechanismen der kindlichen Entwicklung in der *Entwicklungspsychologie des Säuglings- und Kindesalters* (Hasselhorn & Silbereisen, 2008), im *Handbuch Entwicklungspsychologie* (Hasselhorn & Schneider, 2007) oder im Lehrbuch *Entwicklungspsychologie* von Oerter und Montada (2008) behandelt.

Natürlich sind auch Säuglinge lernfähig – sogar während der Schwangerschaft kann das Ungeborene schon Informationen verarbeiten. Die Frage ist nur: Wann können Kinder was lernen? Welche Entwicklungsvoraussetzungen müssen beispielsweise für das schulische Lernen gegeben sein? Lange Zeit hat man im deutschen Sprachraum diese Frage mit dem Begriff der Schulreife verbunden. Als schulreif galt ein Kind, dessen körperlicher und geistig-seelischer Entwicklungsstand »zumindest mittlere Schulleistungen« erwarten ließ. Nicht schulreife Kinder wurden zum »Nachreifen« bei ihren Eltern bzw. in den Kindergärten belassen. Im Ergebnis hat das zu einer nicht unbeträchtlichen Zahl an »rückgestellten Einschulungen« geführt, über Jahre hinweg waren das bis zu 10 % eines Jahrgangs (vgl. Abschnitte 2.3 und 4.5).

Heute spricht man eher von Schulfähigkeit als von Schulreife und benennt die körperlichen, kognitiven, sozial-emotionalen und motivationalen Merkmale, die mit einem gelingenden Schulbeginn zusammenhängen. Man geht auch davon aus, dass es nicht allein die individuellen Merkmale des einzuschulenden Kindes sind, die über seine Schulfähigkeit bestimmen. Die Art des schulischen Anfangsunterrichts, die Qualität der Übergangsphase zwischen Kindergarten und Schule und die Art der Unterstützung durch das Elternhaus spielen auch eine Rolle. Durch eine frühzeitige Entwicklungsdiagnostik, insbesondere des individuellen Sprachstands

(wenn nötig gefolgt von präventiven oder korrigierenden Maßnahmen), durch eine gleitend und kooperativ gestaltete Übergangsphase und durch ein unterstützendes Familienverhalten lässt sich der individuelle Schuleintritt in vielen (früher kritischen) Fällen heute weniger krisenhaft gestalten.[16]

Allgemeine Entwicklungsvoraussetzungen schulischen Lernens

Damit zielgerichtetes Lernen überhaupt stattfinden kann, müssen die beim Neugeborenen noch dominierenden Reflexe durch komplexere Bewegungsmuster ergänzt, verfeinert oder ersetzt werden (Motorik) und es müssen die basalen Funktionen der Wahrnehmung (Sinnesorgane) eine zusätzliche Optimierung und Koordination erfahren. So ist zum Beispiel die Sehschärfe des Neugeborenen noch vergleichsweise gering. Ein wesentlicher Grund dafür ist die Unreife der Netzhaut. Aber schon mit etwa zwei Jahren sind die Fähigkeiten zur visuellen und auditiven Wahrnehmung voll ausgereift. Die Fähigkeit zur komplexen Informationsintegration beider Teilsysteme oder zur Fokussierung der Aufmerksamkeit entwickelt sich dagegen erst später.

Das Herzstück schulischen Lernens in den ersten Schuljahren ist der Schriftspracherwerb, das Erlernen des Lesens und Schreibens. Der Spracherwerb geht dem Schriftspracherwerb voran. Kinder müssen aber auch hören können, um sprechen zu lernen. Mit etwa vier Monaten reagieren sie in aller Regel auf ihren eigenen Namen, wiederum drei bis vier Monate später erkennen sie darüber hinaus die ersten gegenständlichen Wortbedeutungen. Bis zum Ende des ersten Lebensjahres verfeinern sie ihr phonologisches Wissen über die Lautstruktur ihrer Muttersprache. Im zweiten Lebensjahr entwickelt sich der passive (rezeptive) Wortschatz geradezu explosionsartig. Zugleich

Hintergrund: Neuronale Integrität

Die strukturelle Hirnentwicklung ermöglicht und begrenzt das Lernen. Zugleich zeichnen sich die Strukturen des Gehirns durch eine außergewöhnliche Plastizität aus, die dem erfahrungsbedingten Lernen selbst eine strukturbildende Funktion zukommen lässt.

Neuroanatomisch geht die Hirnentwicklung mit einer zunehmenden Myelinisierung der Axone einher und mit einem Wechselspiel der Festigung und Eliminierung synaptischer Verbindungen. Funktional betrachtet sind es die Erregungen und Verschaltungen von etwa 100 Milliarden Neuronen, aus denen das menschliche Gehirn besteht, die für Lernen, Denken und Handeln verantwortlich sind. Überzählige Verknüpfungen werden im Lauf der ersten Lebensjahre eliminiert – Lernen besteht neurofunktional betrachtet darin, dass die wiederholt benutzen Verknüpfungen gestärkt werden und erhalten bleiben. Der Prozess der Myelinisierung »isoliert« die Axone, was der Geschwindigkeit und Genauigkeit der Informationsübertragung zwischen den Neuronen zugute kommt.

Für das erfolgreiche Lernen bedarf es intakter Sinnesorgane und ungestörter Hirnfunktionen. Gelegentlich wird das mit dem Begriff der neuronalen Integrität umschrieben. Davon abgrenzend hat man in früheren Jahren von »minimalen cerebralen Dysfunktionen« oder von »frühkindlichen Hirnschädigungen« gesprochen, wenn es um hirnorganische Risikofaktoren der Lern- und Leistungsentwicklung ging. Heute werden die prä-, peri- und postnatalen Risikofaktoren aus neuropsychologischer Sicht breiter gefasst und beinhalten neben den organischen auch psychosoziale Aspekte. Ursachen für Funktionsstörungen können genetisch bedingt oder im Entwicklungsverlauf entstanden sein, etwa durch Erkrankungen oder schädigende Einwirkungen. Im Ergebnis können solche Risikofaktoren zu Entwicklungsverzögerungen oder zu (partiellen) Funktionsausfällen führen.

werden die ersten Wörter aktiv produziert, später Wortkombinationen. Die ersten Regelhaftigkeiten des Satzbaus werden erst im dritten Lebensjahr erlernt.

Nicht nur die Sprache, auch das Sozialverhalten entwickelt sich bereits vor Schulbeginn. Spielen Kleinstkinder eher neben- als miteinander, so können bereits Dreijährige kooperative Verhaltensweisen zeigen und gemeinsam ein Ziel verfolgen. Für das vorschulische und spätere schulische Lernen ist das von großer Bedeutung. Im Kindergarten werden in aller Regel auch die ersten Freundschaften geschlossen und es kommt zu den ersten prosozialen Verhaltensweisen – etwa wenn Kinder einander beistehen oder sich unterstützen. Wie gut die zeitweilige Trennung von den elterlichen Bezugspersonen gelingt, ist ein Indikator der zuvor erworbenen Bindungsqualität. So wird im Kindergarten eingeübt, was zum Schulbeginn als wichtige Lernvoraussetzung gilt: die emotionale Sicherheit bei Abwesenheit der primären Bezugspersonen.

Entwicklung der individuellen Lernvoraussetzungen

Im Abschnitt 1.3 waren sechs Lernermerkmale als wichtige individuelle Voraussetzungen erfolgreichen Lernens benannt worden:

- die Aufmerksamkeit,
- das Arbeitsgedächtnis,
- das Vorwissen,
- die Lernstrategien und ihre metakognitive Regulation,
- die motivationalen Dispositionen und die damit zusammenhängenden Selbstkonzepte eigener Fähigkeiten sowie
- die Kompetenzen der emotionalen und volitionalen Selbststeuerung.

Menschen unterscheiden sich voneinander in ihren Ausprägungen auf diesen Merkmalen. Es gibt auch Unterschiede, die mit dem jeweiligen Lebensalter der Lernenden – ihrem Entwicklungsstand – zu tun haben. Um diese entwicklungspsychologische Sichtweise geht es im Folgenden. Was weiß man über allgemeine Entwicklungsverläufe dieser individuellen Voraussetzungen erfolgreichen Lernens?

Aufmerksamkeit

Wichtig ist die Unterscheidung zwischen den beiden wesentlichen Funktionen der selektiven Aufmerksamkeit, der *Diskrimination*, ob eine neu registrierte Information relevant ist oder nicht, und der *Kapazitätszuweisung* auf die als relevant erachtete Information. Ob eine Information als relevant erachtet wird, hängt von der Lernaufgabe, von der Lernintention und vom aufgabenbezogenen Vorwissen ab. Für die Kapazitätszuweisung gilt, dass zwei Teilprozesse dabei eine Rolle spielen: das Fokussieren relevanter Informationseinheiten und das simultane, hemmende Unterdrücken irrelevanter (ablenkender) Informationen. Über die Entwicklungsveränderungen dieser beiden Teilprozesse weiß man, dass sie einem zeitlich versetzten Muster folgen.

Die Fähigkeit, die als relevant definierten Informationen zu fokussieren, ist bereits zu Schulbeginn gut ausgeprägt, im Laufe der Grundschuljahre verbessert sie sich noch. Die Fokussierungen verlaufen dann schneller und effizienter. Weniger gut ausgeprägt ist bei den Vor- und Grundschulkindern hingegen die Fähigkeit, die als irrelevant definierten Informationen zu ignorieren bzw. zu unterdrücken. Offenbar wird zunächst die Fähigkeit ausgebildet, die Aufmerksamkeit den relevanten Informationen zuzuwenden und erst später (etwa mit zwölf Jahren) kommt die Fähigkeit hinzu, irrelevante Informationen auszublenden. Wenn es also nach der Grundschulzeit zu einer deutlichen Verbesserung der Effizienz der Kapazitätszuweisung kommt, dann ist dies im Wesentlichen auf die Entwicklung der Fähigkeit zur Hemmung irrelevanter Verarbeitungsprozesse zurückzuführen.

Arbeitsgedächtnis

Das Arbeitsgedächtnis unterliegt systematischen Entwicklungsveränderungen. Leicht zu beobachten ist dies am Beispiel des alterskorrelierten Anstiegs der Gedächtnisspanne, einem häufig verwendeten Indikator für die Gedächtniskapazität. Bei einfachen Maßen der Gedächtnisspanne (z. B. dem Einprägen von Ziffernsequenzen vorwärts) liegen die Leistungen der Fünfjährigen bei etwa vier Ziffern, die der Siebenjährigen bei fünf und die der Zwölfjährigen bei sechs bis sieben Ziffern, letzteres entspricht bereits in etwa dem Leistungsniveau von Erwachsenen. Bei komplexeren Maßen, die höhere Anforderungen an die zentralexekutiven Funktionen stellen (z. B. der Wiedergabe von Ziffernsequenzen rückwärts) geht die Leistungsentwicklung bis zum Ende des Jugendalters weiter.

Nicht nur die effizientere Ausnutzung der Kapazität des Arbeitsgedächtnisses ist für die alterskorrelierten Verbesserungen von Gedächtnisleistungen verantwortlich. Auch die verfügbare Wissensbasis, der Gebrauch von Lern- und Gedächtnisstrategien und die Funktionen der zentralen Exekutive verändern sich mit dem Lebensalter und tragen zur Verbesserung der Leistungsfähigkeit bei. Dass mit den Kapazitätsgrenzen des Arbeitsgedächtnisses effizienter umgegangen wird, ist vor allem auf die Automatisierung des subvokalen (inneren) Nachsprechens zurückzuführen, beruht also auf einer alterskorrelierten Entwicklung des phonologischen Teilsystems des Arbeitsgedächtnisses. Die Geschwindigkeit des subvokalen Nachsprechens nimmt zu, was die Leistungsfähigkeit des phonologischen Teilsystems insgesamt erhöht.

Weniger eindeutig stellt sich die Befundlage zur Entwicklung des visuell-räumlichen Teilsystems des Arbeitsgedächtnisses dar – nicht zuletzt, weil die visuell-räumlichen Verarbeitungsmechanismen bei den älteren Kindern mit den parallel verlaufenden Verarbeitungsprozessen in der phonologischen

Schleife und der zentralen Exekutive verbunden sind. Es sieht allerdings so aus, als ob das Behalten räumlich-bewegter Sequenzen vergleichsweise geringeren Altersveränderungen unterliegt. Das Verarbeiten visueller Muster hingegen gelingt älteren Kindern besser als jüngeren. Eine deutliche Leistungssteigerung findet sich diesbezüglich bei acht- bis neunjährigen Kindern, die visuelle Informationen zusätzlich verbal enkodieren, um sie auch mithilfe der phonologischen Schleife weiter zu verarbeiten. Sie machen sich damit den Vorteil einer Doppelkodierung im visuellen und im sprachlichen System zunutze.

Dem übergeordneten Teilsystem des Arbeitsgedächtnisses – der zentralen Exekutive – werden die höheren Prozesse der Planung, Regulation und Kontrolle der Informationsverarbeitung zugeschrieben. Um ihre Arbeitsweise zu untersuchen, wird häufig mit Lernaufgaben gearbeitet, die das Gesamtsystem an die Grenzen seiner Kapazität führen. Das sind Aufgaben, die eine Koordination unterschiedlicher kognitiver Anforderungen zur gleichen Zeit erfordern (sogenannte dual-task Aufgaben) oder Aufgaben, die komplexe Transformationsprozesse erforderlich machen. Die vorliegenden Befunde deuten darauf hin, dass sich die Funktionstüchtigkeit der zentral-exekutiven Prozesse im Laufe der Kindheit erheblich verbessert.

Lernstrategien

Der Erwerb von Lern- und Gedächtnisstrategien ist ein langwieriges Unterfangen. Bei vielen guten Lernern kommt es beiläufig, sozusagen als Nebenprodukt des inhaltsbezogenen Lernens, zum kompetenten Strategieerwerb. Biologische Reifungsmechanismen bringen jedoch nicht automatisch kognitive Strategien hervor. Komplexere Lernstrategien, wie etwa Elaborationsstrategien, werden während der Grundschuljahre von den meisten Kindern gar nicht erworben – ein vollständi-

ges Repertoire differenziert einsetzbarer Lernstrategien ist in aller Regel erst im Alter von 15 oder 16 Jahren vorhanden. Einfachere Behaltensstrategien, wie etwa das aufrechterhaltende Wiederholen, werden allerdings schon von Kindern im Grundschulalter, teilweise sogar schon von Kindergartenkindern eingesetzt; Ordnungs- und Kategorisierungsstrategien entwickeln sich hauptsächlich im Laufe des Grundschulalters.

Marcus Hasselhorn hat die Entwicklung von Behaltensstrategien im Grundschulalter untersucht, besonders intensiv hat er sich mit den Strategien des Wiederholens und Kategorisierens von Informationen beschäftigt.[17] Dabei lassen sich üblicherweise, wenn auch nicht bei jedem Kind, drei aufeinanderfolgende Phasen oder Stadien der Strategieentwicklung beobachten. Im ersten Stadium des Strategieerwerbs sind die notwendigen kognitiven Voraussetzungen noch nicht vorhanden, um strategisch zu lernen. Selbst wenn der Lehrer die Anwendung einer bestimmten Strategie beim Bearbeiten einer Gedächtnisaufgabe demonstriert (z. B. das Ordnen nach semantischen Kategorien), sind vierjährige Kinder nicht in der Lage, das strategische Verhalten selbst hervorzubringen. Ursächlich ist ein sogenanntes *Mediationsdefizit*: Die zur Strategieausführung als Mittler (Mediatoren) benötigten kognitiven Prozesse des Vergleichens und Abstrahierens von Informationselementen können im Vorschulalter noch nicht hinreichend gut vollzogen werden. In einer zweiten Phase des Strategieerwerbs, dem Stadium des sogenannten *Produktionsdefizits*, befinden sich Kinder dann, wenn sie eine bestimmte Strategie zwar von sich aus noch nicht spontan einsetzen oder nutzen, aber nach entsprechenden hilfreichen Anleitungen dazu in der Lage sind und auch davon profitieren. Allerdings übernehmen sie die auf diese Weise neu vermittelte Strategie nicht ohne Weiteres in ihr Verhaltensrepertoire. Im Gegenteil: Sobald sie nicht mehr explizit zum Strategiegebrauch angehalten werden, lassen sie es wieder sein.

Hintergrund: Lernstrategien und metakognitives Wissen

Wenn eine neue Strategie erworben wird, spielt die Herausbildung des *metakognitiven Wissens* über ihre Nützlichkeit eine wichtige Rolle. Am Beispiel des kategorialen Organisierens, einer in der Lern- und Gedächtnisforschung häufig untersuchten Behaltensstrategie, hat Marcus Hasselhorn (1996) die Entwicklungsänderungen dieses metakognitiven Wissens am Ende der Grundschuljahre näher betrachtet. Der entscheidende Entwicklungsschritt besteht offenbar darin, dass die Zehnjährigen den Nutzen der kategorialen Organisationsprinzipien selbst erkennen. Nach semantischen Kategorien (Oberbegriffen) können schon Vorschulkinder sortieren. Allerdings geschieht dies nicht zielgerichtet. Am Ende der Grundschulzeit haben die Kinder über ihr (unreflektiertes) Handeln bereits einen reichhaltigen Erfahrungsschatz über das prozedurale Vorgehen beim kategorialen Organisieren angesammelt – als erfahrungsbasiertes Wissen. Wenn dieses Wissen von den automatisiert verlaufenden Kategorisierungsprozessen selbst abstrahiert, bezeichnet man es auch als »metastrategisches« oder »metakognitives« Wissen. Dazu gehört auch die Erkenntnis, dass die kategorialen Organisationsprinzipien hilfreich sind für das Enkodieren und Abrufen neuer Informationen.

Das Stadium des Produktionsdefizits ist eine pädagogisch-psychologisch besonders interessante Phase, weil dort ein geeignetes Strategietraining seine maximale Wirksamkeit entfalten kann. Durch eine systematische Anleitung kann man den Zehn- bis Sechzehnjährigen angemessene Lern- und Problemlösestrategien beibringen – Strategien, die ein Großteil der Schülerinnen und Schüler spontan nicht selbst produziert und eingesetzt hätte. Die Überwindung von Produktionsdefiziten gilt als notwendiger Zwischenschritt bei der Entwicklung zum selbstständigen Lernen. Bis zum effizient-adaptiven Strategiegebrauch der erwachsenen Lerner ist es allerdings noch ein weiter Weg, in dessen Verlauf nicht selten noch sogenannte *Nutzungsdefizite* zu überwinden sind. Damit ist gemeint, dass es zu einer Phase der vorübergehenden Ineffizienz bei der spontanen Nutzung einer neu erworbenen Strategie kommen kann. Dafür gibt es verschiedene Ursachen, insbesondere Kapazitätsprobleme, metamemoriale Defizite und ein zu geringes Wissen über die Nützlichkeit einer neuen Strategie. Die Anwendung einer neu erworbenen Strategie verläuft anfangs noch holprig und unsicher (nicht hinreichend automatisiert) und der Lerner ist sich noch nicht ganz im Klaren, unter welchen Bedingungen sich der Einsatz einer neu erlernten Strategie empfiehlt oder eher nicht. Diese vorübergehende Nutzungsineffizienz kann zum Problem werden: Wenn nämlich die ersten Anwendungen einer neuen Strategie nicht zu den erhofften Ergebnissen führen, ist eine demotivierende Durststrecke zu überwinden. Hier bedarf es pädagogischer Hilfestellungen.[18]

Lernmotivation und Selbstkonzept

Das individuelle Lern- und Leistungsmotivsystem ist in mehrfacher Hinsicht mit dem Lernverhalten und dem Lernerfolg verknüpft: Über das Ausmaß der Erfolgsorientiertheit bzw. Misserfolgsängstlichkeit eines Lerners, über den damit verbundenen Attributionsstil bei der Ursachenerklärung eigener Leistungen und über das Selbstkonzept eigener Fähigkeiten.

Die Entwicklung der Lern- und Leistungsmotivation folgt einer allgemeinen Sequenz, der sich ungefähre Altersangaben zuordnen lassen.[19] Am Anfang dieser Sequenz steht das Bestreben des Säuglings, absichtlich einen Effekt auszulösen, verbunden mit der erkennbaren Freude darüber, dass dies gelingt. Im zweiten Lebensjahr fällt auf, dass Kinder meist alles selber machen wollen (»alleine«), um die eigene Urheberschaft ihrer Handlungen zu erfahren. Im Verlauf des zweiten und dritten Jahres werden die selbst herbeigeführten Handlungsergebnisse auch zunehmend mit Emotionen verknüpft. Dass schon im vierten Lebensjahr Maßstäbe an die eigene Tüchtigkeit angelegt werden, erkennt man am sichtbaren Stolz über die gelungene und an der Beschämung über die misslungene Handlung. Schon hier erfolgt eine Weichenstellung: Bei den meisten Kindern ist die Hoffnung auf Erfolg stärker ausgeprägt als die Furcht vor dem Scheitern, bei den anderen verhält es sich genau entgegengesetzt. Das alles führt zur Setzung der ersten individuellen Ziele und zur Orientierung an Bezugsnormen zur Abschätzung der Zielerreichung – zunächst wird das eigene Können anhand einer individuellen Bezugsnorm bewertet, erst mit etwa acht Jahren gewinnt der soziale Vergleich mit anderen Lernern die Überhand. Frühestens mit fünf Jahren gelingt eine Unterscheidung zwischen der Tüchtigkeit einer Person und der Schwierigkeit einer Aufgabe. Dass das Ausmaß der eigenen Anstrengung etwas mit dem Ausgang eines Lernprozesses zu tun haben könnte,

Hintergrund: Bezugsgruppen und Selbstkonzeptentwicklung

Die Entwicklung der Selbstkonzepte eigener Fähigkeit hängt von den Lernerfahrungen und vom Ausgang der sozialen Vergleichsprozesse ab. Als Bezugsgruppeneffekt bezeichnet man den Umstand, dass sich das Fähigkeitsselbstkonzept in Abhängigkeit vom Leistungsniveau der Vergleichsgruppe in durchaus unterschiedlicher Weise entwickeln kann. Der Bezugsgruppen- wird auch »Fischteicheffekt« (Marsh, 2005) genannt. Er kann sich negativ auswirken, wenn nämlich ein »normal« leistungsfähiges Kind in einer leistungsstarken Lerngruppe zu einer wenig positiven Selbstbewertung seiner eigenen Fähigkeiten gelangt (weil es nur ein kleiner Fisch im großen Teich ist). Günstiger wirkt sich der Fischteicheffekt aus, wenn sich das gleiche Kind in einer leistungsschwächeren Lerngruppe befindet und dort aufgrund der sozialen Vergleichsprozesse zu einer positiven Einschätzung seiner Fähigkeiten gelangt (weil es ein großer Fisch im kleinen Teich ist). Im Zusammenhang mit Schulform- und dem Schulklassenwechseln kommt dem Bezugsgruppeneffekt große Bedeutung zu (vgl. Abschnitt 2.5).

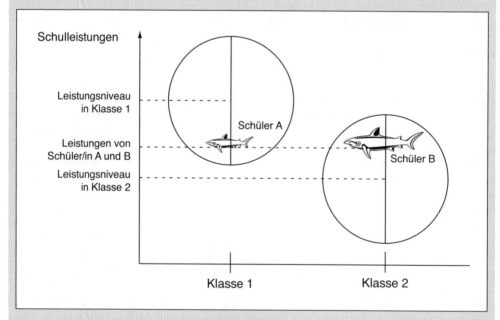

Abb. 5: Der Fischteicheffekt (nach Köller, 2004, S. 2)

wissen schon Fünf- bis Sechsjährige. Aber erst mit elf oder zwölf Jahren differenzieren Kinder bei den Ursachenzuschreibungen für das gelungene oder misslungene Lernen in internale/externale bzw. stabile/variable Ursachen (vgl. Abschnitt 1.3).

Auffällig ist der frühkindliche Überoptimismus hinsichtlich der Erreichbarkeit von Lernzielen – er vermittelt die hilfreiche Überzeugung, dass sich mit Anstrengung nahezu alles erreichen lässt. Diese selbstwertschützende Grundüberzeugung macht erst mit etwa acht Jahren einer realistischeren Selbsteinschätzung Platz. Ganz ähnlich verhält es sich mit dem Entwicklungsverlauf von Kompetenzüberzeugungen. Im Altersbereich zwischen vier und sechs Jahren sind noch unrealistische und wenig differenzierte Selbstkonzepte eigener Fähigkeiten vorhanden. Erst mit Beginn der zweiten Klassenstufe entwickeln sie sich – erfahrungsbasiert als Folge eigenen Handlungsergebniserlebens in spezifischen Handlungsfeldern und auf der Grundlage sozialer Vergleiche – in Richtung einer differenzierten Selbsteinschätzung. Die noch zu Schulbeginn übermäßig optimistischen Selbsteinschätzungen eigener Fähigkeiten müssen nun realistischeren Einschätzungen weichen. Dass der Überoptimismus bei den Mädchen etwa ein halbes Jahr früher als bei den Jungen »korrigiert« wird, beruht auf ihrer generell akzelerierten Entwicklung im kognitiven Bereich. Zum Vorteil gereicht es ihnen nicht unbedingt. Denn wer – gerechtfertigt oder nicht – davon überzeugt ist, eigentlich alles erreichen zu können, wird auch schwierige Lernaufgaben selbstbewusster und zuversichtlicher angehen und damit letztlich eine günstigere Lernsituation herbeiführen.

Lernbegleitende Emotionen und volitionale Steuerung

Die Entwicklung der Fähigkeit zur Emotions- und Willenskontrolle betrifft einen Kernbereich der Selbstregulation – denn die Steue-

rungskompetenzen werden in verschiedenen Phasen der Informationsverarbeitung benötigt. Julius Kuhl (1996) hat die wichtigsten Strategien der willentlichen Handlungskontrolle benannt (vgl. Abschnitt 1.3). Ab wann aber sind sie verfügbar?

- Ab welchem Alter sind die Lernenden dazu in der Lage, irrelevante Informationsanteile auszublenden (*Aufmerksamkeitskontrolle*)?
- Ab wann können sie ihre Verarbeitungsressourcen auf die zielrelevanten Informationen fokussieren (*Enkodierungskontrolle*)?
- Ab wann können sie sich so weit selbst motivieren, dass sie eine beabsichtigte Handlung auch tatsächlich ausführen (*Motivationskontrolle*)?
- Ab wann können sie ihre eigene Gefühlslage so beeinflussen, dass die Handlungseffizienz gesteigert wird (*Emotionskontrolle*)?
- Ab wann sind sie in der Lage, Misserfolgsgedanken zu unterbinden und sich gedanklich von unerreichbaren Zielen zu trennen (*Aktivierungskontrolle*)?
- Und wann gelingt es ihnen, aktuelle Lernabsichten trotz konkurrierender Handlungsimpulse auch wirklich in die Tat umzusetzen (*Initiierungskontrolle*)?

Einige Antworten sind bei der Darstellung der Entwicklungsverläufe in den Bereichen der Aufmerksamkeit, des Arbeitsgedächtnisses und der Leistungsmotivation bereits gegeben worden. Wie dort dargelegt, gilt auch für die Willenskontrolle im engeren Sinne, also für die Initiierung von Lernhandlungen, dass effiziente Kontroll- und Steuerungsmechanismen in den frühen Grundschuljahren noch nicht zur Verfügung stehen.

Ein Beispiel ist die Entwicklung der Fähigkeit, den sogenannten »Belohnungsaufschub« zu ertragen. Der Belohnungsaufschub gilt als wichtige Entwicklungsvoraussetzung für die Ausbildung von Initiierungs-, Aktivierungs- und Emotionskontrolle. Üblicherweise wird

Hintergrund: Lernen bei attraktiven Handlungsalternativen

Fries und Schmid (2007) haben untersucht, ob das Vorhandensein attraktiver Freizeitalternativen zu schlechteren Lernleistungen führt. Die 16-jährigen Schüler hatten die Aufgabe, eine naturwissenschaftliche Abbildung (den Wasserkreislauf) schriftlich zu beschreiben. Währenddessen konnten sie parallel dazu Musikvideos ansehen oder nicht. Die besten Lernleistungen und die geringste motivationale Interferenz resultierten, wenn die Handlungsalternative »Videos« überhaupt nicht zur Verfügung stand. Die schlechtesten Lernleistungen wurden in jener Experimentalgruppe erzielt, in welcher die Musikvideos erlaubt waren. Dort war auch das motivationale Interferenzerleben stärker, was übrigens auch dann der Fall war, wenn Videos »technisch möglich«, aber eigentlich nicht erlaubt waren.

die Akzeptanz eines Belohnungsaufschubs mit Hilfe einer einfachen Experimentalanordnung untersucht, die den Untersuchungsteilnehmern eine Entscheidung zwischen zwei Alternativen abverlangt: Entweder können sie eine kleinere Belohnung sofort erhalten oder es wird eine größere Belohnung versprochen, allerdings bekommt man diese erst, nachdem einige Zeit vergangen ist. In aller Regel sind Vorschulkinder noch nicht in der Lage, einen Belohnungsaufschub zu akzeptieren. Aber es gibt auch hier – bis ins Erwachsenenalter hinein – große interindividuelle Differenzen hinsichtlich der Fähigkeit, Belohnungsverzögerungen zu ertragen.

Vorwissen

Wenn wir älter werden, wächst der individuelle Wissensbestand. Lernen wir deshalb leichter? Eindeutig ja! Dass jüngere Kinder Lernanforderungen schlechter bewältigen können, hat vor allem mit ihrem geringeren Vorwissen zu tun und damit, dass sie Lerngelegenheiten noch nicht wahrnehmen konnten, um solches Vorwissen zu erwerben. Die Entwicklung von Kenntnissen und Fertigkeiten ist deshalb zugleich eine wichtige Voraussetzung und ein wesentliches Ziel des Lernens. Dass jüngere Kinder weniger wissen als ältere Personen, muss aber nicht zwangsläufig so sein. Aus den entwicklungspsychologischen Expertisestudien weiß man, dass sie durchaus ein Wissensniveau erreichen können, das dem der Erwachsenen gleich-

wertig oder gar überlegen sein kann (vgl. Abschnitt 1.3). Und wenn Kinder über mehr Vorwissen als die Erwachsenen verfügen, dann lässt sich der übliche Alterstrend sogar umkehren und sie können in den vorwissensbezogenen Domänen bessere Lern- und Gedächtnisleistungen erzielen als die Erwachsenen.

In der Tradition von Jean Piaget war lange Zeit die Auffassung verbreitet, das kindliche Wissen sei qualitativ anders strukturiert als das Erwachsenenwissen und durchlaufe eine bestimmte Sequenz von Entwicklungsformen. Im Verlauf des Wissensaufbaus folgten demnach drei Formen der mentalen Wissensrepräsentation aufeinander: eine *enaktive* (vornehmlich handlungsbasierte) Repräsentationsform, eine *bildhafte* und zum Schluss eine *sprachlich-symbolische* Repräsentationsform. Inzwischen geht man davon aus, dass schon von früher Kindheit an die unterschiedlichen Repräsentationsformate nebeneinander existieren.

Bereichsbezogenes Vorwissen wird aber im Entwicklungsverlauf nicht nur einfach *quantitativ mehr*, sondern auch *qualitativ anders* organisiert. Das gilt für konzeptuell-deklaratives (Fakten-)Wissen ebenso wie für das prozedurale (gewusst wie). Durch Prozesse der Umstrukturierung und Differenzierung entsteht so eine reichhaltigere und flexibler nutzbare Wissensbasis. Der Wissensaufbau geht auch mit der Automatisierung von Routinen einher, die bei der Bewältigung neuer Aufgaben ressourcensparend zum Einsatz kommen.

Markante Wendepunkte

Betrachten wir abschließend die wichtigsten Entwicklungsveränderungen der individuellen Lernvoraussetzungen auf einen Blick: Zwischen dem Schuleintritt und dem Ende der Pflichtschulzeit lassen sich vier besonders markante Wendepunkte der allgemeinen Entwicklung individueller Lernvoraussetzungen aufzeigen (ausführlicher dazu: Hasselhorn & Gold, 2006). Der *erste Wendepunkt* ist ungefähr im sechsten Lebensjahr erreicht. Er ist gekennzeichnet durch eine enorme Steigerung der *Effizienz des Arbeitsgedächtnisses*, insbesondere des für die Verarbeitung sprachlicher und akustischer Informationen zuständigen phonologischen Teilsystems. Dies eröffnet neue Möglichkeiten zur Verarbeitung sehr viel größerer Informationsmengen pro Zeiteinheit. Ursächlich sind die fortgeschrittenen Automatisierungsprozesse des subvokalen Wiederholens in der phonologischen Schleife und damit die systematischere Nutzung der prozessualen Ressourcen dieses Teilsystems. Denn ohne das automatisierte innere Nachsprechen bleibt die funktionale Kapazität des phonologischen Arbeitsgedächtnisses auf die reine Speicherkapazität der phonologischen Schleife beschränkt.

Ungefähr im achten Lebensjahr wird ein *zweiter Wendepunkt* erreicht. Er ist durch eine wichtige Veränderung der *motivationalen Lernvoraussetzungen* gekennzeichnet. Der kindliche Überoptimismus, der dem Kind das Gefühl der Omnipotenz vermittelte, macht realistischeren Einschätzungen Platz. Soziale Vergleiche – vor allem solche mit den Gleichaltrigen – bestimmen mehr und mehr die Selbstwahrnehmung und die Selbstbewertung. Das heißt aber auch, dass der motivationale Selbstschutz des Überoptimismus verloren geht. Wenn Kinder ungefähr zehn Jahre alt sind, kommt es zum *dritten Wendepunkt*. Er ist charakterisiert durch das Auftreten der Fähigkeit zur *Selbstreflexion*. Dieser Fähigkeit kommt eine große Bedeutung bei der Ausbildung der zentral-

exekutiven Funktionen von Lernen und Gedächtnis zu.

Im elften und zwölften Lebensjahr kommt es zu einer Stabilisierung einer eher erfolgsorientierten oder eher misserfolgsängstlichen Ausprägung des individuellen *Leistungsmotivsystems*. Das ist ein *vierter Wendepunkt* im Entwicklungsverlauf der individuellen Lernvoraussetzungen erfolgreichen Lernens. Dabei ist die Herausbildung eines stabilen, erfolgszuversichtlichen Leistungsmotivsystems vorteilhaft, eine eher misserfolgsängstliche Ausprägung nachteilig. In der Wahrnehmung der Lernenden werden nun auch Fähigkeiten deutlicher von Anstrengungen unterschieden und die eigene Fähigkeit wird als internal-stabiles Merkmal aufgefasst.

1.5 Voraussetzungen und Methoden erfolgreichen Lehrens

Wie erfolgreich das schulische Lernen verläuft, hängt auch mit dem Wissen, Können und Handeln der Lehrerinnen und Lehrer zusammen, die den Unterricht gestalten, denn sie sind die Fachleute für schulisches Lernen und Lehren. Im folgenden Abschnitt geht es um ihre professionellen Kompetenzen und Fertigkeiten und um die unterrichtlichen Methoden, die zur Erreichung von Lernzielen eingesetzt werden. Erfolgreiche Lehrerinnen sind Experten in ganz unterschiedlichen Teilbereichen: in der Psychologie und Pädagogik des Lehrens und Lernens, einschließlich der damit zusammenhängenden entwicklungspsychologischen und motivationalen Voraussetzungen, in den Fachwissenschaften meist zweier Unterrichtsfächer und in der Verknüpfung fachwissenschaftlichen und fachdidaktischen Wissens beim Planen und Gestalten von Unterricht, im Diagnostizieren und Bewerten von Fähigkeiten und

Kenntnissen ihrer Schülerinnen und Schüler, im Klassenmanagement, im Erziehen.

Guter Unterricht hat allerdings nicht automatisch gute Lernergebnisse zur Folge. Schulisches Lernen fällt aber leicht(er), wenn es ein gutes unterrichtliches Angebot gibt, das durch die notwendigen eigenen Lernaktivitäten der Schülerinnen und Schüler optimal genutzt wird. Andreas Helmke, einer der bekanntesten deutschen Unterrichtsforscher, hat diesen Zusammenhang vor einigen Jahren in seinem *Angebots-Nutzungs-Modell* zur Erklärung des Lernerfolgs auf einer hohen Abstraktionsebene so beschrieben: Schulischer Lernerfolg ergibt sich aus dem Zusammenwirken einer Reihe von Faktoren – die Güte des angebotenen Unterrichts ist einer der wichtigsten davon, aber eben nicht der einzige. Neben der Quantität und Qualität des unterrichtlichen Lernangebots sind es vor allem die kognitiven, motivationalen und emotionalen Lernvoraussetzungen der

Schülerinnen und Schüler, die darüber bestimmen, ob und wie ein Lernangebot tatsächlich genutzt wird. Mit anderen Worten: Erst wenn sich individuelle Lernpotentiale in zielgerichteten Lernaktivitäten niederschlagen, kommt die Qualität des unterrichtlichen Angebots überhaupt zum Tragen. Wie gut das unterrichtliche Angebot letztlich ist, hängt von der handelnden Lehrperson ab, von ihren besonderen Kompetenzen und Merkmalen. Besonders wichtige Kompetenzen sind offenbar die fachwissenschaftlichen und fachdidaktischen sowie die handlungsleitenden pädagogischen Überzeugungen. Über diesen »Modellkern« des Angebots-Nutzungs-Modells hinaus führt Helmke eine Reihe von Kontextfaktoren ein, die ohne Zweifel ebenfalls auf die Dynamik der Angebots-Nutzungs-Beziehung einwirken. Dazu gehören Merkmale der Zusammensetzung der jeweiligen Schulklasse, in welcher das Lernen stattfindet, kulturelle, ökonomische

Hintergrund: Mehrere Ebenen schulischen Lernens

Seit langem ist bekannt, dass an der Vorhersage und Erklärung schulischer Leistungen Merkmale (Variablen) auf ganz unterschiedlichen Systemebenen beteiligt sind. Im Angebots-Nutzungs-Modell (Helmke, 2009) sind diese Ebenen benannt: die Individualebene mit den Lernvoraussetzungen der Schülerinnen und Schüler, die Ebene der Schulklasse mit ihrer spezifischen Zusammensetzung, ihrem Leistungsstand und den Merkmalen des Unterrichts, die die Lehrperson verantwortet, sowie die Ebene der Schule und des Schulsystems mit ihrem besonderen Klima, ihren Leistungserwartungen und ökonomischen Möglichkeiten. Diese drei Ebenen spielen bei der Vorhersage individueller schulischer Leistungen ebenso eine Rolle wie bei der Vorhersage aggregierter Leistungen auf Klassen- oder Schulebene. Lässt man die Mehrebenenstruktur des schulischen Lernens außer Betracht, resultieren Unschärfen und Verzerrungen bei der Einschätzung der Bedeutsamkeit von Bedingungsfaktoren. Denn natürlich macht es für die individuelle Leistungsentwicklung einen Unterschied, ob sich Kinder mit vergleichbar (un-)günstigen kognitiven Lernvoraussetzungen in einem leistungsstärkeren oder in einem leistungsschwächeren Klassenkollektiv befinden, ob sie von einem »guten« oder einem »schlechten« Lehrer unterrichtet werden und ob sich ihre Schule durch eine besondere Kultur der Lernförderung auszeichnet oder nicht.

Es ist deshalb notwendig, bei der Vorhersage des Schulerfolgs statistische Analyseverfahren einzusetzen, die eine Separierung jener Anteile des Lernerfolgs erlauben, die auf unterschiedliche Lernvoraussetzungen der Schülerinnen und Schüler (Individualebene), auf Unterschiede zwischen »unterschiedlich behandelten« Schulklassen (Klassenebene) und auf Unterschiede zwischen Schulen (Schulebene) zurückzuführen sind. Solche Verfahren nennt man hierarchische oder mehrebenenanalytische (Raudenbush & Bryk, 2002). Nach derzeitigem Kenntnisstand sind die Merkmale auf der Individualebene für etwa 50–70 % der Leistungsunterschiede zwischen den Schülerinnen und Schülern verantwortlich, die Merkmale des Unterrichts, der Lehrperson und der Klassenzusammensetzung für etwa 10–30 %. Kleinere Erklärungsanteile werden den Merkmalen der Schulebene zugeschrieben (Lipowsky, 2009; Hattie, 2009).

und schulorganisatorische Rahmenbedingungen, Faktoren des Schul- und Klassenklimas sowie Merkmale der Familie und des außerschulischen Lernumfelds.[20]

Wichtig ist, dass nicht nur die fachlichen Kompetenzen und das Sachwissen, sondern auch fachübergreifende Handlungs- und Problemlösekompetenzen sowie affektiv-motivationale und persönlichkeitsbezogene Merkmale der Schülerinnen und Schüler als Zielgrößen schulischen Lernerfolgs betrachtet werden. Allerdings wird die Bedeutsamkeit des Unterrichts für die affektiv-motivationale und für die persönlichkeitsbezogene Entwicklung im Allgemeinen seltener thematisiert als für die kognitiven Zielvariablen. Die Studien des Berliner Max-Planck-Instituts für Bildungsforschung zur multiplen Zielsetzung von Unterricht und zum Einfluss der Unterrichtsqualität auf die Zielerreichung sind da eine Ausnahme.[21]

Als Lehren bezeichnet man ein methodisches Vorgehen, das explizit und bewusst, absichtlich und geplant eingesetzt wird, um Lernvorgänge unterschiedlicher Art auszulösen oder zu beeinflussen. Lernen als Aufbau von Wissen und Können ist eine wichtige kognitive Zielvariable des Lehrens. Wie sind nun Lernende zu instruieren, zu *be*lehren, Lehrsituationen zu gestalten, damit Lernen ausgelöst und gefördert wird? Weitgehend übereinstimmend hat die empirische Unterrichtsforschung in den vergangenen Jahrzehnten wichtige Merkmale der Unterrichtsgestaltung bzw. des unterrichtlichen Vorgehens als konstitutiv für guten Unterricht identifiziert.[22] Dazu gehören vor allem:

- effiziente Klassenführung
- genügend Lernzeit
- genügend Zeit zum Üben und Wiederholen
- die Strukturiertheit und Klarheit des Unterrichts
- die Motivierungsqualität des Unterrichts
- korrigierende und unterstützende Rückmeldungen

- ein lernförderliches Unterrichtsklima
- individuelle Unterstützung und Anpassung
- kognitive Aktivierung.

In der COACTIV-Studie des Berliner Max-Planck-Instituts, die sich mit der Qualität des Mathematikunterrichts in der Sekundarstufe beschäftigt, wird das unterrichtliche Angebot als »Gelegenheitsstruktur für verständnisvolle Lernprozesse« bezeichnet und es wird in Anlehnung an eine von Fritz Oser eingeführte Begrifflichkeit zwischen »Sicht- und Tiefenstrukturen« der Unterrichtsqualität unterschieden. Die Sichtstrukturen beziehen sich auf übergeordnete Organisationsmerkmale und auf spezifische Methoden des Unterrichts, die Tiefenstrukturen auf Merkmale des Lehr-Lern-Prozesses, auf den Umgang mit dem Lernstoff und auf die Beziehungsqualitäten zwischen Lehrern und Schülern. In diesem Sinne handelt es sich bei den oben genannten Qualitätsmerkmalen vornehmlich um solche der Tiefenstruktur, wobei die Klassenführung, die Lernzeitallokation (einschließlich der zum Üben und Wiederholen vorgesehenen Zeiten) und die Strukturierungsqualität häufig als *Effizienz der Klassenführung* zusammengefasst werden und die Motivierungsqualität, die unterstützende Rückmeldung, das förderliche Unterrichtsklima und die individuelle Unterstützung als *konstruktive Unterstützung*.[23]

Effiziente Klassenführung

Eine effiziente und störungspräventive Klassenführung ist notwendig, damit ein Maximum an tatsächlicher (aktiver) Lernzeit gewährleistet wird. Effizient ist eine Klassenführung dann, wenn es nur ein geringes Ausmaß an Unterbrechungen und Störungen des unterrichtlichen Ablaufs gibt und wenn der Unterricht im Fluss gehalten werden kann. Das setzt ein gutes Zeitmanagement voraus und eine Rhythmisierung des unterrichtlichen Ablaufs, eine sorgfältige Unterrichtsplanung, die Einführung und Einhaltung transparenter Regelsysteme sowie die Fähigkeit, mit Störungen angemessen umzugehen. Eine effiziente Klassenführung steht deshalb in enger Verbindung mit anderen Kernmerkmalen guten Unterrichts: einer ausreichenden Lernzeit, der Strukturiertheit des Unterrichts und seiner Motivierungsqualität. Unterrichtsstörungen und Disziplinprobleme, aber auch eine unzureichende Lernmotivation, sind nicht selten Folge eines fehlgeschlagenen Klassenmanagements. Dabei sind die beiden wichtigsten Prinzipien effizienter Klassenführung rasch benannt, schwierig sind ihre Umsetzung und das beständige Einfordern:

1. Frühzeitig und konsequent Routinen für immer wiederkehrende unterrichtliche Situationen und Regeln für allgemeine Standards des Verhaltens im Klassenzimmer einführen, und
2. Prävention geht vor Intervention.

Vor allem auf das Prinzip des störungspräventiven Unterrichtens beziehen sich die vier Kriterien erfolgreicher Klassenführung, die der amerikanische Psychologe Jacob Kounin vor bereits 40 Jahren identifizieren konnte: die Allgegenwärtigkeit und Überlappung, die Reibungslosigkeit des unterrichtlichen Ablaufs, die Aufrechterhaltung des Gruppenfokus und die Überdrussvermeidung.[24] *Allgegenwärtigkeit* (with-it-ness) vermittelt ein Lehrer dann, wenn er durch seine bloße Präsenz und durch seine besonderen Verhaltensweisen (wandert durch den Raum, sucht den Klassenraum regelmäßig mit den Augen forschend ab) alles im Blick zu haben scheint. Überlappung (neuerdings auch Multitasking genannt) kennzeichnet die Fähigkeit, mehrere Dinge gleichzeitig zu tun, sich etwa mit einer Störung auseinanderzusetzen und zugleich im Unterrichtsstoff fortzufahren. Ein schwungvoller, *reibungsloser Unterrichtsablauf* gewährleistet flüssige und sanfte Übergänge anstelle abrupt-unvermittelter Themenwechsel. Unnötige Brüche und Frag-

mentierungen sind nämlich immer potentiell störanfällige Situationen. Die Fähigkeit, zugleich die *gesamte Lerngruppe* als auch den einzelnen Schüler anzusprechen und zu »mobilisieren«, ist ebenfalls wichtig. Sie drückt sich vor allem darin aus, dass beständig Spannung erzeugt wird (z. B. wissen die Schüler nie, wer als nächstes aufgerufen wird). Wenn Lerntätigkeiten durch Variationen der Aufgabenschwierigkeiten und durch methodische Vielfalt als abwechslungsreich und intellektuell herausfordernd erlebt werden, wird *Überdruss vermieden*, denn Langeweile ist ein Feind des aktiven Lernens.

Natürlich hat sich Kounin auch zu Formen der Disziplinierung geäußert, denn wo die Störungsprävention versagt, muss notgedrungen interveniert werden: Klar, fest und nicht zu hart sollte auf Störungen reagiert werden. In der TIMSS-Videostudie und in Untersuchungen des Berliner Max-Planck-Instituts für Bildungsforschung konnte gezeigt werden, dass ein störungsarmer Unterricht eine wichtige Voraussetzung sowohl für erfolgreiches (kognitives) Lernen als auch für günstige motivational-affektive Lernergebnisse ist.[25]

Genügend Lernzeit

Eigentlich ist eine ausreichende Lernzeit eine notwendige Quantität und kein Qualitätsmerkmal von Unterricht. Gleichwohl wird sie zu Recht immer wieder benannt, wenn Qualitätsmerkmale des Unterrichts diskutiert werden, vor allem in Zusammenhang mit einem effektiven Klassenmanagement und im Zusammenhang mit den wichtigen Unterrichtsphasen des Übens und Wiederholens sowie bei der Anpassung der unterrichtlichen Geschwindigkeit an die unterschiedlichen Lernvoraussetzungen (Lernzeitadaptivität). Eine ausreichende Lernzeit ist die Grundlage aller Lernprozesse. Auf John Carrolls (1963) und Benjamin Blooms (1976) Modelle schulischen Lernens geht das Erkennen der Bedeutsamkeit des schieren Zeitaufwands für den Lernertrag zurück: Wer so viel Lernzeit investiert, wie er oder sie aufgrund der gegebenen Lernvoraussetzungen und der Schwierigkeit der Lernaufgabe benötig, wird mit großer Wahrscheinlichkeit erfolgreich lernen. Die besondere Aufgabe der Lehrerinnen und Lehrer besteht nun darin, das notwendige Ausmaß an aktiver Lernzeit bereit- und sicherzustellen und darauf zu achten, dass jene Lerner, die nicht so schnell zum Ziel kommen wie die anderen, zusätzliche Lernzeit erhalten und auch nutzen – dass sie sich also länger mit der Lernaufgabe beschäftigen (das ist Blooms »zielerreichendes Lernen«). Es ist es allerdings nicht einfach, in leistungsheterogen zusammengesetzten Klassen unter den Beschränkungen des Zeitstundentakts lernzeitadaptiv zu unterrichten.

Üben und Wiederholen

Die Bedeutsamkeit ausreichender Übungen und Wiederholungen ergibt sich aus dem Prinzip des kumulativen Lernens (vgl. Abschnitt 1.2) sowie aus den kognitionspsychologischen Theorien von Lernen und Gedächtnis. Demnach wäre es töricht, eine Unterrichtsstunde ausschließlich mit der Darstellung oder Erarbeitung neuer Lerninhalte zu verplanen. Soll das Lernen nachhaltig sein, muss vielmehr genügend Zeit für das Einüben und Wiederholen des neu präsentierten Lernstoffs vorgesehen werden. Wie häufig, in welcher Regelhaftigkeit und mit welchen Zeitabständen geübt und wiederholt werden sollte, ist allerdings noch nicht im Detail geklärt. Hans Aebli vertrat jedoch die Auffassung, dass man sich an den aus Lernexperimenten bekannten Gesetzmäßigkeiten der verteilten Übung orientieren solle und dass das *Wiederholen* (Auswendiglernen) erst dann angesagt sei, wenn die Phasen des Verstehens und Durcharbeitens des neu Gelernten bereits erfolgreich abgeschlossen seien. Beim Üben ist es zweckmä-

ßig, vom zunächst angeleiteten zum zunehmend selbstständigen Üben voranzuschreiten. In den Unterrichtsmodellen der Direkten Instruktion folgt das *angeleitete Üben* unmittelbar auf die darstellende Stoffvermittlung und ist zugleich mit einer Verstehensüberprüfung (in aller Regel durch gezielte Lehrerfragen) verbunden. So können mögliche Fehlkonzepte und Verstehenslücken der Lerner frühzeitig aufgedeckt werden. Das *selbstständige Üben*, z. B. in Phasen der Stillarbeit oder durch Hausaufgaben, dient der Festigung und Automatisierung des Gelernten. Selbstverständlich müssen auch die Ergebnisse des selbstständigen Übens kontrolliert werden.

Strukturiertheit und Klarheit des Unterrichts

Die inhaltliche Klarheit und die fachliche Stimmigkeit des Unterrichts sind von großer Bedeutung für die Unterrichtsqualität – nur eine fachwissenschaftlich solide Ausbildung der Lehrerinnen und Lehrer legt hierfür ein tragfähiges Fundament. Aus kognitionspsychologischer Sicht impliziert Klarheit zugleich eine Strukturiertheit des Unterrichtsstoffes, welche die Informationsverarbeitung im Sinne einer tieferen, verstehensorientierten Auseinandersetzung erleichtert. *Inhaltlich klar* ist Unterricht dann, wenn seine Gegenstände sprachlich prägnant, fachlich korrekt und inhaltlich kohärent präsentiert werden. Das wird beispielsweise unterstützt durch die Verwendung von Beispielen und Analogien sowie durch geeignete Hervorhebungen und Zusammenfassungen. *Kognitiv strukturiert* ist der Unterricht dann, wenn durch die Förderung elaborativer und reduktiver Lernstrategien eine aktive Auseinandersetzung mit dem neuen Lernstoff quasi »erzwungen« wird. Wenn es dem Lehrenden durch geeignete Maßnahmen (ansprechende Problemstellungen, Fragen, Strukturierungshilfen) also gelingt, Verbindungen zwischen

---

Hintergrund: Optimal- oder Positivklassen

Im Rahmen der SCHOLASTIK-Studie (vgl. Abschnitt 1.2) haben Weinert und Helmke (1997) sog. *Optimalklassen* gefunden, in denen sich mit einer günstigeren fachlichen Leistungsentwicklung (in Mathematik) zugleich die Lernfreude und das Selbstkonzept vorteilhaft entwickelten. Und gleichzeitig die Leistungsunterschiede zwischen den Schülerinnen und Schülern einer Klasse nicht größer, sondern im Gegenteil geringer wurden. Helmke (1988) hatte in ähnlicher Weise bereits in der Münchner Hauptschulstudie über die grundsätzliche Vereinbarkeit der beiden Zielkriterien Chancenausgleich und Qualifizierung in sogenannten *Positivklassen* der doppelten Zielerreichung berichtet. Zur Vereinbarkeit kognitiver und affektiv-motivationaler Leistungsentwicklung gibt es auch Hinweise aus den Studien des Berliner Max-Planck-Instituts für Bildungsforschung (Gruehn, 1995; Kunter, 2005). Was zeichnet das unterrichtliche Verhalten der Meisterlehrer der doppelten oder gar dreifachen Zielerreichung aus?

1. Eine effiziente Klassenführung und damit verbunden eine intensive Lernzeitnutzung,
2. die Strukturiertheit und Klarheit des Unterrichts,
3. die Adaptivität und Förderorientierung des Unterrichts und
4. die Variabilität von Unterrichtsformen.

Weder eine leistungsmaximierende noch eine ausschließlich sozialintegrativ ausgerichtete Orientierung genügten den multiplen Zielsetzungen. Erst die Kombination hoher Leistungsansprüche mit einer proaktiven Anpassung an die vorgefundene Unterschiedlichkeit der Lernvoraussetzungen lässt Leistungssteigerungen für alle und eine Verringerung von Leistungsunterschieden möglich werden. Dabei darf es allerdings im Anspruchsniveau nicht zu einem »Downgrading« kommen, sonst bleiben die leistungsstärkeren Schüler in ihrem Zugewinn unter ihren Möglichkeiten. Dass die Meisterlehrer hohe Leistungsansprüche mit großer Geduld zu vereinbaren wussten, hat Andreas Helmke mit dem schönen Begriff der »Langsamkeitstoleranz« umschrieben.

---

dem Vorwissen der Lernenden und dem neuen Lernstoff zu befördern. Strukturiertheit wird gelegentlich aber auch im Sinne einer didaktischen Strukturierung des Unterrichts verstanden, mit einer Sequenzierung des Ablaufs in aufeinanderfolgenden Phasen oder Stufen, wie sie beispielsweise in den Formalstufenlehren der Allgemeinen Didaktik, in der Kognitionspsychologischen Didaktik von Hans Aebli oder in den eklektisch-empiristischen Empfehlungen von Modellen der Direkten Instruktion vorherrschen. Auch diese Form der Strukturiertheit hat sich als lernförderlich erwiesen.

Motivierungsqualität

Die Motivierungsqualität von Unterricht trägt dazu bei, dass besser gelernt wird, Störungen ausbleiben und die Aufmerksamkeit der Schülerinnen und Schüler aufrecht erhalten bleibt (Überdrussvermeidung). Sie ist

damit zugleich Teil einer effizienten Klassenführung. Gedankliche Ablenkungen erschweren das Lernen. Lehrerinnen und Lehrer motivieren durch die Variabilität und die Interessantheit ihrer Aufgaben und Beispiele sowie durch deren Anwendungsbezug, durch methodische Vielfalt und durch die Verwendung neuer, ungewöhnlicher Materialien, aber auch durch ihren Enthusiasmus.

Rückmeldungen

Rückmeldungen (Feedback) sind Informationen über die Richtigkeit einer Antwort oder Aufgabenbearbeitung. Die außerordentliche Lernwirksamkeit unmittelbarer Rückmeldungen ist auf der Grundlage der verhaltensorientierten Lerntheorien schon vor einigen Jahrzehnten hinreichend belegt worden. In den bewährten Modellen der Direkten Instruktion nimmt die Funktion der Lernüberwachung mit (korrigierenden)

Rückmeldungen einen zentralen Stellenwert im Lehrverhalten ein. Dabei ist es aus heutiger Sicht durchaus nicht unerheblich, welcher Art die Rückmeldungen der Lehrerinnen und Lehrer genau sind. Einfache Rückmeldungen (»richtig« oder »falsch«) sind demnach weniger wirksam als elaboriertere, die auch Erklärungen oder gegebenenfalls Anleitungen zu Selbstkorrekturen beinhalten. Dass es auch nicht intendierte negative Auswirkungen von Rückmeldungen geben kann und dass unterstützende Rückmeldungen nicht nur die kognitiven Zielvariablen, sondern auch die affektiv-motivationalen und die Entwicklung des Selbstkonzepts tangieren, ist inzwischen auch bekannt.[26]

Unterrichtsklima

Das Unterrichtsklima ist wie die Motivierungsqualität und die Rückmeldungen ein Merkmal der *konstruktiven Unterstützung*. Meist werden die (emotionalen) Qualitäten der Lehrer-Schüler-Beziehungen aber auch der Beziehungen der Schülerinnen und Schüler untereinander als Indikatoren des Unterrichtsklimas betrachtet. Ein lernförderliches Sozialklima in einer Schulklasse ist gekennzeichnet durch gegenseitigen Respekt, die Verlässlichkeit von Regeln und durch Gerechtigkeit, durch die Übernahme von Verantwortlichkeiten und durch das Teilen gemeinsamer Grundorientierungen und Werthaltungen. Zusammengenommen sind dies Merkmale, die für das Erreichen affektiv-motivationaler Lernziele von großer Bedeutung sind. Direkte Effekte des unterrichtlichen Klimas auf den kognitiven Lernerfolg sind eher gering, allerdings sind indirekte Effekte wahrscheinlich, da sich die Schülerinnen und Schüler in Klassen (und Schulen) mit einem positiv ausgeprägten Unterrichtsklima wohler fühlen, eine höhere Lernmotivation entwickeln und sich mehr anstrengen.

Individuelle Unterstützung und Anpassung

Eine individuelle Förderorientierung durch individuelle Lernstandsdiagnosen und darauf abgestimmte Förderpläne sind in leistungsheterogen zusammengesetzten Lerngruppen von großer Bedeutsamkeit. Nur so kann erreicht werden, dass alle Lerner möglichst viel lernen und ihren jeweiligen Bedürfnissen entsprechend gefördert werden. Für die Anpassung an die unterschiedlichen Lernvoraussetzungen gibt es ein breites Spektrum adaptiver Vorgehensweisen. Es reicht von der Anpassung der zur Verfügung gestellten Unterrichtszeit über die Anpassung des unterrichtsmethodischen Vorgehens bis zur Anpassung des Lernziels selbst. Wo die Anpassung ausbleibt, werden sich weder die leistungsstärkeren noch die langsameren Lerner optimal entwickeln können. Grundformen und Modelle des adaptiven Unterrichtens sind im Lehrbuch von Hasselhorn und Gold (2006) beschrieben, aber auch in jedem amerikanischen Lehrbuch der Pädagogischen Psychologie.

Kognitive Aktivierung

Damit sie einen Lernstoff nicht nur behalten, sondern auch verstehen, ist es hilfreich, die Schülerinnen und Schüler zur elaborativen Auseinandersetzung mit einem Sachverhalt anzuregen. Es gibt Lehrerverhaltensweisen und unterrichtliche Methoden, die dazu besser geeignet sind als andere. Dazu gehören kooperative, problemorientierte und entdeckenlassende Methoden. Sie müssen an dieser Stelle ausdrücklich genannt werden, stehen doch die meisten der zuvor aufgeführten Merkmale der Unterrichtsqualität in der Tradition der Direkten Instruktion. Mit Rückgriff auf die Ideen von Lew Wygotski und Jean Piaget und auf die kognitiv- und sozialkonstruktivistischen Theorien des Wissenserwerbs lässt sich die kognitive Aktivierung auf vielfältige Weise anregen, z. B. durch das Evozieren kognitiver Konflikte und durch die Fokussierung auf Lösungswege anstelle von Lösungsergebnissen, durch das Herbeiführen positiver Interdependenzen beim kooperativen Lernen, durch die Bevorzugung einer Lern- gegenüber einer Leistungsorientierung und einer Verstehens- gegenüber einer Inhalts- oder Lehrzielorientierung.

Lehrerpersönlichkeit oder unterrichtliches Handeln?

Das stellt heute keinen wirklichen Gegensatz mehr dar. Früher fragte man entweder in der variablenzentrierten Sichtweise: Welche Merkmale des unterrichtlichen Handelns korrelieren mit dem Lernerfolg der Schüler? Oder man stellte in der Tradition der Expertise-Forschung die persönlichkeitszentrierte Frage: Was zeichnet die besonders erfolgreichen Lehrpersonen aus? Heute fragt man schlicht: Was muss ein Lehrer können? Welches sind die notwendigen Kompetenzen, um so wie oben beschrieben zu unterrichten und damit die individuellen Lernprozesse zu unterstützen? Es ist kein Widerspruch, die

Merkmale der konkreten Gestaltung der Lehr-Lern-Prozesse im Klassenzimmer *und zugleich* Aspekte der Persönlichkeit der Lehrerinnen und Lehrer zu thematisieren. Helmkes Angebots-Nutzungs-Modell sieht auch beides vor. Das fachliche und das fachdidaktische Wissen werden im Studium an der Universität erworben. Das unterrichtspraktische Vorgehen von der Klassenführung bis zur kognitiven Aktivierung wird eine angehende Lehrperson unter Anleitung und durch Übung erlernen und so Erfahrungen durch Handeln erwerben. Natürlich wird das unterschiedlichen Personen unterschiedlich gut gelingen. Aber Lehrerinnen und Lehrer unterscheiden sich nun einmal voneinander, so wie Schülerinnen und Schüler auch (vgl. Kapitel 2).

Dabei darf eines nicht vergessen werden: Weder die Lehrerpersönlichkeit noch die realisierten Merkmale der Unterrichtsqualität garantieren den Lernerfolg der Schülerinnen und Schüler einer Klasse. Unterricht bietet Gelegenheiten zum Lernen und Unterricht ist umso erfolgreicher, je besser es gelingt, verstehende Lernprozesse auszulösen. Das ist der Grundgedanke des Angebots-Nutzungs-Modells. Die Dynamik der Situation,

---

Hintergrund: Experten- und Best Practice-Studien

Helmke, Helmke und Schrader (2007) haben die Meister- oder Expertenlehrer der Positiv- und Optimalklassen im Blick, wenn sie über die Renaissance der personzentrierten Sichtweise in der empirischen Unterrichtsforschung berichten. Das methodisch-korrelative Rückschlussverfahren dieser Sichtweise (was zeichnet Lehrpersonen aus, die in ihren Klassen sowohl Leistungssteigerungen als auch Chancenausgleich realisieren können?) scheint nicht unplausibel, weil sich experimentelle Studien in aller Regel verbieten. Die Auswertung von Video-Studien verspricht hier interessante Erkenntnisse.

Eine Berliner Forschergruppe hat im Rahmen der COACTIV-Studie (Professionswissen von Lehrkräften, kognitiv aktivierender Mathematikunterricht und die Entwicklung mathematischer Kompetenzen) Belege für die Bedeutsamkeit des professionellen Lehrerwissens und -könnens im Unterrichtsfach Mathematik gesammelt (Baumert & Kunter, 2006; Kunter & Baumert, 2006). Zum notwendigen Professionswissen gehören demnach das Fachwissen und das fachdidaktische Wissen sowie das allgemeine pädagogische Wissen (dazu zählt im Wesentlichen das Wissen über die oben beschriebenen Merkmale guten Unterrichtens). Dabei hat sich gezeigt, dass ein profundes fachbezogenes und fachdidaktisches Wissen mit anregenderem Unterricht und mit besseren Lernergebnissen der Schülerinnen und Schüler assoziiert ist. Eine frühe Studie zur Lehrerexpertise »Der Lehrer als Experte« hat Rainer Bromme vorgelegt (Bromme, 1992; zusammenfassend: Bromme, 1997).

in der Unterricht geschieht, ihre Besonderheiten sowie die besonderen individuellen Voraussetzungen der Schülerinnen und Schüler einer Klasse, restringieren nicht nur die Ergebnisse von Unterricht, sondern auch die Möglichkeiten auf der Angebotsseite.

Und die Lehrmethoden?

Die Zeit der Grabenkämpfe ist eigentlich vorbei. Es gibt unterschiedliche, aber nicht beliebige Vorgehensweisen erfolgreichen Lehrens. Dazu gehören die direkte und die adaptive Instruktion, das entdeckenlassende, problemorientierte und situierte Lehren und die unterschiedlichen Methoden des kooperativen Unterrichtens. Sie waren ursprünglich

behavioralen, kognitivistischen oder konstruktivistischen Lehr-Lern-Theorien verpflichtet.[27] Gute Lehrer haben sie von jeher nicht als »entweder oder« aufgefasst sondern kombiniert. Die optimale Methode, die für alle Lerninhalte und -ziele und bei den unterschiedlichsten Lernvoraussetzungen passt, gibt es nicht. Eine intelligente Variabilität von Methoden der direkten Instruktion, des kooperativen Arbeitens, der problemorientierten Projektarbeit und des selbstständigen Lernens ist erfolgversprechend. Keine Methode ist grundsätzlich besser als die andere. Sie sind aber je nach Unterrichtsgegenstand unterschiedlich gut geeignet, um unterschiedliche Lernziele zu erreichen und um Schülerinnen und Schüler mit unterschiedlichen Lernvoraussetzungen zu diesen Zielen zu führen.

2 Lerner unterscheiden sich

Keiner ist wie der andere. Nicht einmal eineiige Zwillinge sind sich völlig gleich, wohl aber in einer Reihe von Aspekten sehr ähnlich. Am sichtbarsten ist das bei den eineiigen Zwillingen meist am äußeren Erscheinungsbild. Weniger sichtbar sind Ähnlichkeiten und Unterschiede im Verhalten und Erleben, beim Erwerb von Kenntnissen und Fertigkeiten und beim Aufbau von Wissen und Können. Wenn sie zusammen bei den gemeinsamen Eltern aufwachsen, ähneln sich eineiige Zwillinge in ihrer gesamten kognitiven, emotionalen und persönlichkeitsbezogenen Entwicklung in aller Regel in höherem Maße als zweieiige Zwillinge oder zusammen aufwachsende Geschwister.[1] Dennoch sind sie unterschiedliche Individuen. Man darf aus dem Ausmaß der Ähnlichkeiten und Unterschiede keine falschen Schlüsse ziehen! Weder ist die (den eineiigen Zwillingen gemeinsame) genetische Ausstattung für Lernen und Entwicklung allein entscheidend, noch ist der Einfluss von Familie und schulischer Lernumgebung ausschlaggebend. Aber es ist nicht einfach, die Anteile zu separieren, die auf das eine oder andere zurückgehen. Besonders komplex wird es dadurch, dass die genetischen Determinanten und die Umweltbedingungen von Anfang an in komplexen Wechselwirkungen miteinander verbunden sind und dass das Individuum selbst durch eigenes Handeln und Entscheiden das Tempo und die Richtung der Entwicklung immer wieder mit beeinflusst.

Wenn sich selbst eineiige Zwillinge voneinander unterscheiden, überrascht es nicht, dass auch Kinder ohne gemeinsame Erbanlagen verschieden sind. Einige Unterschiedlichkeiten sind schon zum Zeitpunkt der Geburt vorhanden und werden im Verlauf der Individualentwicklung eher größer als kleiner. Manchmal sind es anfänglich ganz geringe Unterschiede, die später größere Diskrepanzen nach sich ziehen. Längst nicht alle dieser Unterschiede beziehen sich auf Merkmale oder Eigenschaften, die für das Lernen relevant sind. Es gibt jedoch wichtige Lernvoraussetzungen, wie die kognitive Grundfähigkeit oder die Sprachfähigkeit, bei denen die unterschiedlichen Merkmalsausprägungen eine bedeutsame Rolle beim späteren Erwerb von Kenntnissen und Fertigkeiten spielen. Im Einzelfall kann man kaum sagen, worauf es genau zurückzuführen ist, dass eine Lernvoraussetzung mehr oder weniger gut ausgeprägt vorhanden ist. Aber aus dem Vergleich vieler Einzelfälle lassen sich Regelhaftigkeiten oder zumindest Wahrscheinlichkeiten für das Auftreten von Bedingungsvariablen ableiten, die mit den Unterschieden einhergehen.

Menschen sind aber nicht nur unterschiedlich, sie entwickeln sich auch mit ganz unterschiedlichen Geschwindigkeiten. Die Variabilität von Entwicklungsverläufen ist erstaunlich, selbst wenn viele Entwicklungen am Ende zum gleichen Resultat (Laufen können, Sprechen können, Lesen können) führen mögen. Es ist wichtig, sich diese unterschiedlichen Entwicklungsverläufe vor Augen zu halten, wenn man über Kinder mit Lernschwierigkeiten spricht. Unterschiedliche Lernvoraussetzungen und unterschiedliche Geschwindigkeiten des Kompetenzerwerbs verlangen nach unterschiedlichen pädagogischen Antworten. Es ist eine Grundregel erfolgreichen schulischen Lernens und Lehrens, dass das unterrichtliche Vorgehen den besonderen Eigenheiten und Bedürfnissen der Lernerinnen und Lerner Rechnung tragen muss.

Nur wenn diese Regel befolgt wird, kann jede(r) nach ihren bzw. seinen Möglichkeiten gefördert werden. Die Unterschiedlichkeit der Lernergebnisse wird dadurch in aller Regel allerdings nicht geringer, sondern eher größer. Das ist aber nicht ungerecht, weil Bildungsgerechtigkeit in erster Linie bedeutet, dass Chancengleichheit – nicht Ergebnisgleichheit – gewährleistet wird. Gerecht ist, wenn jeder Lerner seinem Potential entsprechend optimal gefördert wird und wenn jeder die Möglichkeit erhält, sein persönliches Optimum zu erreichen. Bildungs*un*gerechtigkeit ist demgegenüber zu beklagen, wenn durch pädagogische oder schulorganisatorische Maßnahmen die durch die familiäre Herkunft oder durch die unterschiedlichen Lernvoraussetzungen ohnehin bedingte Ungleichheit der Bildungschancen noch verstärkt wird.

Fragen zu Kapitel 2

6. Warum sind die Lernvoraussetzungen von Kindern und Jugendlichen so unterschiedlich?
7. Was ist Bildungsgerechtigkeit?

2.1 Interindividuelle Unterschiede und intraindividuelle Variabilität

Neugeborene sind in Deutschland im Schnitt 3 400 Gramm schwer und 51 Zentimeter lang. Meist kommen sie um die 40. Schwangerschaftswoche herum zur Welt. Mädchen sind mit einem durchschnittlichen Gewicht von 3 390 Gramm etwas leichter als Jungen mit im Schnitt 3 510 Gramm. Größe und Gewicht hängen unter anderem damit zusammen, ob die Eltern größer oder kleiner sind, ob das Neugeborene zur rechten Zeit oder zu früh auf die Welt kommt und wie die Schwangerschaft verlaufen ist. Mütter, die älter sind und/oder rauchen, bekommen häu-

fig kleinere und leichtere Kinder. Es bestehen auch regionale Unterschiede im durchschnittlichen Geburtsgewicht: In den nördlichen Bundesländern (Mecklenburg-Vorpommern, Schleswig-Holstein) sind die Neugeborenen z. B. schwerer und länger als im Südwesten (Saarland, Baden-Württemberg); in Mecklenburg-Vorpommern sind 24 unter 1 000 Neugeborenen schwerer als 4 500 Gramm, im Saarland nur 10 von 1 000.

Die Variabilität des Geburtsgewichts ist beträchtlich – nach einer normal langen Schwangerschaft schwankt es meist zwischen 2 500 und 4 600 Gramm (3. bis 97. Perzentil). 68 % aller Neugeborenen wiegen zwischen 2 800 und 4 000 Gramm. Zu früh geborene Kinder, d. h. Neugeborene, die vor der vollendeten 37. Schwangerschaftswoche auf die Welt kommen, wiegen meist weniger als 2 500 Gramm. Als sehr kleine Frühgebo-

Hintergrund: Säuglingssterblichkeit

Neben dem Geburtsgewicht gilt auch die Häufigkeit der Säuglingssterblichkeit als Indikator frühkindlicher Gesundheit und als möglicher Hinweis auf die Güte medizinischer Versorgung. Im ersten Lebensjahr sterben in Finnland, Schweden und Norwegen drei von tausend Kindern, in Frankreich, Polen, Spanien, Portugal, Deutschland, Italien, Belgien, Dänemark und in der Schweiz vier, in Großbritannien und Kanada fünf und in den USA sowie in Ungarn sind es sieben. Das sind insgesamt erfreulich niedrige Werte: Vor 60 Jahren waren es in der Bundesrepublik Deutschland noch 50 von 1 000 Kindern und vor 160 Jahren kamen in Sachsen 255 Todesfälle auf 1 000 Geburten. In Württemberg starben sogar 348 Kinder im ersten Jahr.

Bei der heute insgesamt sehr niedrigen Quote ist es umso bemerkenswerter, dass Neugeborene in Bremen, im Saarland und in Nordrhein-Westfalen ein signifikant höheres Sterblichkeitsrisiko (5 Todesfälle unter 1 000 Kindern) aufweisen als in Sachsen und Baden-Württemberg (3 Todesfälle). Das mag mit einer unterschiedlichen Qualität der medizinischen Versorgungslage zusammenhängen, auch Unterschiede in der Zusammensetzung und im Gesundheitsstand der gebärfähigen Bevölkerung mögen eine Rolle spielen und Unterschiedlichkeiten zwischen Stadt und Land. Dennoch: Dass es in den deutschen Bundesländern ein so unterschiedliches Sterblichkeitsrisiko für Neugeborene gibt, ist erklärungsbedürftig und wird als »ungerecht« empfunden.

rene bezeichnet man Kinder, die weniger als 1 500 Gramm wiegen und meist vor der 32. Schwangerschaftswoche geboren wurden, als extrem kleine Frühgeborene gelten Kinder mit einem Geburtsgewicht von weniger als 1 000 Gramm. Die Anzahl an Frühgeburten hat übrigens in den westlichen Ländern in den letzten 25 Jahren um mehr als ein Drittel zugenommen – vor allem das höhere Lebensalter der Frauen bei der Geburt und der gestiegene Anteil von Mehrlingsgeburten als Folge der reproduktionsmedizinischen Behandlungen sind dafür verantwortlich. Extreme Untergewichtigkeit des Neugeborenen geht mit einem deutlich erhöhten Risiko für die Entwicklung körperlicher und kognitiver Beeinträchtigungen einher. Bei jedem zweiten extrem frühgeborenen Kind ist eine Lernbehinderung zu erwarten. Zu früh geborene Kinder weisen generell ein erhöhtes Risiko für Aufmerksamkeitsstörungen und Lese-Rechtschreib-Schwierigkeiten auf.

Der Großteil der Variabilität des Geburtsgewichts liegt im Normbereich und ist multifaktoriell bedingt. Eltern sind deshalb gut beraten, dem keine besondere Aufmerksamkeit zu schenken. Es gibt aber auch Systematiken in der Unterschiedlichkeit zu entdecken. So kommen im OECD-Vergleich in Finnland 4 von 100 Kindern mit einem Geburtsgewicht von weniger als 2 500 Gramm zur Welt, in Griechenland und Ungarn sind es mehr als doppelt so viele. In Deutschland und Spanien liegt die Quote bei 6,8 %. Auch unter den deutschen Bundesländern variieren die Quoten, und zwar zwischen 6,1 % (in Sachsen) und 8,2 % (im Saarland). Erst ein Geburtsgewicht, das mehr als zwei Standardabweichungen unter dem Durchschnitt liegt (<2 200 Gramm) ist jedoch eine Besonderheit. Es geht mit einem erhöhten Risiko für Kleinwüchsigkeit und neurologische Auffälligkeiten einher. Nur eine extreme Untergewichtigkeit kann prospektiv als Indikator für eine risikobehaftete körperliche oder kognitive Entwicklung betrachtet werden – retrospektiv indiziert sie in aller Regel einen irregulären (meist zu kurzen) Schwangerschaftsverlauf. Das Geburtsgewicht prädiziert auch nicht das Gewicht des Erwachsenen – zu vielfältig und zu wenig vorhersagbar sind die zwischenzeitlich wirksamen Einflussgrößen. So ist es mit vielen Merkmalen, auch mit solchen, die für schulisches Lernen relevant sind. Die Ausprägungsunterschiede, die im Normbereich eines Merkmals liegen, sind in aller Regel »unkritisch« zu nennen, das heißt aber nicht, dass sie bedeutungslos sind.

Hintergrund: Unterschiede in der Sprachentwicklung

10 bis 14 Monate alte Kinder produzieren in aller Regel erste Wörter, etwa drei Monate später werden sie im Schnitt etwa 50 Wörter produktiv beherrschen (und bereits viermal so viele rezeptiv). Mit 20 Monaten sind es schon 170 Wörter, wobei es beträchtliche Unterschiede zwischen den Kindern gibt. Sabine Weinert (2007) berichtet von einer Spannbreite zwischen drei und 544 Wörtern. Die meisten Unterschiede sind zu diesem frühen Zeitpunkt so »normal« wie fragil und ohne besondere Bedeutung. Erst wenn ein Zweijähriges noch nicht mehr als 50 Wörter aktiv hervorbringen kann, gilt das als Risikofaktor für den weiteren Spracherwerb.

Die Unterschiede verändern und stabilisieren sich im Verlauf der Entwicklung. 5-Jährige kennen im Schnitt 4 000 Wörter, bei 96 % der 5-Jährigen liegt der Wortschatz zwischen 1 500 und 7 000 Wörtern, nur jeweils 2 % der Kinder kennen schon mehr als 7 000 oder noch weniger als 1 500 Wörter. Im Alter von vier Jahren ist die Schere in absoluten Zahlen noch nicht ganz so weit geöffnet. Im Mittel kennen die Vierjährigen 2 000 Wörter und bei 96 % der 4-Jährigen liegen die Leistungen im Bereich zwischen 500 und 4 000 Wörtern. Relativ betrachtet, kennen die sprachgewandten Vierjährigen demnach achtmal so viele Wörter wie die sprachschwächeren und bei den 5-Jährigen liegen die betreffenden Leistungen immerhin noch um das Dreieinhalbfache auseinander.

Womit hängen solche Unterschiede zusammen? Minja Dubowy und ihre Bamberger Kolleginnen haben im Rahmen einer Längsschnittstudie die deutsch-sprachlichen Kompetenzen von Kindern mit und ohne Migrationshintergrund beim Eintritt in den Kindergarten untersucht. Dabei zeigten sich für die Bereiche Grammatik und Wortschatz deutliche Nachteile der Kinder aus Zuwandererfamilien, die vermutlich zu einem großen Teil darauf zurückzuführen sind, dass ein häuslicher Zugang zur deutschen Sprache in vielen Fällen nur begrenzt oder gar nicht gegeben war. Die Nachteile blieben auch dann bestehen, wenn der Einfluss der Sozialschicht kontrolliert wurde. Dass die Sprachkompetenz bei der Entwicklung anderer, nicht primär sprachlicher Kompetenzen und Fertigkeiten eine Rolle spielt, zeigen die gleichsinnig schwächeren Leistungen der nicht deutschen Kinder in Tests zum Zählen und zum Allgemeinwissen. Dort sind die Defizite allerdings geringer als bei den sprachlichen Kompetenzen. Am niedrigsten sind die deutschen Sprachkompetenzen übrigens in Familien, wo im familiären Alltag wenig oder gar nicht deutsch gesprochen wird und die sich – aus welchen Gründen auch immer – schlecht in der deutschen Gesellschaft integriert fühlen (Dubowy, Ebert, von Maurice & Weinert, 2008). Daraus folgt aber nicht, dass eine deutschsprachige Kommunikation in der Familie generell förderlich ist: Diejenigen Eltern, die mit ihren Kindern Deutsch sprechen, werden vermutlich auch über bessere deutsche Sprachkompetenzen verfügen als die anderen. Ob es günstig ist, wenn Eltern mit schlechten Deutschkenntnissen mit ihren Kindern Deutsch sprechen, müsste noch geprüft werden.

Wie mit dem Geburtsgewicht ist es mit vielen anderen Merkmalen auch. Menschen unterscheiden sich, und das Ausmaß der Unterschiedlichkeit (Variabilität oder Varianz) ist mehr oder weniger groß und hängt – soweit man weiß – mit ganz unterschiedlichen Faktoren zusammen, vor allem mit genetischen Einflüssen (beim Geburtsgewicht z. B. mit der Größe der Eltern) und mit Umwelteinflüssen (z. B. mit dem Verlauf und mit der Dauer der Schwangerschaft). Nicht zuletzt hängt das Geburtsgewicht von vielen Zufällen ab, angefangen davon, ob das Neugeborene ein Mädchen oder ein Junge ist. Aus Sicht des Neugeborenen ist es sicher auch ein Zufall, ob es in Sachsen oder im Saarland auf die Welt kommt. Wie bereits erwähnt, ist in Sachsen allerdings das Sterblichkeitsrisiko im ersten Lebensjahr um ein Drittel niedriger als im Saarland.

Warum Unterschiede?

Warum gibt es überhaupt Unterschiede? Gegenfrage: Warum sollte es keine geben? Es wäre nämlich ein allzu großer Zufall, wenn wir alle gleich wären. Variabilität ist ein Grundmerkmal, ja eine der Voraussetzungen von Leben und Entwicklung. Evolutionsbiologen (oder Evolutionspsychologen, wenn es um das menschliche Erleben und Verhalten geht) sind sogar der Auffassung, dass der Variabilität von Merkmalen nicht nur für die Individualentwicklung Bedeutung zukommt, sondern vor allem für die Entwicklung einer Spezies. Die (zufällige) Variation von Erbanlagen und die Prozesse der natürlichen Selektion in Folge unterschiedlich guter Anpassungen von Mitgliedern einer Spezies an sich verändernde Umwelten bestimmen die Entwicklung dieser Spezies. Die genetischen Variationen selbst sind dabei zufällig, weil sie auf Mutationen und sexuellen Rekombinationen beruhen. Deshalb sind auch die Unterschiede innerhalb einer Population nicht gut oder schlecht, sie sind vielmehr einfach eine Tatsache und können eine evolutionäre Bedeutung erlangen.

Mit Unterschieden zwischen Individuen einer Art beschäftigt sich die Entwicklungs- oder Verhaltensgenetik. Gene sind Abschnitte auf der DNA eines Chromosoms, die aufgrund ihrer spezifischen Zusammensetzung (ihres Informationsgehalts) die Eiweißsynthese in den Zellen steuern. Individuen einer Art haben die gleiche Anzahl an Chromosomen(paaren) und die gleiche Anzahl an Genen, unterscheiden sich aber hinsichtlich der Varianten ihrer Gene (Allele) und damit hinsichtlich ihres individuellen genetischen Musters. Die genetische Information von Mutter und Vater wird bei der Befruchtung der Eizelle vererbt und rekombiniert. Das menschliche Erbgut (das Genom oder der Genotyp) besteht aus der Gesamtheit von 22 Chromosomenpaaren sowie aus einem X- bzw. Y-Chromosom zur Ausbildung der Geschlechtlichkeit und aus etwa 25 000 Genen.

Die genetischen Unterschiede zwischen Menschen sind in ihrem Zustandekommen durch Mutationen und Rekombinationen so vielfältig wie zufällig – lässt man die Systematik von Selektionsprozessen bei der Partnerwahl einmal außer Acht. Sie nehmen von Anfang an Einfluss auf die Entwicklung von Körper- und Nervenzellen und auf die Entwicklung der Persönlichkeit. Von Anfang an, also schon vor der Geburt, nimmt aber auch die (in aller Regel ebenso vielfältig unterschiedliche) Umwelt Einfluss auf diese Entwicklung und es gibt zudem eine Reihe komplexer Genom-Umwelt-Interaktionen, also ein Zusammenwirken von Erbe und Umwelt. Es ist praktisch unmöglich, für ein bestimmtes Individuum zu klären, zu welchen Anteilen sein Verhalten und Erleben auf genetischen und auf umweltbedingten Faktoren beruht. Für Gruppen von Individuen sieht das etwas anders aus. Für sie lassen sich anhand von Verallgemeinerungen über viele vergleichbare Fälle hinweg Wahrscheinlichkeitsaussagen darüber machen, in welchem Maße und zu welchen Anteilen genetische und umweltbedingte Einflüsse zusammenwirken.

Die Entwicklungsgenetik bedient sich vor allem der Zwillings- und der Adoptionsmethode, um das Ausmaß des genetischen Einflusses auf Persönlichkeitsunterschiede abschätzen zu können. Der Vorteil solcher Methoden besteht darin, dass sich in systematischer Weise Extremvarianten genetischer (Un-)Ähnlichkeit in ähnlichen bzw. unähnlichen Umwelten miteinander vergleichen lassen. Den genetischen Anteil an der Variabilität von Intelligenztestleistungen schätzt man aufgrund solcher Analysen beispielsweise auf etwa 50 %, für die Variabilität anderer Persönlichkeitsmerkmale liegt die Schätzung etwas niedriger, wohl auch deshalb, weil ihre Messung in höherem Maße fehleranfällig ist. Das heißt: Die Unterschiede in der genetischen Ausstattung bedingen in erheblichem Maße die Unterschiede in der kognitiven Grundfähigkeit. Das heißt aber auch, dass für die Variabilität der kognitiven Grundfähigkeit in erheblichem Maße andere als genetische Einflüsse eine Rolle spielen. Dass diese anderen Einflüsse nicht einfach additiv mit der Wirkung von »Umwelteinflüssen« gleichzusetzen sind, sondern ihrerseits auf komplexen Genom-Umwelt-Interaktionen und auf vielfältigen Genom-Umwelt-Kovarianzen beruhen, hat Jens Asendorpf hervorgehoben.[2] Dennoch ist die Botschaft aus pädagogisch-erzieherischer Sicht zunächst einmal eine ermutigende: Es bleibt bei der Ausbildung des individuellen Phänotyps genügend Handlungs- und Gestaltungsspielraum – das heißt aber auch: Verantwortlichkeit für Eltern und Lehrer – übrig. Dabei gilt: Wo Unterricht und Erziehung gar nicht oder in undifferenzierter Weise auf unterschiedliche Anlagen reagieren, werden die auf den Genotyp zurückgehenden Einflüsse die Entwicklung der individuellen Merkmalsausprägungen umso nachhaltiger dominieren. Es gilt aber auch, dass die genetischen Einflüsse ihr volles (differenzierendes) Potential erst dann entfalten können, wenn adäquate Lerngelegenheiten geboten werden.

Unterschiedliche Unterschiede

Mit Unterschieden sind meist interindividuelle Unterschiede, also Unterschiede zwischen Personen gemeint. In der Entwicklungspsychologie sind das oftmals Unterschiede zwischen Individuen unterschiedlichen Lebensalters. Noch häufiger werden *interindividuelle Unterschiede* in der Differentiellen (Entwicklungs-)Psychologie und in der psychologischen Diagnostik betrachtet, die sich explizit mit Unterschieden in den Merkmalsausprägungen der Intelligenz und anderer Persönlichkeitsmerkmale (z. B. Extraversion, Neurotizismus, Ängstlichkeit oder Gewissenhaftigkeit) bei Individuen vergleichbaren Alters befassen. Wie groß solche Unterschiede eigentlich sind, weiß man allerdings nicht so genau, denn es gibt in aller Regel keinen absoluten Maßstab dafür. Aber man hat in der Diagnostik ein standardisiertes Bezugssystem entwickelt, um die relativen Unterschiede zwischen Personen abbilden zu können. Um Persönlichkeitsmerkmale messbar und vergleichbar zu machen, wird ihnen üblicherweise eine Normalverteilungsannahme

– die »Glockenkurve« nach Gauss – unterlegt und die entsprechenden Testverfahren werden so konstruiert, dass die Testleistungen in der Grundgesamtheit diese Normalverteilung exakt widerspiegeln. Das scheint nicht unplausibel, weil die individuellen Merkmalsausprägungen (z. B. der Intelligenz) in einer Population auf unendlich vielen Einflussfaktoren und Zufällen beruhen und weil die Wahrscheinlichkeit des Zustandekommens extremer Ausprägungen (Abweichungen) weitaus geringer ist, als das für mittlere Ausprägungen der Fall ist. Ein Test wird deshalb so schwer oder leicht konstruiert, dass in aller Regel die meisten der getesteten Personen mittlere Werte erreichen und nur sehr wenige extrem gute oder besonders schlechte. In der vertrauten Metrik des Intelligenz-Quotienten IQ (M = 100, SD = 15), heißt das beispielsweise für die üblichen Intelligenztests, dass bei einem mittleren IQ-Wert von 100 Punkten 680 von 1 000 getesteten Personen (also 68 %) im Normalbereich der IQ-Werte zwischen 85 und 115 zu liegen kommen und dass jeweils weitere 14 % in den flacheren Kurvenabschnitten zwischen 70 und 85 IQ-Punkten (140 Personen) bzw. zwischen 115 und 130 IQ-Punkten (140 Personen) hinzu kommen. Für jeweils 20 (also jeweils 2 %) der 1 000 Personen bleiben extreme IQ-Werte über 130 bzw. unter 70 Punkten.

Für die meisten der Personmerkmale, die uns als mögliche Bedingungsvariablen schulischer Lernschwierigkeiten noch beschäftigen werden, gelten solche Normalverteilungsannahmen. Zumindest dann, wenn es sogenannte quantitative Merkmale sind, die über Testverfahren erfasst werden können, wie die Intelligenz, das inhaltsbezogene Vorwissen, der Wortschatz und andere sprachliche Kompetenzen, die Geschwindigkeit der Informationsverarbeitung, die Lernmotivation, die Leistungsängstlichkeit, die Konzentrationsfähigkeit, das Selbstkonzept eigener Fähigkeiten und vieles mehr. Das Feststellen (Messen) und Erklären von Merkmalsunterschieden macht übrigens einen Großteil psychologischen Arbeitens aus – die besondere pädagogische Herausforderung besteht darin, mit diesen Unterschieden angemessen umzugehen. Andere Merkmale, die Menschen in qualitativ-kategorialer Hinsicht voneinander unterscheiden, sind natürlich nicht normalverteilt: das Geschlecht, der Sozialstatus, der Zuwanderungshintergrund, das Vorliegen einer sensorischen oder hirnorganischen Beeinträchtigung oder die Fähigkeit, mit der Kopfhaut zu wackeln.

Keiner ist immer gleich und keiner bleibt immer so, wie er einmal war. Es gibt nämlich auch *intraindividuelle Unterschiede*. Damit ist gemeint, dass es innerhalb einer Person unterschiedliche Erlebens- und Verhaltensweisen geben kann, je nach Situation und Tageszeit, je nach Wohlbefinden, je nach Ab- oder Anwesenheit bestimmter anderer Personen und/oder Bedingungen. Zusätzlich können sich Personen natürlich untereinander mehr oder weniger gleichen im Ausmaß und in der Spezifität ihrer intraindividuellen Unterschiede. Von intraindividuellen Unterschieden spricht man manchmal auch, um deutlich zu machen, dass die Fähigkeitsprofile von Personen sehr unterschiedlich ausgeprägt sein können. Dies alles macht die Betrachtung und Erklärung von Unterschieden zwischen Menschen nicht leichter.

Intraindividuelle Unterschiede sind dann besonders interessant, wenn sie, wie in der Klinischen Entwicklungspsychologie oder in der Klinischen Psychologie, zur Zielgröße psychologischer Interventionen werden. Entwicklungspsychologisch betrachtet handelt es sich bei intraindividuellen Unterschieden um unterschiedliche Zustände oder Ausprägungen eines Merkmals bei ein und demselben Individuum im Verlauf der Zeit. Wenn es beispielsweise um den Erwerb von Fertigkeiten und Kompetenzen, Einstellungen und Werthaltungen geht, folgen solche Zustandsveränderungen meist bestimmten Gesetzmäßigkeiten oder Mustern. Dass aber bestimmte Zustände bei einem Individuum früher,

beim anderen später oder vielleicht überhaupt nicht in der erwarteten Weise auftreten, ist nicht allein unterschiedlichen Entwicklungsgeschwindigkeiten, sondern auch diskrepanten individuellen Lernvoraussetzungen und unterschiedlichen Lerngelegenheiten und der unterschiedlichen Nutzung dieser Lerngelegenheiten geschuldet. Im Rahmen klinischer Psychotherapien ist das Auslösen intraindividueller Veränderungsprozesse das Behandlungsziel an sich. In gewisser Weise gilt das für alle pädagogisch-psychologischen Interventionen ebenso.

Unterschiede zwischen Personen sind meist unproblematisch. Sicher können die meisten Menschen vergleichsweise gut damit leben, dass ein guter Freund/eine Freundin eine persönliche Marathonzeit von drei Stunden und vierzig Minuten erzielen kann, während sie selbst erst nach fünf Stunden ins Ziel kommen und damit fast drei Stunden mehr benötigen als der Weltrekordhalter über die 42-Kilometer-Strecke. Die meisten von uns würden ohnehin überhaupt nicht bis ans Ziel kommen, denn die Leistungsfähigkeiten für einen Lauf über eine solche Distanz sind durchaus nicht normalverteilt. Da wir uns in aller Regel ganz gut selbst einschätzen können, würden wir einen solchen Versuch auch gar nicht erst unternehmen. Auch das erstmalige Auftreten des Laufens (nicht des Marathonlaufens!) im Entwicklungsverlauf ist nicht normalverteilt, sondern eher »rechtsschief«. Remo Largo, ein bekannter Zürcher Kinderarzt, hat das im Rahmen seiner Längsschnittstudien dokumentiert: Die meisten Kleinkinder (etwa ein Drittel) machen mit 13 Monaten ihre ersten Schritte, einige auch schon mit zwölf, elf oder gar zehn Monaten (zusammen etwas mehr als ein Viertel) und die restlichen erst im 14. bis 20. Monat.[3]

Unterschiede können problematisch werden, wenn es um die Zuweisung von Vergünstigungen oder um die Verteilung knapper, erstrebenswerter oder lebensnotwendiger Güter geht. Oder wenn mit den Unterschieden Bewertungen verbunden sind, die für das persönliche Wohlergehen und die personale Integrität eines Individuums von Bedeutung sind. Auch auf den Zugang zu Bildungsmöglichkeiten, die erreichbaren Bildungsziele und den erreichten Bildungsabschluss einer Person können sich interindividuelle Unterschiede auswirken. Bildung wird in unserer Gesellschaft als erstrebenswertes und notwendiges Gut betrachtet. Bildung eröffnet Zukunftschancen – das gilt für eine Volkswirtschaft als Ganzes ebenso wie für ein Individuum. Mit zunehmender Bildung wächst die Wahrscheinlichkeit, ein höheres Einkommen und eine bessere berufliche Position zu erreichen. Ludger Wößmann hat in »Letzte Chance für gute Schulen« vorgerechnet, wie sich das Wirtschaftswachstum eines Landes und die individuellen Vorteile eines jeden einzelnen durch eine verbesserte Schulbildung steigern ließen.[4]

Dass sich in Folge unterschiedlicher individueller Lernvoraussetzungen, aufgrund unterschiedlicher Lerngelegenheiten und deren unterschiedlich intensiver Nutzung sowie aufgrund von Zufälligkeiten im Verlauf individueller Bildungsprozesse auch unterschiedliche Lernergebnisse und Bildungsresultate einstellen, darf nicht überraschen. Zu vielfältig sind die Einflüsse, die den individuellen Entwicklungsverlauf von Kindern begleiten. Wenn sich unterschiedliche Lernergebnisse und Bildungserfolge allerdings in Folge sozialer und ethnischer Disparitäten, das heißt in Abhängigkeit von Merkmalen und Bedingungen einstellen, die mit den kognitiven Lernvoraussetzungen und dem eigentlichen Lernprozess nichts zu tun haben, sind kritische Nachfragen angezeigt. Denn manche Unterschiede müssen nicht sein!

2.2 Unterschiedliche Lernvoraussetzungen und unterschiedliche Lernergebnisse

Nun zu den individuellen Unterschieden, die im engeren Sinne mit dem Lernen und mit den schulischen Leistungen zu tun haben. Dass

---

Hintergrund: Unterschiede in Kenntnissen, Interessen und im Selbstkonzept

Mehr als einhundert 5-Jährige aus Frankfurter Kindertagesstätten wurden nach ihren *Interessen* an naturwissenschaftlichen Phänomenen und Fragestellungen (»Ich finde Experimentieren spannend«), zu ihrem *Selbstkonzept* naturwissenschaftlicher Fähigkeiten (»Ich weiß viel über Luft«) und über ihre naturwissenschaftlichen *Kenntnisse* (»Was ist leichter, Luft oder Wasser?«) befragt. In der Tabelle sind die Mittelwerte (M) und die Standardabweichungen (SD) für die drei Merkmalsbereiche angegeben, zusätzlich die niedrigsten und die höchsten Werte.

Individuelle Merkmale	M (SD)	Min	Max
Naturwissenschaftliche Kenntnisse	9.6 (3.5)	3	21
Naturwissenschaftliche Interessen	39.6 (7.7)	18	52
Selbstkonzept naturwissenschaftlicher Fähigkeiten	11.1 (3.4)	4	16

Für die naturwissenschaftlichen Kenntnisse reichte das Spektrum der Merkmalsausprägungen von 3 bis 21 Punkten (bei 28 möglichen), für die Interessen von 18 bis 52 (bei 52 möglichen) und für das Selbstkonzept von 4 bis 16 (bei 16 möglichen). Die Interessen und das Selbstkonzept waren positiv miteinander korreliert ($r=.61$). Beide Variablen hängen aber nicht mit dem Ausmaß der naturwissenschaftlichen Kenntnisse zusammen (Bader, Borsch, Gold & Schmidt, in Vorb.). Schon 5-Jährige unterscheiden sich also in ihren Interessen und Selbsteinschätzungen voneinander und in ihren Kenntnissen – lange bevor ein naturwissenschaftlicher Unterricht angeboten wird.

sich Kinder in ihren sprachlich-kognitiven Kompetenzen bereits beim Eintritt in den Kindergarten voneinander unterscheiden, wurde bereits erwähnt (vgl. Abschnitt 2.1). Mit einer großen Variabilität ist auch zum Zeitpunkt der Einschulung zu rechnen. Denn aufgrund des kumulativen Charakters von Entwicklungs- und Lernprozessen und aufgrund der unterschiedlichen Fähigkeiten und Gelegenheiten, vorschulische Lernangebote zu nutzen, werden die frühen Unterschiede bis zum Schulanfang eher größer geworden sein.

Kinder unterscheiden sich ebenso wie Erwachsene in vielen Aspekten ihrer Informationsverarbeitung untereinander, insbesondere gibt es interindividuelle Unterschiede in den grundlegenden Funktionen des Arbeitsgedächtnisses und der Aufmerksamkeitszuwendung, in der Kenntnis und im Einsatz von Lernstrategien, dem auf einen Lerngegenstand bezogenen Vorwissen, in ihren lernförderlichen motivationalen Dispositionen und Interessen, in ihrem Selbstkonzept eigener Fähigkeiten, in den selbstregulativen Kompetenzen der Willensbildung und in ihren lernbegleitenden Emotionen (vgl. Abschnitt 1.3). Für die meisten dieser Merkmale lässt sich durch Tests und andere Erhebungsmethoden die relative Position eines Individuums im Vergleich zu seiner jeweiligen Lernoder Altersgruppe ermitteln. Es gibt nach heutigem Kenntnisstand aber kein absolutes Kriterium, um das für erfolgreiches Lernen erforderliche Niveau auf einer oder mehreren dieser Lernvoraussetzungen zu bestimmen. Alle diese Merkmale sind wichtig für den Lernerfolg und die meisten Merkmale hängen im Sinne eines »je mehr desto besser« mit guten Lernergebnissen zusammen. Wie die genannten Merkmale aber genau zusammenwirken, um den Lernerfolg hervorzubringen und wo gegebenenfalls ihre »kritischen Schwellenwerte« liegen, ist im Detail noch nicht geklärt. In Abschnitt 3.2 wird berichtet, wie Funktionsdefizite einzelner kognitiver Lernvoraussetzungen mit dem Lernerfolg zusammenhängen.

Unterschiedliche Lernvoraussetzungen müssen nicht zwangsläufig auch unterschiedliche Lernergebnisse nach sich ziehen. Zum einen liegt das daran, dass die (statistische) Beziehung zwischen den Lernvoraussetzungen und den Indikatoren der Lernleistung »nicht perfekt« ist, und dass es neben den individuellen Lernvoraussetzungen noch andere Einflussgrößen gibt, die das Niveau und die Verteilung von Lernleistungen mit bestimmen. Dazu gehören systematisch wirksame Faktoren, die mit zielgerichteten Maßnahmen des Unterrichts und der Erziehung zusammenhängen, und unsystematisch (zufällig) wirksame. Zum anderen markieren die individuellen Merkmalsausprägungen auf den Lernvoraussetzungen lediglich die vorhandenen Potentiale, Grenzen oder Spielräume. Ob diese Potentiale in einer konkreten Lernsituation tatsächlich vollständig zum Tragen kommen, hängt von der Bereitschaft zur Nutzung von Lernangeboten ab, von der Qualität dieser Lernangebote und auch von soziokulturellen Faktoren, die das Lernumfeld näher charakterisieren. Denn nicht nur in ihren persönlichen Merkmalen unterscheiden sich Schüler, sondern auch in ihrer sozialen Herkunft und Familienstruktur, in ihrer Familiensprache und im Bildungsgehalt sowie den Bildungsaspirationen ihres Elternhauses.

Ressourcen und Risiken

Kindern und Jugendlichen geht es in ihren Familien unterschiedlich gut. In einer bundesweit repräsentativen Untersuchung zum Gesundheitsstand und zu den Risiken und Ressourcen für die psychische Entwicklung von Kindern und Jugendlichen hat das Robert-Koch-Institut in den Jahren 2003 bis 2006 mehr als 17 000 Kinder und Jugendliche sowie deren Eltern befragt. Dabei zeigten sich teilweise erhebliche Diskrepanzen im Hinblick auf das Vorhandensein kindbezogener Schutzfaktoren und Risiken.[5] Als personalen Schutzfaktor bezeichnet man zum Beispiel ein positives und optimistisches Selbstwirksamkeitserleben des Kindes, als familiären Schutzfaktor den erlebten Grad des familiären Zusammenhalts und ein positives Familienklima. Soziale Ressourcen gelten unter anderem dann als schützend, wenn die Interaktionen mit den Eltern durch Unterstützung und Zuneigung gekennzeich-net sind. Bei etwa 80 % der 11- bis 13-Jährigen sind die personalen Schutzfaktoren in ausreichendem Maße vorhanden, bei 9 % der Kinder nur noch »grenzwertig« und bei 11 % der Kinder sind sie »defizitär«. Für die sozialen Ressourcen liegen die entsprechenden Werte bei 76 (ausreichend), 13 (grenzwertig) und 11 % (defizitär), für den

Hintergrund: Unterschiedliche häusliche Bedingungen

Der UNICEF-Bericht zur Lage der Kinder in Deutschland benennt die »relative Armut« und die »Unvollständigkeit der Familien« als potentielle Risikofaktoren kindlichen Wohlergehens. Relativ arm ist ein Kind, wenn es in einem Haushalt mit geringem Einkommen aufwächst (wenn das Haushaltseinkommen mehr als 50 % unterhalb des nationalen Medians liegt). Als unvollständige Familien gelten alleinerziehende Mütter oder Väter mit mindestens einem Kind. Die nachfolgende Aufstellung enthält diese Angaben für die deutschen Bundesländer und für einige ausgewählte OECD-Staaten in Bezug auf Kinder, die 11, 13 oder 15 Jahre alt sind (Bertram, 2008).

Land	relative Armut (in %)	alleinerziehende Haushalte (in %)
Finnland	3	15
Baden-Württemberg	7	13
Bayern	8	14
Rheinland-Pfalz	9	15
Hessen	9	15
Niedersachsen	10	15
Nordrhein-Westfalen	10	15
Schleswig-Holstein	10	16
Deutschland	**11**	**17**
Saarland	12	21
Griechenland	**12**	8
Kanada	**14**	15
Hamburg	15	22
Berlin	16	30
Italien	**16**	7
Thüringen	19	17
Bremen	20	29
Sachsen	20	19
Brandenburg	20	20
Mecklenburg-Vorpommern	21	21
Sachsen-Anhalt	21	19
USA	**22**	**21**

Im bundesdeutschen Vergleich fallen die in den Stadtstaaten und in den östlichen Bundesländern höheren Anteile unvollständiger Familien auf. Dieses Muster findet beim Indikator des materiellen Wohlbefindens (und übrigens auch bei der unterschiedlich hohen Arbeitslosigkeit in Ost und West) eine Entsprechung. Materielle Armut und eine unvollständige Familienstruktur müssen aber nicht unbedingt »Bildungsarmut« zur Folge haben. Anhand der PISA-Daten lässt sich zeigen, dass die Kinder von Alleinerziehenden, von Erwerbslosen und aus Familien mit geringem Einkommen nicht häufiger in der »Risikogruppe« schwacher Leser vertreten sind. Wie gut Kinder zuhause gefördert werden, hängt nämlich eher vom elterlichen Bildungsstand und vom Gebrauch der deutschen Sprache ab als vom Erwerbs- oder Familienstatus (Anger, Plünnecke, Seyda & Werner, 2006).

familiären Schutzfaktor sieht es günstiger aus.

Ob und in welchem Maße Schutzfaktoren vorhanden oder nicht vorhanden sind, variiert in Abhängigkeit vom Geschlecht der Kinder, von der Sozialschicht, von der Vollständigkeit der Familie und vom Migrationsstatus (vgl. Abschnitt 2.4). In Abhängigkeit von der Ausprägung von Schutzfaktoren ist auch das gesundheitliche Risikoverhalten der Kinder und Jugendlichen (Rauchen, Trinken, Drogen) in unterschiedlichem Maße ausgeprägt. Sind die Schutzfaktoren nicht ausreichend vorhanden, rauchen bereits 9 % der 11- bis 13-Jährigen (sonst sind es 3 %) und es haben bereits 50 % ein- oder mehrmals Alkohol getrunken (sonst sind es 28 %).

Halten wir an dieser Stelle fest: Die individuellen Lernvoraussetzungen sind unterschiedlich und hinsichtlich lernrelevanter Merkmale des familiären und sozialen Hintergrunds unterscheiden sich Kinder ebenfalls. Auch die institutionellen Lerngelegenheiten, die sich Kindern in den unterschiedlichen Kindertageseinrichtungen, Schulen und Schularten sowie innerhalb von Schulklassen bieten, sind unterschiedlich. Die Lerngelegenheiten werden zudem in unterschiedlicher Weise und Intensität von den Kindern – vermittelt über die Bildungsentscheidungen ihrer Eltern – genutzt. Kein Wunder also, dass auch die Lernerfolge und die Bildungsergebnisse, also die Kompetenzen und Zertifikate von Kindern unterschiedlich ausfallen, auch wenn sich einfache kausale Wirkungsketten dabei nicht herstellen lassen.

Unterschiedliche Bildungsergebnisse

Unterschiedliche Bildungsergebnisse, z. B. zwischen den OECD-Staaten oder zwischen den deutschen Bundesländern, werden seit etwa einem Jahrzehnt zunehmend auch in der Öffentlichkeit diskutiert. Dabei geht es nur teilweise um das (insgesamt zu niedrige)

Niveau dieser Ergebnisse. Vielmehr wird vor allem hinterfragt, ob das Ausmaß der Unterschiede – in der Lesekompetenz oder beim Rechnen, bei den Klassenwiederholungen oder bei den Abgängen ohne Schulabschluss – sowohl zwischen als auch innerhalb der teilnehmenden Länder so groß sein darf, wie es ist, und welche Ursachen diese Unterschiede bedingen. Die vergleichenden Studien öffnen den Blick dafür, dass ein Teil dieser Unterschiede systemisch bedingt ist und welche (bildungspolitischen) Spielräume ihrer Veränderung bestehen. Aufgrund der föderalen Struktur unseres Bildungswesens sind natürlich die Unterschiede zwischen den deutschen Bundesländern stets auf besonderes Interesse gestoßen. Denn es irritiert, wenn die Bildungsresultate eines Schülers (bei sonst gleichen Lernvoraussetzungen) davon abhängen, ob er in Tuttlingen (Baden-Württemberg) oder in Dillingen (Saarland) lebt.

Leistungsunterschiede zwischen den Schülern sind in Deutschland – im Vergleich mit den anderen OECD-Staaten – ohnehin besonders groß. Ludger Wößmann hat anhand der PISA-Daten für die mathematischen Kompetenzen 15-Jähriger die Leistungsdifferenz zwischen den 10 % besten und den 10 % schlechtesten Schülern eines Landes bestimmt. Am weitesten liegen demnach die Schülerleistungen in Belgien und Deutschland auseinander, am wenigsten unterschiedlich sind sie in Finnland und Irland. Für die Lesekompetenz sieht es ganz ähnlich aus. In Schuljahren ausgedrückt trennt eine Wissenskluft von bis zu sechs Jahren die besten von den schlechtesten 15-Jährigen in Deutschland – aber selbst im PISA-Musterland Finnland sind es noch bis zu fünf Schuljahre. Dass solche Diskrepanzen nach adaptiven unterrichtlichen Vorgehensweisen verlangen, ist offensichtlich. Ob diese Vorgehensweisen mit Formen einer äußeren Differenzierung einhergehen müssen, wie das in Deutschland der Fall ist, wird noch zu diskutieren sein.

Die ausgeprägte Heterogenität der Schülerleistungen ist Anlass und Folge der Drei-

Hintergrund: Unterschiedliche Bildungsergebnisse

Der UNICEF-Bericht zur Lage der Kinder in Deutschland (Bertram, 2008) enthält aggregierte Daten zum Bildungsstand Fünfzehnjähriger (PISA-Lesen + PISA-Mathematik + PISA-Naturwissenschaften; M = 100, SD = 10). Zum Vergleich mit den deutschen Bundesländern sind zusätzlich die Kompetenzwerte für ausgewählte OECD-Länder angegeben. In der zweiten Spalte sind Anteile der altersspezifischen Bevölkerung angegeben, die ohne (Haupt-)Schulabschluss die Schule verlassen (Autorengruppe Bildungsberichterstattung, 2010). In Deutschland waren dies 7,5 % (nicht wenige von ihnen werden ihren Hauptschulabschluss später nachholen). Internationale Vergleichszahlen lassen sich wegen der sehr unterschiedlichen Bildungssysteme nicht angeben. In den USA verlassen etwa 30 % eines Jahrgangs die Schule ohne das »High School Diploma« (vergleichbar einem mittleren Bildungsabschluss nach 12 Schuljahren).

Land	Bildungsstand (PISA 2003; aggregierte Daten)	ohne Schulabschluss (in %; gerundet)
Finnland	**121**	
Bayern	115	6
Kanada	**113**	
Sachsen	110	11
Baden-Württemberg	107	6
Thüringen	103	9
Deutschland	**100**	8
Saarland	99	7
Sachsen-Anhalt	99	15
Schleswig-Holstein	98	10
Rheinland-Pfalz	97	8
USA	**97**	
Niedersachsen	96	7
Hessen	96	7
Berlin	94	12
Mecklenburg-Vorpommern	93	17
Nordrhein-Westfalen	93	7
Brandenburg	93	13
Hamburg	92	9
Italien	**90**	
Bremen	86	8
Griechenland	**86**	

Das Ausmaß der Leistungsdifferenzen ist groß. Im Schnitt sind die bayerischen Fünfzehnjährigen denen aus Hamburg oder Bremen in ihrem Bildungsstand um fast 30 Punktwerte voraus, dies entspricht etwa dem Leistungszuwachs eines ganzen Schuljahres. Auf unterschiedliche Rahmenbedingungen demographischer und wirtschaftlicher Art zwischen den Bundesländern sind die Unterschiede nur zu einem geringen Teil zurückzuführen. Eher scheinen Qualitätsmerkmale bildungsrelevanter Einrichtungen und schulorganisatorische Strukturen eine Rolle zu spielen (vbw, 2007; Wößmann, 2007). In der Folgeuntersuchung PISA 2006 sind die Leistungen in Sachsen, Sachsen-Anhalt und vor allem in Bremen besser ausgefallen. Das Risiko, ohne Abschluss von der Schule abzugehen, ist aber nach wie vor in Baden-Württemberg nur etwa halb so groß wie in Sachsen, Brandenburg oder Berlin und im Vergleich mit Mecklenburg-Vorpommern noch geringer. In PISA 2009 gibt es keine Vergleiche mehr zwischen den Bundesländern. In den Ländervergleichen zur Überprüfung der Bildungsstandards für den Mittleren Schulabschluss im Fach Deutsch (Lesen) liegen Bayern, Sachsen und Baden-Württemberg über dem deutschen Mittelwert, Bremen, Berlin, Hamburg und Brandenburg darunter (Köller, Knigge & Tesch, 2010).

gliedrigkeit des deutschen Sekundarschulwesens zugleich und auch die weitgehend separate Beschulung von Kindern und Ju-

gendlichen mit besonderem Förderbedarf beruht auf einer fähigkeitsbasierten frühen Selektion und damit auf einer Homogenisierung von Lerngruppen nach ihren bisherigen Leistungen und Fähigkeiten. Erwartet wird, dass sich die leistungshomogenen Lerngruppen besser und erfolgreicher unterrichten lassen. Ernüchternd ist, dass sich die Separierung im Hinblick auf den Gesamtertrag aber offenbar nicht wie erhofft auszahlt. Weder ist mit der Sonderbehandlung der schwächeren und langsameren Lerner der Vorteil verbunden, dass die meisten von ihnen auf ein zufriedenstellendes Kompetenzniveau »gehoben« werden, noch profitieren die leistungsfähigeren Schülerinnen und Schüler in besonderer Weise von der Homogenisierung. Im Hinblick auf die Gesamtergebnisse in den internationalen Vergleichsstudien bleibt also festzuhalten: In der Spitze sind die Leistungen nicht gut genug (genauer: es gibt nicht genügend viele Schülerinnen und Schüler mit überdurchschnittlichen Leistungen), um im Gesamttableau des Landes die Defizite der Leistungsschwächeren auszugleichen. In den erfolgreicheren OECD-Ländern wie Finnland, Japan, Korea, Kanada oder Holland geht hingegen ein hohes durchschnittliches Leistungsniveau mit niedrigeren Leistungsstreuungen einher, d. h. mit geringeren Unterschieden insgesamt.

Es ist kein Wunder, dass sich an solchen Befunden bildungspolitische Diskussionen entzünden. Meist thematisieren sie strukturelle Aspekte der Bildungsorganisation: die Gegliedertheit des Schulwesens, die Frage der Ganztagsschule, die Art und Intensität der vorschulischen Bildungsangebote. Aus Sicht der wissenschaftlichen Lehr-Lernforschung notwendig wären allerdings Diskussionen über die inhaltliche und formale Gestaltung von Lehr-Lern-Prozessen, die Entwicklung und Evaluation geeigneter Maßnahmen der inneren Differenzierung und des adaptiven Unterrichtens und die Entwicklung und Implementation theoretisch begründeter und empirisch bewährter individueller Fördermaßnahmen (vgl. Kapitel 6).

Soziale Herkunft und Zuwanderung

Bildungsergebnisse sind nicht nur zwischen den deutschen Bundesländern verschieden. Vielmehr variieren Schulleistungen und individuelle Kompetenzen auch in Abhängigkeit von der Geschlechtszugehörigkeit, der sozialen Herkunft und dem Migrationsstatus. Die Lesekompetenz der Mädchen ist höher als die von Jungen – bei den mathematischen sowie bei den naturwissenschaftlichen Kompetenzen sind die Testwerte von Jungen und Mädchen hingegen in etwa gleich. Letzteres gilt allerdings nur, wenn man den Einfluss der Schulform auf den Kompetenzerwerb nicht berücksichtigt, denn Mädchen besuchen häufiger ein Gymnasium und an Gymnasien werden höhere Kompetenzwerte erzielt. Auch die soziale Herkunft, also die sozioökonomische Stellung der Eltern, ist mit der Kompetenzentwicklung verbunden, in Deutschland übrigens nach den Ergebnissen der internationalen Schulleistungsstudien wesentlich enger als in den OECD-Ländern mit Spitzenleistungen wie Finnland, Japan, Korea oder Kanada. Etwa 13 % der Kompetenzunterschiede im Lesen lassen sich in Deutschland allein durch die Sozialschichtzugehörigkeit vorhersagen, das ist etwas mehr als im OECD-Durchschnitt. In Ungarn und Belgien ist die Kopplung der Kompetenzunterschiede an die Unterschiede in der sozialen Herkunft mit 19 % am stärksten ausgeprägt. In den Ländern mit Spitzenleistungen liegt der Anteil zwischen 4 und 7 %. Für die Kompetenzunterschiede in Mathematik ist der Zusammenhang zur sozialen Herkunft übrigens enger.[6] Bemerkenswert ist, dass vor allem in Ländern mit einem vergleichsweise niedrigeren Kompetenzniveau einer engere Kopplung von Kompetenz und Herkunft vorhanden ist. Im Umkehrschluss folgt daraus, dass Anstrengungen zur Entkopplung der individuellen Kompetenzentwicklung von der sozialen Herkunft der bildungspolitischen Zielvorgabe eines höheren Kompetenzniveaus für alle durchaus nicht entgegenstehen. Die jüngeren PISA-Daten von 2006 und 2009 weisen übrigens darauf hin, dass die Steigung des sozialen Gradienten, also des Zusammenhangs zwischen sozialer Herkunft und Kompetenzentwicklung, in Deutschland seit 2003 geringer geworden ist.

Bei Kindern und Jugendlichen aus Zuwanderungsfamilien der ersten Generation (selbst zugewandert) sind die Bildungsergebnisse im Allgemeinen schlechter als bei den deutschen Kindern. Die PISA-Daten von 2006 zeigen, dass dies für alle europäischen Länder in annähernd gleicher Weise gilt, nicht aber für Kanada, Australien, Neuseeland und die USA, wo traditionell eine andere, in hohem Maße selektive Einwanderungspolitik betrieben wird (und wo besondere Fördermaßnahmen im Bereich der sprachlichen Kompetenzen üblich sind). Für die mathematischen Kompetenzen gilt ähnlich wie für die naturwissenschaftlichen und für die Lesekompetenz, dass die Jugendlichen der ersten Zuwanderungsgeneration im Schnitt einen

Rückstand im Äquivalent von etwa drei bis vier Schuljahren gegenüber den deutschen Schülern gleichen Alters aufweisen. Wesentlich besser gelingt in den meisten Ländern die Bildungsintegration der im Aufnahmeland geborenen Kinder (Zuwanderer der zweiten Generation). Dagegen liegen in Deutschland und Belgien deren Kompetenzen noch unter jenen der im Ausland geborenen Kinder der ersten Zuwanderungsgeneration.[7] Zumindest für Deutschland weiß man inzwischen, dass dem ein Kompositionseffekt der unterschiedlichen Generationsstatusgruppen zugrunde lag, dass also die unterschiedliche Zusammensetzung der Zuwanderergruppen 1. und 2. Generation eine Rolle spielte. Tatsächlich ist es so, dass die Jugendlichen der 2. Generation in ihren Testergebnissen etwas besser abschneiden als die in der 1. Generation Zugewanderten. Sie liegen aber noch immer deutlich hinter den Kompetenzwerten der Jugendlichen ohne Migrationshintergrund. Die Akkulturationsprozesse gelingen in Abhängigkeit von der Herkunftskultur unterschiedlich gut – in Deutschland offenbar am

---

Hintergrund: Unterschiedlicher Wortschatz bei leseschwachen Hauptschülern

Im Rahmen einer Untersuchung zur Förderung der Lesekompetenz wurde in einer Stichprobe schwacher Leser sechster Hauptschulklassen (N = 480) der Ergänzungstest Wortschatz aus dem Grundintelligenztest CFT 20 (Weiß, 1998) durchgeführt. Der Test misst den Wortschatz der Umgangssprache. Bei insgesamt 30 Mehrfachwahlaufgaben muss zu einem Schlüsselwort aus fünf anderen Wörtern dasjenige mit der ähnlichsten Bedeutung herausgefunden werden. Neben der Leseflüssigkeit gilt der Wortschatz als einer der wichtigsten Prädiktoren des Textverstehens.

	Gesamt (N=480)		Jungen (N=267)		Mädchen (N=213)		DaM (N=172)		DaZ (N=308)	
Wortschatz	15.8 (5.4)		15.6 (5.5)		16.0 (5.3)		18.2 (4.5)		14.4 (5.4)	
Min Max	3	28	3	28	5	27	8	28	3	27

Dargestellt sind die mittleren Leistungswerte und die Standardabweichungen (in Klammern) in Rohwerten, zusätzlich die niedrigsten (Min) und die höchsten Werte (Max), die erzielt wurden. Die Leistungen der 12-Jährigen variieren zwischen drei und 28 richtig gelösten Aufgaben. Bezogen auf die mittleren Leistungswerte schneiden die muttersprachlich deutschen Kinder (DaM) im Schnitt fast eine Standardabweichung besser ab als die Kinder aus Zuwandererfamilien (DaZ). Bei den DaZ-Kindern liegen etwa zwei Drittel der Kinder im Leistungsbereich zwischen 9 und 20 richtigen Lösungen, in der Gruppe der DaM-Kinder liegen hingegen zwei Drittel im Leistungsbereich zwischen 14 und 23 Punkten (Gold, 2009a; Gold, Nix, Rieckmann & Rosebrock, 2010).

wenigsten gut bei Kindern und Jugendlichen, deren Eltern aus der Türkei und aus Italien stammen. Des Weiteren ist zu beachten, dass der Migrationshintergrund und die soziale Herkunft eng miteinander verknüpft sind und dass es deshalb konfundierte und sich wechselseitig verstärkende Anteile gibt. Das Jahresgutachten 2007 des Aktionsrats Bildung der Vereinigung der Bayerischen Wirtschaft sieht deshalb treffend als eigentlichen Risikofaktor die Kombination von Migration und ungünstiger sozialer Situation.

Die Nachteile der Zuwandererkinder sind dann besonders groß, wenn zu Hause nicht die Sprache gesprochen wird, in der der Unterricht gehalten wird. Aus Studien in anderen Ländern weiß man, dass die schulischen Leistungen von Jugendlichen mit Migrationshintergrund nicht schlechter sind als jene der einheimischen Vergleichsgruppe, wenn zuhause die Sprache des Einwanderungslandes gesprochen wird und wenn sie aus sozial besser gestellten Familien stammen. Dabei ist allerdings zu beachten, dass für die klassischen Einwanderungsländer, wie z. B. Australien und Neuseeland und für die ehemaligen Kolonialmächte, wie z. B. Großbritannien und Frankreich, ein Großteil der Einwanderer aus Herkunftsländern stammt, in welchen die Sprache des Einwanderungslandes selbst Amts- oder Verkehrssprache ist.[8]

Ohne eine entsprechende häusliche Unterstützung ist der kompetente Sprach- und Schriftspracherwerb erheblich erschwert. Die Ausbildung der Lesekompetenz, also des kompetenten Verstehens und Behaltens von Texten, setzt das Vorhandensein sprachlicher Kompetenzen voraus. Es muss auch flüssig (sicher, fehlerfrei und angemessen schnell) gelesen werden können, um den Inhalt eines Textes gut zu verstehen. Schon an diesen notwendigen Grundvoraussetzungen des verstehenden Lesens scheitern viele Zuwandererkinder. Was zu Hause an geeigneten Lerngelegenheiten fehlt, kann das deutsche Bildungswesen in seiner derzeitigen Struktur offenbar nicht ausgleichen. Dass es auch Argumente dafür gibt, zunächst die sprachlichen Kompetenzen in der Herkunftssprache zu fördern, wird in Abschnitt 4.3 behandelt.

2.3 Disparate Entwicklungsverläufe

Gleichaltrige Kinder sind auch deshalb voneinander verschieden, weil sie sich unterschiedlich schnell entwickeln. Das kann aufgrund der unterschiedlichen Erbanlagen, aufgrund der unterschiedlichen Lerngelegenheiten und infolge der komplexen Wechselwirkungen zwischen Anlage und Umwelt geschehen. Besonders auffällig ist der unterschiedliche Entwicklungsstand von Jungen und Mädchen gleichen Lebensalters hinsichtlich der körperlichen Entwicklung. Bereits bei der Geburt haben Mädchen einen Entwicklungsvorsprung, der vermutlich auf

Hintergrund: Geschlechterunterschiede beim Erwerb von Fertigkeiten und Kompetenzen

Im Alter von zwei Jahren haben Mädchen aufgrund einer akzelerierten (beschleunigten) Sprachentwicklung meist einen größeren Wortschatz als Jungen. Im Alter von fünf Jahren sind Jungen grobmotorisch (Werfen, Springen, Rennen) überlegen, Mädchen feinmotorisch. Nach dem Schuleintritt gewinnen die Mädchen eine Überlegenheit bei den sprachlichen Fähigkeiten, in der Adoleszenz manifestiert sich eine Überlegenheit männlicher Jugendlicher im räumlichen Denken und in bestimmten mathematischen Fähigkeiten. Seit der frühen Kindheit sind männliche Personen physisch aggressiver. Früher als Jungen verlieren Mädchen ihren kindlichen Überoptimismus, der als wichtiger Schutzfaktor bei der Ausbildung der Selbstkonzepte eigener Fähigkeiten gilt. Früh verfestigen sich auch geschlechtsrollenstereotype Selbstwahrnehmungen und Präferenzen (Hannover, 2008; Hannover & Schmidthals, 2007).

Ein besonderes Augenmerk erfordern die mit dem Geschlecht assoziierten Unterschiede dann, wenn mit ihnen unterschiedliche Bildungschancen und Bildungsergebnisse verbunden sind (vbw, 2009). Lange Zeit hat man deshalb der (geringeren) Bildungsbeteiligung und den (schlechteren) Bildungsergebnissen von Mädchen große Aufmerksamkeit zukommen lassen, inzwischen gelten eher die Jungen als »Bildungsverlierer«. Die PISA-Daten und auch die Daten aus der IGLU-Studie (Internationale Grundschul-Lese-Untersuchung) weisen nur noch geringe Diskrepanzen zwischen den Geschlechtern aus. Für den Primarschulbereich gibt es einen Leistungsvorsprung der Mädchen beim Lesen. Bei den mathematischen und den naturwissenschaftlichen Kompetenzen schneiden die Jungen etwas besser ab. Im Sekundarschulbereich setzt sich dieser Trend fort, wobei die Unterschiede in der Lesekompetenz zugunsten der Mädchen größer werden.

(vorgeburtliche) hormonelle Einflüsse zurückzuführen ist. Dieses höhere körperliche Reifungstempo bleibt bis ins Jugendalter hinein erhalten und wird besonders deutlich im früheren Einsetzen der Pubertät bei Mädchen. Auch in einigen kognitiven Bereichen deuten Studien auf ein höheres Entwicklungstempo von Mädchen gegenüber Jungen hin, insbesondere auf einen früheren Beginn und einen generell beschleunigten Spracherwerb und einen größeren Wortschatz der Mädchen im Kleinkindalter, wobei dieser Vorsprung jedoch danach offensichtlich wieder verloren geht. Als Ursachen für diese Entwicklungsvorsprünge der Mädchen werden biologische Determinanten, wie etwa die Wirksamkeit hormoneller Faktoren, vermutet.

Differentielle Entwicklungspsychologie

Die Entwicklungspsychologie befasst sich mit Veränderungen im Lebenslauf. Die Veränderungen beziehen sich auf die körperliche, auf die geistige und auf die soziale Entwicklung und betreffen alle Bereiche des Erlebens und Verhaltens. Traditionell ist die Entwicklungspsychologie vor allem an der Analyse allgemeiner (universeller) Veränderungen interessiert, die sich modellhaft als regelhafte Abfolgen von Phasen oder Stufen darstellen lassen. Dass solche Veränderungen auch aus differentialpsychologischer Perspektive zu betrachten sind, wurde lange Zeit nicht beachtet. Dabei zeigt schon eine Auf-

listung der wichtigsten Meilensteine der vergleichsweise gut sichtbaren frühen motorischen Entwicklung das hohe Ausmaß ihrer Variabilität.

Sowohl der Zeitpunkt, zu dem ein Kind selbstständig mobil wird, als auch die Art und Weise, wie es sich im Laufe seiner motorischen Entwicklung fortbewegt, verlaufen nicht bei allen Kindern gleich. Während etwa 87 % der Kinder die klassische Abfolge von Drehen, Kreisrutschen, Robben, Kriechen und Vierfüßlergang durchlaufen, bewegen sich die restlichen Kinder vorübergehend auf vielfältige andere Methoden vorwärts, wie aufrechtes Rutschen im Sitzen, Rollen oder Vorwärtsschlängeln, oder sie überspringen einzelne Stufen. Etwa die Hälfte der Kinder machen ihre ersten freien Schritte mit 13 oder 14 Monaten, wobei für die restlichen die Spannweite von acht bis 20 Monaten sehr groß ist. Bis zum Alter von 16 Monaten haben ungefähr 90 % der Kinder mit dem freien Laufen begonnen. 5 % der Kinder laufen bereits mit zehn Monaten frei, 7 % erst mit 18 bis 20 Monaten.

Für die motorische Entwicklung in den ersten beiden Lebensjahren gilt, dass die universellen Prinzipien – zunächst wird die Kontrolle über den Kopf, dann über die Arme und Beine erlangt – hinreichend Raum für die Ausbildung interindividueller Unterschiede hinsichtlich des erstmaligen Auftretens der jeweiligen Fertigkeiten lassen. Meist sind diese Unterschiede ohne Bedeutung für die weitere Entwicklung der motorischen Kompetenzen. Würde man zwölf Monate alte Kinder danach klassifizieren, ob sie schon alleine stehen können oder nicht, so würde allerdings ein gutes Drittel von ihnen an dieser Aufgabenanforderung scheitern, während im Alter von 14 Monaten fast alle diese Aufgabe bewältigen. Die Altersangaben beziehen sich übrigens auf gesunde Kleinkinder in der westlichen Welt, sie lassen sich nicht ohne weiteres auf andere Kulturen übertragen. Das Fixieren von Altersnormen ist aber noch aus einem anderen Grund problematisch: Vor allem im Kleinkindalter sind die »erstmals gezeigten« Verhaltensmuster vielfach noch fragil, das heißt, es fehlt ihnen nicht selten an zeitlicher Stabilität. Das gilt nicht nur für die motorischen Fertigkeiten, sondern auch für weite Bereiche der kognitiven Entwicklung.

Abweichungen von der Geschwindigkeit der allgemeinen (»normalen«) Entwicklung können ihre Ursachen in vielfältigen Interaktionen externaler und internaler Bedingungsfaktoren haben. Bei der körperlichen Reifung sind individuelle Beschleunigungen (Akzelerationen) und Rückstände (Retardierung) besonders gut sichtbar – bekannt ist allerdings auch, dass es bei der körperlichen Entwicklung in den vergangenen Dekaden in beträchtlichem Maße säkulare Akzelerationen gegeben hat, so das Absinken des durchschnittlichen Menarchealters in den westlichen Ländern. Vor allem im Jugendalter kann das körperliche Reifungsniveau deutlich variieren – beträchtlich sind auch hier wiederum die Unterschiede zwischen Jungen und Mädchen. Wegen der mit den Abweichungen verbundenen Selbstwahrnehmungen und weil auch die Umwelt unterschiedlich auf äußerlich sichtbare Unterschiede reagiert, bleibt dies für die Individualentwicklung des Erlebens und Verhaltens nicht folgenlos.

Entwicklungsstand und schulisches Lernen

Manche Kinder können mit acht Jahren erst bis zehn zählen, andere schon bis 1 000. Eines muss noch die Finger beim Zählen zu Hilfe nehmen, ein anderes schon nicht mehr. Ist das ein Problem für den Unterricht? Nicht unbedingt. Zum Problem werden unterschiedliche Kompetenz- und Entwicklungsniveaus erst dann, wenn sie keine adaptivdifferenzierte pädagogische Antwort erfahren. Das kann aber leicht passieren, weil die staatlichen Bildungsinstitutionen ihren allgemeinen Bildungsauftrag im Grundsatz eher universell als spezifisch verstehen und wahrnehmen. Das fängt mit der Einschulung an, die sich am chronologischen Lebensalter der Kinder und nicht an ihrem körperlichen, kognitiven, emotionalen und sozialen Entwicklungsstand orientiert.

Aufgrund gesetzlicher Regelungen wird ein Kind in den meisten Bundesländern zum 01.08. eines Jahres schulpflichtig, wenn es bis zum 30.06. desselben Jahres sein sechstes Lebensjahr vollendet hat. In Bayern und in Berlin werden auch Fünfjährige schulpflichtig, sofern sie bis zum 31.12. des Jahres noch ihr sechstes Lebensjahr vollenden werden; auch in den anderen Bundesländern gibt es bereits Pläne, den Regelschulanfang vorzuverlegen. Neben den schulpflichtig werdenden »Muss-Kindern« gibt es sog. »Kann-Kinder«, für die auf Antrag der Eltern eine frühzeitigere Einschulung erfolgen kann. Und es kann auf Antrag auch eine Zurückstellung von der Schulpflicht um ein Jahr geben. Das ist im Einzelfall sicher auch sinnvoll, weil aufgrund der disparaten Entwicklungsverläufe die schulrechtliche Orientierung an einer allein dem chronologischen Lebensalter verpflichteten Stichtagsregelung nicht unproblematisch ist.

Interessanterweise hielten sich die Quoten zurückgestellter und frühzeitig eingeschulter Kinder bis Mitte der 1970er Jahre in etwa die Waage. In Baden-Württemberg wurden jeweils etwa 6 % eines Jahrgangs frühzeitig eingeschult bzw. um ein Schuljahr von der Einschulung zurückgestellt. Dann stieg der Anteil der Zurückgestellten sprunghaft an und verblieb während der folgenden 15 Jahre relativ konstant auf einem Niveau von etwa 10 % eines Jahrgangs. Zur gleichen Zeit ging die Quote frühzeitiger Einschulungen auf weniger als 2 % zurück. Das mittlere Schuleingangsalter stieg folglich an. Vor etwa zehn Jahren wendete sich der Trend abermals. Derzeit werden in Baden-Württemberg etwa 12 % eines Jahrgangs frühzeitig eingeschult und die Quote der Rückstellungen liegt bei 6 % – das mittlere Schuleingangsalter ist also wieder gesunken. Mädchen werden übrigens häufiger frühzeitig eingeschult als Jungen und seltener zurückgestellt. Im Bundesdurchschnitt werden 3,5 % der Mädchen und 5,9 % der Jungen verspätet eingeschult – nach Maßgabe der unterschiedlichen Entwicklungsgeschwindigkeiten der beiden Geschlechter eine nicht unplausible Differenz.

Anträge auf Rückstellungen und vorzeitige Einschulungen stellen die Eltern. Nahezu für jedes fünfte Kind nehmen Eltern inzwischen eine andere als die Stichtagsregelung in Anspruch. Soweit sich das an den Entwicklungsbesonderheiten dieser Kinder orientiert, ist dies nur zu begrüßen. Anstelle von »Schulreife« wird inzwischen meist von »Schulfähigkeit« gesprochen. Dabei kommt das ältere Konzept der *Schulreife* der Vorstellung unterschiedlich schnell verlaufender Entwicklungsprozesse eigentlich am nächsten. Problematisch ist nur die Konsequenz, die gemeinhin damit verbunden war: Kinder, denen eine Schulreife nicht attestiert wurde, wurden zum Nachreifen ohne besondere Lernförderung ein weiteres Jahr im Kindergarten belassen. Inwieweit sie davon profitierten, blieb ungewiss. Das Konzept der *Schulfähigkeit* definiert demgegenüber die notwendigen Anpassungsleistungen des Kindes an den Anfangsunterricht in der Primarstufe: Welche psychischen, kognitiven, sozialen und emotionalen Voraussetzungen müssen gegeben sein, um den schulischen Anforderungen gerecht zu werden? Schulfähigkeit ist aber nicht nur eine »Bringschuld« des Kindes, sondern hat immer auch mit der Qualität und Entwicklungsangemessenheit

des Anfangsunterrichts zu tun. Geeignete Fördermaßnahmen können die Schulfähigkeit noch in den Anfangsmonaten sicherstellen, ohne eine Rückstellung vorzunehmen. Noch vorteilhafter ist es, wenn die schulvorbereitenden Fördermaßnahmen bereits im Kindergarten einsetzen. Das setzt voraus, dass schulnahe Bildungsinhalte schon im Kindergarten behandelt werden. Neuere Konzepte des »gleitenden Übergangs« betonen folglich die Notwendigkeit eines integrativ-abgestimmten (bessere Kooperationen von Schule und Kindergarten) und zugleich differentiell-adaptiven Vorgehens (systematische individuelle Förderung schulischer Lernvoraussetzungen).[9] Erklärtes Ziel solcher Konzepte ist die Einschulung möglichst aller Kinder und der weitgehende Verzicht auf Rückstellungen. Denn Rückstellungen, so hat sich gezeigt, verstärken die bereits vorhandenen sozialen Disparitäten: Kinder aus unteren sozialen Schichten und aus Zuwandererfamilien werden wesentlich häufiger zurückgestellt.

Wo Kinder eines bestimmten Lebensalters und Entwicklungsstandes am besten gefördert werden können, hängt natürlich auch von den curricularen und didaktischen Konzepten der Bildungseinrichtungen ab und von der Qualifizierung des Personals. Es ist eher unwahrscheinlich, dass solche Überlegungen bei den Elternentscheidungen, die zu den hohen Rückstellungsquoten in den 1980er Jahren und zu den derzeit höheren Quoten vorzeitiger Einschulungen geführt haben, eine wesentliche Rolle spielten. Eher spiegeln sich in ihnen die in der Öffentlichkeit geführten Diskussionen über die Rolle der Kindheit, die Funktion und den Bildungsauftrag von Kindergärten, die Antizipation der Übergangsproblematik am Ende der Grundschule und – vor allem in jüngerer Zeit – die bildungspolitisch bzw. bildungsökonomisch und im Zuge der Globalisierung vorgetragene Argumentation, deutsche Schulabgänger seien im internationalen Vergleich zu alt. Die Konferenz der Kultusminister hat Ende der

1990er Jahre als Zielvorgabe formuliert, die Rückstellungen zu begrenzen und die vorzeitigen Einschulungen zu erleichtern.

So wenig sich die hohen Rückstellungsquoten in den 1980er Jahren aus pädagogisch-psychologischer Sicht rechtfertigen ließen, so wenig gilt dies heute für ein vorverlegtes Einschulungsalter. Ergebnisse einer Hamburger Studie haben gezeigt, dass immerhin 13 % der früher eingeschulten Kinder schon im Verlauf der Grundschule eine Klasse wiederholen müssen und damit das gewonnene Jahr wieder verlieren.[10] Für sie war die frühe Einschulung – unter den im Unterricht vorgefundenen Rahmenbedingungen – offenbar nicht das Richtige. Lässt das den Umkehrschluss zu, dass sich die anderen als schulfähig erwiesen haben? Die Problematik genereller Stichtagsregelungen liegt jedenfalls darin, dass sie individuelle Risikolagen verschärfen können – das gilt für die frühe wie für die späte Einschulung. Eingeschult werden sollten die Kinder auf jeden Fall dann, wenn sie aufgrund ihrer Voraussetzungen aller Wahrscheinlichkeit nach zum erfolgreichen schulischen Lernen in der Lage sind. Wo das zweifelhaft erscheint, sind frühzeitige individuelle Fördermaßnahmen angezeigt, um eine »normale« Einschulung doch noch zu ermöglichen.

Neben den Zurückstellungen und den vorzeitigen Einschulungen sind auch die *Klassenwiederholungen* ein traditionelles Instrument, um die am chronologischen Lebensalter der Kinder orientierten Bildungsangebote in den Jahrgangsstufen den unterschiedlichen Entwicklungsverläufen und Lernfortschritten der Kinder korrigierend »anzupassen«. Eigentlich keine schlechte Idee: Wie die von der Einschulung zurückgestellten Kinder bekommen auch die leistungsschwachen Klassenwiederholer einfach

Hintergrund: Klassenwiederholungen

Das Instrument der Klassenwiederholung (Sitzenbleiben) wird in Jahrgangsklassen eingesetzt, um den in ihrer Lerngruppe deutlich überforderten Schülern die Möglichkeit zu geben, gemeinsam mit jüngeren Kindern der nächst niedrigeren Klassenstufe zu lernen und so mit einer höheren Wahrscheinlichkeit den Lernanforderungen zu genügen. Mit der Aussonderung der Leistungsschwächeren ist auch die Erwartung verbunden, dass die leistungsstärkeren Schülerinnen und Schüler einer Klasse in ihren Entwicklungsfortschritten nicht »gebremst« werden.

Die auf den ersten Blick relativ niedrige Quote von Klassenwiederholern (im Schuljahr 2006/2007 waren es z. B. 2,6 %) täuscht über die Tatsache hinweg, dass fast jeder vierte 15-Jährige im Verlauf seiner bisherigen Schullaufbahn mindestens einmal eine Klasse wiederholt hat. Interessant sind auch hier wieder die unterschiedlichen Handhabungen in den deutschen Bundesländern: Die Wahrscheinlichkeit einer Klassenwiederholung ist in Bayern mehr als doppelt so hoch als in Baden-Württemberg. Unter den 15-Jährigen hat es in Schleswig-Holstein und Nordrhein-Westfalen 43 bzw. 31 %, in Brandenburg, Sachsen und Thüringen hingegen weniger als 20 % schon einmal »erwischt«. Baden-Württemberg (21 %) und Bayern (25 %) liegen hier im Mittelfeld.

Der Bildungsforscher Klaus Klemm hat in einer Expertise für die Bertelsmann Stiftung (2009a) Klassenwiederholungen als pädagogisch unwirksam und ökonomisch verfehlt bezeichnet. Klemm beziffert die jährlichen finanziellen Mehraufwendungen, die in den Bundesländern durch Klassenwiederholungen (aufgrund des längeren Verbleibens im Schulsystem) entstehen, auf mehr als 900 Millionen Euro. Demgegenüber gibt es – so Klemm – national und international keine belastbaren empirischen Befunde, die eine Wirksamkeit von Klassenwiederholungen für die künftige Leistungsentwicklung belegen (Jimerson, 2001; Roßbach & Tietze, 2006). Dabei ist die ungewisse pädagogische Wirksamkeit der Klassenwiederholungen sicherlich das stärkere Argument als die ökonomische Betrachtung. Jedenfalls sind allzu pragmatische und bildungsökonomisch scheinbar naheliegende Konsequenzen, wie das grundsätzliche »Abschaffen« des Sitzenbleibens, nur dann sinnvoll, wenn sie mit besonderen pädagogischen Konzepten zur Förderung der vormals Versetzungsgefährdeten einhergehen.

mehr Zeit, um ans Ziel zu kommen, weil sie offenbar mehr Zeit benötigen als die anderen. Zugleich wird mit dem »Sitzenbleiben« der Leistungsschwächeren für die in der Jahrgangsklasse verbleibenden Kinder das Prinzip der Leistungshomogenisierung verfolgt. Im Unterschied zu den Zurückstellungen, bei denen man nicht so genau weiß, was im zusätzlichen Kindergartenjahr mit den Kindern eigentlich geschieht, ist bei den Klassenwiederholern sichergestellt, dass sie in systematischer Weise mit schulischen Bildungsinhalten konfrontiert werden. Allerdings erhalten sie in aller Regel einfach »das Gleiche noch einmal«, ohne dass in besonderer Weise berücksichtigt wird, woran sie im ersten Anlauf gescheitert sind.

Die leistungsförderliche Wirksamkeit von Klassenwiederholungen ist empirisch nicht belegt, ihre pädagogische Nützlichkeit mithin zweifelhaft. Weder führen sie längerfristig zu besseren Schulleistungen noch zu einer günstigeren sozial-emotionalen Anpassung. Zudem verstärken die Klassenwiederholungen – wie schon die Zurückstellungen – die bereits vorhandenen herkunftsbedingten Disparitäten. Wer eine Klasse wiederholen muss, gehört in einigen Jahren meist wieder zu den leistungsschwächeren Schülern. Erst wenn Klassenwiederholungen mit der Teilhabe an besonderen Förderprogrammen einhergehen, verbessern sich die schulischen Leistungen nachhaltig. Individuelle Förderprogramme kann man aber auch anbieten, ohne das einschneidende und schulorganisatorisch kostspielige Ereignis einer Klassenwiederholung herbeizuführen. In den vergangen Jahren hat es in diesem Sinne Bemühungen gegeben, die Quote der Klassenwiederholungen zu verringern. In Hamburg ist vorgesehen, künftig auf Klassenwiederholungen ganz zu verzichten. Stattdessen soll es zur rechtzeitigen Diagnose besonderen Unterstützungsbedarfs regelmäßige Lernentwicklungsgespräche geben und sogenannte Lerncoachings für die ehemals Versetzungsgefährdeten. Es bleibt abzuwarten, ob solche Maßnahmen schon ausreichen, um der Forderung nach mehr unterrichtlicher Adaptivität zu genügen.

»All things come to those who can wait«, oder: »Das Gras wächst nicht schneller, wenn man daran zieht«. Die Erkenntnis, dass alles am besten »zu seiner Zeit« geschehen solle, kennt viele sprichwörtliche Umschreibungen. Gut gesagt! Auf der anderen Seite ist es nicht immer leicht, zu warten, bis der richtige Zeitpunkt gekommen ist. Denn es besteht auch die Gefahr, Anregungen zu versäumen, Hilfen nicht rechtzeitig zu gewähren und Fördermaßnahmen zu spät einzuleiten und damit in ihrer Wirksamkeit zu schmälern. Nur eine sorgfältige Diagnostik und eine konsequente Orientierung am kindlichen Entwicklungsstand und an den kindlichen Lernbedürfnissen helfen hier weiter. Denn die Lernangebote und die Lernanforderungen müssen entwicklungsgerecht sein – ein Kind kann aus seiner Lernumwelt nur das aufnehmen und verarbeiten, was ihm aufgrund seines Entwicklungsstands möglich ist. Der russische Psychologe Lew Wygotski (1934/1977) hat mit der »Zone der proximalen Entwicklung« einen Begriff geprägt, der ausdrücken soll, dass Lern- und Entwicklungspotentiale vor allem dort bestehen, wo die Aufgabenanforderungen nicht allzu weit von den bereits vorhandenen Kompetenzen entfernt sind und die entsprechenden Hilfen bereitgestellt werden. In seiner proximalen Entwicklungszone kann ein Kind durch Interaktionen mit einem (etwas) kompetenteren Lernpartner Fertigkeiten und Kenntnisse erwerben – wozu es alleine nicht in der Lage gewesen wäre. Überfordert ein Lernangebot seine proximalen Bedürfnisse und Möglichkeiten, bleibt es bestenfalls ungenutzt. Wahrscheinlich behindert es aber die künftige Entwicklung, weil mit den Überforderungen oft Misserfolgserlebnisse und damit emotional und motivational ungünstige Begleiterscheinungen verbunden sind.

2.4 Risikofaktoren und spezielle Bedürfnisse

Interindividuelle Unterschiede und disparate Entwicklungsverläufe haben zur Konsequenz, dass sich die Schülerinnen und Schüler hinsichtlich der Art und Intensität pädagogischer Maßnahmen unterscheiden, die für sie am besten geeignet sind, den Aufbau von Wissen und Können zu unterstützen. Ihre besonderen Bedürfnisse resultieren aber nicht nur aus den unterschiedlich ausgeprägten individuellen Lernvoraussetzungen (vgl. Abschnitt 2.2) und aus ihrem jeweiligen Entwicklungsstand, sondern hängen auch mit einer Reihe anderer Rahmenbedingungen des Lernens zusammen.

Im Kinder- und Jugendgesundheitssurvey KiGGS des Robert-Koch-Instituts ist anhand der Elternangaben im Fragebogen SDQ (Strength and Difficulties Questionnaire) zu den vier Basisdimensionen psychischer Gesundheit (emotionale Probleme, Verhaltensprobleme, Hyperaktivität, Probleme im Umgang mit Gleichaltrigen) für mehr als 14 000 Kinder ein Gesamtproblemwert der psychischen Belastung gebildet worden. Schon bei den 3- bis 6-Jährigen gelten 5 % der Kinder als »auffällig« belastet, wobei sich das Belastungsrisiko für Jungen (7 %), für Kinder aus Zuwandererfamilien (10 %) und bei niedrigem sozioökonomischen Status (11 %) deutlich höher darstellt. Bei den 7- bis 10-Jährigen liegen die entsprechenden Auffälligkeiten in der Gesamtstichprobe bei 9 % (Jungen: 11 %; Kinder aus Zuwandererfamilien: 11 %; niedriger sozioökonomischer Status: 16 %).[11] Die in den Zahlen sich abzeichnende Symptomatik spricht für eine möglichst frühzeitige Identifikation der Betroffenen und für das Einleiten therapeutischer Maßnahmen. Denn die psychische Gesundheit ist nicht nur für das individuelle Wohlbefinden von Bedeutung, sondern auch bei der Bewältigung der schulischen Lern- und Leistungsanforderungen.

Worin aber bestehen die besonderen Bedürfnisse von Kindern aus unvollständigen Familien, Familien mit geringem Einkommen und/oder mit Zuwanderungshintergrund im

---

Hintergrund: Migrationshintergrund

Amtliche Statistiken haben lange Zeit das Merkmal der Staatsangehörigkeit verwendet, um Deutsche und Ausländer demographisch zu trennen. Seit dem Mikrozensus 2005 ist der Begriff »Personen mit Migrationshintergrund« gebräuchlich geworden. Er umfasst definitorisch »alle nach 1949 auf das heutige Gebiet der Bundesrepublik Deutschland Zugewanderten sowie alle in Deutschland geborenen Ausländer und alle in Deutschland als Deutsche geborenen mit zumindest einem nach 1949 zugewanderten oder als Ausländer in Deutschland geborenen Elternteil« (Statistisches Bundesamt, 2009).

Die auf den ersten Blick sperrige Bezeichnung ist dann sinnvoll, wenn es um die Erfassung der »Migrationsgeschichte« gehen soll, weil es sonst (infolge der Änderungen des Ausländerrechts im Jahr 2000 und durch den Zuzug von Aussiedlern und deren Kindern) zu einer Untererfassung der Zuwanderung käme. Im Jahr 2005 lebten in Deutschland 7,4 Millionen Ausländer (9 %), 8,2 Millionen Deutsche mit Migrationshintergrund (10 %) und 67,3 Millionen Deutsche ohne Migrationshintergrund (81 %). Die beiden zuerst genannten Gruppen, also zusammen insgesamt 15,6 Millionen (19 %), sind demnach »Personen mit Migrationshintergrund«.

Personen mit Migrationshintergrund sind in den jüngeren Bevölkerungsgruppen häufiger vertreten: Bei den 16- bis 25-Jährigen sind es 24 %, bei den 10- bis 16-Jährigen 27 %, bei den 6- bis 10-Jährigen 29 % und bei den bis zu 6-Jährigen 33 %. In einigen Ballungsräumen sind die Anteile der Personen mit Migrationshintergrund deutlich höher, so z. B. in Frankfurt am Main mit 65 % bei den unter 15-Jährigen bzw. 72 % bei den unter 3-Jährigen. In allen Altersgruppen kommen die höchsten Anteile aus den Herkunftsländern Türkei und Sowjetunion bzw. deren Nachfolgestaaten (»Spätaussiedler«).

Hinblick auf das schulische Lernen? In aller Regel zunächst einmal in einer kompensatorischen Förderung von Lernvoraussetzungen, die im Elternhaus nicht geleistet wird. Nach Möglichkeit sollte das bereits in den Kindertageseinrichtungen und in Kooperation mit den Familien geschehen. Die soziodemographischen Gegebenheiten selbst entziehen sich einer direkten pädagogischen Einflussnahme. Allerdings sollten die vorhandenen familiären und die sozialen Ressourcen der Familie, die trotz der geschilderten Risikolagen (noch) vorhanden sind, durch geeignete Maßnahmen gestärkt werden. Bei den Kindern aus Zuwandererfamilien besteht das besondere Bedürfnis zunächst einmal darin, ein ausreichendes Kompetenzniveau der deutschen Sprache zu erlangen.

Sprache

Der schulische Erfolg und die gesellschaftliche Integration von Kindern aus Zuwandererfamilien hängen ganz entscheidend von guten deutschen Sprachkenntnissen ab. Die Sprachentwicklung wird durch das sprachliche Umfeld eines Kindes geprägt. Dass Kinder mit Migrationshintergrund zum Zeitpunkt des Kindergarteneintritts die deutsche Grammatik schlechter beherrschen und über einen geringeren Wortschatz verfügen (vgl. Abschnitt 2.1), ist nicht überraschend. Zu einem erheblichen Teil kommen sie aus Familien, in denen ausschließlich die Sprache der Herkunftsgesellschaft gesprochen wird. Das gilt insbesondere für Kinder türkischer Herkunft. Problematisch ist, dass die Vorschuljahre bislang zu wenig für eine intensive sprachliche Frühförderung dieser Kinder genutzt werden. Problematisch in diesem Zusammenhang war lange Zeit auch, dass Kinder aus bildungsfernen Milieus und mit Migrationshintergrund im letzten Vorschuljahr seltener eine Kindertagesstätte besuchten. Auch das frühzeitige Erkennen spezifischer Sprachentwicklungsstörungen – wie anderer sensorischer Beeinträchtigungen – ist erschwert, weil die Erziehungsberechtigten aus Zuwandererfamilien die angebotenen Vorsorgeuntersuchungen im Kleinkindalter weniger häufig wahrnehmen.[12]

Kinder ohne ausreichende Deutschkenntnisse können dem deutschsprachigen Unter-

Hintergrund: Sprachstandserhebungen und Sprachförderung

Dass sich Deutschland nur zögerlich als Einwanderungsland verstand, hat die Entwicklung und den systematischen Einsatz von Maßnahmen zur (vor-)schulischen Sprachförderung lange Zeit behindert (Stanat, 2008). Sprachförderung setzt aber auch eine verlässliche Sprachstandsdiagnostik voraus. Sabine Weinert kommt in ihrer Expertise zu dem Schluss, dass die meisten Diagnoseverfahren nicht standardisiert, nur unzureichend normiert sowie in der Auswertung nicht hinreichend objektiv sind (Weinert, Doil & Frevert, 2008). Zur verlässlichen Feststellung individuellen Förderbedarfs und zur Ausarbeitung individueller Förderpläne wären das aber wichtige Voraussetzungen.

Uneinig sind sich Erziehungswissenschaftler und Spracherwerbsforscher, wie die speziellen Fördermaßnahmen für Kinder mit unzureichenden Deutschkenntnissen genau aussehen sollten. Strittig ist beispielsweise, wie bedeutsam die Sprachkompetenz (und damit auch die Sprachförderung) in der ersten, d. h. der Herkunfts- oder Familiensprache ist, wenn Deutsch als Zweitsprache erlernt wird (Limbird & Stanat, 2006; Stanat & Christensen, 2006; Stanat, 2008; Jeuk, 2010). Deshalb sind auch die möglichen Förderziele unterschiedlich: Mehrsprachigkeit, Deutsch unter Einbeziehung der Herkunftssprache oder Deutsch als Zweitsprache. Es gibt eher sprachwissenschaftlich-linguistisch fundierte Programme, die in erster Linie auf den sprachlichen Regelerwerb zielen und eher elementarpädagogisch orientierte, die vor allem auf den kommunikativen Sprachgebrauch ausgerichtet sind (vgl. Abschnitt 4.3). Ein weiteres Defizit besteht darin, dass es kaum Evaluationsstudien zur Wirksamkeit von Sprachförderprogrammen gibt (Weinert & Lockl, 2008).

Unstrittig ist die Notwendigkeit, Deutsch als Zweitsprache bei Kindern mit Migrationshintergrund möglichst frühzeitig und systematisch zu fördern. Die Konferenz der Kultusminister hat deshalb in ihren Beschlüssen vom 16.11.2006 und vom 13.12.2007 als wichtige Handlungsfelder unter anderem die folgenden festgelegt:

1. Sprachstandsfeststellung,
2. deutscher Spracherwerb vor Eintritt in die Grundschule,
3. Curricula für den Sprachunterricht,
4. Förderdiagnostik und Maßnahmen individueller Förderung,
5. weiterführende Sprachförderung in der Grundschule und in der Sekundarstufe (www.kmk.org/ dokumentation/veroeffentlichungen-beschluesse/bildung-schule/allgemeine-bildung.html).

richt nicht gut folgen. Das birgt die Gefahr, dass sich ihre sprachlichen Defizite im Laufe der Zeit auch auf andere, nicht primär sprachliche Lernbereiche negativ auswirken, da Sprache als universelles Werkzeug zur Vermittlung von Lerninhalten und Kompetenzen verwendet wird. Diese Probleme dürften sich über die Schulzeit hinweg noch verstärken, weil die verwendete Unterrichtssprache mit der Zeit immer komplexer und anspruchsvoller wird. Der Mannheimer Soziologe Hartmut Esser plädiert dafür, Kinder mit Migrationshintergrund (ausschließlich) in der deutschen und nicht in der Herkunftssprache zu fördern. Aus Essers Überlegungen lässt sich auch ableiten, dass eine hohe ethnische Konzentration in der Wohnumgebung sowie in Kindergarten und Schule der sprachlichen Integration von Migranten eher abträglich ist. Die Schlüsselrolle für einen gelingenden Integrationsprozess schreibt Esser den Eltern zu: Sie treffen die wesentlichen Bildungsentscheidungen für ihre Kinder, indem sie sich im Sinne eines Wert-Erwartungsmodells rational verhalten. Die Zuwanderungseltern sind zwei gesellschaftlichen Bezugssystemen verhaftet, in denen der Wert sprachlicher Ressourcen variiert. In ethnisch homogenen Parallelgesellschaften, innerhalb derer man auch ohne hinreichende Kenntnisse der Zweitsprache kommunizieren und erwerbstätig sein kann, ist demnach die Motivation für den Zweitspracherwerb herabgesetzt. Und die Erfolgserwartungen, das heißt, die subjektiv empfundenen Wahrscheinlichkeiten, dass sich zusätzliche Bildungsinvesti-

onen in den Zweitspracherwerb letztlich auszahlen, sind auch gering, weil das Unterstützungspotential und die Opportunitäten für den kompetenten Zweitspracherwerb in einer ethnisch homogenen Umgebung als gering eingeschätzt werden. Empirische Analysen des Kriminologischen Forschungsinstituts Niedersachsen (KFN) zur kulturellen (sprachlichen), strukturellen, sozialen und identifikativen Integration stützen Essers Überlegungen: Wird für Kinder aus Zuwanderungsfamilien ein sogenannter Integrationsindex berechnet, dann sind zum einen – wie aus anderen Studien bereits bekannt – die türkischen Jugendlichen vergleichsweise am schlechtesten integriert und diejenigen aus den Ländern der ehemaligen Sowjetunion am besten. Zum anderen ist es vor allem die Integrationsbereitschaft der Eltern, die darüber bestimmt, wie gut sich ihre Kinder integrieren. Der Integrationsindex eines Jugendlichen mit Migrationshintergrund ist dann höher ausgeprägt, wenn die Eltern viele deutsche Freunde haben und wenn in der Nachbarschaft viele Deutsche wohnen (und die Kinder deshalb auch einen Kindergarten besuchen, wo Kinder nichtdeutscher Herkunft nicht überwiegen). Integrationsförderlich sind auch ein höheres Bildungsniveau und bessere Sprachkenntnisse der Eltern. Mit anderen Worten: Nur wo die Eltern selbst integriert sind oder sich zumindest integrieren möchten, kann das auch ihren Kindern gelingen.[13]

Modellhaft sind in den vergangenen Jahren – nicht selten von Stiftungen initiiert –

eine Reihe von Förderprogrammen für Schulkinder entwickelt und erprobt worden. Im Jacobs-Sommercamp-Projekt (Bremen) erhielten Drittklässler aus zugewanderten und sozial benachteiligten Familien während der Sommerferien handlungs- und sprachsystematisch orientierten Förderunterricht. In ähnlicher Weise wird seit vielen Jahren das Deutschsommer-Projekt der Stiftung Polytechnische Gesellschaft (Frankfurt) durchgeführt. Die Mercator-Stiftung fördert bundesweit in Kooperation mit Universitäten etwa 6 500 Schülerinnen und Schüler mit Migrationshintergrund in der Hausaufgabenbetreuung durch Lehramtsstudierende.[14]

Geschlechtsspezifischer Förderbedarf

Unterschiedliche Bedürfnisse haben auch Jungen und Mädchen, schon deshalb, weil ihre körperliche, kognitive, emotionale und soziale Entwicklung nicht immer parallel verläuft. Bis in die 1960er Jahre wurden Mädchen und Jungen im Bereich der höheren Schulbildung üblicherweise getrennt (monoedukativ) unterrichtet, nur in den Grund- oder Volksschulen war die gemeinsame Unterrichtung (Koedukation) üblich. Als wichtiger Schritt zu mehr Chancengleichheit (zugunsten der Mädchen) wurde die Einführung der Koedukation im Sekundarschulwesen weitgehend begrüßt – ein Überwinden

von geschlechtertypischen Vorlieben und Interessen und insbesondere die (erhoffte) Zuwendung der Mädchen zu den naturwissenschaftlichen Fächern stellte sich in der Folge aber nicht unbedingt ein. Von einer Benachteiligung der Mädchen im Schulsystem kann mittlerweile nicht mehr die Rede sein, die in den vergangenen Abschnitten berichteten Statistiken zur Bildungsbeteiligung und zum Bildungserfolg unterstreichen das. Eher gelten Jungen als die neuen Bildungsverlierer, speziell jene, die das Schulsystem ohne Abschluss verlassen und/oder über ein Mindestniveau in den Basiskompetenzen nicht verfügen, die zum Übergang in das Erwerbsleben benötigt werden. Das sind 8 % der deutschen und 18 % der ausländischen männlichen Jugendlichen. Dass dies einen besonderen Förderbedarf für die Jungen nahelegt, ist offensichtlich.

Die koedukative Praxis wird aber neuerlich nicht etwa aus diesem Grund hinterfragt. Vielmehr werden die geringeren Kompetenzen, das geringere Interesse und die ungünstigeren Selbstkonzepte der Mädchen im Bereich der naturwissenschaftlichen Fächer und Inhalte zum Anlass genommen, Formen einer zeitweisen Geschlechtertrennung im Unterricht der Sekundarstufe zu erproben. Dahinter steht der Anspruch, Unterrichtsformen und -inhalte möglichst so zu gestalten, dass geschlechtsspezifische Disparitäten in der Leistungsfähigkeit, den Interessen und in den motivationalen Orientierungen verringert

---

Hintergrund: Hochbegabung

Auch (intellektuell) hochbegabte Kinder und Jugendliche haben besondere Bedürfnisse. Ihre akzelerierte kognitive Entwicklung lässt es naheliegend erscheinen, ihnen auch eine akzelerierte Schullaufbahn (»schneller zum Abitur«) zu ermöglichen. Die Erfahrungen damit sind geteilt. Wie bei der Separierung der lernschwachen Kinder gibt es aus lern- und entwicklungspsychologischer Sicht Argumente für und gegen eine »äußere« institutionell-organisatorische Differenzierung (Überspringen von Klassen, Einrichtung von Turbo-Klassen, Einrichtung von Spezialschulen). Vieles spricht für ein integratives, unterrichtlich hochadaptives Vorgehen, ohne das Jahrgangsklassenprinzip gänzlich aufzugeben. Dabei werden durch Formen der »inneren« oder Binnendifferenzierung Ergänzungen, Erweiterungen und Vertiefungen des Lernstoffs angeboten (Enrichment), bis hin zur Möglichkeit, bereits in der gymnasialen Oberstufe schulbegleitend Veranstaltungen an der Universität zu belegen (Heller & Hany, 1996; Rost & Schilling, 2006).

Dass auch intellektuell hochbegabte Kinder und Jugendliche Lernschwierigkeiten sowie psychische und soziale Auffälligkeiten entwickeln können, verwundert nicht, ist aber auch nicht häufiger der Fall als unter den »normal« Begabten. Bleiben außergewöhnliche intellektuelle Begabungen unentdeckt, kann es allerdings dazu kommen, dass den betreffenden Schülerinnen und Schülern im Unterricht die ihnen gemäße Form der individuellen Förderung versagt bleibt – mit ungünstigen Auswirkungen auf die Entwicklung von Kenntnissen und Fertigkeiten und für die Lernmotivation. Man spricht im Zusammenhang mit den Leistungsproblemen Hochbegabter auch von »Underachievement« oder von den »erwartungswidrigen Minderleistungen« der Hochbegabten – ganz in Analogie zur Diskrepanzdefinition der Lernstörungen (Rost, 2009b; Hanses & Rost, 1998; Sparfeldt, Schilling & Rost, 2006).

werden.[15] Modellversuche in Schleswig-Holstein und in Berlin haben gezeigt, dass ein zeitweises Unterrichten in monoedukativen Lerngruppen günstige Auswirkungen auf die Wissensentwicklung, das Interesse und das naturwissenschaftliche Selbstkonzept der Mädchen hat – ohne allerdings für die Jungen von Vorteil zu sein.

Förder- oder Sonderschulen

Unterschiedliche Bedürfnisse lassen sich auch an den unterschiedlichen schulischen Leistungsentwicklungen im Primarbereich ablesen. Das betrifft in erster Linie die sichtbaren Defizite im Lern- und Leistungsbereich. Es gibt aber auch Kinder mit lang andauernden Erkrankungen, mit besonderen Problemen der emotionalen und der Verhaltensregulation, mit Hörschädigungen, Sehbehinderungen oder Blindheit, mit Beeinträchtigungen des Bewegungsapparats und mit Sprachstörungen. Vor allem für die zuletzt genannten Behinderungen und Beeinträchtigungen gilt, dass sie oftmals schon im Kleinkindalter erkannt und diagnostiziert und häufig bereits vorschulisch behandelt werden.

In Deutschland ist die Feststellung eines besonderen Förderbedarfs im Bereich des Lern- und Leistungsverhaltens genau geregelt. Das Melde- und Überprüfungsverfahren zur Feststellung eines sonderpädagogischen Förderbedarfs wird auf Antrag der Eltern oder der Schule über das staatliche Schulamt eingeleitet. Meist wird ein Sonderschullehrer (gegebenenfalls zusätzlich ein Schularzt oder ein Schulpsychologe) beauftragt, ein Gutachten und eine Empfehlung zu erstellen. Zur Diagnostik wird üblicherweise ein Intelligenztest eingesetzt, hinzu kommen Schulleistungstests sowie – je nach Problembereich – weitere Verfahren zur Abklärung des Entwicklungsstandes, der Wahrnehmungsfunktionen, der sozialen Einbindung und der Kommunikationsfähigkeit, der individuellen Erziehungs- und Lebensumstände sowie des schulischen Umfelds. Auf der Grundlage des Gutachtens trifft das staatliche Schulamt eine Entscheidung, die im Falle eines festgestellten Förderbedarfs die Erstellung eines individuellen Förderplans beinhaltet. Ob der festgestellte sonderpädagogische Förderbedarf im gemeinsamen Unterricht an einer allgemeinen Schule oder in einer spezifischen Förderschule realisiert werden kann, richtet sich nach den lokalen Gegebenheiten und Möglichkeiten.

Sonderpädagogische Förderung dient zunächst einmal der Sicherstellung des individuellen Lernfortschritts bei festgestellten oder zu erwartenden Benachteiligungen oder Beeinträchtigungen des Lernens, idealerweise auch der Überwindung oder dem Ausgleich solcher Beeinträchtigungen. Die besondere Förderung kann an den Regelschulen (integrativ) oder an spezifischen Förder- bzw. Sonderschulen erfolgen. Der Trend geht in den letzten Jahren eindeutig in Richtung einer integrativen Inklusionspädagogik und damit weg vom deutschen Sonderweg des hochdifferenziert-selektiven Sonderschulwesens. Das entspricht den Zielsetzungen und Vorgaben der KMK und scheint auch verfassungsrechtlich geboten, weil sich die separate Unterrichtung von behinderten Schülern grundrechtlich nicht rechtfertigen lässt. Mit der Ratifizierung der UN-Konvention über die Rechte von Menschen mit Behinderungen im Frühjahr 2009 hat sich nämlich auch Deutschland verbindlich zu einem Paradigmenwechsel in Richtung Inklusionspädagogik verpflichtet.

Traditionell gibt es in Deutschland für insgesamt acht Förderschwerpunkte Sonderschulen; die meisten Schülerinnen und Schüler mit besonderem Förderbedarf, nämlich 53 %, besuchen wegen ihrer Defizite im Bereich des Lern- und Leistungsverhaltens Schulen mit dem Förderschwerpunkt *Lernen*. Curricular wird in den unterschiedlichen Förderschwerpunkten entlang der Lehrpläne der Regelschulen gearbeitet oder die Lernziele werden so adaptiert, dass das jeweils Mögliche angezielt wird (z. B. die Ausbildung der praktischen Fertigkeiten im Förderschwerpunkt *Geistige Entwicklung*). Das Curriculum des Förderschwerpunkts Lernen ist am Hauptschulniveau orientiert. In den Förderschwerpunkten *Sprache*, *Hören*, *Sehen* sowie *Körperliche und motorische Ent-*

Hintergrund: Förderschwerpunkte und Förderschulen

Schüler mit besonderem Förderbedarf gibt es in allen Staaten, teilweise liegen den Kategorisierungen jedoch andere Einteilungsgesichtspunkte zugrunde. In Deutschland wie in den anderen Staaten entfällt die mit Abstand größte Gruppe der Kinder und Jugendlichen mit besonderem Förderbedarf auf jene mit Defiziten im Bereich des Lern- und Leistungsverhaltens (Förderschwerpunkt Lernen). In der Tabelle sind acht Förderschwerpunkte mit Schülerzahlen für das Schuljahr 2006/2007 aufgelistet (Angaben in % aller Schüler im Alter der Vollzeitschulpflicht).

Förderschwerpunkt	Anzahl	Quote
Lernen	224 926	2,7 %
Geistige Entwicklung	75 679	0,9 %
Sprache	49 822	0,6 %
Emotionale und soziale Entwicklung	48 217	0,6 %
Chronische Erkrankungen/Sonstige	36 640	0,4 %
Körperliche und motorische Entwicklung	29 719	0,4 %
Hören	14 436	0,2 %
Sehen	6 907	0,1 %
Gesamt	484 346	5,8 %

Wie bei vielen anderen Bildungsparametern, gibt es Unterschiede zwischen den Bundesländern im Ausmaß des diagnostizierten sonderpädagogischen Förderbedarfs (zwischen 11 % in Mecklenburg-Vorpommern und 4 % in Rheinland-Pfalz) sowie im Ausmaß der integrativen Förderung an den Regelschulen. In Bremen (45 %), in Berlin, im Saarland, in Brandenburg, in Mecklenburg-Vorpommern, in Baden-Württemberg und in Schleswig-Holstein liegen die Anteile der integrativ Unterrichteten bei mehr als 20 %, in den anderen Ländern teilweise deutlich darunter (Sachsen-Anhalt: 6 %; Niedersachsen: 5 %). Zum Teil erklärt dies auch die unterschiedlichen Förderschulbesuchsquoten in den Ländern. Während sie bundesweit 4,8 % beträgt, liegen die Quoten in Sachsen-Anhalt, Thüringen und Mecklenburg-Vorpommern bei knapp 8 %, in Bremen, im Saarland, in Schleswig-Holstein und in Rheinland-Pfalz bei weniger als 4 %.

Unter den Förderschülern sind knapp zwei Drittel männlich, im Förderschwerpunkt Emotionale und soziale Entwicklung liegt der Jungenanteil sogar bei 87 %. Auch sozial benachteiligte und ausländische Kinder und Jugendliche sind an den Förderschulen überrepräsentiert – dies gilt insbesondere für den Förderschwerpunkt Lernen.

wicklung können auch höherwertige Schulabschlüsse erworben werden. Im Schuljahr 2006/2007 bestand für insgesamt 484 346 Schülerinnen und Schüler ein besonderer Förderbedarf, das waren 5,8 % aller Kinder und Jugendlichen im vollzeitschulpflichtigen Alter. Insgesamt 84 % von ihnen besuchten Förder- oder Sonderschulen, die anderen wurden integrativ gefördert.

Besonderer Förderbedarf = Sonderschulbedürftigkeit? Vor allem die hohe Anzahl der im Förderschwerpunkt *Lernen* Klassifizierten hat schon früh zu Untersuchungen Anlass gegeben, die die Wirkungen und die Wirksamkeit der Segregation in diesem Förderbereich (die Problemlagen in den anderen Förderbereichen sind anders gelagert) überprüften. In ihren Ergebnissen können sie eine separate Beschulung der lernbehinderten Kinder nicht begründen. Im Hinblick auf die sozial-emotionale Entwicklung der Förderschüler lassen sich keine positiven Effekte nachweisen, die den Nachteil der ausgrenzenden Stigmatisierung wettmachten. Ähnliches gilt im Hinblick auf die Entwicklung des Selbstkonzepts eigener Fähigkeiten – auch wenn sich hier durch den selbstwertförderlichen Bezugsgruppenwechsel zwischenzeitlich positive Effekte zeigen. Und im Hinblick auf die Lern- und Leistungsentwicklung sind die an Sonderschulen für Lernhilfe (oder Förderschulen mit dem Förderschwerpunkt Lernen) Unterrichteten ebenfalls nicht im Vorteil. Der Bildungsforscher Klaus Klemm hat das jüngst in einer Studie im Auftrag der Bertelsmann-Stiftung nochmals zusammenfassend dargestellt. Er argumentiert deshalb für eine Abkehr vom deutschen Sonderweg der Förderschulen hin zu einem inklusiven Schulsystem.[16]

Das deutsche Sonderschulwesen geht – ähnlich wie die Mehrgliedrigkeit im Sekundarschulwesen überhaupt – auf die Grundidee der Leistungshomogenisierung von Lerngruppen zurück und auf die damit verbundene Erwartung, dass sich die Schülerinnen und Schüler in den leistungshomogenen Gruppen:

1. am besten fördern lassen und
2. besonders vorteilhaft entwickeln.

Die Befunde der empirischen Bildungsforschung relativieren diese Annahme und die mit ihr verbundenen Erwartungen. Die Segregationen gelten als ungerecht, weil sie soziale Disparitäten verstärken und sie sind in ihrer Effizienz zweifelhaft, weil sie weder bei den Sonderschülern zu den erhofften Vorteilen führen, noch für die anderen Kindern eine beschleunigte Leistungsentwicklung ermöglichen. Das leistungsbezogene Separieren führt mithin zwar zu homogeneren Lerngruppen, wirft aber neue Probleme auf. Hinter der schulorganisatorischen steht die pädagogisch-didaktische Frage: Wie gehen wir im Unterricht der Jahrgangsklassen mit den unterschiedlichen Leistungspotentialen der Schülerinnen und Schüler am besten um? Denn die nahliegende Alternative zur Segregation – eine bloße Integration (Inklusion) der Schülerinnen und Schüler mit besonderem Förderbedarf, ohne sie aber auf besondere Weise zu fördern – wäre sicherlich die schlechteste aller Lösungen (vgl. Abschnitt 6.4).

Oft wird auch übersehen, dass die Homogenisierung der Lerngruppen eigentlich nur für die frontalunterrichtlichen Darstellungsmethoden von Vorteil ist. Für die Methoden des entdeckenlassenden und kooperativen Lernens müssen heterogene Lernvoraussetzungen nicht unbedingt nachteilig sein. Ein schulorganisatorisches Separieren und Homogenisieren in diesem Ausmaß ist in den meisten anderen Ländern nicht üblich. In der amerikanischen Tradition beispielsweise wird im Umgang mit individuellen Unterschieden und bei der Berücksichtigung besonderer Bedürfnisse dem Grundprinzip einer »Lernumgebung mit minimalen Einschränkungen« gefolgt. Spezielle Anti-Diskriminierungserlasse sichern die Rechte behinderter Kinder und gewährleisten so im Großen und Ganzen ihre integrative Beschulung. Insbesondere billigt das *Individuals with Disabilities Education Act* (IDEA) den lernbehinderten Kindern das Recht auf individualisierte Erziehungs- und Förderprogramme im Rahmen des öffentlichen allgemeinbildenden Schulwesens zu, und zwar mit einem größtmöglichen Anteil an Teilnahme am regulären Unterricht. Zum Zwecke einer umfassenden und adaptiven Lernförderung wird dabei jeweils (jährlich) ein individuelles Förderprogramm zwischen den Eltern und der Schule vereinbart, in welchem die Leistungsziele im einzelnen benannt, der gegenwärtige Leistungsstand hinsichtlich dieser Ziele festgehalten sowie Art und Umfang der besonderen Fördermaßnahmen festgelegt werden (vgl. Abschnitte 6.3 und 6.4 sowie 7.2 und 7.3).

2.5 Bildungsgerechtigkeit

Kinder und Jugendliche mit Migrationshintergrund und aus sozial benachteiligten Familien sind an den Haupt- und Förderschulen überrepräsentiert, werden bei der Einschulung häufiger zurückgestellt und sind in höherem Maße von Klassenwiederholungen und Schulabgängen ohne Abschluss betroffen. In den nationalen und internationalen Vergleichsstudien erreichen sie niedrigere Kompetenzwerte. Solche »Bildungsarmut« gibt es aber bei Kindern deutscher Muttersprache auch. Die Definition von Mindeststandards im Hinblick auf vorhandene Kompetenzen (z. B. im Lesen) und erreichte Zertifikate (z. B. ein Hauptschulabschluss) liegt dem Konzept *Bildungsarmut* zugrunde, einem Konzept übrigens, das einer am Humankapital einer Gesellschaft orientierten bildungsökonomischen Betrachtungsweise entstammt. Wer die definierten Mindeststandards nicht erfüllt, gilt als bildungsarm.[17] Wenn sich die Bildungsarmut, wie oben beschrieben, ungleich verteilt, spricht man auch von Disparitäten. Damit ist gemeint, dass für Teilgruppen von Schülerinnen und Schülern ein deutlich höheres Risiko besteht, von Bildungsarmut betroffen zu sein. Bildungsgerechtigkeit ist aber nicht nur im Zusammenhang mit Bildungsarmut oder Lernschwierigkeiten ein wichtiges Thema, sondern für eine Gesellschaft und für ein Schulsystem überhaupt. Ungeachtet der unterschiedlichen Erklärungsansätze, die für das Zustandekommen von *Disparitäten* herangezogen werden, gelten die oben beschriebenen Ungleichheiten in der bildungspolitischen Diskussion gemeinhin als »ungerecht«. Gelegentlich werden nicht nur die ungleichen Bildungsergebnisse und die ungleiche Bildungsbeteiligung der unterschiedlichen Teilhabegruppen als ungerecht empfunden, sondern bereits das Vorhandensein ungleicher (unterschiedlicher) individueller Lernvoraussetzungen. Zumindest gilt es aber meist als ungerecht, wenn der individuelle Bildungserfolg in höherem Maße von der sozialen oder der ethnischen Herkunft abhängt, von der Geschlechtszugehörigkeit oder davon, auf welche Schule man geht und in welchem Bundesland man wohnt als von den individuellen Fähigkeiten. Ob solche Ungleichheiten »ungerecht« sind, ist aber keine empirische sondern eine normative Frage.

Verschiedene Ungleichheiten

Wenn über den Einfluss sozialer und familiärer Bedingungen auf die Bildungsbeteiligung und die Bildungsergebnisse gesprochen wird, ist es üblich, zwischen primären und sekundären Disparitäten zu unterscheiden.[18] *Primäre Ungleichheiten* in der Bildungsbeteiligung (und in den Bildungsergebnissen) beruhen auf unterschiedlichen individuellen Fähigkeiten und Kompetenzen, die für den Erwerb von Bildung notwendig sind. Auch die Entwicklung dieser individuellen Fähigkeiten und Kompetenzen (z. B. der Sprachkompetenz) wird in gewissem Umfang durch Merkmale der sozialen Schicht und durch das Bildungsniveau der Eltern moderiert,

---

Hintergrund: Soziale Disparitäten in der Hochschulbildung

Die Ungleichheiten in der Bildungsbeteiligung setzen sich »auf deutlich höherem Niveau« bis in den tertiären Bildungsbereich fort. Der 18. Sozialerhebung des Deutschen Studentenwerks ist zu entnehmen, dass der Hochschulabschluss eines Elternteils und die berufliche Stellung der Eltern mit der Studienentscheidung der Kinder kovariieren (Wolter et al., 2007). Immerhin 95 % der Beamtenkinder, die aus einer Familie kommen, in der bereits ein Elternteil über einen Hochschulabschluss verfügt, nehmen ihrerseits ebenfalls ein Studium auf. Wenn kein Elternteil über einen akademischen Abschluss verfügt, sind es nur 37 %. Bei den Eltern aus der sozialversicherungsrechtlichen Kategorie »Angestellte« nehmen 76 % ihrer Kinder ein Studium auf, wenn ein Elternteil bereits über einen Hochschulabschluss verfügt, ist das nicht der Fall, sind es noch 27 %. Von den Arbeiterkindern nehmen nur 17 % ein Studium auf. Der »lange Arm der Familie« bewirkt so eine Selbstreproduktion der akademischen Bildungsschichten an den Universitäten im Sinne eines Erhalts des bereits Erreichten.

---

weil Kinder unterschiedlicher sozialer Herkunft von Anfang an in unterschiedlicher Weise von den unterschiedlichen kulturellen, sozialen (und auch genetischen) Ressourcen ihrer Herkunftsfamilien profitieren können. Von *sekundären Ungleichheiten* wird gesprochen, wenn unterschiedliche Bildungsaspirationen der Eltern, die vor allem mit ihrer Sozialschichtzugehörigkeit und dem Zuwanderungsstatus zusammenhängen, bei gleichen Kompetenzen der Schülerinnen und Schüler zu einem unterschiedlichen Entscheidungs- und Beteiligungsverhalten im Bildungssystem führen. Mit anderen Worten: wenn sich Eltern mit geringeren ökonomischen, sozialen und kulturellen Ressourcen eher gegen eine höhere Schulbildung ihrer Kinder entscheiden. Vor allem eine Verringerung dieser sekundären Disparitäten steht im Fokus bildungspolitischer Bemühungen – sie verletzen mehr noch als die primären Herkunftseffekte das »natürliche Gerechtigkeitsempfinden«.

Was ist gerecht?

Johannes Giesinger hat in der Zeitschrift für Pädagogik 2007 den Begriff der Bildungsgerechtigkeit einer Analyse und Kritik unterzogen, auch das Jahresgutachten 2007 der Vereinigung der Bayerischen Wirtschaft sowie ein 2010 vom BMBF veröffentlichter Sammelband zur Bildungsforschung beschäf-

tigten sich ausführlich mit diesem Thema.[19] Giesinger beginnt seine Betrachtungen mit der weithin geteilten Auffassung, Bildungsgerechtigkeit sei durch eine Gleichheit der Bildungschancen gegeben. Allerdings ist der Begriff der Chancengleichheit nicht so unproblematisch, wie er scheint. Wem eine Gelegenheit oder Chance zu »höheren« Bildungsprozessen geboten wird, der kann sie ergreifen oder auch nicht. Die Freiheit, durch eigene Entscheidungen (in aller Regel sind es allerdings Entscheidungen, die Eltern für ihre Kinder treffen) die Bildungsbeteiligung und die Bildungsresultate mitzubestimmen, ist dem Primat der Chancengleichheit also übergeordnet, oder nicht?

Wodurch kann die Gleichheit der Bildungschancen beeinträchtigt sein? Giesinger nennt vier Punkte:

1. durch diskriminierende Merkmale, wie z. B. der ethnischen Zugehörigkeit und durch das Geschlecht,
2. durch finanzielle Hürden, die dem Besuch guter Schulen oder der Anschaffung von Lernmaterialien im Wege stehen könnten,
3. durch ein nachteiliges, bildungsarmes familiäres Umfeld und
4. durch einen Mangel an »natürlichen Talenten«, wenn also die individuellen Lernvoraussetzungen sehr ungünstig sind.

Üblicherweise gelten die drei erstgenannten Beeinträchtigungen oder Hindernisse der

Chancengleichheit als inakzeptabel und überwindbar, das letztgenannte Hindernis hingegen als »moralisch akzeptabel«. Das heißt nicht, dass einem Defizit an natürlichen Talenten nicht durch besondere Hilfen und Fördermaßnahmen zu begegnen sei, sondern zunächst einmal nur, dass diese Ungleichheiten eher als die anderen als »naturgegeben« empfunden werden. Warum sollten aber Ungleichheiten, die auf unterschiedlichen natürlichen Begabungen beruhen, hingenommen werden, und Ungleichheiten, die auf soziale Einflüsse zurückgehen, nicht?

Ebenfalls nicht ganz einfach ist die Frage zu beantworten, wie weit eine Gesellschaft beim Ausgleichen oder Beseitigen der Hindernisse von Chancengleichheit gehen kann oder will. Das ist nicht nur eine Kostenfrage. Denn in letzter Konsequenz müsste die Egalisierung familiär bedingter Ungleichheiten zu einer massiven Beschneidung familiärer Rechte und Einflüsse führen, da sich nur so die unterschiedlichen Bedingungen des Aufwachsens ausgleichen lassen. Ein solcher Gedanke scheint anmaßend, unrealistisch ist er ohnehin. Eine Verringerung des Einflusses der sozialen Herkunft und eine Kompensation ungünstiger häuslicher Lernumwelten verspricht man sich allerdings von der Einrichtung von Ganztagsschulen (vgl. Abschnitte 4.4 und 6.3).

Giesinger schlägt eine Schwellen-Konzeption von Bildungsgerechtigkeit vor. Demnach wäre für alle Kinder und Jugendlichen das Erreichen eines schulischen Kompetenzniveaus, das zu einer selbstständigen »Lebensgestaltung unter Teilnahme am sozialen, politischen, ökonomischen und kulturellen Leben« einer Gesellschaft befähigt, unverzichtbar im Sinne der Bildungsgerechtigkeit. Diesem Ziel müssen die vordringlichen Anstrengungen dienen. Ungleichheiten, die sich jenseits (oberhalb) dieses Kompetenzniveaus manifestieren, seien hinzunehmen und moralisch nicht zu kritisieren. Die Trennung zwischen den »natürlichen« und den sozialen Benachteiligungen und zwischen den unterschiedlichen Rechtfertigungen ihres Ausgleichs könnte so entfallen. Und die Bereitstellung besonderer Ressourcen für diejenigen, die sie benötigen, wäre – jedenfalls bis zur Erreichung des Schwellenwerts – moralisch gerechtfertigt. Ähnlich argumentiert auch Peter Brenner, der zusätzlich das Konzept der Subsidiarität, also der bedarfsgerechten Hilfe zur Selbsthilfe in unverschuldeter Notlage und das Primat der Eigenverantwortlichkeit des Individuums ins Spiel bringt. Jedem Einzelnen schulde die Gesellschaft zwar eine angemessene Grundausstattung an Bildung, alles was darüber hinausgehe, sei aber Sache des einzelnen Individuums, seiner Leistungsbereitschaft und Leistungsfähigkeit. Im Sinne eines Mindeststandards verortet Brenner die Fürsorgepflicht des Staates und damit die Bringschuld der Schulen allerdings eher weitreichend – nämlich bei einem mittleren Bildungsabschluss.[20]

Dass die ausgleichende Gerechtigkeit auch zusätzliches Geld kostet, ist offensichtlich. Bildungsökonomen können aber überzeugend darlegen, dass die Aufwendungen für später notwendige soziale Transferleistungen weit über jenen liegen, die das Gewährleisten einer gerechten Teilhabe an Bildung erfordert hätte. Natürlich darf die Herstellung von Bildungsgerechtigkeit nicht zu anderen Ungerechtigkeiten führen.

Ungleiche Bildungsbeteiligungen und unterschiedliche Bildungsergebnisse sind also nicht notwendigerweise ungerecht. Ein gerechtes Bildungssystem eröffnet aber unabhängig von den sozialen und ethnischen Unterschieden allen Schülerinnen und Schülern die gleichen Bildungschancen, entsprechend ihrer individuellen Voraussetzungen. Im Bildungsauftrag der Grundschule findet sich dieser Anspruch am sichtbarsten wieder – an den Grundschulen werden auch besondere Anstrengungen unternommen, lernschwache und benachteiligte Kinder besonders zu fördern. Wie gerecht geht es beim Übergang von der Grundschule in die weiterführenden Schulen zu?

Übergänge

Mit den unterschiedlichen Schulformen der Sekundarstufe I sind unterschiedliche Anschlussmöglichkeiten im sekundären und tertiären Bereich sowie unterschiedliche berufliche Aufstiegs- und Einkommenschancen verbunden. Einer »gerechten« (also vornehmlich an Leistungen und Leistungspotentialen orientierten) Zuweisung zu den verschiedenen Schulformen gilt deshalb seit jeher ein besonderes Augenmerk. Die eigentlichen Übertrittsentscheidungen werden – in den 16 Bundesländern ist die Rechtslage durchaus unterschiedlich – von den Eltern und/oder von der Schule getroffen. Ein uneingeschränktes Elternrecht für eine Gymnasialentscheidung gibt es z. B. in Hamburg, Hessen und Niedersachsen, einen (Mindest-) Notendurchschnitt in den Kernfächern verlangen hingegen Bayern, Baden-Württemberg und Sachsen.

In den meisten Bundesländern erfolgt nach Klasse 4 eine Aufteilung der Schülerinnen und Schüler gemäß ihren bisherigen Lernleistungen in die unterschiedlichen Schulformen. Angezielt ist damit eine leistungs- und fähigkeitsbezogene Homogenisierung der Lerngruppen. Faktisch ist mit der frühen Differenzierung auch eine Entmischung der

---

Hintergrund: Bildungsungleichheiten und soziale Herkunft

Der französische Soziologe Pierre Bourdieu geht in seiner Theorie der sozialen Ungleichheit davon aus, dass mit der Zugehörigkeit zu einer sozialen Schicht Unterschiede in der Verfügbarkeit ökonomischer, sozialer und kultureller Ressourcen verbunden sind und dass diese Ressourcen bei der schulischen Reproduktion sozialer Ungleichheit eine Rolle spielen. Bourdieu (1983) spricht in diesem Zusammenhang vom ökonomischen, sozialen und kulturellen Kapital einer Familie. Mit dem ökonomischen Kapital ist der materielle Besitz einer Familie gemeint. Ungleichheitsrelevant wird das etwa dann, wenn Schulgeld zu entrichten ist oder wenn es um die Inanspruchnahme kommerzieller Nachhilfeangebote geht. Als soziales Kapital bezeichnet Bourdieu die Gesamtheit der nützlichen sozialen Beziehungen, in die eine Person eingebunden ist, also das Netz des gegenseitigen Kennens und Anerkennens innerhalb einer Gesellschaft. Die wichtigste Rolle bei der Aufrechterhaltung sozialer Ungleichheit durch die Schule spielt aber das kulturelle Kapital. Das kulturelle Kapital einer Familie bemisst sich an der Verfügbarkeit von Bildungsgütern und an der Zugänglichkeit zu Bildung. Durch die familiäre Sozialisation erwirbt (inkorporiert) ein Kind in diesem Sinne von Beginn an sein Bildungskapital, aber auch habituelle Lerngewohnheiten und eine Wertschätzung von Lernen und Bildung insgesamt. Schule und Unterricht, so Bourdieus Schlußfolgerung, reproduzieren soziale Ungleichheit, indem ihr erfolgreiches Durchlaufen genau jene Kompetenzen voraussetzt, die durch die familiäre Übertragung von Kulturkapital befördert werden.

Auf den Soziologen Raymond Boudon (1974) geht die Unterscheidung in primäre und sekundäre Effekte der sozialen Herkunft zurück. Die *primären Herkunftseffekte*, die Ungleichheiten im Bildungserfolg und in der Bildungsbeteiligung bedingen, beruhen auf den oben bereits beschriebenen Zusammenhängen: Dass nämlich die Ressourcen der sozialen Herkunft gezielt eingesetzt werden, um den Erwerb von Kompetenzen und Qualifikationen zu erleichtern. Kinder aus höheren sozialen Schichten erfahren im Elternhaus häufiger eine bessere Förderung ihrer individuellen Lernvoraussetzungen und eine bessere Unterstützung ihres schulischen Lernens. Sie erzielen deshalb bessere schulische Leistungen und erhalten häufiger eine Gymnasialempfehlung. Das ist im wesentlichen die These von Bourdieu. Die *sekundären Herkunftseffekte* wirken zusätzlich und unabhängig von der Kompetenzentwicklung und werden vor allem im Zusammenhang mit den elterlichen Bildungsentscheidungen bei den Bildungsübergängen und als differente Bildungsaspirationen sichtbar. Eltern aus niedrigeren Sozialschichten entscheiden sich nämlich eher gegen einen gymnasialen Bildungsweg für ihre Kinder – auch dann, wenn die bisherigen schulischen Leistungen eine Gymnasialzuweisung nahelegten. Spiegelbildlich einer vergleichbaren Logik folgen übrigens die Eltern aus den höheren Sozialschichten, die selbst dann eine Gymnasialentscheidung für ihr Kind treffen, wenn die bisherigen Schulleistungen das nicht unbedingt rechtfertigen. Es gibt eine Reihe von Theorien darüber, welche Rationalitäten einem solchen Entscheidungsverhalten zugrunde liegen.

In einer Studie des Max-Planck-Instituts für Bildungsforschung wurde jüngst der Versuch unternommen, die relativen Beiträge der primären und sekundären Herkunftseffekte auf die Übergangsentscheidung zu quantifizieren. Die Forscher schätzen den anteiligen Einfluss der sozialen Herkunft auf das Entscheidungsverhalten der Eltern auf insgesamt 28 %. Die objektivierbaren Leistungsfähigkeiten der Viertklässler (47 %) und die fähigkeitsbezogenen Lehrerurteile (25 %) sind, davon unabhängig, die beiden anderen Determinanten der elterlichen Übergangsentscheidung. Für den Herkunftseffekt wird in einem Verhältnis von 2:3 von primären bzw. sekundären Effekten ausgegangen (Maaz & Nagy, 2009). Dass die sekundären Einflüsse überwiegen, berührt das Gerechtigkeitsempfinden besonders, weil neben dem Leistungs- auch das Gleichheitsprinzip verletzt ist. Um sekundäre Herkunftseffekte bei den Bildungsübergängen möglichst gering zu halten, müsste man das Entscheidungsrecht der Eltern einschränken. Um den Einfluss primärer Herkunftseffekte zu verringern, müsste es besondere Fördermaßnahmen vor und außerhalb von Schule geben oder eine ganztägige Beschulung. Auch eine spätere Verzweigung des gegliederten Sekundarschulwesens würde vermutlich die primären Herkunftseffekte verringern.

sozialen Schichten und der soziokulturellen Milieus verbunden. Verschiedentlich wurde deshalb eine Verlängerung der Grundschulzeit gefordert (auch um den »Spätentwicklern« eine Chance zu geben), und/oder ein Verzicht auf die schulorganisatorische Differenzierung überhaupt. Der »Sonderberichterstatter der Vereinten Nationen für das Recht auf Bildung« hat das bei seinem Deutschlandbesuch im Jahr 2007 getan und damit heftige Kontroversen ausgelöst.

Alle Formen der leistungshomogenisierenden Auslese – von der Zurückstellung bei der Einschulung über die Sonderschuleinweisung und die Klassenwiederholungen bis hin zur Aufteilung in die Zweige des Sekundarschulwesens – verstärken die durch die individuellen Unterschiede und die familiäre Herkunft bereits bestehenden primären Ungleichheiten der Bildungschancen. Das Risiko, bei der Einschulung zurückgestellt zu werden oder in den ersten neun Schuljahren eine Klasse wie-

Hintergrund: Familie und Schule bestimmen den Übergang

Ditton, Krüsken und Schauenberg (2005) haben herausgefunden, dass die Bildungsaspirationen der Eltern mehr zur Verfestigung der sozialen Herkunftsbedingtheit im Sekundarbereich beitragen, als die Empfehlungen der Lehrkräfte. Eltern insistieren stärker sozialschichtbezogen auf der Art des weiterführenden Schulbesuchs, Lehrpersonen orientieren sich bei ihrer Laufbahnempfehlung mehr als die Eltern an den tatsächlichen Leistungen der Kinder. Von mehr als 700 Schülern aus 30 Schulen gingen Schulnoten, Testwerte, Übertrittsempfehlungen der Lehrer und die Ergebnisse aus Schulleistungs- und Intelligenztests in die Analysen ein. Von den Eltern waren die Sozialschicht und die von ihnen gewünschte Schulform bekannt. Zwischen den Sozialschichten gibt es erhebliche Schulleistungsunterschiede bereits zum Ende der Grundschulzeit. Da sich die Übertrittsempfehlungen im Wesentlichen daran orientieren, wirken sie sozial selektiv. Eltern aus den höheren Sozialschichten erwarten aber auch dann eine Gymnasialempfehlung, wenn die schulischen und die Testleistungen dies nicht nahelegen (sekundäre Selektivität).

Tiedemann und Billmann-Mahecha (2007b) sind in einer Studie mit 620 Kindern aus 31 Schulklassen der Frage nachgegangen, ob Kinder mit Migrationshintergund in besonderer Weise bei den Übertrittsempfehlungen benachteiligt werden. Dafür findet sich in ihren Daten keine Bestätigung, zumindest nicht, wenn die individuellen Leistungsvoraussetzungen und das Intelligenzniveau kontrolliert werden. Allerdings erhalten die Kinder mit Migrationshintergrund seltener eine Gymnasialempfehlung, weil auch ihre Schulleistungen schlechter sind. Das gilt aber für deutsche Kinder mit schlechten Schulleistungen in der gleichen Weise. Interessant ist allerdings der Bezugsgruppeneffekt der spezifischen Klassenzusammensetzung auf die Übertrittsempfehlung: In den leistungsstarken Grundschulklassen sinkt die relative Chance auf eine Gymnasialempfehlung, in leistungsschwächeren Klassen ist sie größer (vgl. auch Milek, Lüdtke, Trautwein, Maaz & Stubbe, 2009).

derholen zu müssen, ist für Kinder aus Arbeiterfamilien zwei- bis dreimal so groß wie für Kinder, deren Eltern akademische Berufe ausüben. Entsprechend ist es auch mit den Übergängen in die weiterführenden Schulen: Die Wahrscheinlichkeit, dass ein Akademikerkind nach der Grundschule auf ein Gymnasium wechselt, ist dreimal so hoch wie bei den Arbeiterkindern. Was davon spiegelt primäre, was sekundäre Ungleichheiten wider?

Verlässliche Daten hinsichtlich der sozialen Disparitäten bei den Übergangen sind der Internationalen Grundschul-Lese-Untersuchung IGLU und der Hamburger Studie LAU zur Lernausgangslage in fünften Klassen zu entnehmen.[21] LAU hat gezeigt, dass ein Übertritt ins Gymnasium für Kinder aus bildungsfernen Elternhäusern unwahrscheinlicher ist und dass sich Eltern aus den höheren Sozialschichten häufiger über eine von der Grundschule ausgesprochene Empfehlung hinwegsetzen (Eltern der Zuwandererfamilien allerdings auch). Aus IGLU ist bekannt, dass die »abgebenden Grundschulen« für jeweils etwa 35 % der Schülerinnen und Schüler eine Gymnasial- bzw. Realschulempfehlung aussprechen und für rund 30 % eine Hauptschulempfehlung. Die Empfehlungen der Schulen korrespondieren erwartungsgemäß enger mit den bisherigen schulischen Leistungen der Kinder (Noten) als mit den über die IGLU-Testverfahren erfassten Kompetenzwerten. Die Analyse der Daten zeigt, dass neben den Test- bzw. Schulleistungen auch die Sozialschichtzugehörigkeit und der Migrationsstatus einen Einfluss auf die Übergangsempfehlung haben – und zwar in der erwarteten Richtung: Bei Kindern gleicher Intelligenz und mit gleichen Kompetenzwerten erhalten diejenigen aus den höheren Sozialschichten mehr als zweieinhalb mal so häufig eine Gymnasialempfehlung. Die sozialen Merkmale wirken aber nicht nur direkt, sondern auch indirekt, z. B. über die vorangegangenen Notengebungen, auf die Schullaufbahnempfehlungen ein. Auch die schulischen Leistungen in den zentralen Kompetenzbereichen des Lesens und Rechnens variieren in Abhängigkeit von den materiellen, kulturellen und sozialen Ressourcen des Elternhauses. Für die mathematischen Kompetenzen ist die Kopplung der sozialen Herkunft an das erreichte Niveau besonders eng (vgl. Abschnitt 2.2).[22]

Die Kritik der frühen Leistungsdifferenzierung scheint also nicht gänzlich unbegründet. Denn ein hoch selektives Sekundarschulwesen benachteiligt offenbar die Leistungsschwächeren, die überzufällig oft aus bildungsarmen Elternhäusern kommen. Das legt zumindest eine Zusammenschau der IGLU- und PISA-Befunde nahe: Während die in der Grundschule leistungsheterogen belassenen 9- bis 10-Jährigen im internationalen Vergleich noch vergleichsweise gute Kompetenzwerte erzielen, können die Werte der (nunmehr leistungshomogen gruppierten) 15-Jährigen im internationalen Vergleich nicht mehr zufriedenstellen. Die besonders große Streuung der Leistungen 15-Jähriger ist auf die unterschiedlichen Leistungsniveaus in den Zweigen des Sekundarschulwesens zurückzuführen. Aus dem frühen Übergang in die Mehrgliedrigkeit erwachsen nämlich höchst divergente Lern- und Kompetenzentwicklungen, mit günstigeren Aussichten bei einem Besuch des Gymnasiums. Sollte das mit der Unterrichtsqualität an den unterschiedlichen Schularten zusammenhängen, wäre es in der Tat ein Problem der Bildungsgerechtigkeit (vgl. Abschnitte 3.4 und 4.5). Bildungspolitische Maßnahmen, vor allem eine veränderte Ressourcenallokation und ein Umsteuern in der Lehrerbildung, wären darauf die notwendigen Antworten.

Allerdings kommt es auch bei einer längeren gemeinsamen Beschulung und in Gesamtschulen zu Ungleichheiten der Bildungsergebnisse, die mit der sozialen Herkunft der Kinder kovariieren. Mit einer bloßen Abkehr vom Prinzip der Mehrgliedrigkeit ist es also offenbar nicht getan, zumal sich eine wissenschaftliche Begründung für die Gemeinschaftsschule aus den empirischen Studien auch gar

Hintergrund: Ethnische Disparitäten bei der Bildungsbeteiligung

Offenbach ist eine Großstadt im Rhein-Main-Gebiet mit knapp 120 000 Einwohnern. Der Erziehungs- und Bildungsbericht der Stadt Offenbach (2009) bezieht sich auf die Situation im Jahr 2008 und weist eine Zahl von 12 926 Schulkindern in den Klassen 1–13 aus – darunter etwa 50 % mit Migrationshintergrund. Die meisten von diesen haben eine ausländische Staatsbürgerschaft (4 534 Kinder und Jugendliche). Die nachfolgenden Angaben zeigen die unterschiedliche Repräsentanz der deutschen und der ausländischen Kinder in den unterschiedlichen Schularten. Haupt- und Realschulen beginnen in Offenbach erst mit Klasse 7 – die betreffenden Schülerinnen und Schüler sind zuvor in der sogenannten »Förderstufe«.

Schularten und Klassenstufen	deutsche Kinder	ausländische Kinder
Klassen 1–13 (insgesamt)	8 392 (65 %)	4 534 (35 %)
Eingangsstufe und Grundschule	2 736 (65 %)	1 493 (35 %)
Gymnasium	3 102 (77 %)	913 (23 %)
Integrierte Gesamtschule	816 (62 %)	509 (38 %)
Realschule	635 (57 %)	474 (43 %)
Förderschule	367 (57 %)	279 (43 %)
Förderstufe (Klassen 5 und 6)	393 (50 %)	395 (50 %)
Hauptschule	343 (42 %)	471 (58 %)

In der Grundschule beträgt der Ausländeranteil 35 % – wie in der Grundgesamtheit. In den weiterführenden Schulen liegt der Anteil der ausländischen Kinder zwischen 23 % an den Gymnasien und 58 % an den Hauptschulen. Außer an den Gymnasien ist der Anteil ausländischer Kinder in den weiterführenden Schulen jeweils höher als in der Grundgesamtheit. Man kann die Disparitäten aber auch aus dem Blickwinkel der »individuellen Bildungsentscheidungen« im Anschluss an die Grundschule betrachten: 55 % der deutschen Kinder (aber nur 30 % der ausländischen) besuchten ein Gymnasium, während nur 6 % der deutschen Kinder (aber 15 % der ausländischen) die Hauptschule besuchten. Und von den Kindern die in den Klassen 5 und 6 die Förderstufe besuchten (7 % der deutschen und 13 % der ausländischen) weiß man, dass sie im Anschluss in aller Regel auf eine Haupt- oder Realschule wechseln werden.

nicht ableiten lässt. Wird auf eine schulorganisatorische (äußere) Leistungshomogenisierung der Lerngruppen weitgehend verzichtet, müssen jedenfalls intelligente Formen des adaptiven und individualisierten Unterrichts eingeführt werden, um eine bestmögliche Förderung der kognitiv, sozial oder soziokulturell benachteiligten Kinder zu sichern.

Kinder aus Zuwandererfamilien sind in den Gymnasien unterrepräsentiert, in den Haupt- und Sonderschulen sowie bei den Klassenwiederholungen und Schulabgängen ohne Abschluss überrepräsentiert. In den Leistungsvergleichen erzielen sie niedrigere Kompetenzwerte – dies gilt auch noch für die Zuwandererkinder der 2. Generation. Das Ausmaß der Disparitäten verringert sich,

wenn die soziale Herkunft der Zuwandererkinder statistisch kontrolliert wird. Aber auch wenn man Kinder aus der gleichen Sozialschicht miteinander vergleicht, erhalten Kinder ohne Migrationshintergrund zweimal so häufig eine Gymnasialempfehlung. Bei der Interpretation ethnischer Ungleichheiten ist zu beachten, in welchem Maße eine geringere Kompetenz in der deutschen Verkehrssprache die Ungleichheiten mit bedingt. Außerdem gibt es Hinweise darauf, dass sich die Auswirkungen des Migrationshintergrunds in den verschiedenen Teilpopulationen der Migranten durchaus unterschiedlich darstellen. Kinder und Jugendliche türkischer und italienischer Herkunft sind am stärksten benachteiligt, diejenigen spanischer und griechischer Herkunft am wenigsten. Auch Kinder der Aussiedlerfamilien aus Osteuropa und den Staaten der ehemaligen Sowjetunion sind vergleichsweise weniger benachteiligt.[23]

Ungleiche Zusammensetzungen der Schülerschaft

Klassen, Schulen und Schularten bieten unterschiedliche Lernmilieus und zeichnen sich – insbesondere im Sekundarbereich – infolge der zunehmenden leistungs- und fähigkeitsbezogenen Homogenisierungen ihrer Schülerschaft auch durch Besonderheiten in den sozialen und ethnischen Kompositionsmerkmalen aus. Jürgen Baumert und Kollegen haben solche *Kompositionseffekte* am Beispiel der Hauptschulen beschrieben. Wenn die Zusammensetzung der Schülerschaft »ungünstig« ist, dann ist auch die Wahrscheinlichkeit einer optimalen Lern- und Leistungsentwicklung für jeden einzelnen Schüler geringer. Das heißt, dass Schülerinnen und Schüler in »Problemschulen« weniger leisten, als aufgrund ihrer individuellen Lernvoraussetzungen zu erwarten gewesen wäre. Solche Problemschulen sind etwa Hauptschulen in sog. »schwierigen Milieus«, mit einer besonderen Häufung von Risiko- und Belastungsfaktoren: Wo mehr als die Hälfte der Schüler bereits mindestens einmal eine Klasse wiederholt haben und aus Zuwandererfamilien stammen, wo mehr als ein Drittel der Familien von Arbeitslosigkeit betroffen sind. In solchen Hauptschulen wird nur ein niedriges Leistungsniveau erreicht. Bundesweit sind das etwa 16 % der Hauptschulen, in Berlin, Hamburg, Bremen und im Saarland mehr als 60 %. Petra Stanat und Oliver Walter haben anhand der PISA-Daten gezeigt, dass ein hoher Anteil von Jugendlichen türkischer Herkunft an einer Schule (mehr als 40 %) negativ mit der mittleren Leseleistung der Schüler dieser Schule assoziiert ist, und zwar unter Kontrolle individueller Merkmale und anderer Kompositionsmerkmale auf Schulebene.[24]

Die Rolle des Unterrichts

Maßnahmen zur Herstellung von mehr Bildungsgerechtigkeit können auf verschiedenen Ebenen ansetzen: Bei der kompensatorischen Frühförderung im Elementarbereich (vgl. Abschnitt 4.2), mit der Einrichtung von Ganztagsschulen (vgl. Abschnitt 4.4) und mit dem Hinausschieben der frühen Differenzierung im Sekundarbereich (vgl. Abschnitt 4.5). Aber nicht nur der schulorganisatorisch-institutionelle Umgang mit Heterogenität und Differenz wird kritisiert. Dem deutschen Schulsystem wird auch vorgehalten, instruktional – das heißt auf der Ebene des Unterrichts – unzureichende Antworten auf interindividuelle Unterschiede zu geben: Der Unterricht in deutschen Klassenzimmern sei nicht hinreichend adaptiv, heißt es, eine individuelle Lernförderung finde nicht ausreichend statt. In den Abschnitten 3.4 und 6.3 wird darauf ausführlicher eingegangen. Im Umgang mit Differenz gibt es vier grundsätzliche Handlungsoptionen:

1. Ungleiches undifferenziert und in *gleicher* Weise behandeln, indem z. B. alle Schülerinnen und Schüler mit der gleichen Methode zum gleichen (anspruchsvollen) Lernziel geführt werden (sollen). Im Ergebnis werden sich am Ende der Unterrichtseinheit die Leistungsunterschiede zugunsten der leistungsstärkeren Schüler *vergrößert* haben, weil die Leistungsschwächeren auf ein adaptives Vorgehen in höherem Maße angewiesen sind.

2. Ungleiches *ungleich* behandeln, indem sich das unterrichtliche Vorgehen vor allem an den Leistungsstärkeren orientiert, also vornehmlich die guten Schüler fördert. Im Ergebnis werden sich die Leistungsunterschiede wiederum *vergrößern*. Bezogen auf den »Lernertrag« bleibt die Gesamtbilanz des Lernkollektivs allerdings negativ, denn der Zugewinn in der Spitze wird die im leistungsschwächeren

Segment »verschenkten Ressourcen« nicht kompensieren.

3. Ungleiches *ungleich* behandeln, indem sich der Unterricht vor allem der kompensatorischen Förderung der Leistungsschwächeren widmet. Im Ergebnis werden die Leistungsunterschiede *geringer* werden – dies allerdings auf Kosten einer gebremsten Entwicklung im oberen Leistungsbereich. Bezogen auf den »Lernertrag« wird die Gesamtbilanz des Lernkollektivs allerdings wiederum negativ ausfallen, denn der Zugewinn im leistungsschwächeren Segment reicht nicht aus.

4. Ungleiches *ungleich* behandeln, indem die guten und die weniger leistungsstarken Schüler in der für sie jeweils optimalen Weise gefördert werden. Im Ergebnis werden sich wiederum die Leistungsunterschiede zugunsten der leistungsstärkeren Schüler *vergrößern*, weil sie bei einer optimalen Förderung ihre guten Voraussetzungen optimal nutzen können. Von Vorteil ist, dass alle an ihr Optimum herangeführt werden und dass die meisten der Leistungsschwachen ein Mindestniveau erreichen können.

Nur eine dieser Optionen, die vierte, gilt als gerecht. Sie ist auch diejenige, die unter dem Gesichtspunkt der Bildungsökonomie und zur Verringerung der Bildungsarmut die vernünftigste ist.

3 Ursachen – wieso Lernschwierigkeiten entstehen

Lernschwierigkeiten sind Schwierigkeiten beim schulischen Lernen. Sie werden in aller Regel dadurch sichtbar, dass Leistungsanforderungen in einem oder mehreren Lernbereichen über einen längeren Zeitraum hinweg nicht erfüllt werden. Bevor die Einflussfaktoren benannt und diskutiert werden, die für das Entstehen von Lernschwierigkeiten verantwortlich zu machen sind, ist nochmals daran zu erinnern, was wir genau unter Lernschwierigkeiten verstehen wollen (vgl. dazu auch die Ausführungen auf den Seiten 11–12).

»Lernschwierigkeiten« wird in diesem Buch als Oberbegriff verwendet, der unterschiedliche Formen und Ausprägungen einer problematischen oder beeinträchtigten schulischen Lern- und Leistungsentwicklung einschließt. Das hat den Nachteil, dass wir es mit einer recht heterogenen Gruppe von Kindern und Jugendlichen zu tun haben, mit und ohne Intelligenzminderung sowie mit und ohne einer individuellen Vorgeschichte angemessen unterstützender schulischer Lernangebote. Die so gefasste Gruppe von Kindern und Jugendlichen mit Lernschwierigkeiten setzt sich zusammen aus jenen mit kombinierten oder spezifischen »Lernstörungen«, aus jenen mit einer »Lernbehinderung« und aus »langsamen« oder »schwachen« Lernern. Sie eint das Vorliegen einer deutlichen schulischen Minderleistung allgemeiner oder spezifischer Art. Die Verwendung des Oberbegriffs »Lernschwierigkeiten« hat den Vorteil, die Beschreibung der Schwierigkeit nicht mit einer ihrer möglichen Erklärungen zu vermischen.

Der Begriff »Lernschwierigkeiten« ist international wenig gebräuchlich, das gilt allerdings auch für die im deutschsprachigen Raum weit verbreitete Bezeichnung der »Lernbehinderung«. Gebräuchlicher ist der Begriff der »Lernstörung«, die im internationalen Klassifikationssystem ICD-10 im Sinne einer erwartungswidrigen Diskrepanz zwischen (schlechter) Schulleistung und (normaler) allgemeiner Intelligenz definiert ist. Die Lernstörung entspricht auch den »Learning Disabilities« der amerikanischen Tradition. Eine Lernstörung kann spezifisch für das Lesen und/oder Rechtschreiben sowie für das Rechnen diagnostiziert werden oder allgemeiner Art sein (kombinierte Störung). Schülerinnen und Schüler mit einer Lernstörung liegen in ihren Intelligenztestwerten allenfalls zwei Standardabweichungen (IQ > 69) unter dem Durchschnittswert ihrer Altersgruppe, nicht selten sind sie aber durchschnittlich oder gar überdurchschnittlich intelligent. Nicht als lerngestört, sondern als »lernschwach« wären demnach (schul-)leistungsschwache Kinder mit einer »leichten

Intelligenzminderung« (IQ < 70) zu bezeichnen. Ihre schulischen Minderleistungen sind nämlich kongruent zur minderen Intelligenz. Auch schulleistungsschwache Kinder und Jugendliche mit unterdurchschnittlichen IQ-Werten zwischen 70 und 84 »verfehlen« oftmals die Diagnose »Lernstörung«, weil die Diskrepanz zwischen ihrer schulischen Minderleistung und dem gemessenen Intelligenztestwert nicht groß genug ist. Sie werden dann als »langsame« oder »schwache Lerner« bezeichnet. Mit den international gebräuchlichen Diagnoseschlüsseln nichts zu tun hat die in Deutschland ursprünglich schulorganisatorisch definierte Kategorie der »Lernbehinderung« als Bezeichnung für eine überdauernde generalisierte Lernstörung. Kinder und Jugendliche mit IQ-Werten zwischen 55 und 84 und einem erheblichen Schulleistungsversagen gelten in diesem Sinne nach der derzeitigen schulrechtlichen Lage als lernbehindert bzw. als »sonderpädagogisch förderbedürftig im Förderschwerpunkt Lernen«. Bei niedrigeren Intelligenztestwerten (IQ < 55) spricht man im Allgemeinen nicht von einer Lernbehinderung, sondern von einer »geistigen Behinderung«.

Von der definitorischen Breite der Begrifflichkeit hängt natürlich auch die Prävalenz, d. h. das geschätzte Ausmaß der Häufigkeit von Lernschwierigkeiten ab. Als lernbehindert (also als förderbedürftig im Förderschwerpunkt Lernen) galten im Jahr 2006 2,7 % eines Altersjahrgangs, für weitere 3,1 % bestand ein besonderer Förderbedarf in den anderen sonderpädagogischen Förderschwerpunkten (vgl. Abschnitt 2.4). Auf etwa 4–8 % aller Schulkinder schätzt man die Prävalenz für eine Lernstörung im oben beschriebenen Sinne. Hinzu kommt eine unbekannte, weil in aller Regel nicht diagnostizierte Anzahl langsamer Lerner. Es gibt aber auch jenseits der testdiagnostischen Kategorien maßgebliche Indikatoren einer beeinträchtigten Lern- und Leistungsentwicklung. Dazu gehören vor allem die jährlichen Klassenwiederholungen

und die Schulabgänge ohne Abschluss. Und schließlich sind noch die teilweise unzureichenden Testleistungen in den internationalen Schulleistungsvergleichen zu nennen. Etwa 5 % der Jugendlichen verfehlen hinsichtlich der Lesekompetenz die unterste Kompetenzstufe im PISA-Test, und in Bezug auf die mathematischen Fähigkeiten sieht es mit 6 % nicht besser aus. Selbst wenn man einige Überlappungen der genannten Kategorien in Rechnung stellt, wird man bei etwa 8–12 % eines Altersjahrgangs von anhaltenden und schwerwiegenden Lernschwierigkeiten sprechen können, die sich in einem massiven schulischen Leistungsversagen manifestieren.

Natürlich birgt die zusammenfassende Betrachtung von Schwierigkeiten, Störungen und Behinderungen (und von Lernschwächen) die Gefahr, dass bei der Analyse von Ursachen und Entstehensbedingungen und bei der Planung und Durchführung von pädagogischen Maßnahmen Besonderheiten der jeweiligen Teilgruppen nicht genügend berücksichtigt werden. Das gilt auch für die wichtigen Inhaltsbereiche des Lesens, Schreibens und Rechnens, bzw. für die isolierten Störungen in diesen Teilbereichen. Es ist also darauf zu achten, ob bzw. wo Differenzierungen notwendig sind. Auch deshalb werden Spezifika dieser inhaltlichen Teilbereiche bei der Ursachenanalyse (Abschnitt 3.1), bei der Diagnostik (Abschnitt 5.1) und bei der Intervention (Abschnitt 6.1) jeweils den allgemeineren Betrachtungen vorangestellt. Auf der anderen Seite gibt es gute Gründe dafür, die dem Störungskonzept immanente Annahme der Erwartungswidrigkeit (also der Diskrepanz zwischen den schlechten Schulleistungen und einer »normalen« Intelligenz) kritisch zu hinterfragen oder gar fallen zu lassen. Die überzeugendsten Argumente haben Jack Fletcher, Reid Lyon, Lynn Fuchs und Marcia Barnes 2007 in ihrem Lehrbuch zusammengefasst, Renate Valtin hat in ähnlicher Weise im Hinblick auf das klassische Legasthenie-Konzept argumentiert.[1] Demnach sei eine Diskrepanzdefinition:

1. ohne hinreichende externale Validität und damit theoretisch nicht haltbar,
2. im Hinblick auf den Erfolg von Fördermaßnahmen nicht aussagekräftig und damit therapeutisch nicht brauchbar, und
3. mit Reliabilitätsproblemen hinsichtlich der Messung der beiden Konstrukte behaftet und damit methodisch unzuverlässig.

Für so unterschiedliche Leistungsdomänen wie das Lesen und das Rechnen ließen sich in den meisten Untersuchungen keine Unterschiede zwischen den intelligenzdiskrepant Leistungsschwachen und den intelligenzkongruent Leistungsschwachen finden, wenn man sie in einer Reihe neurokognitiver Variablen miteinander verglich. Also steht schon die allgemeine Gültigkeit (Validität) und Sinnhaftigkeit des Konstrukts in Frage und damit, ob es überhaupt sinnvoll ist, anhand der Intelligenztestleistungen diagnostische Entscheidungen zu treffen. Auch profitierten diejenigen mit unterdurchschnittlichen Intelligenztestleistungen ebenso von pädagogischen Interventionen wie die aufgrund ihrer unauffälligen Intelligenztestleistungen als erwartungswidrig schulleistungsschwach Diagnostizierten. Die angesprochene mangelnde Verlässlichkeit oder Genauigkeit (Reliabilität) des Diskrepanzkriteriums rührt aus den kombinierten Reliabilitätsminderungen der beiden Einzelmessungen, wie aus der Beliebigkeit bei der Festlegung des Cut-off-Kriteriums.

Wenn es aber für die Analyse der Ursachen sowie für die Planung und Durchführung von Fördermaßnahmen einer Orientierung am Diskrepanzkriterium gar nicht bedarf, was sind dann die Alternativen? Wiederum Jack Fletcher und Kollegen (s. o.) diskutieren vor allem zwei Optionen:

1. Ausnahmslos alle Lerner in den Blick zu nehmen, die durch anhaltend schwache schulische Leistungen auffällig werden, also auch diejenigen, die man in Deutschland als »lernbehindert« und als »lernschwach« bezeichnen würde (das ist die Sichtweise, die in diesem Lehrbuch eingenommen wird), oder
2. dem sogenannten RTI-Paradigma folgen und nur noch diejenigen unter den Lerngestörten in den Blick zu nehmen, die sich bislang als resistent gegenüber Fördermaßnahmen erwiesen haben.

RTI meint »Response to Instruction«, also das Ansprechen der Lerner auf eine pädagogische Fördermaßnahme. Das ist eine völlig neue Sichtweise, die seit einigen Jahren die US-amerikanische Debatte bestimmt, die sich an der offenkundigen Unhaltbarkeit des Diskrepanz-Paradigmas entzündet hatte. Im Kern geht es dabei um das Problem, dass mit dem Wegfall des Diskrepanzkriteriums (Option 1) die Anzahl der als lerngestört geltenden Kinder in der Statistik beträchtlich ansteigen würde und um die Frage, ob eine solche Ausweitung der Problematik forschungsstrategisch und unterrichtspraktisch noch sinnvoll ist. RTI steht nun für einen Lösungsvorschlag, der genau entgegengesetzt eine Einengung der Definition auf jene kleine Gruppe von »Risikokindern« vorsieht, deren Leistungsschwächen auch nach einer gezielt und wiederholt applizierten pädagogischen Intervention weiter andauern.[2] In den Kapiteln 6 und 7 wird darauf ausführlicher eingegangen. Es liegt auf der Hand, dass mit der Entscheidung für eine der beiden genannten Alternativen eine deutlich größere oder wesentlich geringere Auftretenshäufigkeit von »Lernschwierigkeiten« verbunden ist.

In den nachfolgenden Abschnitten werden zunächst die »normalen« Entwicklungsverläufe des Kompetenzerwerbs in den zentralen schulischen Leistungsbereichen des Lesens, Rechtschreibens und Rechnens beschrieben (Abschnitt 3.1), bevor auf Funktionsdefizite individueller Lernvoraussetzungen im Hinblick auf diese Kompetenzen eingegangen wird (Abschnitt 3.2). Wo eine Differenzierung zwischen den »gestörten«, den »behinderten« und den »langsamen« Lernern sinnvoll und notwendig ist, wird sie vorgenommen.

Der Großteil der empirischen Studien ist ohnehin den am Diskrepanzkriterium orientierten Lernstörungen (des Lesens oder Rechnens) verpflichtet. Dennoch wird grundsätzlich am Oberbegriff »Lernschwierigkeiten« festgehalten, um auch die Schulleistungsprobleme der »nicht lerngestörten« Kinder im Blick zu behalten. Lange Zeit ist bei der Definition von Lernstörungen vor allem ihre endogene, zentralnervös bedingte Ursache hervorgehoben worden, insbesondere in der US-amerikanischen Tradition. In Abschnitt 3.3 wird darauf und auf neurokognitive Entwicklungsverzögerungen eingegangen, sowie auf weitere Entwicklungsstörungen, die in Zusammenhang mit Schulleistungsproblemen stehen.

Dass es auch »didaktogene«, d. h. mit dem Unterricht in Zusammenhang stehende Ursachen von Lernschwierigkeiten geben kann, bleibt oft unberücksichtigt. In Abschnitt 3.4 wird die Rolle des Unterrichts und der Lehrkompetenz bei der Entwicklung von Lernschwierigkeiten betrachtet. Auch ungünstige Rahmenbedingungen des Lernens und Lehrens (Abschnitt 3.5) können problematische Leistungsentwicklungen verstärken. Im Gegenzug gilt aber auch, dass den individuellen Risiken Ressourcen gegenüberstehen, die es präventiv und therapeutisch zu nutzen gilt. Das gilt für die sozial-emotionale Situation in den Familien ebenso wie für das zweisprachige Aufwachsen.

Fragen zu Kapitel 3

8. Welches sind die Hauptursachen von Lernschwierigkeiten?
9. Was sind und welche Bedeutung haben die sogenannten exekutiven Funktionen?
10. Was bewirkt schlechter Unterricht?

3.1 Schwierigkeiten im Lesen und Rechtschreiben und im Rechnen

Die Bedeutung sprachlicher (Hören und Sprechen) und schriftsprachlicher (Lesen und Schreiben) Kompetenzen für das schulische Lernen ist kaum zu überschätzen. Zugleich ist der kompetente Schriftspracherwerb die zentrale Entwicklungsaufgabe im Grundschulalter schlechthin. Eine Schlüsselrolle beim schulischen Lernen kommt der Lesekompetenz zu. Die meisten Kinder und Jugendlichen mit Lernschwierigkeiten haben (auch) Leseschwierigkeiten. Wer aber nicht gut liest, wird in allen Sachfächern und auch in der Mathematik in seiner Kompetenzentwicklung nachhaltig beeinträchtigt sein.

Häufig gehen Leseschwierigkeiten mit sprachlichen Defiziten einher.

Die Entwicklung schulischer Leistungen wird in den Bildungswissenschaften seit einigen Jahren in einer an Standards und Kompetenzen orientierten Weise betrachtet. Kompetenzen sind Leistungsdispositionen für Fähigkeiten und Fertigkeiten, die zur Lösung von Aufgaben und Problemen benötigt werden. Standards sind definierte Bildungsziele im Hinblick auf konkrete Inhaltsbereiche des Wissens und Könnens. Friedrich-Wilhelm Schrader, Andreas Helmke und Ingmar Hosenfeld haben auf die wichtige Unterscheidung zwischen domän- oder kontextspezifischen und generalisierten oder allgemeinen Kompetenzen hingewiesen. Die wichtigsten domänspezifischen schulischen Kompetenzbereiche sind das Lesen und Schreiben sowie das mathematische und naturwissenschaftliche Denken. Das in diesen Domänen erreichbare (in-

Hintergrund: Schulleistungs- als Kompetenzentwicklung

Das Rahmenmodell von Schrader, Helmke und Hosenfeld (2008) benennt im Überblick wichtige Einflussfaktoren der Kompetenzentwicklung im Grundschulalter. Es vereint die im Bedingungsmodell schulischer Leistungen (Helmke & Weinert, 1997) und im Angebots-Nutzungs-Modell (Helmke, 2009) eingenommenen Perspektiven. Neben den zentralen schulischen Kompetenzbereichen sind auch die bereichsübergreifenden allgemeinen Kompetenzen enthalten. Auf die im Originalmodell eingezeichneten Pfeile, die die Richtung von Wirkmechanismen anzeigen sollen, wird hier verzichtet.

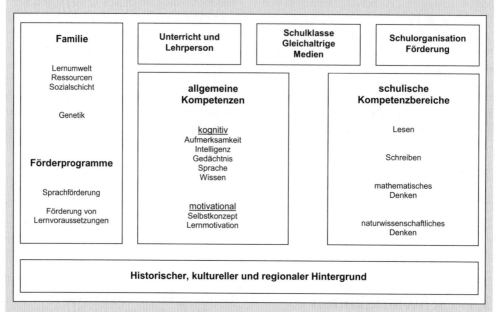

Abb. 6: Determinanten der Kompetenzentwicklung (nach Schrader, Helmke & Hosenfeld, 2008, S. 10)

dividuelle) Kompetenzniveau hängt vor allem von den allgemeinen Kompetenzen eines Lerners – den individuellen Lernvoraussetzungen – ab, diese sind ihrerseits wiederum sowohl Bedingungen als auch Ergebnisse vorangegangener Lern- und Entwicklungsprozesse. Natürlich spielen bei der Kompetenzentwicklung auch andere Rahmenbedingungen eine Rolle, vor allem Einflussfaktoren auf unterrichtlicher, schulorganisatorischer, familiärer und gesellschaftlicher Ebene.[3]

Schulische Kompetenzen im Lesen und Schreiben sowie im mathematischen und naturwissenschaftlichen Denken und Problemlösen sind das Ergebnis kumulativer Lernprozesse und die Folge vertikalen Lern-

transfers. Das heißt, zuvor Gelerntes ist stets eine wichtige, wenn nicht die wichtigste Lernvoraussetzung überhaupt. Bei hierarchisch organisierbaren Wissensbeständen und Fertigkeiten bauen die neuen Kompetenzen auf den vorangegangenen auf. Das heißt aber auch: Schulleistungsprobleme entstehen nicht von einem Tag auf den anderen, sondern haben in aller Regel eine Entstehungsgeschichte. Deshalb sind auch frühe Defizite und Rückstände so einschneidend, weil sie die Voraussetzungen unterminieren, die für den weiteren Kompetenzerwerb notwendig sind. Ob eine Vorkenntnisspirale »nach oben« weist, indem sie den Lerner von einer erreichten Kompetenzstufe zur nächsten führt, oder ob das Verfehlen einer Kompetenzstufe eine Abwärtsspirale »nach unten« in Gang setzt, entscheidet sich einerseits relativ früh in kumulativen Lernprozessen und doch auch immer wieder neu.

Lesen

Anders als der Spracherwerb muss das Lesen (und Schreiben) durch systematischen Unterricht vermittelt und erlernt werden. Das Lesen umfasst sowohl basale Fertigkeiten der *Buchstaben-* und *Worterkennung* (so wie auch beim Spracherwerb das Erkennen und Erlernen von Lautmustern eine Basisfertigkeit darstellt) und des *Flüssiglesens* als auch die »höheren« Fertigkeiten des *sinnverstehenden Lesens*, d. h. das Herstellen lokaler und globaler Kohärenzen auf der Satz- und Textebene im Zusammenspiel text- und vorwissensgeleiteter Konstruktionsprozesse (so wie auch beim Spracherwerb das Erkennen und Erlernen von Wortbedeutungen und der Erwerb grammatischer Kompetenzen eine

»höhere« Fertigkeit darstellt). Bedingungsmodelle der Lesekompetenz benennen in aller Regel neben der kognitiven Grundfähigkeit die folgenden Einflussgrößen: den Wortschatz und die Dekodierfähigkeiten, sowie das Vorwissen, das Leseinteresse und die Kenntnis von Lesestrategien. Der verfügbare Wortschatz und die Dekodierfähigkeiten begünstigen die Effizienz der basalen (hierarchieniedrigen) Prozesse der *Worterkennung* und die Ausbildung der *Leseflüssigkeit*. Das textinhalts- und das textartenspezifische Vorwissen und die Lesestrategien befördern die (hierarchiehöheren) Prozesse des *Textverstehens*. Für die Ausbildung der Lesekompetenz ist es von großer Bedeutung, dass die hierarchieniedrigen Verarbeitungsprozesse zunehmend automatisiert vonstatten gehen, dass also flüssig und fehlerfrei mit angemessener Segmentierung und hinreichend schnell gelesen werden kann.

Bekannte Phasenmodelle der Leseentwicklung stammen von Uta Frith sowie von Linnea Ehri und Sandra McCormick. In Anlehnung an diese Modelle unterscheiden

---

Hintergrund: Sprechen und Lesen

Sprachentwicklung und spätere Lesekompetenz hängen eng miteinander zusammen. Den später schwachen Lesern gelingt schon als Kleinkindern die Verarbeitung von Sprachlauten, also die phonologische Informationsverarbeitung, weniger gut (Schneider, 2004; Hoskyn, 2008). Sie haben bereits im Vorschulalter Schwierigkeiten beim Dekodieren gehörter Wörter, weil ihnen die (formale) Zerlegung und Zusammenfügung des sprachlichen Materials in Silben, Laute und Reime Mühe macht. Sie erkennen nicht, dass sich zwei Wörter reimen, dass man neue Wörter aus anderen Wörtern zusammensetzen kann, dass sich Wörter in Silben zerlegen lassen, zu denen man klatschen kann und auch nicht, was sich bei einem Wort verändert, wenn der Anlaut fehlt oder ausgetauscht wird. Die Einsicht in die Lautstruktur einer Sprache und die Fähigkeit des Manipulierens durch Sprachlaute (die sogenannte phonologische Bewusstheit) gilt aber als wichtige Vorläuferfertigkeit des Schriftspracherwerbs. Sie hilft, das für den Schriftspracherwerb grundlegende alphabetische Prinzip, also die Zuordnung von Lauten zu Buchstaben bzw. zu Graphemen, besser zu verstehen. Defizite in der phonologischen Verarbeitung sprachlicher Informationen haben die schwachen Leser aber auch noch an anderer Stelle: beim inneren Nachsprechen von Wörtern (dem sog. phonetischen Rekodieren im Arbeitsgedächtnis) und bei der Fähigkeit, schnell und sicher auf die phonologischen Codes des Langzeitgedächtnisses zugreifen zu können.

Im Hinblick auf das Worterkennen haben sich sog. Zwei-Wege-Modelle, die einen (indirekten) phonologischen und einen (direkten) lexikalischen Zugangsweg zur Worterkennung postulieren, als erklärungsmächtig erwiesen (Coltheart, 2005). Auf dem direkten Zugangsweg werden Wörter ohne den Umweg der Buchstaben-Lautübersetzung erkannt und »einfach« aus dem semantischen (bzw. orthographischen) Lexikon abgerufen. Auf dem indirekten Zugangsweg werden anhand phonologischer Regeln zunächst lautliche Repräsentationen gebildet, die der Worterkennung vorausgehen.

Klicpera, Schabmann und Gasteiger-Klicpera 2007 in ihrem *Kompetenzentwicklungsmodell des Lesens* zwischen einer voralphabetischen und mehreren alphabetischen Lesephasen. Die beiden Strategien des lexikalischen und des phonologisch-dekodierenden Lesens mit ihrem direkten bzw. indirekten Zugangsweg zur Worterkennung entwickeln sich dabei parallel und zunehmend integrativ, wobei die phonologischen Fertigkeiten schon in der präalphabetischen Phase ihren Anfang nehmen. Über mehrere alphabetische Phasen hinweg kommt es – stets in Interaktion mit den Leseinstruktionen und mit anderen Entwicklungsbedingungen – zu einer zunehmend automatisierten und konsolidierten Integration des phonologischen Dekodierens und des lexikalischen Lesens (bei Frith ist das die orthographische Phase). Kompetente Leser beherrschen bei der Worterkennung schließlich beide Zugangswege: Durch den Zugriff auf das mentale Lexikon erkennen sie bereits bekannte Wörter sehr rasch (direkt) wieder, und durch die phonologische Rekodierung erlesen sie unbekannte Wörter sequentiell (indirekt) aus der Buchstabenfolge.

Soweit zum Worterkennen. Lesen als Textverstehen baut darauf auf und wird in den kognitionspsychologischen Modellen als komplexes Zusammenspiel textgeleiteter (bottom-up) und schema- bzw. wissensgeleiteter (top-down) Prozesse beschrieben, die dem Aufbau einer mentalen Repräsentation des Gelesenen dienen, so zum Beispiel im Modell von Walter Kintsch. In Kintschs Modell des Textverstehens werden Propositionen, also Bedeutungseinheiten der Textvorlage, durch Prozesse der lokalen Kohärenzbildung miteinander zur sogenannten Textbasis verknüpft – zugleich werden sie im Zuge einer globalen Kohärenzbildung mit dem Vorwissen und den Erwartungen des Lesers zu einem mentalen Modell des Textinhalts, dem sog. Situationsmodell, verschmolzen. Durch die Kenntnis und den Einsatz von Lesestrategien lässt sich das Textverstehen positiv beeinflussen, also zum Beispiel durch das Unterstreichen oder Herausschreiben wichtiger Begriffe oder durch das Anfertigen von Schaubildern und Zusammenfassungen. Auch ein reichhaltiger Wortschatz, die Leichtigkeit und Geschwindigkeit der Worterkennung und eine hinreichende Leseflüssigkeit erleichtern das Textverstehen.[4]

Als wichtige Vorläuferfertigkeiten und Determinanten der Lesekompetenz gelten die phonologische Bewusstheit, das Wortgedächtnis und ein effizientes Verarbeiten lautlicher Informationen im sprachlichen Arbeitsgedächtnis (vgl. Abschnitt 3.2). Noch wichtiger scheint die phonologische Bewusstheit übrigens für die Entwicklung des Rechtschreibens zu sein. Offenbar hängt es aber von der Regelhaftigkeit einer Schriftsprache ab, in welchem Ausmaß die phonologische

---

Hintergrund: Laute und Buchstaben

Die mündliche Sprache ist eine Lautsprache. Laute sind als Sprachzeichen besonders gut geeignet, um Botschaften zu transportieren, es gibt aber auch anderer Formen der mitteilenden Kommunikation, z. B. über Zeichen- oder Gebärdensprachen. Laute (Phoneme) sind Klangeinheiten der gesprochenen Sprache – das gesprochene (und gehörte) Wort setzt sich aus isolierbaren Einzellauten zusammen. Die Lautfolgen werden in ihrer Modalität phonetisch (lautlich) in einem sprachlichen Teilsystem des Arbeitsgedächtnisses, der phonologischen Schleife, repräsentiert. Als phonetisches Rekodieren im Arbeitsgedächtnis bezeichnet man das Bereithalten (das innere Nachsprechen) und das Transformieren einer Folge lautlicher Informationen zum Zwecke der Bedeutungsanalyse. Das phonetische Rekodieren ist aber nur ein Teilprozess der phonologischen Verarbeitung sprachlicher Informationen. Die Phonologie ist die Lautlehre (die Lehre von den Phonen als Tönen oder Klängen) bzw. im Sinne einer abstrakt linguistischen Klassifizierung die Lehre von den Phonemen als den kleinsten bedeutungsunterscheidenden Klangeinheiten der gesprochenen Sprache.

Es gibt mehr Phoneme als Buchstaben. Allein für die Selbstlaute der deutschen Sprache gibt es 15 Vokalphoneme. Im alphabetischen Stadium des Lesenlernens wird das Wissen um die Zuordnung von Graphemen (Schriftzeichen) zu den 15 Vokal- und den 25 Konsonantenphonemen erworben. Buchstaben sind geschriebene Zeichen für Sprachlaute. Die alphabetischen Buchstabenschriften, wie z. B. die lateinische oder die griechische, beruhen auf einer regelhaften (aber komplexen) Beziehung zwischen den Sprachlauten und den Schriftzeichen. Dazu werden die distinkten Lauteinheiten graphisch – als Grapheme – notiert. Die kleinste Bedeutungseinheit der geschriebenen Sprache ist ein Graphem (meist ein Buchstabe). Bei der Verschriftlichung von Sprache werden also den Phonemen Grapheme zugeordnet, d. h. die Buchstaben bzw. Buchstabenkombinationen (die Grapheme) repräsentieren Sprachlaute (Phoneme). Das Erkennen und das Erlernen der Phonem-Graphem-Zuordnungsregeln sind für die Entwicklung des Rechtschreibens von entscheidender Bedeutung (Schneider, 1997). Schriftsprachen gibt es übrigens erst seit etwa 6 000 Jahren – die mündliche Lautsprache hat sich sehr viel früher (vor etwa 100 000 Jahren) entwickelt.

Verarbeitung für die Entwicklung der Lesekompetenz von Bedeutung ist. Leseschwierigkeiten und Lesestörungen sind jedenfalls wahrscheinlicher, wenn auch die sprachliche Informationsverarbeitung beeinträchtigt ist, und Kinder mit einer verlangsamten Sprachentwicklung werden später häufiger eine Lesestörung bekommen.

Es gibt aber auch leseschwache Kinder ohne eine Sprachlernstörung. Auch sie tun sich mit der Worterkennung schwer, können unbekannte Wörter nur mit Mühen und fehlerhaft phonologisch rekodieren, lesen nur ungenau, langsam und stockend und zeigen auch Schwächen beim Buchstabieren. In der amerikanischen Literatur wird dieses Störungsbild als Dyslexie oder als »Word-Level Reading Disability« (WLRD) bezeichnet. Die bereits mehrmals gelesenen und eigentlich schon bekannten Wörter können sich dyslektische Kinder nicht ausreichend merken, um sie beim erneuten Lesen auf dem direkten Zugangsweg lexikalisch rasch zu dekodieren. Kein Wunder, dass das Textverstehen dieser Kinder erheblich beeinträchtigt ist, weil die Prozesse der Worterkennung jene kognitiven Ressourcen beanspruchen, die für die hierarchiehöheren Verstehensprozesse eigentlich benötigt würden.

Aus Untersuchungen mit unbekannten und mit bedeutungslosen (Pseudo-)Wörtern weiß man, dass viele leseschwache Kinder die richtige Bcuhstbenreheanifloge eines Wortes weniger gut phonologisch rekodieren können –

der direkte, lexikalische Zugangsweg ist ja bei solchen Wörtern absichtlich verschlossen, um phonologische (Arbeitsgedächtnis-)Prozesse von Einflüssen des Langzeitgedächtnisses abzugrenzen. Das langsame und fehleranfällige Erlesen neuer Wörter führt zu einem Rückstand in der Lesegeschwindigkeit, der nicht wieder aufgeholt wird. Die Dekodierschwächen werden auf Defizite in der phonologischen Bewusstheit und in den prozessualen und strukturellen Komponenten des sprachlichen Arbeitsgedächtnisses zurückgeführt, sowie auf Nachteile in der Funktionstüchtigkeit des schnellen und automatisierten Buchstabenerkennens. Neurowissenschaftliche Studien mit bildgebenden Verfahren haben gezeigt, dass sich die Verarbeitung schriftsprachlicher Informationen auf drei linkshemisphärische Hirnareale konzentriert, und zwar im okzipitotemporalen und im temporoparietalen Bereich sowie im Bereich der Frontallappen. Es sind aber auch andere domänübergreifende Systeme beteiligt, vor allem die zentral-exekutiven Funktionen des Arbeitsgedächtnisses und der Aufmerksamkeitsregulation.[5]

Verschiedentlich wird zwischen *Subtypen von Lesestörungen* unterschieden, insbesondere zwischen einer phonologischen Dyslexie und einer unspezifischeren, oberflächlichen Dyslexie. Diese Unterscheidung hängt eng mit den sogenannten Zwei-Wege-Modellen der Worterkennung zusammen. Während für die phonologische Dyslexie Beeinträchtigungen des phonologischen Zugangswegs, also Defizite in einer oder in mehreren der oben genannten phonologischen Fertigkeiten (phonologische Bewusstheit, phonetisches Rekodieren im Arbeitsgedächtnis, der Abruf phonologischer Codes aus dem Langzeitgedächtnis) typisch sind, treten bei der Oberflächendyslexie Probleme im lexikalischen Zugangsweg, das heißt beim korrekten Abruf semantischer Repräsentationen, in den Vordergrund: Es wird dann zwar lautgetreu, aber aufgrund der Unkenntnis der richtigen Bedeutung mit falscher Aussprache gelesen.

Rechtschreiben

Vorschulkinder schreiben bzw. »kritzeln« zunächst nachahmend, ganzheitlich und spontan – erst Schulkinder lernen nach systematischer Anleitung regelgerecht zu schreiben. Ähnlich wie beim Lesen sind zur Beschreibung und Erklärung der Rechtschreibentwicklung Stufen- oder Phasenmodelle gebräuchlich, die eine Abfolge von der »logographischen Phase« über eine »alphabetische Phase« zum »orthographischen Stadium« postulieren. Dabei kommen phonemische Strategien zum Einsatz, die zunächst dem lautgetreuen Schreiben, später dem Erkennen von Phonem-Graphem-Korrespondenzen dienen, noch später werden orthographische Regelhaftigkeiten erkannt und auch zunehmend genutzt. Am Ende des Entwicklungsprozesses steht das kompetente Rechtschreiben. Es ist gekennzeichnet durch die Verfügbarkeit einer sehr großen Anzahl automatisiert und in korrekter Weise gespeicherter »Lernwörter«. Orthographische Konstruktionen aufgrund des erworbenen Regelsystems werden eigentlich nur dann vorgenommen, wenn ein Lernwort nicht zur Verfügung steht. Ähnlich wie für das Lesen sind auch für das Rechtschreiben Zwei-Wege-Modelle konzipiert worden, die zwischen einem direkten (lexikalischen) und einem indirekten (regelbasierten) Zugangsweg unterscheiden.

Die Buchstabenschrift ist keine reine Lautschrift, weil es in zweierlei Hinsicht Mehrdeutigkeiten gibt: Eine phonetische, weil ein Graphem für mehrere Phoneme stehen kann und eine graphemische, weil ein Phonem für mehrere Grapheme verwendbar ist. Das Erlernen des Rechtschreibens fällt meist schwerer als das Lesen, weil die Zuordnung der Phoneme zu den Graphemen mehr Freiheitsgrade zulässt als umgekehrt. Mit anderen Worten: Laute sind »uneindeutiger« als Buchstabenfolgen, weil sie durch eine größere Anzahl möglicher Grapheme wiedergegeben werden können. Aber auch ein Graphem kann für mehr als eine Lautverbindung stehen. Einfacher zu schreiben sind die lautgetreueren Grapheme – man nennt sie auch »Basisgrapheme«. Spezifische Programme zur Lese-Rechtschreibförderung machen sich das zunutze (vgl. Abschnitt 6.1). Etwa 90 % aller Grapheme in deutschsprachigen Texten entsprechen einer lautgetreuen Schreibweise.

Das Schreiben geht im Allgemeinen auch langsamer und bewusster als das Lesen vonstatten. Im Rechtschreibunterricht nimmt zunächst das Erlernen des Schreibvorgangs (Schreibmotorik) und der Buchstabenformen einen breiten Raum ein. Später, wenn die neu zu schreibenden Wörter auch Konsonantenverbindungen enthalten, die einer differenzierten Lautanalyse bedürfen, stellen sich bei einigen Kindern größere Schwierigkeiten ein. Dass in der alphabetischen Phase lautgetreu und orthographisch nicht korrekt geschrieben wird, ist ein notwendiger Zwischenschritt. Erst in den höheren Grundschulklassen nutzen die Kinder ihr orthographisches Wissen und ihr Wortgedächtnis, um orthographisch korrekt zu schreiben. Mit zunehmender Lese- und Rechtschreiberfahrung setzen sie natürlich auch ihr Wissen über die beim Lesen erworbenen Graphem-Phonem-Korrespondenzregeln ein.

Als wichtige Voraussetzungen für das Rechtschreiben gelten neben den notwendigen schreibmotorischen Kompetenzen vor allem die über das Lesen erworbene Kenntnis

Hintergrund: Legasthenie

Legasthenie (im Englischen meist: Dyslexie) bedeutet Leseschwäche. Ursprünglich wurde der Begriff zur Charakterisierung einer spezifischen, intelligenzdiskrepanten, also erwartungswidrigen Lesestörung verwendet. Heute ist er eher ein Oberbegriff zur Beschreibung von Lese-Rechtschreib-Schwierigkeiten unterschiedlicher Art. Die Konferenz der Kultusminister (KMK) hat schon vor mehr als 30 Jahren empfohlen, die in vielerlei Hinsicht »belastete« Bezeichnung Legasthenie durch den Begriff Lese-Rechtschreib-Schwierigkeiten (LRS) zu ersetzen. Im international gebräuchlichen Klassifikationssystem psychischer Störungen ICD-10 kennt man die Lese-Rechtschreib-Störung (F 81.0) sowie die isolierte Rechtschreibstörung (F 81.1) als eigene Kategorien, jeweils im Sinne des Diskrepanzkriteriums definiert.

Das klassische Legasthenie-Konzept sieht angeborene Defekte oder Teilleistungs- bzw. Funktionsschwächen in der visuellen Wahrnehmung und Koordination und bei der auditiven Differenzierung als ursächlich an. Renate Valtin (2001; Naegele & Valtin, 2001, 2003; Valtin, Hornberg, Buddeberg, Voss, Kowoll & Potthoff, 2010) hat dieses Konzept als theoretisch verfehlt, methodologisch und diagnostisch fragwürdig und therapeutisch unbrauchbar kritisiert, weil sich die »Diskrepanz-Legastheniker« in vielerlei Hinsicht nicht von anderen lese-rechtschreibschwachen Kindern unterscheiden. Insbesondere haben sie die gleichen Probleme bei der phonologischen Verarbeitung und profitieren auch in ähnlicher Weise von leseförderlichen Maßnahmen. Das Überdauern des Legastheniebegriffs erklärt sich vornehmlich schulrechtlich bzw. -administrativ und aufgrund der spezifischen Interessenlagen von Betroffenenorganisationen, Eltern und Therapeuten. Maßnahmen zum schulischen »Nachteilsausgleich« und zur Organisation von Fördermaßnahmen sind in einigen Bundesländern (z. B. in Bayern) an das klassische Legasthenie-Konzept gebunden. Auch für die Übernahme von Behandlungskosten durch Krankenkassen ist meist eine medizinische Indikation, d. h. eine klinische Diagnose des genannten Störungsbildes Voraussetzung.

und die Anwendung der Graphem-Phonem-Zuordnungen, die Kenntnis und Anwendung von Rechtschreibregeln, das wortspezifische Wissen und das Wissen um Ableitungsregeln bei zusammengesetzten Wörtern und Flexionen. Häufig vorkommende und regelhafte Wörter werden mit größerer Wahrscheinlichkeit richtig geschrieben. Rechtschreibfehler manifestieren sich vor allem in Regel- oder Wahrnehmungsfehlern (orthographische Fehler), im Verdrehen, Vertauschen oder Auslassen von Buchstaben oder im Einfügen von Buchstaben, wo sie nicht hingehören (nicht lautgetreue Fehler).

Mit den Voraussetzungen sind auch die möglichen Schwierigkeiten bei der Entwicklung des kompetenten Rechtschreibens benannt. Wie schon beim Lesen spielen Defizite bei der phonologischen Informationsverarbeitung eine wichtige Rolle. Auch hier geraten vor allem die phonologischen Komponenten des Arbeitsgedächtnisses in den Blick (vgl. Abschnitt 3.2).

Texte verfassen

Schreiben ist nicht nur Rechtschreiben. Schreiben ist auch Informationsverarbeitung und ein wichtiges Mittel, neue Informationen zu gewinnen, festzuhalten und sie anderen zugänglich zu machen. Kompetentes Schreiben erfordert eine Reihe von Kenntnissen und Fertigkeiten, die sich erlernen lassen. Geübte Schreiber verwenden Strategien zur Planung und zur Überwachung ihrer Schreibprozesse und um Schwierigkeiten zu begegnen, die während des Schreibens auftreten können. Geübte Schreiber sind auch in der Lage, Entscheidungen über die Wortwahl und die Satzfolge und für den Aufbau eines Textes routiniert zu treffen. Vor allem haben sie aber eine Vorstellung darüber, was sie schriftlich festhalten oder mitteilen möchten und strukturieren ihren Text entlang dieser Vorstellung. Weitere Voraussetzungen des geübten Schreibens sind ein themenspezifisches Vorwissen, das Wissen um spezifische

Merkmale möglicher Adressaten eines Textes und ein möglichst umfassendes Repertoire an sprachlichen Ausdrucksformen.

Nicht selten wird ein Großteil der unterrichtlichen Bemühungen auf das Lesen, die Grammatik und die Rechtschreibung verwendet, die eigentliche Schreibförderung kommt dabei zu kurz. Dass schlechte Leser und rechtschreibschwache Kinder häufig auch weniger gern und weniger gut produktiv schreiben, überrascht nicht. Da sie beim Schreiben ihrer unzureichenden Rechtschreibleistungen gewahr werden, gehen sie solchen Anforderungssituationen, soweit möglich, aus dem Wege. Es gibt Trainingsprogramme, welche die explizite und systematische Vermittlung von Strategien zur Planung und Überarbeitung von Texten zum Inhalt haben (vgl. Abschnitt 6.1).[6]

Lesen und Schreiben

Wer gut lesen kann, kann nicht automatisch auch korrekt rechtschreiben, aber die Schreib- und Lesekompetenzen hängen sehr wohl eng miteinander zusammen. Ein wichtiges Bindeglied ist die phonologische Verarbeitung der schriftsprachlichen Informationen. Die Entwicklungspsychologin Uta Frith (s. o.) hat die wechselseitigen Einflüsse beim Erwerb von Schreib- und Lesekompetenzen so beschrieben: Fortschritte beim logographischen Lesen, wenn also zunehmend mehr Wörter aufgrund ihres Anfangsbuchstabens einfach erkannt werden, begünstigen das Erlernen des logographischen Schreibens dieser Wörter. Anschließend begünstigt das alphabetische, lautgetreue Rechtschreiben die Fortentwicklung des alphabetischen Lesens, und wenn die Lesekompetenz das orthographische Stadium erreicht hat, wirkt sich das wiederum beschleunigend auf die Entwicklung des orthographischen Schreibens aus.

Rechtschreiben kann demnach die Lesekompetenz verbessern, weil es über die Pho-

nemanalyse die phonologische Bewusstheit berührt und verbessert. Durch Rechtschreibübungen wird darüber hinaus im semantischen Lexikon ein Schatz von Wörtern angelegt, deren korrekte Schreibweise und Aussprache direkt abgerufen werden kann. Natürlich kann auch das Lesen die Entwicklung der Rechtschreibkompetenz positiv beeinflussen. Das weiß man aus Untersuchungen zur Lesesozialisation, wo gezeigt wurde, dass diejenigen, die in ihrer Freizeit viel lesen, auch bessere Rechtschreibleistungen erzielen. Der Befund lässt sich durch einen positiven Einfluss der Leseroutine auf das semantische Lexikon erklären, aus dem die korrekte Schreibweise eines Wortes abrufbar ist.

Rechnen

Die Bezeichnung »Rechnen« wird hier als Oberbegriff für Zahlenverarbeitung, mathematisches Denken und das Lösen mathematischer Probleme verwendet. Wichtige Rechenfertigkeiten umfassen das numerische und begriffliche Grundlagenwissen der Mathematik, wie das Verständnis für Zahlen und Mengen oder das Zählverständnis, die Beherrschung der Grundrechenarten der Addition, Subtraktion, Multiplikation und Division sowie das Lösen von Textaufgaben. Auch der Begriff der numerischen Kognition ist üblich, wenn es um Denkprozesse geht, die mit dem Verstehen und Verarbeiten von Zahlen und mit dem Ausführen von Rechenoperationen zu tun haben.

Michael von Aster hat ein neurokognitives Modell der »normalen und abweichenden Entwicklung« von Rechenfertigkeiten vorgelegt. Er geht dabei von unterschiedlichen kognitiven Repräsentationen für Zahlen bzw. von unterschiedlichen zahlenbezogenen Kompetenzen aus:

1. von angeborenen vorsprachlichen Kernkompetenzen zur Wahrnehmung und Un-

Hintergrund: Zahlen, Zählen und Rechnen

Das Verständnis für Zahlen umfasst die Fähigkeit, arabische Zahlen und Zahlwörter identifizieren zu können und zu erkennen, welche von zwei Zahlen die größere ist. Um zählen zu können, müssen wenigstens fünf Prinzipien beherrscht werden:

1. die eineindeutige Eins-zu-Eins-Zuordnung einer Wortmarke (eines Zahlworts) zu einem Objekt,
2. eine stabile Reihenfolge der Zahlworte,
3. die Kardinalität (dass das zuletzt genannte Zahlwort zugleich die Menge der gezählten Objekte angibt),
4. die Abstraktion (dass unterschiedliche Arten von Objekten mit denselben Zahlworten zusammengezählt werden können) und
5. die Beliebigkeit der Reihenfolge, in der die Objekte gezählt werden.

Die Nutzung grundlegender arithmetischer Strategien, wie das Fingerzählen, das verbal unterstützende (Weiter-)Zählen oder das Zerlegen von Aufgaben (5+7 = 5+5+2), um sie zu vereinfachen, hilft beim Rechnen. Mit zunehmendem Alter ist aufgrund von Automatisierungsprozessen in vielen Fällen ein direkter Wissensabruf aus dem Langzeitgedächtnis möglich, so dass sich bei einfachen arithmetischen Aufgaben aufwendige Lösungsprozeduren erübrigen.

terscheidung der Mächtigkeit von Mengen,

2. von der Fähigkeit, Zahlen und Zahlworte als Symbole zu erkennen und zu verwenden,
3. von einer zunehmenden Automatisierung der Zahlwortreihe und
4. von der Entwicklung einer abstrakt-ordinalen Zahlenraumvorstellung (Zahlenstrahl).

Rechenstörungen – so von Aster – haben in Besonderheiten auf einer oder mehrerer dieser Repräsentations- bzw. Kompetenzebenen ihren Ursprung.[7]

Von Aster bezieht sich bei seinen Überlegungen auf die These des französischen Neurowissenschaftlers Stanislas Dehaene, der spezifische mentale Repräsentationsdefizite der numerischen Kernkompetenzen für Rechenstörungen verantwortlich macht. Dehaene zufolge ist das Wissen über Zahlen und Mengen dreifach (»Triple-Code-Model«) repräsentiert:

1. analog, als angeborene Mengenbewusstheit,
2. verbal-phonologisch, als Wortmarken bzw. durch Zahlworte und
3. visuell-symbolisch, in Form der arabischen Ziffern.

Die beiden letztgenannten Repräsentationsformen sind an eine funktionsfähige Sprache bzw. an eine Schrift(zeichen)sprache gebunden. Defekte auf einer oder auf mehreren dieser Repräsentationsebenen (Dehaene spricht in diesem Zusammenhang auch von Modulen) sollen für Rechenstörungen ursächlich sein. Bei Kindern mit isolierten Rechenstörungen – das ist der vergleichsweise seltenere Fall –, sollen Defizite in den numerischen Kernkompetenzen die Ursache sein. Bei Kindern mit kombinierten Rechen- und Lese-Rechtschreibstörungen kämen Defizite in den Funktionen des Arbeitsgedächtnisses mit hinzu.

Dehaene hat zur Unterstützung seines »Triple-Code-Models« neuronale Korrelate der Zahlenverarbeitung identifiziert, und zwar für die analoge Mengenrepräsentation eine Region im Parietallappen, für die verbal-phonologische Repräsentation eine Beteiligung der perisylvischen Furche und subcorticaler Hirnregionen und für die visuell-symbolische Repräsentationsform okzipitale Hirnregionen im Hinterhauptslappen, die auch für das Lesen von Buchstaben von Bedeutung sind. Regionen im frontalen Cortex, die für die Funktionen des Arbeitsgedächtnisses wichtig sind, sind ebenfalls relevant, sowohl im Hinblick auf die Strategie- und Handlungsplanung bei der Durchführung von Rechenoperationen als auch für die Beteiligung der artikulatorischen Schleife.[8] Karin Landerl und Liane Kaufmann (2008) haben ein Modell der basisnumerischen Verarbeitung vorgestellt, das die bislang beschriebenen Aspekte integriert. Das Modell geht im Kern von einer defizitären Mengenrepräsentation aus und von weiteren Defiziten bei der (symbolischen) Abbildung der Mengenrepräsentationen in verbaler Form und in Form arabischer Schriftzeichen. Die Ausbildung eines »mentalen Zahlenstrahls« sei damit »unterspezifiziert«, also beeinträchtigt.

Zentrale Komponenten der arithmetischen Verarbeitung sind die grundlegenden numerischen Fertigkeiten, die auf dem Wissen über die Struktur des Zahlensystems (einschließlich der Zehner-Einer-Inversionen für die deutschen Zahlwörter der Zahlen zwischen 21 und 98) und auf der Fähigkeit des Transkodierens zwischen den Zahlencodes aufbauen. Hinzu kommen die grundlegenden arithmetischen Rechenfertigkeiten, die auf dem arithmetischen Faktenwissen (5 x 0 = 0) und auf prozeduralem Wissen beruhen. Als arithmetisches Konzeptwissen bezeichnet man das Wissen über die Gesetzmäßigkeiten, die einer Operation (z. B. der Division) zugrunde liegen.

Das mangelnde arithmetische Faktenwissen, der fehlende oder eingeschränkte »Zahlensinn« (Defizite in den Zählfunktionen und beim Transkodieren) und Defizite in den Funktionen des Arbeitsgedächtnisses, die an mathematischen Kognitionen beteiligt sind, gelten als Hauptursachen von Rechenschwierigkeiten. Natürlich können im Einzelfall auch andere, für das Störungsbild unspezifische Einflussfaktoren an der Entstehung von Rechenschwierigkeiten beteiligt sein. Das mathematische Faktenwissen und die Funktionen des Arbeitsgedächtnisses hängen in ihrem Voraussetzungscharakter für das kompetente Rechnen miteinander zusammen: Wenn das kleine Einmaleins nicht als arithmetisches Faktenwissen verfügbar ist, müssen die Rechenoperationen der Multiplikation jeweils neu, mit größerem Zeitaufwand und einer höheren Fehleranfälligkeit, im Arbeitsgedächtnis durchgeführt werden. Auch wenn noch im fortgeschrittenen Grundschulalter (vorschulische) Zählstrategien angewendet werden, um Additionen und Subtraktionen im Zahlenraum bis 20 durchzuführen, ist das nachteilig, weil es das Arbeitsgedächtnis belastet und dadurch anderweitig benötigte Ressourcen blockiert.

Vor allem bei schwierigeren mathematischen Anforderungen – wie bei Textaufgaben

---

Hintergrund: Frühe Entwicklung mathematischer Kompetenzen

Kristin Krajewski (2003, 2008) unterscheidet beim vorschulischen Kompetenzerwerb zwischen dem Erwerb numerischer Basisfertigkeiten (Mengen, Zählen, Zahlfolge), dem Erwerb des »präzisen« Anzahlkonzepts mit dem Kardinalitätsprinzip und dem Verständnis für Anzahlrelationen (Zerlegung von Anzahlen und Vergleich von Anzahlen). Ganz ähnlich unterscheidet Annemarie Fritz zwischen einer Stufe der Reihenbildung und des Mengenvergleichs, einer Stufe des Zählens (mit der Erkenntnis des ordinalen Zahlenstrahls), einer Stufe des Erwerbs der Kardinalität, einer Stufe, in welcher ein Verständnis für die Zerlegbarkeit von Anzahlen erworben wird und einer Stufe, auf der ein relationaler Zahlbegriff ausgebildet wird (Fritz & Ricken, 2008).

Die frühen numerischen Kompetenzen gelten als wichtige Vorläufer für die nachfolgende Entwicklung mathematischer Kompetenzen. Krajewski und Schneider (2006; 2009) konnten zeigen, dass die vorschulischen Mengen-Zahlen-Kompetenzen ein Viertel der Variabilität der Mathematikleistungen am Ende der Grundschulzeit vorhersagen. Ganz ähnliche Befunde haben Weißhaupt, Peucker und Wirtz (2006) sowie Dornheim (2008) vorgelegt. Mazzocco und Thompson (2005) haben als frühe Prädiktoren späterer Rechenschwierigkeiten ebenfalls Kompetenzen identifiziert, die den Umgang mit Mengen und Zahlen betreffen.

Hintergrund: Textaufgaben und Arbeitsgedächtnis

Der Umgang mit Textaufgaben (word problems) ist eine wichtige mathematische Kompetenz, die neben der geforderten Rechenleistung noch des Verständnisses der (verbal präsentierten) Problemstellung und der Entdeckung des richtigen Lösungsweges bedarf. Swanson, Jerman und Zheng (2008) haben im Hinblick auf die Leistungsentwicklung bei Textaufgaben 134 »Risikokinder«, die aufgrund ihrer frühen mathematischen Kompetenzdefizite als solche diagnostiziert wurden, mit 219 Kindern verglichen, die in ihrer mathematischen Entwicklung »unauffällig« waren. In der ersten, zweiten und dritten Klasse wurden Testverfahren eingesetzt, um Aufschluss über die Entwicklung der mathematischen Kompetenzen und des Arbeitsgedächtnisses zu erhalten. Es zeigte sich, dass:

1. die funktionale Kapazität des Arbeitsgedächtnisses eine wesentliche Determinante der mathematischen Kompetenzentwicklung in der Grundschulzeit darstellt,
2. die Entwicklung dieser funktionalen Kapazität bei den Risikokindern langsamer verläuft als bei den anderen Kindern und
3. die zentral-exekutiven Prozesse (insbesondere die Prozesse der Aufmerksamkeitskontrolle) bei den Risikokindern defizitär verlaufen.

– sind auch die zentral-exekutiven Funktionen des Arbeitsgedächtnisses an der Aufgabenlösung beteiligt. Defizite in der phonologischen Schleife scheinen für die Erklärung von Rechenproblemen weniger wichtig zu sein – dennoch sind sie häufig zu beobachten, weil ein großer Teil der rechengestörten Kinder zusätzlich unter einer Lese-/Rechtschreibschwäche leidet. Unter den exekutiven Funktionen (vgl. Abschnitt 3.2) sind es die mangelnde Fähigkeit zur Unterdrückung irrelevanter Informationen, die unzureichende Anpassung der Aufmerksamkeitszuwendung und die mangelhafte Flexibilität beim Wechseln zwischen Operationen und Strategien, die mit der Entwicklung von Rechenschwierigkeiten zusammenhängen.[9]

Ähnlich wie bei der Lese-/Rechtschreibstörung werden auch bei der Rechenstörung *Subtypen* der Störung unterschieden. Praktisch alle vertretenen Auffassungen dazu beziehen neurologische Erklärungsfaktoren mit ein. David Geary unterscheidet beispielsweise Kinder eines »prozeduralen Subtyps«, die alters- und aufgabenangemessene Rechenstrategien nicht anwenden können, von

Kindern eines »verbal-semantischen Subtyps«, denen Fehler beim Aufbau und beim Abruf mathematischen Faktenwissens unterlaufen und Kindern des »visuell-räumlichen Subtyps«, die Schwierigkeiten mit der Repräsentation der präzisen Anordnung mehrstelliger Zahlen haben. Bei Michael von Aster sind Kinder des »tiefgreifenden Subtyps« solche, die in allen Domänen der Zahlenverarbeitung Defizite aufweisen, also auch beim grundlegenden Zahlenverständnis (sie haben häufig eine komorbide Störung), Kinder des »sprachlichen Subtyps« sind beim Kopfrechnen, Abzählen und Rückwärtszählen benachteiligt, und Kinder des »arabischen Subtyps« haben Schwierigkeiten beim Transkodieren zwischen verbalem und schriftsprachlich-arabischem Zahlencode. Ähnlich unterscheidet Stanislas Dehaene eine »tief greifende Beeinträchtigung des Zahlensinns« von einer »Verbindungsstörung zwischen Zahlen und (Schrift-)Zeichen« und den drei neurofunktionalen Störungen im Bereich der »verbal-symbolischen Repräsentationen«, der »exekutiven Funktionen« und der »räumlichen Aufmerksamkeit«.[10]

Hintergrund: Dyskalkulie

Als Dyskalkulie wird eine spezifische Rechenstörung bezeichnet, die ähnlich wie die Lese-/Rechtschreib-störung im Sinne einer erwartungswidrig (weil intelligenzdiskrepant) schlechten Schulleistung auffällig wird. Oft findet bei der Umschreibung des Störungsbildes eine Eingrenzung auf grundlegende Rechen-fertigkeiten wie Addition, Subtraktion, Multiplikation und Division statt. Abhängig von den verwen-deten Testverfahren und von der genauen Festlegung des Diskrepanzkriteriums schwanken die Präva-lenzraten der Dyskalkulie zwischen 3 und 8 % – wobei etwa zwei Drittel dieser Kinder zusätzlich eine Lese-/Rechtschreibstörung aufweisen. Bei der Diagnostik nach ICD-10 wird in diesen Fällen der Dia-gnoseschlüssel »Kombinierte Störung schulischer Fertigkeiten« (F 81.3) verwendet. Für die isolierte Rechenstörung (F 81.2) schätzt man die Auftretenswahrscheinlichkeit auf weniger als 2 %.

Wie beim Legasthenie-Konzept ist es auch bei der Dyskalkulie strittig, ob für eine (erwartungswidri-ge) Rechenschwäche mit IQ-Diskrepanz andere Ursachen verantwortlich sind als für eine Rechen-schwäche bei gleichzeitig schwachen Intelligenztestwerten. Auch sind in beiden Fällen jeweils ähnliche Fördermaßnahmen hilfreich. Gleichwohl werden Maßnahmen des schulischen Nachteilsausgleichs (die ohnehin nur in einigen Bundesländern möglich sind) und die Einleitung besonderer Fördermaß-nahmen häufig von der klinischen Diskrepanzdiagnostik abhängig gemacht.

3.2 Funktionsdefizite individueller Lernvoraussetzungen

Wichtige individuelle Lernvoraussetzungen sind die an der Informationsverarbeitung beteiligten kognitiven Funktionen bzw. deren Funktionstüchtigkeiten sowie die motivatio-nalen, emotionalen und volitionalen Merk-male, die einen Lernprozess initiieren und begleiten. Im Folgenden wird dargestellt, ob und in welchem Maße sich Kinder mit und ohne Lernschwierigkeiten in dieser Hinsicht voneinander unterscheiden. Schon bei der Darstellung des Lesens, Schreibens und Rech-nens (vgl. Abschnitt 3.1) ist deutlich gewor-den, dass der Funktionsweise des Arbeitsge-dächtnisses – vor allem der phonologischen Schleife seines verbal-akustischen Teilsystems – eine besondere Bedeutung für den Kompe-tenzerwerb zukommt. Am erfolgreichen Ler-nen ist aber nicht nur das Arbeitsgedächtnis beteiligt. Entsprechend der in Abschnitt 1.3 gewählten Systematik wird zunächst auf die Funktionen der Aufmerksamkeit (unter be-sonderer Berücksichtigung der Aufmerksam-keitsdefizit-/Hyperaktivitätsstörung), danach auf das Arbeitsgedächtnis, dann auf Lern-strategien und ihre metakognitive Regulation, auf die Rolle der Lernmotivation und des Selbstkonzepts sowie auf die volitionalen und emotionalen Prozesse eingegangen. Eine Son-derstellung nimmt das Vorwissen ein. Als wichtigste individuelle Lernvoraussetzung überhaupt findet es in einer funktionsorien-tierten Betrachtungsweise keinen angemes-senen Platz, denn im unzureichenden (be-reichsspezifischen) Vorwissen kumulieren gleichsam die Ergebnisse einer defizitären Informationsverarbeitung. Das unzureichen-de Wissen findet aber seinen direkten Nie-derschlag in den schlechten Schulleistungen – die ja die Gruppe der Kinder definieren, mit denen wir uns beschäftigen. Eine Sonderstel-lung unter den Lernvoraussetzungen nehmen auch die sprachlichen Kompetenzen ein. Sie werden in Abschnitt 3.5 separat behandelt.

Aufmerksamkeit

Die Effizienz der beiden Teilprozesse selek-tiver Aufmerksamkeit, nämlich des Unter-scheidens relevanter von irrelevanten Reizen (Diskrimination) und des Zuweisens der Aufmerksamkeitskapazität auf die als relevant erkannten Reize (Fokussierung) ist eine wichtige Lernvoraussetzung. Dabei scheint es sich bei der Kapazitätszuweisung wiederum um zwei verbundene Teilprozesse zu handeln, nämlich um das Fokussieren relevanter bei gleichzeitigem Unterdrücken irrelevanter Information. Aus Untersuchungen zum dichotischen Hören (bei solchen Experimenten wird über Kopfhörer auf die beiden Ohren eine jeweils unterschiedliche Information eingespielt und nur die über eines der beiden Ohren aufgenommene soll beachtet werden) weiß man, dass sich Personen mehr oder weniger leicht von aufgabenirrelevanten Reizen ablenken lassen und dass ein höheres Ausmaß an Ablenkbarkeit mit schlechteren Lern- und Behaltensleistungen einhergeht. Dabei muss man zwischen zwei Arten von Hemmungsprozessen unterscheiden:

- Zum einen geht es um die Unterdrückung irrelevanter Informationen, die sich bereits im Arbeitsgedächtnis befinden, aber für die weitere Informationsverarbeitung nicht benötigt werden (kognitive Inhibition),
- zum anderen um die Unterdrückung von Reizen, die »von außen« kommend, wie etwa ein vor dem Fenster vorbeifliegender Zeppelin, neue unerwünschte Ablenkungen hervorrufen können (Inhibition als Interferenzkontrolle).

Die Fähigkeit zur Unterdrückung sogenannter präpotenter (automatischer) Reaktionen auf Außenreize ist der zweiten Gruppe von Inhibitionsmechanismen zuzuordnen. Die Inhibitionsmechanismen werden häufig im Zusammenhang mit dem Konstrukt der *exekutiven Funktionen* und der *Aufmerksamkeitsdefizit-/Hyperaktivitätsstörung* behandelt.

Die Effizienz, mit der relevante von irrelevanten Informationen unterschieden werden, hängt natürlich auch von der Qualität der (inhaltlichen) Wissensbestände des Lernenden ab, denn der Prozess der Diskrimination setzt voraus, dass (mehr oder weniger

elaborierte) inhaltliche Konzepte überhaupt vorhanden sind, um erkannt werden zu können. Experten in einem bestimmten Lernbereich können natürlich sehr viel schneller erkennen, was wichtig und was weniger bedeutsam ist. Darüber hinaus ist die Effizienz der Aufmerksamkeitsfunktionen eng mit den nachfolgenden Prozessen der Informationsverarbeitung im Arbeitsgedächtnis und mit den Strukturen des Arbeitsgedächtnisses assoziiert. So hängt etwa eine geringere Kapazität des Arbeitsgedächtnisses mit einem höheren Ausmaß der Ablenkbarkeit in der oben beschriebenen Versuchsanordnung zum dichotischen Hören zusammen. Das stützt die Vermutung, dass es sich bei sogenannten Aufmerksamkeitsdefiziten weniger um Defizite in den basalen Aufmerksamkeitsprozessen handelt als vielmehr um Störungen oder Beeinträchtigungen im Bereich des Arbeitsgedächtnisses und seiner Funktionen – vor allem auch der zentralexekutiven Funktionen und dort insbesondere der Kontroll- und Inhibitionsmechanismen. Allerdings gibt es auch Hinweise darauf, dass Kinder mit Lernschwierigkeiten bei Aufgaben zur Daueraufmerksamkeit (Vigilanz) schlechter abschneiden als unauffällige Kontrollkinder.[11]

In Bezug auf eine Aufmerksamkeitsdefizit-/Hyperaktivitätsstörung (ADHS, s. u.) ist es wichtig zu betonen, dass sich die selbstregulativen Kompetenzen sowohl auf die kognitiven als auch auf die sozial-emotionalen Aspekte des Erlebens und Verhaltens und auf das (motorische) Handeln beziehen. Deshalb haben Schülerinnen und Schüler mit ADHS und/oder mit Lernstörungen meist Schwierigkeiten hinsichtlich der Verhaltenshemmung (Inhibition) auf ganz unterschiedlichen Ebenen: mit dem Belohnungsaufschub, mit dem Wechsel der Aufmerksamkeitszuwendung und hinsichtlich des Aufrechterhaltens von Aufmerksamkeit. Das Konstrukt der Selbstregulation wird, ähnlich wie das verwandte Konstrukt der Metakognition, vornehmlich in der Pädagogischen Psychologie und in der

Entwicklungspsychologie verwendet – in der kognitiven Neuropsychologie spricht man eher von exekutiven Funktionen.

ADHS

Die Aufmerksamkeitsdefizit-/Hyperaktivitätsstörung ist *keine Lernstörung*, wird aber zu Recht häufig im Zusammenhang mit Lernschwierigkeiten behandelt. Als eigene diagnostische Kategorie in den gebräuchlichen Klassifikationssystemen psychischer Störungen, der International Statistical Classification of Diseases (ICD-10; Dilling et al., 2000) und dem Diagnostic and Statistical Manual of Mental Disorders (DSM-IV; Saß et al., 2003), ist sie als eine Beeinträchtigung der Aufmerksamkeit, der Impulskontrolle und der motorischen Aktivität gekennzeichnet. Der sichtbar auffälligste Aspekt des Störungsbildes, die Hyperaktivität, ist dabei nicht unbedingt der entscheidende – in der DSM-IV-Diagnostik trennt man deshalb zwischen dem Vollbild der Störung mit Symptomen in allen drei Bereichen der *Unaufmerksamkeit*, der *Impulsivität* und der *Hyperaktivität* (dem sog. Mischtyp) und zwei

Subtypen der Störung mit einem Überwiegen der Symptomatik entweder im Bereich der Unaufmerksamkeit oder im Bereich der Hyperaktivität/Impulsivität. Die Kernproblematik der ADHS-Kinder ist meistens die Aufmerksamkeitskontrolle bzw. die Schwierigkeit beim Aufrechterhalten der Aufmerksamkeit. Für die Umgebung auffälliger ist oft das motorisch hyperaktive Herumzappeln und Hin- und Herrutschen der Kinder, das unkontrollierte Aufstehen und Herumlaufen im Unterricht und die mangelnde Impulskontrolle, die sich etwa im Herausplatzen von Antworten manifestiert, auch wenn man nicht an der Reihe ist, oder in Unterrichtsstörungen. Spätestens im Ausmaß der Schulleistungsprobleme offenbart sich aber auch die Problematik des »vorherrschend unaufmerksamen Subtypus« der Störung.

Die Auftretenshäufigkeit einer ADHS hängt sehr davon ab, welche Kriterien angelegt werden und worauf sich die Informationen stützen, die zur diagnostischen Urteilsbildung herangezogen werden: auf Eltern, Lehrer und/oder die Kinder und Jugendlichen selbst. In amerikanischen Studien wird eine Prävalenzrate von 3–7 % geschätzt, in deutschen Studien von bis zu 10 %, wobei aller-

---

Hintergrund: ADHS und Lernschwierigkeiten

In einer Metaanalyse mit 72 einbezogenen Studien wurde für ADHS-diagnostizierte Kinder und Jugendliche im Vergleich mit diesbezüglich unauffälligen Kindern eine mittelhohe Effektstärke ($d = .71$) hinsichtlich einer Reihe schulischer Leistungsmaße ermittelt (Frazier, Youngstrom, Glutting & Watkins, 2007). Das bedeutet, dass die Schulleistungen der ADHS-Kinder und -Jugendlichen im Durchschnitt um mehr als zwei Drittel einer Standardabweichung schlechter ausfallen als in den Vergleichsgruppen. Detailanalysen zeigen, dass die Beeinträchtigungen bei jüngeren Kindern größer sind als bei Jugendlichen und im Leistungsbereich Lesen gravierender als in der Mathematik. Gawrilow (2009) schätzt den Komorbiditätsbereich von ADHS und Lernstörungen auf 10–25 %.

Jakobson und Kikas (2007) untersuchten in einer estnischen Stichprobe, ob sich ADHS-Kinder im Alter zwischen sieben und zehn Jahren mit und ohne komorbid diagnostizierter (intelligenzdiskrepanter) Lernstörung in ihren kognitiven Funktionen (gemessen über eine Reihe von Testverfahren) von Kindern einer Kontrollgruppe unterschieden. Für die Testleistungen in den Maßen des Arbeitsgedächtnisses, bei den visuell-räumlichen, den motorischen und den verbalen Fähigkeiten ergab sich konsistent das folgende Ergebnismuster: Die »Kontrollkinder« waren den ADHS-Kindern überlegen und noch etwas deutlicher jenen mit ADHS und komorbiden Lernstörungen. Die beiden klinischen Gruppen unterschieden sich nicht voneinander. Das Ergebnis legt die Vermutung nahe, dass Dysfunktionen des Arbeitsgedächtnisses sowohl mit der Aufmerksamkeits- als auch mit der Lernstörung zusammenhängen.

Hintergrund: Exekutive Funktionen

Eine Definition der »exekutiven Funktionen« ist schwierig. Dies liegt vor allem daran, dass die Begrifflichkeit in der neurowissenschaftlichen und in der kognitionspsychologischen Forschungstradition in unterschiedlicher Weise verwendet wird. Oft werden exekutive Funktionen als metakognitive Prozesse oder metakognitive Aktivitäten verstanden. Dazu gehört z. B. das Setzen von (Handlungs-)Zielen und die Überwachung der Zielerreichung, die Regulation der Aufmerksamkeit, die motorische Steuerung oder die Kontrolle und Korrektur von Handlungsergebnissen. Verschiedene Wissenschaftler haben in den vergangenen Jahren versucht, das Konstrukt der exekutiven Funktionen zu systematisieren. Große Beachtung ist dabei den Forschungsarbeiten von Akira Miyake und Kollegen (2000) zuteil geworden. Ihr hierarchisches Modell benennt drei voneinander unterscheidbare, aber überlappende Faktoren:

1. das *Shifting/Switching* (den flexiblen Aufmerksamkeits- oder Aufgabenwechsel),
2. das *Updating* (die kontinuierliche Aktualisierung von Arbeitsgedächtnisrepräsentationen) und
3. die *Inhibition* (die Unterdrückung von vorschnellen und dominanten Reaktionen).

Auch Aufgaben zur Erfassung der Fähigkeit zum Belohnungsaufschub werden als Indikatoren der exekutiven Funktionen betrachtet. In einigen Studien hat sich gezeigt, dass ADHS-Kinder eine höhere Präferenz für die unmittelbaren, kleineren Belohnungen aufweisen und weniger gut auf eine »größere« Belohnung warten können (Neubauer, Gawrilow & Hasselhorn, 2011; Gawrilow, Schmitt & Rauch, 2011).

dings eine hohe Komorbidität zu anderen psychischen Störungen (vor allem zu oppositionellen und aggressiven Verhaltensweisen) und zu Lernstörungen zu berücksichtigen ist. Jungen sind insgesamt deutlich häufiger betroffen als Mädchen (Geschlechterverhältnis 3:1 bis 6:1). Das Übergewicht der Jungen tritt in klinischen Stichproben ausgeprägter auf als in epidemiologischen, was vermutlich daran liegt, dass bei Jungen der auffälligere »vorherrschend hyperaktiv-impulsive Subtypus« häufiger auftritt, während Mädchen eher Symptome der Unaufmerksamkeit zeigen.

Neurokognitive Modelle sehen in einer Beeinträchtigung der exekutiven Funktionen den Kern der Störung, vor allem in einem Defizit der Verhaltenshemmung, das sich auf andere Funktionen des Arbeitsgedächtnisses, auf die emotionale und motivationale Selbstregulation, auf die Handlungsplanung und Handlungskontrolle sowie auf die Internalisierung von Sprache ungünstig auswirkt. Petra Hampel, Franz Petermann und Christiane Desman haben in einer jüngst veröffentlichten Studie die exekutiven Funktionen bei Jungen mit und ohne Aufmerksamkeits-defizit-/Hyperaktivitätsstörung untersucht. Sie gingen auch der Frage nach, ob ein globales Defizit hinsichtlich aller exekutiven Funktionen vorliegt und ob die bislang uneinheitliche Befundlage durch das unterschiedliche Lebensalter der untersuchten Kinder moderiert worden war. Die Ergebnisse der Studie sprechen eindeutig für ein globales Defizit in den exekutiven Funktionen, der Planungs- und Problemlösefähigkeit und der kognitiven Flexibilität (die emotionale und die motivationale Selbstregulation wurden nicht untersucht). Sie lassen auch vermuten, dass es sich um eine Entwicklungsverzögerung dieser Funktionen handelt, denn die Defizite sind bei den jüngeren Knaben vergleichsweise größer als bei den älteren.[12]

Vor allem in Bezug auf die Funktionen des Arbeitsgedächtnisses liegen inzwischen Erkenntnisse vor, die eine recht gute Vorstellung darüber vermitteln, welcher Art die besonderen Verarbeitungsprobleme der ADHS-Kinder sind. Steven Roodenrys fasst die Befunde zusammen und orientiert sich dabei an Russell Barkleys ADHS-Modell und Alan Baddeleys Vorstellungen vom Arbeitsgedächtnis (vgl. Abschnitt 1.3). Demnach scheint

115

Hintergrund: Kognitive Kontrolle und ADHS

Censabella und Noel (2005) konnten zeigen, dass Kinder mit (diskrepanzdefinierten) Lernschwierigkeiten genauso gut wie Kinder einer Kontrollgruppe sogenannte automatische präpotente Reaktionen unterdrücken können. Ob das auch für Kinder zutrifft, die von einer Störung der Aufmerksamkeitsfunktionen betroffen sind, untersucht Kathrin Schmitt im Rahmen des Projekts KoKo (Kognitive Kontrolle) im Forschungszentrum IDeA an der Universität Frankfurt (www.idea-frankfurt.eu/kinder/projekte/projekt-koko). In computerbasierten Einzelsitzungen bearbeiteten 30 ADHS-Kinder und 30 unauffällige Kinder Aufgaben zur kognitiven Kontrolle. In Anlehnung an die Miyake-Taxonomie (s. o.) wurden die exekutiven Funktionen über Aufgaben zur Inhibition (z. B. Go/NoGo-Aufgaben), zum Shifting (z. B. Local-global-Aufgaben) und zum Updating (z. B. N-back-Aufgaben) geprüft. Bei Go/NoGo-Aufgaben muss man auf bestimmte Reize reagieren (Go), auf andere jedoch nicht (NoGo). Bei den Local-global-Aufgaben geht es darum, Detailinformationen in einem ganzheitlichen Muster zu erkennen und um das Zusammensetzen von Teilelementen zu einem einheitlichen Ganzen. Untersucht wird im Rahmen des Forschungsprojekts auch, wie rasch es im Verlauf der Bearbeitung von Inhibitionsaufgaben zu einer Erschöpfung der Fähigkeit zur Hemmung vorschneller Reaktionen kommt. Erste Ergebnisse deuten darauf hin, dass es in einigen, aber nicht in allen Bereichen funktionelle Beeinträchtigungen der ADHS-Kinder gibt (Schmitt, Rauch & Gold, 2010).

weniger ein kapazitatives als vielmehr ein zentral-exekutives Problem vorzuliegen, da ADHS-Kinder hinsichtlich der Kapazität ihrer phonologischen Schleife nicht beeinträchtigt sind. Uneinheitlich sind die Ergebnisse hinsichtlich der Kapazität des visuell-räumlichen Speichers – hier zeigten sich in einigen Studien Defizite der ADHS-Kinder. Möglicherweise wirken sich ihre inhibitorischen Defizite bei der Verarbeitung visuell-räumlicher Informationen in stärkerem Maße aus, weil dieser Verarbeitungsmodus – vor allem bei Kindern – ohnehin anfälliger für Störungen durch Interferenzen ist. Kinder mit ADHS zeigen jedoch Defizite in einer Reihe zentral-exekutiver Prozesse: bei der Hemmung aufgabenirrelevanter Informationen und bei der Unterdrückung präpotenter Reaktionen, bei der wechselnden Aufmerksamkeitsallokation und bei der Handlungsplanung.

Kim Cornish, John Wilding und Cathy Grant wählen für ihre zusammenfassende Übersicht der eigenen Studien das Konstrukt der »zentralen Exekutive« aus Alan Baddeleys Gedächtnismodell als Ausgangspunkt. Wie hängen die Prozesse der selektiven Aufmerksamkeit, der wechselnden Aufmerksamkeitsallokation und des Aufrechterhaltens der Aufmerksamkeit mit den Funktionen der zentralen Exekutive zusammen? Die Befunde zeigen, dass die Assoziation so eng ist, dass man die Prozesse konzeptuell nicht immer hinreichend gut voneinander unterscheiden kann. Kinder, die von ihren Lehrern als unaufmerksam bezeichnet worden waren, zeigten in einer ganzen Reihe von Testaufgaben, die zentral-exekutive Prozesse beanspruchen, schlechtere Leistungen – allerdings auch bei Aufgaben, die die Kapazität des Arbeitsgedächtnisses betrafen. Bei einer visuellen Suchaufgabe, die Prozesse der selektiven und der wechselnden Aufmerksamkeit beanspruchte, machten sie deutlich mehr Fehler als Kontrollkinder. Für diagnostizierte ADHS-Kinder zeigten sich Defizite allerdings nur hinsichtlich der zentral-exekutiven Funktionen – ein Befundmuster, das dem oben berichteten gleicht. Die Autoren untersuchten auch Kinder mit spezifischen genetischen Störungen, die ebenfalls hinsichtlich ihrer Aufmerksamkeitsfunktionen beeinträchtigt sind. Auch bei diesen Kindern zeigten sich spezifische Defizite vor allem bei den inhibitorischen Prozessen. Aus der Arbeitsgruppe von Akira Miyake wurden Ergebnisse einer Zwillingsstudie berichtet, die auf eine Verbindung der zentral-exekutiven Inhibitionsdefizite mit einer mangelnden Verhaltenskontrolle und mit Formen abweichenden Verhaltens (Drogenkonsum) hinweisen

– eine Verbindung, für die sich wiederum eine genetische Erklärung anbietet.[13]

Biologische Faktoren (genetische Dispositionen) gelten im Allgemeinen als ursächlich für das Auftreten einer ADHS, psychosoziale Faktoren vornehmlich als bedeutsam für den Ausprägungsgrad und den Verlauf der Störung. Dass es hierzu auch andere Sichtweisen gibt, zum Beispiel die von Marianne Leuzinger-Bohleber vertretene psychoanalytische, wird nicht hier, sondern in Kapitel 4 diskutiert. Der Einfluss genetischer Faktoren ist durch Zwillings- und Vererbungsstudien sowie durch molekulargenetische Studien belegt. An der Störung des Dopamin-Stoffwechsels setzen die (erfolgreichen) medikamentösen Therapiemaßnahmen an. Sie sollten auf jeden Fall durch kognitiv-verhaltenstherapeutische oder andere psychotherapeutische Interventionen unterstützt werden (vgl. Abschnitt 6.2). Unbehandelt führen Aufmerksamkeitsdefizit-/Hyperakivitätsstörungen mit großer Wahrscheinlichkeit zur Ausbildung komorbider Symptome und zu vielfältigen Belastungen im familiären und schulischen Bereich.

Arbeitsgedächtnis

Nicht selten wird die Auffassung vertreten, dass Defizite und Dysfunktionen im Bereich der strukturellen und prozessualen Komponenten des Arbeitsgedächtnisses besonders eng mit dem Auftreten von Lernschwierigkeiten zusammenhängen. Dafür gibt es viele Hinweise. Das weithin akzeptierte Modell des Arbeitsgedächtnisses (Working Memory; WM) von Alan Baddeley (vgl. Abschnitt 1.3) eröffnet für alle drei Modellkomponenten Ansatzpunkte einer vergleichenden Betrachtung von Kindern mit und ohne Lernschwierigkeiten:

- bei den Prozessen der zentralen Exekutive,
- bei der sprachbasierten phonologischen Schleife und
- beim visuell-räumlichen Notizblock.

In diesen drei Modellkomponenten zeigten sich bereits im Zusammenhang mit der ADHS-Problematik Auffälligkeiten (s. o.).

Die *zentrale Exekutive* kontrolliert die Funktionsweise der sprachlichen und visuell-räumlichen Teilsysteme des WM, den Einsatz von Gedächtnisstrategien und die Allokation der Aufmerksamkeit. Einer gebräuchlichen Einteilung zufolge werden die Hauptaktivitäten der zentralen Exekutive in Anlehnung an die Taxonomie von Miyake (s. o.) wie folgt beschrieben:

1. das Aktualisieren der im WM befindlichen Repräsentationen (Updating),
2. die Regulation und Allokation der selektiven Aufmerksamkeit und das Unterdrücken irrelevanter Informationen (Inhibition) und
3. das flexible Wechseln zwischen kognitiven Operationen und Strategien (Shifting).

Vor allem im Hinblick auf die ersten beiden Funktionen sind Kinder mit Lernstörungen beeinträchtigt. Das zeigt sich insbesondere bei anspruchsvolleren Gedächtnisaufgaben mit höheren Schwierigkeitsgraden (z. B. bei Aufgaben mit Doppelanforderungen). Bei solchen Aufgaben können sie irrelevante Informationen weniger gut unterdrücken. Auch in den oben beschriebenen Versuchsanordnungen zum dichotischen Hören sind die Leistungen der Kinder mit Lernschwierigkeiten schlechter. Dass neben der Aufmerksamkeitskontrolle auch die Prozesse des Aktualisierens beeinträchtigt sind, zeigt sich bei Aufgaben, die zur gleichen Zeit eine »Aufbewahrung« von Informationen im Arbeitsgedächtnis erfordern und eine Bedeutungsanalyse weiterer Informationen. Das sind beispielsweise Aufgaben, bei denen man sowohl den Wahrheitsgehalt eines Satzes beurteilen als auch das letzte Wort dieses Satzes im Gedächtnis behalten muss.

Die *phonologische Schleife* setzt sich aus einem phonologischen (phonetischen) Speicher und einem subvokalen Kontrollprozess des inneren Nachsprechens (phonological rehearsal) zusammen. Im phonologischen Speicher sind die lautlich kodierten Informationsmerkmale repräsentiert, aber nur für sehr kurze Zeit, weil die mentalen Repräsentationen ständig durch neu einkommende Laute »überschrieben« werden. Der Prozess des inneren Nachsprechens wirkt diesem Verlust der lautlich kodierten Information entgegen und hält sie für eine weitere Verarbeitung aufrecht – insbesondere um sie nach einer Bedeutungsanalyse in ein anderes Repräsentationsformat zu überführen. Schwierigkeiten bei der korrekten phonologischen Repräsentation beeinträchtigen sowohl die Fähigkeit, sprachliche und schriftsprachliche Informationen zu verarbeiten, als auch – aufgrund des Phänomens der Doppelkodierung – die Verarbeitung visuell dargebotener Informationen. Die Schwierigkeiten von Kindern mit Defiziten in der phonologischen Schleife manifestieren sich vor allem darin, dass die korrekte serielle Verarbeitung von Buchstaben und Zahlen weniger gut gelingt.

Der *visuell-räumliche Notizblock* setzt sich zusammen aus einem visuellen Speicher und einem Mechanismus für die Aufnahme räumlicher Bewegungssequenzen. Zusätzlich gibt es – ähnlich wie beim phonologischen Teilsystem – eine Art bildliche Wiederholungsschleife zur Aufrechterhaltung der Reizinformation bis zur weiteren Verarbeitung. Die meisten Untersuchungen haben für das visuell-räumliche Teilsystem keine spezifi-

---

Hintergrund: Strukturen und Prozesse des Arbeitsgedächtnisses

Marcus Hasselhorn und seine Arbeitsgruppe untersuchten die strukturellen und prozessualen Komponenten des Arbeitsgedächtnisses bei Kindern mit und ohne Lernstörung. Zunächst einmal gibt es Belege dafür, dass sich die Komponenten des Arbeitsgedächtnisses bei Kindern mit Lernstörungen in ihrer Struktur nicht anders darstellen als bei »unauffälligen« Kindern (Schuchardt, Roick, Mähler & Hasselhorn, 2008). Die strukturelle Äquivalenz erweist sich in einer indikatorvaliden Gleichartigkeit der drei Modellkomponenten. In der Studie wurde auch gezeigt, dass Kinder mit (intelligenzdiskrepanten) Lernstörungen bei allen Indikatoren, die zur Erfassung der drei Modellkomponenten verwendet wurden, schlechter abschneiden als Kontrollkinder.

In einer weiteren Studie (Tiffin-Richards, Hasselhorn, Woerner, Rothenberger & Banaschewski, 2008) wurde deutlich, dass sich Beeinträchtigungen in zentral-exekutiven Funktionen (»Zahlenspanne rückwärts«) sowohl beim Störungsbild der Leseschwäche als auch bei ADHS nachweisen lassen. Die Autoren sprechen deshalb von einem »cognitive overlap« hinsichtlich dieser Beeinträchtigungen, welches das gemeinsame Auftreten von ADHS und Dyslexie zumindest teilweise zu erklären vermag. Vergleichbare Überschneidungen berichten auch Schuchardt, Kunze, Grube und Hasselhorn (2006) für Kinder mit schwachen Schriftsprach- bzw. Rechenleistungen. Während bei Minderleistungen im Rechnen nur die Funktionsweise der phonologischen Schleife beeinträchtigt war, ließen sich bei Minderleistungen im Rechtschreiben zusätzlich zentral-exekutive Defizite nachweisen.

Speziell auf die Funktionstüchtigkeit der phonologischen Schleife bezogen, haben Hasselhorn und Mähler (2007; Mähler, 2007; Mähler & Hasselhorn, 1990, 2003; Schuchardt, Mähler & Hasselhorn, 2008) mehrere Arbeiten vorgelegt: 10-Jährige, die als lernbehindert (IQ < 85) klassifiziert waren, wurden mit chronologisch Gleichaltrigen, die durchschnittlich intelligent waren und mit 7-jährigen Schulanfängern verglichen, die zwar chronologisch jünger, aber »mental gleichaltrig« waren. Als mentales Alter (auch »Entwicklungsalter« genannt) bezeichnet man jenes Alter, in dem eine individuell erbrachte kognitive Leistung (z. B. in einem Intelligenztest) der durchschnittlichen Leistung dieser Altersgruppe entspricht. Die Ergebnisse sprechen dafür, dass bei den lernbeeinträchtigten Kindern spezifische prozedurale Defizite bei der automatischen Aktivierung des subvokalen Rehearsalprozesses in der phonologischen Schleife vorliegen. Die Autoren interpretieren das im Sinne einer Entwicklungsverzögerung dieses Kontrollprozesses, zumal das Defizit bei jungen Erwachsenen nicht mehr auftritt. Die sogenannte »Entwicklungsverzögerungshypothese« mentaler Retardierungen diskutiert ausführlich Büttner (2008).

schen Defizite der Kinder mit Lernstörungen gefunden.

Lee Swanson hat daran erinnert, dass lange Zeit die Auffassung vorherrschte, Lernschwierigkeiten seien vor allem auf einen unzureichenden Einsatz von Lern- und Gedächtnisstrategien und auf kapazitative Defizite im Kurzzeitgedächtnis (short-term memory, STM) zurückzuführen. In diesem Zusammenhang ist auch die These prominent gewesen, die schwachen Gedächtnisleistungen von Kindern mit Lernschwierigkeiten könnten durch ein Strategiedefizit als Folge einer Entwicklungsverzögerung bedingt sein. Dafür spricht, dass sich Minderleistungen lernschwächerer Kinder von allem bei solchen Aufgaben manifestieren, die strategisches Lernverhalten erfordern. Swanson hat die (vornehmlich für Kinder mit Lernstörungen) vorliegenden Befunde sowohl anhand der Logik des klassischen Mehrspeichermodells des Gedächtnisses als auch nach Baddeleys Modellvorstellungen geordnet.[14] Zusammenfassend ergibt sich dabei folgendes Bild:

1. Die Funktionsweise des sensorischen Registers (im Mehrspeichermodell) scheint bei Kindern mit Lernstörungen nicht beeinträchtigt.
2. Im Kurzzeitgedächtnis (des Mehrspeichermodells) ist bei lernbeeinträchtigten Kindern die phonologische und semantische Kodierung verbaler Informationen erschwert. Insbesondere bei der Wiedergabe der exakten Reihenfolge sprachlicher Reize sind Kinder mit Lernstörungen unterlegen. Dieses Defizit hängt nicht mit der Modalität der Reizdarbietung zusammen, denn die schlechteren Leistungen treten unabhängig davon auf, ob eine Aufgabenanforderung auditiv oder visuell präsentiert wird.
3. Wenn als Behaltensaufgabe abstrakte Formen (also verbal nicht oder nur schwer benennbare Reize) präsentiert werden und eine sprachliche Verarbeitung deshalb

nicht stattfinden kann, sind die lernschwachen Kinder nicht unterlegen.
4. Der Aufbau von und der Zugang zu phonologischen Repräsentationen ist aufgrund von Verarbeitungsproblemen in der phonologischen Schleife des WM erschwert. Vor allem der subvokale Prozess des »inneren Nachsprechens« verläuft defizitär.
5. Zusätzlich zu den bereits beschriebenen Defiziten spielen bei Lernanforderungen mit höherem Schwierigkeitsgrad Defizite in den zentral-exekutiven Funktionen eine Rolle, und zwar vor allem bei der Aktualisierung von Repräsentationen (Updating) und bei der Aufmerksamkeitssteuerung (Inhibition).

Die jüngst von Lee Swanson zu Lesestörungen und Gedächtnisleistungen vorgelegte Metaanalyse unterstreicht erneut das hohe Ausmaß der Kohärenz vorliegender Befunde und die breite Überlappung der Ergebnismuster, ganz gleich, ob klassische STM- oder WM-Indikatoren zur Erfassung der Gedächtnisleistungen herangezogen werden: Bei den STM-Maßen lag die mittlere Effektstärke (ES) – die standardisierte Differenz zwischen »normalen« und leseschwachen Schülern – bei ES = .61, bei den WM-Maßen bei ES = .67. Einbezogen in diese Metaanalyse waren insgesamt 88 Studien, an denen Kinder zwischen 5 und 18 Jahren teilgenommen hatten. In der Detailbetrachtung erweist sich vor allem ein STM-Indikator, der eine große Nähe zum Konzept der phonologischen Schleife aufweist, als besonders aussagekräftig, nämlich die Wiedergabe von Sprachlauten und Ziffernfolgen in der richtigen Reihenfolge. Bei den WM-Indikatoren waren es dagegen die den zentral-exekutiven Prozessen zugeordneten Fähigkeiten zur simultanen Verarbeitung unterschiedlicher Reizqualitäten, also zum Beispiel das Lösen von Testaufgaben, bei denen man sowohl den Wahrheitsgehalt eines Satzes beurteilen muss als auch das letzte Wort dieses Satzes im Gedächtnis behalten.

Der Erwerb von Lesekompetenz – zunächst als Worterkennung, dann als Textverstehen – ist die vermutlich wichtigste Lernanforderung und Entwicklungsaufgabe in den Grundschuljahren überhaupt. In vielen empirischen Studien und in zusammenfassenden Darstellungen haben vor allem Wissenschaftler aus der Baddeley-Gruppe die besondere Rolle des Arbeitsgedächtnisses beim Erwerb dieser Kompetenz in allen seinen Facetten ausführlich beschrieben.[15] Die Schwierigkeiten bei der Verarbeitung und beim Abruf seriell-sprachlicher Informationen, die für die schlechteren Gedächtnisleistungen der Kinder (und Erwachsenen) mit Lernschwierigkeiten charakteristisch sind, liegen mit großer Wahrscheinlichkeit auch den Schwierigkeiten beim Erwerb schulischer Kompetenzen im Lesen und Schreiben sowie beim Rechnen zugrunde – zumindest weisen die Ergebnisse vergleichender Gegenüberstellungen guter und schlechter Schüler darauf hin. Eine beeinträchtigte Funktionstüchtigkeit der phonologischen Schleife gilt deshalb als die wahrscheinlichste Ursache für die Ausbildung von Lernstörungen. Bei komplexeren Aufgabenanforderungen wirken sich zusätzlich Defizite in den zentral-exekutiven Funktionen nachteilig aus.

Lernstrategien und ihre metakognitive Regulation

Lernstrategien sind Pläne zielgerichteter Lernhandlungen sowie kognitive Aktivitäten bzw. konkrete Vorgehensweisen, um diese Pläne umzusetzen. Gedächtnisstrategien sind Lernstrategien, die für das Behalten und spätere Erinnern von Informationen nützlich sind. Die Bewältigung anspruchsvoller Lernaufgaben erfordert den Einsatz solcher Strategien, die über die »obligatorischen Prozesse« der Informationsverarbeitung hinausgehen. Kognitive Lern- und Gedächtnisstrategien wirken auf die Verarbeitungsprozesse im Arbeits- bzw. Kurzzeitgedächtnis ein. Es gibt eine

ganze Reihe solcher Strategien, die wichtigsten lassen sich drei Gruppen zuordnen:

- den kognitiven Memorier- bzw. *Wiederholungsstrategien*,
- den reduktiven *Strategien des Organisierens* und Verdichtens von Informationseinheiten und
- den elaborativen, *verknüpfenden Strategien*, um die neuen Informationen mit dem bereits im Gedächtnis vorhandenen Wissen verknüpfen.

Die wichtige Funktion *metakognitiver Strategien* besteht in der Planung, Überwachung und Regulation des eigenen Lernens. Das theoretische Konzept der Metakognition ist nicht identisch mit der zentralen Exekutive in Alan Baddeleys WM-Modell, weist aber enge Entsprechungen auf.

Aus der entwicklungspsychologischen Forschung zum »normalen« Strategieerwerb hat man die Hypothese abgeleitet, dass sich Kinder mit Lernschwierigkeiten wie passive, strategisch »unreife« Lerner verhalten (Strategiehypothese). Das heißt, dass sie entweder aufgrund fehlender kognitiver Voraussetzungen eine Lernstrategie gar nicht hervorbringen können oder dass sie eine Strategie nicht einsetzen, weil sie sie nicht erlernt haben. Tatsächlich ließ sich in vielen Untersuchungen zeigen, dass Kinder mit Lernstörungen bei der Bearbeitung von Lern- und Gedächtnisaufgaben elementare kognitive Strategien, wie das Wiederholen oder das kategoriale Ordnen des Lernmaterials, nicht einsetzen, von den metakognitiven Strategien des Planens und Überwachsens ihres Lernverhaltens gar nicht zu reden. Ihr strategisch defizitäres Lernverhalten gleicht dem Lernverhalten jüngerer Kinder.

Die Strategiehypothese dominierte die entwicklungspsychologische Gedächtnisforschung der 70er und 80er Jahre des vergangenen Jahrhunderts. Ihre Übertragung auf das Lernen von Kindern mit Lernschwierigkeiten war unter Anwendungsgesichtspunkten außerordentlich erfolgreich und fruchtbar, konnte doch in einer Reihe von Studien gezeigt werden, dass sich durch eine systematische Vermittlung von Lern- und Gedächtnisstrategien die Lern- und Behaltensleistungen dieser Kinder verbessern lassen.[16] In Abschnitt 6.2 werden solche Trainingsprogramme vorgestellt. Es ist schwer zu sagen, weshalb die Strategiehypothese heute nicht mehr im Zentrum der einschlägigen Forschungsaktivitäten steht. Zum einen mag es daran liegen, dass mit der Hinwendung zum WM-Paradigma zunehmend auch den nicht bewusst-strategisch verlaufenden Verarbeitungsprozessen in den beiden Teilsystemen des Arbeitsgedächtnisses die ihnen zustehende Aufmerksamkeit zuteil wurde. Zum anderen haben sich einfach die Begrifflichkeiten geändert, denn eine Reihe metastrategischer Aktivitäten werden nun im Rahmen der zentral-exekutiven Funktionen diskutiert.

Der Einsatz von Lernstrategien benötigt allerdings eine Wissensbasis, über die Kinder mit Lernschwierigkeiten häufig gerade nicht verfügen. Wie das strategische Lernen den Wissenserwerb nachweislich fördert, so ist das inhaltsspezifische Wissen, also das Vorwissen eines Lerners, seinerseits Voraussetzung für die Entwicklung und den Gebrauch von Lernstrategien. Beispiel Textverstehen: Wichtiges zusammenfassen und Wichtiges unterstreichen – also zwei organisierende Lesestrategien, die einen Textinhalt auf seine wesentlichen Aussagen reduzieren sollen – kann nur derjenige, der in seinen Wissensbeständen bereits über textinhaltsbezogene Konzepte verfügt, die es ihm ermöglichen, Wichtiges von weniger Wichtigem zu unterscheiden. Das aber ist ein Dilemma und eine große Herausforderung zugleich. Für die pädagogische Intervention bedeutet es jedenfalls: Lern- und Gedächtnisstrategien können nur zusammen mit den Lerninhalten, auf welchen sie operieren sollen, vermittelt und erworben werden.

Mit der Vermittlung von Strategien allein ist es nicht getan. Die effektive Nutzung kognitiver Strategien setzt planerische, über-

---

Hintergrund: Lernstrategien, Lernstile und Lerntypen

Vor allem in der Ratgeberliteratur ist viel von Lernpräferenzen (Lerntypen und Lernstilen) die Rede, wenn es um die Optimierung des Lernens und um mögliche Abhilfe bei Lernschwierigkeiten geht. Aus der wissenschaftlichen Befundlage lassen sich solche Unterscheidungen und die auf ihnen aufbauenden Ratschläge allerdings nicht ableiten. Es gibt keine belastbaren Belege dafür, dass visuelle, verbale oder handlungsorientierte Lerntypen, formale oder materiale, analytische oder synthetische Lerner jeweils einer besonderen Unterweisung oder einer besonderen Lehrmethode bedürften, um bessere Lernergebnisse zu erzielen.

Es gibt allerdings Hinweise darauf, dass unterschiedliche Personen zu unterschiedlich »tiefen« Verarbeitungsaktivitäten neigen, wenn sie neue Informationen aufnehmen. So wird in der Tradition der Lernstrategieforschung von »Oberflächen-« und »Tiefenlernern« gesprochen oder von den am Wissen selbst (meaning orientation) oder nur an der Leistung orientierten Lernern (reproducing orientation). Oberflächliche Lerner bedienen sich eher einfacher Memorierstrategien, Tiefenlerner gehen kritischprüfend vor und bevorzugen organisierende und elaborierende Strategien. Die vornehmlich an der Lernleistung bzw. am Lernergebnis orientierten Lerner sind eher extrinsisch zum Lernen motiviert, im Unterschied zu denjenigen, die aus Interesse am Lerngegenstand selbst lernen (Übersicht zu Lernstrategien: Mandl & Friedrich, 2006).

Für die Unterrichtspraxis ist zu empfehlen, neue Informationen und Wissensinhalte auf ganz unterschiedliche Weise und in unterschiedlichen Darstellungsformen anzubieten. Aber nicht, weil einige Lerner angeblich besser mit Bildern und andere besser durch Sprache lernen können, sondern weil es generell sinnvoll ist, unterschiedliche Modalitäten der Präsentation zu nutzen, um eine multimodale Informationsverarbeitung zu befördern.

wachende und steuernde Kompetenzen voraus, die häufig mit dem Begriff der metakognitiven Regulation oder der *metakognitiven Strategien* umschrieben werden. Metakognitive Strategien sind den kognitiven Strategien insofern übergeordnet, als sie darauf zielen, den Einsatz dieser Strategien zu planen, zu überwachen und zu bewerten, woraus sich gegebenenfalls Handlungsnotwendigkeiten zur Änderung des strategischen Vorgehens ergeben können. Diese Form der kognitiven Kontrolle und der Allokation kognitiver Aktivitäten erinnert stark an die Funktionen, die Alan Baddeley der zentralen Exekutive zugemessen hat. In der Tradition der Metakognititionsforschung ist der Begriff allerdings weiter gefasst und bezieht sich nicht nur auf die Kontrolle exekutiver Prozesse. Metakognitive Kompetenzen beinhalten auch systemisches Wissen über das eigene Lernen und Gedächtnis, epistemisches Wissen über Inhalte und Grenzen des eigenen Wissens und Erfahrungen und »Sensitivitäten« darüber, was »kognitiv aktuell möglich ist« und welche Empfindungen die eigene Informationsverarbeitung begleiten.

Die so beschriebene metakognitive Selbstregulation der eigenen Lernprozesse fällt Kindern mit Lernschwierigkeiten nicht leicht. Im Gegenteil: Sie wissen in aller Regel nur wenig über ihr eigenes Gedächtnis und über mögliche Lern- und Gedächtnisstrategien, können ihre Möglichkeiten und Grenzen nicht so gut einschätzen und können ihr Lernverhalten weniger gut überwachen und kontrollieren. Wie bei der Kenntnis und der Anwendung von kognitiven Lern- und Gedächtnisstrategien lässt sich auch hier eine Parallele ziehen zwischen »normalen« jüngeren Kindern und älteren Kindern mit Lernstörungen. Kinder mit Lernstörungen ähneln in ihren metakognitiven Kompetenzen den jüngeren Kindern. Ob sich die selbstregulativen Defizite der Kinder mit Lernstörungen »nur« als Entwicklungsrückstand oder als Ausdruck eines strukturelles Problem erweisen, ist nicht endgültig geklärt. Bekannt

ist aber, dass die Entwicklung der strategischen und metakognitiven Kompetenzen bei den 10- bis 12-Jährigen einer besonderen Dynamik unterliegt.[17]

Dass sich die Selbstregulation erfolgreichen Lernens nicht nur auf den kognitiven Bereich, sondern auch auf die Regulation von Motivationslagen und Affekten bezieht, wird zu Recht immer wieder betont. Es gibt aber nur wenige Untersuchungen, die sich damit im Hinblick auf Lernschwierigkeiten beschäftigt haben.

Motivation und Selbstkonzept

Aktive und erfolgreiche Lerner nehmen ihr Lernen selbst in die Hand, haben die feste Absicht und die Bereitschaft (Motivation), sich einem Lerngegenstand zuzuwenden und auch die Willensstärke (Volition), eine Lernhandlung zu beginnen und durchzuhalten (vgl. Abschnitt 1.3). Sie ziehen aus dem Erfolg ihrer Lernhandlungen Rückschlüsse, die ihr Selbstkonzept eigener Fähigkeiten positiv beeinflussen. Natürlich verfügen sie auch über die strategischen und metastrategischen Kompetenzen, die das Lernen erleichtern und über ein funktionstüchtiges Arbeitsgedächtnis. Die Realität bei Kindern mit Lernschwierigkeiten sieht anders aus. Nach fortwährend ausgebliebenen Lernerfolgen haben sie eine ungünstige Lernmotivation und ein negatives Selbstkonzept eigener Fähigkeiten entwickelt. Beides sind schlechte Voraussetzungen für künftiges Lernen.

Die extrinsische *Lernmotivation* wird sich bei Kindern mit Lernschwierigkeiten ungünstig entwickeln, weil die guten Leistungen bzw. die positiven Leistungsbewertungen als wichtige Handlungsfolgen ausgeblieben sind. Auch die intrinsische Lernmotivation wird sich ungünstig entwickeln, weil die nicht zum Ziel führenden Lernhandlungen nicht mit positiven Erlebenszuständen einhergehen. Habituell wird dann weniger aus Neugier,

Hintergrund: Motiv, Motivation und Interesse

Als aktuelle Motivation bezeichnet man die Verhaltens- oder Handlungsbereitschaft einer Person in einer bestimmten Situation. Situationen sind gekennzeichnet durch (mehr oder weniger starke) potentielle Verhaltens- oder Handlungsanreize. Personen zeichnen sich durch das Vorhandensein von Motiven aus, genauer: durch verschieden starke Ausprägungen auf solchen Motiven. Motive (wie das Leistungsmotiv) sind zeitlich mehr oder weniger stabile Personmerkmale. Das Leistungsmotiv beispielsweise gilt als Vorliebe, eigene Kompetenz und Tüchtigkeit im Vergleich mit anderen erleben zu wollen und die eigene Tüchtigkeit zu steigern. Die aktuelle *Leistungsmotivation* einer Person ist demnach eine Verhaltenstendenz, bei einer gegebenen Motivausprägung und in einer gegebenen Lern-Leistungs-Situation eigene Lernhandlungen zu initiieren, um sich an einem Gütemaßstab zu messen. Die *Lernmotivation* ist eine Verhaltenstendenz zur Durchführung von Lernhandlung, die sich aus dem Motiv speist, über einen gegebenen Lerngegenstand Wissen erwerben oder eine Fertigkeit erlernen zu wollen. Sie gilt als wichtige Voraussetzung des Lernerfolgs und hängt eng mit dem individuellen Interesse an einem Lerngegenstand zusammen.

Interesse und Freude am Lernen, also weniger intrinsisch, sondern eher extrinsisch motiviert gelernt. Aber nicht nur die Stärke der Lern- und Leistungsmotivation spielt eine Rolle, sondern auch die Ausrichtung. Im Sinne der Erwartungs-Wert-Modelle der *Leistungsmotivation* kommt es bei den schwachen Lernern zur Ausbildung eines Lern- und Leistungsmotivsystems, bei dem die Misserfolgsängstlichkeit (die Furcht vor Misserfolg) überwiegt und nicht die Erfolgsorientierung (die Hoffnung auf Erfolg). Ein misserfolgsvermeidendes Lernverhalten ist aber weniger vorteilhaft, weil es dadurch gekennzeichnet ist, dass man Lernsituationen, die »bedrohlich« werden könnten, am liebsten ganz aus dem Wege geht. Mit der Misserfolgsängstlichkeit der Lernschwächeren geht auch ein ungünstigeres Attributionsmuster für Lernerfolge und -misserfolge einher: Eine erfolgreiche Aufgabenbearbeitung wird external erklärt, also z. B. mit der Leichtigkeit der Lernaufgabe oder durch glückliche Umstände, Misserfolge hingegen durch den Mangel an eigenen Fähigkeiten. Soweit jedenfalls die vor allem auf John William Atkinson und Heinz Heckhausen zurückgehende Theorie. Tatsächlich hat man zeigen können, dass sich Kinder mit Lernschwierigkeiten häufiger durch ein derart ungünstiges Motivsystem auszeichnen.[18] Nun ist eine so beschriebene ungünstige Motiva-

tionslage offenkundig eher die Folge von Lernschwierigkeiten als ihre Ursache. Gleichwohl wirkt sie sich immer wieder hinderlich auf neues Lernen aus.

Die beschriebenen Erfahrungen bleiben nicht ohne Einfluss auf die Ausbildung des Selbstkonzepts eigener Fähigkeiten. Solche *Selbstkonzepte* sind generalisierte Vorstellungen darüber, was man in einem bestimmten Inhaltsbereich leisten kann bzw. für »wie begabt« man sich im Hinblick auf bestimmte Inhaltsbereiche oder Fertigkeiten hält – also letztendlich nichts anderes als subjektive Fähigkeitseinschätzungen. Man unterscheidet zwischen bereichsspezifischen Fähigkeitsselbstkonzepten, etwa für Mathematik und Naturwissenschaften oder für Sprachen und einem globalen Fähigkeitsselbstkonzept, das sich auf das schulische oder akademische Lernen insgesamt bezieht. Solche Selbsteinschätzungen orientieren sich an vergangenen Lernerfahrungen, aber auch an einem Bezugsrahmen, der durch die Zusammensetzung der Lerngruppe (sozialer Vergleich) oder durch die Lernanforderung selbst (kriterialer Vergleich) gesteckt werden kann. Auf die Auswirkungen unterschiedlicher Bezugsgruppeneffekte werden wir in Abschnitt 6.4 im Zusammenhang mit der Debatte über die Inklusion oder Segregation nochmals zurückkommen.

Die Fähigkeitsselbstkonzepte sind lernrelevant und hängen eng mit der Lern- und

Leistungsmotivation zusammen. Wer vergangene Lernerfolge internal (durch die eigene Anstrengung) erklärt, stärkt sein Vertrauen in die eigenen Fähigkeiten und traut sich auch künftig mehr zu. Wer sich für begabt und kompetent hält, wird sich anspruchsvolle Ziele setzen und alles tun, um sie zu erreichen. Je niedriger jedoch ein Fähigkeitsselbstkonzept ausgeprägt ist, desto geringer werden die Erfolgserwartungen in einer Lernsituation sein und desto weniger Anstrengung wird investiert. Ein niedriges Selbstkonzept eigener Fähigkeiten wirkt sich negativ auf das Lernverhalten und damit auch auf das Lernergebnis aus.[19]

Fortgesetzt negative Lernerfahrungen können auch die Ausprägung einer Überzeugung begünstigen, die man seit Martin Seligmans Arbeiten aus den 1970er Jahren als erworbene oder »erlernte« Hilflosigkeit bezeichnet. Das ist die aus vergangenen Lernerfahrungen resultierende Überzeugung, durch eigenes Handeln den Ausgang einer Situation nicht beeinflussen zu können. Seligman hat sich auch mit den Auswirkungen ungünstiger Attributionsmuster und niedriger Fähigkeitsselbstkonzepte im Hinblick auf die Entwicklung von Pessimismus und Depressionen beschäftigt. Er geht davon aus, dass vor allem jene Personen anfällig für die Entwicklung von Depressionen sind, die ihr Scheitern in Lernsituationen vornehmlich internal, stabil und global attribuieren, das heißt die Ursachen in sich selbst und als Folge eines breit

wirksamen Persönlichkeitsdefizits sehen (»weil ich dumm bin«). Mit der *erlernten Hilfosigkeit* geht die subjektive Überzeugung einher, dass es keine Möglichkeit gibt, durch eigenes Handeln aus der Misserfolgsfalle wieder herauszukommen. Dieser Kontrollverlust, also die Erfahrung der Einflusslosigkeit, unterminiert das selbstregulierte Lernen, weil sich ja ein aktives und zielorientiertes Handeln offenkundig nicht lohnt.

Volition und lernbegleitende Emotionen

Zwischen der Lernabsicht (Motivation) und dem Lernhandeln klafft bekanntlich häufig eine Lücke. Heinz Heckhausen hat das Überwinden dieser Lücke sinnbildlich mit dem Überschreiten des Rubikon verglichen. Die Volitions- oder Willenspsychologie beschäftigt sich mit genau dieser Problematik und unterscheidet zwischen volitionalen Problemen bei der Initiierung einer Lernhandlung, bei ihrer weiteren Fortführung und bei der Überwindung von Handlungshindernissen. Die Willens- als Handlungskontrolle ist seit jeher ein wichtiges Thema der Pädagogischen Psychologie, weil die motivationalen Überzeugungen allein das konkrete Lernhandeln noch nicht in Gang setzen.

Julius Kuhl (1996) hat sechs Strategien der Handlungskontrolle benannt, um volitionale Kompetenzen, zum Beispiel bei der Handlungsinitiierung und bei der Überwin-

---

Hintergrund: Das Rubikonmodell der Handlungsphasen

Heinz Heckhausen (Heckhausen & Heckhausen, 2006) sieht die Entwicklung der motivationalen und der volitionalen Regulationsmechanismen eng verschränkt. Im Rubikon-Modell wird das »Handlungsloch« zwischen Handlungsabsicht und -ausführung überbrückt. Heckhausen geht dabei von zwei motivationalen und zwei volitionalen Handlungsphasen aus. Nachdem sich durch Abwägen von Alternativen die Bereitschaft (Motivation) zur Durchführung einer Lernhandlung durchgesetzt hat (prädezisionale Motivationsphase der Absichtsbildung) kommt es anschließend zur Planung und Auswahl zielgerichteter Schritte zur Durchführung dieser Handlung (motivational postdezisionale, aber volitional noch immer präaktionale Phase). Daraufhin werden Lernhandlungen tatsächlich ausgeführt (aktionale Volitionsphase), und anschließend werden die Handlungen und die Handlungsergebnisse subjektiv bewertet (postaktionale Motivationsphase).

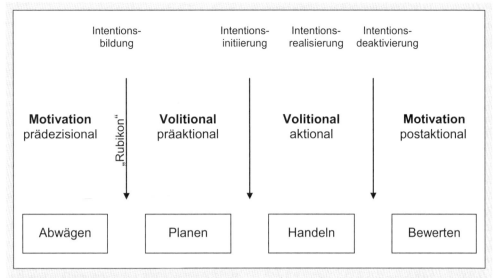

Abb. 7: Rubikonmodell der Handlungsphasen (nach Achtziger & Gollwitzer, 2006, S. 278)

dung von Handlungshindernissen, zu beschreiben (vgl. Abschnitt 1.3). Zwei davon, die Aktivierungs- bzw. Misserfolgskontrolle und die Initiierungskontrolle, betreffen die Willenskontrolle im engeren Sinne. Kindern mit Lernschwierigkeiten fällt es schwer, ihre Lernhandlungen in der beschriebenen Weise unter Kontrolle zu bringen. Kuhl glaubt, dass sich Lerner – ähnlich wie bei ihren Attributionsmustern für das Zustandekommen von Erfolgen und Misserfolgen bereits beschrieben – auch hinsichtlich ihrer volitionalen Stile voneinander unterscheiden. Sogenannten »handlungsorientierten« Personen gelinge die Handlungskontrolle besser als sogenannten »lageorientierten«, die gedanklich in ihrer tatsächlich (oder nur imaginiert) misslichen Lage in Folge einer gescheiterten Lernanstrengung verharren und negativen Gedanken nachhängen.

Dass *emotionale Faktoren* beim Lernen eine Rolle spielen ist allzu offensichtlich. Lernhandlungen werden gar nicht erst begonnen, wenn die Stimmungslage dafür ungünstig ist oder wenn negative Emotionen vorherrschen. Gelungene Lernhandlungen können auf der anderen Seite positive Emotionen hervorrufen, wie Stolz und Freude über das Erreichte. Das sind zugleich günstige Voraussetzungen für künftiges Lernen, für die intrinsische Lernmotivation und für die Festigung des Selbstkonzepts eigener Fähigkeiten.

Negative Emotionen können aber auch den Lernprozess beeinträchtigen. Wie die emotionalen Zustände genau auf die Prozesse der Informationsverarbeitung einwirken, ist im Detail nicht vollständig geklärt. Aus einer funktionalen Perspektive ist zu erwarten, dass emotionstypische Gedankeninhalte kognitive Ressourcen beanspruchen und dass die aufgabenbezogenen Aufmerksamkeitsprozesse davon nachteilig betroffen sind. Bekannt ist, dass mit negativen Emotionen eine Verringerung der intrinsischen Lernmotivation einhergeht und dass lernförderliche Strategien seltener eingesetzt werden, wenn ängstlich, verärgert oder gelangweilt gelernt wird. Allerdings erbrachten die Untersuchungen zu den Auswirkungen von Leistungs- und Prüfungsangst auf die Anstrengungsbereitschaft und die Lernmotivation uneinheitliche

Ergebnisse. Dass mit einer höheren Prüfungsangst schlechtere Lernergebnisse einhergehen, wurde jedoch häufig bestätigt.

Jolyn Whitaker Sena, Patricia Lowe und Steven Lee (2007) verglichen Kinder mit (intelligenzdiskrepanten) Lernschwierigkeiten und »normale Kinder« hinsichtlich ihrer Ausprägungen auf den Skalen des »Test Anxiety Inventory for Children and Adolescents« (TAICA), einem diagnostischen Verfahren zur Erfassung der Prüfungsängstlichkeit. Kinder mit Lernschwierigkeiten unterschieden sich auf drei inhaltlichen Subskalen von den anderen Kindern: Sie benennen häufiger negative Gedanken, irrationale Ängste und Sorgen im Zusammenhang mit Lernsituationen, sie berichten häufiger von Aufmerksamkeits- und Gedächtnisproblemen im Zusammenhang mit dem schulischen Lernen und sie berichten seltener als andere Kinder, dass sich ein gewisses Ausmaß an Nervosität und Aufgeregtheit positiv auf ihre Leistung in einer Prüfungssituation auswirkt.[20]

Um die Intensität von Emotionen selbst regulieren zu können, bedarf es strategischer Aktivitäten, die in aller Regel sprachliche Selbstanweisungen beinhalten. Auch das Erlernen der Fähigkeit zum Belohnungsaufschub gilt als Form der Emotionsregulation. Im Zusammenhang mit der Emotionsregulation spricht man häufig vom sog. *Coping*, also von Bewältigungsstrategien im Umgang mit Ängsten und mit Stress. Einige der Interventionsverfahren, die in Kapitel 6 vorgestellt werden, nutzen solche Techniken, um habitualisierte Leistungs- und Versagensängste bei Kindern mit Lernschwierigkeiten anzusprechen.

3.3 Entwicklungsverzögerungen und neuronale Dysfunktionen

Entwicklungsverzögerungen und -störungen gehen häufig mit mentalen *Retardierungen* einher. Damit ist ein Zurückbleiben und Verharren auf einem kognitiv niedrigeren Entwicklungsniveau gemeint, meist als Ergebnis einer über einen längeren Zeitraum hinweg langsameren Entwicklungsrate. Die in der deutschsprachigen Tradition uneinheitlich entweder pauschal als »lernbehindert« (mit IQ-Werten zwischen 84 und 55 bzw. 50) oder differenzierter als »lernbehindert« (mit IQ-Werten zwischen 84 und 70) bzw. als »leicht geistig behindert« (mit IQ-Werten zwischen 69 und 50) Klassifizierten werden in den international gebräuchlichen Klassifikationssystemen ICD-10 und DSM-IV einheitlich als unterschiedlich »schwere« Fälle mentaler Retardierung behandelt, und zwar mit folgenden Bezeichnungen: als »im Grenzbereich der intellektuellen Leistungsfähigkeit befindlich« (mit IQ-Werten zwischen 84 und 70) und als »leicht retardiert« (mit IQ-Werten zwischen 69 und 50). Für die schwerwiegenderen Beeinträchtigungen gibt es drei weitere Kategorien: »Mittelgradig retardiert« (IQ-Werte zwischen 49 und 35), »schwer retardiert« (IQ-Werte zwischen 34 und 20) und »schwerst retardiert« (IQ-Werte unter 20).

Eine langsamere Entwicklung und ein Stehenbleiben auf einer niedrigeren Entwicklungsstufe führen dazu, dass die kognitive Leistungsfähigkeit mental retardierter Kinder deutlich geringer ist und dass ihre schulischen Leistungen deutlich schlechter sind als bei anderen Kindern ihrer jeweiligen Altersstufe. Die Hypothese der *Entwicklungsverzögerung* (vgl. Abschnitt 3.2) geht davon aus, dass es (zusätzliche) strukturelle Unterschiede zu den »Normalbefähigten« nicht gibt. Mit anderen Worten: Die kognitiven Strukturen der mental retardierten Kinder entsprechen den Strukturen jüngerer Kinder, die mental gleichaltrig sind. Im Gegensatz dazu geht die Hypothese der *strukturellen Differenz* davon aus, dass strukturell-qualitative (dispositionelle) Unterschiede zwischen retardierten und nicht retardierten Kindern bestehen. Demnach wären die mental retardierten Kinder auch jüngeren Kindern gleichen Intelligenzalters in ihrer Leistungsfähigkeit unterlegen (konventionelle Differenz). Die Annahme einer strukturellen Differenz muss allerdings nicht unbedingt bedeuten, dass mental retardierte Kinder in Leistungstests schlechter abschneiden als chronologisch jüngere, mental aber gleichaltrige. Es könnte auch sein, dass sie aufgrund ihres höheren Lebensalters und ihres größeren Erfahrungsschatzes leistungsmäßig überlegen sind, weil sie gelernt haben, ihre Defizite zu kompensieren (unkonventionelle Differenz).

In der Studie von Poloczek et al. (2009, siehe Kasten) waren Kinder mit organischen Ursachen einer Intelligenzminderung, soweit bekannt, ausgeschlossen. Es gibt aber auch Lern- und Leistungsstörungen, die auf solche Faktoren zurückzuführen sind. Mentale Retardierungen, die auf organischen Ursachen beruhen, kommen allerdings vergleichsweise selten vor. Hierzu zählen Hirnfunktionsstörungen aufgrund genetischer und nicht genetischer biologischer Faktoren. Angeborene Ursachen von Hirnfunktionsstörungen sind vor allem Chromosomenanomalien, wie z. B. das Down-Syndrom (Trisomie 21) oder das fragile X-Syndrom (FXS) sowie genetische Defekte wie das Williams-Beuren-Syndrom, das Prader-Willi-Syndrom, das Katzenschrei-Syndrom, das Rett-Syndrom und die Neurofibromatose (NF-1), dazu Stoffwechselerkrankungen wie die Phenylketunorie. Hinzu kommen Beeinträchtigungen, die mit dem Auftreten von Störungen aus dem autistischen Formenkreis zusammenhängen. Die genannten Erkrankungen sind meist Folgen pränataler Schädigungen des

Hintergrund: Entwicklungsverzögerungen im Arbeitsgedächtnis

Sebastian Poloczek, Andju Sara Labuhn, Marcus Hasselhorn und Gerhard Büttner (2009) untersuchten das Arbeitsgedächtnis von 43 lernbehinderten Drittklässlern (LB) mit IQ-Werten unter 85 (M = 69.4; SD = 8.3). Vergleichsgruppen waren Drittklässler mit demselben chronologischen Alter (VG-CA) und mit leicht überdurchschnittlicher Intelligenz (M = 111.0; SD = 12.0) sowie jüngere Vorschulkinder gleichen mentalen Alters (VG-MA). In allen Maßen des Arbeitsgedächtnisses waren die lernbehinderten Kinder, wie zu erwarten, deutlich schlechter als die »normalen« Gleichaltrigen (in der Tabelle unten sind jeweils Mittelwerte und Standardabweichungen angegeben). In den Maßen zur phonologischen Schleife (Ziffernspanne vorwärts) und zur zentralen Exekutive (Ziffernspanne rückwärts) waren sie aber genauso gut wie die vier Jahre jüngeren Vorschulkinder gleichen mentalen Alters. Bei der Aufgabe zur visuell-räumlichen Gedächtniskapazität (Matrixspanne) waren sie sogar besser als die Vorschulkinder – eine sogenannte »unkonventionelle Differenz« (vgl. Büttner, 2008). Bei dieser Aufgabe werden Serien von Bildern einer 4x4-Matrix mit zwei bis acht ausgefüllten Kästchen gezeigt. Nach der Darbietungsphase erscheint auf dem Bildschirm eine leere 4x4-Matrix ohne ausgefüllte Kästchen und die Kinder müssen mit dem Finger anzeigen, welche der Kästchen bei der letzten Darbietung ausgefüllt waren. Insgesamt stützt das Befundmuster die Hypothese einer Entwicklungsverzögerung lerngestörter Kinder.

Arbeitsgedächtnismaße	LB M (SD)	VG-CA M (SD)	VG-MA M (SD)
Ziffernspanne rückwärts	2.3 (0.7)	3.5 (0.6)	2.1 (0.5)
Ziffernspanne vorwärts	3.1 (0.9)	4.7 (0.7)	3.0 (0.7)
Matrixspanne	3.3 (1.2)	5.1 (1.4)	2.8 (0.9)

zentralen Nervensystems, mit Auswirkungen auf die Funktionstüchtigkeit des kognitiven Apparats. Daneben gibt es eine Reihe peri- und postnataler Schädigungen, die durch Komplikationen bei der Geburt, durch entzündliche Erkrankungen des zentralen Nervensystems, aufgrund von Vergiftungen und infolge von Unfällen auftreten können. Genetisch bedingte Defizite können durch eine geeignete und frühzeitig einsetzende systematische Förderung in ihren Auswirkungen gemildert werden.

Es ist schwer zu schätzen, inwieweit frühkindliche Deprivationen, Vernachlässigungen und Misshandlungen sowie eine frühe Fehl- und Mangelernährung die Beeinträchtigungen der kognitiven Funktionen (nur) sekundär verstärken oder ursächlich hervorrufen können. Vor allem für leichtere Formen einer geistigen Behinderung (IQ-Werte zwischen 69 und 55) bzw. einer Lernbehinderung (IQ-Werte zwischen 84 und 70), werden ungünstige soziale Verhältnisse und die oftmals damit assoziierten anregungsarmen Lernumwelten jedenfalls als mitursächlich für das Auftreten von Leistungsstörungen betrachtet. Psychosoziale Umstände können ungünstig, d. h. der Entwicklung des Kindes nicht förderlich oder sogar abnorm sein. Als abnorm sind sie zu bezeichnen, wenn sie die Entwicklung einer eigentlich vorhandenen Lernfähigkeit nachhaltig beeinträchtigen. Im Einzelfall kann eine solche Konstellation mit psychischen Erkrankungen der Eltern eines Kindes zusammenhängen.

Im Folgenden werden die wichtigsten Entwicklungsstörungen aufgezählt, die auf organischen bzw. genetischen (biologischen) Ursachen beruhen. Sie gehen in aller Regel mit einer erheblich eingeschränkten Lernfähigkeit und mit einer deutlich geringeren kognitiven Leistungsfähigkeit und deshalb mit frühzeitig sichtbaren Lernstörungen oder -behinderungen einher. Bei der Darstellung der Störungsbilder werden Befunde zur Funktionstüchtigkeit einzelner Komponenten des kognitiven Apparats, sofern vorhanden, zusammenfassend berichtet.[21] Abschließend wird auf Verzögerungen und Störungen der Sprachentwicklung eingegangen.

Hintergrund: Die Bukarester Waisenstudie

Nelson, Zeanah, Fox, Marschall, Smyke und Guthrie (2007) untersuchten die kognitive Entwicklung von sozial benachteiligten und deprivierten Waisenkindern. Insgesamt 136 rumänische Waisenkinder zwischen sechs Monaten und zweieinhalb Jahren waren in die Studie einbezogen, 68 von ihnen wurden nach Losentscheid in die Obhut von Pflegeeltern gegeben, die anderen verblieben in einem staatlichen Waisenhaus. Die bei den Pflegeeltern aufwachsenden Kinder waren ihren im Heim verbliebenen Altersgenossen in nahezu allen Aspekten der körperlichen und kognitiven Entwicklung überlegen. Ihre intellektuelle Leistungsfähigkeit übertraf, wenn sie frühzeitig in die Pflegefamilien überwiesen wurden, nach dreieinhalb bzw. viereinhalb Jahren die der Heimkinder um etwa eine Standardabweichung. Vollständig konnten auch die Pflegeeltern allerdings die frühkindlichen Vernachlässigungen nicht mehr kompensieren. Die Pflegekinder blieben in ihren Leistungen hinter Gleichaltrigen zurück, die bei ihren leiblichen Eltern aufgewachsen waren.

Mit der gebotenen Vorsicht – vor allem was den Grad der Parallelisierung der untersuchten Stichproben und die Nichtbeachtung entwicklungs- und verhaltensgenetischer Faktoren angeht – lässt sich folgern, dass es den Pflegeeltern besser gelingt, lernförderliche Entwicklungsbedingungen bereitzustellen und dass die Effekte um so größer sind, je früher ein Waisenkind in die Obhut von Pflegeeltern gegeben wird. Es ist unklar, ob sich die Nachteile der Waisenhauserziehung durch eine Verbesserung und Professionalisierung der dortigen Betreuungssituation teilweise oder gar vollständig ausgleichen lassen.

Down-Syndrom

Das Down-Syndrom (DS) ist mit einer Auftretenshäufigkeit von etwa 14 auf 10 000 Geburten (deutlich ansteigend mit dem Lebensalter der Mutter) die häufigste Chromosomenanomalie. Ursächlich für das Syndrom ist in den meisten Fällen die Ausbildung von drei statt zwei Strängen auf dem 21. Chromosom (Trisomie 21). Kinder mit Down-Syndrom sind in ihren kognitiven Fähigkeiten stark eingeschränkt, die meisten von ihnen werden als geistig behindert (IQ < 55) klassifiziert, einige erreichen aber auch ein Intelligenzniveau am unteren Rand des Normbereichs. Die motorische Entwicklung der DS-Kinder ist verzögert und hinsichtlich des erreichbaren Kompetenzniveaus erheblich beeinträchtigt. Auch die Sprachentwicklung ist deutlich verzögert, insbesondere verharren die syntaktischen Fähigkeiten auf einem niedrigen Niveau. Größere Probleme als im rezeptiven Bereich bestehen bei der Produktion von Sprache. Kinder mit DS verfügen über eine geringere Kapazität des verbalen Kurzzeitgedächtnisses – das zeigt sich bei der Bewältigung von (einfachen) Aufgaben zur Gedächtnisspanne. Die vorliegenden Studien weisen auch auf kapazitative Beschränkungen des phonologischen Speichers des Arbeitsgedächtnisses hin. Der Prozess des inneren Wiederholens scheint jedoch weniger beeinträchtigt, ebenso ist das visuell-räumliche Teilsystem des Arbeitsgedächtnisses weniger stark betroffen. Mit großer Wahrscheinlichkeit sind die kapazitativen Probleme im verbalen Kurzzeit- und Arbeitsgedächtnis ursächlich für die verzögerte Sprachentwicklung der DS-Kinder.

Williams-Beuren-Syndrom

Das Williams-Beuren-Syndrom (WBS) tritt seltener auf als das Down-Syndrom (Auftretenshäufigkeit 1:10 000). Meist geht das WBS mit einem angeborenen Herzfehler und einer besonderen Gesichtsform (einem »Koboldgesicht«) einher. Ursächlich ist eine Mikrodeletion, ein »Verlorengehen« eines DNA-Abschnitts auf dem 7. Chromosom. Die kognitiven Fähigkeiten liegen meist, wie bei den DS-Kindern, im Bereich der geistigen Behinderung. Anders als bei den DS-Kindern ist jedoch die Sprachfähigkeit kaum beeinträchtigt. Allerdings sind die pragmatischen Sprachkompetenzen der WBS-Kinder eingeschränkt: Ihre sprachlichen Kommunikationen bleiben meist oberflächlich und floskelhaft. Anders als bei den DS-Kindern sind das verbale Kurzzeitgedächtnis und die phonologische Schleife des Arbeitsgedächtnisses nicht beeinträchtigt, dafür aber der visuell-räumliche Bereich.

Fragiles X-Syndrom

Ursächlich für das fragile X-Syndrom (FXS) ist eine genetische Veränderung, die durch eine Bruchstelle auf dem X-Chromosom ausgelöst wird. Das Syndrom tritt bei Jungen häufiger auf als bei Mädchen (Auftretenshäufigkeit 5–10:10 000). FXS geht mit einer Intelligenzminderung unterschiedlichen Schweregrades (meist jedoch auf dem Niveau einer geistigen Behinderung) sowie mit einer verzögerten Sprachentwicklung und mit Aufmerksamkeitsdefiziten einher, auf der Verhaltensebene zudem mit Hyperaktivität und Impulsivität.

Neurofibromatose (NF-1)

Die Neurofibromatose vom Typ 1 (Auftretenshäufigkeit 1–3:10 000) ist eine erbliche Multiorganerkrankung, welche sichtbar die Haut (Café-au-lait-Flecken) sowie – weniger sichtbar – das Nervensystem betrifft. Die Neurofibromen sind gutartige Tumoren vor allem in den Nervenfasern des peripheren Systems – es können jedoch auch Organe, vor allem die Augen, betroffen sein. Die kognitiven Fähigkeiten liegen meist leicht unterhalb des Normbereichs. Für drei bis sechs von zehn betroffenen Kindern und Jugendlichen sind kognitive Beeinträchtigungen zu erwarten, die zu Schulleistungsproblemen führen. Zu den »kognitiven Profilen« der NF-1-Kinder ist die Befundlage uneinheitlich: Mehrheitlich weisen die Studien auf visuell-räumliche Schwächen im Bereich des Arbeitsgedächtnisses und auf Aufmerksamkeitsstörungen hin. Auf der Verhaltensebene sind eine größere Impulsivität und eine schwächer ausgeprägte Fähigkeit, soziale Hinweisreize wahrzunehmen, zu beobachten.

Prader-Willi-Syndrom

Vom Prader-Willi-Syndrom (PWS) Betroffene sind in aller Regel kleinwüchsig, aufgrund eines nicht regulierbaren übermäßigen Hungergefühls meist adipös und leiden häufig schon im Jugendalter an einer Skoliose, einer Seitenverbiegung bzw. Verdrehung der Wirbelsäule. Typisch sind weiterhin eine verminderte Muskelspannung sowie Fehlfunktionen im Bereich der Augen (Kurzsichtigkeit und Strabismus). Das PWS (Auftretenshäufigkeit 1:10 000) beruht auf einer Genmutation auf Chromosom 15, die Fehlfunktionen im Bereich des Zwischenhirns nach sich zieht. Die kognitiven Fähigkeiten sind weniger stark eingeschränkt als bei den WBS-Kindern und entsprechen meist dem Niveau einer (leichten) Lernbehinderung. Die Sprachentwicklung setzt erst spät ein – vor allem die produktiv-expressive Funktion von Sprache ist erheblich beeinträchtigt und bleibt es auch.

Katzenschrei-Syndrom

Das seltene Katzenschrei-Syndrom hat der französische Genetiker Lejeune erstmals beschrieben; er prägte die gebräuchliche Abkürzung CDC (Cri du chat). Das Syndrom ist nach den schrill-katzenartigen, hohen Lautäußerungen der Kinder benannt, die ursächlich aus einer Fehlbildung des Kehlkopfes resultieren. Vom CDC-Syndrom sind Mädchen häufiger betroffen als Jungen (Auftretenshäufigkeit 1:50 000). Verantwortlich ist eine Mikrodeletion eines DNA-Abschnitts auf dem 5. Chromosom. Mit dem CDC-Syndrom und der damit einhergehenden Mikrozephalie (also einer vergleichsweise geringen Kopfgröße), den assoziierten Wachstumsstörungen, der Muskelschwäche und den Funktionsstörungen der Augen sind erhebliche Verzögerungen in der motorischen Entwicklung und bei der Sprachentwicklung verbunden. Viele Kinder kommen über die Einwortebene nicht hinaus.

Rett-Syndrom

Das degenerativ-regressive Rett-Syndrom (Auftretenshäufigkeit 1:10 000) kennzeichnet die kontinuierliche Abnahme der kognitiven Leistungsfähigkeit nach dem ersten Lebensjahr. Vom Rett-Syndrom (RS) sind fast nur Mädchen betroffen. Eine Mutation auf dem X-Chromosom gilt als ursächlich. Im Krankheitsverlauf charakteristisch ist eine Stagnation der psychomotorischen Entwicklung im zweiten Lebensjahr und eine Rückbildung der bereits erworbenen sprachlichen, motorischen und sozialen Fertigkeiten – damit verbunden ist eine Enzephalopathie, d. h. eine krankhafte Veränderung des Gehirns unterschiedlicher Ursache und Ausprägung. Nach dem 4. Lebensjahr stabilisiert sich das Entwicklungsniveau meist wieder. Die kognitiven Fähigkeiten der RS-Kinder entsprechen im Niveau einer schweren geistigen Behinderung. Sprachlich kommen nur wenige Kinder über Einwortsätze hinaus. RS-Kinder bilden zwanghafte Stereotypien der Hände aus, neigen zu epileptischen Anfällen und zeigen autistische Symptome.

Motorische Entwicklungsstörungen

Motorische Entwicklungsstörungen (Developmental Coordination Disorders, DCD) werden auch als motorische Dyspraxien, also als Störungen der motorischen Handlungsplanung und -koordination, bezeichnet (Auftretenshäufigkeit 6:100). In der englischsprachigen Literatur wird auch vom »clumsy child syndrom« zur Beschreibung eines besonders unbeholfen oder ungeschickt wirkenden motorischen Verhaltens gesprochen. Die motorischen Probleme der DCD-Kinder beziehen sich auf eine gestörte und verlangsamte Koordinationsfähigkeit des gesamten Bewegungsapparats, einschließlich der feinmotorischen Fertigkeiten (auch des Schreibens) und der Hand-Auge-Koordination. Sie beruhen auf einer neurologischen Störung der kortikalen Planungsfähigkeit motorischen Verhaltens. Das DCD-Syndrom geht mit Defiziten in der visuell-räumlichen Wahrnehmung bzw. mit Defiziten bei der Verarbeitung visuell-räumlicher Informationen einher. Beeinträchtigt ist deshalb auch das visuell-räumliche Teilsystem des Arbeitsgedächtnisses. Je nach Ausprägungsgrad beeinträchtigt die motorische Entwicklungsstörung mehr oder weniger stark das Ausführen alltäglicher Aktivitäten und das Erbringen schulischer Leistungen. DCD-Kinder weisen im Allgemeinen leicht unterdurchschnittliche kognitive Fähigkeiten auf – die meisten bewegen sich auf dem Niveau einer leichten Lernbehinderung.

Störungen aus dem Autismusspektrum

Der idiopathische frühkindliche Autismus (Kanner-Syndrom) ist eine nach aktuellem Kenntnisstand genetisch bzw. hirnorganisch bedingte, tiefgreifende Entwicklungsstörung (Auftretenshäufigkeit 5:10 000), deren klinisches Erscheinungsbild auf der Verhaltens-ebene durch schwerwiegende und leicht sichtbare Beeinträchtigungen der folgenden beiden Bereiche gekennzeichnet ist: in der Fähigkeit zur sozialen Interaktion und in der Fähigkeit zur verbalen und nonverbalen Kommunikation. Darüber hinaus ist das Repertoire an Interessen und Aktivitäten bei autistischen Kindern und Jugendlichen erheblich eingeschränkt (es gibt aber sog. »Insel-Begabungen«) und es bestehen Defizite in der mentalen »Vorstellungsfähigkeit« sowie auffällige Verhaltensstereotypien. Zwei Drittel der autistischen Kinder gelten als geistig behindert, weitere 20 % als lernbehindert – bei den anderen liegen die intellektuellen Fähigkeiten hingegen im Norm- oder Grenzbereich. Autistische Kinder haben Schwierigkeiten bei der Bewältigung von Aufgaben, die geteilte Aufmerksamkeit verlangen und beim sogenannten Symbolspiel – beides Indikatoren dafür, dass sie nicht oder nur unzureichend zwischen wahrgenommener Realität und mentalen Zuständen differenzieren können und dass Defizite hinsichtlich der zentral-exekutiven Funktionen vorliegen. Bei einer insgesamt uneinheitlichen Befundlage zu den Funktionen des Arbeitsgedächtnisses scheinen am ehesten die Planungs- und Selbstregulationsfähigkeiten der zentralen Exekutive beeinträchtigt, vor allem die Fähigkeit zur Hemmung irrelevanter Informationen bei der Aufmerksamkeitsregulation.

Die Sprachentwicklung autistischer Kinder ist erheblich beeinträchtigt – besonders auffällig sind die Abweichungen im Hinblick auf die (monotone) Prosodie bei der Sprachproduktion und in Bezug auf die pragmatischen Sprachfunktionen insgesamt. Fast die Hälfte der frühkindlichen Autisten entwickelt bis ins Erwachsenenalter keine zur verbalen Kommunikation taugliche Sprache, die Betroffenen sind auch nicht in der Lage, die sprachlichen Defizite durch nonverbale Kommunikationsformen zu kompensieren. Autistische Kinder bilden häufig sprachliche Besonderheiten aus, wie Echolalien (Wiederholungen), Umkehrungen von Personalpronomen oder Neologismen (Wortneuschöpfungen). Auch auf der nichtsprachlichen Verhaltensebene neigen sie zu stereotypen ritualisierten (repetitiven) Verhaltensmustern.

Ein weiteres Störungsbild aus dem autistischen Spektrum ist der sog. Asperger-Autismus (Auftretenshäufigkeit 70:10 000). Personen mit dieser Störung verfügen in der Regel über eine gute, häufig sogar überdurchschnittliche Intelligenz und durchlaufen eine normale, nicht verzögerte kognitive und sprachliche Entwicklung. Sie weisen jedoch ebenfalls typische Beeinträchtigungen in der wechselseitigen sozialen Interaktion auf und begrenzte stereotype Interessen, häufig auch spezifisch ausgeprägte Sonderinteressen.

Verzögerungen und Störungen der Sprachentwicklung

Sprachentwicklungsstörungen (Auftretenshäufigkeit 7:100) sind Störungen, die sich auf den rezeptiven und/oder expressiven Sprachgebrauch, aber auch auf die pragmatische Funktion von Sprache beziehen. Von einer sogenannten spezifischen Sprachentwicklungsstörung oder Entwicklungsdysphasie (SSES; englisch: Specific Language Impairment; SLI) spricht man, wenn es sich um eine spezifische Störung handelt, die auf den Bereich der Sprache beschränkt ist und für die keine offenkundigen Ursachen vorliegen, d. h. keine sensorischen oder neurologischen Beeinträchtigungen oder pervasiven Primärstörungen bestehen, wie z. B. eine mentale Retardierung, ein frühkindlicher Autismus oder eine schwere Verhaltensstörung. Der Spracherwerb dieser Kinder erfolgt verspätet und ist generell verlangsamt. In der Regel ist das Sprachverständnis deutlich besser ausgeprägt als die Sprachproduktion; formale Merkmale der Grammatik sind stärker gestört als semantische oder pragmatische Aspekte. Die nonverbale Intelligenz der Kinder ist normal entwickelt.[22]

Der Begriff der *Sprachentwicklungsstörung* wird meist erst für Kinder ab einem Alter von drei Jahren verwendet, bei jüngeren Kindern spricht man von einer *Entwicklungsverzögerung*. Eine verzögerte Sprachentwicklung liegt vor, wenn 2-Jährige weniger als 50 Wörter produzieren können (»Late Talker«). Das trifft immerhin für 15–20 % eines Geburtsjahrgangs zu. Nicht immer führt eine verzögerte Sprachentwicklung zur Ausbildung einer SSES – ungefähr die Hälfte der »Late Talker« holt den Rückstand wieder auf. Sprachentwicklungsstörungen haben häufig gravierende psycho-soziale Probleme zur Folge, sowie schulische Probleme, insbesondere beim Schriftspracherwerb.

Für die Verzögerung wie für die Störung werden genetische Ursachen diskutiert, aber auch Defizite in den Komponenten bzw. in der Funktionsweise des informationsverarbeitenden Systems, vor allem bei der auditiven Wahrnehmung und bei der Lautverarbeitung im Kurzzeit- bzw. Arbeitsgedächtnis. Kinder mit Sprachentwicklungsstörungen weisen spezifische Defizite in verbalen Verarbeitungsprozessen auf, wie Beeinträchtigungen in der Leistungsfähigkeit des verbalen Kurzzeitgedächtnisses (z. B. dem Nachsprechen von Zahlen und Kunstwörtern in der richtigen Sequenz) und bei der Repräsentation lautlicher Informationen in der phonologischen Schleife des Arbeitsgedächtnisses. Sie verarbeiten sprachliche Informationen langsamer und in »unangemessen kleinen« Einheiten, was zunächst den Aufbau des Wortschatzes und später die Analyse größerer schriftsprachlicher Einheiten erschwert. Auch eine schlechtere Nutzung prosodisch-rhythmischer Hinweisreize wird diskutiert.

Vor der Diagnose einer spezifischen Sprachentwicklungsstörung ist es wichtig, organische Ursachen, insbesondere Hörstörungen auszuschließen, die ebenfalls zu gravierenden Sprachstörungen führen können. Diese können angeboren sein oder aufgrund von Unfällen eingetreten, Folge traumatischer Ereignisse oder von Infektionskrank-

Hintergrund: Sprachentwicklungsstörung und phonologische Bewusstheit

Marx, Weber und Schneider (2005) haben bei SSES-Kindern aus vorschulischen Sprachheileinrichtungen überprüft, ob sie von einem Training der phonologischen Bewusstheit – also der Förderung der Einsicht in die lautliche Struktur der gesprochenen Sprache – genauso profitieren wie Kinder aus Regelkindergärten ohne Sprachentwicklungsstörungen. Insgesamt 101 Kinder aus schulvorbereitenden Sprachheileinrichtungen nahmen an der Untersuchung teil, 51 von ihnen erhielten das Training »Hören, Lauschen, Lernen«, 50 ein sprachliches Kontrolltraining. In den Regelkindergärten erhielten 428 Kinder das Training »Hören, Lauschen, Lernen«. Ergebnis: Sprachlich unauffällige und sprachentwicklungsgestörte Kinder hatten sich zumindest bei den leichteren Aufgaben unmittelbar nach Trainingsende in gleicher Weise in ihrer phonologischen Bewusstheit verbessert. Bei den schwierigeren Aufgaben gelang das jedoch nicht. Die Autoren schließen daraus, dass es einer Intensivierung der Förderung (insbesondere bei den Einheiten zur phonologischen Bewusstheit im engeren Sinne) bedarf, um die SSES-Kinder optimal zu erreichen.

heiten sein. Für den Heilungsverlauf bzw. für die Wirksamkeit einer therapeutischen Intervention entscheidend ist in diesen Fällen der Zeitpunkt des Eintritts bzw. der Zeitpunkt der Diagnose dieser Schädigung. Auch psychosoziale Risikofaktoren werden im Zusammenhang mit dem Auftreten von Sprachentwicklungsstörungen diskutiert. Soziale Risiko- bzw. Schutzfaktoren werden allerdings nicht als ursächlich, sondern als verstärkend bzw. entlastend angesehen, was den Ausprägungsgrad und den Verlauf der Störung (oder Verzögerung) betrifft.

Von Sprachentwicklungsstörungen abzugrenzen sind sogenannte Sprechstörungen, bei denen nur die motorisch-artikulatorischen Fertigkeiten beeinträchtigt sind, das Sprachvermögen an sich jedoch intakt ist. Beispiele für häufige Sprechstörungen im Kindesalter sind Stottern, Poltern oder Stammeln. Von vollständigem oder elektivem Mutismus spricht man dagegen, wenn Kinder trotz normaler rezeptiver und produktiver Sprachentwicklung über längere Zeit hinweg gar nicht oder nur mit ausgewählten Personen sprechen.

Das förderdiagnostische Potential frühzeitig erkannt und behandelter Entwicklungsverzögerungen wird vielfach unterschätzt. Anke Buschmann hat in einer Reihe von Untersuchungen zeigen können, dass sich der frühe sprachliche Rückstand der »Late Talkers« nicht unbedingt bis zur Einschulung »verwächst« und dass die gängige Strategie des »Wait-and-See« nicht für alle entwicklungsverzögerten Kinder eine vernünftige Strategie ist.[23] Geeignete Maßnahmen der Frühintervention werden in Abschnitt 4.3 vorgestellt. Einer normal verlaufenden Sprachentwicklung kommt auch deshalb eine besondere Bedeutung zu, weil mit sprachlichen Defiziten ein deutlich erhöhtes Risiko für die Ausbildung einer Lese-/Rechtschreibstörung einhergeht.

Beeinträchtigte Sinnesorgane

Wie für die ungestörte Sprachentwicklung ein intaktes Gehör notwendige Voraussetzung ist, so ist die Funktionstüchtigkeit der Sinnesorgane insgesamt für die Entwicklung der kognitiven Fähigkeiten und für das erfolgreiche Lernen von großer Bedeutung. Bei der Diagnose und Behandlung von Lernschwierigkeiten wird deshalb auch an eine Funktionsprüfung der visuellen und der auditiven Wahrnehmung zu denken sein – insbesondere, wenn es Hinweise auf diesbezügliche Einschränkungen gibt. Eine Reihe bewährter Testverfahren und Prüfmethoden stehen dafür zur Verfügung. Bei schwerwiegenden Störungen der visuellen und auditiven Funktionen besteht ein besonderer Förderbedarf, der meist an speziellen Schulen, teilweise auch in Integrationsklassen in Regel-

---

Hintergrund: Arbeitsgedächtnis bei verschiedenen spezifischen Entwicklungsstörungen

Alloway, Rajendran und Archibald (2009) haben 83 ADHS-Kinder, 15 Kinder mit spezifischen Sprachentwicklungsstörungen (SSES), 55 Kinder mit motorischen Entwicklungsstörungen (DCD) und 10 autistische Kinder mit Asperger-Syndrom (AS) hinsichtlich ihrer Gedächtnisprofile verglichen. Als Testverfahren wurde eine elektronische Version des Automated Working Memory Assessment Test AWMA (Alloway, 2007) eingesetzt. Zusätzlich wurde die nonverbale Intelligenz erfasst.

Die Intelligenztestwerte der SSES- und der ADHS-Kinder entsprachen den Durchschnittswerten ihrer Altersgruppe, die der AS-Kinder lagen eine Standardabweichung darunter und die der DCD-Kinder etwas mehr als eine Standardabweichung. Die SSES-Kinder waren im verbalen Kurzzeitgedächtnis und in der phonologischen Schleife des Arbeitsgedächtnisses in ihren Leistungen beeinträchtigt. Sie hatten Probleme beim Festhalten und Verarbeiten sprachlichen Inputs. DCD-Kinder zeigten Defizite im visuell-räumlichen Kurzzeitgedächtnis und im visuell-räumlichen Notizblock des Arbeitsgedächtnisses. Ihre Schwierigkeiten hingen allerdings auch damit zusammen, dass die Aufgabenbearbeitung in der Testsituation den Einsatz motorischer Fertigkeiten erforderte (Touch-Screen-Aufgaben). ADHS-Kinder waren bei allen Aufgabenanforderungen in ihrer Leistungsfähigkeit beeinträchtigt, egal ob es sich um visuell-räumliches oder um verbales Material handelte. Wahrscheinlich sind die (defizitär verlaufenden) inhibitorischen und aufmerksamkeitsregulierenden Prozesse der zentralen Exekutive dafür verantwortlich. Kinder mit AS zeigten Defizite im Bereich des verbalen Kurzzeitgedächtnisses.

Die Autoren ziehen aus diesen Befunden den Schluss, dass den vier Störungsbildern eine jeweils eigene primäre Grundproblematik im Bereich der sprachlichen, motorischen, verhaltensregulativen oder sozialen Kompetenzen inhärent ist und dass die spezifischen Beeinträchtigungen oder *Schwächen* des Arbeitsgedächtnisses lediglich *sekundäre Defizite* widerspiegeln. Einer Kaskade gleich würde sich ein primäres, störungsspezifisch ursächliches Defizit auf weitere Strukturen und Prozesse des kognitiven Apparats (hier auf das Arbeitsgedächtnis) übertragen und fortpflanzen. Die Autoren folgern auch, dass sich aufgrund der differentiellen Beeinträchtigungen der oben beschriebenen Art aussichtsreiche Fördermaßnahmen in erster Linie an den individuellen *Stärken* der jeweiligen Gedächtnisprofile orientieren sollten.

---

schulen realisiert wird. Schädigungen und Funktionseinbußen des visuellen oder auditiven Systems können genetisch bedingt sein oder infolge von Infektionskrankheiten und nach Unfallverletzungen auftreten.

Die enumerative Aufzählung der Störungsbilder und Dysfunktionen verdeckt, dass es vielfältige Überschneidungen und Komorbiditäten zwischen diesen gibt – und dass nicht selten die gleichen Funktionen des Arbeitsgedächtnisses in ihrer Leistungsfähigkeit beeinträchtigt sind. Eine Differentialdiagnose, die die oben beschriebenen Störungsbilder im Hinblick auf das schulische Leistungsverhalten vom Erscheinungsbild der allgemeinen oder spezifischen Lernstörungen des Lesens, Schreibens und Rechnens trennt (vgl. Abschnitt 3.1), fällt im Einzelfall nicht leicht. Alle Störungsbilder eint, dass sie häufig in einer mangelhaften schulischen

Leistung sichtbar werden. Vielfach – aber nicht immer – eint sie auch, dass es die gleichen oder zumindest auf den gleichen Prinzipien beruhenden (sonder-)pädagogischen Maßnahmen sind, die mit Aussicht auf Erfolg zur Minderung ihrer Symptomatik oder zur Abhilfe eingesetzt werden können.

3.4 Mangelnde Adaptivität des Unterrichts

Schulischer Unterricht begünstigt den Aufbau von Wissen und Können – die Institution Schule bietet in diesem Sinne eine einzigartige Lernumwelt, um Kenntnisse und Fertigkeiten in systematischer Weise zu vermitteln bzw. zu erwerben. Das scheint so selbstverständlich, dass sich kaum Untersuchungen vorstellen lassen, die den Gegenbeweis antreten könnten. Wo es sie doch gibt, haben Studien zum sogenannten »Schooling-Effect« gezeigt, dass die *absoluten Schuleffekte* im Hinblick auf die Leistungsentwicklung der Schülerinnen und Schüler zwar unterschiedlich groß ausfallen, jedenfalls aber bedeutsam sind. In amerikanischen Studien hat man darüber hinaus den sogenannten »Sommerloch-Effekt« nachweisen können – auch ein Beleg für die Wirksamkeit von Beschulung. Mit dem Sommerloch-Effekt ist gemeint, dass nach den Sommerferien vielfach Leistungseinbußen zu beobachten sind, vor allem bei Kindern aus sozial benachteiligten Familien. Zumindest gilt das für die Vereinigten Staaten, wo die Sommerferien deutlich länger sind als in Deutschland.[24]

Neben den absoluten gibt es relative Wirkungen von Schule. Ihnen gilt in aller Regel die bildungspolitische, aber auch die bildungswissenschaftliche Aufmerksamkeit. Das Ausmaß der *relativen Schuleffekte* lässt sich aufgrund von Vergleichsstudien abschätzen, dabei ist allerdings darauf zu achten, dass Effekte der Schulform von solchen der Schule separiert werden. Die Schule, die man besucht und die Lehrpersonen, die einen unterrichten, haben Einfluss darauf, wie rasch und wie erfolgreich Kompetenzen erworben werden. Für die einzelne Schülerin oder für den einzelnen Schüler wird sich dieser Einfluss kaum objektivieren lassen, weil der Beweis des Gegenteils, also der Nachweis einer möglicherweise anders verlaufenen individuellen Leistungsentwicklung bei Unterrichtung in einer anderen Schule und durch eine andere Lehrperson, nicht geführt werden kann. Es lässt sich aber sehr wohl vergleichen, wie sich die Leistungen von Schülerinnen und Schülern mit vergleichbaren Lernvoraussetzungen entwickeln, die an unterschiedlichen Schulen, in unterschiedlichen Schulformen und von unterschiedlichen Lehrpersonen unterrichtet werden.

Einer häufig zitierten Metaanalyse von Scheerens und Bosker (1997) zufolge wird dem relativen Schuleffekt eine Erklärungsmächtigkeit von etwa 12 % an der Gesamtvarianz der Schülerleistungen zugesprochen. Auf die gesamte Unterschiedlichkeit der Schülerleistungen bezogen heißt das, dass 12 % der Unterschiede zwischen den Schülern auf die Besonderheiten der Schulen zurückzuführen sind, die sie besuchen. Ist das wenig oder viel?

Der aufgeklärte Varianzanteil hängt immer davon ab, welche anderen Erklärungsvariablen in eine solche Analyse einbezogen sind. Ein Varianzanteil von 12 % ist jedenfalls deutlich weniger als die 56 %, die für Deutschland und als die 34 %, die im OECD-Mittel für die schulbezogene Varianz der Leseleistungen 15-Jähriger in PISA 2003 berichtet wurden. Wenn mehr als ein Drittel oder sogar mehr als die Hälfte der Leistungsvarianz von der besuchten Schule abhängen, spricht das für einen sehr großen Einfluss der schulischen Bedingungen. Ein solch großer Einfluss kann aber damit zusammenhängen, dass die Schulen, die die 15-Jährigen besuchen, unterschiedlichen Schularten angehören und dass an den unterschiedlichen Schularten sehr unterschiedliche Lerngelegenheiten zum Kompetenzerwerb gegeben sind (und dass sich die Schülerinnen und Schüler nach ihren Leistungspotentialen unterschiedlich auf diese Schularten verteilen). Die PISA-Zahlen sind nur schwer zu interpretieren, wenn organisatorische Rahmenbedingungen des jeweiligen Schulsystems, die die Lernangebote an den Schulen determinieren, nicht berücksichtigt sind. Bezieht man bei der Analyse der PISA-Daten die Gegliedertheit des deutschen Schulwesens in die Berechnungen ein, dann resultieren für Deutschland Schuleffekte in der zunächst genannten Größenordnung, nämlich für die fachlichen Leistungen im Lesen und Rechnen zwischen 10 und 14 %.

Dass sich die schulischen Leistungen 15-Jähriger je nach besuchter Schulform so viel deutlicher unterscheiden als nach Schulen – die besuchte Schulform klärt immerhin mehr als 40 % der Kriteriumsvarianz auf – verwundert nicht. In den großen Unterschieden zwischen den Schulformen spiegelt sich nämlich vor allem die unterschiedliche Zusammensetzung der Schülerschaft in den Schulformen wider, als Ergebnis eines frühzeitig nach Leistungen und Fähigkeiten homogenisierenden und separierenden Systems. Was jedoch Fragen aufwirft, etwa nach der Qualität des Unterrichts in den unterschiedlichen Schulformen oder nach den Ausbildungsstandards für Lehrerinnen und Lehrer, die dort unterrichten, sind die unterschiedlichen Leistungs- und Kompetenzentwicklungen von Kindern in diesen unterschiedlichen Schulformen – bei ursprünglich gleichen Lernvoraussetzungen. Olaf Köller und Jürgen Baumert (2008) berichten von Leistungsunterschieden zugunsten der an Gymnasien Unterrichteten im Ausmaß von einer Standardabweichung.[25]

Mehr noch als die schulorganisatorischen und die schulischen beeinflussen Merkmale auf der Schulklassenebene und Prozessmerkmale des Unterrichts die Leistungsentwicklung der Schülerinnen und Schüler. Wie viel mehr, lässt sich so genau nicht sagen, weil nur selten Merkmale aller Erklärungsebenen gleichzeitig in eine Analyse einbezogen sind. Den Unterricht im Klassenzimmer gestalten und verantworten die Lehrerinnen und Lehrer. Mit ihren Verhaltensweisen und Kompetenzen wollen wir uns im Folgenden befassen. Inwieweit tragen sie möglicherweise dazu bei, dass es bei einzelnen Schülerinnen und Schülern zu Lernschwierigkeiten kommt? Die Thematik ist allerdings komplizierter, als es auf den ersten Blick scheinen mag und einfache Aussagen zum Ausmaß der Mitverantwortung von Lehrerinnen und Lehrern für das Entstehen von Lernschwierigkeiten sind nicht zu erwarten. Der gleiche Unterricht löst nämlich bei unterschiedlichen Schülern ganz unterschiedliche (gelegentlich sogar gegenläufige) Lernerfolge aus. Das ist ein aus den Studien zu den Optimal- oder Positivklassen und aus der ATI-Forschung bereits bekannter Befund (vgl. Abschnitte 1.5 und 6.3).

Das Unterrichtsparadox

Guten Unterricht für alle gibt es scheinbar nicht. Denn die gleiche instruktionale Maßnahme ist nicht für alle Schülerinnen und Schüler gleich gut oder gleich schlecht. Hinzu kommt, um es mit den Worten von Franz Weinert zu sagen: »Guten (und schlechten) Unterricht kann man auf sehr unterschiedliche Weise halten!« Das aber ist ein schwer auflösbarer Widerspruch, zumindest jedoch ein schwieriges Problem für denjenigen, den es nach klaren Aussagen und eindeutigen Empfehlungen verlangt: Welche Lehrmethode, welche Unterrichtsmaterialien, welche Sozialformen und welche Art der medialen und sachlogischen Stoffpräsentation ist am besten geeignet, um den Lernerfolg der Schülerinnen und Schüler zu fördern?

Was für Sara gut ist, kann für Kevin weniger günstig sein. Sind konkrete Fragen, häufige Wiederholungen und ein kleinschrittiges Vorgehen für die leistungsschwächeren Schüler von Vorteil, so können sich abstrakte Fragen, kooperative Lehrformen und ein problemorientiertes Unterrichten für die Leistungsentwicklung der leistungsstärkeren Schüler als günstiger erweisen. Die ATI-Forschung hat eine Vielzahl solcher Befunde produziert -- so viele, dass sie für die konkrete Planung und Durchführung von Unterricht kaum noch Hilfestellungen bietet. Am praxistauglichsten sind noch die folgenden, häufig replizierten Befunde: Ängstlichere Kinder und solche mit geringem Vorwissen und schlechteren Intelligenztestwerten profitieren von den stark strukturierten und kleinschrittig angelegten Unterrichtsformen mehr als von den entdeckenlassenden Verfahren – für die Kinder mit besseren Lernvoraussetzungen scheint eher das Gegenteil der Fall. Allerdings berührt die Qualität des unterrichtlichen Angebots die Kinder mit günstigen Lernvoraussetzungen ohnehin weniger: Guten Lernern kann auch schlechter Unterricht nicht nachhaltig schaden, bei schwächeren Lernern wird er die Ausbildung von Lern- und Leistungsschwierigkeiten wahrscheinlicher machen. Sowohl Sara als auch Kevin werden jedenfalls von einer effizienten Klassenführung, von konstruktiver Unterstützung und einem kognitiv aktivierenden Unterricht profitieren, den sogenannten *Tiefenstrukturen der Unterrichtsqualität*.

Das scheinbare Unterrichtsparadox lässt sich leicht auflösen, wenn man unterschiedliche Vorgehensweisen nicht als gegensätzlich oder alternativ, sondern als einander ergänzend betrachtet: wenn im Unterricht beides geschieht – strukturiert und entdeckenlassend, fordernd und doch mit vielen Wiederholungsschleifen vorgegangen wird –, wenn also mit hoher Variabilität unterschiedliche Unterrichts- und Sozialformen Verwendung finden, die einen adaptiven Unterricht gewährleisten. Wenn jeder so unterrichtet wird, wie er es benötigt und jede so, wie es für sie am besten ist. Welche Kompetenzen muss man haben, um so zu unterrichten?

Professionelle Kompetenzen von Lehrerinnen und Lehrern

In Abschnitt 1.5 wurden Dimensionen der Unterrichtsqualität als wichtige Bedingungen erfolgreichen Lehrens benannt. Hier wird nun der Fokus auf die Lehrperson gelenkt und auf die besonderen Kompetenzen, die solchem Unterrichtshandeln zugrunde liegen. Es ist an dieser Stelle wichtig zu betonen, dass es im Folgenden nicht um Unterricht bei Lernschwierigkeiten geht (das wird in Kapitel 6 behandelt), sondern um unterrichtliche Verhaltensweisen von Lehrpersonen, die auch Ursachen von Lernschwierigkeiten sein können. Solche »didaktogenen« Ursachen von Lernschwierigkeiten lassen sich im Begriff der »mangelnden Adaptivität« von Unterricht bündeln. Die mangelnde Adaptivität von Unterricht kann ganz unterschiedliche Gründe haben.

Jürgen Baumert und Mareike Kunter beschreiben das Spektrum der professionellen Handlungskompetenz, das *Professionswissen* von Lehrern, im Anschluss an den internationalen Erkenntnisstand und im Hinblick auf die eigenen Studien zusammenfassend so:

1. allgemeines pädagogisches Wissen,
2. Fachwissen,
3. fachdidaktisches Wissen (und Können) sowie
4. Organisations- und Beratungswissen, um sich im System Schule und mit den dort handelnden Akteuren verständigen zu können.

Das Professionswissen ist verbunden mit *Überzeugungen* (subjektiven Theorien) und

---

Hintergrund: Lerntheoretische Überzeugungen

Lerntheoretische Überzeugungen sind Annahmen der Lehrpersonen über die Funktionsweise von Lehr-Lern-Prozessen. In der pädagogisch-psychologischen Forschung beliebt sind kontrastierende Gegenüberstellungen hinsichtlich solcher Annahmen, so zum Beispiel, dass Lehrerinnen und Lehrer entweder einer Vermittlungs- bzw. Transmissionsüberzeugung (Wissen wird weitergegeben) anhingen oder eher einer »konstruktivistischen« Vorstellung (Wissen wird gemeinsam aufgebaut) von Lehren und Lernen verpflichtet seien. Staub und Stern (2002) fanden heraus, dass die konstruktivistischen Vorstellungen mit der Verwendung komplexerer Aufgaben einhergingen und dass sich dies günstig auf die Leistungsentwicklung von Schülern auswirkte. Ganz ähnlich fanden Dubberke, Kunter, McElvany, Brunner und Baumert (2008) in einer Stichprobe mit 155 Klassen und fast 3 500 Schülern, dass ausgeprägte Transmissionsüberzeugungen mit einem weniger herausfordernden und weniger aktivierenden Unterrichtsstil zusammenhingen. Für den Lernerfolg der Schülerinnen und Schüler war das eher ungünstig.

mit *Werthaltungen*, die sich auf Lehren, Erziehen und Lernen beziehen, sowie mit *motivationalen Orientierungen* und Fähigkeiten zur Selbstregulation des eigenen Verhaltens. Zu den hilfreichen motivationalen Orientierungen gehören beispielsweise eine ausgeprägte Selbstwirksamkeitsüberzeugung und ein gehöriges Maß an Enthusiasmus, aber auch die Fähigkeit, das persönliche Engagement und die notwendige Distanzierung regulieren zu können. Als unverzichtbares Fundament professioneller Handlungskompetenz gilt das akademisch erworbene deklarative Fachwissen – es muss aber zusammen mit dem Vermittlungswissen und dem allgemeinen pädagogischen Wissen in den praktischen Ausbildungsphasen der Lehrerbildung reorganisiert und prozeduralisiert werden.[26]

Diagnosekompetenz

Die diagnostische Kompetenz von Lehrkräften ist für den adaptiven Unterricht von besonderer Bedeutung. In ihr verbinden sich deklarative und prozedurale, fachwissenschaftliche und pädagogische Wissensanteile. Lehrerinnen und Lehrer müssen zutreffend beurteilen können, ob und wann besondere Fördermaßnahmen nötig sind. Dazu müssen sie die individuellen Lernvoraussetzungen feststellen und überprüfen und die Lernergebnisse objektiv und zuverlässig bewerten können. Vor allem aber dient die pädagogische Diagnostik der Verbesserung der unterrichtlichen Lehr-Lern-Prozesse. Je besser die diagnostischen Fähigkeiten ausgeprägt sind, desto leichter fällt situationsangemessenes Handeln. Nur wenn die Diagnosen der Lehrkraft über ihre Schüler zutreffend sind, lassen sich die pädagogischen Maßnahmen sinnvoll den individuellen Lernvoraussetzungen anpassen. Das gilt sowohl für die längerfristigen Bildungsentscheidungen an den institutionellen Übergängen des Bildungssystems (Makroadaptationen) als auch

bei den immer wiederkehrenden handlungsbezogenen Entscheidungen auf der Unterrichtsebene (Mikroadaptationen).

Über die Urteilsgenauigkeit von Lehrpersonen ist seit jeher viel diskutiert worden. Dabei geht es gar nicht primär um die Frage, ob ein und dieselbe Schülerleistung von unterschiedlichen Lehrpersonen unterschiedlich beurteilt wird. Vielmehr geht es darum, ob die zur Verfügung stehenden Informationsquellen tatsächlich ausgeschöpft werden, um zu einer angemessenen Beurteilung zu gelangen. Objektive Testverfahren und standardisierte Lernstandserhebungen (Vergleichsarbeiten) werden erst seit einigen Jahren häufiger zur schulischen Leistungsbewertung eingesetzt. Sie sind besonders hilfreich, um die klasseninternen Bezugssysteme zu durchbrechen. Denn ein entscheidender Nachteil des Lehrerurteils (beispielsweise über Zensuren) besteht darin, dass der klassenübergreifende Maßstab für die Leistungsbeurteilung fehlt, der ihre Vergleichbarkeit sichern würde.

Die diagnostische Kompetenz der Lehrkräfte ist besonders dann gefragt, wenn es um die Identifikation von Lern- und Verhaltensstörungen oder um Lernschwierigkeiten (aber auch um Hochbegabung) geht und um die Zuweisung von Schülerinnen und Schülern zu besonderer pädagogischer Förderung. Hier werden die Lehrpersonen in aller Regel auf die Unterstützung der schulpsychologischen Dienste zurückgreifen müssen, zumindest dann, wenn schulrechtliche Fragen berührt sind, wie bei der Feststellung sonderpädagogischen Förderbedarfs und bei der sogenannten »Diskrepanzdiagnostik« im Zusammenhang mit Lese-/Rechtschreib- oder Rechenschwierigkeiten. Im Rahmen der PISA-Studie hat sich übrigens gezeigt, dass nur ein geringer Prozentsatz der (ausweislich ihrer Testleistungen) schwachen Leser von ihren (Hauptschul-)Lehrern zuvor auch als solche eingeschätzt worden waren.[27]

Adaptives Unterrichten

Wenn die zu behandelnden Inhalte, das Niveau und die Anzahl der Aufgaben, das Lerntempo, der Einsatz von Medien und die Sozialformen des Unterrichts an die Bedürfnisse und Voraussetzungen der einzelnen Schüler angepasst werden, spricht man von innerer oder didaktischer Differenzierung oder von adaptivem Unterricht. Die adaptive Lehrkompetenz schließt in diesem Sinne das Professionswissen und die Diagnosekompetenz ein.

Das adaptive Unterrichten beginnt mit der *Planung des Unterrichts*. In der Vorbereitung einer Lerneinheit wird auf eine möglichst gute Passung zwischen den Eingangsvoraussetzungen und den vorgesehenen didaktischen Maßnahmen geachtet. Dazu gehört, dass für unterschiedlich leistungsfähige Schülerinnen und Schüler unterschiedliche Lernaufgaben vorbereitet werden – gegebenenfalls sind auch unterschiedliche Lernziele festzulegen (Lernzieladaptivität). Auch die zur Verfügung gestellte Lernzeit lässt sich den individuellen Lernvoraussetzungen und damit den Erfordernissen und Bedürfnissen der Lernenden anpassen (Lernzeitadaptivität). Wenn das bei der Unterrichtsplanung unterbleibt, lässt es sich unter Umständen bei der *Unterrichtsdurchführung* nachholen. Beim unterrichtlichen Vorgehen, der Entwicklung des Stoffes im Unterricht, zeigt sich die adaptive Kompetenz in der Anpassung von Methoden, Sozialformen, Aufgabenschwierigkeiten und Lernzielen an die unterschiedlichen Lernpotentiale der Schülerinnen und Schüler.

Das klingt plausibel, ist aber in sehr heterogenen Lerngruppen nicht einfach zu realisieren. Vor allem ist es wichtig, Leistungs- und Förderorientierung zu verbinden und der Tendenz zu widerstehen, entweder durch eine Anpassung an das Niveau und die Lerngeschwindigkeit der Leistungsschwächeren oder durch eine Orientierung an den Leistungsstärkeren die jeweils andere Gruppe zu vernachlässigen. Natürlich wird das adaptive Unterrichten umso schwieriger, je größer und heterogener eine Lerngruppe zusammengesetzt ist. Eine Abkehr vom starren Zeitrahmen des herkömmlichen Schulunterrichts würde die unterrichtspraktische Umsetzung der Lernzeitdifferenzierung erleichtern. Zum adaptiven Unterricht gehört auch der Einsatz zusätzlicher medialer Hilfen und von Tutoren.

Belastung und Erschöpfung

Die Belastung und die Belastungsfähigkeit von Lehrpersonen ist in den letzten Jahren zunehmend in den Blick genommen worden,

---

Hintergrund: Wirksamkeit adaptiven Unterrichtens

Erwin Beck und Mitarbeiter (Beck et al., 2008) schätzten 50 Lehrpersonen von 4. bis 8. Klassen hinsichtlich des Ausmaßes ihrer »adaptiven Lehrkompetenz« ein und setzten den Lernerfolg ihrer Schülerinnen und Schüler damit in Beziehung. Die adaptiven Kompetenzen der Lehrpersonen wurden über Fragebögen, über sog. Unterrichtsvignetten zur Beurteilung von Planungssituationen und über Videotests zur Beurteilung von Handlungssituationen erfasst, die Schülerleistungen durch Testverfahren.

Lehrpersonen mit hoher adaptiver Lehrkompetenz (n = 17) erzielten in ihren Klassen höhere Lernzuwächse. In leistungsheterogen zusammengesetzten Klassen war der Vorteil des adaptiven Vorgehens naturgemäß größer als in leistungshomogenen Lerngruppen. Die Ergebnisse zeigen auch, dass eine höhere adaptive Lehrkompetenz bei den berufserfahrenen Lehrpersonen häufiger anzutreffen ist als bei Berufsanfängern und dass die Lehrerinnen und Lehrer der Primarstufe in höherem Maße über adaptive Kompetenzen verfügen als die Sekundarstufenlehrer.

ebenso ihre berufliche Motivation und Zufriedenheit. Lehrerinnen und Lehrer, die ihre berufliche Belastung als besonders beanspruchend erleben, können Krankheitssymptome entwickeln, in besonders schwerwiegenden Fällen bis hin zum Burnout-Syndrom. Burnout-Lehrer – so die verbreitete Auffassung – reagieren auf enttäuschte Erwartungen und erlebte Überforderungen mit Erschöpfungen und Stresserkrankungen. Charakteristisch für das Burnout-Syndrom ist dabei eine Abfolge von anfänglich (besonders) hohem Engagement und Pflichtbewusstsein zu negativen, nahezu zynischen Überzeugungen und Einstellungen. Berufstypisch für Lehrerinnen und Lehrer sind die folgenden Belastungsfaktoren:

- Umgang mit heterogenen Leistungsniveaus und mit schwierigen Schülern im Unterricht,
- hoher Lärmpegel,
- hohe Stundenbelastung,
- zunehmende Übertragung von Erziehungsaufgaben und mangelnde elterliche Kooperationsbereitschaft,
- übermäßige Bürokratisierung und Verrechtlichung der pädagogischen Arbeit sowie
- mangelnde gesellschaftliche Anerkennung.

Da die Belastungen nicht von allen Lehrerinnen und Lehrern in der gleichen Weise erlebt werden, ist die Frage naheliegend, ob es Lehrpersonen gibt, die sich aufgrund besonderer Ressourcen und/oder Kompetenzen besser als andere für einen pädagogischen Beruf eignen. Uwe Schaarschmidt verfolgt einen solchen ressourcenorientierten Ansatz und sieht Gefahren einer negativen Emotionsbilanz vor allem auf zwei Ebenen:

1. auf der Ebene des Lehrer-Schüler-Verhältnisses (Enttäuschungen, weil die geleistete Zuwendung keinen individuellen Dank erfährt) und
2. auf der Ebene der Schulorganisation (Belastungen aufgrund der administrativen Reglementierung und Bevormundungen).

Der Fragebogen zu »arbeitsbezogenen Verhaltens- und Erlebensmustern« (AVEM) diagnostiziert die berufsbezogenen Ressourcen und Risiken von Lehrpersonen.[28] Für Personen, die einem der beiden dort definierten Risikotypen der Belastungsbewältigung, also entweder dem Typus der »Selbstüberforderung« (exzessive Verausgabung bei verminderter Erholungsfähigkeit, Einschränkung der Belastbarkeit und Zufriedenheit) oder dem Typus der »Resignation« (reduziertes Engagement bei stark verringerter Erholungs- und Widerstandsfähigkeit) entsprechen, wird Handlungsbedarf gesehen. Im Vergleich mit anderen Berufsgruppen, so

Hintergrund: Früh verbrannt oder nie entflammt?

Udo Rauin (Rauin & Maier, 2007) hat Studierende für ein Lehramt an Haupt- und Realschulen über einige Jahre hinweg mit Tests und Fragebogen zu ihren Studienmotiven, ihrem Wissenszuwachs und zu den erlebten Belastungen während ihres Studiums sowie später im Referendariat und nach dem Berufseintritt befragt. Etwa 30 % der Anfangskohorte von 1 100 Studierenden brach das Lehramtsstudium ab – weitere 27 % blieben zwar dabei, bekamen aber während des Studiums ernsthafte Zweifel an der Richtigkeit ihrer Berufswahlentscheidung. Sie schätzten auch ihre Studienmotivation und ihre Studienleistung vergleichsweise schlechter ein. Rauin nennt sie nach clusteranalytischen Auswertungsverfahren aufgrund ihrer Interessen-, Motivations- und Kompetenzstrukturen »riskant Studierende« (Typ 1). Als »engagierte Studierende« (Typ 2) gelten 38 % des Jahrgangs – das sind diejenigen, die sich im Studium besonders engagieren und ein hohes Maß an Kompetenz erwerben. Die »pragmatisch Studierenden« (35 %) waren im Studium zwar weniger engagiert, aber eigentlich »nicht ungeeignet« (Typ 3). Nach dem Referendariat zeigte sich, dass es nicht die Engagierten oder die Pragmatischen waren, die über Burnout klagen, sondern eher diejenigen, die sich schon im Studium den Anforderungen nicht gewachsen fühlten.

Weitreichende Schlussfolgerungen sollte man aber vermeiden. Zum einen wurden nur Studierende des Lehramts an Haupt- und Realschulen befragt und die berufliche Belastung wurde auch nur zu Beginn der Berufstätigkeit erfasst. Zum anderen ist der Einfluss einer vermutlich selektiven Stichprobenschrumpfung zu beachten. Ob das Burnout-Phänomen bei Lehrern häufiger als bei Angehörigen anderer sozialer Berufe auftritt und ob vor allem die »Ungeeigneten« davon betroffen sind, lässt sich also nicht eindeutig beantworten.

Auch in anderen Arbeitsgruppen ist über den Zusammenhang zwischen Studienmotivation und späterer beruflicher Belastung und über die unterrichtlichen Praktiken bei unterschiedlichen Zielsetzungen geforscht worden (Klusmann, Kunter & Trautwein, 2009; Klusmann, Kunter, Trautwein & Baumert, 2006; Klusmann, Kunter, Trautwein, Lüdtke & Baumert, 2008; Retelsdorf, Butler, Streblow & Schiefele, 2010). Pohlmann und Möller (2010) haben jüngst einen Fragebogen zur Erfassung der Motivation für die Wahl eines Lehramtsstudiums entwickelt.

Schaarschmidt, ist die Beanspruchungsbelastung bei den Lehrerinnen und Lehrern besonders extrem – für bis zu 30 % von ihnen konstatiert er eine ernsthafte Burnout-Gefährdung.

Lehrerbildung

Alle Lehrer waren früher einmal Schüler. Es ist zu vermuten, dass ihre individuellen Überzeugungen und Werthaltungen über Lehren und Lernen in den eigenen schulischen Erfahrungen ihren Ursprung haben. Umso wichtiger ist es, dass eine wissenschaftliche Lehrerbildung diese Einstellungen und Überzeugungen aufgreift, relativiert und modifiziert. Geschieht das nicht, wird das wissenschaftliche zum »schubladisierten« Wissen und wieder beiseite gelegt, wenn die Tür zum Klassenraum geschlossen ist. Will Lehrerbildung kein tradiertes Handwerk sein, muss sie zunächst einmal Distanz zur unterrichtlichen Praxis schaffen. Denn nur die Distanzierung vom eigenen Handeln schafft den notwendigen Raum zu seiner theoretischen Analyse und möglichen Veränderung. Allerdings – und auch daran krankt das zweiphasige System der deutschen Lehrerbildung – muss das theoretische Wissen durch eine Verknüpfung mit der Praxis anschließend wieder praxistauglich gemacht werden.

Die Frage, wo und in welcher Form und Abfolge künftige Lehrerinnen und Lehrer ihr Professionswissen und ihre professionellen Handlungskompetenzen erwerben sollten, ist in der Lehrerbildung seit jeher strittig. In der universitären Lehrerbildung werden die Fachwissenschaften, die Fachdidaktiken und die Bildungswissenschaften, aber auch die schulpraktischen Anteile in aller Regel zeitlich parallel studiert. Es gibt Reformvorschläge, die die fachwissenschaftlichen Anteile den anderen zeitlich voranstellen wollen und es gibt Vorschläge, die auf das Gegenteil dessen hinauslaufen. Beklagenswert ist jedenfalls der geringe Berufsfeldbezug der Studieninhalte – vor allem in den Bildungswissenschaften erscheinen die Angebote vielfach beliebig und unspezifisch. Hier wäre ein Kerncurriculum notwendig, das passgenauer auf die als notwendig erachteten professionellen Kompetenzen zielt.

Die spezifischen Potentiale der beiden Ausbildungsphasen werden in der aktuellen Lehrerbildung nicht hinreichend genutzt. Im Gegenteil: Nicht selten arbeiten die in der Universität und an den Ausbildungsseminaren Tätigen gegeneinander. Das hat auch mit einem diffusen Wissenschaftlichkeits- und Praxisverständnis in der Lehrerbildung zu tun. Als »wissenschaftlich« wird in unzutreffender Weise häufig vor allem der fachwissenschaftliche Anteil der universitären Lehrerbildung bezeichnet, dies verbunden mit der irrigen Auffassung, das Unterrichten von Kindern geringeren Lebensalters (in der Grundschule) erfordere keine oder eine we-

Hintergrund: Reform der Lehrerbildung in Nordrhein-Westfalen

Jürgen Baumert hat eine Expertenkommission geleitet, die auf der Grundlage bildungspolitischer Vorgaben Empfehlungen für eine Reform der Lehrerbildung in Nordrhein-Westfalen erarbeitet hat (MIWFT, 2007). Die Kommission erkennt die spezifischen Stärken und Funktionen der beiden Ausbildungsphasen an:

1. die Vermittlung konzeptionell-analytischer Kompetenzen in der universitären Ausbildung und
2. die Vermittlung reflexiv gesteuerter Handlungskompetenzen im Referendariat.

Eine Ausweitung der Praxisanteile in der ersten Phase befürwortet sie nicht, anstelle einer Vermischung beider Phasen empfiehlt sie eine bessere Abstimmung. Die Kommission spricht sich für eine nach Schulstufe und Bildungsgang differenzierte Lehramtsausbildung aus und für eine Binnenstruktur des universitären Studiums, das eine sinnvolle Verbindung von fachwissenschaftlichen, fachdidaktischen, bildungswissenschaftlichen und schulpraktischen Komponenten zulässt. Dies setzt voraus, dass sich die Fachdidaktiken und die Erziehungswissenschaft als forschende Disziplinen verstehen und dass an den Universitäten Strukturen geschaffen bzw. gestärkt werden, um das zu gewährleisten.

niger anspruchsvolle wissenschaftliche Ausbildung. Zudem werden Theorie und Praxis in der Lehrerbildung gegeneinander ausgespielt. Universitäre Wissenschaft wird oftmals mit »Theorie« gleichgesetzt und rasch entwertet, sobald es ums praktische Unterrichten geht. Dabei wird übersehen, dass das unterrichtspraktische Handeln theoriefrei gar nicht sein kann – nur treten an die Stelle der wissenschaftlichen oder wissenschaftlich reflektierten Theorien eigenen Handelns dann eben die ideologischen Gesinnungen und tradierten Überzeugungen und das pädagogische Brauchtum.[29]

3.5 Ungünstige Rahmenbedingungen des Lernens und Lehrens

In Werner Zielinskis »Lernschwierigkeiten« (1980) werden neben den »internen« (vom Schüler ausgehenden) und den »externen« (vom Unterricht ausgehenden) Verursachungsbedingungen vier sogenannte »moderierende« Bedingungen für das Entstehen von Lernschwierigkeiten genannt:

- Unterrichtsklima,
- Qualität der Peergroup-Beziehungen,
- Bedingungen des Elternhauses und
- Einfluss von Medien.

Als moderierende Bedingungen werden sie deshalb bezeichnet, weil sie für sich allein zwar nicht erklärungsmächtig sind, in Kombination mit anderen ungünstigen Bedingungen aber wirksam werden können. Drei der genannten Faktoren – das Elternhaus, der Medienkonsum und die Gleichaltrigen – werden im folgenden in ihrer Bedeutsamkeit für das schulische Lernen behandelt, der Aspekt des unterrichtlichen und schulischen Klimas wurde bereits angesprochen. Zunächst wird jedoch auf eine weitere Rahmenbedingung des schulischen Lernens und Lehrens eingegangen, die vor 30 Jahren noch ohne große Bedeutung war: die zuwanderungsbedingte Mehrsprachigkeit. Alle genannten Faktoren werden mit Blick auf ihr Risikopotential, also als potentiell ungünstige Rahmenbedingungen für schulisches Lernen und Lehren behandelt. Ein Perspektivwechsel ist dabei stets mitzudenken: Familiäre, sprachliche und mediale Faktoren markieren nicht nur Risiken, sondern auch Chancen individueller Entwicklung.

Mehrsprachigkeit

Die zentrale Bedeutung der sprachlichen Fähigkeiten für die Entwicklung schulischer Leistungen wurde bereits mehrfach erwähnt (vgl. Abschnitte 2.4 und 3.3). Mit der stetig gestiegenen Anzahl von Schülerinnen und Schülern, die eine andere Muttersprache als Deutsch haben (inzwischen ist das fast ein Drittel unter den Sechsjährigen), wird zunehmend auch diskutiert, wie die Bildungseinrichtungen mit dem Verhältnis zwischen der Herkunfts- und der Verkehrssprache umgehen sollen, genauer: ob einer zusätzlichen Förderung in der Herkunftssprache oder bilingualen Übergangsphasen, z. B. in Eingliederungsklassen, eine erleichternde Funktion im Hinblick auf das Erlernen der deutschen Verkehrssprache zukommt oder ob sich die sprachlichen Fördermaßnahmen gezielt und ausschließlich auf das Erlernen der Zweitsprache konzentrieren sollten. Die Befundlage ist in diesem Punkt unübersichtlich und uneinheitlich. Es ist allerdings auch ein erstaunlicher Mangel an aussagekräftigen Untersuchungen zu konstatieren.

Dabei kommt der Herkunftssprache zweifellos eine wichtige Funktion beim Erhalt der Herkunftskultur und der kulturellen Bindungen zum Herkunftsland zu. Problematisch wird es dann, wenn mit Eltern und Geschwistern ausschließlich in der Herkunftssprache gesprochen wird und wenn der Kompetenzerwerb in der Zweitsprache darunter leidet. Aus Befunden, die einen Zusammenhang zwischen der familiären Verwendung der deutschen Sprache und den Deutschkenntnissen der Schulkinder zeigten, lässt sich allerdings nicht unbedingt folgern, dass sich eine verstärkte Nutzung der deutschen Sprache in der Familie generell positiv auf die deutschen Sprachkompetenzen der Kinder auswirkt. Es ist anzunehmen, dass diejenigen Eltern, die mit ihren Kindern vermehrt (auch) Deutsch sprechen, auch über bessere deutsche Sprachkompetenzen verfügen als diejenigen, die hauptsächlich oder ausschließlich die Herkunftssprache nutzen.

Es konnte jedoch gezeigt werden, dass die familiäre Nutzung der deutschen Sprache mit der selbst wahrgenommenen Integration der Familie zusammenhängt. Wahrscheinlich wirkt sich ein vermindertes Integrationsstreben der Eltern nachteilig auf den Erwerb schriftsprachlicher Kompetenzen aus. Vor allem bei den Kinder und Jugendlichen türkischer Herkunft, die in den PISA-Analysen besonders schlecht abschneiden, wird man einen Mangel an Lerngelegenheiten für den Erwerb der deutschen Sprache vermuten müssen. Es ist nicht nur die in der familiären Kommunikation benutzte Herkunftssprache, die die deutsche Unterrichtssprache »bedrängt«. In einer Hannover'schen Grundschulstudie ließ sich zeigen, dass auch das Ausmaß der in der Freizeit außerhalb der Familie gesprochenen Sprache – wenn es nicht deutsch ist – die Entwicklung der Lesekompetenz negativ beeinflusste. Auch hier wird vor allem der Zeitfaktor verantwortlich gemacht: Wenn die aktive Lernzeit für die Verkehrssprache reduziert ist, wird die not-

Hintergrund: Von BICS, CULPs und CALPs – die Cummins-Hypothese

Auf den kanadischen Sprachwissenschaftler Jim Cummins (1979) geht die These zurück, dass man in der Muttersprache (L1) ein kritisches Kompetenzniveau erreicht haben muss, bevor sich das dabei erworbene sprachliche Wissen mit Gewinn auf den Erwerb einer Zweitsprache (L2) transferieren lässt (Schwellenhypothese). Beim Erwerb der L1, so Cummins, werden sprachunspezifische, metalinguistische Kompetenzen (Common Underlying Language Proficiencies, CULPs) erworben, die allen Sprachen zugrunde liegen und demzufolge jeglichen Spracherwerb erleichtern. Die Oberflächenmerkmale einer Sprache, wie die Betonung, das Vokabular oder die grammatischen Regelsysteme, seien hingegen für jede Sprache spezifisch.

Ein niedriges Sprachniveau liegt vor, wenn die rezeptiven und die produktiven Kompetenzen ausreichen, um einfache Gespräche zu führen (Basic Interpersonal Communication Skills, BICS). Ein höheres Sprachniveau, das für das schulische Lernen erforderlich ist, umfasst zusätzliche Kompetenzen im Bereich der Grammatik, des Wortschatzes sowie des Lesens und Schreibens (Cognitive Academic Language Proficiencies, CALPs). Cummins nimmt nun an, dass sich das höhere Sprachniveau nur dann erreichen lässt, wenn die CULPs hinreichend gut entwickelt sind. Hieraus lässt sich ableiten, dass Kinder erst die CULPs in ihrer Muttersprache erworben haben sollten, bevor sie mit dem Erwerb einer Zweitsprache beginnen.

Cummins geht davon aus, dass die sprachlichen Kompetenzen mehrsprachiger Personen in den verschiedenen Sprachen voneinander abhängen und sich gegenseitig beeinflussen (Interdependenzhypothese). Es ist strittig, ob sich mit der Cummins-Hypothese eine Hinwendung zur muttersprachlichen Förderung und/oder eine Argumentation für bilinguale Angebote begründen lassen. Eine wichtige Rolle spielen jedenfalls auch die Vorläuferfertigkeiten des Schriftspracherwerbs und das elterliche Bildungsniveau. Kinder mit günstigeren Voraussetzungen meistern nämlich den L1-L2-Transfer ohnehin leichter.

wendige Kompetenz nicht erreicht. Die sprachlichen Defizite wirken sich auch auf den Erwerb mathematischer Kompetenzen negativ aus.[30]

Elternhaus

Kinder sind häufiger zuhause als in der Schule, der mögliche Einfluss der Eltern auf das Lernverhalten und auf die Lernergebnisse ihrer Kinder ist deshalb nicht zu unterschätzen. Folglich ist es günstig, wenn die elterlichen Einstellungen und Überzeugungen und der Bildungshintergrund der Eltern eine unterstützende Begleitung des schulischen Lernens ermöglichen. Üblicherweise kooperieren die Eltern und die meisten Eltern sind

auch bereit, in eigener Zuständigkeit Mitverantwortung (etwa Hilfestellungen bei den Hausaufgaben) zu übernehmen. Die häuslichen Rahmenbedingungen für schulisches Lernen und Lehren sind aber nicht immer günstig. Problematisch wird es dann, wenn die Eltern die konkreten Maßnahmen der Lehrerinnen und Lehrer nicht hinreichend unterstützen können oder wollen oder gar unterminieren.

Das Elternhaus, in welchem ein Kind aufwächst, ist gekennzeichnet durch eine ganze Reihe von Merkmalen und Faktoren, die sich als wichtige Ressourcen der schulischen Lernentwicklung erweisen können. Auf soziale und ökonomische Faktoren wurde bereits an anderer Stelle eingegangen (vgl. Abschnitt 2.2). Daneben sind auch die Erziehungsziele

---

Hintergrund: Mütterliche Berufstätigkeit und kindliche Entwicklung

Martin Dornes (2008) hat einen Literaturüberblick zum Zusammenhang zwischen frühkindlicher nicht-elterlicher Betreuung in Tageseinrichtungen oder durch Tagesmütter und der kindlichen Entwicklung vorgelegt. Er fokussiert dabei auf die kognitive Entwicklung, die Entwicklung aggressiver Verhaltensweisen und die Bindungsqualität. Für keinen der drei Entwicklungsbereiche ließen sich Nachteile frühkindlicher Fremdbetreuung nachweisen – das gilt für die in der entwicklungspsychologischen Tradition stehenden Studien in gleicher Weise wie für die psychoanalytischen. Am ehesten ist noch bei den in Kinderkrippen mit ungünstigen Betreuungsrelationen betreuten Kindern (zeitweilig) eine leicht erhöhte Aggressivität zu beobachten. Dornes weist darauf hin, dass die nicht-elterliche Betreuung allerdings Mindeststandards im Hinblick auf die Kompetenz des Personals und der Stabilität der Beziehungen genügen muss. Entscheidend ist also die Qualität der jeweiligen Betreuungseinrichtung.

Hintergrund: Bindungsqualität und Lernstörungen

Bauminger und Mimhi-Kind (2008) haben 50 Jungen mit Lernstörungen im sog. SIP-Paradigma (Social Information Processing) Aufgaben bearbeiten lassen, bei denen Hinweisreize in sozialen Situationen zu beachten sind. 50 Jungen, ebenfalls im Alter zwischen 10 und 12 Jahren, erhielten in der Kontrollbedingung die gleichen Aufgaben. Erfasst wurden zusätzlich die Bindungssicherheit der Kinder und die Fähigkeit zur Regulation eigener Emotionen (über Fragebogen). Bindungssicherheit und Emotionsregulation gelten als wichtige Voraussetzungen der Fähigkeit, soziale Informationen angemessen verarbeiten zu können.

Es zeigt sich, dass Kinder mit Lernstörungen bei den SIP-Aufgaben schlechter abschneiden als Kinder der Vergleichsgruppe, dass sie vergleichsweise unsicherer gebunden sind und dass sie ihre Emotionen schlechter regulieren können. Dabei kommt der Bindungssicherheit offenbar eine besondere Bedeutung im Zusammenhang mit den Lernstörungen zu: Ist sie bei den lerngestörten Kindern nämlich höher ausgeprägt vorhanden, sind auch ihre Leistungen in den SIP-Aufgaben besser.

und -praktiken der Eltern von Bedeutung. Eltern können die schulische Lernentwicklung ihrer Kinder direkt, z. B. durch unterrichtsadditives häusliches Üben, oder indirekt durch die Förderung von Interessen und Lernmotivation begleiten. Bei der direkten Förderung ist darauf zu achten, dass die lernbezogenen Eltern-Kind-Interaktionen besondere Ressourcen und Risiken zugleich beinhalten. Wir werden am Beispiel der Hausaufgaben darauf zurückkommen.

Die Qualität der frühkindlichen Eltern-Kind-Beziehung und die Auswirkungen dieser Beziehungsqualität auf die individuelle Entwicklung werden häufig im Rahmen der sogenannten *Bindungstheorie* diskutiert.[31] Im Kern geht die Bindungstheorie davon aus, dass die (spätere) Emotionsregulation und die Fähigkeit zu sozialen Interaktionen entscheidend dadurch beeinflusst wird, wie das Kleinkind die frühen Interaktionen mit der (bzw. mit den) Bezugsperson(en) erlebt hat. Man spricht von einer sicheren Bindung, wenn das Kleinkind die Bezugsperson als feinfühlig und zuverlässig im Umgang mit seinen Bedürfnissen erlebt hat, von einer unsicher-vermeidenden Bindung, wenn die Bezugsperson die kindlichen Bedürfnisse konsistent negiert hat – solche Kinder lernen, ihre eigenen Bedürfnisse zu unterdrücken –, und von einer unsicher-ambivalenten Bin-

dung, wenn die Reaktionsweisen der Bezugsperson uneindeutig und für das Kind nicht vorhersehbar sind. Die Bindungssicherheit von Kindern ist nicht nur für deren emotionale und soziale Entwicklung von großer Bedeutung, sondern auch für das kindliche Explorationsverhalten und damit für die Entwicklung der kognitiven Fähigkeiten insgesamt.

Medienkonsum

Zeit, die vor dem Fernsehapparat, an Spielkonsolen oder zur Unterhaltung am Computer verbracht wird, ist in aller Regel keine Lernzeit, obgleich die genannten Medien auch positive Entwicklungspotentiale für das schulische Lernen beinhalten. Marco Ennemoser befasste sich mit der Mediennutzung und der schulischen Leistungsentwicklung von Kindern, mit einer ideologisch hochgradig belasteten Thematik also, bei der jeder meint, mitreden zu können, nur weil er oder sie Kinder hat und/oder einen Fernsehapparat. Aus dieser Forschungstradition ist auch die sog. *Verdrängungshypothese* hervorgegangen, die die negativen Wirkungsannahmen übermäßigen Fernsehkonsums damit begründet, dass die Fernsehzeit andere, potentiell stimulierende Beschäftigungen hemme bzw. verdränge. Es gibt aber auch

Hintergrund: Baby-TV

Rideout und Hamel (2006) legten unter dem Titel »The Media Family« eine repräsentative Studie vor, die die Mediennutzung amerikanischer Vorschulkinder (und ihrer Eltern) zum Thema hatte. Waren die Eltern noch geteilter Meinung, was die Schädlichkeit oder den Nutzen von Unterhaltungssendungen anging, so waren sie nahezu alle von der Nützlichkeit pädagogischer Kinder-TV-Sendungen überzeugt. 90 % der Vier- bis Sechsjährigen kommen auf zwei Fernsehstunden pro Tag (die Hälfte von ihnen hat ein eigenes Gerät im Kinderzimmer). Und schon 40 % der Zweijährigen können den Fernsehapparat selbst ein- und ausschalten und die Fernbedienung zum Umschalten nutzen. So werden die pädagogischen Sendungen natürlich leicht zum Vehikel für normale Fernsehunterhaltung (Spitzer, 2007).

Zimmerman, Christakis und Meltzoff (2007a) berichten für Kinder unter zwei Jahren folgendes: Bei den drei Monate alten Kindern liegt die Expositionsrate für pädagogische Programme bei 40 %, sie steigt auf 90 % bei den 24 Monate alten Kindern. In einer zweiten Studie (2007b) überprüften die Autoren, wie sich das frühe Vielsehen auf die Geschwindigkeit der Sprachentwicklung auswirkt. Wenig überraschend: Die Baby-Programme waren der Sprachentwicklung nicht förderlich, das tägliche Vorlesen hingegen schon. Interessant war die Größe des Effekts: Mit jeder zusätzlichen Stunde Baby-Fernsehen war ein Nachteil für die Sprachentwicklung verbunden, der mehr als doppelt so schwer wog wie der Vorteil einer Stunde Vorlesen. Dieser Befund gilt jedoch nur für die jüngeren der untersuchten Kinder – für die 17–24 Monate alten Kinder blieb das Baby-Fernsehen ohne negative Auswirkungen auf die Sprachentwicklung.

Hypothesen förderlicher Fernsehwirkungen, wie etwa die Hypothese der *Interessenstimulation*, die Annahme, dass Filme in Originalsprache mit Untertiteln die Lesekompetenz der Kinder förderten und die Auffassung dass »pädagogische Programme« den Wissenserwerb begünstigen.

Die Befundlage weist aus, dass sich vor allem das Vielsehen (das sind mehr als drei Stunden täglich) und das frühkindliche Fernsehen (also bei den unter Dreijährigen) negativ auf die Sprach- bzw. Schulleistungsentwicklung auswirken. Ennemoser und Schneider (2007) verfolgten bei mehr als 300 Kindern zwischen sechs und acht Jahren die schulische Leistungsentwicklung von Viel- und Wenigsehern über einen Zeitraum von vier Jahren. Dabei zeigte sich, dass das Vielsehen mit schlechteren schriftsprachlichen Leistungen einherging, zumindest dann, wenn sich das Vielsehen auf Unterhaltungsprogramme bezog. Bei den pädagogischen Programmen waren negative Effekte nicht zu beobachten. Es gibt auch Hinweise darauf, dass sich das Vielsehen insbesondere bei den sozial privilegierten Kindern negativ auswirkt. Aus den protokollierten Zeitbudgets der Kinder ließ sich im Übrigen eine Bestätigung der Verdrängungshypothese ableiten: Wer mehr fernsieht, liest weniger Bücher.

Aus dem Kriminologischen Forschungsinstitut Niedersachsen (KFN) kommt eine Studie, die die Mediennutzung von Kindern und Jugendlichen mit ihren Schulleistungen in Verbindung bringt. Für Schüler der 4. Klassen zeigt sich, dass ein höherer Medienkonsum mit schlechteren Schulleistungen und niedrigeren Übertrittsempfehlungen einhergeht. Die Studie zeigt auch, dass es bezüglich des Medienkonsums Geschlechterunterschiede, regionale Unterschiede und Unterschiede in Abhängigkeit vom Migrationsstatus gibt: 38 % der 10-jährigen Jungen und 16 % der Mädchen haben eine Spielkonsole in ihrem Kinderzimmer, für ein eigenes Fernsehgerät liegen die entsprechenden Werte bei 42 bzw. 31 %. In Norddeutschland (42 %) und bei geringem Bildungsniveau der Eltern (57 %) ist die TV-Ausstattung in den Kinderzimmern ausgeprägter als im Süden (27 %) und bei einem höheren elterlichen

Bildungsabschluss (16 %). Auch Kinder aus Zuwandererfamilien (52 %) haben häufiger ein eigenes Fernsehgerät zur Verfügung als deutsche Kinder (32 %). Wenig überraschend korrespondiert die Dauer der Mediennutzung mit der Verfügbarkeit der Medien. Die Autorengruppe rechnet vor, dass ein 10-jähriger Junge aus einer bildungsfernen Familie mit Migrationshintergrund, der in einer norddeutschen Stadt aufwächst, pro Schultag auf mehr als vier Stunden, an den Wochenenden sogar auf nahezu sechs Stunden täglichen Medienkonsum kommt. Ein deutsches Mädchen aus dem Süden mit mindestens einem Elternteil mit Abitur kommt demgegenüber auf weniger als eine Stunde.[32] In einer weiteren Studie des KFN mit 15-Jährigen zeigt sich ebenfalls, dass die Beschäftigung mit Medien das Freizeitverhalten der Jugendlichen mit durchschnittlich fast sieben Stunden täglich dominiert. Mit dem Fernsehen beispielsweise verbringen die Jugendlichen durchschnittlich zwei Stunden und 18 Minuten, mit dem Internet-Chatten knapp zwei Stunden (Mädchen mehr) und mit Computerspielen etwas mehr als zwei Stunden (Jungen mehr). Dass mit der intensiven Mediennutzung eine Verdrängung der Zeit für Hausaufgaben und Lernen – aber auch für soziale Beziehungen, kulturelle und sportliche Aktivitäten – einhergeht, liegt auf der Hand. Die Autorengruppe des Kriminologischen Forschungsinstituts empfiehlt die Einrichtung von Ganztagsschulen, um die »Nachmittage der PISA-Verlierer« zu retten.

Gleichaltrige

Dass Gleichaltrige bzw. Gleichgestellte (Peers) einen bedeutenden Einfluss auf die Entwicklung von Kindern und Jugendlichen nehmen, kann als sicher gelten, auch wenn man das genaue Ausmaß dieses Einflusses kaum quantifizieren kann. Vor allem bei der Bewältigung von Entwicklungsaufgaben, bei

normativen Übergängen, in Krisensituationen und in der Adoleszenz werden Gleichaltrige aufgrund der für sie ähnlichen Belastungen und Problematiken als unterstützend erlebt. Beim schulischen Lernen nutzen die kooperativen Lehrformen die vergleichsweise geringe Distanz und die Gleichgestelltheit der Akteure solcher Peer-Beziehungen. Peer-Beziehungen können für das schulische Lernen und für die schulische Leistungsentwicklung aber dann zu einem Problem werden, wenn sich solche Einflüsse negativ auswirken. Lernen findet stets im sozialen Kontext statt – und der eigene Lernerfolg wird wie das Lernversagen von der Gemeinschaft der Lernenden beobachtet und kommentiert. Wenn sich Cliquen oder Gruppierungen zusammenfinden, die Lernen und Leistung »uncool« finden, ist es für den einzelnen nicht immer leicht, sich dieser Kultur zu entziehen. Es ist schwer einzuschätzen, in welchem Ausmaß Lernschwierigkeiten älterer Schüler aufgrund solcher Begleitumstände eine Verfestigung erfahren.

Die meisten Kinder gehen gerne zur Schule – in Deutschland ist der Prozentsatz der lernfreudigen Kinder übrigens dreimal so hoch wie in Finnland! Gleichaltrige können aber auch die Lernfreude und Bereitschaft zum Schulbesuch mindern. In der Arbeitswelt spricht man von Mobbing, um Formen des aggressiven Schikanierens anderer Personen am Arbeitsplatz zu beschreiben. Im pädagogisch-psychologischen Kontext ist der Begriff des *Bullying* für das Drangsalieren oder Quälen Anderer unter Ausnutzung von Machtungleichheit gebräuchlich. Gemeint sind damit aggressive Verhaltensweisen, denen eine Schülerin oder ein Schüler von Seiten seiner Mitschüler ausgesetzt ist. Die sozialen Aggressionen können sich in verbalen oder rufschädigenden Verhaltensweisen (nicht selten mittlerweile unter Nutzung von Websites sozialer Netzwerke) oder in physischer Gewalt äußern.

Beim direkten Bullying wird das Opfer geschubst, geschlagen, gekränkt, gehänselt,

Hintergrund: Bullying an Grundschulen

Marées und Petermann (2009) untersuchten in 12 Grundschulen in Bremen und Niedersachsen das Ausmaß und die Folgen des Bullying unter Schülern. Zur Erfassung wurden sowohl Selbstbeurteilungen eigener Bullyingerfahrungen als auch Lehrerbeurteilungen verwendet. Unterschieden wurden drei Kategorien: Täter (10 %), die andere schikanieren, aber nicht selbst zu Opfern werden, Opfer (18 %), die schikaniert werden, aber nicht selbst zu Tätern werden und sog. Täter-Opfer (17 %), die in beiden Rollen Erfahrungen haben. Mehr als die Hälfte der 550 Kinder fallen in keine dieser drei Bullying-Kategorien. Im Vergleich mit diesen waren die Täter und die Täter-Opfer häufiger hyperaktiv/unaufmerksam und verhaltensauffällig. Das galt auch für die Opfer. Die Opfer berichteten auch häufiger von emotionalen Problemen und von Problemen mit Gleichaltrigen. Ihr prosoziales Verhalten war nur unterdurchschnittlich ausgeprägt.

beleidigt oder ausgegrenzt, beim indirekten Bullying durch Gerüchte oder Verleumdungen bleibt die Täterschaft dagegen verborgen. Jungen tendieren eher zum direkten Bullying. Für Opfer und Täter geht man von Prävalenzraten um etwa 10 % aus – im Grundschulalter ist die Auftretenshäufigkeit größer, jedoch gleichzeitig die Stabilität der Opfer- und Täterrollen geringer.

Soziale Ablehnungen müssen sich nicht in Bullying manifestieren. Gestörte Beziehungen zu Gleichaltrigen zeigen sich auch in einer verminderten Fähigkeit, Freundschaften aufzubauen und aufrecht zu erhalten, in Einsamkeit, Randständigkeit und sozialer Isolation. Wenn aber die »guten« Mitschüler den Sozialkontakt verweigern, können auch Peerbeziehungen attraktiv werden, die weniger gute Rollenvorbilder für das schulische Lernen abgeben.

Ruth Pearl und Mavis Donahue (2008) resümieren den Kenntnisstand über die Qualität von Peerbeziehungen bei Kindern mit Lernschwierigkeiten. Die Ergebnisse der empirischen Studien weisen alle in die gleiche Richtung: Die meisten Kinder mit Lernschwierigkeiten sind vergleichsweise unbeliebt und erfahren vielfältige Formen sozialer Ablehnung. Diese Befunde sagen allerdings nichts darüber aus, ob die sozialen Probleme Begleitumstände oder Folgen der Lernschwierigkeiten sind. In soziometrischen Befragungen, die den Beliebtheitsstatus innerhalb einer Klasse erfassen sollen, rangieren Schüler mit Lernstörungen auf den hinteren Plätzen. Die Anzahl »reziproker Freundschaften« (das sind Freundschaften, bei denen sich die Kinder tatsächlich gegenseitig als »bester Freund/beste Freundin« bezeichnen) ist bei Kindern mit Lernstörungen sehr viel geringer als bei anderen Kindern. Schüler mit Lernstörungen sind auch weniger gut in soziale Netzwerke einer Klasse oder Schule integriert.

4 Prävention – wie sich Lernschwierigkeiten vermeiden lassen

4.1	Gefährdete Kinder – schwierige Lernsituationen
4.2	Vorschulische Lernförderung
4.3	Die Bedeutung der Sprache
4.4	Schule und Familie
4.5	Gestaltung von Übergängen

Nicht immer lassen sich Lernschwierigkeiten wirklich vermeiden. Aber manche Lernschwierigkeiten müssen nicht sein. Aus der Kenntnis von Risikofaktoren der individuellen Lernentwicklung und im Wissen um die mögliche Problematik von Übergängen im Bildungswesen lassen sich Lernsituationen und Lernhilfen so gestalten und bereitstellen, dass das Ausmaß und der Schweregrad von Lernschwierigkeiten möglichst gering gehalten werden. Präventive Maßnahmen im Bereich von Unterricht und Erziehung zielen aber nicht nur auf eine frühzeitige Förderung der »gefährdeten« Kinder selbst, sondern auch auf eine angemessenere Ausgestaltung schulischer und vorschulischer Lernsituationen.

Präventive sind vorbeugende oder verhütende Maßnahmen. Außer im Bildungsbereich ist der Begriff der Prävention vor allem im Rahmen der Gesundheitsvorsorge gebräuchlich. Die besondere Bedeutung präventiver Maßnahmen wird im Allgemeinen darin gesehen, dass sie sich im Sinne einer Kosten-Nutzen-Betrachtung als wirksamer und effizienter im Vergleich mit später notwendigen Interventionsmaßnahmen erwiesen haben. Im Gesundheits- wie im Bildungsbereich unterscheidet man zwischen Maßnahmen der primären, sekundären und tertiären Prävention. Als *primäre Prävention* bezeichnet man die vorbeugende, einer Störung zuvorkommende Bereitstellung angemessener Lebens- und Lernbedingungen für alle. Das ist die strukturelle Ebene des Bildungssystems bzw. der Bildungseinrichtungen, die idealerweise so ausgestaltet ist, dass sie mit ihren Angeboten und Anforderungen den unterschiedlichen Erfordernissen der Schülerinnen und Schüler möglichst gut gerecht wird. Soweit sie gelingt, setzt die primäre Prävention an den potentiellen Ursachen und Entstehensbedingungen von Lernschwierigkeiten an und schafft dort Abhilfe. Maßnahmen der *sekundären Prävention* umfassen die Frühbehandlung von Kindern und Jugendlichen, für die sich aufgrund des Vorliegens besonderer Risikofaktoren Lernschwierigkeiten oder -störungen bereits andeuten oder wahrscheinlich sind. Sekundär präventive Maßnahmen richten sich deshalb nicht an alle Kinder und Jugendlichen, sondern nur an bestimmte. Maßnahmen der sekundären Prävention zielen oft auch auf Gruppen von Kindern, für die es nur ein statistisches (und noch kein individuell festgestelltes) Risiko zur Ausbildung einer Lernstörung gibt. Maßnahmen der *tertiären Prävention* sind eigentlich nicht mehr wirklich präventiv. Sie sind Einzelfallinterventionen, die »Schlimmeres« verhüten sollen. Wenn Entwicklungs- oder Lernstörungen bereits manifest geworden sind, können die tertiär präventiven Maßnahmen ihrer weiteren Verfestigung oder Ausbreitung sowie den möglichen Folgeschäden einer Störung entgegenwirken.

Prävention ist nicht nur sinnvoll und notwendig, sie rechnet sich auch. Ludger Wößmann hat bildungsökonomisch begründet, was aus pädagogischer Sicht ohnehin vernünftig ist. Versäumte Maßnahmen im Bildungsbereich, so rechnet Wößmann (2009) in einem Gutachten für die Bertelsmann Stiftung vor, kommen die deutsche Volkswirtschaft teuer zu stehen. Wößmann schätzt, dass sich in den nächsten 80 Jahren mindestens 2,8 Billionen Euro zusätzlich erwirtschaften ließen, wenn es gelänge, die Zahl der »Risikoschüler« deutlich zu verringern und dieser Gruppe damit bessere berufliche Möglichkeiten zu eröffnen. In der PISA-Logik ist damit gemeint, dass alle Schülerinnen und Schüler unterhalb der Kompetenzstufe 2 (das waren 2006 etwa 20 % der 15-Jährigen und sind auch 2009 noch 18,5 %) durch geeignete Fördermaßnahmen auf das Niveau dieser Stufe gehoben werden müssten. Geeignete Maßnahmen, wie z. B. eine systematische Sprachförderung für Kinder mit Migrationshintergrund und aus bildungsfernen Schichten, müssten allerdings sehr früh ansetzen, um eine solche maximale Wirkung zu entfalten. Wößmann fordert auch ein längeres gemeinsames Lernen in leistungsheterogenen Gruppen und die Einführung des Ganztagsunterrichts. Auch die Argumentation von Klaus Klemm (2009b), der im Auftrag der Bertelsmann Stiftung ein Gutachten zur Effizienz von Förderschulen erstellt hat, geht in diese Richtung. Klemm zufolge wären die rund 2,6 Milliarden Euro, die jährlich für die Betreuung der etwa 400 000 Förderschüler ausgegeben werden, in inklusiven Schulen, die das Prinzip des gemeinsamen Lernens verwirklichen, besser angelegt.

Prävention ist dort besonders wichtig, wo sie am nötigsten ist. Also bei Kindern, die ein erhöhtes Risiko für die Entwicklung von Lern- und Leistungsproblemen aufweisen.

Es ist allerdings gar nicht so einfach, Kinder mit solchen Risiken frühzeitig zu identifizieren, weil sich bei der Frühdiagnostik Entwicklungsverzögerungen von Entwicklungsstörungen nicht leicht voneinander trennen lassen. Wenn die Sensitivität der frühdiagnostischen Verfahren nicht befriedigt, ist die Identifikation von Kindern mit »statistischen Entwicklungsrisiken« und die Betrachtung struktureller »Risikosituationen« eine vernünftige Alternative zur Individualdiagnostik (Abschnitt 4.1). Entwicklungsrisiken können neurokognitiver oder sozial-emotionaler Art sein und im engeren Sinne die individuellen Lernvoraussetzungen oder das Sozialverhalten eines Kindes betreffen. Es gibt aber auch psychosoziale Risiken, die auf die besonderen Struktur- und Prozessmerkmale eines ungünstigen häuslichen Milieus zurückzuführen sind. In den unzureichenden sprachlichen Lernvoraussetzungen von Kindern mit Migrationshintergrund verbinden sich die beiden Aspekte. Über Zeitpunkt und Inhalt früher Maßnahmen der Sprachförderung für diese Kinder gibt es übrigens – ungeachtet der allseits anerkannten Notwendigkeit solcher Maßnahmen – durchaus kontroverse Auffassungen (Abschnitt 4.3). Wenn sich Maßnahmen der Lernförderung zu sehr in die Kindergartenzeit hineinschieben, wurden sie lange Zeit in Deutschland eher kritisch betrachtet. Mit der Diskussion über den vorschulischen Bildungsauftrag und über gemeinsame Bildungspläne im Elementar- und Primarbereich hat sich das in den vergangenen Jahren geändert. Ebenso hat die Entdeckung (und mögliche Förderung) der sogenannten Vorläuferfertigkeiten des Schriftspracherwerbs und des mathematischen Denkens dazu beigetragen, dass Frühförderung vermehrt als wichtige Maßnahme der primären Prävention betrachtet wird (Abschnitt 4.2). Für sekundär und tertiär präventive Maßnahmen, also bei wahrscheinlichen oder bereits diagnostizierten Beeinträchtigungen oder Behinderungen, war das ohnehin schon seit langem gebräuchlich.

Als schwierige oder riskante Situationen gelten die Übergänge im Bildungssystem, also zunächst einmal der Schuleintritt als Übergang vom vorschulischen in den schulischen Lebensbereich und später der Übergang in das gegliederte Sekundarschulwesen. Auch der Übergang von der Familie in die Kindertageseinrichtung wird gelegentlich als krisenhafte Situation gesehen. Die günstige Gestaltung solcher Übergänge ist eine klassische primär präventive Aufgabe (Abschnitt 4.5). Dabei wird der entwicklungsgerechten Gestaltung des Schuleintritts eine besondere Bedeutung beigemessen, weil sich ein positives Bewältigungserleben dieses ersten Übergangs förderlich auf die Bewältigung der im Schulverlauf noch folgenden Anforderungssituationen auswirken soll.

Wenn präventive Maßnahmen und Förderprogramme auf bestimmte Zielgruppen zugeschnitten sind – wie beispielsweise bei der Sprachförderung für Kinder aus Zuwandererfamilien – ist sicherzustellen, dass sie von diesen auch genutzt werden. Nicht immer ist das der Fall. Hier wie an anderer Stelle zeigt sich, dass nachhaltig wirksame Präventionsmaßnahmen ein abgestimmtes Zusammenwirken des schulischen mit dem familiären Lebensbereich erfordern. Es zeigt sich aber auch, dass die familiären Bildungsressourcen nicht leicht zu beeinflussen und zu verändern sind. Am Beispiel des sehr unterschiedlichen elterlichen Unterstützungsverhaltens bei den häuslichen Lernaufgaben wird deutlich, weshalb im verpflichtenden Ganztagsunterricht vielfach ein probates Mittel gesehen wird, eine wenig lernförderliche häusliche Lernumgebung zumindest teilweise auszugleichen (Abschnitt 4.4).

Fragen zu Kapitel 4

11. Warum ist es besser, früh zu fördern als spät zu intervenieren?
12. Warum ist die Sprache für den Lernerfolg so wichtig?
13. Bildung und Bindung: Welche Rolle spielt die Familie?

4.1 Gefährdete Kinder – schwierige Lernsituationen

Das frühzeitige Erkennen von Kindern, die Gefahr laufen, Lernschwierigkeiten oder eine spezifische Lernstörung auszubilden, ist im Einzelfall nicht leicht. Das hängt vor allem damit zusammen, dass Schwierigkeiten beim Lesen, Rechtschreiben und Rechnen erst vergleichsweise spät manifest werden, nämlich dann, wenn die entsprechenden schulischen Anforderungen tatsächlich zu bewältigen sind. Man weiß allerdings, welche spezifischen (und notwendigen) Voraussetzungen des Schriftspracherwerbs und welche prämathematischen Kompetenzen »normalerweise« bei Schulanfängern vorhanden sind und wie sich der sozial-emotionale Entwicklungsstand beim Schuleintritt »normalerweise« darstellt. Bei Kindern, die schon vor Schulbeginn hinsichtlich ihrer schulrelevanten Fertigkeiten und Verhaltensweisen von anderen Kindern deutlich abweichen, spricht man folglich im Sinne einer statistischen Prognose von neuro-kognitiven oder von sozial-emotionalen Entwicklungsrisiken.

Da Schulleistungsprobleme in Teilgruppen von Kindern gehäuft vorkommen und weil die psychosozialen wie auch die neurokognitiven Risiken dazu tendieren, gemeinsam aufzutreten, kann man Risikokon-

Hintergrund: Belastungs- und Schutzfaktoren

Es ist in vielen Feldern der angewandten Psychologie inzwischen üblich geworden, mit den Herausforderungen, Gefahren und Risiken zugleich auch die Möglichkeiten, Ressourcen und Chancen zu benennen, die zur Bewältigung bestimmter Situationen oder Entwicklungsaufgaben zur Verfügung stehen. Das wird hier zwar nicht in der gebotenen Ausführlichkeit getan. Es wird aber darauf verwiesen, dass das Risiko des Lern- und Leistungsversagens nicht zwangsläufig bedeutet, dass es zu diesem Versagen auch kommen muss. Risiken sind deshalb statistische Risiken, erhöhte Wahrscheinlichkeiten also, dass es bei einer gegebenen Merkmalskonstellation zur Ausbildung von Lern- und Leistungsstörungen kommen kann. Den Belastungsfaktoren wirken die ursprünglich vorhandenen und die durch gezielte Fördermaßnahmen gekräftigten persönlichen Ressourcen als Schutzfaktoren der Lernenden entgegen. Im Einzelfall lässt sich kaum vorhersagen, ob und in wieweit die protektiven Faktoren ausreichen werden, um eine ungünstige Leistungsentwicklung zu vermeiden oder wenigstens abzumildern. Von der Resilienz (Widerstandsfähigkeit) eines Aufwachsenden spricht man, wenn es bei einer ausgeprägten Entwicklungsgefährdung dennoch zu einer »normalen« Entwicklung kommt, von einer erhöhten Vulnerabilität dagegen, wenn sich schon bei geringeren Entwicklungsrisiken eine Lern- oder Entwicklungsstörung ausbildet (Fingerle, 2010). Die Identifikation von Lernrisiken ist allerdings nur dann sinnvoll, wenn es überhaupt präventive oder therapeutische Maßnahmen gibt, die sich zur Behandlung solcher Risiken als wirksam erwiesen haben.

stellationen benennen, die das Auftreten von Lernschwierigkeiten mit einer höheren Wahrscheinlichkeit erwarten lassen (vgl. hierzu Kapitel 3). Dazu gehören suboptimale häusliche Lebensverhältnisse, die sich in materieller und in Bildungsarmut niederschlagen können, ein Aufwachsen in ungünstigen familiären Strukturen, was sich z. B. in mangelnder kognitiver und sprachlicher Anregung, unsicheren Bindungsverhältnissen oder in einer vernachlässigenden Erziehung äußern kann, und in vielen Fällen Elternhäuser, in denen ausschließlich eine andere als die deutsche Unterrichtssprache gesprochen wird.

Wo Kindern ein erhöhtes neurokognitives, ein besonderes sozial-emotionales oder ein höheres psychosoziales Risiko hinsichtlich

Hintergrund: Die Risiko-Kinder des Forschungszentrums IDeA

Im Forschungszentrum IDeA (Individual Development and Adaptive Education of Children at Risk), das gemeinsam von der Goethe-Universität und dem Deutschen Institut für Internationale Pädagogische Forschung in Frankfurt am Main eingerichtet wurde, arbeiten etwa 60 Wissenschaftlerinnen und Wissenschaftler unterschiedlicher Disziplinen an der Erforschung der Lern- und Leistungsentwicklung von Kindern mit definierten Entwicklungsrisiken (www.idea-frankfurt.eu). Als Entwicklungsrisiken gelten Auffälligkeiten im Bereich der neurokognitiven Funktionen (z. B. des Arbeitsgedächtnisses oder der Handlungskontrolle), der Sprache, des Schriftspracherwerbs und des mathematischen Denkens und des Sozialverhaltens. Als Risikofaktor gilt auch die zuwanderungsbedingte Zweisprachigkeit, zumindest dann, wenn sie in Kombination mit einer ungünstigen häuslichen Lernsituation auftritt.

In den Projekten des Forschungszentrums IDeA werden Kinder mit solchen Entwicklungsrisiken im Kindergarten oder in den ersten Schuljahren identifiziert und danach längsschnittlich über mehrere Jahre hinweg durch Verhaltensbeobachtungen und durch den Einsatz von Tests in ihrer Leistungsentwicklung verfolgt. Im Forschungszentrum IDeA werden aber nicht nur die individuellen Ressourcen und Begrenzungen der Lern- und Leistungsentwicklung untersucht. Eine zweite Forschungslinie befasst sich mit der Entwicklung und Erprobung adaptiver Lernumgebungen, um die pädagogischen Fördermaßnahmen auf die individuellen Lernvoraussetzungen abzustimmen. Die meisten dieser Fördermaßnahmen sind dem Bereich der sekundär präventiven zuzuordnen, es gibt aber auch Ansätze der primären Prävention. Die Entwicklung von Programmen zur Professionalisierung des pädagogischen Fachpersonals gehört ebenfalls zu den Zielen des Forschungszentrums (Gold, 2009b).

der Ausbildung einer Lernstörung oder -schwierigkeit attestiert wird, kann man präventive Maßnahmen einleiten, damit die befürchtete Störung gar nicht erst entsteht oder zumindest einen günstigeren Verlauf nimmt. Oftmals werden Maßnahmen der *primären Prävention* bereits genügen. Wenn diese im Kindergarten oder während der Schuleingangsphase appliziert werden, müssen »bedürftige« oft gar nicht von den »nicht bedürftigen« Kindern getrennt werden, weil die vorbeugende Fördermaßnahme häufig allen Kindern einer Lern- oder Spielgruppe zuteil werden soll. Anders verhält es sich bei Maßnahmen der *sekundären Prävention*. Meist werden sie erst dann eingeleitet, wenn es aufgrund einer individualdiagnostischen Abklärung wahrscheinlich ist, dass eine konkrete Beeinträchtigung der Lern- und Leistungsentwicklung droht oder wenn eine Behinderung schon vorhanden ist.

Nicht an gefährdete Personen, sondern auf die optimale Ausgestaltung potentiell riskanter Lern- und Anforderungssituationen richten sich präventive Maßnahmen dann, wenn in den strukturellen Bedingungen von Bildungseinrichtungen auslösende Faktoren von Lern- und Leistungsschwierigkeiten gesehen werden. Solche strukturellen Bedingungen sind etwa die spezifischen Leistungsanforderungen einer Lerneinrichtung oder die dort üblichen Mechanismen der Leistungsbewertung. An den Übergängen zwischen den Bildungsinstitutionen wird die Unterschiedlichkeit der strukturellen Bedingungen des Lernens und Lehrens besonders sichtbar – also etwa beim Übergang vom Kindergarten in die Schule oder beim Übergang von der Primarschule in den sekundären Bereich. Solche *Übergänge* gelten als potentiell »riskante Situationen«, die die Entstehung von Lern- und Verhaltensstörungen begünstigen können. Wenn über die Prävention von Lernschwierigkeiten gesprochen wird, darf deshalb eine Diskussion der Übergangsproblematik nicht fehlen.

Entwicklungsrisiken

Neurokognitive und sozial-emotionale Entwicklungsrisiken können sich auf alle Bereiche der individuellen Lernvoraussetzungen beziehen, die beim schulischen Lernen eine Rolle spielen. Sie können zu unterschiedlichen Zeitpunkten relevant werden und zu je unterschiedlichen Anteilen aus den genetischen Anlagen eines Kindes, aus den häuslichen Lern- und Entwicklungsbedingungen sowie aus deren Interaktionen resultieren. Unter den *neurokognitiven Risikofaktoren* gelten Dysfunktionen oder Beeinträchtigungen der Leistungen des Arbeitsgedächtnisses und der exekutiven Funktionen sowie der Sprachentwicklung, aber auch der spezifischen Vorläuferfertigkeiten des Schriftspracherwerbs als besonders bedeutsam. Die Fähigkeiten zur Handlungs- und Aufmerksamkeitsregulation, zur Regulation von Emotionen und zum Belohnungsaufschub sind ebenfalls wichtige Entwicklungsvoraussetzungen erfolgreichen Lernens. Im Bereich des Sozialverhaltens gilt es als auffällig, wenn die Fähigkeit zur Kontaktaufnahme und zur Eingliederung in eine Gruppe erheblich gestört ist oder wenn sich Formen aggressiven Verhaltens zeigen.

Von *psychosozialen Entwicklungsrisiken* spricht man dann, wenn ungünstige Struktur- und Prozessmerkmale der familiären Herkunft gegeben sind – vielfach wird in diesem Zusammenhang auch von »bildungsarmen« oder »bildungsabstinenten« Elternhäusern gesprochen. Das ist zum Beispiel dann der Fall, wenn die Eltern nur über einen niedrigen (oder gar keinen) formalen Bildungsabschluss verfügen, wenn eine Familie in ökonomisch prekären Verhältnissen lebt, wenn die Eltern eines Kindes körperlich oder psychisch krank sind oder wenn die familiären Verhältnisse zerrüttet oder unvollständig sind. Eine unzureichende Befriedigung der natürlichen Grundbedürfnisse eines Kleinkindes nach Bewegung, Anregung und Kommunikation und nach emotionaler Sicherheit geht mit dem Vorhandensein solcher Risikofaktoren häufig einher – im Extremfall bezeichnet man die besonders unzureichenden auch als »deprivierende Lebensbedingungen«.

Studien zur Auftretenshäufigkeit psychosozialer Risikofaktoren zeigen oft einen kumulativen Effekt. In der Mannheimer Längsschnittstudie waren als Risikofaktoren z. B. die folgenden definiert:

- niedriges Bildungsniveau der Eltern,
- beengte Wohnverhältnisse,
- psychische Störung eines Elternteils,
- disharmonische Partnerschaft,
- frühe Elternschaft,
- unvollständige Familie,
- unerwünschte Schwangerschaft,
- mangelnde soziale Integration.

Risikofaktoren treten häufig gemeinsam auf. Mit der Risikokumulation wächst auch die Wahrscheinlichkeit einer Lern- und Leistungsstörung. In der Mannheimer Studie hingen vor allem vier Faktoren familiärer Belastung mit dem Auftreten von Lernstörungen zusammen: ein niedriges Bildungsniveau der Eltern, eine unerwünschte Schwangerschaft, eine Delinquenz des Vaters und die Herkunft der Eltern aus zerrütteten Familien.[1]

Bei der Beschreibung der Wirkmechanismen der psychosozialen Risikofaktoren wird meist zwischen dem sozialen und dem kulturellen Kapital einer Familie unterschieden und zwischen Struktur- und Prozessmerkmalen einer familiären Situation. Als familiäre Strukturmerkmale gelten der sozioökonomische Status einer Familie (meist operationalisiert über den erlernten oder ausgeübten Beruf des Vaters und/oder der Mutter), das formale Bildungsniveau (meist operationalisiert über die Schulabschlüsse der Eltern) und der Migrationsstatus der Familie. Als Prozessmerkmale bezeichnet man die in einer Familie tatsächlich vorhandenen und genutzten Bildungsressourcen sowie den Besitz kultureller Güter, wie die Verfügbarkeit von Büchern, Lexika sowie Tageszeitungen und den Besuch kultureller Einrichtungen. Migrationsspezifische Prozessmerkmale stellen die in der Familie gesprochene Sprache und die wahrgenommene Integration der Familie in die deutsche Gesellschaft dar. Die so verfügbaren Ressourcen werden auch als *kulturelles Kapital* einer Familie bezeichnet. Im Sinne von Bourdieu gehören dazu auch Formen der elterlichen Lernunterstützung und die Investition von Lernzeit (vgl. Abschnitt 2.4). Hinzu kommen die sozial-emotionalen Sicherheiten, die aus den Interaktionen der Eltern mit ihren Kindern erwachsen. Das soziale Kapital meint etwas anderes: die Ressourcen, die eine Familie einsetzen kann, um im Netz sozialer Beziehungen einer Gesellschaft Vorteile für ihre Kinder zu erreichen. Es wird allgemein angenommen, dass sich der Einfluss der strukturellen über die prozessualen Merkmale vermittelt und dass das kulturelle Kapital einer Familie besonders bedeutsam für die schulische Leistungsentwicklung ist.

Dass ein Kind zweisprachig aufwächst, muss nicht unbedingt ein Entwicklungsrisiko mit sich bringen, sondern bietet im Gegenteil auch eine Reihe von positiven Entwicklungschancen und -möglichkeiten. Die Problematik vieler Zuwanderungskinder besteht aber häufig darin, dass aufgrund der Abwesenheit kompetenter sprachlicher Modelle in der Familie und aufgrund der fehlenden gemeinsamen (verkehrs-)sprachlichen Aktivitäten mit den Eltern – wie Lieder singen, Wortspiele machen, Geschichten vorlesen oder erzählen –, in der alltäglichen familiären Interaktion nur unzureichende sprachliche Kompetenzen in der deutschen Verkehrssprache aufgebaut werden (und in der Herkunftssprache oftmals auch nicht), die durch den Kindergartenbesuch oftmals nicht hinreichend kompensiert werden können. Wenn aber der Spracherwerb in der (deutschen) Verkehrssprache auf einem hinreichenden Kompetenzniveau im Laufe der Kindergartenzeit nicht gelingt, ist der mit der Einschulung beginnende Schriftspracherwerb von Beginn an beeinträchtigt. Deshalb werden zunehmend verbindliche Sprachprüfungen bereits vor Schulbeginn durchgeführt, um bei Kindern mit sprachlichen Problemen frühzeitig Fördermaßnahmen einzuleiten.

Den geschilderten Entwicklungsrisiken lässt sich vorbeugend durch vielfältige Maßnahmen der primären und sekundären Prävention begegnen. Ist die Ausgangslage für schulisches Lernen suboptimal, aber nicht wirklich schlecht, also eine Beeinträchtigung der Lernentwicklung zwar möglich, aber nicht unbedingt wahrscheinlich, können bereits primär präventive, also systemoptimierende Maßnahmen – frühzeitig und konsequent eingesetzt – ausreichende Wirksamkeit erzielen. Das sind Maßnahmen der vorschulischen Förderung, die auf eine Verbesserung der individuellen Lernvoraussetzungen vor allem im sprachlichen Bereich und im Bereich der schriftsprachlichen und mathematischen Vorläuferfertigkeiten zielen. Dazu gehören beispielsweise Programme zur Förderung der phonologischen Bewusstheit (vgl. Abschnitt 4.2).

Wenn die Wirkung primär präventiver Maßnahmen nicht als ausreichend betrachtet wird, müssen Kinder gezielt und in besonderer Weise gefördert werden. Die sekundär präventiven Maßnahmen beziehen sich wiederum vornehmlich auf den Bereich der Sprache und auf die Vorläuferfertigkeiten der schriftsprachlichen und mathematischen Kompetenzen, aber auch auf die Funktionstüchtigkeit der kognitiven Prozesse einschließlich der zentral-exekutiven Funktionen sowie auf die Angemessenheit des Sozialverhaltens.

Ihre besondere Bedeutung gewinnt die sekundäre Prävention dann, wenn individuelle Behinderungen bereits frühzeitig bekannt und/oder Beeinträchtigungen des Lernens sehr wahrscheinlich sind. So verstandene Einzelfallhilfe kann sich als Frühförderung auf ganz unterschiedliche Entwicklungsbereiche beziehen: auf die Sprache, auf die Funktionstüchtigkeit der Sinnesorgane, auf die Bewegungskoordination, auf das Sozialverhalten. Bei körperlichen Beeinträchtigungen, wie z. B. bei Schädigungen des zentralen Nervensystems oder der Muskulatur und bei chronischen Krankheiten, umfasst die Frühförderung vor allem physio- und ergothera-

---

Hintergrund: Kompensation oder Akzentuierung?

Häufig ist die Einrichtung vorschulischer (präventiver) Förderprogramme mit der Erwartung verbunden, sie könnten in kompensatorischer Weise einen Ausgleich ungleicher Bildungschancen ermöglichen. Der »doppelte Anspruch« besteht also darin, dass solche Programme a) insgesamt wirksam und b) differentiell wirksam sind. Die empirische Befundlage stimmt hinsichtlich der differentiell-kompensatorischen Wirksamkeit mit den hohen Erwartungshaltungen nicht unbedingt überein – das bedeutet aber nicht, dass die bedürftigen Kinder von solchen Programmen nicht profitieren würden. Nur profitieren die weniger Bedürftigen, wenn sie an den Förderprogrammen teilnehmen dürfen, eben auch!

Kinder aus unteren Sozialschichten und mit Migrationshintergrund besuchen seltener und weniger lang eine vorschulische Bildungseinrichtung. Diese Selektivität zieht bis zum Schulbeginn weitere Ungleichheiten nach sich (Becker & Biedinger, 2006). Tanja Betz (2010) bringt das auf die Formel: Je verpflichtender und schulvorbereitender die vorschulischen Bildungsangebote sind, desto »ungleichheitsrelevanter« werden sie sein. Vor allem dann, wenn jene sie nicht wahrnehmen, die ihrer besonders bedürfen. Man darf getrost hinzufügen: Wo Förderprogramme in adaptiver Weise an die individuellen Lernvoraussetzungen und -potentiale aller Kinder angepasst sind, wird eher eine Akzentuierung als ein Ausgleichen von Unterschieden die Folge sein. Die Ungleichheitsrelevanz »privater« Förderaktivitäten von Mittelschichteltern (Ballett, Klavier, Sprachkurse im Ausland) kommt noch hinzu (Betz, 2008). Die institutionellen Programme mit kompensatorischer Zielsetzung werden dadurch nicht obsolet – es ist aber wichtig, auf die begrenzten Möglichkeiten und auf die fortbestehenden Notwendigkeiten solcher Bemühungen nüchtern hinzuweisen (Biedinger & Becker, 2006). Ein An- oder Ausgleichen unterschiedlicher Bildungschancen kann durch die vorschulische Bildung allein jedenfalls nicht gelingen.

peutische Maßnahmen. Bei Beeinträchtigungen der Sinnesorgane zielt die Frühförderung auf das Erlernen der Nutzung von Seh- oder Hörresten und auf die Vermittlung alternativer kommunikativer Kompetenzen. Bei erheblichen kognitiven Beeinträchtigungen, wie z. B. bei geistigen Behinderungen oder bei besonderen Störungen der Sprache und des Sprechens, werden Fördermaßnahmen eingesetzt, die oft spielerische, bewegungs- und wahrnehmungsbezogene Elemente verbinden. Frühförderung bei Verhaltensauffälligkeiten ist meist verhaltenstherapeutisch angelegt und setzt mehr als alle anderen Programme die Kooperationsbereitschaft des Elternhauses voraus.

Auch bei psychosozialen Risiken kann sekundär präventiv eingegriffen werden – vor allem gilt das im Hinblick auf Maßnahmen, die die Beziehungsqualitäten einer Familie zu stärken beabsichtigen. Voraussetzung ist allerdings, dass ein Zugang zur Familie überhaupt möglich und auch gewünscht ist. Ist das der Fall, sind Elterntrainings die Methode der Wahl. Sie sind häufig verhaltenstherapeutisch oder bindungstheoretisch begründet und sollen den Eltern Kompetenzen für ein konsequentes, positives Erziehungsverhalten vermitteln und dadurch den Aufbau

einer positiven Eltern-Kind-Beziehung erleichtern. Es wird erwartet, dass dies auch den Aufbau eines stabilen Bindungsverhaltens erleichtert. Vor allem in den USA gibt es für sozial benachteiligte Familien eine Reihe staatlicher Programme zur kompensatorischen vorschulischen Erziehung. Das Programm Head Start ist wohl das bekannteste von ihnen – es zielt auf eine breite Verbesserung der individuellen Lernvoraussetzungen und umfasst vor allem präventive Maßnahmen der sprachlichen und der kognitiven Förderung sowie Maßnahmen zur Förderung der sozial-emotionalen Entwicklung. Mit der Head-Start-Förderung ist auch eine Beratung und Unterstützung der Eltern im Umgang mit ihren Kindern verbunden.[2]

Riskante Situationen

Früherkennung und Prävention erschöpft sich nicht darin, individuelle Lernvoraussetzungen zu verbessern. Präventiv ist auch das »Entschärfen« von Lern- und Leistungshemmnissen, die in den Strukturen des Bildungssystems selbst begründet liegen. Solche Stolpersteine gibt es vor allem an den Schnittstellen von Bildungsinstitutionen. Hans-

Hintergrund: Die BiKS-Forschergruppe

An der Universität Bamberg befasst sich eine interdisziplinäre DFG-Forschergruppe, an der Wissenschaftler aus der Entwicklungspsychologie, der Elementar- und Familienpädagogik, der Soziologie und der Grundschulpädagogik beteiligt sind, mit den *Bildungsprozessen, der Kompetenzentwicklung und den Selektionsentscheidungen im Vor- und Grundschulalter* (BiKS, Projektsprecher: H.-G. Roßbach). Im Fokus der BiKS-Forschergruppe steht das Zusammenwirken der verschiedenen Lebensumwelten der Kinder, insbesondere des Elternhauses und der institutionellen Einrichtungen Kindergarten und Schule, im Hinblick auf die Entwicklung kognitiver und sprachlicher Kompetenzen und die schulische Laufbahn.

Die Fragestellungen werden anhand zweier paralleler Längsschnittstudien, von denen eine zum Zeitpunkt des Eintritts der Kinder in den Kindergarten, die andere in der dritten Grundschulklasse startete, an insgesamt über 3 000 Kindern aus Bayern und Hessen über mehrere Jahre hinweg untersucht. Schwerpunkte sind dabei die Bewältigung der kritischen Übergänge vom Kindergarten in die Grundschule und von der Grund- auf die weiterführende Schule sowie der Einfluss von Qualitätsmerkmalen der jeweiligen Bildungsinstitutionen, insbesondere der Qualität der vorschulischen Einrichtungen, auf den Kompetenzerwerb von Kindern mit unterschiedlichen individuellen und familiären Ausgangsbedingungen.

Günther Roßbach beschreibt das sukzessive Durchlaufen von Bildungsstufen im Sinne unterschiedlicher Anforderungsstrukturen und dafür notwendiger Bewältigungsprozesse und bezieht aktuelle Diskussionen und Entwicklungen der Frühpädagogik auf die institutionellen Übergänge bzw. auf die Gestaltung dieser Übergänge.[3] Übergänge sind Schwellensituationen – sie markieren neue Entwicklungsaufgaben. Der unter Risikogesichtspunkten bedeutsamste institutionelle Übergang ist sicherlich der zwischen Kindergarten und Grundschule, aber auch die Übergänge von der Familie in den Kindergarten bzw. in die Krippe und von der Grundschule in die weiterführende Schule bergen Gefahrenpotentiale für die Ausbildung von Lern- und Verhaltensauffälligkeiten.

Traditionell lassen sich im Selbstverständnis der beteiligten Institutionen in Deutschland mehrheitlich und nachdrücklich starke Tendenzen der Abgrenzung und Trennung zwischen Kindergarten und Grundschule konstatieren – erst in jüngerer Zeit ist eine vorsichtige Annäherung zu beobachten, bis hin zu Bemühungen um eine engere Kooperation oder gar Verzahnung im Hinblick auf den Zeitpunkt der Einschulung. Die Abgrenzungsbestrebungen haben ihre Ursachen in einem inzwischen teilweise überwundenen Verständnis von Kindergarten als spielerischem Schonraum mit vornehmlich situationspädagogischer Ausrichtung, mit einem Primat des sozialen Lernens und ohne einen spezifischen und utilitaristisch verengenden schulpropädeutischen Lern- und Bildungsauftrag.

Am Begriff der Schulreife – und vor allem an der lange Zeit vertretenen These, dass die zu früh (also unreif) eingeschulten Kinder später durch Lernschwierigkeiten und Schulversagen auffällig würden – hat sich die Debatte über den richtigen Einschulungszeitpunkt und damit auch über Formen des Übergangs zwischen Kindergarten und Schule stets aufs neue entzündet. Lange Zeit waren es allein die Anforderungsstrukturen der aufnehmenden Institution, die eine Bringschuld der Kindergärten und Familien definierten: Ab wann ist ein Kind fähig, dem schulischen Unterricht zu folgen? Jetzt wird die Passungsfrage auch in die andere Richtung formuliert: Wie muss der Anfangsun-

---

Hintergrund: Der relative Alterseffekt – Lebensalter als Risiko?

Dass das relative Alter von Kindern und Jugendlichen mit unterschiedlichen Leistungs- und Erfolgsmaßen in ganz unterschiedlichen Domänen einhergeht, ist in der jüngeren Vergangenheit in vielerlei Kontexten diskutiert worden: Im Zusammenhang mit dem Schuleintritt und mit Übertrittsentscheidungen (Jürges & Schneider, 2006; Puhani & Weber, 2007; Mühlenweg, 2007), im Zusammenhang mit differentiellen Inzidenzraten für Lern- und Verhaltensstörungen (Dhuey & Lipscomb, 2010; Elder, 2010; Evans, Morill & Parente, 2010) und im Zusammenhang mit der Nachwuchsförderung im Leistungssport (Cobley, Baker, Wattie & McKenna, 2009; Baker, Schorer & Cobley, 2010; Lames, Auguste, Dreckmann, Görsdorf & Schimanski, 2008). In den meisten Studien zeigt sich folgendes Muster: Wenn nach Stichtagsregelungen Jahrgangsklassen oder Trainingsgruppen gebildet werden, sind die relativ jüngeren Kinder einer Klasse in ihrer Lern- und Leistungsentwicklung vergleichsweise benachteiligt. Sie erhalten seltener eine Gymnasialempfehlung und wechseln seltener auf das Gymnasium, bekommen schlechtere Noten und müssen häufiger eine Klasse wiederholen. Und die Wahrscheinlichkeit, dass eine ADHS oder eine Lernstörung diagnostiziert wird, ist höher. Im Leistungssport gelangen sie seltener in die Auswahlmannschaften ihrer Alterskategorie. Noch unklar sind allerdings das Ausmaß und die Persistenz der relativen Alterseffekte (RAE) und die Wirkmechanismen ihres Zustandekommens (Bedard & Dhuey, 2006; Cobley, McKenna, Baker & Wattie, 2009; Elder & Lubotsky, 2009; Fertig & Kluve, 2005; McEwan & Shapiro, 2008). Wahrscheinlich ist ein komplexes Zusammenspiel reifungs- bzw. entwicklungsbedingter individueller Unterschiede in den Lernvoraussetzungen, angemessener bzw. weniger angemessener pädagogischer Interventionen und unterschiedlicher individueller Wahrnehmungen bzw. Verarbeitungen vergleichsbezogener Rückmeldungen im Verlauf der Lernentwicklung für das Phänomen der RAE ursächlich.

terricht gestaltet werden, damit die Einschulung möglichst aller Kinder möglich ist?

Worin genau liegt eigentlich das besondere Risiko der Übergangssituation zwischen Kindergarten und Grundschule? In der Gefahr des individuellen Scheiterns an den neuartigen Anforderungsstrukturen und in der Entwicklung schulischer Lern- und Leistungsstörungen! Nicht alle Anforderungen sind allerdings für alle Kinder neu, einiges war auch schon von den Dreijährigen beim Übergang von der Familie in die Kindertageseinrichtung zu bewältigen. Kennzeichnend ist allerdings die Fülle der neuen Anforderungen in kurzer Zeit: eine Zunahme der sozialen Vergleiche, eine stärkere affektive Neutralität der pädagogischen Bezugspersonen, die zunehmende Notwendigkeit der Beziehungsaufnahme zu fremden erwachsenen Personen, die zunehmende Übernahme von sozialen Rollen und Verhaltensweisen, die Notwendigkeit des Einhaltens von Regelsystemen. Aus der Auflistung solcher Anforderungsstrukturen folgt noch nicht, wie ein idealer Übergang zwischen Kindergarten und Grundschule zu gestalten wäre. Es lassen sich Argumente für gleitende und einschleichende Übergänge, die auf ein Abschleifen von Konturen und auf eine Verringerung der Differenzen hinarbeiten, genauso anführen wie es gute Gründe für eine Hervorhebung der Diskontinuitäten und für eine Betonung der Unterschiedlichkeit zwischen dem vorschulischen und dem schulischen Lernen gibt.

Grundschul- und Elementarpädagogik sind sich jedoch insoweit einig, dass die schulische Eingangsstufe und der Anfangsunterricht idealerweise so zu gestalten seien, dass sie den unterschiedlichen Lern- und Entwicklungsvoraussetzungen der Kinder möglichst gut Rechnung tragen. Deshalb gilt: Zurückstellungen sollen möglichst vermieden und auf die unterschiedlichen Entwicklungsgeschwindigkeiten soll in der Schule adaptiv

reagiert werden. Keine ganz leichte Aufgabe! Als »neue Eingangsstufen« werden Organisationsformen bezeichnet, die in den ersten beiden Grundschuljahren einen Unterricht in jahrgangsgemischten Lerngruppen vorsehen. Je nach pädagogischer Notwendigkeit können die Kinder zwischen einem und drei Jahren in einer solchen Eingangsstufe verbleiben – ein Prototyp zeitadaptiven Unterrichtens. Interessant ist die doppelte Umkehrung des Individualisierungsprinzips:

1. An die Stelle des individualisierten Schulbeginns nach Schulreife oder -fähigkeit tritt der nach Lebensalter homogenisierte Schulbeginn für alle Kinder, und
2. an die Stelle gleichartiger unterrichtlicher Anforderungen für alle Kinder tritt eine Individualisierung des Unterrichts.

Häufig wird beklagt, dass es zur Einschulungsproblematik im Allgemeinen und zur »neuen Eingangsstufe« im Besonderen zwar viele Vorschläge, Modellversuche und Erprobungsformen gebe, aber keine belastbaren Daten aus vergleichenden Evaluationen.[4] Dieser Einschätzung schließe ich mich an. Neben den jahrgangsübergreifenden schulischen Eingangsklassen gibt es auch das gegenteilige Modell – die Einrichtung von Vorklassen und Schulkindergärten im Elementarbereich. Es gibt vielfältige Maßnahmen der Kooperation zwischen Kindergarten und Schule, um den Übergang zu erleichtern: Besuche der Kindergartenkinder in der Schule und zeitweise Teilnahme am Schulunterricht, gezielte Vorbereitung der Lehrer auf die jeweiligen Kinder durch Gespräche mit den Erziehern, Gespräche und Beratungen mit den Eltern. Wenig beachtet wird allerdings in aller Regel, dass die Übertragung schulvorbereitender Lernaufgaben in den Vorschulbereich ebenso wie die Übertragung elementarpädagogischer Aufgaben in den Anfangsunterricht eine entsprechende Qualifizierung des jeweiligen Fachpersonals voraussetzt.

4.2 Vorschulische Lernförderung

Formen vorschulischer Lernförderung sind inzwischen so weit verbreitet, dass es kaum einem Elternpaar gelingen dürfte, mit dieser Thematik nicht konfrontiert zu werden. Die populär-neurowissenschaftlichen Veröffentlichungen der letzten Jahre und die aus ihnen abgeleiteten Empfehlungen zu sehr frühen Fördermaßnahmen (wegen der sich angeblich schließenden Zeitfenster) vor allem im (fremd-)sprachlichen und im musischen Bereich, aber auch im Bereich des naturwissenschaftlichen und des induktiven Denkens, haben dazu beigetragen, dass die vorschulische zunehmend als schulvorbereitende Lernzeit gesehen wird, zumindest von den bildungsorientierten Eltern. Wo sich Kindergärten solchen Maßnahmen und Programmen verweigern, greifen diese Eltern nicht selten zur Selbsthilfe oder auf andere Anbieter zurück.

Grundsätzlich sind Formen vorschulischer Lernförderung, wie sie im Kindergarten und durch die Eltern selbst mehr oder weniger systematisch durchgeführt werden, geeignete Maßnahmen der *primären Prävention* möglicher Lernschwierigkeiten. Sie können das schulische Lernen erleichtern, indem sie auf dieses vorbereiten und so die kognitiven und verhaltensmäßigen Grundlagen schaffen, auf die der Anfangsunterricht aufbaut. Am häufigsten sind dies Fördermaßnahmen, die sich auf die Entwicklung der sprachlichen Kompetenzen, der Wahrnehmungs-, Konzentrations- und Denkfähigkeit, des Arbeitsverhaltens sowie des Sozialverhaltens beziehen. Spielerisch und entwicklungsangemessen, in kleinen Gruppen und durch professionell ausgebildete Erzieherinnen durchgeführt, sind das Maßnahmen, die vielen Kindern hilfreich sein können – und mit dem Erziehungs- und Bildungsauftrag der Kindertageseinrichtungen vereinbar sind. Wie viele Kinder sie letztendlich vor späteren Lernschwierigkeiten bewahren, lässt sich – wie bei den primär präventiven Maßnahmen generell – kaum sagen. Vorschulische Maßnahmen der *sekundären Prävention* bedürfen in aller Regel der Nutzung zusätzlicher institutioneller Hilfen, also der Inanspruchnahme von Therapeuten in Beratungs- und Förderstellen oder in sozialpädiatrischen Zentren. Solche Maßnahmen zielen wiederum auf die Förderung der Sprache bzw. des Sprechens und der Wahrnehmungsfähigkeit, aber auch auf die Bewegungskoordination und auf das Sozialverhalten. Wo es keine Integrationsgruppen mit zusätzlichem Betreuungspersonal gibt, sind die Kindergärten mit der zusätzlichen Übernahme sekundär präventiver Aufgaben meist überfordert, zumal es zur Durchführung mancher Fördermaßnahmen oftmals spezifischer Kompetenzen bedarf. Aus entwicklungspsychologischer Sicht hat Marcus Hasselhorn (2010) zu Recht darauf hingewiesen, dass die derzeitige Hochkonjunktur der Frühförderprogramme durchaus (noch) in einem Mißverhältnis zu den verfügbaren empirischen Befunden zur allgemeinen und differentiellen Wirksamkeit solcher Programme steht. Die anfänglich fast grenzenlose »Kompensationseuphorie« sollte aber nicht in Resignation umschlagen: Ein vorsichtiger, »gedämpfter« Optimismus für die präventiven Möglichkeiten der Frühförderung wäre eine vernünftige Betrachtungsweise.

Primäre Prävention

Weit gefasst beinhalten die primär präventiven alle erzieherischen Maßnahmen, die möglichst alle Kinder in optimaler Weise auf die Schule vorbereiten. Enger gefasst sind nur jene Kinder die Adressaten solcher Maßnahmen, die ein erhöhtes neurokognitives, sozial-emotionales oder psychosoziales Risiko aufweisen. Für die Beschreibung der entsprechenden Maßnahmen ist diese Unterscheidung hier nicht relevant. Im Folgenden wird zunächst auf die frühe Förderung lernmethodischer

Kompetenzen und auf die Förderung der mathematischen und schriftsprachlichen Vorläuferfertigkeiten eingegangen, danach auf die Förderung sozialer Kompetenzen. Der wichtige Bereich der sprachlichen Förderung wird in Abschnitt 4.3 gesondert behandelt. Wegen der Vielzahl der Förderverfahren können nur einige exemplarisch vorgestellt werden – soweit es belastbare Ergebnisse zu deren Wirksamkeit gibt, werden sie berichtet. In den praxisorientierten Darstellungen von Langfeldt und Büttner (2008) und Suchodoletz (2007) sowie bei Borchert, Hartke und Jogschies (2008) sind weitere Verfahren aufgeführt. Der Übergang von der primären Prävention zur sekundären bzw. tertiären, d. h. zur therapeutischen Intervention bei bereits aufgetretenen Störungen, ist dabei fließend.

Lernmethodische Kompetenzen

Als lernmethodische Kompetenzen bezeichnet man übergreifende Kompetenzen der Bewusstheit und der Selbststeuerung des eigenen Lernens, die für den Erwerb spezifischer Kenntnisse und Fertigkeiten von großer Bedeutung sind. Frühpädagogische Ansätze zur Förderung der lernmethodischen Kompetenzen galten lange Zeit als problematisch, zum einen wegen der zögerlichen Bereitschaft von Erzieherinnen, sich auf ein solches Curriculum überhaupt einzulassen, zum anderen aufgrund entwicklungspsychologischer Bedenken, ob man im Vorschulalter schon mit metakognitiven Inhalten arbeiten könne.

Inzwischen glaubt man zu wissen, dass bereits Drei- bis Fünfjährige über ihr eigenes Lernen und Denken nachdenken können und dass sie durchaus in der Lage seien, ein gewisses Ausmaß an *Selbststeuerung des Lernens* zu erlernen. Kristin Gisbert (2004) hat dargelegt, warum eine altersangemessene Vermittlung lernmethodischer Kompetenzen ein Bestandteil moderner Bildungs- und Erziehungspläne sein sollte und wie sich kindliche Lernprozesse in diesem Sinne fördernd begleiten lassen. Kinder begreifen ihr Lernen zunächst ausschließlich als »Handeln« –

Hintergrund: Tools of the mind (Tools)

Das Curriculum »Tools of the mind« (Bodrova & Leong, 2007) zielt auf die unterstützende Entwicklung der lernbezogenen selbstregulatorischen Fähigkeiten Drei- bis Sechsjähriger im wesentlichen durch den Einsatz kindlicher Rollen-, Lern- und Regelspiele. Tools orientiert sich methodisch an Wygotskis sozial-konstruktivistischer Theorie von Lernen und Entwicklung – das kindliche Spielhandeln wird von den speziell ausgebildeten Erzieherinnen fortlaufend begleitet und durch eine individuell zugeschnittene Förderung und durch Hilfestellungen ergänzt. Das Programm erstreckt sich über den Verlauf von etwa zwei Jahren und soll unterschiedliche Aspekte der kognitiven, motivationalen und emotionalen Selbstregulation fördern: z. B. den Belohnungsaufschub, die Inhibition irrelevanter Informationen, die Regulation der Aufmerksamkeit und die Kontrolle von Emotionen. »Tools« beinhaltet auch Bausteine zur Sprachförderung und zur Förderung der Vorläuferfertigkeiten des Lesens, Schreibens und Rechnens sowie zur Förderung sozial und emotional angemessener Verhaltensweisen.

Tools ist ein Beispiel für ein ganzheitlich-integratives, in den USA – vor allem bei Risikokindern – bereits erfolgreich evaluiertes Programm. Es steht damit in der Tradition der »kompensatorischen Vorschulprogramme« (Barnett, 1992). Vorliegende Studien verweisen insbesondere auf seine positiven Effekte hinsichtlich der sog. »exekutiven Funktionen«, also hinsichtlich der Fähigkeit zur Selbstregulation des eigenen Lernens (Diamond, Barnett, Thomas & Munro, 2007; Barnett, Jung, Yarosz, Thomas, Hornbeck, Stechuk & Burns, 2008). In deutschen Kindertageseinrichtungen ist das Tools-Programm bislang nicht erprobt worden. Eine Fortbildung von Kindergärtnerinnen zur Förderung selbstregulativer Verhaltensweisen beschreiben Perels, Merget-Kullmann, Wende, Schmitz und Buchbinder (2009).

---

durch geeignete Lernbegleitung können sie erfahren, wie aus dem eigenen Lernhandeln »Wissen« erwächst und dass der Wissensaufbau eine »kognitive Tätigkeit« ist. Aus dieser Beschäftigung mit dem eigenen Lernen, mit dem Aufbau und der Veränderung von Wissen, resultiert ein vertieftes Interesse an den Lernprozessen selbst und an den Lerngegenständen. Lernarrangements, die dazu geeignet sind, nennt Gisbert in Anlehnung an die Pionierarbeiten der schwedischen Frühpädagogin Ingrid Pramling »metakognitive« Lernsituationen. Im Kern geht es darum, zusammen mit den Lerninhalten (»Warum schneit es im Winter?«) stets auch das Lernen selbst zu thematisieren.[5] Inwieweit die Förderung lernmethodischer Kompetenzen Lernschwierigkeiten vorbeugt, ist nicht belegt. Unstrittig ist aber, dass die selbstregulativen Kompetenzen des Planens, Überwachens und Korrigierens des eigenen Denkens und Handelns wichtige Voraussetzungen erfolgreichen Lernens sind. Wichtig ist, dass die lernmethodische Förderung eng mit dem Lernen von Inhalten verknüpft wird, weil man das Lernen lernen nicht inhaltsfrei betreiben kann.

Vorläuferfertigkeiten des Lesens und Schreibens

Im Anfangsunterricht der 1. Klasse gibt es keine Stunde Null, in welcher der Schriftspracherwerb beginnt. Lesen und Schreiben bauen vielmehr auf den bereits vorhandenen Fertigkeiten der Sprachwahrnehmung und Sprachverarbeitung auf und auf der Funktionsfähigkeit anderer Strukturen und Prozesse der Informationsverarbeitung. Seit einiger Zeit wird in der pädagogisch-psychologischen Tradition in der Qualität der phonologischen (also lautsprachlichen) Informationsverarbeitung eine wichtige Voraussetzung für den späteren Erwerb der schriftsprachlichen Kompetenzen gesehen. Für die phonologische Informationsverarbeitung sind drei Aspekte wesentlich:

1. die sogenannte phonologische Bewusstheit, also das Wissen über die Lautstruktur von Sprache,
2. der sprachgebundene Teil des Arbeitsgedächtnisses und
3. die Geschwindigkeit, mit der sprachgebundene Informationen verarbeitet werden können.

Neben der phonologischen Bewusstheit gibt es auch eine Art metalinguistischer Bewusstheit insgesamt (also ein Wissen über lexikalische, syntaktische und pragmatische Aspekte von Sprache), die aus der Selbstreflexion sprachlicher Vorgänge resultiert.

Vorschulkinder unterscheiden sich hinsichtlich ihrer lautsprachlichen Kompetenzen. Mit dem Bielefelder Screening zur Früherkennung von Lese-Rechtschreib-Schwierigkeiten (BISC) liegt ein bewährtes Testverfahren vor, um solche Unterschiede frühzeitig zu erfassen. Das Würzburger Förderprogramm »Hören, lauschen, lernen« (HLL) ist ein Förderprogramm für Kinder im letzten Kindergartenjahr, das die *phonologische Bewusstheit* gezielt trainiert.[6] Wie ist das Programm aufgebaut? Im Kindergarten werden über mehrere Monate hinweg täglich zehn Minuten Übungen und Spiele durchgeführt, die sich auf den Sprachklang (Geräusche lauschen), auf die formale Struktur sprachlicher Einheiten (Reimspiele, Spiele mit Sätzen und Wörtern, Spiele mit Silben) und auf den bewussten Umgang mit Phonemen (Anlaute eines Wortes »wegnehmen« oder vertauschen, Worte in Einzellaute zerlegen, Einzellaute zu Worten zusammenfügen) beziehen. Die durchgeführten Wirksamkeitsprüfungen belegen die Effektivität des Programms; im Hinblick auf die späteren schriftsprachlichen Kompetenzen lassen sich Transfereffekte in mittlerer Größenordnung nachweisen. Da meist alle Kinder, also auch die mit guten Ausgangsvoraussetzungen, vom Programm profitieren, gelingt es allerdings nicht, die Nachteile sogenannter Risikokinder vollständig auszugleichen.

Hintergrund: Hören, lauschen, lernen (HLL)

Die Würzburger Sprachspiele für Kinder im Vorschulalter sind ein Beispiel für ein theoretisch fundiertes, nachweislich wirksames und in der praktischen Anwendung bewährtes Förderprogramm. Mit den Sprachspielen werden metasprachliche Voraussetzungen des Schriftspracherwerbs gefördert, wobei *Hören, lauschen, lernen* (Küspert & Schneider, 2003) auf die sprachliche Bewusstheit und *Hören, lauschen, lernen 2* (Plume & Schneider, 2004) vornehmlich auf die Buchstaben-Laut-Zuordnung zielt. Den Programmen liegt die Auffassung zugrunde, dass die Lautstruktur der gesprochenen Sprache eine wichtige (aber nicht die einzige) Vorläuferfertigkeit für den erfolgreichen Schriftspracherwerb ist. Der Anspruch beider Programme ist ein primär-präventiver – üblicherweise werden deshalb alle Kinder einer Kindergarten- oder Vorschulgruppe in die Förderung einbezogen.

Am Anspruch, durch die Förderung der phonologischen Bewusstheit einen wichtigen Beitrag zur Prävention späterer Lese-/Rechtschreibschwierigkeiten zu leisten, hat sich eine Kontroverse zu den Möglichkeiten und Grenzen der lautsprachlichen Förderung entzündet. Zu Recht fällt dabei der Blick auf die unterstellten Wirkmechanismen und auf die Teilkomponenten des Förderprogramms, also auf die Phonemsegmentierung und -synthese im engeren Sinn und auf die lautsprachliche Bewusstheit in einem weiter gefassten Sinne. Es gibt Hinweise darauf, dass diese Teilkomponenten von unterschiedlicher Bedeutung für die unterschiedlichen Phasen des Schriftspracherwerbs sind. Es gibt auch Hinweise darauf, dass ein zusätzliches Einüben von Buchstaben-Laut-Zuordnungen die Wirksamkeit des Förderprogramms erhöht. Auch dafür hat die Würzburger Arbeitsgruppe ein Trainingsprogramm entwickelt (HLL 2). Die Erziehungswissenschaftlerin Renate Valtin sieht ein isoliertes Funktionstraining im Vorschulalter eher kritisch: Das alphabetische Prinzip könne wesentlich besser durch einen analytisch-synthetisch gestalteten schulischen Anfangsunterricht vermittelt werden und im Vorschulalter solle man sich eher auf eine breit angelegte Sprachförderung und auf das Heranführen an die literarische Welt, also z. B. auf das Vorlesen und Erzählen konzentrieren.[7]

Vorläuferfertigkeiten des Rechnens

Das mathematische Denken baut auf basalen Kompetenzen des Zählens und elementaren Konzepten des Zahl- und Mengenbegriffs auf. Wie beim Lesen und Rechtschreiben gelten zudem »unspezifische« Merkmale der Informationsverarbeitung, vor allem die funktionale Kapazität des Arbeitsgedächtnisses, als wichtige Voraussetzungen der Kompetenzentwicklung. Als numerische Basisfertigkeiten gelten das mengen- und das zahlenbezogene Vorwissen und die Zählkompetenzen. Es gibt eine Reihe von Spielen und Materialien für Kinder im Vorschulalter, die den Erwerb dieser Kompetenzen und Fertigkeiten fördern sollen. Systematische Frühförderprogramme zielen meist auf die Unterstützung der Ausbildung eines »mentalen Zahlenstrahls« oder auf die Vermittlung von Wissen über Zahlen und einfachen arithmetischen Strategien.

Das in Würzburg entwickelte Förderprogramm *MZZ* (Mengen, Zählen, Zahlen) soll das Zahlverständnis von Vorschulkindern fördern, indem spielerisch die folgenden Teilfertigkeiten trainiert werden: Zahlen als Anzahlen begreifen, die Ordnung von Anzahlen verstehen und Anzahlen der Größe nach ordnen können, Anzahlen zerlegen und vergleichen können. Das Programm besteht aus 24 Trainingseinheiten, die über einen Zeitraum von acht Wochen durch zuvor geschulte Erzieherinnen durchgeführt werden. Ein zentrales didaktisches Mittel bei der Programmdurchführung ist die sogenannte Zahlentreppe, die die Struktur einer Zahlenfolge auf unterschiedlichen Repräsentationsebenen sichtbar macht. Die Besonderheit des Würzburger Förderprogramms besteht darin, dass es sich direkt auf ein theoretisches Entwicklungsmodell früher mathematischer Kompetenzen bezieht. Die wenigen bislang vorliegenden Evaluationsstudien haben positive Effekte erbracht, und zwar sowohl im Hinblick auf eine kurzfristige als auch für die langfristige Programmwirksamkeit. Es wird empfohlen, das Programm im letzten Kindergartenhalbjahr durchzuführen, also möglichst knapp vor der Einschulung.[8]

Sozial-emotionale Kompetenzen

Kindergarten und Schule bringen es mit sich, dass mit fremden Erwachsenen und mit anderen Kindern vielfältige Sozialkontakte aufgenommen werden müssen. Die sozialen Situationen bergen auch Konfliktpotentiale und erfordern Kompetenzen zur Bewältigung solcher Konflikte – wie z. B. die Fähigkeit, die eigenen Vorstellungen und Wünsche mit den Ansprüchen und Forderungen anderer in Einklang zu bringen. Zu den sozialen Kompetenzen zählt man:

1. die angemessene Wahrnehmung und das korrekte Interpretieren sozialer Situationen,
2. das Erkennen von und den Umgang mit eigenen und fremden Emotionen,
3. Einfühlungsvermögen und Hilfsbereitschaft und
4. die Fähigkeit zur gewaltfreien Lösung von Konflikten.

Von der Stärkung sozial-emotionaler Kompetenzen erhofft man sich eine vorbeugende Wirkung im Hinblick auf die mögliche Entwicklung oppositioneller und aggressiver Verhaltensweisen.

Die meisten primär präventiven Programme sind verhaltenstherapeutisch inspiriert und zielen auf den Aufbau selbstregulativer Kompetenzen. Im *Verhaltenstraining für Schulanfänger* wird mit Kindern 1. und 2. Klassen über einen Zeitraum von 26 Schulstunden im Klassenverband vor allem mit Rollenspielen und mit einer Handpuppe als Leitfigur gearbeitet. Das Verhaltenstraining fördert sozial-kognitive, emotionale und soziale Kompetenzen – trainingsleitend ist das Prinzip der Selbstinstruktion, bei der Erarbeitung der Trainingsinhalte kommen Signalkarten und Arbeitsblätter zum Einsatz. Die Wirksamkeit des Trainingsprogramms ist allerdings noch nicht hinreichend geprüft. Das gilt auch für das Programm *Mich und Dich verstehen*. Dieses Programm ist thematisch enger als vergleichbare Programme primär auf die Fähigkeit zur Emotionsregulation angelegt. Es zielt auf die Selbst- und Fremdwahrnehmung von Gefühlen und Bedürfnissen und auf den Umgang mit Angst und Stress. Das Programm *Faustlos* zur Prävention von aggressivem und gewaltbereitem Verhalten hat zum Ziel, die Fähigkeit von Kindern zur gewaltfreien Konfliktlösung zu stärken. Faustlos dient der Gewaltprävention, indem die Impulskontrolle und ein gewaltfreier Umgang mit Ärger und Wut eingeübt werden. Die dazu erforderlichen Kompetenzen umfassen das angemessene Wahrnehmen und Interpretieren von Signalen in einer sozialen Situation, das Klären von Handlungszielen und Handlungsentwürfen, das eigentliche Handeln und das Bewerten von Handlungen bzw. Handlungsergebnissen. *Faustlos* kann im Kindergarten und in der Grundschule eingesetzt werden, ein Curriculum für die Sekundarstufe ist in Vorbereitung. Bei der Programmdurchführung wird mit Geschichten und mit Bildmaterialien sowie mit Rollenspielen gearbeitet. Die Version für die Klassen 1–3 umfasst 51 Lektionen (Schulstunden), die über die ersten drei Grundschuljahre verteilt werden sollten. In Evaluationen hat sich eine angstreduzierende Wirkung des Programms erwiesen.[9]

Sekundäre Prävention

Wenn sich die Frühförderung gezielt an Kinder richtet, die von Geburt an behindert und/oder hinsichtlich ihrer Beeinträchtigungen bereits früh auffällig geworden sind, handelt es sich um sekundär präventive Maßnahmen. Die Behinderungen und Beeinträchtigungen können die körperliche, die geistige und/oder die soziale Entwicklung eines Kindes betreffen oder spezifische Teilbereiche kognitiver Funktionen. Für die Effizienz sekundär präventiver Maßnahmen ist es von entscheidender Bedeutung, dass sie möglichst frühzeitig einsetzen und konsequent angewandt werden. Die größten Behandlungserfolge werden im Allgemeinen dann erzielt, wenn der Schweregrad der Beeinträchtigung geringer ausgeprägt ist. Spezifische Maßnahmen der Sprachförderung und zur Einübung prosozialen Verhaltens, die sich an Kinder mit Migrationshintergrund und mit besonderen psychosozialen Risiken richten, werden auch als sekundär präventive bezeichnet.

Die Förderverfahren zur allgemeinen Vorbereitung auf das Lesen, Schreiben und Rechnen sind bereits unter dem Stichwort der primären Prävention genannt worden. Hier werden zusätzlich jene beschrieben, die sich auf spezifische Förderanlässe beziehen. Bei körperlichen Beeinträchtigungen, also bei *Körperbehinderungen* und bei Bewegungsstörungen, werden zur präventiven Therapie vornehmlich stimulierende physio- und ergotherapeutische Verfahren eingesetzt, beispielsweise nach den Konzepten von Bobath oder Vojta.[10] Sie gelten als bewährte Verfahren, es gibt allerdings keine verlässlichen Belege für Entwicklungsfortschritte, die auf dem Einsatz solcher Verfahren beruhen. Bei Beeinträchtigungen des *Sehvermögens* und der *Hörfähigkeit* beinhalten die Fördermaßnahmen Übungen, die die Effizienz der Nutzung noch vorhandener Sinnesreste steigern sollen. Bei einem verringerten *Seh- oder Hörvermögen* ist oft auch mit zusätzlichen Be-

---

Hintergrund: Vorsorgeuntersuchungen U1 bis U9

Zur Früherkennung von Krankheiten bei Kindern bis zur Einschulung gibt es zehn kinderärztliche Vorsorgeuntersuchungen (U1 bis U9, sowie U7a), wobei die ersten drei Untersuchungen in den ersten sechs Wochen nach der Geburt, die U4 bis U6 bis zum 12. Lebensmonat, die U7 bis zum Ende des zweiten, die U7a bis zum Ende des dritten, die U8 bis zum Ende des vierten und die U9 bis zum Ende des fünften Lebensjahres durchgeführt wird. Darüber hinaus gibt es eine verpflichtende Schuleingangsuntersuchung. Optional kommen während der Grundschuljahre die U10 und die U11 im 8. bzw. 10. Lebensjahr hinzu, in denen es um das Erkennen von Entwicklungs- und Schulleistungsstörungen sowie um problematisches Ernährungsverhalten und um Anzeichen gesundheitsschädigenden Medienverhaltens geht.

Bei den frühkindlichen Vorsorgeuntersuchungen werden je nach Alter des Kindes das Hör- und Sehvermögen geprüft, die Entwicklung der Sprache und der Motorik sowie die zeitgerechte körperliche Entwicklung insgesamt. Das frühzeitige Erkennen von Störungen der Sinnesorgane und des Sprechens ist für das Einleiten wirksamer Therapien von allergrößter Bedeutung – vor allem, um die Ausbildung von Sekundärstörungen zu vermeiden. Die Vorsorgeuntersuchungen sind auch bei der Aufdeckung von Kindesmisshandlungen und sexuellem Missbrauch diagnostisch relevant. Die Teilnahme an den Vorsorgeuntersuchungen war ursprünglich freiwillig. Sie konnte aber verpflichtend gemacht werden, wenn Anzeichen für eine Kindeswohlgefährdung vorlagen. Mittlerweile gibt es in den meisten Bundesländern eine gesetzliche Verpflichtung zur Teilnahme an den Vorsorgeuntersuchungen. Der Nutzungsgrad für die U1–U6 lag in den vergangenen Jahren bei etwa 90 %, einen vollständigen Vorsorgestatus bis zum 6. Lebensjahr weisen aber weniger als 80 % der Kinder auf. Etwa fünf von 100 Eltern verweigern die gesamte Untersuchungsreihe.

---

einträchtigungen in der motorischen und kognitiven, nicht selten auch in der sozial-emotionalen Entwicklung zu rechnen, die weiterer therapeutischer Zuwendung bedürfen. In besonderer Weise müssen auch die Eltern in die Fördermaßnahmen einbezogen werden, weil sie lernen müssen, auf eine andere als die übliche Art mit ihren Kindern zu kommunizieren. Hörschädigungen, die nicht frühzeitig behandelt werden, haben in aller Regel eine verzögerte oder gestörte Sprachentwicklung zur Folge.

Die *geistige Behinderung* als erhebliche Minderung der Intelligenz (IQ < 55) wird in aller Regel früh erkannt, auch wenn eine verlässliche Intelligenzdiagnostik im Kleinkindalter nicht einfach ist. Die Intelligenzminderung ist aber oft mit dem Vorliegen anderer, leicht sichtbarer Störungen assoziiert, vor allem mit Störungen der Sprache, der Sinneswahrnehmung und der Motorik. Die Förderung geistig behinderter Kinder zielt zunächst einmal auf den unterstützenden Kompetenzerwerb lebenspraktischer Kompetenzen, wie der selbstständigen Nahrungsaufnahme, des An- und Ausziehens und der Körperpflege, aber auch auf den Erwerb von Basisfertigkeiten der Kommunikation und des Sozialverhaltens. Gefördert wird auch die Wahrnehmungsfähigkeit, die Sprache und die Motorik sowie – im Rahmen der Möglichkeiten – die Grundlagen des Rechnens, Schreibens und Lesens. Die meisten geistig behinderten Kinder werden nicht in einer Regelschule eingeschult, sondern von Beginn an in spezifischen Förderschulen unterrichtet.

Fast alle Kinder zeigen irgendwann einmal in ihrem Entwicklungsverlauf »auffällige« Verhaltensweisen. Sie sind trotzig, unruhig, wütend, ängstlich oder impulsiv – und dann auch wieder nicht. Als verhaltensgestört werden Kinder erst dann bezeichnet, wenn die *Verhaltensauffälligkeiten* dauerhaft auf einem hohen Niveau persistieren und wenn es im Elternhaus, im Kindergarten oder in der Schule zu besonderen Schwierigkeiten der Erziehungspersonen im Umgang mit den

Kindern kommt. Auch wenn die sozialen Beziehungen zu Gleichaltrigen und Geschwistern nachhaltig beeinträchtigt sind, wird man von auffälligem Verhalten sprechen.

Fördermaßnahmen werden zunächst einmal mit einer ausführlichen Individualdiagnostik beginnen, die auch die familiäre Situation in den Blick nimmt, und dann an den individuellen Problemen des Kindes und am elterlichen Erziehungsverhalten ansetzen. Ein Beispiel dafür ist das von Manfred Döpfner entwickelte Therapieprogramm *THOP* für Kinder mit hyperkinetischem und oppositionellem Problemverhalten – es ist in seinem Aufbau und in seiner Ausrichtung paradigmatisch für andere verhaltens- und spieltherapeutisch orientierte Programme, die eltern- bzw. familienzentriert angelegt sind. Das Programm enthält insgesamt 21 Therapiebausteine zur:

- Problemdefinition und Behandlungsplanung,
- Förderung positiver Eltern-Kind-Interaktionen,
- Veränderung hyperaktiver und oppositioneller Verhaltensweisen des Kindes durch die Methoden des operanten Lernens und
- Einübung selbstinstruktiver und selbstregulativer Kompetenzen der Verhaltenssteuerung.

Die Wirksamkeit des THOP und ähnlicher Programme (wie z. B. des Trainings mit aufmerksamkeitsgestörten Kindern von Lauth und Schlottke) gilt als belegt. Auch die Wirksamkeit (zusätzlicher) pharmakotherapeutischer Maßnahmen bei massiven Aufmerksamkeitsdefizit-/Hyperaktivitätsstörungen ist belegt.[11]

Es gibt präventive Förderprogramme, die sich primär an die Eltern richten, wie die in Amerika verbreiteten Elterntrainings STEEP (Step Toward Effective, Enjoyable Parenting) und PPP (Positive Parenting Program). Sie werden, wie andere Programme auch, vor allem dann angeboten, wenn in der jeweiligen familiären Situation ein besonderes psychosoziales Risikopotential erkannt wird. Den Programmen werden indirekt-präventive Wirkungen auf das kindliche Problemverhalten zugeschrieben, weil über ein verändertes Erziehungsverhaltens der Eltern die kindliche Entwicklung beeinflusst werden kann.

Das verhaltenstherapeutisch orientierte Elterntraining *PPP* (auch Triple P genannt) soll Eltern helfen, eine liebevolle und fördernde Beziehung zu ihren Kindern aufzubauen. Es besteht aus einer Kombination von Information und Beratung mit einer Einübung von Erziehungsfertigkeiten zum Umgang mit problematischen kindlichen Verhaltensweisen. Zu diesen Erziehungsfertigkeiten gehört auch das Erlernen des selbstständigen und selbstregulativen Problemlösens in ganz unterschiedlichen Lebenssituationen. Wenn zusätzlich partnerschaftliche Konflikte vorhanden sind oder besondere familiäre Belastungen vorliegen, werden zusätzliche Übungsbausteine eingefügt. Das Programm kann als Einzeltraining oder mit Elterngruppen durchgeführt werden, es gibt auch Versuche, allein auf der Grundlage eines schriftlichen Erziehungsratgebers Hilfe anzubieten. Wirksamkeitsstudien belegen den Erfolg von Triple P.

Im Sinne angewandter Sozialhilfe ist *STEEP* ein gutes Beispiel für ein bindungstheoretisch begründetes Programm. STEEP richtet sich an Eltern in prekären Lebenssituationen, z. B. an suchtgefährdete oder in Armut lebende Eltern, insbesondere aber auch an erstgebärende, junge und alleinstehende Mütter. STEEP soll den Müttern dabei helfen, mit ihrem Kind so umzugehen, dass der Aufbau eines sicheren Bindungsverhaltens möglich wird. Das beginnt meist damit, dass über die Bedürfnisse von Kleinkindern informiert wird und dass auch die eigenen Bedürfnisse thematisiert und »zugelassen« werden. Das Programm beinhaltet für die Dauer von etwa zwei Jahren Hausbesuche durch die Beraterin/Therapeutin und Gruppentreffen mit anderen Eltern und mit der Beraterin im

wöchentlichen Wechsel. Bei den Hausbesuchen werden alltägliche Eltern-Kind-Interaktionen (bei der Nahrungsaufnahme oder beim Spielen) beobachtet und gemeinsam analysiert. Die Gruppentreffen haben vor allem eine soziale Funktion, sie dienen darüber hinaus der Einzelberatung und dem Austausch über aktuelle Problemlagen. Auch das in München entwickelte Präventionsprogramm *SAFE* (Sichere Ausbildung für Eltern) und die am Heidelberger Präventionszentrum um Manfred Cierpka verfolgten Ansätze sind Beispiele für bindungstheoretisch inspirierte Programme.[12]

Ohne expliziten Einbezug der Eltern kommen die kindzentrierten Trainingsprogramme aus, wie z. B. das Programm *Faustlos* zur Vermeidung aggressiven und antisozialen Verhaltens (s. o.) oder das soziale Problemlösetraining *EFFEKT* von Andreas Beelmann (das allerdings einen optionalen Elternbaustein enthält). Das soziale Problemlösetraining richtet sich an die gleiche Altersgruppe wie *Faustlos* und hilft bei der Bewältigung alltäglicher sozialer Konflikte. Eingeübt werden Verhaltensweisen gewaltfreier Interaktion und die Fähigkeit zur angemessenen Wahrnehmung und Interpretation sozialer Situationen und unterschiedlicher Interessen. Beide Programme haben sich im Sinne des Aufbaus prosozialer Verhaltensweisen als wirksam erwiesen – ihr Potential zur Vermeidung von Verhaltensauffälligkeiten bei Risikokindern ist jedoch unklar. Das liegt auch daran, dass für eine Vielzahl der später konfliktauslösenden Situationen eine modellhaft-konfliktlösende Einübung präventiv gar nicht möglich ist. Die Ergebnisse vorliegender Metaanalysen sind uneinheitlich, weisen aber in ihrer Mehrzahl auf moderat positive Effekte von Trainings zur Prävention dissozialer Verhaltensprobleme hin. Franz Petermanns *Training mit aggressiven Kindern* soll 6- bis 12-jährigen Kindern dabei helfen, alternative Verhaltensweisen zu erlernen. Das verhaltenstherapeutisch angelegte Einzeltraining wird durch eine Elternberatung begleitet. Wesentliche Elemente des Trainings sind Rollenspiele, Selbstbeobachtungen, Entspannungsübungen, Tokensysteme und Selbstinstruktionen. Das Training kann nur von ausgebildeten Therapeuten durchgeführt werden.[13]

4.3 Die Bedeutung der Sprache

Im ersten Lebensjahr erwirbt das Kleinkind aufgrund der sozial-sprachlichen Interaktionen mit Bezugspersonen phonologisch-prosodisches Wissen über die lautliche Struktur seiner Muttersprache (also der Sprache, in der die Mutter mit dem Kind spricht). Rezeptiv ist es am Ende des ersten Lebensjahres in der Lage, muttersprachliche Lautäußerungen in sinnvolle und bedeutsame Einheiten zu segmentieren. Im zweiten Lebensjahr entwickelt sich neben dem rezeptiven auch der produktive Wortschatz sprunghaft und ein Verständnis für Wortkombinationen und erste grammatische Regelhaftigkeiten bildet sich aus. Im dritten Lebensjahr erfährt vor allem die Sprachproduktion einen weiteren Entwicklungsschub und es wird zudem ein Verständnis für grundlegende Satzbezüge und für morphologische Strukturen aufgebaut. Der Spracherwerb steht in enger wechselseitiger Beziehung mit der kognitiven Entwicklung – zeitweilig oder anhaltend kann es aber auch zu beachtlichen Dissoziationen kommen. Für den Erwerb sprachlicher Kompetenzen sind allgemeine Lern- und Gedächtnisfähigkeiten, aber auch grundlegende Funktionen der Wahrnehmung und der Aufmerksamkeit Voraussetzung, auf der anderen Seite befördert die Sprache die Lern- und Gedächtnisentwicklung. Sprache ist das wichtigste Mittel der sozialen Kommunikation – geeignete Sprachangebote und das Vorhandensein kommunikativer Situationen fördern

deshalb den Erwerbsprozess von Sprache. Die erworbenen sprachlichen Kompetenzen gelten ihrerseits als wichtige Voraussetzungen der sozial-emotionalen Entwicklung.

Im Entwicklungsverlauf kann es zu Verzögerungen und Störungen der Sprachentwicklung kommen. Frühzeitig erkannt, können sie zum Anlass spezifischer Fördermaßnahmen werden, vor allem um Folgeprobleme beim Erwerb der schriftsprachlichen Kompetenzen und bei der Entwicklung des Sozialverhaltens zu vermeiden. Aber auch die »normale« Sprachentwicklung kann im Sinne einer primären Prävention durch ergänzende Fördermaßnahmen begleitet werden, die den späteren Schriftspracherwerb erleichtern. Die Programme zur Förderung der phonologischen Bewusstheit (vgl. Abschnitt 4.2) sind Beispiele dafür. Für den Erwerb schriftsprachlicher Kompetenzen ist die notwendige Erkenntnis zentral, dass Buchstaben und Buchstabenkombinationen (Grapheme) sprachliche Laute (Phoneme) repräsentieren. Konzeptuelles Wissen zur Analyse und Synthese von Phonemen erleichtert das Erkennen dieser Verbindungsregeln. Diese phonologische Bewusstheit im engeren Sinne scheint vor allem für die spätere Entwicklung des Rechtschreibens von Bedeutung, beim Lesenlernen spielen andere Aspekte der phonologischen Informationsverarbeitung, wie das phonologische Dekodieren und die Schnelligkeit der Worterkennung, eine größere Rolle. Im Folgenden geht es aber nur mittelbar um den Schriftspracherwerb (vgl. dazu Abschnitt 3.1), eher um die Bedeutung von Sprache für das schulische Lernen insgesamt, das heißt:

1. um Möglichkeiten der frühen Sprachstandsdiagnostik als Ausgangspunkt für primär- und sekundärpräventive sprachliche Fördermaßnahmen,
2. um die Beschreibung solcher Maßnahmen und
3. um die sprachliche Förderung von Kindern mit Migrationshintergrund.

Sprache und schulisches Lernen

Sprache ist nicht nur Mittel zur Kommunikation, sondern auch Werkzeug des Denkens und des Wissenserwerbs. Sprache macht es möglich, Begriffe und Konzepte leichter zu repräsentieren, zu verändern und mit anderen zu teilen. Kinder mit Sprachstörungen sind beim schulischen Lernen von Anfang an benachteiligt: Sie stellen weniger Fragen, ihre Begriffs- und Konzeptbildung ist aufgrund des geringeren Wortschatzes erschwert und sie können aufgrund ihrer eingeschränkten syntaktisch-grammatikalischen Kompetenzen dem Unterricht oftmals nicht so gut folgen und schriftsprachliche Angebote weniger effizient wahrnehmen. Wenn sie sprachliche Anweisungen weniger gut verstehen, kann das auch zu Verhaltensauffälligkeiten und zu unangemessenen Verhaltensweisen führen. Sprache und Spracherwerb sind deshalb von großer Bedeutung für die gesamte kognitive und sozial-emotionale Entwicklung, aber auch für die schulische Laufbahn eines Kindes.

Ein unzureichender konkret-sprachlicher Input wird als Hauptursache einer Reihe von sprachlichen Defiziten angesehen. Vor allem bei Kindern mit Migrationshintergrund wird häufig ein unzureichendes Sprachangebot in der späteren Unterrichtssprache als Ursache der vielfach bestehenden sprachlichen Probleme vermutet, weil sie in vielen Fällen Deutsch erst im Kindergarten lernen – oft unter ungünstigen Bedingungen – und weil die Qualität des Sprachangebots in der Zweitsprache nicht immer optimal ist. Es gibt auch Kinder, die erst mit fünf oder sechs Jahren systematisch mit der deutschen Sprache in Berührung kommen. Nachteile, die diese Kinder später im Bildungswesen erleben, werden in erster Linie auf ihre frühen sprachlichen Defizite zurückgeführt. Dabei darf jedoch nicht vergessen werden, dass ein mehrsprachiges Aufwachsen grundsätzlich auch eine Vielzahl positiver Entwicklungschancen und -potenziale mit sich bringt, die allerdings nur dann zum Tragen kommen, wenn sie sinnvoll genutzt werden.

Bedingungen des Spracherwerbs können nicht unabhängig von den (mehr oder weniger) sprachförderlichen Sozialisationsbedingungen im Elternhaus und in der sozialen Umgebung eines Kindes betrachtet werden. Vor allem bei Kindern aus bildungsarmen Elternhäusern, aber auch beim Aufwachsen in sozialen Umgebungen, die wenig kompetente Sprachmodelle bereit halten, besteht die Gefahr, dass die Entwicklung ihrer sprachlichen Kompetenzen nicht so verläuft, wie es sein sollte. In Familien mit hohem Sozialstatus, so wird geschätzt, bekommen die Kinder mehr als dreimal so viele Wörter am Tag zu hören wie in Familien mit niedrigem Sozialstatus. Es besteht auch die Gefahr, dass unerfahrene und bildungsferne Eltern Anzeichen einer verzögerten oder gestörten Sprachentwicklung übersehen und dass ein günstiger Zeitpunkt zur Frühintervention so verpasst wird.

Sprachstandsdiagnostik

Wenn sprachliche Besonderheiten nicht bei den medizinischen Vorsorgeuntersuchungen oder im Kindergarten entdeckt werden, fallen sie oft – eigentlich viel zu spät – in der Grundschule auf: Ob ein Kind ohne Modulation spricht, ob es stammelt oder stottert, ob es undeutlich artikuliert, ob es Wörter bzw. deren Bedeutung verwechselt, ob es für sein Alter ungewöhnlich viele grammatikalische Fehler macht oder ob es sprachliche Anweisungen nicht befolgen kann. Die informellen Beobachtungen können aber nur der Ausgangspunkt einer systematischen Sprachstandsdiagnostik sein. Grundsätzlich kann sich die Erfassung des Sprachstandes auf den rhythmisch-prosodischen und auf den phonetischen oder phonologischen Teilbereich beziehen, auf die pragmatische Komponente, auf den Wortschatz und auf die

Hintergrund: Linguistische Sprachstandserhebung bei Kindern mit Deutsch als Zweitsprache

Weil die Mehrzahl der vorliegenden Instrumente zur Sprachstandsdiagnostik die spezifische Situation mehrsprachiger Kinder nicht berücksichtigt, haben Petra Schulz und Kolleginnen (Schulz & Tracy, 2011; Schulz, Tracy & Wenzel, 2008; Schulz, Kersten & Kleissendorf, 2009; Wenzel, Schulz & Tracy, 2009) die linguistische Sprachstandserhebung LiSe-DaZ für 3- bis 7-jährige Kinder mit Deutsch als Zweitsprache entwickelt, die eine zuverlässige Identifikation der besonders förderbedürftigen Kinder ermöglichen soll. Als differentialdiagnostisches Verfahren liefert LiSe-DaZ Anhaltspunkte zur individuellen Sprachförderung in den beiden zentralen Kompetenzfeldern der Sprachproduktion und des Sprachverständnisses. Bei der Sprachproduktion werden z. B. Leistungen in den Teilbereichen Wortstellung und Flexion sowie hinsichtlich der Verwendung von Wortklassen und Fallbildungen erfasst. Beim Sprachverständnis geht es z. B. um das Beantworten einfacher W-Fragen und um das Verständnis von Negation. Nach einer entsprechenden Weiterbildung können Erzieherinnen und Lehrerinnen das Testverfahren, das als Individualtest etwa 30 Minuten in Anspruch nimmt, eigenverantwortlich durchführen.

Das Verfahren LiSe-DaZ ist mehrschichtig, indem es unterschiedliche sprachliche Ebenen adressiert und sowohl die produktiven als auch die rezeptiven Kompetenzbereiche prüft. Es trägt auch den unterschiedlichen Sprachentwicklungsbedingungen der DaM- und DaZ-Kinder (Deutsch als Muttersprache bzw. Zweitsprache) Rechnung, indem die Länge des Deutschkontakts bei der Normierung berücksichtigt wurde. Erste Erfahrungen mit der gezielten Förderung der DaZ-Kinder in ihren durch den Test aufgedeckten Problembereichen sind positiv.

linguistischen Komponenten der Morphologie, der Semantik und der Syntax. Sprachtests unterscheiden sich auch darin, ob sie auf die rezeptive und/oder produktive Seite der Sprachkompetenz zielen.

Differentialdiagnostische Ansätze, die einen altersnormierten Vergleich des individuellen Sprachentwicklungsstandes erlauben, entstammen eher der entwicklungspsychologischen oder der sonderpädagogischen, seltener der rein sprachwissenschaftlichen Tradition. Sie beinhalten allerdings oft linguistische Elemente ebenso wie Elemente, die sich auf die soziale und pragmatische Funktion von Sprache beziehen und auf die lautsprachliche Kompetenz.

Ein neuer, durch bildungspolitische Vorgaben beförderter Trend besteht in der flächendeckenden Einführung von Verfahren zur Sprachstandsdiagnostik vor der Einschulung. So wurden in den meisten Bundesländern in den letzten Jahren Screening-Verfahren zur Erfassung des sprachlichen Entwicklungsstandes am Ende der Kindergartenzeit eingeführt, etwa die Verfahren

Delfin 4 (Nordrhein-Westfalen), *Fit in Deutsch* (Niedersachsen), *Bärenstark* (Berlin) oder in Hessen das aus dem Marburger Sprach-Screening hervorgegangene Verfahren *KiSS*. Die Validität dieser in der Regel wissenschaftlich kaum fundierten Verfahren ist unter Fachleuten sehr umstritten. Zur raschen und ökonomischen Identifikation von Risikokindern sind sie aber möglicherweise brauchbar. Es ist allerdings noch nicht zufriedenstellend geregelt, in welcher Weise die in einem solchen Screening als auffällig identifizierten Kinder anschließend gefördert werden sollen. Schulz, Kersten und Kleissendorf (2009) weisen kritisch darauf hin, dass allein mit der flächendeckenden Einführung nicht standardisierter, nicht normierter sowie sprachtheoretisch nicht begründeter Screeningverfahren noch nichts gewonnen ist.

Im Falle individueller Förderbedürftigkeit können solche Screenings eine ausführliche Individualdiagnostik mit standardisierten Testverfahren nicht ersetzen, zumal sie zu unspezifisch sind, ihre diagnostische Qualität nicht gesichert ist und darüber hinaus unklar bleibt, ob sie in qualifizierter Weise durchgeführt und ausgewertet werden. Eine Ausnahme hinsichtlich der Gütekriterien stellt das Heidelberger Auditive Screening in der Einschulungsuntersuchung HASE dar, das sich als prädiktiv sowohl für die späteren schriftsprachlichen als auch für die sprachlichen Leistungen erwiesen hat. Etablierte und bewährte Testverfahren für Drei- bis Sechsjährige sind auch der Heidelberger Sprachentwicklungstest HSET, der Sprachentwicklungstest für Kinder SETK 3–5 sowie der Marburger Sprachverständnistest für Kinder MSVK. Der HSET erfasst produktive und rezeptive Aspekte der Sprache hinsichtlich der Satzstrukturen und der morphologischen Struktur, der Satz- und Wortbedeutung sowie zur interaktiven Sprachkompetenz. Der HSET erfordert einen Zeitaufwand von etwa 70 Minuten und ist normiert für den Altersbereich zwischen vier und zehn Jahren – allerdings dürften die vergleichsweise »alten« Normierungswerte nicht mehr dem Entwicklungsstand heutiger Kinder entsprechen. Der SETK 3–5 erfasst neben dem Satzverstehen und der morphologischen Regelbildung auch das Enkodieren semantischer Relationen und sprachgebundene Gedächtnisleistungen, wie die Gedächtnisspanne für Wortfolgen und die Kapazität des phonologischen Speichers. Die Dauer der Testdurchführung beträgt etwa 25 Minuten. In Baden-Württemberg

werden das Screening HASE und der Sprachentwicklungstest SETK 3–5 häufig in einem gestuften Verfahren eingesetzt: achtzehn Monate vor der Einschulung das HASE und bei den dort identifizierten Risikokindern zusätzlich der SETK 3–5. Der MSVK ist für Kinder ab fünf Jahren geeignet und kann als Gruppentest durchgeführt werden (Testdauer 40 Minuten). Die Untertests des MSVK zielen auf den Wortschatz und die Wortbedeutung, auf das Satz- und Instruktionsverständnis und auf die Fähigkeit zur person- und situationsbezogenen Sprachzuordnung. Das Bielefelder Screening BISC zielt auf eine metasprachliche Vorläuferfertigkeit des Schriftspracherwerbs, die phonologische Bewusstheit (s. o.).[14]

Sprachförderung

Wer soll gefördert werden? Welche Handlungsbereiche früher Sprachförderung gibt es und mit welchen Förderinhalten werden die besten Erfolge erzielt? Die scheinbar einfachen Fragen lassen sich so einfach nicht beantworten. Zum einen liegt das in der Problematik der frühen Sprachstandsdiagnostik selbst begründet, zum anderen darin, dass es zwar eine Vielzahl sprachlicher Fördermaßnahmen und -empfehlungen gibt, aber kaum wissenschaftliche Evaluationsstudien, die ihre Wirksamkeit untermauern könnten.

Hintergrund: Sprachentwicklung, Entwicklungsstörung und Migrationshintergrund

Im Projekt MILA (The Role of Migration Background and Language Impairment in Language Achievement) des Frankfurter Forschungszentrums IDeA wird die normale und die gestörte Sprachentwicklung monolingual (deutsch) und mehrsprachig aufwachsender Kinder längsschnittlich untersucht (www.idea-frankfurt.eu/kinder/projekte/projekt-mila). Verglichen werden 120 Kinder und zwar jeweils 60 DaM- und DaZ-Kinder (Deutsch als Muttersprache bzw. Zweitsprache) mit und ohne spezifische Sprachentwicklungsstörung (SSES). Zum ersten Messzeitpunkt sind die Kinder etwas älter als drei Jahre. Als Testverfahren werden zwei standardisierte Sprachentwicklungstests (SETK 3–5 und LiSe-DaZ) eingesetzt, zusätzlich werden Spontansprachaufnahmen durchgeführt, transkribiert und analysiert sowie psycholinguistische Experimente zum Sprachverstehen und zur Sprachproduktion durchgeführt (Grimm & Schulz, in Vorb.). Ergebnisse liegen bislang nur für die Eingangsuntersuchung vor: In der untersuchten Stichprobe kovariiert der Bildungsgrad der Eltern mit der Klassifikation DaM/DaZ. Die DaZ-Kinder schneiden in den Sprachtests generell schlechter ab als die DaM-Kinder.

Inzwischen weit verbreitet sind Trainings zur Förderung der phonologischen Bewusstheit, als Form der metasprachlichen Förderung und zum Einüben der Buchstaben-Laut-Zuordnung im Vorschulalter, die das Ziel haben, den Schriftspracherwerb zu erleichtern (vgl. Abschnitt 4.2). Daneben gibt es Förderverfahren, die sich eher an den Regelhaftigkeiten einer Sprache orientieren und Verfahren zur Förderung des aktiven und passiven Wortschatzes. Bei älteren Kindern werden häufig die sprachlich-expressiven Fertigkeiten trainiert, beispielsweise durch szenische Aufführungen und durch Rollenspiele sowie durch kooperative Lehr-Lern-Arrangements – wie etwa in den Jacobs-Sommer-Camps in Bremen oder im Deutsch-Sommer der Stiftung Polytechnische Gesellschaft in Frankfurt am Main (vgl. Abschnitt 2.4).

Die Landesstiftung Baden-Württemberg fördert im Rahmen des Projekts »Sag mal was – Sprachförderung für Vorschulkinder« Kindergartenkinder mit und ohne Deutsch als Erstsprache, die zuvor als förderbedürftig diagnostiziert worden waren. Die Förderung, die es in unterschiedlichen Varianten gibt, wird durch geschulte Erzieherinnen durchgeführt und hat einen zeitlichen Umfang von 120 Stunden. Sie umfasst ganz unterschiedliche Programme, die oft auch Sprachspiele unter Einbezug von Musik und Bewegung oder die Verwendung von Handlungsgeschichten enthalten. Etwa 80 000 Kinder haben bereits am Projekt teilgenommen. Erste Ergebnisse einer Evaluationsstudie in den Städten Heidelberg und Mannheim deuten darauf hin, dass diese Art der primären Prävention offenbar nicht ausreicht, um einen nachhaltigen Fortschritt zu erzielen. Jedenfalls erwies sich dort die spezifische Förderung der unspezifischen Förderung im normalen Kindergartenalltag nicht als überlegen. Weder unmittelbar nach der Fördermaßnahme, noch in den schulischen Leistungen am Ende des ersten und zweiten Schuljahres zeigten sich Vorteile für die geförderten Kin-

der. Dass die Sprachförderung nicht wirksam war, kann allerdings verschiedene Ursachen haben: dass sie zu spät ansetzt (im letzten Kindergartenjahr), dass die Sprachtrainer zu unerfahren waren und dass zu viele Stunden ausgefallen sind, dass auch in den Kontrollgruppen gut gefördert wurde oder dass die Förderprogramme nicht geeignet waren.[15]

Eine differentialdiagnostische Sprachstandsmessung erlaubt das Einleiten sekundär präventiver Fördermaßnahmen. Solche Fördermaßnahmen werden meist von Sprachtherapeuten durchgeführt, sie können sich auf Sprech- und Stimmübungen beziehen, auf den Wortschatz, auf die Regelhaftigkeiten der Sprache und auf ihre kommunikative Funktion. Erst das individuelle Anpassen der Fördermaßnahmen an den aktuellen Sprachstand eines Kindes verspricht allerdings Erfolg. Im Übrigen ist es wichtig, das häusliche Umfeld in die Planung und Durchführung der Maßnahmen mit einzubeziehen.

Auch das elterliche *Vorlesen* fördert die Entwicklung der sprachlichen Kompetenzen, die frühe Schriftlichkeit und die späteren Leseleistungen. In einer Metaanalyse vorliegender Studien kommen Bus, van Ijzendoorn und Pellegrini (1995) zu dem Schluss, dass sich insbesondere das sogenannte interaktive dialogische Bilderbuchvorlesen als günstig erweist. Beim dialogischen Lesen wird das Kind ermuntert, Geschichten zu den Bildern zu erzählen, die der erwachsene Lesepartner ergänzt und hinterfragt. Nicht jede Art von Vorlesen, sondern nur die qualitativ hochwertigen Leseinteraktionen wirken sich also positiv auf die Sprach- und Schriftsprachentwicklung aus. Das lässt sich auch auf die sprachliche Entwicklung bei migrationsbedingter Mehrsprachigkeit übertragen: Entscheidend ist demnach nicht, welche Sprache die Eltern mit ihrem Kind sprechen, sondern in welcher Intensität und Qualität dies geschieht.

Umstritten ist, wie früh eine präventive Sprachförderung ansetzen sollte. Gegen die

Hintergrund: Frühförderung bei Sprachentwicklungsverzögerungen

Um späteren Lernschwierigkeiten, Verhaltensauffälligkeiten und sozial-emotionalen Störungen vorzubeugen, hat Anke Buschmann eine elternzentrierte Frühintervention für Kinder mit einer *Sprachentwicklungsverzögerung* als sekundärpräventive Maßnahme konzipiert und erprobt. Elternzentrierte (indirekte) Interventionen sind in Deutschland im Vergleich zur den ungleich aufwendigeren kindzentrierten Sprachtherapien eher unüblich. Ein wichtiges Anliegen der elternzentrierten Intervention besteht zunächst einmal darin, das oftmals suboptimale sprachliche Interaktionsverhalten der Eltern mit ihrem Kind zu durchbrechen und zu verändern.

Das *Heidelberger Elterntraining zur frühen Sprachförderung* (Buschmann, 2009) richtet sich vor allem an Eltern (meist kommen allerdings nur die Mütter) von Zweijährigen, die in der Vorsorgeuntersuchung U7 als auffällig im Bereich der expressiven Sprachfunktionen diagnostiziert wurden. Das Programm zielt auf eine Optimierung des sprachförderlichen elterlichen Kommunikationsverhaltens in den alltäglichen Interaktionssituationen, also z. B. beim Wickeln, beim Essen oder beim Spielen. Dazu werden natürliche Sprachlehrstrategien bewusst gemacht, erweitert und eingeübt. Das Programm wird in Gruppen von bis zu zehn Teilnehmern durchgeführt und hat einen Umfang von sieben mehrstündigen (abendlichen) Sitzungen. Die Fördermaßnahme richtet sich an Eltern einsprachig deutsch aufwachsender Kinder. Damit auch Kinder mit Migrationshintergrund davon profitieren können, ist ein Mindestmaß an Deutschkenntnissen der Eltern Voraussetzung.

In zwei sorgfältig kontrollierten Evaluationsstudien (Buschmann, Jooss, Rupp, Feldhusen, Pietz & Philippi, 2009; Buschmann, Jooss, Rupp, Dockter, Blaschtikowitz, Heggen & Pietz, 2008) hat sich gezeigt, dass die Teilnahme der Mütter am Training zu einer akzelerierten Sprachentwicklung ihrer Kinder führte. Die Zahl der sog. »Aufholer« war deutlich höher als bei den Kindern einer nicht behandelten Kontrollgruppe (wait-and-see). Bis zu ihrem 3. Geburtstag konnte die Quote der natürlichen oder Spontanaufholer bei den isoliert expressiv beeinträchtigten Kindern um nahezu ein Drittel, bei den Kindern mit rezeptiv-expressiven Defiziten um 20 % gesteigert werden. Entsprechend seltener wurde im dritten Lebensjahr eine *Sprachentwicklungsstörung* diagnostiziert.

sehr frühe Förderung spricht eine relativ hohe Quote sogenannter Spontanaufholer, deren Entwicklungsverzögerungen bis zum Schulanfang ohnehin wieder verschwunden sind. Auf der anderen Seite lässt sich retrospektiv für nahezu alle Kinder, bei denen nach dem 3. Lebensjahr eine Entwicklungsstörung diagnostiziert wurde, auch eine vorherige Entwicklungsverzögerung der Sprache nachweisen. Zunehmend wird deshalb eine Strategie des Zuwartens als problematisch angesehen. Frühinterventionen sind allerdings aufwendig und erfordern den Kooperationswillen der Eltern zur therapieunterstützenden Mitarbeit. Die Frühinterventionen werden in aller Regel durch ausgebildete Sprachtherapeuten in den entsprechenden klinischen Einrichtungen durchgeführt, vereinzelt auch in den Kindertagesstätten. Neuerdings gibt es vermehrt Bestrebungen, zur Frühintervention die Interaktionen der Kinder mit den unmittelbaren Bezugspersonen (meist den Müttern) zu nutzen, indem beispielsweise das gemeinsame Bilderbuchlesen oder das Sprechverhalten in gemeinsamen Spielsituationen optimiert werden. Das setzt allerdings voraus, dass die Bezugspersonen der Förderkinder vorher eine geeignete Unterweisung erhalten.

Sprachförderung in der Zweitsprache

Viele Kinder mit Migrationshintergrund haben zum Zeitpunkt der Einschulung nur unzureichende Deutschkenntnisse (es gibt aber auch immer mehr deutschsprachige Kinder mit sprachlichen Defiziten). Dabei sind der genaue Status und die Qualität der Zweisprachigkeit durchaus unterschiedlich. Es gibt Kinder, die zwei Sprachen vollständig und kompetent beherrschen, Kinder, die nur eine der beiden Sprachen gut, die andere unzureichend beherrschen und es gibt die halbsprachig kompetenten Kinder, die beide Sprachen nur unvollständig beherrschen und bei der Sprachproduktion häufig mischen. Die Sprachwissenschaft spricht im ersten Fall, der insbesondere bei Kindern mit einem deutsch- und einem fremdsprachigen Elternteil vorliegt, von den »balanciert Bilingualen« mit doppeltem Erstspracherwerb von Beginn an, im zweiten, bei Kindern aus Zuwandererfamilien überwiegenden Fall, von der »dominanten« oder »sukzessiven Zweisprachigkeit«, bei der die Muttersprache (die Sprache des Herkunftslandes) dominant und die Sprache des Aufnahmelandes die Zweitsprache ist und im dritten, besonders ungünstigen Fall von der »Halbsprachigkeit«. Während der Spracherwerbsphasen vermischen die zweisprachig aufwachsenden Kinder vor allem bei der Sprachproduktion nicht selten die beiden Sprachen – und zwar auf der lautsprachlichen, der semantischen und auf der syntaktischen Ebene. Hinweise auf eine höhere Anfälligkeit für Sprachentwicklungsstörungen im eigentlichen Sinne gibt es aber nicht. Es gibt auch keine Anzeichen dafür, dass die Determinanten des Schriftspracherwerbs bei Kindern mit und ohne Migrationshintergrund verschieden wären. Maßnahmen der vorschulischen Sprachförderung beziehen sich in aller Regel auf die Förderung der deutschen Zweitsprache (L2). Dabei ist allerdings zu beachten, dass auch der Muttersprache (L1) eine große Bedeutung für die Identitätsentwicklung eines Kindes zukommt, weil die Herkunftssprache auch die soziale und kulturelle Zusammengehörigkeit ausdrückt, und dass dem kompetenten Gebrauch der Muttersprache auch eine förderliche Wirkung auf den Zweitspracherwerb zugeschrieben wird. Zudem gilt kompetente Mehrsprachigkeit in unserer Gesellschaft grundsätzlich als ein erstrebenswertes Ziel, mit dem viele positive, persönliche und auch berufliche Chancen verbunden sind.

Kinder mit migrationsbedingter Mehrsprachigkeit fallen in der Schule überproportional häufig durch schlechtere Leistungen und durch Lernschwierigkeiten auf. Die Forderung nach sprachlicher Förderung, vor allem nach frühen Fördermaßnahmen bereits vor Schulbeginn, wird deshalb zu Recht erhoben. Kontrovers wird allerdings in der Wissenschaft und in der Bildungspolitik darüber diskutiert, ob sich die Sprachförderung vor allem oder ausschließlich auf die deutsche Zweit- und Unterrichtssprache konzentrieren soll oder ob zusätzlich und zunächst in der Erst- bzw. Muttersprache ein zufriedenstellendes sprachliches Kompetenzniveau anzuzielen sei (vgl. Abschnitte 2.4 und 3.5). Die bildungspolitische Auseinandersetzung ist zwar interessant, aber wenig ergiebig, weil sie oft von tages- und parteipolitischen Interessen überlagert ist. Aber auch die wissenschaftliche Befundlage ist nicht völlig eindeutig und lässt es durchaus zu, dass beide Förderwege – also auch eine Sprachförderung in der Erst- bzw. Muttersprache – beschritten und erprobt werden. In der Mehrzahl sprechen die Befunde allerdings für eine möglichst umfassende und konsequente Förderung der deutschen Zweit- bzw. Unterrichtssprache.[16] Dessen ungeachtet gibt es ein stark anhaltendes Interesse an den Chancen und Gelingensbedingungen mehrsprachlicher schulischer Bildung. Übereinstimmend werden die folgenden Faktoren dabei als besonders wichtig betrachtet:

1. Die zweisprachigen Bildungsangebote müssen früh, das heißt möglichst schon im Kindergarten bereitgestellt werden,

2. Eltern, die ihre Kinder zweisprachig erziehen wollen, bedürfen der besonderen Unterstützung und

3. der Fähigkeitserwerb zur »fachlichen« Kommunikation in der Unterrichtssprache muss systematisch unterstützt werden – anders als der Fähigkeitserwerb zur Alltagskommunikation.

Wie sehen die frühen Fördermaßnahmen für Kinder mit Deutsch als Zweitsprache aus und worin unterscheiden sie sich von sprachlichen Fördermaßnahmen, die sich an monolingual (deutsch) aufwachsende Kinder richten? Grundsätzlich gibt es Förderprogramme mit eher sprachdidaktischem bzw. sprachwissenschaftlichem Hintergrund, die auf den formalen Regelerwerb zielen, und die eher vorschulpädagogisch orientierten Programme zur Förderung der sprachlichen Kommunikationsfähigkeit. Zum Einsatz in den letzten beiden Kindergartenjahren eignen sich vor allem Verfahren zur Förderung der phonologischen Bewusstheit, sowie Verfahren, die zusätzlich auf die Laut-Buchstaben-Zuordnung und auf sprachliches Regellernen zielen. Für das Programm *Hören, lauschen, lernen* ließen sich positive Effekte auch bei Kindern mit Migrationshintergrund nachweisen, vor allem dann, wenn das Programm

um Übungen zur Förderung des Wortschatzes und zum syntaktischen Verständnis erweitert wurde. Das Programm *KonLab* zielt auf sprachliches Regellernen bei Kindern mit Deutsch als Zweitsprache und die Programme *Hörspaß* und *Hörpfad* sollen die auditive Informationsverarbeitung und die phonologische Bewusstheit dieser Kinder fördern. Verlässliche (vergleichende) Wirksamkeitsstudien stehen für die letztgenannten und für andere Förderprogramme allerdings noch aus.[17]

Es gibt auch Förderprogramme, die sich der Muttersprache der Kinder bedienen. Sie können sich wiederum auf die Vorläuferfertigkeiten des Schriftspracherwerbs beziehen oder auf die Förderung sprachlichen Regelwissens bzw. des Wortschatzes. Das Programm *Hören, Sehen, Lernen* von Frans Coninx und Petra Stumpf gibt es z. B. auch in einer zweisprachigen Version für türkisch-

Hintergrund: Vorschulische metasprachliche Förderung in der Muttersprache

Im Rahmen eines Projekts zur vorschulischen Sprachförderung bei 70 türkischen Kindern bzw. bei Kindern mit türkischen Eltern hat Nelli Schweizerhof (2009) die Effektivität einer muttersprachlichen Förderung (L1) der phonologischen Bewusstheit mit einer entsprechenden Förderung in der deutschen Zweitsprache (L2) verglichen. Zum Einsatz kamen über einen Zeitraum von acht Wochen das deutschsprachige Förderprogramm Hören, lauschen, lernen (HLL; Küspert & Schneider, 2003) bzw. die türkisch-deutsche Version Hören, Sehen, Lernen (HSL; Coninx & Stumpf, 2007). In der deutschsprachigen Fördervariante wurden die HLL-Elemente mit Elementen des regelbasierten Förderprogramms KonLab (Penner, 2005) kombiniert. Untersucht wurde die Leistungsentwicklung in den metasprachlichen Kompetenzbereichen Silben Segmentieren, Reimerkennung und Anlauterkennung (gemessen über die entsprechenden Untertests des BISC und über ein neu entwickeltes Verfahren zur Erfassung der phonologischen Informationsverarbeitung im Deutschen und im Türkischen). Für die beiden erstgenannten Kompetenzbereiche ergaben sich Leistungsverbesserungen in der L1, also im Türkischen, unabhängig von der Sprache, in der die Förderung durchgeführt wurde, bei der Anlauterkennung verbesserten sich allerdings nur die in der L1 geförderten Kinder. Für alle drei Untertests ergaben sich Leistungsverbesserungen in der deutschen Sprache (L2) und zwar unabhängig davon, ob das Training in der L1 oder in der L2 durchgeführt worden war.

Die Ergebnisse sprechen also für eine Transferwirkung metasprachlicher Kompetenzen von der einen in die andere Sprache und für die Wirksamkeit der deutschsprachigen und der türkischen Programmversion. Zumindest für die phonologische Bewusstheit erfährt demnach die Transferannahme von Cummins (1979) eine Bestätigung. Es bleibt abzuwarten, ob die kurzfristigen Leistungsverbesserungen anhaltende Wirkungen im Hinblick auf den Schriftspracherwerb in der L2 entfalten und ob sich diese Wirkungen wiederum als unabhängig von der Fördersprache erweisen. Der in der Familie gesprochenen Sprache – also der häusliche Umgangssprache der Kinder – kam im Übrigen keine Bedeutung für die sprachspezifische Wirksamkeit der Fördermaßnahme zu. Aus den Ergebnissen der Studie lässt sich nicht ableiten, dass eine metasprachliche Förderung in der Muttersprache vorzuziehen wäre.

deutsche Kinder. Begründet wird der muttersprachliche Ansatz meist mit Verweis auf die Cummins-Hypothese (vgl. Abschnitt 3.5), gerechtfertigt ist der muttersprachliche Ansatz dann, wenn mit der muttersprachlichen Förderung auch eine Verbesserung der späteren (deutschen) Unterrichtssprache einhergeht. In anderen Ländern, vor allem in den USA, hat der Einbezug der Muttersprache in die sprachliche Förderung von Kindern (und auch das bilinguale Unterrichten) eine sehr viel längere Tradition als in Deutschland. Den lange Zeit in den meisten Bundesländern üblichen muttersprachlichen Ergänzungsunterricht gibt es inzwischen kaum noch.

In der DESI-Studie ist bei Kindern mit Migrationshintergrund untersucht worden, wie sich die deutsch- und englischsprachlichen Kompetenzen mehrsprachiger Jugendlicher mit simultan-bilingualem Spracherwerbstypus und von Jugendlichen mit sukzessiv-bilingualem Spracherwerbstypus entwickelt haben, und ob sich das in der Erstsprache (ihrer Muttersprache) erreichte Kompetenzerleben positiv auf den Erwerb weiterer Sprachen auswirkt. Für den Erwerb der englischen Sprache hat sich gezeigt, dass die simultan-bilingualen Lernumwelten vorteilhafter für den Kompetenzerwerb im Englischen – also in der Drittsprache – waren, für das erreichte Kompetenzniveau in der deutschen Unterrichtssprache war das nicht der Fall. Die sprachlichen Kompetenzen in der deutschen und in der englischen Sprache waren aber jeweils besser, wenn die Jugendlichen selbst der Meinung waren, sie könnten sich in ihrer ersten – der Muttersprache – sprachlich gut ausdrücken.[18]

4.4 Schule und Familie

In erster Linie sind die Eltern für die Erziehung (und Bildung) ihrer Kinder verantwortlich – in den ersten Lebensmonaten sind sie das in aller Regel nahezu exklusiv, später treten zunehmend private oder institutionalisierte Formen der Fremdbetreuung bzw. der delegierten Verantwortung hinzu. Dass sich in Studien, die Merkmale der familiären Situation mit der Lern- und Leistungsentwicklung von Kindern in Beziehung setzen, substantielle Zusammenhänge zeigen, verwundert nicht. Zu eng sind genetische Merkmale des Kindes (und seiner Eltern) mit der Ausgestaltung und dem Anregungsgehalt der häuslichen Umwelt verknüpft und zu zeitintensiv ist in aller Regel die Beziehungssituation. Die Strukturen, Beziehungen und Interaktionen innerhalb einer Familie lassen sich mit Rückgriff auf sozialisationstheoretische Begriffe auch im Sinne eines »Kapitals« betrachten, auf das ein Kind bei seiner Entwicklung zurückgreifen kann. Mit Bourdieu (1983) wird dabei vor allem auf das kulturelle Kapital der Familien verwiesen, das aus dem Besitz und Gebrauch kultureller Güter und aus der Verfügbarkeit von Bildungsressourcen besteht. Hinzu kommen – in der Bildungssoziologie in aller Regel nicht thematisierte – Formen der konkret erfahrenen Lernunterstützung durch die Eltern und ein emotional-akzeptierendes Familienklima. Zu den sozialen Ressourcen, die ein Kleinkind den frühen Interaktionen mit seinen Eltern verdankt, gehört auch die bereits angesprochene Qualität seines Bindungsverhaltens. Im bildungssoziologischen Erklärungsmodell der ungleichen Lern- und Leistungsentwicklung gibt es darüber hinaus das ökonomisch-strukturelle Kapital und das soziale Kapital einer Familie.

Gelernt wird nicht nur in der Schule. Nicht nur frühe Bindungs- sondern auch wichtige Bildungserfahrungen macht ein Kind in seinem familiären Umfeld. Dabei wird das in der Schule gelernte üblicherweise im Elternhaus konsolidiert und erweitert und umgekehrt. In der Regel werden die Eltern die Bildungsbemühungen der Schule durch kooperatives Mitwirken unterstützen.

Bei unterschiedlichen Kindern sind solche Unterstützungen in unterschiedlicher Weise hilfreich und notwendig, sie sind auch – im Rahmen der elterlichen Möglichkeiten – von durchaus unterschiedlicher Qualität. Nicht jede Form der elterlichen Unterstützung ist darüber hinaus funktional. Problematisch wird es dann, wenn Kinder einer besonderen häuslichen Lernunterstützung bedürfen, diese aber nicht bekommen.

Familie als soziale Umgebung

Die Eltern sind in der Regel die ersten Interaktionspartner des Kindes. Aus der Art ihres Umgangs mit dem Kind resultieren die frühen Beziehungserfahrungen, die aus bindungstheoretischer Sicht für die Entwicklung der emotionalen und sozialen Fertigkeiten eines Kindes von großer Bedeutung sind. Als bindungsförderndes Elternverhalten gelten insbesondere die Sensitivität für kindliche Signale und Bedürfnisse und die verlässliche emotional-zuwendende Unterstützung. Ein

sicheres Bindungsverhalten erweist sich in einem aktiven Explorationsverhalten und in der Fähigkeit des Kindes zur effektiven Emotionsregulation in sozialen Situationen. Bindungsstörungen entstehen durch mangelnde elterliche Fürsorge sowie durch ein unangemessenes und unzuverlässiges elterliches Interaktionsverhalten. Auch die individuellen Dispositionen des Kindes spielen bei der Bindungsentwicklung eine Rolle – Probleme können vor allem dann entstehen, wenn »schwierige« Kinder auf »unsichere« Eltern treffen.

Die Qualität der sozialen Beziehungen in einer Familie zeigt sich auch in der Lernunterstützung durch die Eltern, und zwar ganz unabhängig von der fachinhaltlichen Kompetenz, über die die Eltern verfügen. Eltern, die »immer für ihre Kinder da« sind, sich für die schulischen Inhalte und die individuellen Lernfortschritte interessieren und bereit sind, bei den Hausaufgaben zu helfen, werden in diesem Sinne als unterstützend erlebt. Hohe elterliche Erwartungen, gepaart mit einem stimulierend-unterstützenden Umfeld, schei-

Hintergrund: Die Frankfurter Präventionsstudie des Sigmund-Freud-Instituts

Aus psychoanalytischer Sicht können Bindungsstörungen Verhaltensauffälligkeiten nach sich ziehen. Die ambivalenten oder desorganisierten Bindungsmuster vieler ADHS-Kinder werden als Indiz für diese Auffassung angeführt. In vielen Fällen – so die psychoanalytische Sichtweise – lägen die Ursachen solcher Störungen in frühen traumatischen Erfahrungen begründet – die Störung selbst sei ein reaktiver Abwehrvorgang auf diese Erfahrungen.

Marianne Leuzinger-Bohleber und ihre Mitarbeiterinnen vom Sigmund Freud-Institut haben in der Frankfurter Präventionsstudie zeigen können, dass ADHS-Kinder und Kinder mit anderen sozialemotionalen Entwicklungsrisiken von frühpräventiven Maßnahmen, darunter auch psychoanalytisch motivierten, profitieren. In der Frankfurter Präventionsstudie wurde mit 500 Kindern aus 14 Kindertagesstätten ein zweijähriges Präventions- und Interventionsprogramm mit dem Ziel durchgeführt, bis zum Zeitpunkt der Einschulung Ausmaß und Intensität psychosozialer Anpassungsstörungen (insbesondere ADHS) zu verringern. Die 500 Interventionskinder waren im Rahmen einer Gesamterhebung von mehr als 5 000 Kindern in den Städtischen Kindertagesstätten ausgewählt worden – eine nach wesentlichen Merkmalen parallelisierte Kontrollgruppe (N = 500) blieb unbehandelt. Das Interventionsprogramm beinhaltete unterschiedliche Maßnahmen der psychoanalytisch-pädagogischen Arbeit mit den Kindern selbst, Maßnahmen der Elternarbeit sowie Einzel- und Familientherapien. Die Effekte wurden über standardisierte Verhaltensbeobachtungen der Kinder erfasst. In zwei von drei Kernbereichen des psychosozialen Problemverhaltens war die Intervention wirksam: Die Kinder der Interventionsgruppe waren nach Ablauf des Programms weniger ängstlich und weniger aggressiv. Die motorische Hyperaktivität der Jungen blieb allerdings weiterhin bestehen (Leuzinger-Bohleber, Brandl & Hüther, 2006; Leuzinger-Bohleber, Fischmann, Göppel, Läzer & Waldung, 2008).

nen sich besonders günstig auf die Entwicklung des kindlichen Lern- und Leistungsverhaltens auszuwirken. Das zeigt auch die in einer Schweizer Untersuchung vorgenommene Typisierung von Familien in fördernde, leistungsorientierte, wachsen lassende und vernachlässigende Erziehungsumwelten. Die Autoren der Studie kategorisierten etwa 1 000 Schülerinnen und Schüler sowie deren Eltern anhand von Selbstauskünften in dieser Weise und setzten den Familientyp mit der schulischen Leistungsentwicklung in Beziehung. Die Kinder und Jugendlichen aus Familien vom *fördernden Familientyp*, wo es ein stimulierendes Umfeld und hohe leistungsbezogene Erwartungen gab, zeigten die günstigste Leistungsentwicklung in Deutsch und in Mathematik. Der Erziehungsstil dieser Eltern lässt sich als autonomieunterstützend und zuwendungsorientiert beschreiben, im Unterschied zu einem mehr an Kontrolle orientierten Erziehungsstil der rein *leistungsorientierten* Eltern. Der fördernde Familien-

typ war unter den Familien aus höheren sozialen Schichten vergleichsweise häufiger vertreten – die geschilderten Effekte blieben allerdings auch nach der statistischen Kontrolle der Sozialschicht erhalten.[19]

Familie als Lernumgebung

Mit unterschiedlichen Elternhäusern sind aber auch Unterschiede hinsichtlich des kulturellen Kapitals verbunden, das dem Kind außerhalb der Schule zur Verfügung steht. Familien sind Lernumwelten, die schulleistungsrelevante Erfahrungen ermöglichen. Diese Lernumwelten können unterschiedlich anregend und fördernd sein. Eltern können direkt (z. B. durch das Üben von Diktaten oder das Abfragen von Vokabeln) oder indirekt (z. B. über das Bereitstellen von Spielzeugen, Büchern oder Musikinstrumenten) auf die Entwicklung der Interessen und der Lernmotivation und damit auf die Lern- und

---

Hintergrund: Das Berliner Eltern-Kind-Programm zur Leseförderung

McElvany und Artelt (2007, 2009) haben ein Eltern-Kind-Programm zur Förderung der Lesekompetenz entwickelt und hinsichtlich seiner Wirksamkeit überprüft. Das Programm richtet sich an die Eltern von Kindern vierter Grundschulklassen und umfasst 43 halbstündige Trainingseinheiten. Die Eltern werden instruiert, mit ihren Kindern laut zu lesen, um die Leseflüssigkeit zu verbessern, und sie sollen die Entwicklung kognitiver und metakognitiver Lesestrategien unterstützen, um das Textverstehen zu verbessern. Das Strategietraining bedient sich der sog. »impliziten« Methode, d. h. die Lesestrategien sollen von den Kindern selbst, mit Unterstützung durch ihre Eltern, entdeckt werden.

Die Ergebnisse weisen aus, dass sich der Wortschatz und die metastrategischen Kompetenzen durch das Programm steigern lassen. Ein Transfer auf das Textverstehen zeigt sich aber nicht – möglicherweise wäre hier ein systematisch-explizites Strategietraining erfolgreicher gewesen. Die Teilnahmebereitschaft der Eltern war insgesamt gering, ebenso die Verlässlichkeit, mit der die Trainingseinheiten durchgeführt wurden. Vor allem konnten die Eltern und Kinder aus dem bildungsarmen Milieu nur selten zur Teilnahme gewonnen werden.

Auch in einer Meta-Analyse familiärer Frühförderprogramme im Bereich des Lesens hat sich gezeigt, dass die Effekte solcher Programme nur schwach sind und sogar gegen Null tendieren, wenn die Evaluationsstudien methodisch »strengeren« Kriterien genügten. Das kann an den inhaltlich unpassenden Programmkonzeptionen liegen, an der zu geringen Intensität der Trainings, an einer unzureichenden Qualität der Trainingsdurchführung oder an der mangelnden Unterstützung der Eltern durch die Programmentwickler bzw. -verantwortlichen (McElvany, Herppich, van Steensel & Kuvers, 2010). Es kann aber auch mit der grundsätzlichen Problematik zu tun haben, dass sich eine Verschränkung elterlicher und institutionell initiierter Förderung – wie es sich auch an der Ambivalenz der Elternrolle bei den Hausaufgaben und bei der Nachhilfe zeigt – nicht so leicht realisieren lässt.

Leistungsentwicklung Einfluss nehmen. Auch der gemeinsame Besuch von Museen und kulturellen Veranstaltungen ist Ausdruck des kulturellen Kapitals einer Familie. Unterschiedlich anregend sind auch die Sprachpraxis im Elternhaus und die Leichtigkeit des Zugangs zu literalen Bildungswelten.

Aus Studien zur frühkindlichen Lesesozialisation ist bekannt, dass der Besitz von Kulturgütern (wie z. B. die Verfügbarkeit von klassischer Literatur und Gedichten sowie von Kunstwerken im Elternhaus) und die vorhandenen Bildungsressourcen (wie z. B. die Verfügbarkeit von Lexika und Wörterbüchern sowie ein eigener Schreibtisch zum Lernen) bedeutsame Mediatoren bei der Entwicklung der Lesemotivation und des Selbstkonzepts bzw. der späteren Kompetenzentwicklung sind.[20] Wichtig sind dabei auch die Formen sprachlicher Unterstützung und die *gemeinsamen sprachlichen Aktivitäten* der Eltern mit ihren Kindern (vgl. Abschnitt 4.3), dass es zum Beispiel zur Anschlusskommunikation über das Gelesene kommt, dass Geschichten erzählt und vorgelesen, Wortspiele durchgeführt und Lieder gesungen werden.

Dass auch ein übermäßiger Medienkonsum ihrer Kinder in den Einflussbereich elterlichen Erziehungsverhaltens fällt, wird kaum jemand bestreiten. Hier ist ein nicht unbeträchtliches Präventionspotential künftiger Lern- und Leistungsprobleme zu vermuten. Aus einer Studie des Kriminologischen Forschungsinstituts Niedersachsen wissen wir um die Kumulation von Risikofaktoren bei den starken Medienkonsumenten: Die Bildungsverlierer unter den 10-Jährigen sehen nicht nur wesentlich häufiger fern, sie kommen auch überwiegend aus Elternhäusern mit geringem Bildungsniveau, haben oft einen Migrationshintergrund und sind männlichen Geschlechts (vgl. Abschnitt 3.5).

Schon im Vorschulalter ist die Familie allerdings nicht die einzige Sozialisations- und Erziehungsinstanz. Mehr als 90 % aller Dreijährigen besuchen einen Kindergarten.

Die außerfamiliäre Betreuung von Kindern unter drei Jahren wird durch Tagesmütter und durch Kindertagesstätten bzw. Krippen gewährleistet. Ob die frühe Fremdbetreuung günstige oder ungünstige Auswirkungen auf die emotionale und kognitive Entwicklung hat, hängt von der Qualität dieser Betreuung und von der Qualität der häuslichen Alternative ab. In einer Studie des National Institute of Child Health and Human Development (NICHD, 1998, 2003) wurde die Entwicklung von mehr als 1 300 Kindern in ihren ersten 15 Lebensjahren längsschnittlich begleitet und es wurden Merkmale der familiären und außerfamiliären Betreuungssituation erfasst. Untersucht wurde, wie sich die häusliche und die frühe außerhäusliche Betreuung auf die kognitive, die sprachliche und die soziale Entwicklung auswirken und wie sehr strukturelle und prozessuale Variablen des kulturellen Kapitals einer Familie diese Entwicklung beeinflussen. Mit einer höheren Sozialschicht und einem höheren Anregungsgehalt der häuslichen Umwelt ging – wenig überraschend – im Allgemeinen eine positivere Entwicklung in den drei Merkmalsbereichen einher. Von besonderem Interesse sind jedoch die Effekte frühkindlicher Fremdbetreuung unter (statistischer) Kontrolle der häuslichen Bedingungsfaktoren. Dabei zeigte sich, dass

- die Entwicklung der Mutter-Kind-Bindung von den frühen nicht-mütterlichen Betreuungsverhältnissen grundsätzlich nicht beeinträchtigt war; allerdings wurden bei sehr früher außerhäuslicher Betreuung vermehrt Probleme im Sozialverhalten des Kindes beobachtet, die jedoch meist vorüber gingen;
- die kognitive und die sprachliche Entwicklung von den frühen nicht-mütterlichen Betreuungsverhältnissen ebenfalls nicht beeinträchtigt waren – das war allerdings nur dann der Fall, wenn es sich um Betreuungsverhältnisse hoher Qualität handelte.

Ergebnisse aus acht internationalen Längsschnittstudien (vier davon aus den USA) fassen Roßbach, Kluczniok und Isenmann (2008) in einer Expertise für das Bundesministerium für Bildung und Forschung so zusammen:

1. Merkmale der Herkunftsfamilie sind die wichtigsten Einflussfaktoren auf die kognitive, sprachliche und sozial-emotionale Entwicklung.
2. Die Effekte früher vorschulischer außerfamiliärer Betreuung hängen von der Qualität dieser Betreuung ab und davon, ab wann und wie umfangreich fremdbetreut wird. Für die Entwicklung im kognitiven Bereich scheint ein früher Beginn (im zweiten Lebensjahr) besonders förderlich – eine gute Betreuungsqualität vorausgesetzt.
3. Sehr früh beginnende und zeitlich ausgedehnte Fremdbetreuungen können sich negativ auf das Sozialverhalten der Kinder auswirken.

4. Von den qualitativ hochwertigen Betreuungsangeboten profitieren Kinder aus allen Schichten und mit ganz unterschiedlichen Eingangsvoraussetzungen. Zur Kompensation spezifischer Defizite bedarf es allerdings zusätzlicher Förderprogramme.

Dass Formen institutioneller Betreuung durchaus langfristige positive Effekte auf die Bildungsentwicklung haben können, zeigt die Analyse von Susanne Seyda, die auf der Datenbasis des Sozio-ökonomischen Panels (SOEP) die Dauer des Kindergartenbesuchs mit dem Besuch weiterführender Schulen in der Sekundarstufe verknüpft hat. Mit einer längeren Besuchsdauer steigt die Wahrscheinlichkeit, eine höher qualifizierte weiterführende Schule zu besuchen, wobei sich dieser Effekt jedoch mit zunehmender Dauer des Besuchs abschwächt. Wenn der Bildungsstand der Mütter geringer ist, profitieren die Kinder vor allem dann, wenn sie schon mit

Hintergrund: Die Perry-Studie

Eine der bekanntesten Vorschulstudien mit »Risikokindern« wurde in der 1960er Jahren in der amerikanischen Stadt Ypsilanti im Einzugsbereich der Perry-Grundschule begonnen und von der Bildungs- und Forschungseinrichtung High/Scope durchgeführt. Nach dem Zufallsprinzip wurden 58 afroamerikanische Kinder (IQ < 90) im Alter zwischen drei und vier Jahren aus Familien mit geringen Einkommen für ein intensives Vorschulförderprogramm ausgewählt – eine Vergleichsgruppe von Kindern mit ähnlichen häuslichen und intellektuellen Voraussetzungen erhielt das Förderprogramm nicht. Die Förderung der kognitiven, motivationalen und emotionalen Lernvoraussetzungen erstreckte sich über einen Zeitraum von zwei Jahren im Umfang von zweieinhalb Übungsstunden täglich – einmal wöchentlich wurden zudem die Eltern der Kinder zuhause besucht und in die Maßnahme einbezogen. Zur Evaluation der Programmwirksamkeit wurden alle teilnehmenden Kinder bis ins mittlere Lebensalter in Jahresabständen getestet und befragt – die jüngsten Auswertungen liegen für 41-Jährige vor. Beeindruckend sind vor allem die substantiellen langfristigen Effekte: Die geförderten Kinder waren in der Schule und im Beruf erfolgreicher und kamen als Jugendliche und Erwachsene weniger oft mit dem Gesetz in Konflikt. Die anfänglich größeren IQ-Zuwächse gingen später allerdings wieder verloren (Schweinhart & Weikert, 1997; Schweinhart, 2000; Barnett, 1992; Zigler & Styfco, 1994)

Weil die aufwändige tägliche Förderung mit erheblichen Kosten verbunden war, sind auch Kosten-Nutzen-Betrachtungen angestellt worden. James Heckmann beziffert die bildungsökonomische Rendite des Perry-High/Scope-Programms auf 16 %, wobei er 4 % als individuellen Gewinn der Teilnehmenden, die später mehr verdienten (aber auch mehr Steuern zahlten) sowie 12 % als Gewinn für die Gesellschaft ansetzt, die weniger Aufwendungen für Transferleistungen im Sozial-, Gesundheits- und im nachgeordneten Bildungsbereich bereitstellen müsse (Heckman, Moon, Pinto, Savelyev & Yavitz, 2009). Mit anderen Worten: Für einen in das Programm investierten Dollar kommen am Ende sieben Dollar als Bildungsrendite heraus.

drei oder vier Jahren in den Kindergarten kommen. Bei einem höheren Bildungsstand der Mütter ist es unerheblich, wie lange die Kinder den Kindergarten besuchen.[21] Die geschilderten Effekte lassen erwarten, dass auch eine längere schulische Betreuung (Ganztagsangebote) vor allem bei jenen Kindern positive Effekte haben wird, die solcher Angebote besonders bedürfen. Bei den 3- bis 6-Jährigen blieb allerdings in Hessen im Jahr 2009 die Nutzung institutioneller Betreuungsangebote bei Kindern mit Migrationshintergrund (87 %) deutlich hinter der Nutzungsquote der autochthonen Bevölkerungsgruppe zurück (96 %).

Hausaufgaben

Bei den Hausaufgaben treffen Familie und Schule aufeinander. Kinder erfahren in ihren Familien unterschiedlich unterstützende Formen und Qualitäten der Hausaufgabenhilfe. Eine weit verbreitete Form der direkten häuslichen Unterstützung von Lehr-Lern-Prozessen ist die Hilfestellung der Eltern bei der Erledigung von Hausaufgaben (und bei der Vorbereitung auf eine Klassenarbeit). Ausmaß und Qualität der elterlichen Hilfe sind allerdings unterschiedlich und variieren zudem in Abhängigkeit vom Schultyp, vom Alter und vom Geschlecht der Kinder. Auch das Ausmaß der von den Kindern selbst investierten Hausarbeitszeit ist sehr unterschiedlich. In einer österreichischen Studie werden auf der Grundlage von Lerntagebüchern bei jugendlichen Hauptschülern zwischen fünf Minuten und mehr als 24 Stunden wöchentlicher häuslicher Arbeitszeit berichtet – im Schnitt liegen die Mädchen etwas über neun Stunden und die Jungen knapp zwei Stunden darunter. Die entsprechenden Werte für Schülerinnen und Schüler des Gymnasiums liegen höher: im Mittel bei knapp 13 Stunden pro Woche für die Mädchen (mit einem Spitzenwert von mehr als 40 wöchentlichen Hausarbeitsstunden) und

bei fast zehn Stunden für die Jungen. Mehr als vier Fünftel der häuslichen Arbeitszeit für die Schule verbringen die Kinder eigenständig, in der Restzeit werden sie durch ein Familienmitglied, durch einen Freund oder eine Freundin oder durch einen Nachhilfelehrer unterstützt. Eine typologisierende Auswertung zeigt, dass die eher *familiengestützt* Lernenden vergleichsweise bessere Schulleistungen erzielen als die eher *nachhilfegestützt* Lernenden. Darin spiegelt sich jedoch vermutlich weniger die Funktionalität der erfahrenen Unterstützung als vielmehr der Schweregrad einer bereits vorhandenen Lernschwierigkeit wider, die den Nachhilfeunterricht veranlasste.[22]

Ohnehin gilt: Nicht der Zeitaufwand, der pauschal in Hausaufgaben investiert wird, ist positiv mit der Schulleistung korreliert, sondern die Qualität und die Sorgfalt des Lernverhaltens bei der Hausaufgabenbearbeitung. Das zeigt sich in einer Schweizer Studie mit mehr als 1 800 Schülerinnen und Schülern 8. Klassen, aber auch in (anderen) Analysen von Ulrich Trautwein, der sich in mehreren Untersuchungen mit der Funktionalität, der leistungssteigernden und der erzieherischen Wirkung von Hausaufgaben befasst. Trautwein diskutiert neben den erhofften positiven Effekten auch die Probleme, die mit den außerschulischen Arbeitsaufträgen verbunden sein können:

1. die mangelnde Qualitätskontrolle des häuslichen Arbeitens,
2. die Vergrößerung von Leistungsunterschieden aufgrund unterschiedlich guter häuslicher Unterstützung und
3. die möglichen Beeinträchtigungen der Eltern-Kind-Beziehungen durch das Übertragen von Kontrollfunktionen auf die Eltern.[23]

Die Befundlage ist uneinheitlich, lässt aber die folgenden Tendenzen erkennen:

• Die Häufigkeit, mit der Lehrer Hausaufgaben vergeben, ist positiv mit der Leistungsentwicklung korreliert; die Dauer der Arbeitszeit, welche die Schüler mit der Erledigung der Hausaufgaben zubringen, hingegen nicht. Hier gibt es übrigens eine Diskrepanz der deutschsprachigen zur amerikanischen Befundlage, wo der höhere Zeitaufwand mit einem positiven Effekt einhergeht.

- Wenn Hausaufgaben ernsthaft, sorgfältig und selbstgesteuert bearbeitet werden, ist das im Allgemeinen mit einer besseren Leistungsentwicklung assoziiert. Die Schüler strengen sich aber vor allem bei solchen Aufgabenstellungen an, die sie interessant finden und nicht unbedingt dort, wo es besonders notwendig wäre.

- Die Unterstützung der Eltern kann sich motivational-affektiv und im Hinblick auf die Leistungsentwicklung auch als kontraproduktiv erweisen. Nur ein autonomieunterstützendes Elternverhalten ist nämlich als positiv, ein leistungsorientiert-kontrollierendes Elternverhalten hingegen vielfach als ungünstig anzusehen.

Ganztagsschule

Wie die Hausaufgaben und die dabei in der Familie erfahrenen Hilfen markiert die Ganztagsschule einen Überscheidungsbereich von Familie und Schule. In gewisser Weise ist das Modell der Ganztagsschule eine systemische Antwort auf die unterschiedlichen Unterstützungsqualitäten in den Familien. Das neuerlich – wie schon vor 40 Jahren einmal – in der bildungspolitischen Öffentlichkeit diskutierte Modell der Ganztagsschule gilt als »öffentlicher« Gegenentwurf zu den »privatisierten« Hausaufgaben und Nachhilfen und als Antwort auf die Befürchtung, mit den differentiellen elterlichen Unterstützungsqualitäten gehe eine Vergrößerung der Chancenungleichheit und eine Verfestigung der Bildungsarmut im Bildungswesen einher. Die Hoffnungen und Erwartungen, die mit dem Konzept der Ganztagsschule verknüpft werden, sind dementsprechend hoch gesteckt: Die Ganztagsschule soll soziale Benachteiligungen ausgleichen und zur besseren Integration von Kindern mit Migrationshintergrund beitragen. Damit ist das Modell Ganztagsschule in einer Weise bildungspoli-

Hintergrund: Ganztagsschulen

Ganztagsschulen sind Schulen im Primarbereich oder in der Sekundarstufe I, die an mindestens drei Wochentagen ein Angebot von mindestens sieben Zeitstunden (sowie ein Mittagessen) bereitstellen. Die nachmittäglichen Angebote werden von der Schulleitung organisiert und verantwortet und müssen in einem Zusammenhang mit dem vormittäglichen Unterricht stehen.

Ganztagsschulen gibt es in offenen und gebundenen Angebotsformen. An gebundenen Ganztagsschulen sind alle Schülerinnen und Schüler verpflichtet, die nachmittäglichen Angebote wahrzunehmen. An offenen Ganztagsschulen können sie bzw. ihre Erziehungsberechtigten individuell über die Teilnahme entscheiden. Mit der offenen Angebotsform geht die Auflösung des Klassenverbandes in den Nachmittagsstunden einher. Die meisten seit 2005 neu eingerichteten Ganztagsschulen sind solche mit offenem Angebot. In Hessen besuchten z. B. im Jahr 2007 mehr als 90 % der Ganztagsschüler eine Schule mit offener Angebotsstruktur.

Im Rahmen des Investitionsprogramms »Zukunft Bildung und Betreuung« (IZBB) unterstützt der Bund die Länder beim Auf- und Ausbau von Ganztagsschulen. Seit 2003 sind für mehr als 16 000 Maßnahmen (vor allem Baumaßnahmen) an ca. 7 000 Schulen fast vier Milliarden Euro bereitgestellt worden, um neue Schulen oder zusätzliche Plätze an bereits bestehenden Schulen einzurichten oder um bereit bestehende Ganztagsangebote qualitativ zu verbessern. Besondere Vorgaben im Hinblick auf das den Ganztagsangeboten zugrunde liegende pädagogische Konzept der so geförderten Schulen gibt es aber nicht (www.ganztagsschulen.org).

tisch aufgeladen, wie es in der Vergangenheit das Konzept der Gesamtschule, die Reform der gymnasialen Oberstufe und die Dreigliedrigkeit des Sekundarschulwesens waren (und noch immer sind).

Die meisten deutschen Schulen sind (noch) Halbtagsschulen mit Unterrichtszeiten zwischen 8 und 14 Uhr. Nur in Berlin, Sachsen, Thüringen und im Saarland liegen die Anteile der ganztägigen Schulangebote über 50 % – in Berlin, Thüringen und Sachsen sind nahezu alle Grundschulen im Ganztagsbetrieb organisiert, in Baden-Württemberg sind es nur zwei von hundert. Integrierte Gesamtschulen bzw. Schularten mit mehreren Bildungsgängen sind besonders häufig als Ganztagsschulen konzipiert, seltener die eigenständigen Haupt- und Realschulen (außer in Hessen). In Frankreich, Großbritannien und in den USA ist die Ganztagsbetreuung allgemein üblich, in aller Regel gilt das auch schon für den vorschulischen Bereich. Die deutsche Halbtagsschule – so Jürgen Baumert, Kai Cortina und Achim Leschinsky (2008) in ihrer Entwicklungs- und Zustandsbeschreibung des allgemeinbildenden Schulwesens – ist »im Vertrauen auf die Funktionsfähigkeit der Familie« und zur Sicherung der elterlichen Erziehungsansprüche eingerichtet worden. Neben der Schule, so die dem traditionellen Familienbild entsprechende Überlegung, gibt es intakte Familienstrukturen, die anregende Lernumwelten bereitstellen und erzieherisch wirksam sind. Inzwischen sind aber mehr als 70 % der Mütter von 15-Jährigen erwerbstätig und die Anzahl der Alleinerziehenden liegt bei 17 %. Sie bzw. ihre Kinder – so die Befürworter des Ganztagsunterrichts – würden von einer ganztägig organisierten Betreuung besonders profitieren. Kritik setzt an genau der gleichen Stelle an. Mit der Einrichtung von Ganztagsschulen würden die elterlichen Einflussmöglichkeiten auf Erziehung und Bildung auch dort geschmälert und beeinträchtigt, wo die häuslichen Unterstützungsqualitäten in ausreichender Weise vorhanden sind.

Nach PISA 2000 ist die Einrichtung zusätzlicher Ganztagsschulen forciert worden, den relativ gesehen höchsten Zuwachs gab es in Schleswig-Holstein, in Hamburg und in Bremen sowie in Nordrhein-Westfalen und im Saarland. In den ostdeutschen Bundesländern war der Versorgungsgrad vorher schon hoch. Zugleich wurde mit wissenschaftlichen Studien begonnen, um diese Entwicklung forschend zu begleiten. Bei der Einrichtung neuer Ganztagsschulen wurden meist die sogenannten offenen Angebotsformen realisiert, d. h. es werden additive Betreuungsangebote am Nachmittag bereitgestellt und es ist den Schülerinnen und Schülern (bzw. ihren Erziehungsberechtigten) selbst überlassen, diese Angebote zu nutzen. Eine neuartige, kohärente pädagogische Gesamtkonzeption ist damit nicht verbunden, und es ist deshalb auch kaum zu erwarten, dass sich die weit reichenden kompensatorischen Zielsetzungen des ganztäglichen Modells damit verwirklichen lassen.

Die Freiwilligkeit der Teilnahme am Ergänzungsprogramm in den additiv-offenen Angebotsformen ist nur scheinbar von Vorteil. Vielmehr indiziert sie nicht selten die (im Hinblick auf den schulischen Bildungsauftrag) qualitative Minderwertigkeit und Beliebigkeit des Angebots. Was aber nicht verpflichtend für alle gemacht wird, kann schwerlich die Lerninhalte des Vormittags aufgreifen, vertiefen oder gar weiter entwickeln. Die Zurückhaltung im Hinblick auf die verpflichtenden, voll-gebundenen Angebotsformen hängt mit den Erfahrungen zusammen, die in den 70er und 80er Jahren des vergangenen Jahrhunderts bei der Einführung der Gesamtschulen (viele davon zugleich als Ganztagsschulen) gemacht wurden. Damals führten Prozesse der sozialen Selektivität dazu, dass die leistungsstärkeren Kinder und solche aus bildungsaffinen Elternhäusern die Gesamt- und Ganztagsschulen zunehmend mieden. Für die verbliebenen, stärker förderbedürftigen Kinder war aber diese Form der sozialen und leistungsbezogenen Homogenisierung nicht immer vorteilhaft. Als ein weiterer Nachteil der offenen Angebotsformen steht zu befürchten, dass gerade die Eltern, deren Kinder von der zusätzlichen nachmittäglichen Förderung besonders profitieren würden, deren Notwendigkeit möglicherweise nicht erkennen oder aus mangelndem Interesse ihre Kinder nicht zur regelmäßigen Teilnahme ermuntern, so dass die Freiwilligkeit des Angebots dazu führen kann, dass gerade die besonders bedürftigen Kinder es nicht wahrnehmen.

Ganztagsschulen, die im Sinne der oben skizzierten Zielsetzungen soziale und migrationsbedingte Benachteiligungen auszugleichen beanspruchen, müssen anstelle unterrichtsadditiver Zusatzangebote stärker unterrichtsbezogene Angebote bereitstellen, um Kinder individuell dort zu fördern, wo schulische Leistungsdefizite drohen. Dazu müssen auch Unterrichtsinhalte wiederholt und das Nacharbeiten schulischer Aufgaben gezielt begleitet und unterstützt werden. Solche Formen der Ganztagsbetreuung und des individualisierten Lernens erfordern zusätzliches pädagogisches Personal und anders ausgebildete Lehrerinnen und Lehrer (mit anderen Präsenzzeiten und mit einem anderen Rollenverständnis). Mit nachmittäglichen Honorarkräften für Sport, Musik und Kunst ist das nicht zu erreichen.

In einer repräsentativen Längsschnittstudie wird die Entwicklung von Ganztagsschulen in Deutschland seit 2005 untersucht, indem Schulleitung, Lehrpersonal, Schülerinnen und Schüler sowie deren Eltern befragt werden. Insgesamt sind fast 400 Schulen an der Untersuchung beteiligt und es wurden bisher mehr als 60 000 Personen befragt. In den beiden ersten Erhebungswellen wurden Art und Umfang des Ganztagsangebots analysiert sowie das Ausmaß der Nutzung dieses Angebots. In der dritten Erhebungswelle geht es um die Auswirkungen des Ganztagsangebots auf die Lern- und Leistungsentwicklung

Hintergrund: Studie zur Entwicklung von Ganztagsschulen

In der breit angelegten Studie zur Entwicklung von Gesamtschulen (StEG) finden sich erste Hinweise zur Wirkung von Ganztagsangeboten auf die Entwicklung der Lernmotivation und der schulischen Leistungen sowie auf das Sozialverhalten und auf das Familienleben der Schülerinnen und Schüler (Fischer, Brümmer, Kuhn & Züchner, 2010; Fischer, Kuhn & Klieme, 2009; StEG-Konsortium, 2010). Die Autoren sprechen vorsichtig von sog. »protektiven« Wirkungen der Teilnahme an den Ganztagsangeboten: Mit einer höheren Nutzung von Ganztagsangeboten geht ein Rückgang an aggressiven Verhaltensweisen, eine günstigere Entwicklung der Schulnoten und eine vergleichsweise günstigere Entwicklung der Lernmotivation einher. Die Effekte sind allerdings gering. Die Diskrepanz zu den in US-amerikanischen Studien berichteten (größeren) Effekten ist wohl auf die wesentlich »geringere Dosierung« des hiesigen Angebots zurückzuführen. Auch die sehr unterschiedlichen Qualitäten der Ganztagsangebote an den deutschen Schulen sowie zwischen den deutschen und den amerikanischen Schulen und die Qualitätsunterschiede des allgemeinen Schulwesens der beiden Länder werden dabei eine Rolle spielen. Zu gänzlich anderen Zeitstrukturen in den Familien führt die Teilnahme am Ganztagsunterricht übrigens nicht (Züchner, 2009). Allerdings verbessert sich bei einem Teil der Familien und bei hochfrequenter Nutzung des Ganztagsangebots die Möglichkeit zur mütterlichen Erwerbstätigkeit. Auch wird das Familienleben in spürbarer (und positiv erlebter) Weise um die schulvor- und nachbereitenden Aktivitäten entlastet.

Zu mehr Chancengleichheit führen die Ganztagsangebote nicht unbedingt, Schülerinnen und Schüler mit günstigen und weniger günstigen familiären Lernbedingungen können aber in gleicher Weise von den Angeboten profitieren (Steiner, 2009). Zunächst einmal ist es erfreulich, dass sich Ganztagsangebote insgesamt steigender Beliebtheit erfreuen, gerade auch bei Kindern, die keiner besonderen Förderung bedürfen und bei Eltern aus bildungsnäheren Schichten. Auf der anderen Seite bedarf es weiterer Anstrengungen um sicherzustellen, dass die besonders unterstützungsbedürftigen Kinder verpflichtende, unterrichtsnahe Angebote erhalten und diese Angebote auch regelmäßig nutzen.

der Kinder und insbesondere um die Frage einer kompensatorischen Wirksamkeit dieses Angebots. Inzwischen liegen Ergebnisse aus den beiden ersten Erhebungswellen vor. Sie lassen sich wie folgt zusammenfassen:

1. In den Ganztagsschulen werden zunehmend lernbezogene Angebotsformen (Hausaufgabenhilfe, Förderunterricht) realisiert und auch genutzt. Weiterhin sind aber die freizeitbezogenen Angebote bei den Schülerinnen und Schülern am beliebtesten.
2. Die Teilnahmequoten an den Ganztagsangeboten der Schulen sind sehr unterschiedlich. Insbesondere an den Ganztagsgrundschulen sind aber die Teilnahmequoten in den letzten Jahren stark gestiegen.
3. Schicht- oder migrationsspezifische Nutzungsmuster gibt es nicht, d. h. die Angebote werden von Kindern aus allen sozialen Kontexten angenommen.
4. Kinder und Eltern bewerten die Ganztagsangebote grundsätzlich positiv. Die Eltern wünschen allerdings eine stärkere Förderorientierung. [24]

Aus präventiver Sicht wären die vollgebundenen, verpflichtenden Angebotsformen – wie sie auch in anderen Ländern üblich sind – dem offenen Angebot natürlich vorzuziehen. Bleibt es bei den vorwiegend offenen Angebotsstrukturen mit weitgehend freigestellter Nutzung, so ist zumindest sicherzustellen, dass lernförderliche und fachbezogene Angebote (einschließlich einer qualifizierten Hausaufgabenhilfe) bereitgestellt werden. Kompensatorische Wirkungen kann die Ganztagsbetreuung nur erzielen, wenn die Nutzung solcher Angebote für Kinder mit besonderem Förderbedarf verpflichtend gemacht wird – und wenn die Angebote qualitativ gut sind. Ermutigend ist in diesem Zusammenhang der Befund, dass die vollgebundene Ganztagsschule und die regelmäßige Teilnahme an den Angeboten der teilgebundenen und offenen Ganztagsschulen das Risiko einer Klassenwiederholung deutlich reduzieren (StEG, 2010).

4.5 Gestaltung von Übergängen

Institutionelle Übergänge – von der Familie in die Kindertagesstätte, vom Kindergarten in die Grundschule, vom Primarbereich in die Sekundarstufe – markieren einen Wechsel von Anforderungsstrukturen und sind mit neuen Entwicklungsaufgaben verbunden. Unter dem Gesichtspunkt der Prävention von Lernschwierigkeiten sollten solche Übergänge so gestaltet werden, dass die neuen Aufgaben möglichst gut bewältigt werden können und dass ein Scheitern an diesen Aufgabenstellungen vermieden wird.

Aus entwicklungspsychologischer und aus schulpädagogischer Sicht ist der Übergang vom Kindergarten in die Grundschule – also der Zeitpunkt der Einschulung – von besonderem Interesse. Unter dem Aspekt der Bildungsgerechtigkeit kommt darüber hinaus dem Übergang von der Grundschule in das gegliederte Sekundarschulwesen eine große Bedeutung zu, weil er Disparitäten der Bildungsbeteiligung und des Bildungserfolgs verstärken kann. Für beide Übergänge gilt, dass ein »holpriger« (oder gar misslungener) Wechsel die Ausbildung von Lern- und Verhaltensstörungen wahrscheinlicher macht. Problematisch kann ein Wechsel beispielsweise dann verlaufen, wenn er nicht vorbereitet wird, zu früh oder zu spät erfolgt oder in eine unter- bzw. überfordernde Lernumgebung. Auch beim Übergang von der Familie in die außerfamiliäre Fremdbetreuung gibt es Risiken, vor allem im Hinblick auf die kindliche Bindungsentwicklung und die Entwicklung des Sozialverhaltens (vgl. Abschnitt 4.4).

Übergang Kindergarten – Grundschule

Bildungsbiographien beginnen vor Schulbeginn und können bei sich abzeichnenden Fehlentwicklungen oder beim Vorliegen besonderer Entwicklungsrisiken schon vor dem Schuleintritt in förderlicher Weise korrigiert und beeinflusst werden. Die Einschulung wird umso reibungsloser vonstatten gehen, je besser die Lernfähigkeit und die Lernbereitschaft eines Kindes zu den Erfordernissen und zur Gestaltung des Anfangsunterrichts passen. Welches sind die kindbezogenen Voraussetzungen einer guten Passung?

Lehrerinnen und Lehrer erachten einer Befragung zufolge relativ übereinstimmend eine Reihe von Basiskompetenzen als notwendige Schulvoraussetzungen. Diese beziehen sich im kognitiven Bereich z. B. auf das Sprach- und Sprechverhalten, die Anstrengungs- und Leistungsbereitschaft, die Aufmerksamkeits- und Konzentrationsfähigkeit, die Wahrnehmungsfähigkeit und das logisch-schlussfolgernde Denken. Im sozialen Bereich sind es vor allem die Kommunikations- und Konfliktfähigkeit, die Kooperationsbereitschaft und das Regelbewusstsein und im motorischen Bereich das Beherrschen fein- und grobmotorischer Grundfertigkeiten.[25] Für den kognitiven Bereich heißt das beispielsweise:

- zuhören können,
- sich auf eine Sache konzentrieren können,
- Anweisungen verstehen und ausführen können,
- über einen altersgemäßen Wortschatz verfügen,
- verständlich, laut und deutlich fragen und antworten können.

Für den sozialen Bereich:

- sich an Regeln halten können,
- rücksichts- und respektvoll mit anderen umgehen,
- sich einordnen können,
- hilfsbereit sein und Hilfen annehmen können,
- Konflikte gewaltfrei lösen können.

Wichtige motorische Kompetenzen sind:

- das selbstständige An- und Ausziehen,
- das Gleichgewicht halten können,
- Ausschneiden und Ausmalen können,
- die richtige Stifthaltung und der »Hampelmann«.

Hintergrund: Spielst du noch oder lernst du schon?

Der Schuleintritt ist eine normative Entwicklungsaufgabe – er stellt besondere Anforderungen im sozial-emotionalen und im sprachlich-kognitiven Bereich sowie im Bereich der Selbstregulation des Lern- und Arbeitsverhaltens. Kinder müssen sich an veränderte zeitliche Rhythmen gewöhnen, an zielgerichtetes Lernen und Arbeiten und an Formen der Selbstüberwachung ihrer Lernprozesse und -ergebnisse. Das spielerisch unstrukturierte weicht dem formal strukturierten Lernumfeld. Die neuen Anforderungen können mit Belastungen verbunden sein, vor allem dann, wenn sie als zu hoch oder aversiv erlebt werden (Beelmann, 2006; Liebers, 2008).

Für die meisten Kinder ist der Übergang vom Kindergarten zur Schule kein Problem, aber bei etwa einem Viertel der von Wolfgang Beelmann (2006) untersuchten Stichprobe übersteigen die Belastungswerte die vorhandenen Ressourcen. Als Schutzfaktor eines gelingenden Übergangs gilt vor allem die Qualität der sozial-emotionalen Eltern-Kind-Beziehung. Günstig ist auch das frühzeitige Herstellen einer Vertrautheit mit der Schule und den schulischen Erwartungen bereits im Vorfeld, also noch im Kindergarten.

Vorschulische Entwicklungsförderung verfolgt mit Blick auf die in der Schule benötigten Lernvoraussetzungen häufig kompensatorische Zielsetzungen (Schmidt-Denter, 2008; Gerber, 2009). Das gilt in erster Linie für Programme zur Sprachförderung (vgl. Abschnitt 4.3). Für Vorläuferfertigkeiten des Schriftspracherwerbs, wie etwa die phonologische Bewusstheit, haben sich Trainingsprogramme in der Vorschulzeit als wirksam und nützlich erwiesen (Schneider & Marx, 2008). Ähnliches zeichnet sich für das Rechnen ab. Kristin Krajewski hat auf die Bedeutsamkeit des mengen- und zahlenbezogenen Vorwissens für den Mathematikunterricht hingewiesen (Krajewski & Schneider, 2006).

In etlichen Studien hat sich die Bedeutsamkeit dieser Kompetenzen für die Lern- und Leistungsentwicklung in der Grundschule erwiesen. Dies gilt sowohl für die (im engeren Sinne) kognitiven Vorläuferfertigkeiten des Schriftspracherwerbs und des mathematischen Denkens, als auch für die Fähigkeiten zur Selbstkontrolle, d. h. zur kognitiven und motivational-emotionalen Selbstregulation. Auch die Selbstregulation im Bereich der Willensbildung, so zum Beispiel die Fähigkeit, bestimmten Impulsen und Reaktionstendenzen zu widerstehen, gehört dazu. In der Fähigkeit zum Belohnungsaufschub finden solche volitionalen Kompetenzen beispielsweise ihren Ausdruck. Fähigkeiten der Selbstkontrolle sind im Übrigen für nahezu alle Kompetenzbereiche von Bedeutung, auch für das Sozialverhalten.[26]

Was geschieht, wenn die genannten Kompetenzen nicht in ausreichendem Maße vorhanden sind? Dann gibt es zwei mögliche Ansatzpunkte der Intervention: Zum einen lässt sich an den individuellen Lern- bzw. Schulvoraussetzungen anknüpfen und es lassen sich durch geeignete Fördermaßnahmen entsprechende Veränderungen in die Wege leiten. Zum anderen kann man eine systemische Perspektive einnehmen und auf Seiten der Schule bzw. der Schuleingangsstufe Veränderungen vornehmen, die eine bessere Anpassung des Anfangsunterrichts an die jeweiligen Eingangsvoraussetzungen des Kindes ermöglichen. Beide Wege werden derzeit beschritten, wobei die föderale Struktur des deutschen Bildungswesens dazu führt, dass dies in den 16 Bundesländern in durchaus unterschiedlicher Weise und Systematik geschieht.

Hintergrund: Projekte »Schulanfang auf neuen Wegen« und »Schulreifes Kind«

In Baden-Württemberg gibt es im Rahmen wissenschaftlich begleiteter Modellversuche seit mehr als zehn Jahren Untersuchungen zur Einschulung und zur Schulreife von Kindern. Im Projekt »Schulanfang auf neuen Wegen« sind Formen des Schuleingangsunterrichts erprobt worden, die mit einer jahrgangsübergreifenden Lerngruppenbildung in der Grundschule oder mit einer stärkeren Verzahnung von Grundschulförderklassen im letzten Kindergartenjahr und der ersten Grundschulklasse operieren. Vor allem die Abkehr vom Prinzip der Jahrgangsklassen in den ersten Grundschuljahren hat sich dabei als förderlich für die sog. Risikokinder erwiesen. Bei dieser Art der neuen Schuleingangsstufe wird auf Zurückstellungen weitgehend verzichtet und die gemeinsam eingeschulten Kinder verbleiben – je nach Notwendigkeit – mehr oder weniger lang in einer schulischen Eingangsstufe (Arbeitskreis Wissenschaftliche Begleitung, 2006).

Seit 2007 gibt es eine wissenschaftliche Begleituntersuchung des Projekts »Schulreifes Kind«. Das Projekt hat zum Ziel, bereits 18 Monate vor dem regulären Einschulungstermin den Entwicklungsstand der schulrelevanten Vorläuferkompetenzen so zu diagnostizieren, dass notwendige Maßnahmen der Entwicklungsförderung schon vor Schulbeginn eingeleitet werden können. Wie solche Fördermaßnahmen im Einzelnen aussehen sollen und wo sie durchzuführen sind, wird an einem sog. »Runden Tisch« entschieden, an dem die betreffenden Eltern, Erzieherinnen, Grundschullehrerinnen und weitere Fachleute aus dem sozialpädiatrischen Bereich zusammenkommen. An nahezu 300 Modellstandorten werden derzeit unterschiedliche Varianten dieses Vorgehens erprobt. Es soll zu einer Optimierung der Kooperation zwischen Schule, Kindergarten und Elternhaus führen – diese Form der Zusammenarbeit erfordert allerdings einen hohen Zeitaufwand.

Die frühe Diagnostik kommt einer Vorverlagerung der üblichen Einschulungsuntersuchung gleich. Neben schriftsprachlichen und mathematischen Vorläuferfertigkeiten werden das Konzentrationsvermögen und der Sprachentwicklungsstand der Kinder geprüft. Wenn in einem oder mehreren dieser Bereiche besonders deutliche Entwicklungsverzögerungen zu beobachten sind, ist ein erhöhtes Risiko für das Auftreten schulischer Lern- und Leistungsprobleme gegeben. Förderbedürftige Kinder werden, je nach Modellvariante, im Kindergarten, im Schulkindergarten oder in der Schule in ihren jeweiligen Defizitbereichen besonders gefördert. Erste Ergebnisse zeigen, dass die frühen Fördermaßnahmen wirksam sind (Wagner, Ehm & Hasselhorn, 2010).

Gabriele Faust hat vor einigen Jahren den Stand der Einschulungsdebatte in den Bundesländern zusammengefasst und kritisch kommentiert.[27] Bei aller Unterschiedlichkeit der Modelle eint die Ansätze die gemeinsame Zielvorstellung, das *Schuleingangsalter* möglichst zu senken und *Rückstellungen* nach Möglichkeit zu vermeiden. Optimierungsmöglichkeiten der derzeitigen Praxis werden vor allem in der Erleichterung bzw. Flexibilisierung von Übergängen gesehen. Mit dem Begriff der »neuen Schuleingangsstufe« scheint mittlerweile ein Konsensbegriff gefunden, der hinreichend unscharf definiert ist, um bildungspolitisch allgemeine Zustimmung zu erreichen. Empirische Befunde zur Wirksamkeit der neuen Übergangsmodelle stehen allerdings noch aus. Dabei wäre es gerade aus der präventiven Perspektive ausgesprochen hilfreich zu erfahren, ob bzw. inwieweit die adaptive Gestaltung des Anfangsunterrichts und das frühe Einleiten von Fördermaßnahmen geeignet sind, die lange Zeit übliche Praxis der Rückstellung schulunreifer Kinder begründet aufzugeben. Festzuhalten bleibt, dass bei einer simultanen Ausrichtung auf den individuellen Entwicklungsstand *und* auf die schulischen Anforderungen, d. h. auf die Qualität und die Dauer des Anfangsunterrichts, die traditionelle Rückstellungspraxis zu überdenken ist. Nicht die unterschiedlich konturierten Anforderungen von Kindergarten und Grundschule sind offenbar problematisch, sondern die starre Orientierung am Prinzip der Jahrgangsklassen. Dass mit einer allgemeinen Senkung des Einschulungsalters allerdings auch Probleme verbunden sein können, wurde bereits an anderer Stelle erwähnt (vgl. Abschnitt 2.3).

Übergang Grundschule – Sekundarschule

Wie der Übergang vom Kindergarten in die Grundschule birgt auch der Übergang in den Sekundarschulbereich Risiken, die das Entstehen von Lern- und Leistungsschwierigkeiten und von Verhaltensauffälligkeiten nach sich ziehen können. Dass die Übergänge und die Übergangsentscheidungen mit der Verfestigung sozialer Ungleichheiten einhergehen, ist an anderer Stelle schon dargestellt worden (vgl. Abschnitt 2.5). In den dort berichteten Studien hat sich auch gezeigt, dass Eltern aus höheren sozialen Schichten nicht selten auch dann eine gymnasiale Laufbahn ihres Kindes wünschen (und auch durchsetzen), wenn die Leistungsvoraussetzungen dafür zweifelhaft oder nicht gegeben sind. Das kann dazu führen, dass Klassenwiederholungen und Rücküberweisungen in eine niedrigere Schulform wahrscheinlicher werden, muss es aber nicht.

Das gegliederte deutsche Sekundarschulwesen ist durch eine geringe vertikal-aufsteigende Durchlässigkeit gekennzeichnet – weitaus häufiger ist der vertikal-absteigende Fall, also das »Durchreichen« leistungsschwacher Schülerinnen und Schüler in niedrigere Schulformen. Dem Bildungsbericht 2008 ist zu entnehmen, dass einem aufwärts gerichteten Wechsel im Sekundarbereich fünf abwärts gerichtete gegenüberstehen, wobei bei den Aufstiegen der Wechsel von der Haupt- in die Realschule am häufigsten vorkommt, bei den Abstiegen der Wechsel aus dem Gymnasium heraus. Etwa 3 % der Schülerinnen und Schüler in den Klassen 7–9 sind jedes Jahr von solchen Korrekturen betroffen, etwa genauso viele von Klassenwiederholungen.

Riskant für die Lern- und Leistungsentwicklung ist vor allem der Übertritt in eine dauerhaft überfordernde Lernumgebung, es kann aber auch zu Problemen kommen, wenn besonders befähigte Kinder in einer sie unterfordernden Lernumgebung unterrichtet werden. In beiden Fällen werden die Aussichten einer optimal verlaufenden Lern- und Leistungsentwicklung eher ungünstig sein, weil die Passung zwischen den individuellen Lernvoraussetzungen und den Leistungsanforderungen gering ist. Anhaltende Passungsprobleme können negative Auswirkungen auf das emotionale Befinden und auf die Lern- und Leistungsmotivation nach sich ziehen – und dazu führen, dass die individuelle Leistungsentwicklung hinter den Möglichkeiten zurückbleibt.

Wie lässt sich der Übergang unter dem Aspekt der Prävention von Lernschwierigkeiten optimieren? Hier sind verschiedene Alternativen denkbar, deren Wirksamkeiten jedoch unter Fachleuten umstritten sind, und zwar:

- den Wechsel durch eine engere Kooperation der beteiligten Institutionen und durch ein höheres Maß an unterrichtlicher Adaptivität besser vorzubereiten,
- das gemeinsame Lernen in der Grundschule zu verlängern, um das Risiko falscher Zuweisungen zu verringern, und
- auf eine schulformbezogene Leistungsdifferenzierung in der Sekundarstufe gänzlich zu verzichten.

Über die beiden letztgenannten Handlungsoptionen wird seit vielen Jahren bildungspolitisch kontrovers diskutiert – im Zuge des vergleichsweise schlechten Abschneidens der deutschen Schulen in den internationalen Vergleichsstudien hat diese Diskussion neuerlich Aktualität erfahren. Gerade wegen der bildungspolitischen Brisanz sind wissenschaftliche Untersuchungen größeren Stils kaum durchgeführt worden. Wo es sie gibt, haben sie jedoch nicht die Lernschwierigkeiten der fälschlich in ein Gymnasium Zugewiesenen zum Thema, sondern die Problematik der Reproduktion bzw. Verstärkung sozialer Ungleichheiten aufgrund der zu Unrecht nicht für ein Gymnasium Empfohlenen.[28]

In Berlin und in Brandenburg dauert die Grundschulzeit im Allgemeinen sechs Jahre, ein vorzeitiger Wechsel in ein Gymnasium nach Klasse 4 ist allerdings möglich. In vielen anderen Bundesländern gibt es in den Klassen 5 und 6 »Orientierungs-«, »Erprobungs-« oder »Förderstufen«, die den anderen Schularten organisatorisch zugeordnet sind. Rainer Lehmann hat in der Berliner

Hintergrund: Übergangsstudie ELEMENT

Rainer Lehmann hat mit seiner Arbeitsgruppe an der Humboldt-Universität die Kompetenzentwicklung im Lesen und in der Mathematik bei Schülerinnen und Schülern in sechsjährigen Grundschulen, wie sie in Berlin und in Brandenburg die Regel sind, und in grundständigen Gymnasien verglichen (Lehmann & Lenkeit, 2008). An der Studie ELEMENT nahmen mehr als 3 000 Grundschüler der 5. und 6. Jahrgangsstufe und mehr als 1 700 Gymnasiasten teil, die die Möglichkeiten eines »Frühübergangs« nach der 4. Klasse genutzt hatten. Lehmann berichtet für die leistungsstärkeren Schülerinnen und Schüler von einer günstigeren Leistungsentwicklung an den grundständigen Gymnasien – ein Befund, der bei der Diskussion um die Einführung der verlängerten Grundschule in anderen Bundesländern eine gewichtige Rolle spielt. Dass die Gymnasien vergleichsweise günstigere Lernumwelten bereitstellen, war schon häufig vermutet worden (Köller & Baumert, 2008).

In einer Reanalyse der ELEMENT-Daten (Baumert, Becker, Neumann & Nikolova, 2009; 2010) wird allerdings deutlich, dass der traditionelle Frühübergang (also nach der 4. Grundschulklasse) keinen Vorteil im Hinblick auf die Entwicklung der Lesekompetenzen mit sich bringt und nur einen geringen Vorteil für die Entwicklung der mathematischen Kompetenzen. Jürgen Baumert und Kollegen schlussfolgern deshalb, dass die besonders leistungsfähigen Schülerinnen und Schüler von einem frühen Übergang auf ein grundständiges Gymnasium nicht unbedingt profitieren. In der Reanalyse wurde der Tatsache Rechnung getragen, dass sich die »Frühwechsler« in einer ganzen Reihe von Merkmalen von den in der gemeinsamen Beschulung Verbleibenden unterscheiden und dass diese Selektivität des Frühübergangs die nachfolgenden Kompetenzentwicklungen mit beeinflusst. Wenn durch ein sogenanntes Matching-Verfahren für die gymnasialen Frühwechsler vergleichbare Grundschüler identifiziert werden, lässt sich für die Kompetenzentwicklung nämlich keine besondere Förderwirkung des grundständigen Gymnasiums mehr feststellen.

Hintergrund: Förderstufe

Andrea Mühlenweg (2007) hat mit Daten der PISA-Ergänzungsstudie (PISA-E) die Effekte früher und später institutioneller Differenzierung am Beispiel der in Hessen in den Klassen 5 und 6 angebotenen »Förderstufe« überprüft. Verglichen wurden die PISA-Kompetenzwerte 15-Jähriger, die im 5. und 6. Schuljahr eine Förderstufe oder Klassen einer integrierten Gesamtschule besucht hatten mit den Kompetenzwerten von Jugendlichen, die schon nach Klasse 4 auf die traditionellen Schulformen aufgeteilt worden waren. Etwa 28 % der Erziehungsberechtigten optierten für die Förderstufe und weitere 15 % für eine Gesamtschule – alle anderen für den »Frühübergang« nach Klasse 4 (Hauptschule 5 %, Realschule 14 %, Gymnasium 38 %). Von den Förderstufenkindern werden übrigens die meisten (46 %) später auf eine Realschule wechseln oder auf eine Hauptschule (32 %). Um den nicht unerheblichen Einfluss selbstselektiver Prozesse auf den Elternentscheid in Rechnung zu stellen, wurden leistungskorrelierte Merkmale des familiären und sozialen Hintergrunds, aber auch andere Merkmale, wie das Alter zum Zeitpunkt der Einschulung, in den Analysen berücksichtigt. Das ist notwendig, weil sich vor allem die Eltern der vermeintlich leistungsschwächeren Kinder für den Besuch einer Förderstufe entscheiden.

Insgesamt sind die Effekte gering. Eine differenzierte Ergebnisbetrachtung zeigt aber, dass Schülerinnen und Schüler mit ungünstigen häuslichen Lernumwelten und mit Migrationshintergrund von der längeren gemeinsamen Beschulung profitieren. Positive Effekte der Förderstufe sind auch bei den weniger leistungsfähigen Schülern zu beobachten – für Jugendliche in den oberen Bereichen der Kompetenzverteilung hat sich der Besuch von Förderstufen und Gesamtschulen hingegen eher nachteilig ausgewirkt. Die Vorteile späterer Differenzierung für die »Benachteiligten« scheinen also mit Nachteilen für Leistungsfähigeren einher zu gehen. Ob das zwangsläufig so sein muss und wie man ggf. damit umgehen kann, ist allerdings nicht nur eine bildungswissenschaftliche, sondern auch eine bildungspolitische Frage (Hanushek & Wößmann, 2006; Köller, 2008; Maaz, Baumert & Cortina, 2008; Maaz, Baumert, Gresch & McElvany, 2010).

Langzeitstudie ELEMENT gezeigt, dass grundständige Gymnasien im Hinblick auf die Lern- und Leistungsentwicklung der leistungsfähigeren Schülerinnen und Schüler der auf sechs Jahre verlängerten Grundschule überlegen sind. Jürgen Baumert und Mitarbeiter kommen nach einer Reanalyse dieses Datensatzes allerdings zu differenzierteren Schlussfolgerungen.

Auch in anderen Studien wird berichtet, dass eine frühe institutionelle Differenzierung für die Kompetenzentwicklung der leistungsstärkeren Schülerinnen und Schüler von Vorteil sei. Olaf Köller und Jürgen Baumert sehen darin allerdings weniger eine Folge der leistungsbezogenen Homogenisierungen als vielmehr das Resultat unterschiedlicher instruktionaler Praktiken und Qualitäten in den unterschiedlichen Schulformen (und darin wiederum den Ausdruck einer schulformspezifischen Lehrerausbildung, die diese unterschiedlichen Praktiken begünstigt). Das allerdings wäre weniger ein Argument für die Aufhebung oder das Hinausschieben der institutionellen Differenzierung als vielmehr für eine Neuausrichtung der Lehrerbildung.[29]

Was aber sind die »Nebenkosten« der frühen Leistungsdifferenzierung? Zum einen ist die Durchlässigkeit des Systems derzeit zu gering und »Fehlallokationen«, die immer möglich sind, lassen sich nur mit Mühen korrigieren. Zum anderen können mit den unpassenden Leistungs- und Fähigkeitsgruppierungen ungünstige Auswirkungen auf die Entwicklung selbstbezogener Fähigkeitskonzepte verbunden sein. Das kann zur Entstehung von Lernschwierigkeiten beitragen. Aus pädagogisch-psychologischer Sicht ist es wenig zielführend, über Quotierungen und Übergangsregelungen sowie über Strukturfragen des dreigliedrigen Sekundarschulwesens zu debattieren. Denn nicht *wo* die Kinder im Anschluss an die Grundschuljahre lernen ist die entscheidende Frage, sondern *wie*. Konkret: Wie Unterricht gestaltet wird, um den unterschiedlichen Leistungsvoraussetzungen der Schülerinnen und Schüler möglichst gut Rechnung zu tragen. Wenn Struktur- aber mit Qualitätsfragen verbunden sind, wenn es also Hinweise gibt, dass die Lernangebote an den Gymnasien qualitativ besser sind als anderswo, wird die pädagogische auch zur strukturellen Frage.

5 Diagnose – wie schwer das Lernen fällt

Lehrer und Eltern sollten Lernschwierigkeiten möglichst frühzeitig erkennen, um in pädagogisch angemessener Weise darauf reagieren zu können. Damit kommt der gründlichen und wissenschaftlich fundierten Diagnose der spezifischen Schwächen und Stärken eines Schülers eine entscheidende Rolle zu, um geeignete Interventionsmaßnahmen auswählen, planen und umsetzen zu können. Eine solche Diagnostik wird durch die pädagogisch-psychologische Diagnostik geleistet, einen Teilbereich der psychologischen Diagnostik, der sich mit der Beurteilung von Schulleistungen und Schulleistungsvoraussetzungen befasst. Je nach Sichtweise und je nach Problemstellung gibt es dabei mehr oder weniger große Überschneidungsbereiche zur entwicklungspsychologischen und zur klinisch-psychologischen Diagnostik. Im Unterschied zur Alltagsdiagnostik muss die wissenschaftliche Diagnostik bestimmten Kriterien genügen. Die wichtigsten dieser Kriterien beziehen sich auf die Art und Weise, wie eine diagnostische Urteilsbildung zustande kommt. Werden diagnostische Informationen beispielsweise über Tests oder Fragebögen gewonnen, dann müssen diese Erhebungsverfahren so konstruiert sein, dass sie eine möglichst objektive, zuverlässige und zutreffende Aussage hinsichtlich des erfassten Merkmals bzw. hinsichtlich der individuellen Merkmalsausprägung erlauben. Die Objektivität bezieht sich dabei auf die Durchführung und Auswertung eines Testverfahrens, die Zuverlässigkeit (Reliabilität) auf eine möglichst fehlerfreie Messung und die Treffsicherheit (Validität) auf die Eignung des Testverfahrens, das infrage stehende Merkmal überhaupt messen oder einen in der Zukunft liegenden Sachverhalt prognostizieren zu können.[1]

Die pädagogisch-psychologische Diagnostik steht im Dienste pädagogischer Entscheidungen. Hier interessieren vor allem solche Entscheidungen, die mit der Lernförderung eines Schülers oder einer Schülerin zu tun haben, also Entscheidungen der Zuweisung zu spezifischen Fördermaßnahmen oder das Überweisen in Institutionen, die eine besondere Form der Lernförderung anbieten (Sonderschulen). Es gibt aber auch andere pädagogische Entscheidungssituationen, in denen auf Erkenntnisse der pädagogisch-psychologischen Diagnostik zurückgegriffen wird, z. B. bei der Feststellung der Schulreife bzw. -fähigkeit zum Schuleintritt und bei der Schullaufbahnberatung beim Übergang in den Sekundarschulbereich. Auch die Studien- und Berufsberatung beim Übergang in den tertiären Bereich gründet auf diagnostischen Informationen zum Lern- und Leistungsverhalten.

Diagnostische Strategien und Zielsetzungen werden häufig anhand der beiden Begriffspaare Selektions- und Förderdiagnostik sowie Status- und Prozessdiagnostik beschrieben. Von *Selektionsdiagnostik* (Diagnostik zur Auslese oder Platzierung) spricht man dann, wenn unter vielen möglichen die besonders geeigneten Personen für eine bestimmte Maßnahme ausgewählt werden sollen (z. B. für ein Stipendium). Bei der *Förderdiagnostik* ist der Fokus ein anderer: Für eine bestimmte Person soll im Hinblick auf ein definiertes Entwicklungs- oder Leistungsziel unter mehreren Alternativen die für sie bestmöglich geeignete Fördermaßnahme ausgewählt werden. *Statusdiagnostik* erfasst den Ist-Zustand einer Person und bezieht sich auf individuelle Lernvoraussetzungen oder auf Lernleistungen, denen eine gewisse zeitliche Stabilität zugesprochen wird. In der Schulabschlussnote oder in Schulzeugnisnoten überhaupt findet die Statusdiagnostik ihren summativen Ausdruck. *Prozessdiagnostik* bezieht sich dagegen auf Leistungs- und Verhaltensmerkmale einer Person, die sich rasch ändern können und vielfach die eigentlichen Zielvariablen pädagogischer Interventionen sind. Von Prozessdiagnostik würde man beispielsweise dann sprechen, wenn der individuelle Wissenszuwachs im Anschluss an eine Lerneinheit festgestellt wird. Die Prozessdiagnostik ist notwendiger Bestandteil des adaptiven Unterrichtens.

Bei Kindern mit Lernschwierigkeiten geht es vor allem darum, aufgrund der diagnostischen Informationen besondere pädagogische (oder therapeutische) Maßnahmen vorzubereiten und einzuleiten und im Anschluss daran den Verlauf und den Erfolg der pädagogischen Interventionen zu bewerten. Wie schlecht die Schulleistungen und wie groß die Leistungsrückstände wirklich sind, lässt sich anhand sogenannter Schulleistungstests feststellen. Standardisierte Testverfahren gibt es für die zentralen schulischen Kompetenzbereiche des Lesens, Rechtschreibens und Rechnens, jeweils für unterschiedliche Klassen- und Altersstufen. Wenn ihre Normierung neueren Datums ist, erlauben sie eine objektive, reliable und valide Feststellung von Lernergebnissen (Abschnitt 5.1). Das Spektrum der (schriftlichen) diagnostischen Verfahren reicht von Leistungs- und Fähigkeitstests bis zu Einstellungs- und Persönlichkeitsfragebogen. Zur Diagnostik der individuellen Lernvoraussetzungen kommen neben standardisierten schriftlichen Testverfahren auch Interviews und Befragungen des Schülers, seiner Eltern und Lehrer sowie Verhaltensbeobachtungen zum Einsatz. Der Standardisierungsgrad beim Einsatz schriftlicher Tests und Fragebogen ist besonders groß; das heißt aber nicht, dass durch informelle Tests oder durch Verhaltensbeobachtungen nicht wichtige zusätzliche Informationen gewonnen werden könnten. Als optimal gilt eine Diagnostik, die möglichst viele verschiedene Informationsquellen einbezieht (multi-methodale Diagnostik). Weil eine eingeschränkte Funktionstüchtigkeit des Arbeitsgedächtnisses bei vielen Lern- und Leistungsproblemen eine Rolle spielt, ist in jüngerer Zeit der Individualdiagnostik dieser Funktionen besondere Aufmerksamkeit zuteil geworden (Abschnitt 5.2).

Lernstörungen sind als erwartungswidrig schlechte Schulleistungen bei gleichzeitig »normaler«, d. h. unauffälliger Intelligenz definiert. Aus dieser nicht unumstrittenen Diskrepanzdefinition ergeben sich Folgerungen für die Differentialdiagnostik von Lernstörungen. In Abschnitt 5.3 wird dargestellt, wie groß die Diskrepanzen zwischen den Schulleistungen und den intellektuellen Fähigkeiten sein müssen, um eine allgemeine Schulleistungsstörung, eine Lese-/Rechtschreibstörung oder eine Rechenstörung zu diagnostizieren. Der Statusdiagnose »Lernbehinderung« liegt keine Diskrepanzdiagnostik zugrunde: Schwache Schulleistungen und unterdurchschnittliche Intelligenztestwerte passen bei der Lernbehinderung kongruent zusammen.

Eine ganz andere diagnostische Sichtweise ist in der vergangenen Dekade in der Folge der internationalen und nationalen Schulleistungsstudien sowie mit der Einführung von Vergleichsarbeiten in mehreren Bundesländern etabliert worden. Lernstandserhebungen und Vergleichsarbeiten werden dabei primär als Instrumente der Qualitätskontrolle und der Ergebnissicherung im Bildungswesen verstanden und weniger als Möglichkeiten der Individualdiagnostik genutzt. Gleichwohl liefert eine an Bildungsstandards orientierte Kompetenzdiagnostik wichtige Informationen über die Wirksamkeit und Zielerreichung von

Unterricht und damit über das Niveau und das Ausmaß der Variabilität schulischer Leistungen (Abschnitt 5.4). Wenn es um adaptive unterrichtliche Entscheidungen geht, bedarf es jedoch nicht nur einer curricular validen, sondern auch einer kleinschrittigen Verlaufsdiagnostik. Vor allem im Zusammenhang mit dem sogenannten RTI-Ansatz sind verlässliche Lernverlaufsdiagnostiken von großer Bedeutung. Um den »harten Kern« der Kinder zu identifizieren, die von allgemeinen und spezifischen Fördermaßnahmen nicht profitieren können, bedarf es wiederholter Lernverlaufsmessungen (Abschnitt 5.5).

Fragen zu Kapitel 5

14. Wie diagnostiziert man eine Lernstörung?
15. Was bringen Lernstandserhebungen und Vergleichsarbeiten?

5.1 Schultests und Schulleistungsdiagnostik

Natürlich überprüfen und bewerten die Lehrerinnen und Lehrer fortlaufend den Lernstand und die Leistungsentwicklung ihrer Schülerinnen und Schüler, und zwar durch gezielte Fragen, mündliche Prüfungen, die Kontrolle von Hausaufgaben und durch schriftliche Klassenarbeiten oder Tests. Ihre diagnostische Kompetenz gilt als wichtiges Qualitätsmerkmal guten Unterrichtens (vgl. Abschnitt 3.4). Sie wird benötigt, wenn es um das Feststellen unterschiedlicher Kenntnisse und Lernvoraussetzungen geht, um das Erkennen von Lern- und Arbeitsstörungen sowie von Hoch- oder Minderbegabungen und um eine gerechte Leistungsmessung bzw. um die Beurteilung des individuellen Lernfortschritts. Die Bewertung von Schulleistungen durch Noten oder Punkte, die sich oft an einer schul- oder klassenbezogenen Norm orientiert, sieht sich allerdings seit jeher der Kritik mangelnder Objektivität und

Rationalität ausgesetzt. Schon früh wurden deshalb standardisierte Testverfahren (Schultests) anstelle der informellen gefordert, um eine zuverlässige und gerechte Leistungsbeurteilung zu ermöglichen.

Allerdings stand und steht eine eher geisteswissenschaftlich orientierte Pädagogik der Diagnose des Lernerfolgs über standardisierte Testverfahren traditionell ablehnend gegenüber. In der Lehrerausbildung an den Universitäten haben Pädagogen, Fachdidaktiker und Pädagogische Psychologen deshalb auch eher gegen- als miteinander argumentiert, wenn es um die Rolle von Tests im Rahmen der pädagogischen Diagnostik im Allgemeinen und um den Einsatz von psychometrischen Testverfahren zur Leistungsbeurteilung im Besonderen ging. Der erziehungswissenschaftliche Generalverdacht galt stets der vermeintlich selektiv-ausgrenzenden Funktion jedweder Testdiagnostik – dass er sich rational nicht begründen ließ, hat seinem Fortbestehen nicht geschadet. Erst seit wenigen Jahren ist die pädagogisch-psychologische Diagnostik – und damit auch die Er-

Hintergrund: Die Studie SALVE

In der Studie SALVE (Systematische Analyse des Lernverhaltens und des Verständnisses in Mathematik: Entwicklungstrends und Fördermöglichkeiten) wurde die Diagnosekompetenz von Lehrerinnen und Lehrern aus ihrer eigenen und aus Schülersicht untersucht (Hosenfeld, Helmke & Schrader, 2002). Beteiligt waren 27 Lehrpersonen und mehr als 600 Schülerinnen und Schüler 5. und 6. Klassen. Die Lehrpersonen wurden um Leistungseinschätzungen hinsichtlich der Vorkenntnisse ihrer Schülerinnen und Schüler gebeten und um Einschätzungen zur Lernmotivation, zum Aufmerksamkeitsverhalten und zum erreichten Verständnisniveau (jeweils bezogen auf eine konkrete Unterrichtsstunde im Fach Mathematik). Bei den Schülerinnen und Schülern wurden die gleichen Aspekte durch Tests und Befragungen erfasst, darüber hinaus wurde der Unterricht videographiert.

Es hat sich gezeigt, dass es erhebliche Unterschiede zwischen den Lehrpersonen hinsichtlich ihrer Beurteilungskompetenzen gibt – zumindest, wenn man sie an den Wahrnehmungen und an den Leistungen der Schülerinnen und Schüler misst. Einige Lehrpersonen lagen in ihren Wahrnehmungen weit entfernt von den Einschätzungen, die die Schülerinnen und Schüler über sich selbst abgaben, bei anderen stimmten die Einschätzungen überein. Im Allgemeinen unterschätzen die Lehrkräfte die Interessiertheit ihrer Schüler an den Stoffinhalten und den erreichten Verstehensgrad. Sie überschätzen aber die Leistungsmöglichkeiten ihrer Schüler im Hinblick auf die Lösung von Testaufgaben.

kenntnisgewinnung durch Testverfahren – in ihrer Bedeutsamkeit für die pädagogische Arbeit allgemein anerkannt. Als Teil der diagnostischen Kompetenz von Lehrkräften zählt sie zu den Standards in der Aus- und Weiterbildung von Lehrerinnen und Lehrern.[2] Das an der Humboldt-Universität gegründete nationale Institut zur Qualitätsentwicklung im Bildungswesen (IQB) hat ebenso wie die in einigen Bundesländern neu gegründeten Institute die Aufgabe, nationale Bildungsstandards für die schulischen Kernfächer zu entwickeln und durch geeignete Testverfahren überprüfbar zu machen.

Klassenarbeiten sind lehrzielorientierte Tests. Zur Konstruktion und Bewertung von Klassenarbeiten ist die diagnostische Kompetenz in mehrfacher Hinsicht gefordert. Bei der Auswahl der Testaufgaben ist darauf zu achten, dass sie inhaltsvalide sind, d. h. dass sie die curricularen Inhalte tatsächlich repräsentieren, auf die sich der Test bezieht. Des Weiteren müssen Aufgaben unterschiedlicher Schwierigkeit gestellt werden, damit eine Differenzierung der Schülerinnen und Schüler entsprechend ihres Leistungsvermögens möglich wird. Bei der Testauswertung und Leistungsbeurteilung ist auf das Kriterium der Objektivität zu achten und darauf, an welchem Bezugsmaßstab man eine individuelle Testleistung messen will.

Testverfahren im Schulbereich werden oft als *Schultests* bezeichnet; damit sind sowohl Verfahren zur Feststellung schulischer Leistungen als auch Verfahren zur Erfassung der Lernfähigkeit und der Lernvoraussetzungen gemeint. Verfahren zur Erfassung der individuellen Lernvoraussetzungen und der allgemeinen Lernfähigkeit werden in Abschnitt 5.2 gesondert dargestellt. Im Folgenden geht es um Testverfahren zur Erfassung des individuellen Lernerfolgs, also um die Messung

Hintergrund: Dürfen Lehrer testen?

Ob Lehrerinnen und Lehrer in eigener Verantwortung Schulleistungstests durchführen, auswerten und interpretieren können (und sollen), wird seit vielen Jahren kontrovers diskutiert, wobei sich rationale mit berufsständischen und bildungspolitischen Argumenten durchaus mischen. Weil das Diagnostizieren von Lernvoraussetzungen, Lernleistungen und Leistungsfortschritten zu den Kernbereichen unterrichtlicher Tätigkeiten gehört, geht die Debatte jedoch eigentlich am Thema vorbei. Eher sollte es um die Frage gehen, wie man den Lehrerinnen und Lehrern die dafür nötigen Kompetenzen vermitteln kann.

Testdiagnostische Verfahren können wichtige Informationen zur individuellen Leistungsentwicklung, zur Aufdeckung von Leistungsproblemen und zur adaptiven Unterrichtsgestaltung liefern – sie tragen auch zu einer gerechteren Leistungsbewertung bei. Wo in der Schule Psychologen oder eigens qualifizierte Beratungslehrer mit testpsychologischer Zusatzqualifikation fehlen, bedarf es geeigneter Maßnahmen in der Lehreraus- und -weiterbildung, um die entsprechenden Kompetenzen zur standardisierten Lernstandsmessung zu vermitteln. Ohne besondere Qualifikation sollten Schultest von den Lehrerinnen und Lehrern nämlich nicht angewendet werden – zu groß ist die Gefahr unzulässiger Schlussfolgerungen.

Davon unberührt bleibt die Tatsache, dass eine sorgfältige Individual- und Differentialdiagnostik mit der sich anschließenden Beratung und Intervention weiterhin einer grundständig psychologischen (Zusatz-)Ausbildung bedarf. Intelligenz- und Persönlichkeitstests dürfen die Lehrerinnen und Lehrer an den allgemeinbildenden Schulen zur Informationsgewinnung und zur diagnostischen Urteilsbildung nicht einsetzen – anders als ihre Kollegen an den Sonder- bzw. Förderschulen haben sie eine entsprechende Expertise im Verlauf ihrer Ausbildung auch nicht erworben.

von Leistungsergebnissen in der Schule (Schulleistungstests). Solche Tests gibt es vor allem für die Kompetenzbereiche des Lesens, Rechtschreibens und Rechnens.

Die im Schulbereich gebräuchlichen Tests sind *normiert*, um eine Einschätzung oder Verortung einer individuellen Testleistung in Vergleichs- oder Bezugsgruppen von Kindern gleichen Alters und/oder gleicher Schulartzugehörigkeit zu ermöglichen. Tests zur Erfassung von Lernleistungen, Lernfähigkeiten und Lernvoraussetzungen verwenden üblicherweise eine soziale Bezugsnorm, um den Individualwert eines bestimmten Schülers mit den in einer Gruppe vergleichbarer Personen mehr oder wenig häufig vorkommen-

Hintergrund: Schultests

Deutschsprachige *Schultests* sind über die Testzentrale des Hogrefe-Verlags in Göttingen (www.testzentrale.de) zu beziehen. Im Januar 2010 waren 139 Schultests in der Testzentrale erhältlich, mehr als die Hälfte davon sind Schulleistungstests (77), die anderen beziehen sich auf Vorläuferfertigkeiten des Lesens, Schreibens und Rechnens und auf die Schulfähigkeit sowie auf Lernvoraussetzungen und auf das Sozialverhalten (35). Auch Förder- und Trainingsprogramme (32), die sich an Schulkinder richten, gelten als Schultests.

Eng verwandt mit den Schultests sind *Leistungstests* (z. B. zur Aufmerksamkeit und Konzentration) für Kinder im Schulalter sowie *Intelligenztests* und *Entwicklungstests* (z. B. zu Sprache, Wahrnehmung und Motorik). Über die Testzentrale sind 10 Leistungstests, 30 Intelligenztests und 72 Entwicklungstests für Kinder und Jugendliche zu beziehen. Auch für die Inhaltsbereiche der Intelligenz- und Entwicklungstests gibt es bewährte Trainings- und Förderprogramme, die über die Testzentrale zu erhalten sind. In der schulpsychologischen und der klinisch-psychologischen Diagnostik kommen darüber hinaus auch klinisch orientierte Tests und (teil-)standardisierte Beobachtungsverfahren zum Einsatz. Neben der Testzentrale des Hogrefe-Verlags gibt es auch andere Bezugsquellen für deutschsprachige Testverfahren, z. B. den Pearson-Verlag (www.pearsonassessment.de).

Hinweise zur Durchführung eines Testverfahrens sowie zur Auswertung und Interpretation der individuellen Testwerte enthält das Testmanual. Das Manual beinhaltet auch Angaben zum theoretischen Hintergrund eines Verfahrens und zu den Gütekriterien des Tests (Objektivität, Reliabilität, Validität). Besonders wichtig zur Beurteilung von Lernschwierigkeiten sind die Normtabellen, die eine Verortung des individuellen Testwerts in der Werteverteilung einer Referenzstichprobe erlauben. Der Rückgriff auf Normwerte lässt eine Aussage darüber zu, wie gut oder schlecht eine Schülerin oder ein Schüler im Vergleich mit allen Schülern der entsprechenden Altersklasse ist. Zur Diagnose von Lernschwierigkeiten ist bei der Testauswahl darauf zu achten, ob ein Verfahren im unteren Leistungsbereich hinreichend gut differenziert.

den oder zu erwartenden Werten zu vergleichen. Es gibt auch Testverfahren, die eine kriteriale (sachliche) oder absolute Bezugsnorm zugrunde legen, das sind Tests, die messen, ob eine Person einen zuvor festgelegten Kriteriumswert erreicht oder nicht. Wenn nur derjenige, der am höchsten springt, eine Auszeichnung (Urkunde) erhält, wird eine soziale Bezugsnorm angelegt, wenn alle Hochspringer, die 1,70 Meter überqueren, eine Urkunde erhalten, eine kriteriale. Sogenannte Lerntests, wie sie in der Lernverlaufsdiagnostik üblich sind, legen dagegen individuelle Bezugsnormen zugrunde. Verglichen werden bei solchen Tests die Leistungswerte eines Individuums zu unterschiedlichen Testzeitpunkten, also seine Leistungsfortschritte. Schultests sind häufig nach den Prinzipien der Klassischen Testtheorie konstruiert, es gibt aber inzwischen auch eine Reihe von Testverfahren, die auf sogenannten probabilistischen Modellen basieren. Vor allem in der Folge der großen Schulleistungsstudien sind Testverfahren auf der Grundlage probabilistischer Modelle entwickelt worden.[3]

Tests, die sich an sozialen Bezugsnormen orientieren, verwenden lineare oder nicht-lineare Transformationsverfahren, um einem individuellen Testleistungswert (Rohwert) einen *Normwert* zuzuordnen. Die gebräuchlichste nicht-lineare Transformation ist die Ermittlung eines Prozentrangs (PR) unter Zugrundelegung der Häufigkeitsverteilung der Testwerte in einer Bezugsgruppe (Eichstichprobe). Die Ermittlung von Prozentrangnormen wird vor allem dann vorgenommen, wenn bei der Testkonstruktion eine Normalverteilungsannahme bezüglich des zu testenden Merkmals nicht getroffen wurde oder nicht sinnvoll ist. Aber auch für normalverteilte Merkmale lassen sich individuelle Prozentrangplätze ermitteln, die die Position (d. h. den Rangplatz) eines Testwerts im Vergleich zur Referenzstichprobe angeben. Die Interpretation von Prozenträngen ist einfach: PR = 3 für den Schüler Max in einem Test zum Leseverständnis bedeutet, dass nur 3 % aller getesteten Personen desselben Alters oder seiner Klassenstufe einen vergleichbaren oder »schlechteren« Leistungswert erzielen als Max, wäh

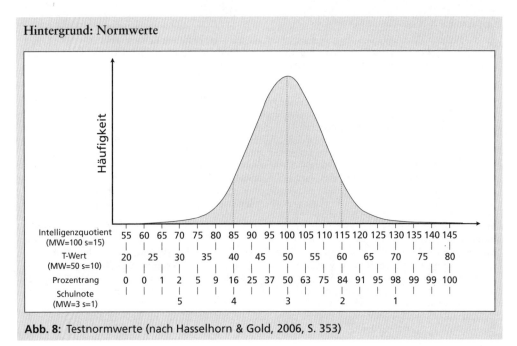

Hintergrund: Normwerte

Abb. 8: Testnormwerte (nach Hasselhorn & Gold, 2006, S. 353)

Ein Illustrationsbeispiel: Max, ein Hauptschüler der 6. Klassenstufe, hat im Frankfurter Leseverständnistest FLVT 5–6 14 Rohpunktwerte von 36 möglichen erzielt. Nach der Normentabelle des FLVT 5–6 entspricht das einem PR = 39, was bedeutet, dass 39 % aller Hauptschüler in diesem Test gleich gut oder schlechter als Max abschneiden und 61 % eine bessere Leistung erreichen. In der Metrik von T-Werten entspricht der Testrohwert 14 einem Wert von T = 47. Im Vergleich mit anderen Hauptschülern ist Max' Leistungsergebnis also durchschnittlich (unauffällig), denn der Testwert liegt in einem Bereich der Werteverteilung, in dem die meisten Leistungswerte liegen. Vergleicht man Max' Leistung nicht mit den Leistungen anderer Hauptschüler, sondern mit den Leistungen aller Schüler 6. Klassen, resultiert ein Prozentrang PR = 12 und ein T-Wert = 38. Das sind unterdurchschnittliche Werte, mehr als 80 % aller Sechstklässler erzielen bessere Werte als Max. Da Individualtestungen nicht frei von Messfehlern sind, wird üblicherweise ein Konfidenzintervall angegeben, innerhalb dessen der »wahre« Leistungswert einer Person mit einer sehr großen Wahrscheinlichkeit liegen wird. Für die beiden PR-Werte von Max liegt das sogenannte Prozentrangband im ersten Fall zwischen PR = 29 und PR = 49, im zweiten Fall zwischen PR = 9 und PR = 15.

rend 97 % eine bessere Leistung zeigen. Wenn bei der Testkonstruktion die Annahme der Normalverteilung zugrunde gelegt wurde, dann können über lineare Transformationen auf der Basis der Standardnormalverteilung (z-Verteilung) Normwerte in beliebiger Metrik berechnet werden. Charakteristisch für solche Normwerte ist ihr Mittelwert (M) zur Beschreibung der zentralen Tendenz und die Standardabweichung (SD) zur Beschreibung der Variabilität. Besonders gebräuchlich in der Diagnostik sind die IQ-Abweichungsnormierung (M = 100; SD = 15) und die T-Wertenormierung (M = 50, SD = 10), seltener wird die Stanine-Normierung (M = 5; SD = 2) verwendet. Wären Schulnoten normalverteilt (M = 3; SD = 1), dann würde das Notenspektrum zwischen 2 und 4 besonders häufig genutzt, während bessere und schlechtere Noten nur selten vorkämen. Bei »normalverteilt« konstruierten Testverfahren erreichen 68 % aller getesteten Personen Testwerte, die im Bereich einer Standardabweichung über und unter dem Mittelwert liegen – das wäre bei den Schulnoten der Bereich zwischen gut (2) und ausreichend (4).

Lesen und Rechtschreiben

Es gibt Testverfahren, die auf die Vorläuferfertigkeiten des Lesens und Rechtschreibens zielen, Tests zu den basalen Lesefertigkeiten und zum Leseverständnis (Textverstehen) sowie Tests zum Rechtschreiben. Es gibt auch kombinierte Testverfahren, die das Leseverständnis und die Rechtschreibleistung überprüfen sowie allgemeine Schulleistungstests, die mehrere Lernbereiche abdecken. Aufgrund der Vielzahl der vorhandenen Tests zum Lesen und Rechtschreiben (47) können sie hier nicht alle aufgeführt werden. Die meisten sind – wie die Schultests im Allgemeinen – in der Reihe »Deutsche Schultests« des Hogrefe-Verlags zusammengefasst, Neuerscheinungen werden in aller Regel in den pädagogisch-psychologischen Fachzeitschriften rezensiert oder in Themenheften der Reihe »Tests und Trends« vorgestellt. Im Folgenden werden exemplarisch fünf Testverfahren kurz beschrieben.[4]

Die Verwendung von *Lückentexten*, die aufgrund der geringen Anzahl zu schreibender Wörter neben der Fehlerauszählung auch eine sogenannte qualitative Fehleranalyse ermöglichen, galt lange Zeit als Standard bei der Rechtschreibdiagnostik. Damit war die Erwartung verbunden, aus der Typologie von Rechtschreibfehlern gezielte Fördermaßnahmen ableiten zu können. Inzwischen gibt es auch andere Formen der Diagnose der Rechtschreibleistung. Für ein frühes Erkennen von Risiken der späteren Schriftsprachentwicklung werden häufig Verfahren eingesetzt, die die phonologische Bewusstheit erfassen sollen, so zum Beispiel das Bielefelder Screening zur Früherkennung von Lese-Rechtschreib-Schwierigkeiten (BISC) oder der Gruppentest zur Früherkennung von Lese- und Rechtschreib-Schwierigkeiten (PB-LRS, vgl. Abschnitt 4.3).

Das *Salzburger Lese-Screening für die Klassenstufen 1–4* (SLS 1–4) von Mayringer und Wimmer (2003) prüft die basalen Lesefertigkeiten (die Lesegeschwindigkeit) im Gruppentest. Einfache Sätze müssen möglichst schnell gelesen und auf ihren Wahrheitsgehalt beurteilt werden – der Test umfasst 24 wahre und 24 unwahre Sätze. Bei der Ermittlung des Leistungswerts werden die ausgelassenen und falsch beurteilten Sätze abgezogen. Das Verfahren gilt als objektiv und reliabel und korreliert mittelhoch bis hoch mit anderen Verfahren zur Erfassung der Leseflüssigkeit. Für den Einsatz in den höheren Klassenstufen liegt ein eigenes Verfahren der Salzburger Gruppe vor, das SLS 5–8 von Auer, Gruber, Mayringer und Wimmer (2005).

Den *Leseverständnistest für Erst- bis Sechstklässler* (ELFE 1–6) von Lenhard und Schneider (2006) kann man elektronisch im Einzeltest oder als Papierversion im Klassenverband bearbeiten. Der Test prüft in drei Subtests das Leseverständnis auf der Wort-, Satz- und Textebene sowie die Lesegeschwindigkeit. Beim Subtest Wortverständnis geht es um das schnelle und korrekte Dekodieren und Synthetisieren einzelner Wörter, beim Satzverständnis um das schnelle sinnentnehmende Lesen von Wortfolgen und um das Verstehen der Syntax. Zusammengenommen sind das zwei Indikatoren für die Funktionstüchtigkeit und den Automatisierungsgrad der basalen Lesefertigkeiten (Leseflüssigkeit). Im dritten Subtest, dem Textverständnis, geht es um das korrekte Beantworten textinhaltsbezogener Fragen nach der Lektüre eines kurzen Textes. Der im Altersbereich sich anschließende Lesegeschwindigkeits- und -verständnistest für die Klassen 6 bis 12 (LGVT 6–12) von Schneider, Schlagmüller und Enne-

moser (2007) ist für den Einsatz in der Sekundarstufe konzipiert.

Der *Frankfurter Leseverständnistest für 5. und 6. Klassen* (FLVT 5–6) von Souvignier, Trenk-Hinterberger, Adam-Schwebe und Gold (2008) prüft das Textverständnis über die korrekte Beantwortung von Fragen mit Mehrfachwahl-Antworten im Anschluss an das Lesen längerer Texte (ca. 570 Wörter). Die Testdurchführung kann im Klassenverband erfolgen. Die Fragen unterschiedlicher Schwierigkeit zielen auf die textimmanenten und auf die schlussfolgernden Verstehensleistungen und sind jeweils direkt im Anschluss an das Lesen eines Erzähltextes bzw. eines Sachtextes zu beantworten. Über beide Textgenres hinweg wird ein Leistungs- bzw. Kompetenzwert ermittelt. Eine Zuordnung der Schülerinnen und Schüler zu inhaltlich definierten Kompetenzstufen des Leseverständnisses ist aufgrund des probabilistisch konstruierten Verfahrens möglich.

Der *Deutsche Rechtschreibtest für das dritte und vierte Schuljahr* (DERET 3–4+) von Stock und Schneider (2008a, 2008b) erfasst die Fehlerarten und -häufigkeiten bei der Rechtschreibung und die Fähigkeit zur Zeichensetzung. Vorgegeben werden Diktate in Fließtext im Umfang von 80 Wörtern in der dritten und 92 Wörtern in der vierten Klassenstufe, des Weiteren ist das korrekte Einsetzen von 14 bzw. 15 diktierten Wörtern in einen Lückentext gefordert. Der DERET kann als Gruppentest durchgeführt werden. Den Test gibt es auch in einer Version für die erste und zweite Klassenstufe (DERET 1–2+).

Der *Weingartner Grundwortschatz Rechtschreib-Test für 3. und 4. Klassen* (WRT 3+) von Birkel (2007) verwendet anders als der DERET ausschließlich Lückentextdiktate. Ausgezählt werden die Fehlerhäufigkeiten, eine zusätzliche qualitative Fehleranalyse ist möglich. Der Test gilt als objektiv und reliabel. Außer für 3. und 4. Klassen gibt es auch Testversionen für die Klassen 1 und 2 sowie für Hauptschüler der 5. Klasse.

Mathematik

Ähnlich wie beim Lesen und Schreiben gibt es Testverfahren zur Diagnostik der Vorläuferfertigkeiten des Rechnens, zur Diagnostik der mathematischen Basiskompetenzen im Grundschulalter sowie Testverfahren, die sich am schulischen Curriculum orientieren oder sich auf spezifische Teilbereiche der Mathematik beziehen. Auch die Tests zur Erfassung der mathematischen Leistungsfähigkeit sind in der Reihe »Deutsche Schultests« zusammengefasst, es sind aber weniger Verfahren (28) als für den schriftsprachlichen Bereich. Allerdings werden numerische Basiskompetenzen gelegentlich auch im Rahmen von Intelligenztests erhoben. Im Folgenden werden vier Testverfahren zur Erfassung mathematischer Leistungen vorgestellt.

In der Reihe *Deutsche Mathematiktests* ist der DEMAT 3+ (Roick, Gölitz & Hasselhorn, 2004) erschienen. Die Testreihe (DEMAT 1+ bis DEMAT 4) soll eine curricular valide, d. h. an den Lehrplänen bzw. Bildungsstandards orientierte Erfassung der individuellen Mathematikleistungen von der Primar- bis in die Sekundarstufe ermöglichen. Alle Verfahren der DEMAT-Reihe sind vergleichbar konstruiert – für die ersten vier Klassenstufen liegen sie bereits vor. Der DEMAT 3+ enthält einen Untertest zum Zahlenverständnis und vier weitere Untertests zu den Grundrechenarten. Zusammengefasst ergeben die Leistungen in diesen fünf Untertests den individuellen Leistungswert auf der Skala Arithmetik. Weitere Untertests werden zu den Skalen Sachrechnen und Geometrie zusammengefasst. Für die drei Skalen Arithmetik, Sachrechnen und Geometrie sowie für den Gesamttestwert sind Normtabellen verfügbar. Der Test kann als Gruppentest durchgeführt werden, die Testgütekriterien sind erfüllt.

Der *Neuropsychologischen Testbatterie für Zahlenverarbeitung und Rechnen bei Kindern* (ZAREKI) liegen die Modellvorstellungen zu den unterschiedlichen Kodierungsmodalitäten numerischer Kompetenzen im Sinne von Dehaene oder von Aster (vgl. Abschnitt 3.1) zugrunde – unterschieden werden also eine analog-approximative Mengenrepräsentation sowie die verbale und die arabisch-schriftliche Repräsentation von Zahlen. Die Testbatterie der aktuellen Version ZAREKI-R (Aster, Weinhold Zulauf & Horn, 2005) ist zur Durchführung in der 2. bis 4. Klassstufe geeignet. Die zwölf Subtests zielen auf das Zahlen- und Faktenwissen (z. B. Zahlen schreiben, Zahlen lesen, Zahlen vergleichen), auf die analog-semantischen und arithmetischen Kompetenzen (z. B. Kopfrechnen), auf die Zählfertigkeit (z. B. Abzählen) und auf das numerische Arbeitsgedächtnis (z. B. Zahlen nachsprechen vorwärts und rückwärts). Der Test ist als Power-Test (also ohne Zeitbegrenzung) konzipiert, entscheidend ist also die Bearbeitungsgenauigkeit bei der Aufgabenlösung.

Der *Heidelberger Rechentest* (HRT 1–4) von Haffner, Baro, Parzer und Resch (2005) erfasst als Gruppen- oder Einzeltest über elf Untertests die mathematischen Basiskompetenzen hinsichtlich des Beherrschens von Rechenoperationen und hinsichtlich des Bearbeitens visuell-räumlicher Aufgaben, der Mengenerfassung und der Zahlenverarbeitung. Anders als der ZAREKI, mit dem der HRT die Grundannahme unterschiedlicher Repräsentationsformen mathematischen Wissens teilt, ist der HRT als Speed-Test (mit enger Zeitbegrenzung) konzipiert. Die Leistungswerte im HRT sind mit den Leistungswerten der Tests aus der DEMAT-Reihe hoch korreliert.

Das *Rechenfertigkeiten- und Zahlenverarbeitungsdiagnostikum für 2. bis 6. Klassen* (RZD 2–6) von Jacobs und Petermann (2005b) beruht ähnlich wie der ZAREKI und der HRT auf neuropsychologischen Theorien zur modularen Repräsentation mathematischen Wissens. Anders als beim ZAREKI sind beim RZD Speed- und Power-Auswertungen möglich.

5.2 Diagnose der individuellen Lernvoraussetzungen

In Abschnitt 3.2. sind Funktionsdefizite individueller Lernvoraussetzungen als mögliche Ursachen von Lernschwierigkeiten benannt worden. Dabei ging es um die Funktionen der Aufmerksamkeit (unter besonderer Berücksichtigung von ADHS), um das Arbeitsgedächtnis, um Lernstrategien und ihre metakognitive Regulation, um die Lernmotivation und das Selbstkonzept sowie um die lernbegleitenden volitionalen und emotionalen Prozesse. Im Folgenden werden diagnostische Verfahren vorgestellt, die eine differenzierte Erfassung individueller Merkmalsausprägungen ermöglichen. Verfahren zur Feststellung des sprachlichen Entwicklungsstands und zur Erfassung von Vorläuferfertigkeiten des Lesens, Rechtschreibens und Rechnens waren bereits in den Abschnitten 3.3 sowie 4.2 und 4.3 vorgestellt worden. Testverfahren zur Erfassung der intellektuellen Leistungsfähigkeit werden in Abschnitt 5.3 behandelt.

Aufmerksamkeit und ADHS

Zur Diagnose der Aufmerksamkeit gibt es Aufmerksamkeits- und Konzentrationstests.[5] Dabei geht es um die selektive, die geteilte und um die Daueraufmerksamkeit, um den Aufmerksamkeitswechsel, um die Fähigkeit zur Hemmung dominanter Reaktionen und um die Reaktionszeit. Nicht wenige dieser Teilfunktionen spielen auch bei der Diagnostik der zentral-exekutiven Arbeitsgedächtnisanteile eine Rolle. Im Zusammenhang mit Lern- und Leistungsproblemen werden meist Konzentrations- oder allgemeine Leistungstests eingesetzt, die das rasche und korrekte Bearbeiten von Routineaufgaben erfordern. Oft sind das Diskriminierungsaufgaben, wie

bei den »Durchstreich- oder Markierungstests« des Aufmerksamkeits-Belastungstests d2 und bei den Frankfurter Testbatterien FAKT und FAIR, oder Sortier- bzw. einfache Additionsaufgaben wie beim Konzentrations-Leistungs-Test KLT. Nur wenige Verfahren beziehen sich explizit auf Anforderungen schulischer Lernsituationen. Im Folgenden werden drei Aufmerksamkeitstests vorgestellt:

Der computerbasierte *Frankfurter Adaptive Konzentrationsleistungs-Test* (FAKT-II; Moosbrugger & Goldhammer, 2007) und das *Frankfurter Aufmerksamkeits-Inventar* (FAIR; Moosbrugger & Oehlschlägel, 1996) sind Markierungstests zur Erfassung der Konzentrationsleistung, -genauigkeit und -homogenität (FAKT) bzw. zur Erfassung der Fähigkeit zur schnellen und genauen Diskrimination visuell ähnlicher Zeichen unter Ausblendung aufgabenirrelevanter Informationen (FAIR). Für das Inventar FAIR sind Normierungswerte für Kinder ab neun Jahren verfügbar, für den FAKT-II für Kinder ab zehn Jahren. Bei der Testbearbeitung müssen Aspekte figuraler Items unterschieden werden. Der Test FAKT ist durchführungsadaptiv in Hinsicht auf die Aufgabenschwierigkeiten und Darbietungszeiten und im Hinblick auf die Dauer von Übungs- und Testphase.

Die Testreihe zur *Prüfung der Konzentrationsfähigkeit* (TPK) von Kurth und Büttner (1999) kann als Einzel- und Gruppentest bei Schülern 2. bis 6. Klassen eingesetzt werden. Die TPK orientiert sich an den im Schulunterricht üblicherweise geforderten Konzentrationsleistungen (Texte abschreiben, Rechnen, Zuhören) und erfasst über insgesamt sieben Messwerte die Konzentrationsleistung sowie die Qualität und die Stabilität dieser Leistung. Das komplexe Aufgabenmaterial »simuliert« die in einer normalen Unterrichtsstunde auftretenden Anforderungen und erlaubt so eine vergleichsweise kriteriumsvalide Diagnostik des unterrichtlichen Aufmerksamkeits- und Konzentrationsvermögens.

ADHS ist keine Lernstörung, sondern eine Verhaltensauffälligkeit, die durch die drei Leitsymptome der Aufmerksamkeitsstörung, der Impulsivität und der (motorischen) Hyperaktivität geprägt ist. Die beeinträchtigte Aufmerksamkeit zeigt sich darin, dass den Kindern besonders viele Flüchtigkeitsfehler unterlaufen und dass sie sich nicht für längere Zeit auf eine Sache konzentrieren können. Die Impulsivität äußert sich in vorschnellen, unüberlegten und teilweise risikoreichen Verhaltensweisen, und die Hyperaktivität findet ihren Ausdruck in einer besonderen Zappeligkeit und Unruhe, vor allem dann, wenn ruhiges Stillsitzen gefordert ist. Bei der Analyse von Lernschwierigkeiten oder -schwächen und bei der Differentialdiagnostik von Lernstörungen und -behinderungen ist es oftmals angezeigt, zusätzlich eine ADHS-Abklärung vorzunehmen.

Zur ADHS-Diagnostik kommen vor allem explorative Problemanalysen unter Verwendung von Checklisten zum Einsatz – im Hinblick auf die Aufmerksamkeitskomponente der Störung werden zusätzlich auch die oben beschriebenen Testverfahren eingesetzt. Die Checklisten thematisieren kritische (alters- und entwicklungsunangemessene) Verhaltensweisen in den unterschiedlichen Lebensbereichen (vor allem in der Schule, zu Hause und im Umgang mit Gleichaltrigen). Im Idealfall werden die Lehrer, die Eltern und das Kind befragt und es erfolgt zusätzlich eine Verhaltensbeobachtung des Kindes. Die Diagnose ADHS wird nur dann gestellt, wenn sich die Störungen in mindestens zwei verschiedenen Lebensbereichen manifestieren, wenn sie mit Beeinträchtigungen in sozialen, schulischen oder beruflichen Funktionsbereichen verbunden sind und wenn in der Exploration sichtbar wird, dass das Problemverhalten bereits vor dem siebten Lebensjahr bestand. Interviewleitfäden und Fragebögen, die sich an den Diagnosesystemen ICD-10 und DSM-IV orientieren, stehen für die Exploration mit Kindern und Jugendlichen und mit Erwachsenen zur Verfügung. Das *Kinder-Diagnostik-System* (KIDS 1) von Döpfner, Lehmkuhl und Steinhausen (2006) enthält solche Verfahren zum Einsatz bei Kindern, Jugendlichen und Erwachsenen.[6]

Wenn Aufmerksamkeitsstörungen mit hyperaktiven und impulsiven Verhaltensweisen einhergehen, spricht man vom Vollbild der ADHS-Störung. Hyperaktive Störungen werden aber nicht nur im Zusammenhang mit der ADHS-Diagnostik, sondern auch im Zusammenhang mit oppositionellen Verhaltensauffälligkeiten diskutiert und behandelt. Oppositionell sind Verhaltensweisen, die sich durch eine generalisierte Verweigerungshaltung oder Aufsässigkeit gegenüber Erwachsenen – Eltern und Lehrern – auszeichnen. Oppositionelle Kinder sind streitfreudig und leicht reizbar, trotzig, neigen zu Wutanfällen und widersetzen sich Regeln und Anordnungen. Oft werden sogenannte Symptom-Checklisten verwendet, um das Ausmaß oppositioneller Verhaltensweisen zu objektivieren.

Arbeitsgedächtnis

Es gibt eine Reihe von Intelligenztests, die Zusatzaufgaben oder Untertests zur Erfassung von Gedächtnisleistungen beinhalten. Meist sind das Aufgaben zur Erfassung der Gedächtnisspanne, also zur Erfassung der maximalen Anzahl von Items (meist Ziffern oder Wörter), die im Anschluss an eine einmalige (meist akustische) Darbietung in der vorgegebenen Reihenfolge wiedergegeben werden kann. Bezogen auf Baddeleys Modell des Arbeitsgedächtnisses sind Aufgaben dieses Typs geeignet, die Funktionsfähigkeit eines Teilbereichs der phonologischen Schleife zu erfassen.

Um die unterschiedlichen Modellkomponenten des Arbeitsgedächtnisses in differenzierter Weise erfassen zu können, haben

Pickering und Gathercole (2001) eine Test-batterie entwickelt, die *Working Memory Test Battery for Children* (WMTB-C). Die Testbatterie kann als Individualtest bei Kindern zwischen viereinhalb und 16 Jahren eingesetzt werden und besteht aus vier Untertests zur Erfassung von Funktionen der phonologischen Schleife, drei Untertests zum visuell-räumlichen Notizblock und drei Untertests zur zentralen Exekutive. Einer der Untertests zum visuell-räumlichen Arbeitsgedächtnis – die sog. Musterwiedergabe – ist nicht neu, sondern war bereits Bestandteil eines bewährten neuropsychologischen Testverfahrens für Erwachsene. Zur Erfassung der Funktionstüchtigkeit der phonologischen Schleife enthält die WMTB-C Untertests zur Ziffernspanne, zur Wortspanne, zur Kunst-

wortspanne (jeweils vorwärts) und zum Wortlistenabgleich (word list matching). Das visuell-räumliche Arbeitsgedächtnis wird durch Corsi-Block-Aufgaben, Aufgaben zur Matrix-Spanne und die Musterrekonstruktionsaufgabe gemessen. Als Maße für die Funktionstüchtigkeit der zentralen Exekutive gelten die Ziffernspanne rückwärts sowie die beiden prozessual besonders beanspruchenden Behaltensaufgaben der Zählspanne (counting recall) und der Zuhörspanne (listening recall).

Über die jeweiligen Untertests hinweg werden separate Leistungsmaße für die drei Komponenten des Arbeitsgedächtnisses berechnet, so dass für die Individualdiagnostik ein Gedächtnisprofil erstellt werden kann. Inzwischen ist auch eine computerbasierte Version

Hintergrund: AGTB 5–12

Mit der Arbeitsgedächtnis-Testbatterie für Kinder von 5 bis 12 Jahren (AGTB 5–12) von Hasselhorn und Kollegen (in Druck; Schumann-Hengsteler, Grube, Zoelch, Mähler, Seitz-Stein, Schmid, Gronauer & Hasselhorn, 2010) liegt erstmals in deutscher Sprache eine standardisierte und normierte Testbatterie vor, die zur Differentialdiagnostik bei Kindern mit Lernstörungen genutzt werden kann. Der Konstruktion der AGTB liegt das Baddeley-Modell mit seiner Unterscheidung zwischen dem phonologischen, dem visuell-räumlichen und dem zentral-exekutiven Funktionsbereich zugrunde. In computerbasierter Form enthält die AGTB zwölf Subtests, sechs davon beziehen sich auf den zentral-exekutiven Bereich, zwei auf den visuell-räumlichen und vier auf den phonologischen.

Zur Erfassung der Funktionstüchtigkeit des phonologischen Arbeitsgedächtnisses werden Subtests zur Ziffernspanne vorwärts (ZSV), zur Wortspanne vorwärts mit einsilbigen (WSV 1) und mit dreisilbigen Wörtern (WSV 3) sowie zum Nachsprechen von Kunstwörtern (KN) eingesetzt. Das visuell-räumliche Arbeitsgedächtnis wird über Aufgaben zur Matrix-Spanne (MX) und über modifizierte, komplexere Corsi-Block-Aufgaben (CB) geprüft. Zur Überprüfung der zentral-exekutiven Funktionen werden die folgenden Aufgaben eingesetzt: Ziffernspanne rückwärts (ZSR), Counting span (CS), Farbspanne rückwärts (FSR), eine Stroop-Aufgabe (ST), eine komplexe Spannenaufgabe (KS) und eine Go/NoGo-Aufgabe (GNG). Einige Untertests entsprechen den in den Batterien WMTB-C und AWMA verwendeten, andere sind neu oder zumindest in anderen Materialarten konzipiert.

Besonders differenziert ist die AGTB 5–12 hinsichtlich der zentral-exekutiven Funktionen. Die bekannte Ziffernspanne rückwärts wird neu um die Farbspanne rückwärts ergänzt. Bei diesem Untertest sollen die präsentierten Farbsequenzen (ohne sie zu verbalisieren) auf einem Farbkreis im umgekehrter Reihenfolge durch Antippen reproduziert werden. Die Aufgabe zielt auf die Kontrollfähigkeit von Enkodierungs- und Abrufstrategien und auf die Inhibition. Auch die Stroop- und die Go-NoGo-Aufgaben sollen die Güte zentral-exekutiver Inhibitionsprozesse erfassen. Bei der Stroop-Aufgabe müssen schematische Strichzeichnungen korrekt als »Mann« oder »Frau« identifiziert werden, während gleichzeitig und nicht unbedingt mit der aktuell präsentierten Zeichnung übereinstimmend, auditiv die Worte »Mann« oder »Frau« eingespielt werden. Bei der Go-NoGo-Aufgabe werden ebenfalls Bilder präsentiert und es muss rasch entschieden werden, ob eine Strichzeichnung einige kritische Attribute enthält oder nicht.

des Tests verfügbar, die *Automated Working Memory Assessment Battery* AWMA von Alloway (2007). Diese Version enthält zwei zusätzliche Untertests mit nichtverbalen Testaufgaben zur Erfassung zentral-exekutiver Funktionen. Andere Untertests wurden modifiziert. Sechs der zwölf AWMA-Untertests adressieren nun die kapazitativen (prozessneutralen) Komponenten der Gedächtnisteilsysteme und die anderen sechs Untertests erfassen die Gedächtnisleistung bei Aufgabenanforderungen, die neben dem »Festhalten« von Informationen zusätzlich noch Verarbeitungsprozesse mit diesen Informationen verlangen.

Untersuchungen mit Kindern, die Lern- und Verhaltensstörungen unterschiedlicher Art oder Entwicklungsstörungen bzw. -verzögerungen aufwiesen, haben gezeigt, dass mit den unterschiedlichen Störungsbildern unterschiedliche Beeinträchtigungen in den Teilfunktionen des Arbeitsgedächtnisses, wie sie durch die beiden Testbatterien erfasst werden, verbunden sind (vgl. Abschnitt 3.2). Durch

Untersuchungen dieser Art hat auch die neu entwickelte *Arbeitsgedächtnis-Testbatterie für Kinder von 5 bis 12 Jahren* (AGTB 5–12), die in den Arbeitsgruppen um Marcus Hasselhorn und Ruth Schumann-Hengsteler entwickelt wurde, ihre Validierung erfahren.[7]

Lernstrategien und ihre metakognitive Regulation

Lernschwierigkeiten können auch mit Defiziten im Bereich des strategischen und metastrategischen Lernverhaltens zusammenhängen, d. h. mit der Planung und Vorbereitung, mit der Durchführung und Überwachung und mit der Regulation des eigenen Lernverhaltens. Leicht zu erfassen sind diese kognitiven Aktivitäten allerdings nicht, sieht man einmal von den Indikatoren des sichtbar investierten Lernaufwands ab, also der aufgewendeten Lernzeit.

Diagnostische Verfahren zur Erfassung kognitiver und metakognitiver Lernstrategi-

---

Hintergrund: Neuropsychologische Diagnostik

Die aus der neuropsychologischen Forschungstradition entlehnten Testverfahren werden häufiger in Forschungszusammenhängen als zur differenziellen Individualdiagnostik genutzt. Sie sind vor allem in den Bereichen der Aufmerksamkeit und des Arbeitsgedächtnisses bzw. der zentral-exekutiven Funktionen verbreitet. Im Bereich der Aufmerksamkeitsdiagnostik und der arbeitsgedächtnisbasierten Aufmerksamkeitskomponenten sind das einfache Reaktionstests, Go-/NoGo-Testaufgaben, Tests zum Aufmerksamkeitswechsel, Dual-Task-Aufgaben und Stroop-Testaufgaben zur Hemmung präpotenter Reaktionen (zusammenfassend: Moosbrugger & Goldhammer, 2006).

Die klinische Neuropsychologie nutzt für die Gedächtnisdiagnostik zum Beispiel den California Verbal Learning Test (CVLT) und die standardisierten Gedächtnisbatterien aus den Tests der auf David Wechsler zurückgehenden HAWIK-Reihe (vgl. Abschnitt 5.3) sowie den Rivermead Behavioral Memory Test (RBMT), um spezifische Ausfälle im Bereich des Gedächtnisses zu lokalisieren. Im deutschsprachigen Raum gilt die neuropsychologische Testbatterie zur Aufmerksamkeitsprüfung (TAP) von Zimmermann und Fimm (2000) als bewährtes Verfahren. In Forschungszusammenhängen werden zunehmend auch bildgebende Verfahren eingesetzt (zusammenfassend: Reijnen, Penner & Opwis, 2006).

Heubrock und Petermann (2006) haben für die Aufmerksamkeits- und die Gedächtnisdiagnostik illustriert, wie sich eine neuropsychologisch begründete Diagnostik sonderpädagogischen Förderbedarfs bereits vorhandener und bewährter Testverfahren bedienen kann. Insbesondere Untertests aus der TAP sowie aus dem Wiener Testsystem (WTS) und das Inventar FAIR werden dabei verwendet, zusätzlich Untertests aus dem Auditiv-Verbalen Lerntest (AVLT) und aus dem Verbalen Lern- und Merkfähigkeitstest (VLMT) von Heubrock (1992). Mit der Memory and Learning Testbattery for Children (MLT-C) von Lepach und Petermann (2006) liegt ein weiteres Diagnostikum vor.

en sind beispielsweise das *Lern- und Arbeits-verhaltensinventar* (LAVI) von Keller und Thiel (1998), der Fragebogen *Wie Lernen Sie?* (WLS) von Souvignier und Gold (2004) oder der *Würzburger Lesestrategie-Wissens-test* (WLST 7–12) von Schlagmüller und Schneider (2007). Der LAVI erfasst das schul-bezogene Lern- und Arbeitsverhalten in den Klassenstufen 5 bis 10 und enthält die drei Skalen Arbeitshaltung, Stressbewältigung und Lerntechniken. Der Fragebogen WLS enthält Items zu den Skalen Memorieren, Elaborieren, Veranschaulichen und Trans-formieren (als kognitive Strategien) sowie zum Zeitmanagement und zur Anstrengung (als ressourcenbezogenen Stützstrategien). Der WLST ist wie das LAVI normiert und bezieht sich auf Verstehens- und Behaltens-strategien beim Umgang mit Lerntexten – er eignet sich zum Einsatz in den Klassenstufen 7 bis 12.

Unklar ist allerdings, inwieweit die Selbst-angaben in den Lernstrategie-Fragebogen mit dem tatsächlichen lernstrategischen Ver-halten zusammenhängen oder doch nur das individuelle Wissen über Lernstrategien ab-bilden. Um eine handlungsnahe Erfassung des lernstrategischen Verhaltens zu ermögli-chen, werden auch Lerntagebücher eingesetzt und Methoden der standardisierten Verhal-tensbeobachtung während der Bearbeitung von Lernaufgaben.

Motivation und Selbstkonzept

Die Lern- und Leistungsmotivation kann über einen direkten Zugang (explizit) oder projektiv bzw. semi-projektiv (implizit) er-fasst werden. Explizite Motivmessungen erfolgen in aller Regel über die Vorgabe mehrdimensionaler standardisierter Testver-fahren (Fragebögen), die Zielorientierungen leistungsbezogenen Handelns erfragen.[8] Für implizite Motivmessungen wird in der Regel in Anlehnung an den Thematischen-Apper-zeptions-Test TAT mit Bildvorlagen gearbei-tet. Die meisten Verfahren sind für Jugend-liche und junge Erwachsene entwickelt worden. Unter den projektiven Verfahren ist das LM-Gitter von Schmalt (1976, 2003) das bekannteste. Ein »Gitter« ergibt sich bei der Testdurchführung deshalb, weil die prä-sentierten Bildvorlagen mit unterschiedlichen verbalen Aussagen kombiniert werden. Auch der *Operante Motiv-Test* (OMT) von Schef-fer, Kuhl und Eichstaedt (2003) ist ein pro-jektives Verfahren. Das *Differentielle Schu-lische Selbstkonzept-Gitter* (DISK-Gitter mit SKSLF-8) von Rost, Sparfeldt und Schilling (2007) erfasst das allgemeine schulische Selbstkonzept sowie die fachspezifischen Selbstkonzepte in den Kernfächern. Das Ver-fahren ist normiert für Schülerinnen und Schüler der 7. bis 10. Klassenstufe.

Die *Skalen zur Erfassung der Lern- und Leistungsmotivation* (SELLMO) von Spi-nath, Stiensmeier-Pelster, Schöne und Dick-häuser (2002) zielen auf eine explizite Mo-tivmessung und sind normiert für den Einsatz in der 4. bis 10. Klassenstufe. Die vier Skalen (Lernziele, Annäherungs-Leistungsziele, Vermeidungs-Leistungsziele, Arbeitsvermei-dung) messen die individuellen Zielorientie-rungen, die als wichtige Bedingungen der Leistungsmotivation gelten.

Eng mit den Zielorientierungen und den motivationalen Bedingungsfaktoren verbun-den ist das Fähigkeitsselbstkonzept einer Person. Deshalb ist die Selbstkonzeptdia-gnostik oftmals Bestandteil einer umfassen-den Motivationsdiagnostik. Bei Lern- und Leistungsproblemen spielt ein ungünstiges Selbstkonzept eigener Fähigkeiten eine gro-ße Rolle – wer sich nichts zutraut, wird sich in Leistungssituationen nicht mehr besonders anstrengen und in der Folge weitere Leis-tungsrückstände erfahren. Mit den *Skalen zur Erfassung des schulischen Selbstkonzepts* (SESSKO) von Schöne, Dickhäuser, Spinath & Stiensmeier-Pelster (2002) wird gemessen, welches Bild die Schülerinnen und Schüler von sich und von ihren Fähigkeiten haben.

Dazu sollen sie sich hinsichtlich zentraler Fähigkeitsbereiche vergleichen und zwar:

1. in Bezug auf eine objektive gegebene Anforderung (kriterial),
2. in Bezug auf ihre eigene Leistungsentwicklung (individuell),
3. mit anderen Schülern (sozial) und
4. ganz global (absolut).

Das Verfahren SESSKO ist wie die SELLMO-Skalen ab der 4. Klassenstufe einsetzbar.

Volition und Emotion

Emotionale Störungen, wie Trennungsängste und ein unsichereres Bindungsverhalten, soziale Ängstlichkeit sowie Schul- und Prüfungsängste können sich ungünstig auf das Lern- und Leistungsverhalten auswirken. Negative Emotionen beeinträchtigen die intrinsische Lernmotivation, die Aufmerksamkeitsfokussierung und die Auswahl anspruchsvoller Lernstrategien. Ebenso kann ein anhaltendes Leistungsversagen zur Ausbildung und Verstärkung solcher Emotionen beitragen. Schulängste können sich in Schulschwänzen (Absentismus), in extremen Fällen auch in einer Schulphobie niederschlagen. Zur Individualdiagnostik von Emotionen im Kontext schulischer Lern- und Leistungsbeurteilung werden vor allem Fragebogenverfahren (gelegentlich auch projektive Tests) und standardisierte Interviewleitfäden verwendet.[9]

Der *Angstfragebogen für Schüler* (AFS) von Wieczerkowski, Nickel, Janowski, Fittkau und Rauer (1981) erfasst die Prüfungsangst (Gefühle der Hilflosigkeit und Angst vor dem Leistungsversagen), die manifeste allgemeine Angst (Nervosität, Furchtsamkeit, Herzklopfen) und das Ausmaß der Schulunlust (Schulvermeidung, Demotivation). Normierungswerte, die allerdings reichlich veraltet sind, liegen für den Altersbereich zwischen 9 und 17 Jahren vor.

Der *Fragebogen zur Erhebung der Emotionsregulation bei Kindern und Jugendlichen* (FEEL-KJ) von Grob und Smolenski (2009) erfasst verfügbare und präferierte Strategien für die Regulation von Emotionen wie Trauer, Angst und Wut. Erfragt werden maladaptive Strategien wie Aufgeben, Weglaufen oder aggressiv werden, sowie adaptive Strategien wie das Umbewerten, Akzeptieren und Vergessen problematischer Situationen oder Vorkommnisse. Für den FEEL-KJ liegen Normwerte im Altersbereich zwischen 10 und 19 Jahren vor.

Das *Bochumer Angstverfahren für Kinder im Vorschul- und Grundschulalter* (BAV 3–11) von Mackowiak und Lengning (2008) kann im Altersbereich zwischen drei und elf Jahren eingesetzt werden. Die Kinder bewerten insgesamt 26 verbal präsentierte (für Vorschulkinder mit einem Bild illustrierte) Situationen, in denen soziale und kognitive Ängste, Ängste vor Unfällen und Verletzungen, vor Tieren oder vor dem Alleinsein thematisiert werden. Dabei wird das subjektive Erleben (»Wie fühlst du dich, wenn …?«), die Verhaltensebene (»Was tust du, wenn …?«) und die physiologische Ebene (»Wo spürst du die Angst?«) angesprochen. Zusätzlich gibt es einen Elternfragebogen zu denselben Fragen. Eine Veröffentlichung des Verfahrens im Sinne einer allgemeinen Zugänglichkeit über die üblichen Bezugsquellen ist bislang noch nicht erfolgt, so dass eine abschließende Bewertung schwerfällt.

Im Umgang mit motivationalen Handlungskonflikten, wie sie beim Lernen immer wieder auftreten, ist eine ausgeprägte Willensstärke hilfreich. Zur Diagnostik (und zur Förderung) volitionaler Kompetenzen können Selbstbeobachtungen des eigenen Lernverhaltens, z. B. durch Lerntagebücher, eingesetzt werden. Testverfahren zur Individualdiagnostik volitionaler Stile und Kompetenzen sind der computerunterstützte *Selbstregulations- und Konzentrationstest für Kinder* (SRKT-K) von Kuhl und Kraska (1992) und der *Selbstregulations-Strategientest für Kinder* (SRST-K) von Kuhl und Christ (1993). Die Verfahren ergänzen ein-

---

Hintergrund: Emotionen und Sozialverhalten

Mobbing-Erfahrungen, fehlende Freundschaften und Einsamkeit können sozial unsicheres und zurückgezogenes, aber auch aggressives und deviantes Verhalten nach sich ziehen. Begleitend kann es zur Ausbildung von Schul- und Leistungsängsten und zu Schulleistungsschwierigkeiten kommen. Zur Diagnostik selbstberichteten Sozialverhaltens und -erlebens in ersten und zweiten Klassen eignet sich z. B. der Fragebogen zur Erfassung emotionaler und sozialer Schulerfahrungen FEESS 1–2 von Rauer und Schuck (2004). Der Fragebogen erfasst das Ausmaß der sozialen Integration, das erlebte Klassenklima und das Selbstkonzept der eigenen Schulfähigkeit, die Einstellungen zur Schule, die Anstrengungsbereitschaft und die Lernfreude. Den FEESS gibt es auch für die dritte und vierte Klassenstufe. Zur Erfassung aggressiver Verhaltensweisen und sozial unsicheren Verhaltens gibt es eigene Erhebungsinstrumente, so z. B. den Erfassungsbogen für aggressives Verhalten in konkreten Situationen (EAS) von Petermann und Petermann (2000) oder den Beobachtungsbogen für aggressives Verhalten (BAV) nach Petermann und Petermann (2008).

---

ander und erfassen die individuellen Strategien der Motivations-, Aufmerksamkeits- und Emotionskontrolle sowie der Misserfolgsbewältigung. Der SRKT-K ermöglicht eine globale Einschätzung der Selbstregulationseffizienz. Beide Verfahren sind von der 1. bis zur 3. Klassenstufe einsetzbar.[10]

5.3 Diskrepanzdiagnostik

Schlechte oder sehr schlechte Schulleistungen sind ein sichtbares Zeichen von Lernschwächen oder -schwierigkeiten, sie können auch Ausdruck einer Lern- bzw. Leistungsstörung oder einer Lernbehinderung sein. Wenn die schulische Minderleistung als *Lernstörung* klassifiziert werden soll, kommt das sogenannte Diskrepanzkriterium der unauffälligen Intelligenz zum Tragen. Deshalb können Lernstörungen, ganz gleich, ob sie das Lesen und Rechtschreiben oder das Rechnen betreffen, nur über eine zusätzliche Intelligenzdiagnostik erkannt werden. Beides wird dann gemeinsam betrachtet – das Schulversagen, d. h. die schlechten Schulleistungswerte (objektiviert über einen standardisierten Schulleistungstest) und die Intelligenztestwerte (erfasst über eines der nachfolgend beschriebenen Testverfahren).

Hintergrund: Ermittlung der Diskrepanzen

Unter der Annahme, dass die schulischen Leistungen und die intellektuellen Fähigkeiten normalverteilt sind und dass die zur Diagnostik eingesetzten Testverfahren so konstruiert sind, dass sie diese Normalverteilung angemessen abbilden, lässt sich das Diskrepanzkriterium (z. B. zwischen der Leseleistung und der Intelligenz eines Schülers) im Sinne intraindividueller Differenzen in der Metrik von Standardabweichungen zwischen den jeweiligen Testwerten definieren. Dabei ist zu beachten, dass (individuelle) Abweichungen vom jeweiligen Referenzmittelwert des eingesetzten Testverfahrens (bei der Intelligenz wie auch bei der Leseleistung) im Ausmaß einer Standardabweichung nach oben und unten unauffällig sind. Diese Bandbreite kennzeichnet nämlich die (Leistungs-)Positionen von 68 % aller Kinder der betreffenden Altersstufe. Die meisten Intelligenztests sind so normiert, dass sie einen Mittelwert von 100 und eine Standardabweichung von 15 aufweisen, dass also 68 % aller Personen im Bereich zwischen 85 und 115 IQ-Punkten liegen. Nur 16 % erreichen höhere und weitere 16 % niedrigere Werte. Standardisierte Schulleistungstests sind dagegen meistens auf T-Werte normiert, mit einem Mittelwert von 50 und einer Standardabweichung von 10. Das bedeutet, dass T-Werte über 40 und IQ-Werte über 85 als unauffällig (»normal«) gelten. Auf der Basis der Standardnormalverteilung lassen sich flächentransformierte T- bzw. IQ-Werte allerdings ohne großen Aufwand ineinander überführen.

Für die anwendungsorientierte Diagnostik wird im Allgemeinen eine intraindividuelle Diskrepanz von 1.2 bis 1.5 Standardabweichungen (also mindestens 12 T-Wert-Punkte bzw. 18 IQ-Punkte in den entsprechenden Normierungen) zwischen dem Lese- und dem Intelligenztestwert gefordert – in Forschungszusammenhängen verlangt man oft sogar eine Diskrepanz von 2.0 Standardabweichungen. Gelegentlich wird eine regressionsanalytische Korrektur der ermittelten Diskrepanzen vorgeschlagen, weil aufgrund des statistischen Regressionseffekts und der bekannten Korreliertheit von Intelligenz und Schulleistung das Auftreten kritischer Diskrepanzen bei hohen Intelligenztestwerten sonst über- und bei niedrigen Intelligenztestwerten unterschätzt werde (vgl. dazu Hasselhorn & Mähler, 2006; Fletcher et al., 2007).

Ist die Diskrepanz zwischen der schulischen Minderleistung und der Intelligenztestleistung »groß genug«, spricht man von einer Lern- oder Teilleistungsstörung.

Intelligenz

Um unterschiedlich begabte Schulkinder erkennen und unterschiedlich beschulen zu können, wurden vor mehr als 100 Jahren in Frankreich die ersten Intelligenztests entwickelt (vgl. Abschnitt 1.1). Von jeher waren sie so konstruiert, dass die in den Intelligenztests erzielten Leistungswerte eng mit der Schulleistung korrelierten. Bei der Diagnostik von Lernstörungen und -behinderungen werden sowohl *eindimensionale* Intelligenztests, wie die Tests aus der CFT-Reihe oder die Matrizentests der SPM/CPM-Reihe, als auch *mehrdimensionale* Verfahren, wie die Tests aus der Wechsler- und aus der Thurstone-Tradition, eingesetzt. Detlef Rost (2009a) beschreibt die diesen Tests zugrunde liegenden traditionellen Intelligenztheorien zusammenfassend und kommentiert die sogenannten »alternativen« Intelligenztheorien kritisch. Für eine intensivere Auseinandersetzung mit der Intelligenz, dem wohl populärsten psychologischen Konstrukt, muss hier auf das Buch von Rost und auf die anderen, im ersten Kapitel genannten Quellen verwiesen werden. Im Folgenden werden drei Intelligenztests vorgestellt, die bei der Diagnostik von Lern- und Leistungsproblemen im Kindesalter häufig eingesetzt werden, der CFT 20, der HAWIK und der KFT. Wenn Lese-/Rechtschreibschwächen der Anlass für eine Intelligenzdiagnostik sind, muss in jedem Fall ein Verfahren eingesetzt werden, das auch einen nonverbalen Teil enthält, wie beispielsweise der CFT 20.

Auf der Unterscheidung zwischen fluider (basaler) und kristallisierter (lernabhängiger) Intelligenz beruht die Konstruktion des *Grundintelligenztests Skala 20 mit Wortschatz- und Zahlenfolgentests* (CFT 20) von Weiß (2008). Der CFT 20 steht in der Tradition der »Culture Fair Tests« von Cattell und Horn. Als »kulturell fair« werden die Tests der CFT-Reihe (die es vom Vorschul- bis zum Erwachsenenalter gibt) bezeichnet, weil sie eine status- bzw. bildungs- sowie eine vorwissensneutrale Erfassung der fluiden Intelligenz zu erfassen beanspruchen. Das Testmaterial ist sprachfrei und beinhaltet vier Aufgabentypen: Reihenfortsetzen, Matrizen, Klassifikationen und topologische Schlussfolgerungen. Die Aufgaben werden mit ansteigendem Schwierigkeitsgrad präsentiert – die richtige Antwort ist jeweils aus fünf Alternativen zu wählen. Die beiden Zusatztests (Wortschatz und Zahlenfolgen) zielen auf die kristalline Intelligenz. Das Verfahren gilt als bewährt und ökonomisch – der Einsatz als Gruppentest ist möglich. Auch die Raven-Matrizentests (SPM und CPM) sind sprachfrei konstruiert und lassen sich als Gruppentests durchführen.

Der *Hamburg-Wechsler-Intelligenztest für Kinder* (HAWIK), in seiner aktuellen Version (IV) von Petermann und Petermann (2010) herausgegeben, ist ein Individualtest und enthält neben einem Verbalteil zum Sprachverständnis und einem Handlungsteil zur Erfassung des logischen Denkens zwei weitere Skalen zur Erfassung der Bearbeitungsgeschwindigkeit sowie der Kapazität des Arbeitsgedächtnisses. Die Wechsler-Tests sind seit Jahrzehnten in der Individualdiagnostik gebräuchlich und bewährt, es gibt sie auch in Versionen für das Vorschulalter und für Erwachsene. Mit dem HAWIK wird sowohl ein Gesamttestwert (IQ) als auch ein Intelligenzprofil ermittelt. Ähnlich wie der HAWIK ist auch das in Österreich häufig verwendete Adaptive Intelligenz Diagnostikum (AID) konstruiert. Die Durchführung und Auswertung des HAWIK bedarf einer besonderen Expertise.

Der *Kognitive Fähigkeitstest* (KFT 4–12+ R) von Heller und Perleth (2000) basiert auf der Thurstone-Tradition mehrerer gemeinsamer Faktoren der Intelligenz und erlaubt eine differenzierte Erfassung des Intelligenzprofils bei Schülern 4. bis 12. Klassen. Ähnlich wie das verwandte (Leistungs-)Prüfsystem für Schul- und Bildungsberatung (PSB/LPS) wird der KFT häufig zur Schullaufbahnberatung am Ende der Grundschulzeit eingesetzt. Die neun Subtests des KFT bestehen aus verbalen (Wortschatz, Wortanalogien und -klassifikationen), nonverbalen (Figurenklassifikationen und -analogien, Faltaufgaben) und quantitativen (Mengenvergleiche, Zahlenreihen, Gleichungen) Aufgabentypen. Neben einem Gesamttestwert werden Leistungswerte für den verbalen Teil (V), den nonverbalen Teil (N) und für den quantitativen Testteil (Q) gebildet. Der nonverbale Testteil entspricht am ehesten der fluiden Intelligenzkomponente im Sinne Cattells. In den höheren Klassenstufen gibt es Normtabellen nur noch für Gymnasialschüler.

Bedeutsame Diskrepanzen

Als unauffällige bzw. noch im Normbereich liegende Intelligenzwerte werden bei der *Lernstörungsdiagnostik* im allgemeinen In-telligenztestwerte bis 85 betrachtet; die ICD-10 Vorgabe zur Definition von Lernstörungen schließt in den Normbereich sogar noch Testwerte bis 70 ein, also bis zu zwei Standardabweichungen unter dem Leistungsmittel der jeweiligen Referenzgruppe. Statistisch gesehen sind es weniger als 3 % aller Kinder, die schlechtere Werte als 70 aufweisen. Bei der Beurteilung der Schulleistung ist der Grenzwert meist strenger gefasst. Liegen die Leistungswerte mehr als eine Standardabweichung unter den mittleren Leistungen der jeweiligen Referenzgruppe, spricht man schon von einer Minderleistung. Das wären dann immerhin 16 % aller Schülerinnen und Schüler, also jeder sechste. Eine bedeutsame Diskrepanz zwischen den Intelligenz- und Schulleistungswerten liegt vor – so die Konvention –, wenn die beiden Werte für ein Individuum 1.2 bis 1.5 Standardabweichungen auseinanderliegen.

Eine so definierte Diskrepanzdiagnostik wird aus theoretischer, methodologischer, und prognostisch-therapeutischer Perspektive zunehmend in Frage gestellt (vgl. Kapitel 3). Besonders problematisch ist die aus der Diagnose folgende Zuweisung oder Nichtzuweisung zu fördernden Maßnahmen: Solange es der Diagnose »Lernstörung« bedarf, um in den Vorteil spezifischer Fördermaßnahmen oder anderer Vergünstigen zu gelangen, gehen nämlich jene Schülerinnen und Schüler leer aus, deren Intelligenztest- und Schulleistungswerte zwar schwach sind, aber nicht weit genug auseinander liegen.[11]

Zu bedenken ist im Übrigen, dass die Messung der Intelligenz wie auch der Schulleistung nicht fehlerfrei gelingt. Deshalb sind den ermittelten Messwerten stets Konfidenz- oder Vertrauensintervalle zuzuschlagen, die den wahrscheinlichen Wertebereich abstecken. Das Ausmaß dieser Konfidenzintervalle wird durch die Zuverlässigkeit (Reliabilität) der Testverfahren bestimmt. Wenn zwei Konfidenzintervalle zugleich zu berücksichtigen sind, macht das eine Störungsdiagnose insgesamt unwahrscheinlicher.

Lese-/Rechtschreibstörung

Gravierende Leistungsrückstände im Lesen und/oder beim Rechtschreiben führen zur Diagnose einer Lese-/Rechtschreibstörung (LRS) – wenn der Intelligenztestwert unauffällig ist. Beim *Lesen* können sich Leistungsprobleme auf unterschiedlichen Ebenen manifestieren: in Lesefehlern, beim lauten Vorlesen, in einer zu niedrigen Lesegeschwindigkeit oder in einem schlechten Leseverständnis (Textverstehen). Beim *Schreiben* können neben orthographischen Fehlern Fehler in der Zeichensetzung und Ausdrucksfehler vorkommen. In uneinheitlicher Weise wird beim Erscheinungsbild einer *LRS* gelegentlich auch von Legasthenie oder Dyslexie gesprochen. Bei Rechtschreibproblemen ohne Leistungsminderung im Lesen wird die (seltenere) Diagnose »isolierte Rechtschreibstörung« vergeben – sofern der Intelligenztestwert unauffällig ist. Die Diagnose einer isolierten Lesestörung ist nicht geläufig, das gestörte Lesen gilt als wichtiger Indikator der LRS. Oft wird die Diskrepanzdiagnostik bei Verdacht auf LRS ergänzt durch eine Überprüfung der sprachlichen Fähigkeiten, der Funktionstüchtigkeit der Wahrnehmungsfunktionen und der Aufmerksamkeit und des Arbeitsgedächtnisses. Solche Zusatzuntersuchungen sind wichtig, um differenti-elle und komorbide Störungsbilder festzustellen bzw. auszuschließen.

Rechenstörung

Analog zur LRS ist die Rechenstörung (häufig wird auch von Dyskalkulie gesprochen, obwohl der Umgang mit Zahlen nur einen Teilbereich des mathematischen Denkens ausmacht) als schwerwiegende Beeinträchtigung der Rechenleistungen definiert – wenn der Intelligenztestwert unauffällig ist. Als Rechenleistung wird dabei in aller Regel ein Teilbereich der mathematischen Fähigkeiten verstanden, nämlich die Beherrschung grundlegender Rechenfertigkeiten der Arithmetik. Zur Intelligenzdiagnostik werden wiederum die oben beschriebenen Verfahren eingesetzt, zur Diagnostik des Schulversagens bzw. des relativen Leistungsrückstands z. B. die standardisierten Rechentests der DEMAT-Reihe oder der ZAREKI. Wie bei der LRS muss die Verdachtsdiagnose Rechenstörung durch eine zusätzliche Diagnostik zur Ausschließung komorbider Problematiken ergänzt werden – verschiedentlich wird eine solche Zusatzdiagnostik auch zur Bestimmung von Subtypen der Dyskalkulie empfohlen. Die Prävalenz isolierter Rechenstörungen ist deutlich geringer als die der LRS.

Hintergrund: Vorgehen bei der LRS-Diagnostik

Christina Schwenck und Wolfgang Schneider (2006) haben die Diagnostik der LRS idealtypisch nachgezeichnet. Nach den Kriterien der gebräuchlichen Diagnose-Manuale ICD-10 und DSM-IV wird erstens im Sinne eines *interindividuellen Vergleichs* eine Diskrepanz der Lese- bzw. Rechtschreibleistung zur Altersnorm festgestellt, und zweitens im Sinne eines *intraindividuellen Vergleichs* eine Diskrepanz dieser Leistung(en) zur Intelligenz. Dazu bedarf es testpsychologischer Untersuchungen mit standardisierten Verfahren, z. B. mit dem ELFE, dem DERET oder dem WRT sowie dem HAWIK oder dem CFT. Hinzu kommen explorative Gespräche mit dem Kind, den Eltern und, wo möglich, mit dem Lehrer oder der Lehrerin. Zur Differentialdiagnostik bedarf es manchmal zusätzlicher neurologisch-internistischer Untersuchungen, der Feststellung der Sprachkenntnisse, einer Aufmerksamkeitsdiagnostik (ADHS) und der Erfassung von Schul- bzw. Prüfungsangst. Der (eingangs-)diagnostische Prozess endet mit einer individuellen Beratung und mit der Aufstellung eines individuellen Förderplans. Jacobs und Petermann (2005a) haben das analoge Vorgehen bei der Diagnose von Rechenstörungen beschrieben.

Kombinierte Störung schulischer Fertigkeiten

Rechenstörungen treten häufig gemeinsam mit Lese-/Rechtschreibstörungen auf. Für die Diagnose einer »kombinierten Störung schulischer Fertigkeiten« muss nun das Diskrepanzkriterium doppelt erfüllt werden – es müssen also erhebliche Minderleistungen im Bereich der schriftsprachlichen und der mathematischen Schulleistungen bei unauffälligen Intelligenztestwerten vorliegen. Das diagnostische Vorgehen entspricht im Übrigen dem für die beiden Teilleistungsstörungen bereits dargestellten.

Keine Diskrepanzen

Nicht diskrepanzorientiert ist hingegen die Diagnose *Lernbehinderung*. Ihr liegt eine normorientierte Klassifikation aufgrund einer minderen Intelligenztestleistung zugrunde: IQ-Werte unter 85 (einige Richtlinien setzen den Grenzwert aber auch erst bei IQ-Werten von 80 oder noch darunter an). Der Deutsche Bildungsrat hat 1973 reichlich unscharf vom Bereich zwischen der »negativen ersten und dritten Standardabweichung« als Bandbreite der Intelligenz Lernbehinderter gesprochen, das wären IQ-Werte zwischen 55 und 85. Dass die Quote der Lernbehinderten dennoch nicht bei 16 % liegt – dem Prozentanteil der Intelligenztestwerte, die schlechter als 85 sind –, liegt daran, dass die Diagnose nur dann gestellt wird, wenn es kongruent zur Minderintelligenz zusätzlich ein anhaltendes und schwerwiegendes Schulversagen gibt. Man schätzt, dass jährlich etwa 50 000 Kinder und Jugendliche diagnostiziert und begutachtet werden, um die Verdachtsdiagnose Lernbehinderung bzw. einen daraus resultierenden sonderpädagogischen Förderbedarf zu bestätigen oder auszuschließen.

So beliebig wie die Grenzziehungen bei der Definition des Konstrukts scheinen die Möglichkeiten der besonderen Förderung und der pädagogischen Intervention. Ist ein erhöhter oder sonderpädagogischer Förderbedarf einmal festgestellt, besteht ein individuelles Anrecht auf besondere Fördermaßnahmen. Immer mehr setzt sich mittlerweile die Auffassung durch, dass diese Maßnahmen möglichst in den Regelschulen und nicht in Sonderschulen für Lernhilfe durchgeführt werden sollten. Eltern, die für ihre Kinder darauf bestehen, haben im Übrigen die Rechtslage auf ihrer Seite. Es bedarf allerdings besonderer Vorkehrungen, um in den Regelschulen eine angemessene Förderung der lernbehinderten Kinder zu gewährleisten. Zweifel an der Sinnhaftigkeit von Sonderschuleinweisungen hat schon Langfeldt (1978) geäußert: In einer retrospektiven Datenanalyse konnte er zeigen, dass zwei Drittel der Grundschüler, die zwar die Definition einer Lernbehinderung erfüllten, aber aus ungeklärten Gründen doch nicht in eine Sonderschule umgeschult worden waren, letztendlich noch den Hauptschulabschluss im Regelschulwesen erreichten.[12]

Individuelle Entwicklungspläne, die der Feststellung sonderpädagogischen Förderbedarfs nach der Eingangsdiagnose folgen, machen im Übrigen weitere diagnostische Schritte notwendig. Das sind neben einer differentiellen Förderdiagnostik vor allem Verlaufs- und Entwicklungsdiagnosen, die die applizierten Fördermaßnahmen begleiten und evaluieren. Die entsprechenden Testverfahren müssen kriteriums- und curriculumsbezogen aufgebaut sein und sich weniger an einer sozialen Norm als am ipsativen intraindividuellen Vergleich, d. h. an der Lern- und Leistungsentwicklung des einzelnen Schülers, orientieren (vgl. Abschnitt 5.5). Zurecht wird in jüngerer Zeit darauf hingewiesen, dass eine Förderdiagnostik nicht in erster Linie defizitorientiert zu betreiben ist: Neben den individuellen Risiken und Schwächen müssen auch die Schutzfaktoren und Stärken eines Kindes in den Blick genommen werden, wenn es um die Planung und Durchführung von Fördermaßnahmen geht.

5.4 Kompetenzdiagnostik und Bildungsstandards

Im Dezember 2003 hat die Kultusministerkonferenz Standards festgelegt, um zentrale Kompetenzen zu beschreiben, die bei Schülerinnen und Schülern bestimmter Jahrgangsstufen in den einzelnen Schulfächern – als Folge ihres Schulbesuchs – erwartet werden. Die Einführung dieser Bildungsstandards ging in den Bundesländern unterschiedlich zügig vonstatten und ihr Verhältnis zu den bislang gebräuchlichen Lehr- oder Bildungsplänen, die eher an Lehrinhalten (Input) als an Schülerkompetenzen (Output) orientiert waren, ist noch immer nicht vollständig geklärt. Nicht selten sind die alten, als überfrachtet und hochgradig reglementiert kritisierten Lehrpläne einfach durch kürzer gefasste Gesamtpläne oder Kerncurricula ersetzt worden, die nun neben den KMK-Standards existieren.

Der Paradigmenwechsel von den Lehrplänen zu den *Bildungsstandards* ist durch die Rezeption der PISA-Ergebnisse beschleunigt worden, knüpft aber auch an Traditionen und Entwicklungen in den anderen westlichen Ländern an. In einer umfassenden Expertise – dem sogenannten Klieme-Gutachten – ist diese Umorientierung vorbereitet und begründet worden. Dort ist auch das Konzept der Bildungsstandards in ein Gesamtkonzept der Qualitätssicherung im Bildungswesen (mit Lernstandsmessungen, Bildungsmonitoring und Maßnahmen der Schul- und Unterrichtentwicklung) eingebettet worden. Auf die Verwerfungen, die das in der akademischen Erziehungswissenschaft ausgelöst hat, kann hier nicht eingegangen werden: Vor allem wurde der Vorwurf einer pragmatisch-utilitaristischen, reduktionistischen Sichtweise erhoben, die einen Unterricht begünstige, der auf das Testen und Messen des leicht Messbaren hinauslaufe. Die Auseinandersetzungen sind noch lange nicht beendet, längst

sind sie zur Plattform einer allgemeinen Kritik an einer empirisch und international anschlussfähigen Pädagogik (und Schulpolitik) geworden.[13] Bildungspolitisch ist die Sache allerdings entschieden. Für die meisten Fächer sind Regelstandards für die 4. Grundschulklasse und für die 9./10. Jahrgangsstufe bereits festgelegt und das an der Humboldt-Universität zu Berlin als Einrichtung der Länder gegründete *Institut zur Qualitätsentwicklung im Bildungswesen* (IQB) führt in regelmäßigen Abständen stichprobenbasierte Überprüfungen des Erreichens dieser Standards in allen 16 Bundesländern durch. Am IQB werden auch die dafür benötigten Testverfahren entwickelt. Auf der Homepage des Instituts finden sich dazu nähere Informationen und Aufgabenbeispiele (www.iqb.hu-berlin.de). Zum Bildungsmonitoring gehört auch ein System der regelmäßigen Bildungsberichterstattung (»Bildung in Deutschland«), die seit 2006 vom *Deutschen Institut für Internationale Pädagogische Forschung* (DIPF) in Frankfurt am Main verantwortet wird.

Bildungsstandards

Standards definieren normativ, was Schüler in welchen Inhaltsbereichen können sollen, sie beschreiben nicht, welche Inhalte im Unterricht zu behandeln sind, damit diese Kompetenzen erworben werden. Meist wird zwischen Mindest-, Regel- und Idealstandards unterschieden. *Idealstandards* beschreiben das Maximum des Wünschbaren – würde sich der Unterricht an ihnen orientieren, wären die allermeisten Schülerinnen und Schüler sicherlich überfordert – sie hätten jedenfalls Schwierigkeiten, diesen Idealstandards gerecht zu werden. Im Klieme-Gutachten wird die Einführung von *Mindeststandards* gefordert, wie es auch dem »No Child Left Behind« der amerikanischen Schulgesetzgebung entspricht. Mindeststandards beschreiben die Mindestanforderungen, die etwa im Hinblick auf das Lesen oder Rechnen von

Kindern einer Jahrgangsstufe zu erfüllen sind, sie definieren aber auch den Mindestanspruch an Schule und Unterricht, das Erreichen dieser Mindeststandards für möglichst alle Schülerinnen und Schüler sicher zu stellen. Zur Feststellung besonderen Förderbedarfs und zur adaptiven Unterrichtsgestaltung ist eine Orientierung an Mindeststandards ein probates Mittel. Die nationalen Bildungsstandards sind aber nicht als Mindest- sondern als Regelstandards definiert. *Regelstandards* beschreiben das durchschnittliche Kompetenzniveau das in einem spezifischen Inhaltsbereich von Kindern einer Jahrgangsstufe erreicht werden soll, lassen also zu, dass es eine gewisse Bandbreite der Zielerreichung geben kann. Eine klare Verpflichtung der pädagogischen Bemühungen auf das Erreichen eines Mindestniveaus für möglichst alle Schülerinnen und Schüler – und damit eine Fokussierung auf die Leistungsschwächeren – wird dadurch allerdings vermieden. Auf der Homepage der KMK sind die Bildungsstandards einzusehen (www.kmk.org/bildung -schule/qualitaetssicherung-in-schulen/ bildungsstandards/dokumente.html).

Vergleichsarbeiten

Ob und in welchem Maße die als Bildungsstandards definierten Ziele des Unterrichts erreicht werden, lässt sich empirisch überprüfen. Eng mit dem Konzept der Bildungsstandards verbunden sind deshalb Lernstandserhebungen und Vergleichsarbeiten, die der Erfassung der Zielerreichung dienen. Schon seit langem gibt es in den deutschen Ländern Orientierungs-, Vergleichs- und Abschlussarbeiten unterschiedlicher Art und Qualität (z. B. zentrale Abituraufgaben), die Aussagen über den Leistungsstand einer Klasse, einer Schule oder eines Landes zulassen. Solche Aussagen sind allerdings nur mit Einschränkungen interpretierbar, weil die Ausgangsbedingungen des Kompetenzerwerbs zu unterschiedlich und im Ausmaß ihrer Unterschiedlichkeit in aller Regel gar nicht bekannt sind. Zu den Ausgangsbedingungen zählt neben der Unterrichtsqualität und anderen schul- bzw. klassenbezogenen Merkmalen vor allem die Zusammensetzung der Schülerschaft.

Von den Lernstandserhebungen (Vergleichsarbeiten) werden schuladministrativ wahre Wunderdinge erwartet:

1. dass sie Rückmeldungen an Schüler, Eltern und Lehrer ermöglichen und dass aus diesen Rückmeldungen Konsequenzen abgeleitet werden können,
2. dass die individuellen Testergebnisse zur Feststellung besonderen Förderbedarfs herangezogen werden können,

---

Hintergrund: Projekt VERA

Andreas Helmke und Ingmar Hosenfeld (2003) haben an den Bildungsstandards orientierte Vergleichsarbeiten (VERA) für unterschiedliche Kompetenzbereiche in der Grundschule zunächst in Rheinland-Pfalz und anschließend in anderen Bundesländern entwickelt und eingesetzt. Inzwischen gibt es VERA in allen Bundeländern am Ende der 3., 6. und 8. Klassenstufe. Die Tests werden (anders als beim Bildungsmonitoring durch das IQB oder bei den PISA-Erhebungen) von den Lehrpersonen selbst durchgeführt und ausgewertet. Sie ermöglichen Aussagen auf Schul- und Klassenebene und auf der Ebene der Bundesländer. Lehrerinnen und Lehrer können so erkennen, wo ihre eigene Klasse im Vergleich zu anderen Klassen ihrer Schule und ihres Bundeslandes, und wo ihre eigene Schule im Vergleich mit anderen Schulen ihres Landes im Hinblick auf das Fähigkeitsniveau, z. B. im Lesen oder Rechnen, steht. Genauer: Wie viele ihrer Schülerinnen und Schüler welche Kompetenzstufen im Hinblick auf einen Kompetenzbereich erreicht haben. Auf der Website www.uni-landau.de/vera ist das anschaulich illustriert. Drechsel, Prenzel und Seidel (2009) gehen am Beispiel VERA und anderer Erhebungen auf die Methodik und auf die Aussagemöglichkeiten von Vergleichsstudien insgesamt ein.

3. dass die individuellen Testergebnisse in die Festsetzung von Zeugnisnoten einfließen sollen und
4. dass Lehrerkollegien, Schulen und Länder aus den Ergebnissen ihrer Klassen und Schulen Konsequenzen für die Schul- und Unterrichtsentwicklung ziehen.

Dass all dies mit »einfachen« Vergleichsarbeiten nicht zufriedenstellend gelingen kann, liegt auf der Hand. Zurecht weisen die Bildungsforscher mahnend darauf hin, dass die standardisierten Lernstandserhebungen zwar verlässliche Aussagen über die relativen Leistungsniveaus von Ländern und Schulen – mit Einschränkungen auch von Schulklassen – zulassen, aber keinesfalls eine verlässliche Individualdiagnostik ersetzen. Das hat vor allem mit der Fehleranfälligkeit von Parameterschätzungen zu tun, die umso größer ist, je weniger Informationen zur Verfügung stehen. Bei den derzeit verwendeten Vergleichsarbeiten werden zu wenige Aufgaben (Items) vorgegeben, um eine verlässliche Schätzung des Personparameters, also der individuellen Kompetenz, zu ermöglichen. Der sogenannte Standardschätzfehler des Personparameters, also das Ausmaß an Unsicherheit, ob ein ermittelter Individualwert den tatsächlichen Leistungsstand einer Person korrekt widergibt, ist deshalb besonders groß. Wilfried Bos hat das anhand der IGLU-Daten anschaulich illustriert. Eine Rückmeldung von Individualergebnissen aus Vergleichsarbeiten ist mithin eigentlich nicht zu verantworten.[14]

Dennoch liefern die Vergleichsarbeiten wichtige Informationen auf Klassen-, Schul- und Systemebene, die zur Schulentwicklung genutzt werden können. Diese Parameterschätzungen beruhen auf so vielen Einzelinformationen, dass sie verlässlicher sind als die Individualdaten. Einzelnen Lehrern können sie Aufschluss darüber geben, in welchen Inhaltsbereichen und für welche Aufgabentypen Regelstandards im Klassendurchschnitt erreicht oder verfehlt wurden und wo, erwartet oder unerwartet, Lücken oder Defizite bestehen, die noch zu schließen sind. Einzelne Schulen mögen Rückschlüsse ziehen, die sich auf die Wirksamkeit ihres besonderen pädagogischen Programms beziehen. Haben in einer Schule mehrere Klassen einer Jahrgangsstufe an den Vergleichsarbeiten teilgenommen, sind auch Vergleiche zwischen diesen möglich. Konsequenzen für die Schulen oder die Lehrpersonen, die bei unzureichender Zielerreichung ihrer Schülerinnen und Schüler denkbar und in anderen Ländern üblich sind, gibt es in Deutschland aber bislang nicht. Aus gutem Grund: Denn wenn die Schulen und die Lehrerinnen und Lehrer für die Lernfortschritte ihrer Kinder direkt verantwortlich gemacht werden, muss man sie zuvor auch in die Lage versetzen, die definierten Ziele erreichen zu können. Häufig ist das eine Ressourcenfrage und schließt notwendige Maßnahmen des »Nachteilsausgleichs« ein, wenn etwa die Zusammensetzung der Schülerschaft besonders problematisch ist. Verantwortung für Lernergebnisse kann jedenfalls nur übernehmen, wer für ihr Zustandekommen auch verantwortlich war.

Kompetenzdiagnostik

Ein Vorteil der als Standards definierten Leistungserwartungen ist die leichte Überprüfbarkeit ihrer Erfüllung. Wer eine Kompetenz erworben hat, sollte Aufgaben lösen können, die diese Kompetenz beanspruchen. Leistungserwartungen lassen sich also in Testaufgaben übersetzen. Welche Testaufgaben tatsächlich geeignet sind, diese Kompetenzen abzubilden, muss anhand empirischer Daten überprüft werden. Die in den vergangenen Jahren formulierten Bildungsstandards enthalten meist kommentierte Aufgabenbeispiele um zu verdeutlichen, was Schüler können sollen. Eine kompetenzorientierte Aufgabensammlung für unterschiedliche Fächer und Jahrgangsstufen wird seit einigen Jahren am

IQB erstellt und validiert und steht den Schulen und den Lehrpersonen zur Verfügung. Zusätzlich soll es länderspezifische Vergleichsarbeiten im Hinblick auf eine Reihe von Kompetenzen geben, z. B. auch Sprachstandserhebungen zu Schulbeginn. Auch diese Vergleichsarbeiten müssen auf geprüften Testformaten basieren. Teilweise haben die Länder eigene Institutionen zur Qualitätssicherung im Bildungswesen gegründet, in Hessen ist das z. B. das Institut für Qualitätsentwicklung (IQ).

Am Beispiel Deutsch (Grundschule) lässt sich das geschilderte Vorgehen für den Kompetenzbereich *Lesen – mit Texten und Medien umgehen* illustrieren. Als Regelstandards sind insgesamt 26 Kompetenzen definiert, z. B.

- verschiedene Sorten von Sach- und Gebrauchstexten kennen,
- Kinderliteratur kennen,
- Erzähltexte, szenische und lyrische Texte kennen und unterscheiden können,
- altersgemäße Texte sinnverstehend lesen können,
- gezielt Informationen in einem Text suchen können,
- Texte mit eigenen Worten wiedergeben können,
- eigene Gedanken und Gefühle zu einem Text entwickeln können,
- mit anderen über Texte sprechen können,
- Geschichten und Gedichte auswendig vortragen können,
- sich in einer Bücherei orientieren können.

Wie lässt sich nun testen ob, bzw. auf welcher Stufe diese Kompetenzen bei den Schülern vorhanden sind? Zwei Voraussetzungen müssen erfüllt sein:

1. Es bedarf eines (theoretischen) Kompetenzmodells, um den Kompetenzerwerb, bzw. die »normale« Kompetenzentwicklung des Lesens, unter Berücksichtigung der oben beschriebenen Facetten der Lesekompetenz, zu beschreiben. Genauer: Die oben beschriebenen Kompetenzen sind aus einem solchen theoretischen Kompetenzmodell abzuleiten.

2. Und es bedarf eines Messmodells, um Aufgaben zu konstruieren, die eine Positionierung von Personen im Hinblick auf ihr erreichtes Kompetenzniveau zulassen.

Cornelia Rosebrock hat ein lesedidaktisches *Kompetenzmodell* auf drei Ebenen vorgeschlagen, das neben der kognitionspsychologischen Prozessebene des Lesens (z. B. gezielt Informationen in einem Text suchen können) auch die subjektive (z. B. eigene Gedanken und Gefühle zu einem Text entwickeln können) und die soziale Ebene (z. B. mit anderen über Texte sprechen können) umfasst. Und sie hat Unterrichtsaufgaben beschrieben, die unterschiedliche Kompetenzstufen dieser drei Ebenen abbilden. Vor allem auch Aufgabentypen auf der Subjektebene und auf der sozialen Ebene (z. B. ein Bild zu einem Gedicht malen oder zu einem Text Stellung nehmen), die schwieriger zu definieren sind als die Verstehensleistungen auf der Prozessebene.[15]

Das individuelle Testergebnis eines Schülers lässt auf die Kompetenzstufe – im Rahmen des zugrundeliegenden Kompetenzmodells – schließen, die er erreicht hat. Eine verlässliche Kompetenzdiagnostik für den Einzelfall, aus der sich adaptive unterrichtliche Maßnahmen ableiten ließen, ist allerdings nur dann möglich, wenn ein Kompetenzbereich detailliert erfasst wird – also mit mehr Aufgaben als das in den Vergleichsarbeiten üblich ist.

Lernstandserhebungen, die sich an Bildungsstandards orientieren, liegt ein kriteriums- oder normorientiertes *Messmodell* zugrunde. Das unterscheidet sie von den meisten der in Abschnitt 5.1 vorgestellten Schultests. Entscheidend für die Bewertung bzw. Einordnung der Leistungsergebnisse

Hintergrund: Lesekompetenz – Informationen aus Texten ermitteln

Im Frankfurter Leseverständnistest FLVT 5–6 (vgl. Abschnitt 5.1) werden zwei Kompetenzstufen (KS 1 und KS 2) unterschieden. Um Aufgaben der KS 1 lösen zu können, müssen im Text enthaltene Informationen, nach denen explizit gefragt wird, aufgefunden werden (Beispielfrage zu einem Sachtext: »Ein Vulkanausbruch geht fast jedes Mal einher mit a) dichtem Regen, b) dicker Luft, c) einer Rauchwolke, d) einem großen Brand.«). Schülerinnen und Schüler auf der KS 1 können außerdem Schlussfolgerungen aus einer Textpassage ziehen (Beispielfrage zu einem narrativen Text: »Woran erkennt Ben, dass Saknis nicht lesen kann? a) Er will die Sprache der Weißen lernen, b) er kennt die Zeichen nicht, c) er hält das Buch verkehrt herum, d) er starrt auf die Buchseiten.«). Um Aufgaben der KS 2 lösen zu können, müssen verschiedene Textteile aufeinander bezogen werden (Beispielfrage zu einem Sachtext: »Womit würdest du einen Vulkan am ehesten vergleichen? a) Mit einem Feuervogel, b) mit einem Dinosaurier, c) mit einem Drachen, d) mit einem Feuersalamander.«). Schülerinnen und Schüler auf der KS 2 können außerdem durch die Verknüpfung verschiedener Textpassagen globale Zusammenhänge herstellen und Schlussfolgerungen daraus ziehen (Beispielfrage zu einem narrativen Text: »Welches Sprichwort passt am besten zu der Geschichte? a) Wer hoch hinaus will, kann tief fallen, b) die Zeit heilt alle Wunden, c) eine Hand wäscht die andere, d) ein Indianer kennt keinen Schmerz.«). Für die Darstellung hier sind die Antwortalternativen so sortiert, dass in allen Fällen c die richtige Lösung ist.

einer Person sind allein die durch die Standards gesetzten Kriterien – wie viele Schüler diesen Standard gleichfalls erreichen, spielt dabei keine Rolle. Für die jeweiligen Kompetenzstufen eines Bereichs werden Aufgaben konstruiert, deren Lösung genau jene Wis-

Hintergrund: Kompetenzmodelle

Im DFG-Schwerpunktprogramm Kompetenzmodelle (http://kompetenzmodelle.dipf.de) arbeiten seit 2007 Psychologen, Erziehungswissenschaftler und Fachdidaktiker in insgesamt 23 Projekten im Wesentlichen an zwei Fragestellungen. Erstens an der Entwicklung theoretischer Kompetenzmodelle für die wichtigsten schulischen Inhaltsbereiche. Und zweitens an der Entwicklung psychometrischer Modelle und Messverfahren, die geeignet sind, Kompetenzstrukturen und -entwicklungen verlässlich abzubilden (Klieme & Leutner, 2006). Vor allem in Bezug auf die Lesekompetenz und für das Rechnen ist die theoretische Modellierung durch die Vorarbeiten im Rahmen von TIMMS und PISA bereits weit vorangeschritten. Für die Entwicklung von Messinstrumenten (Tests) gibt es zwei unterschiedliche Bedarfe bzw. Anforderungen:

1. Instrumente zur individuellen Kompetenzdiagnostik, um Förderentscheidungen zu legitimieren und
2. Instrumente für ein Bildungsmonitoring auf Systemebene (zur Bewertung von Klassen, Schulen und Ländern).

Für diese zweite Zielsetzung wird im Unterschied zur Individualdiagnostik häufig der Begriff Assessment verwendet.

Die psychometrischen Modelle sind in aller Regel auf der Basis der Item-Response-Theorie (IRT) formuliert. Die Tests, die auf dieser Grundlage entwickelt werden, sind so konstruiert, dass sie eine von den Aufgaben unabhängige Schätzung der Personparameter zulassen – und damit eine kompetenzbezogene Interpretation individueller Testwerte (Hartig & Klieme, 2006). Im Projekt COCA (Conditions and Consequences of Classroom Assessment) geht es beispielsweise um formative Leistungsmessungen im Mathematikunterricht der 9. Jahrgangsstufe und um Effekte der Leistungsrückmeldungen auf motivationale und kognitive Prozesse (Rakoczy, Klieme, Bürgermeister & Harks, 2008). Im Projekt Science-P (Entwicklung naturwissenschaftlicher Kompetenz in der Grundschule) geht es um die theoretische Modellierung und psychometrische Erfassung frühen naturwissenschaftlichen Wissens (Pollmeier, Kleickmann, Hardy, Tröbst, Möller, & Schwippert, 2009).

sensinhalte und kognitiven Prozesse erfordert, die theoretisch der jeweiligen Kompetenzstufe entsprechen. In der PISA-Studie waren fünf solcher Kompetenzstufen definiert worden – und die Betroffenheit war groß, als sich herausstellte, dass ein Fünftel der in Deutschland getesteten 15-Jährigen über die niedrigste dieser Kompetenzstufen nicht hinauskam.

Kompetenzorientierter Unterricht

Wie aber unterrichtet man Kompetenzen? Vergleichbar dem Paradigmenwechsel von den Lehrplänen zu den Bildungsstandards, also von der »Input- zur Output-Steuerung« von Bildungsprozessen, steht auch für die Didaktik eine Neuorientierung im Raum: Wenn nämlich nicht mehr (nur) Wissensinhalte vermittelt werden sollen, sondern die Entwicklung von Kompetenzen (als Verbindung von Wissen und Können) als Zielgröße des Unterrichts gilt.[16] Vom Anspruch her ist das ungleich anspruchsvoller, denn es verlangt einen Unterricht, in dem »mehr gelernt als gelehrt wird« (Franz Weinert) und erinnert damit an die formale Bildungsdoktrin, also an die »formalen« hinter den »materialen« Bildungszielen: Kompetent ist, wer mit seinem Wissen etwas anfangen kann, um Probleme und Aufgaben zu lösen, die im Unterricht so nicht behandelt wurden.

Angefangen mit dem Klieme-Gutachten wird in den meisten Arbeiten, die sich mit Bildungsstandards und dem kompetenzorientierten Unterricht befassen, auf Franz Weinerts Definition der schulischen *Bildungsziele* verwiesen und auf die Unterrichtsmethoden, die zur Erreichung dieser Ziele geeignet sind.[17] Demnach geht es beim schulischen Lernen:

1. um den Erwerb »intelligenten« inhaltlich-fachlichen Wissens,
2. um das Erlernen von Strategien zur Nutzung und Anwendung dieses Wissens,
3. um den Erwerb von Schlüsselqualifikationen und von selbstregulativen Lernkompetenzen (also auch metakognitiver Kompetenzen),
4. um den Erwerb sozialer Kompetenzen und
5. um den Erwerb von Einstellungen und Handlungskompetenzen, die sich an gesellschaftlich geschätzten Werten orientieren.

Das erste und wichtigste Bildungsziel, der Erwerb intelligenten Wissens, erfordert einen systematischen lehrergesteuerten, aber schülerzentrierten Unterricht mit einer hohen Anpassung an das Vorwissen der Lernenden und einem hohen Anteil an Eigenaktivität aller Lernenden. Für die anderen Bildungsziele ist eine Variation und Kombination lehrer- und schülergesteuerter Unterrichtsformen förderlich, mit Phasen des Projektunterrichts, des Explorierens bzw. des entdeckenlassenden Lehrens und des Anleitens zum Planen und Überwachens des eigenen Lernens. Der Erwerb sozialer Kompetenzen wird durch erlebte soziale Interaktionen im Unterricht erleichtert, z. B. durch Formen kooperativen Lernens (deren effiziente Nutzung allerdings das Vorhandensein sozialer Kompetenzen voraussetzt). Fast alle anderen Bildungsziele lassen sich übrigens auch über kooperative Unterrichtsformen erreichen. Der Erwerb von Werthaltungen, wie z. B. Fairness, Toleranz oder Gerechtigkeit, kann nicht durch spezielle Unterrichtsmethoden vermittelt, sondern nur durch eine entsprechende Schulkultur erlebt und erfahren werden.

Franz Weinert hat vom *vertikalen Lerntransfer* gesprochen, um das angezielte Ergebnis des systematischen lehrergesteuerten Lernens zu beschreiben. Vertikal (senkrecht) deshalb, weil intelligentes Wissen aus sachlogisch aufeinander aufbauenden Wissenselementen besteht und weil die unterrichtliche Vermittlung neuer Wissenselemente an die bereits vorhandenen anknüpfen muss. Eins baut in der Sachlogik des Wissens systematisch auf dem anderen auf und guter Unterricht folgt dieser Logik. Ob das so erworbene Wissen auch anwendbar ist, wird zur entscheidenden Herausforderung an das kompetenzorientierte Unterrichten. Das ist ein Problem des horizontalen Lerntransfers. Horizontal (waagerecht) deshalb, weil eine induktive Übertragung des in einer konkreten Lernsituation erworbenen Wissens auf neuartige andere Problemstellungen erfolgen muss, damit Wissen flexibel anwendbar und handlungsrelevant und damit zur Kompetenz wird. Der *horizontale Lerntransfer* wird durch die problem- und projektorientierten, entdeckenlassenden Lehrformen gefördert und durch das kooperative Lernen. Als Ergebnis eines *lateralen* (seitwärtigen) Lerntransfers hat Weinert den Erwerb formaler, überfachlicher oder übercurricularer Kompetenzen beschrieben – sozusagen als Resultierende eines erfolgreichen fachlichen und anwendungsfähigen Wissenserwerbs. Wichtig ist in diesem Zusammenhang der Hinweis, dass der Erwerb und Aufbau solcher formalen Kompetenzen, also etwa des Wissens darüber, wie man lernt, zwar eigener Lerngelegenheiten und einer gezielten Förderung bedarf, aber nur im Zusammenhang mit dem Erwerb fachlichen Wissens möglich ist.

5.5 Lernverlaufsdiagnostik und RTI

Bislang war in erster Linie von Diagnostik die Rede, die zur Feststellung eines erhöhten oder besonderen Förderbedarfs zum Einsatz kommt. Neben solchen Eingangsdiagnosen zur Feststellung sonderpädagogischen Förderbedarfs gibt es aber weitere Anlässe und Notwendigkeiten, die Lern- und Leistungsentwicklung von Kindern diagnostisch zu begleiten. Eine sorgfältige *Eingangsdiagnostik* wird stets differential- und ursachendiagnostische Anteile enthalten. Damit ist gemeint, dass bei der Diagnose einer spezifischen Lernstörung (wie z. B. LRS oder Dyskalkulie) oder einer Lernbehinderung alternative sowie komorbide Störungsbilder abgeklärt werden und dass den Ursachen und der Spezifität einer Störung – soweit das möglich ist – durch eine weiterführende Diagnostik nachgegangen wird. Je spezifischer sich die Ursachen (oder der besondere Subtyp) einer Störung oder Schwierigkeit lokalisieren lassen, desto passgenauer lassen sich individuelle Förderpläne auf diese Ursachen und Besonderheiten abstimmen.

Der in pädagogischen Kreisen verbreitete Begriff der »Förderdiagnostik« ist unglücklich konnotiert, weil er – abgrenzend verstanden – den programmatisch-normativen aber kaum einzulösenden Anspruch reklamiert, Diagnostik in sonderpädagogischen Zusammenhängen erfolge vornehmlich oder gar ausschließlich zu Förderzwecken und habe mit der Zuweisungs- oder Selektionsfunktion von Diagnostik nichts zu tun. Die Nützlichkeit einer solchen Position in der Auseinandersetzung mit den grundsätzlichen Kritikern des testpsychologischen Diagnostizierens sei einmal dahingestellt. Unstrittig besteht allerdings das »höhere« Ziel der pädagogisch-psychologischen Diagnostik darin, die künftige Lern- und Leistungsentwicklung von Kindern bestmöglich zu unterstützen und zu fördern. *Förderdiagnostik* im eigentlichen Sinne ist deshalb eine sinnvolle Bezeichnung für ein diagnostisches Vorgehen, das auf der Grundlage diagnostischer Informationen zur Aufstellung individueller Förder- und Entwicklungspläne führt.[18] Eine so verstandene Förderdiagnostik bedarf zunächst einer differenzierten Erfassung des Leistungsstandes und der individuellen Lernvoraussetzungen. Sie darf aber nicht auf die Diagnose von Defiziten und Entwicklungsrisiken beschränkt bleiben, sondern muss auch Schutzfaktoren und Ressourcen im schulischen und außerschulischen Kontext identifizieren, um geeignete Ansatzpunkte für Interventionsmaßnahmen herauszufinden. Ein individueller Förderplan definiert die Nah- und Fernziele von Fördermaßnahmen sowie die Inhalte und Methoden, die auf dem Weg zur Zielerreichung anzuwenden sind.

Förderdiagnosen beinhalten auch Empfehlungen oder Anweisungen, in welchem Rahmen und in welcher Lerneinrichtung die besonderen Fördermaßnahmen am besten durchzuführen sind. Die Wirksamkeit individueller Förder- und Entwicklungspläne muss fortlaufend (formativ) und abschließend (summativ) überprüft werden. Dazu bedarf es andersartiger Formen des diagnostischen Vorgehens, die häufig als prozessbegleitende oder verlaufsorientierte bezeichnet werden. Die *Prozessdiagnostik* ist an den Lernzielen und am Curriculum des Förderunterrichts ausgerichtet und soll die individuellen Lernfortschritte der Schülerinnen und Schüler erfassen. Normative (d. h. an sozialen Vergleichsnormen orientierte) Tests, wie sie bei der Eingangsdiagnostik üblich

sind, sind dafür weniger gut geeignet. Die prozessbegleitende Diagnostik wird sich vielmehr an der Beobachtung des individuellen Lern- und Leistungsverhaltens orientieren und sich curriculumbasierter Tests zur kleinschrittigen Lernfortschrittsmessung bedienen.

Prozessdiagnostische Informationen werden auch genutzt, um Förderangebote im Sinne eines mikroadaptiven Vorgehens zu modifizieren, wenn die Lernentwicklung nicht so verläuft wie erhofft. Das entspricht dem Vorgehen einer formativen Evaluation. Es bedarf aber auch einer abschließend-summativen Evaluation des Fördererfolgs, um den erfolgreichen Verlauf einer Fördermaßnahme zu konstatieren oder um gegebenenfalls einen neuen Förderplan zu entwerfen. Die *Verlaufs- und Fortschreibungsdiagnostik* kommt einer Neuauflage bzw. Aktualisierung der Eingangsdiagnostik gleich, die überprüft, ob ein sonderpädagogischer Förderbedarf,

> ## Hintergrund: Individuelle Entwicklungspläne (IEP) in den USA
>
> Die US-amerikanischen Schulgesetze verlangen, dass Kindern mit Lern- und Entwicklungsstörungen und mit anderen Behinderungen in größtmöglicher Weise die Teilnahme am regulären Unterricht zu gewähren ist. Die gesetzlichen Regelungen des *Individuals with Disabilities Education Act* (IDEA) sind im Kontext der in den USA traditionell bedeutsamen Antidiskriminierungsgesetzgebung entstanden. Das Prinzip einer minimal restriktiven Lernumgebung lässt sich durch unterschiedliche Formen der Integration bzw. Inklusion realisieren. Ein wichtiger Bestandteil der integrativen Beschulung lernbehinderter und/oder lerngestörter Kinder ist die individualisierte Unterrichtung. Voraussetzung dafür ist das Aufstellen und Vereinbaren eines individualisierten Entwicklungs- oder Erziehungsplans (IEP).
>
> Ein IEP ist eine schriftliche, meist für die Dauer eines Jahres abgeschlossene Vereinbarung zwischen der Schule und den Eltern, die die Fördermaßnahmen und die Leistungen der Schule spezifiziert und die Ziele, die erreicht werden sollen. Ein IEP beruht auf einer aktuellen Leistungsdiagnostik und benennt die konkreten Leistungsziele für das kommende Schuljahr. Es wird auch festgelegt, welche Fördermaßnahmen im Rahmen des regulären Unterrichts stattfinden können und welche Maßnahmen additiv, gegebenenfalls auch durch besonderes Fachpersonal anzubieten sind. Vereinbart werden auch Methoden und Kriterien der regelmäßigen Überprüfung der Fördererfolge. An der Erstellung der individuellen Entwicklungspläne sind neben den Eltern auch der bisherige Klassenlehrer, ein sonderpädagogisch ausgebildeter Lehrer und ein Vertreter der Schulbehörde beteiligt.
>
> Durch eine weitere gesetzliche Vorgabe, das *No Child Left Behind-Gesetz,* werden amerikanische Schulen für die Lernerfolge der ihnen anvertrauten Kinder und für das Erreichen curricularer Vorgaben verantwortlich gemacht. Einer höheren Eigenverantwortlichkeit der Schulen steht die Ergebniskontrolle (Output-Steuerung) gegenüber und die Möglichkeit von Sanktionen, wenn Normvorgaben nicht erfüllt werden. Deshalb liegt es im besonderen Interesse der Schulen, »kein Kind zurückzulassen« und eine systematische und frühzeitige Förderung der lernschwächeren Kinder zu gewährleisten.

eine Lese-/Rechtschreibschwäche oder eine Rechenstörung im Sinne der Diagnosekriterien weiter fortbesteht oder nicht. Es ist wichtig, dass solche Verlaufsdiagnosen durchgeführt werden, um der Problematik einer nicht mehr zutreffenden Einstufung aufgrund einer lange zurückliegenden Eingangsdiagnostik zu begegnen.

Die diagnostischen Instrumente passen sich den Zielen und Notwendigkeiten der diagnostischen Anlässe an. Die Normorientierung der Eingangs- bzw. Feststellungsdiagnostik (»Wo genau steht der Schüler Max in seinen Lese- und Rechtschreibfertigkeiten im Vergleich zu anderen Schülern seines Alters und seiner Schulform?«) ist notwendig, um einen besonderen Förderbedarf nicht nur pädagogisch, sondern auch schulrechtlich begründen und legitimieren zu können. Die Kriteriums- oder Curriculumorientierung der Förder- und Prozessdiagnostik (»Wo genau steht der Schüler Max im Hinblick auf ein definiertes Lern- oder Förderziel? Wie sehr hat er sich im Vergleich zur letzten Messung verbessert?«) ist wichtig, um ein pädagogisch-therapeutisches Angebot bestmöglich gestalten zu können, und um die individuelle Wirksamkeit dieses Angebots zu überprüfen. Nur so lässt sich der individuelle Lernfortschritt über die Zeit feststellen. Und nur so lassen sich Lernumgebungen, also Förderinhalte, Lehrmethoden und Lernzeiten, mikroadaptiv an die individuellen Leistungsentwicklungen und Erfordernisse anpassen.

Curriculumbasierte Messungen des Lernfortschritts

Curriculumbezogen ist eine Messung (CBM) dann, wenn die schulischen Lerninhalte einer Wissensdomäne in der jeweiligen Klassenstufe und Schulform den Bezugsrahmen für die Konstruktion des Messinstruments (Tests) abgeben und wenn die Auswahl der Testaufgaben den jeweiligen Kompetenzbereichs in angemessener Weise widerspiegelt. Ein cur-riculumorientierter Test lässt Aussagen darüber zu, wo genau sich ein Lerner im Hinblick auf die Lerninhalte eines Wissensgebiets oder hinsichtlich der Kompetenzstufen einer Fähigkeit oder Fertigkeit einordnen lässt.

Curriculumbasierte Prüf- und Testaufgaben bzw. Aufgabensammlungen sind längst noch nicht für alle Lerninhaltsbereiche oder Inhalte von Förderprogrammen entwickelt worden. Erfahrene Lehrerinnen und Lehrer haben sich aber seit jeher an den markanten Entwicklungspunkten orientiert, um zu erfahren, wo sich einzelne Schülerinnen und Schüler in Bezug auf den Kompetenzerwerb gerade befinden. Ein Beispiel aus der Arithmetik:

- Beherrschen die Schüler schon die schriftliche Subtraktion mit einem Subtrahenden ohne Null und mit einem Übertrag?
- Beherrschen sie darüber hinaus schon die schriftliche Subtraktion mit zwei oder mehr Überträgen?
- Bei einem Subtrahenden mit Stellenunterschied? Wenn zusätzlich eine Null in den gegebenen Zahlen oder im Ergebnis vorkommt?[19]

Aus der Prozessperspektive des Wissenserwerbs lässt sich die curriculumbasierte auch als formative Lernfortschrittsmessung bezeichnen. Karl Josef Klauer hat das entsprechende Vorgehen in der sonderpädagogischen Diagnostik wie folgt beschrieben:

1. In regelmäßigen Abständen werden unterschiedliche, aber vergleichbare Testaufgaben zu einem Lerninhaltsbereich vorgelegt,
2. durch wiederholte Leistungsmessungen wird der individuelle Lernfortschritt bei der Bearbeitung dieser Aufgaben dokumentiert, und wenn die Leistungsentwicklung hinter den Erwartungen zurückbleibt, erfolgt
3. eine Anpassung der Lernzeit, der Lehrmethode oder des Lerninhalts an das individuelle Leistungsvermögen.

Jürgen Walter hat das Vorgehen und die Vorteile eines so praktizierten curriculumbasierten Messens anschaulich demonstriert.[20]

Während die üblichen Schulleistungstests und die lehrzielorientierten Tests meist zu Zwecken der summativen Evaluation eingesetzt werden, geht es bei der Lernfortschrittsmessung um eine formative Diagnostik des Lernfortschritts im Verlauf der Zeit. Formativ ist die Lernverlaufsdiagnostik deshalb, weil sie die Möglichkeit fortlaufender und in den Lernprozess eingreifender Änderungen des instruktionalen Vorgehens ausdrücklich beinhaltet. Die Arbeitsgruppe um Lynn und Douglas Fuchs von der Vanderbilt University in Nashville haben für die Inhaltsbereiche des Lesens und der Rechtschreibung und der Mathematik exemplarisch Aufgabensammlungen erstellt, die für solche Lernfortschrittsmessungen geeignet sind. Die besondere Herausforderung besteht darin, genügend Aufgaben zu finden, die zwar unterschiedlich sind, aber dennoch die gleiche Leistung messen und anhand derselben kognitiven Operationen lösbar sind.

Lynn und Douglas Fuchs und andere Autoren schlagen vor, die individuelle Lernfortschrittsdiagnostik anstelle der vielfach kritisierten Diskrepanzdiagnostik zur Diagnose von Lernstörungen zu nutzen. Erst wenn die individuelle Leistungsentwicklung (also der Lernfortschritt zwischen zwei Messungen) im Regelunterricht deutlich hinter den Entwicklungsverläufen der anderen Kinder zurückbleibt, und erst wenn der ungünstige Lernverlauf auch nach zusätzlichen instruktionalen Hilfen bestehen bleibt, solle man von Lernstörungen sprechen, die einer pädagogischen Sonderbehandlung bedürfen. Auf die Grundüberlegungen dieses sogenannten RTI-Ansatzes (RTI = Response to Intervention/Instruction) wird im Folgenden eingegangen. Der Neuigkeitsgehalt besteht vor allem darin, dass nicht allein das kumulierte Leistungsversagen und/oder die defizitären individuellen Lernvoraussetzungen der Lerner zur Feststellungsdiagnostik genutzt werden, sondern dass darüber hinaus die Intensität und die Wirksamkeit der pädagogischen Interventionen in die Betrachtung einbezogen werden. Nur für Kinder, die auf »guten Unterricht« nicht ansprechen (»Nonresponder«), wird dann die Diagnose »Lernstörung« gestellt.

Response to Intervention (RTI)

Für die systematische formative Evaluation ist in der US-amerikanischen Debatte auch die Bezeichnung RTI (Response to Instruction/Intervention) gebräuchlich.[21] Gemeint ist damit die Interventionsvalidität, also das Ausmaß der Erreichbarkeit eines Lerners durch pädagogische Interventionen. Es geht mithin um die Frage, inwieweit Schülerinnen und Schüler auf eine pädagogische Maßnahme ansprechen. Die prozessbegleitende Lernfortschrittsmessung ist das Herzstück der RTI-Diagnostik. Sie informiert die Lehrperson über eine abweichende Leistungsentwicklung und zeigt an, wie stark eine individuelle Lernkurve hinter der durchschnittlichen Leistungsentwicklung zurückbleibt. Das Besondere ist nun, dass aufgrund dieses Zurückbleibens einer Schülerin oder eines Schülers Aspekte des Unterrichts (z. B. die Methode, die zur Verfügung gestellte Zeit oder die verwendeten Aufgabenbeispiele) in den Blickpunkt genommen werden.

Die Diagnostik einer Lernstörung verläuft im RTI-Paradigma in drei bis vier Phasen oder Stufen (*tiers*). In Phase 1 werden das Leistungsniveau und der Leistungsfortschritt aller Kinder beim »Regelunterricht« über einen gewissen Zeitraum hinweg betrachtet. Diese Betrachtung ist notwendig, um zu überprüfen, ob die anderen (unauffälligen) Kinder unter den Bedingungen des Regelunterrichts eine »normale« Leistungsentwicklung zeigen. Sind nämlich zu viele oder fast alle Kinder sogenannte »Nonresponder«, also Lerner mit einer unzureichenden Leis-

Hintergrund: Lernstörungsdiagnostik und frühe Intervention mit RTI-Modellen

Compton, Fuchs, Fuchs und Bryant (2006) haben den RTI-Ansatz genutzt, um in einer Stichprobe von Erst- und Zweitklässlern Kinder mit drohenden Leseschwierigkeiten frühzeitig zu identifizieren und einer präventiven Maßnahme zuzuführen. Nach der RTI-Logik wird von einer gravierenden Lernschwierigkeit (oder von einer Lernstörung) erst dann gesprochen, wenn sich trotz einer nachweislich effektiven instruktionalen Situation eine Leistungsentwicklung zeigt, die deutlich unter der Entwicklung der anderen Kinder zurückbleibt.

In der Studie wurde untersucht, ob sich aufgrund des Niveaus (level) und der Leistungsentwicklung *(slope)* der Geschwindigkeit der Worterkennung WIF (Word Identification Fluency) bereits im 1. Schuljahr jene Kinder identifizieren lassen, für die mit großer Wahrscheinlichkeit die Ausbildung einer Lesestörung zu erwarten ist. Dazu wurde die Leistungsentwicklung WIF über einen Zeitraum von fünf Wochen beobachtet. Neben den WIF-Prozessmaßen wurden weitere Prädiktoren späterer Lesestörungen wie die Sprachkompetenz und die phonologische Bewusstheit in die Prognosemodelle aufgenommen. Die Ergebnisse weisen darauf hin, dass durch den Einbezug der beiden Lernfortschrittsmaße (level und slope) eine Erhöhung der Vorhersagegenauigkeit resultiert. Es scheint demnach sinnvoll, sie zur Entscheidungsfindung in Phase 2 – also bei der Frage der Intensivierung von Fördermaßnahmen – mit heranzuziehen.

tungsentwicklung, dann bedarf offenbar der Unterricht insgesamt einer Veränderung. In Phase 2 – wenn also der Regelunterricht seine prinzipielle Wirksamkeit erwiesen hat – werden die »Responder« von den »Nonrespondern« unterschieden. Dabei lassen sich unterschiedlich strenge Maßstäbe anlegen, die sich sowohl auf persistierende Niveauunterschiede als auch auf diskrepante Entwicklungsverläufe beziehen lassen. In Phase 3 erhalten die Nonresponder eine für sie mutmaßlich »günstigere« Lernumgebung – allerdings noch im Rahmen der Regelbeschulung. Im Sinne eines individuellen Entwicklungsplans werden Zusatzangebote gemacht (z. B. wird in zusätzlich in Kleingruppen gearbeitet oder es werden zusätzliche Übungsstunden vereinbart). Ehemalige Nonresponder, die darauf positiv ansprechen, verbleiben im Regelunterricht oder kehren wieder in diesen zurück. Erst in Phase 4 wird für die nun verbliebenen Nonresponder ein besonderer Förderunterricht (als Einzelförderung) realisiert.

Ein großer Vorteil von RTI liegt darin, dass didaktogene, also den Unterricht betreffende Bedingungen von Lernschwierigkeiten, überhaupt thematisiert werden. So wird die Prüfung der Effektivität unterrichtlicher Maßnahmen verbunden mit einer frühzeitigen Identifikation und bestmöglichen Förderung von Schülerinnen und Schülern, die auf den »normalen« Unterricht nicht angemessen reagieren. Ohne verlässliche Lernfortschrittsmessungen lässt sich der RTI-Gedanke allerdings nicht umsetzen. Dabei darf nicht übersehen werden, dass der Aufwand einer solchen Prozessdiagnostik relativ groß ist und dass die Lehrerinnen und Lehrer bei der Zusammenstellung und der Auswertung curriculumbasierter Testverfahren besonderer Unterstützung benötigen.

6 Intervention – wie sich Lernschwierigkeiten behandeln lassen

6.1	Förderung des Lesens, des Rechtschreibens und des Rechnens
6.2	Förderung der individuellen Lernvoraussetzungen
6.3	Adaptive unterrichtliche Maßnahmen
6.4	Inklusion
6.5	Neurodidaktik

Wo Lernschwierigkeiten auftreten, werden die Schülerinnen und Schüler selbst, ihre Eltern und die Lehrerinnen und Lehrer Maßnahmen ergreifen, um den Schwierigkeiten zu begegnen. Wenn es sich um diagnostizierte Lernstörungen im Bereich des Lesens und Rechtschreibens oder des Rechnens handelt, sind besondere schulische Maßnahmen sogar verpflichtend vorgeschrieben, zudem ist ein individueller Förder- oder Entwicklungsplan zu erarbeiten. Das gilt auch nach der Feststellung sonderpädagogischen Förderbedarfs. Nicht immer sind die eingeleiteten Maßnahmen allerdings erfolgreich, und nicht alle Lernstörungen und -schwierigkeiten können durch pädagogische Interventionen vollständig behoben werden. Das kann auch daran liegen, dass ungeeignete oder für eine Problemlage nicht passende Maßnahmen gewählt wurden. Aufgrund der wissenschaftlichen Erkenntnisse über die Ursachen von Lernstörungen und -schwierigkeiten und über die Wirksamkeit pädagogisch-psychologischer Interventionen lassen sich Kriterien und Prinzipien benennen, die den Erfolg einer Fördermaßnahme wahrscheinlicher machen.

Die Wirksamkeit einer Fördermaßnahme ist in aller Regel größer, wenn sie auf die Spezifität der Lernproblematik und auf die verursachenden Bedingungen bezogen ist. Es gibt aber auch Interventionen, für die es weniger bedeutsam ist, welches die spezifischen Ursachen einer Lern- und Leistungsproblematik sind. Das sind beispielsweise Fördermaßnahmen, die sich auf die Selbststeuerung des Lernverhaltens beziehen und auf die Steigerung der Emotions- und Volitionskontrolle. Allerdings gilt, dass die Wirkungen unspezifischer Fördermaßnahmen geringer, dafür aber im Sinne einer Transferwirkung »breiter« ausfallen. Die Wirkungen spezifischer Fördermaßnahmen sind dagegen größer, dafür aber »schmaler«. Franz Weinert hat für dieses Phänomen die etwas umständliche Bezeichnung der ›Anwendungsextensitäts-Nutzungsintensitäts-Disproportionalität‹ geprägt, Hasselhorn und Gold sprechen nicht minder sperrig vom Gesetz des »reziproken Zusammenhangs zwischen dem Allgemeinheitsgrad des Trainings und der Größe der erzielten Trainingseffekte«.[1]

Gezielte Maßnahmen zur Förderung der individuellen Lernvoraussetzungen bezeichnet man häufig als »kognitive Trainings«, dies auch dann, wenn es bei den Trainingsinhalten nicht nur um die kognitiven Funktionen, sondern (zusätzlich) um Aspekte der Lernmotivation, der lernbegleitenden Emotionen oder der volitionalen Kontrolle geht. Das gemeinsame Ziel kognitiv orientierter Fördermaßnahmen besteht darin, die kognitiven Prozesse der Informationsverarbeitung zu beeinflussen und so Kontrolle über diese Prozesse und über das eigene Lernverhalten zu gewinnen. In Abschnitt 6.2 werden die Handlungsfelder und Inhalte solcher Fördermaßnahmen behandelt. Dabei wird die bereits mehrfach verwendete Systematik individueller Lernvoraussetzungen zugrunde gelegt. Wie in den Kapiteln zu den Ursachen und zur Diagnostik von Lernschwierigkeiten (vgl. Abschnitte 3.1 und 5.1) wird zuvor auf die Lernförderung in den zentralen schulischen Leistungsbereichen des Lesens, Rechtschreibens und Rechnens eingegangen (Abschnitt 6.1). Die meisten Interventionsmaßnahmen sind im Bereich der Leseförderung bzw. zur Förderung von Teilfertigkeiten des Lesens und zum Rechtschreiben entwickelt worden – das scheint auch nicht unplausibel, weil anhaltende Leseschwierigkeiten die Lern- und Leistungsentwicklung in nahezu allen Sachfächern beeinträchtigen. Es gibt aber inzwischen auch eine große Zahl von Förderprogrammen, die den Erwerb mathematischer Kompetenzen unterstützen.

Die Förderung individueller Lernvoraussetzungen wird häufig individuell und durch unterrichtsadditive Maßnahmen erfolgen. Aber auch der Unterricht selbst kann sich den besonderen Bedürfnissen langsamer Lerner und an Lerner mit besonderen Schwierigkeiten anpassen. Als adaptive unterrichtliche Maßnahmen bezeichnet man unterschiedliche Formen der didaktischen Binnendifferenzierung, wie zum Beispiel das Gewähren unterschiedlich langer Lernzeiten, das Setzen und Verfolgen unterschiedlich anspruchsvoller Ziele, das Auswählen unterschiedlicher Aufgaben und Beispiele und ein an das individuelle Leistungsvermögen angepasstes unterrichtliches Vorgehen insgesamt (Abschnitt 6.3). Auch die Inanspruchnahme von Nachhilfe ist eine Form der korrigierenden Anpassung der zu investierenden Lern- und Übungszeit auf der einen Seite an den aktuellen Leistungsstand und das Leistungsziel auf der anderen. Als external-ergänzende Hilfe repräsentiert die (kommerzielle) Nachhilfe allerdings den Gegenpol zur unterrichtlichen Adaptation. Eine Anpassung an die Lernvoraussetzungen und an das individuelle Leistungsvermögen kann auch über schulorganisatorische Maßnahmen der Leistungshomogenisierung erfolgen. Das gegliederte deutsche Sekundarschulwesen, insbesondere aber die Einrichtung eines differenzierten Sonder- und Förderschulsystems für Kinder mit gravierenden schulischen Lern- und Leistungsproblemen, steht für einen solchen Lösungsansatz – und damit im internationalen Vergleich für einen Sonderweg. In Abschnitt 6.4 wird geprüft, ob es wissenschaftliche Argumente dafür gibt, diesen Weg weiterzugehen. Dass seine rechtliche Zulässigkeit längst in Frage gestellt ist, wurde bereits an anderer Stelle erwähnt (vgl. Abschnitt 2.4).

Unter dem Schlagwort »Neurodidaktik« wird abschließend betrachtet, was die Hirnforschung zur pädagogischen Intervention im Allgemeinen und zur Unterrichtung von Kindern mit Lernschwierigkeiten im Besonderen beizutragen hat (Abschnitt 6.5). Bei der Beschäftigung mit den individuellen Lernvoraussetzungen – wie dem Arbeitsgedächtnis und der Aufmerksamkeit – war augenfällig geworden, wie eng mittlerweile die Kognitive und die Entwicklungspsychologie mit den Neurowissenschaften verbunden sind. In der Beschäftigung mit den sogenannten ›exekutiven Funktionen‹ ist eine dieser Schnittstellen besonders gut sichtbar, auch wenn das Konstrukt in den unterschiedlichen Forschungstraditionen durchaus nicht deckungsgleich verwendet wird. Überlappungen gibt es auch bei anderen Bedingungsfaktoren von Lernen, wenn etwa die Störungsbereiche der LRS und der Dyskalkulie oder der ADHS betrachtet werden.

Fragen zu Kapitel 6

16. Welche Fördermaßnahmen sind wirksam?
17. Kann individuelle Lernförderung auch im Klassenverband stattfinden?

6.1 Förderung des Lesens, des Rechtschreibens und des Rechnens

Lernschwierigkeiten und Lernstörungen manifestieren sich am sichtbarsten in anhaltenden Leistungsproblemen im Lesen, Rechtschreiben oder Rechnen, wobei es zu mehr oder weniger gravierenden Leistungsrückständen in einem oder in mehreren dieser Kompetenzbereiche kommen kann. In vielen Fällen sind die beeinträchtigten Leseleistungen charakteristisch für Lernschwierigkeiten. Besondere Fördermaßnahmen im Bereich des Lesens setzen entweder direkt am Textverstehen oder an den »hierarchieniedrigen« Teilfertigkeiten und Voraussetzungen des Textverstehens, wie dem Dekodieren, der Worterkennung, der phonologischen Bewusstheit und dem unzureichenden Wortschatz der schwachen Leser an. Meist gehen mit den Leseproblemen auch Schwierigkeiten bei der Rechtschreibung einher. Vor allem in der deutschsprachigen Tradition gibt es eine große Anzahl von Förderprogrammen, die auf die Einübung und Verbesserung der Rechtschreibung zielen.

Wie für das Lesen gibt es auch für die Förderung der mathematischen Fähigkeiten Ansätze, die sich auf die Vorläufer- oder Teilfertigkeiten des Kompetenzerwerbs richten. Dabei geht es vor allem um den Umgang mit Mengen und Zahlen und um den Erwerb des Zahlbegriffs und der Zählfertigkeiten (vgl. Abschnitte 3.1 und 4.2). Es gibt aber auch Förderansätze, die in den fortgeschrittenen Stufen der Kompetenzentwicklung zum Einsatz kommen und gezielt an den jeweiligen Defizitbereichen ansetzen. Gemeinsam ist den im Folgenden vorgestellten Fördermaßnahmen, dass sie die schriftsprachlichen und mathematischen Kompetenzen bzw. die Prozesse des Kompetenzerwerbs direkt adressieren. Das bedeutet: Schwierigkeiten beim

Lesen, Rechtschreiben und Rechnen wird begegnet, indem die individuellen Defizite in diesen Leistungsbereichen inhaltlich identifiziert und direkt angegangen werden. Durch Wiederholen und Üben des Lernstoffs sollen die kumulierten Vorkenntnisdefizite aufgeholt und ausgeglichen werden. Eine an den defizitären Lernvoraussetzungen und damit an den vermeintlichen Ursachen orientierte Praxis der individuellen Lernförderung wird in Abschnitt 6.2 behandelt.

Lesen und Rechtschreiben

Wenn Schülerinnen und Schüler Texte nicht oder nur schlecht verstehen können, liegt es entweder daran, dass:

1. ihnen das textinhaltliche oder textstrukturelle Hintergrundwissen fehlt,
2. sie geeignete Lesestrategien nicht kennen oder nicht einsetzen und ihr Textverstehen nicht überwachen bzw. regulieren können,
3. sie über einen unzureichenden Wortschatz verfügen oder
4. schon bei den basalen Prozessen der Worterkennung und des Dekodierens von Wörtern und Sätzen auf Schwierigkeiten stoßen.

Nicht hinreichend automatisierte Dekodierprozesse auf der Wortebene beeinträchtigen das Verstehen von Sätzen und Textabschnitten und den Aufbau eines kohärenten mentalen Modells des Gelesenen. Denn wer nicht flüssig, also nicht hinreichend genau und fehlerfrei und mit angemessener Geschwindigkeit lesen kann, wird zu den höheren Verstehensprozessen nur mit Mühe vordringen.

Maßnahmen zur Leseförderung setzen deshalb zunächst an den basalen Fertigkeiten der Worterkennung, des Flüssiglesens und an der Erweiterung des Wortschatzes an. Häufiges und wiederholtes Lesen verbessert die Worterkennung und den Automatisierungsgrad des Leseprozesses und erweitert den

Wortschatz. Wie aber erreicht man, dass die leseschwachen Schülerinnen und Schüler mehr lesen? Im Folgenden werden einige bewährte Ansätze zur Förderung der Leseflüssigkeit skizziert. Bei der Vielzahl der Ansätze kann die Darstellung nur beispielhaft erfolgen. Es werden vornehmlich solche Verfahren vorgestellt, für die bereits ein überzeugender Wirksamkeitsnachweis erbracht ist.

Förderung der Leseflüssigkeit

Zur Förderung der Leseflüssigkeit werden vor allem Viellese- und Lautleseverfahren eingesetzt, einige Verfahren zielen zudem explizit auf eine Steigerung der Lesegeschwindigkeit.[2] *Vielleseverfahren* sind meist Angebots- oder Animationsverfahren, die dem plausiblen Motto »Lesen lernt man durch Lesen« folgen. Geboten wird die Gelegenheit zur freien Lektüre während der Unterrichtszeit, z. B. durch das Einführen sogenannter ›stiller Lesezeiten‹ im Unterricht. Realisiert wird das durch die Einrichtung von Klassenbibliotheken und die Bereitstellung von Lektüre, die sich an den Interessen der Schüler orientiert. Die Methoden des *Sustained Silent Reading* (SSR) sehen beispielsweise vor, dass über einen längeren Zeitraum hinweg jeweils 20 Minuten pro Tag im Unterricht in einem Buch eigener Wahl still gelesen wird. Auch die Lehrperson liest während dieser Zeit und fungiert so als Lesemodell. Es ist umstritten, ob die angebotsorientierten Methoden auch bei den besonders Leseschwachen die erhoffte Wirkung erzielen. Die vorliegenden Metaanalysen sind in ihren Ergebnissen uneinheitlich und sprechen eher für den Einsatz von Verfahren mit einer stärkeren Anleitungskomponente.

Ein wesentlich höherer Aufforderungscharakter als den Viellese- wird den *Lautleseverfahren* zugesprochen. Lautleseverfahren gibt es in ganz unterschiedlichen Varianten; häufig werden Verfahren eingesetzt, die sich dyadischer Methoden bedienen – dabei werden sogenannte Lesetandems oder Lesepartnerschaften gebildet. Die Methoden des *Oral Reading* (OR) zur Förderung der mündlichen Lesefertigkeiten beruhen auf dem Prinzip des wiederholten, begleiteten und korrigierten Lesens. Beim ursprünglich von Keith Topping konzipierten Paar- oder Tandem-Lesen (Paired Repeated Reading) ist der schwächere Leser eines Tandems der Tutand, der bessere der Tutor. Beide lesen laut und gemeinsam (mehrfach) den gleichen Text. Der Tutor passt sich der Lesegeschwindigkeit seines Tutanden an und

---

Hintergrund: Förderung der Leseflüssigkeit durch Lautlese-Tandems

In einer Trainingsstudie kam die Methode der Lautlese-Tandems bei leseschwachen Schülerinnen und Schülern sechster Hauptschulklassen im Rhein-Main-Gebiet über ein Schulhalbjahr hinweg zum Einsatz. Die Lautlese-Tandems lasen im Rahmen des regulären Deutschunterrichts dreimal wöchentlich für die Dauer von 20 Minuten laut und gemeinsam Texte mit ansteigender Schwierigkeit bis zum Kriterium des fehlerfreien Lesens. Die Leistungsentwicklung der Lautlese-Tandems wurde verglichen mit der Entwicklung in einer Fördergruppe mit »stillen Lesezeiten« und mit einer Kontrollgruppe, die herkömmlichen Deutschunterricht erhielt. An der Studie nahmen mehr als 500 Kinder aus 31 Klassen teil.

Die Ergebnisse belegen die Wirksamkeit der Lautlese-Tandems im Hinblick auf die Verbesserung der Leseflüssigkeit und des Textverstehens. Die Leistungsverbesserungen liegen im mittleren Effektstärkenbereich und sind sowohl direkt im Anschluss an die Fördermaßnahme als auch im Zeitabstand von drei Monaten nachzuweisen. Kinder mit und ohne Migrationshintergrund profitieren in gleicher Weise von der Fördermaßnahme. Eine Kompetenzsteigerung ist sowohl bei den Tutanden als auch bei den Tutoren zu beobachten (Rosebrock, Rieckmann, Nix & Gold, 2010; Nix, 2011). Die in der Frankfurter Hauptschulstudie unerwartet ausbleibende Wirksamkeit der Methode der »stillen Lesezeiten« diskutiert Rieckmann (2010).

verbessert, wo notwendig, die auftretenden Lesefehler. Mit fortschreitender Übung und auf ein Zeichen des Tutanden stellt der Tutor das laute Mitlesen ein und der Tutand liest so lange alleine weiter, bis er einen Fehler macht. Dann beginnt das synchrone Lautlesen wieder von vorn.[3]

Die Erfahrungen mit den Lautleseverfahren sind vielversprechend. Metaanalysen haben Merkmale besonders effektiver Förderprogramme identifiziert. Demnach ist die Förderung der Leseflüssigkeit vor allem dann erfolgreich, wenn sie explizit und direkt erfolgt, wenn im Rahmen der Fördermaßnahme das Zielverhalten, also das fehlerfreie, hinreichend schnelle und prosodisch angemessene Flüssiglesen modellhaft-kompetent illustriert wird, wenn vertraute Texte immer wieder gelesen und wenn auftretende Lesefehler durch die Lehrperson oder einen Tutor fortwährend korrigiert werden.[4] Ein kompetentes Lesemodell kann entweder die Lehrperson oder ein Mitschüler (Tutor) sein. In einer österreichischen Studie ließen sich bei leseschwachen Kindern der 2. bis 8. Klassenstufe für nahezu die Hälfte dieser Kinder positive Effekte eines Tutoring-Systems mit einem erwachsenen Lesepartner nachweisen. Über einen Zeitraum von drei Monaten lasen die Kinder gemeinsam mit einem ehrenamtlich tätigen Erwachsenen 15 Minuten täglich in einem Buch. Dass sich die Lesekompetenz dennoch nicht bei allen Kindern verbesserte, werten die Autoren als hilfreichen Hinweis auf die Notwendigkeit einer spezifischeren LRS-Förderung für die Kinder, die nicht davon profitierten. Die von den Salzburger Wissenschaftlern berichteten Teilerfolge eines leseanimierenden Verfahrens lassen sich im RTI-Paradigma leicht interpretieren: Die Nonresponder, also diejenigen, bei denen die vergleichsweise unspezifische (aber prinzipiell wirksame) Leseanregung durch das Tutoren-Modell noch nicht zum gewünschten Ergebnis geführt hat, bedürfen eben zusätzlicher und intensiverer Fördermaßnahmen (in Phase 3).[5]

Im Sinne des RTI-Paradigmas wird die individuelle Leseflüssigkeit des öfteren als Indikator für die Bedürftigkeit zusätzlicher leseförderlicher Maßnahmen genutzt. Eine Autorengruppe aus Florida hat für Schülerinnen und Schüler mit spanischer Muttersprache, die Englisch als Zweitsprache erlernen, zeigen können, wie sich die Risiken einer defizitären Leseentwicklung bereits früh an einer zu langsamen Entwicklung der Leseflüssigkeit erkennen lassen. Die Leseflüssigkeit wurde dabei über die Anzahl der in einer Minute korrekt gelesenen Wörter gemessen (die Aufgabe bestand darin, einen zuvor nicht bekannten Text laut vorzulesen). Wenn die Flüssigkeitsentwicklung bei Kindern der 2. und 3. Klassenstufe – nicht wenigstens einen Zuwachs von einem zusätzlich korrekt gelesenen Wort pro Woche aufweist, so das Ergebnis der Studie, ist die Zuweisung zu einer besonderen Fördermaßnahme erforderlich, um sich abzeichnenden Leseproblemen vorzubeugen.[6]

Vermittlung von Lesestrategien

Es gibt vor allem in der US-amerikanischen Tradition eine Reihe von bewährten Programmen zur Vermittlung von Lesestrategien; meist werden dabei strategische, metastrategische und motivationale Komponenten kombiniert. Deutschsprachige strategieorientierte Unterrichtsprogramme sind z. B. die *Text- bzw. Lesedetektive*, die *Leseförderung nach Kompetenzstufen* oder das fächerübergreifende Schulprogramm *Lesen macht schlau*, eine Adaptation des amerikanischen »Reading for Understanding« (RFU). Strategietrainings sind kognitive Trainings. Da aber die Lesestrategien direkt auf die Verbesserung des Textverstehens zielen und weil sie oft im Rahmen des regulären Unterrichts und im Klassenverbund eingesetzt werden, werden sie dennoch hier und nicht in Abschnitt 6.2 behandelt.[7]

Hintergrund: Förderung von Lesestrategien mit den Lesedetektiven

Die vier Detektivmethoden der Lesedetektive (Überschrift beachten, Umgang mit Textschwierigkeiten, Zusammenfassen von Geschichten, Zusammenfassen von Sachtexten) sind Bestandteil eines strategieorientierten Unterrichtsprogramms aus der Textdetektive-Reihe (Gold, 2010). Anders als die Textdetektive (Gold, Mokhlesgerami, Rühl, Schreblowski & Souvignier, 2004), die sich vor allem für den Einsatz in Gymnasial-, Real- und Gesamtschulklassen eignen, sind die Lesedetektive (Rühl & Souvignier, 2006; Gold & Rühl, 2009) speziell für leseschwache Kinder und Kinder mit ungünstigen Lernvoraussetzungen entwickelt worden. Ihr Einsatz ist an Schulen für Lernhilfe erfolgreich evaluiert worden (Antoniou, 2006; Souvignier & Rühl, 2005).

Das Unterrichtsprogramm basiert auf kognitionspsychologischen Modellen des Textverstehens und des selbstregulierten Lernens. Das Lehrermanual zum Programm umfasst insgesamt sechs Lerneinheiten – neben den vier Detektivmethoden sind das eine Einführung in die Rahmenhandlung (»Wir werden Lesedetektive!«) sowie die Erarbeitung und das Einüben einer »Checkliste«, die den selbstständigen und routinierten Einsatz der erlernten Strategien sicherstellen soll. Die Lesestrategien werden nach dem Prinzip des Modelllernens eingeführt und es wird explizit über den Nutzen und über die Anwendungsbedingungen des Strategieeinsatzes informiert. Ausgedehnte Phasen des angeleiteten und selbstständigen Übens anhand von Arbeitsheften sind Bestandteil des Unterrichtsprogramms.

Als wirksame Lesestrategien haben sich insbesondere Strategien der Vorwissensaktivierung, wie z. B. das Formulieren und Beantworten von Fragen zu einem Text, das Verdichten einer Textvorlage durch das Zusammenfassen von Textinhalten und das systematische Klären von Textschwierigkeiten erwiesen. Neben der Vermittlung solcher Lesestrategien ist auch eine Anleitung zur Überwachung und Regulation des Verstehensprozesses (also die Vermittlung metastrategischer Kompetenzen) Bestandteil erfolgreicher Trainingsprogramme. Bewährt haben sich didaktische Vorgehensweisen, die mit einer explizit-direkten Vermittlung des lesestrategischen Wissens beginnen und über die modellhafte Demonstration des kompetenten Strategieeinsatzes zu Phasen des angeleiteten, später zunehmend selbstständigen Einübens der Lesestrategien übergehen. Im amerikanischen *CORI-Programm* (Concept Oriented Reading Instruction) wird zusätzlich zur Strategievermittlung die Lesemotivation und die Lernautonomie gefördert. *CORI* verwirklicht so in ganzheitlicher Weise die Kernprinzipien des selbstregulierten Lernens und gilt ähnlich wie *RFU* als ein »Komplettprogramm« zur Förderung des selbstgesteuerten Lesens. Anders als das deutsche Programm »Textdetektive« ist das CORI-Programm thematisch auf eine bestimmte Lerneinheit ausgerichtet (»Leben an Land und im Wasser«). Die Anleitungen zum Einsatz von Lesestrategien und zur Förderung des motivierten, selbstständigen Lesens stehen so im Dienste des sachinhaltlichen Wissenserwerbs. Dass Fördermaßnahmen im Bereich der Lesestrategien und der Lesemotivation geeignet sein können, soziale und zuwanderungsbedingte Disparitäten der Lesekompetenz zu verringern, ist in der jüngsten PISA-Studie berichtet worden.[8]

Sprachliche und metasprachliche Vorläuferfertigkeiten

Sekundär präventiv ausgerichtete Förderprogramme zielen auf die Vorläuferfertigkeiten der phonologischen Verarbeitung und auf das Einüben der Buchstaben-Laut-Zuordnung (vgl. Abschnitt 4.2). Übungen zur Silbengliederung, zur Analyse und Synthese von Lauten und zur Buchstaben-Laut-Beziehung sind aber auch Bestandteil tertiär präventiver, also intervenierender Lesetrainings mit leseschwachen Grundschülern. Gero Tacke berichtet für das von ihm entwickelte Programm *Flüssig lesen lernen* mittlere bis hohe Effektstärken auf die Lese- und die Rechtschreibleistung im Vergleich zur Leistungsentwicklung in einer nicht trainierten Kontrollgruppe. In einer Evaluationsstudie wurde das Programm bei leseschwachen Zweitklässlern unterrichtsadditiv in täglichen 20-minütigen Einzelsitzungen für die Zeitdauer eines Schulhalbjahres durchgeführt. Kombinierte LRS-Therapieprogramme enthalten häufig auch Bausteine zur sprachlichen und metasprachlichen Förderung. Auch bei älteren Schülern, deren Leseprobleme sich bereits verfestigt haben, können Trainingsprogramme noch Wirksamkeit entfalten. Erfolgversprechend sind dabei im Wesentlichen die gleichen Programmbausteine, die sich schon bei der Förderung jüngerer Kinder bewährt haben.[9]

Kombinierte LRS-Programme

Die bislang beschriebenen Maßnahmen zur Förderung der Leseflüssigkeit und des strategischen Lesens orientieren sich an kognitionspsychologischen Modellen des Textverstehens und des Schriftspracherwerbs. Es gibt darüber hinaus eine große Anzahl von Behandlungsmethoden und Förderprogrammen, die ihren Ursprung in der sonder- und heilpädagogischen und/oder klinisch-therapeutischen Forschungstradition haben und vor allem lern- und verhaltenstherapeutisch begründet sind. Meist werden dabei Maßnahmen zur Lese- und Rechtschreibförderung kombiniert, wobei der Schwerpunkt auf der Förderung des Rechtschreibens liegt. Sie richten sich meist speziell an Kinder mit einer umschriebenen Lese-Rechtschreib-Störung (LRS) im Sinne der klinischen Diagnosesysteme. Es gibt zahlreiche zusammenfassende Darstellungen, die Beschreibungen und Bewertungen bewährter Programme enthalten.[10] Exemplarisch werden im folgenden zwei Therapieansätze vorgestellt: Die lautgetreue Rechtschreibförderung von Reuter-Liehr (2001) und das Marburger Rechtschreibtraining von Schulte-Körne und Mathwig (2004).

Die *lautgetreue Rechtschreibförderung* von Carola Reuter-Liehr (2001) soll das Schreiben in der alphabetischen Phase des Schriftspracherwerbs befördern. Diese Phase gilt als »Zwischenschritt« zum orthographischen Schreiben. Es wird angenommen, dass die LRS-Kinder bereits in der alphabetischen Phase mit der Zuordnung von Lauten zu Buchstaben Probleme haben (vor allem aufgrund einer unzureichend ausgeprägten phonologischen Bewusstheit) und deshalb nur wenige »Lernwörter« erwerben. Die gezielte Förderung alphabetischer Strategien soll die Beziehungen zwischen der gesprochenen und der geschriebenen Sprache deutlicher machen, die Phonemanalyse erleichtern und damit letztlich das Erkennen von Phonem-Graphem-Korrespondenzen begünstigen. Durch intensive Übungen mit lautgetreuem Wortmaterial, so die Annahme, wird der Erwerb von Lernwörtern unterstützt, wobei die orthographischen Problemfälle – wenn also die Rechtschreibung eines Wortes vom Sprachlaut abweicht – zunächst ausgeklammert bleiben. Erst im weiteren Verlauf des Trainingsprogramms werden Strategien (einfache Rechtschreibregeln) vermittelt, wie man im Umgang mit nicht lautgetreuen Wörtern verfahren kann. Beim lautorientierten Üben des Schreibens werden unterstützende Verhaltensweisen eingesetzt, wie das rhythmische Silbentrennen, die darstellende Gebärdensprache und das synchronisierte Sprechschreiben. Das Training muss über einen längeren Zeitraum hinweg durchgeführt werden und hat sich als wirksam erwiesen.

Nicht auf alphabetisch-phonologische Strategien, sondern auf den Erwerb orthographischen Regelwissens zielt hingegen das *Marburger Rechtschreibtraining* von Schulte-Körne und Mathwig (2004). LRS-Kinder – so die Annahme – haben während des Schriftspracherwerbs kein implizites Regelwissen über die korrekte Schreibweise von Wörtern aufgebaut und bedürfen deshalb einer besonderen Anleitung, um Rechtschreibregeln zu erlernen. Anders als die Methode von Reuter-Liehr setzt das Marburger Training also in der orthographischen Phase des Schriftspracherwerbs an. Anders als dort werden auch keine »Lernwörter« trainiert, sondern orthographisches Wissen und Lösungsstrategien des korrekten Schreibens. Das Förderprogramm vermittelt acht grundlegende Rechtschreibregeln (Algorithmen) zum Umgang mit typischen Rechtschreibproblemen in 3. und 4. Klassen. Es enthält metakognitive Übungsbausteine zur Selbstüberwachung und Selbstprüfung des Gelernten. Das als Einzeltraining konzipierte Förderprogramm sollte über einen längeren Zeitraum hinweg durchgeführt werden – Eltern können das nach Anleitung auch in Eigenregie tun, bewährt hat sich jedoch die Durchführung durch erfahrene Therapeuten. Die Wirksamkeit des Trainings ist belegt.

Waldemar von Suchodoletz (2006b) betont die Notwendigkeit des Zusammenwirkens von Schule und Elternhaus sowie unterrichtlicher und außerschulischer Angebote

---

Hintergrund: Alternative Behandlungsmethoden bei LRS

Neben den wissenschaftlich begründeten und auf ihre Wirksamkeit überprüften Behandlungsmethoden gibt es eine fast unüberschaubare Reihe alternativer Ansätze, die Abhilfe bei LRS versprechen. Dazu gehören Therapien, die an den basalen kognitiven Funktionsbereichen der Wahrnehmung und der Motorik sowie an der Koordination dieser Funktionen ansetzen, die Vermittlung spezieller Lern- und Lesetechniken auf der Grundlage lerntypologischer oder hirnorganischer Prämissen und unspezifische Fördermaßnahmen zur Verbesserung der Konzentrationsfähigkeit und zum Umgang mit Schul- und Leistungsängsten.

Es ist nicht leicht, seriöse von unlauteren und harmlose von Schaden stiftenden Angeboten zu unterscheiden, weil es neben den qualifizierten Pädagogen und Psychologen, nicht selten mit einer ausgewiesenen kinder- und jugendtherapeutischen Expertise, auch zahlreiche Anbieter zweifelhafter Provenienz und Qualifikation gibt. Das Spektrum der (meist kommerziell ertragreichen) Angebote reicht vom Hörtraining, dem Hochtontraining, der Klang- und Schalltherapie, einem Training des Richtungshörens, der Blicksteuerung, des beidäugigen und des dynamischen Sehens über die Arbeit mit diversen Hilfsmitteln und Apparaten (z. B. Rasterfolien, getönten Brillen, Brainboys) bis zu edu-kinesiologischen und taktil-kinästhetischen Methoden und körperorientierten Verfahren (wie der craniosacralen Therapie), Verfahren des Neurofeedbacks und des Neurolinguistischen Programmierens (NLP) und der Bach-Blüten-Therapie. Waldemar von Suchodoletz (2006b) hat die alternativen Therapieformen informativ beschrieben und anhand eines einheitlichen Kriterienkatalogs kritisch bewertet. Vielen Ansätzen ist ein ganzheitlich genanntes, nicht selten esoterisch und spekulativ anmutendes Grundmuster eigen. Oft werden auch neuartige Begrifflichkeiten verwendet, um eine Beurteilung im Kontext bereits eingeführter (wissenschaftlicher) Konzepte und Programme zu erschweren. Wenn überhaupt Untersuchungen zur Wirksamkeit durchgeführt wurden, genügen sie in aller Regel nicht den Ansprüchen, die an eine kontrollierte Studie zu stellen sind.

Suchodoletz (2006b) bietet aber auch eine Erklärung für die weite Verbreitung und den (relativen) Erfolg der alternativen Verfahren an. Zum einen steckt in vielen dieser Verfahren »ein Stückchen Wahrheit« – das kann sich auf die Problembeschreibung, auf die Ursachenanalyse, auf die Bedeutsamkeit kognitiver Grundfunktionen oder auf das Ausnutzen lernpsychologischer Gesetzmäßigkeiten beziehen. Zum anderen ist der Wirksamkeitsanspruch der alternativen Verfahren häufig ein gänzlich anderer als bei den wissenschaftlich begründeten Methoden. Wirksam ist, was (in Einzelfällen) geholfen hat, ganz gleich, ob es sich um spezifische Wirkungen eines Trainingsprogramms, um Zuwendungs- oder um andere unspezifische Trainingseffekte handelt. So betrachtet, können auch alternative Behandlungsverfahren im Einzelfall nützlich sein, selbst wenn sie auf der Prozessebene des Lesens und Schreibens nichts bewirken: Sie können zu mehr Zuversicht und Lernfreude, zu einer höheren Leistungsbereitschaft und zu einem günstigeren Selbstkonzept führen. Nicht übersehen darf man allerdings die Nachteile, die entstehen können, wenn wegen eines nicht wirksamen alternativen Verfahrens auf eine effektive Förderung verzichtet wird, die direkt an den defizitären Lese- und Rechtschreibprozessen ansetzt.

und Maßnahmen. Dabei spielen auch häusliche und schulische Rahmenbedingungen und andere Merkmale der Schülerpersönlichkeit eine Rolle, die über die störungsbezogene Problematik hinausgehen. In der Schule und *im Unterricht* ist zunächst an die Bereitstellung besonderer Übungs- und Lernmaterialien zu denken und an zusätzliche Übungs- und Förderstunden. Für einen spezifischen LRS-Förderunterricht lassen sich klassenübergreifende Kurse einrichten. Im Wesentlichen folgen die Inhalte und die Vorgehensweisen in diesen Kursen einem einfachen Prinzip: Üben, üben, üben! Die Übungsaufgaben sind dabei in ihrer Schwierigkeit so zu gestalten, dass Erfolgserlebnisse möglich werden. Kombinierte Förderprogramme enthalten neben den eigentlichen Rechtschreibübungen auch solche zur phonologischen Verarbeitung und zur Buchstaben-Laut-Zuordnung. Nur selten wird allerdings auch das Flüssiglesen trainiert (s. o.). Der sogenannte Nachteilsausgleich, der aufgrund der Legasthenieerlasse in den meisten Bundesländern möglich ist, erlaubt die zeitweise oder dauerhafte Befreiung der LRS-Kinder von der Teilnahme an oder Bewertung von Diktaten und anderen schriftlichen Leistungsprüfungen, ein stärkeres Gewichten der mündlichen Leistungen und den Verzicht auf Zeugnisnoten für die Lese- und Rechtschreibleistungen. So sollen Benachteiligungen bei Versetzungen und beim Übergang in weiterführende Schulen vermieden werden.

Meist wird zusätzlich zur schulischen eine *außerschulische Förderung* notwendig sein. Dabei ist es wichtig, an die richtige Einrichtung und an den richtigen Therapeuten zu geraten – erfolgversprechend sind Fördermaßnahmen, die sich an den Gesetzmäßigkeiten des Schriftspracherwerbs orientieren und unmittelbar an den Teilprozessen des Lesens und Rechtschreibens ansetzen. Auch die Vermittlung von Regelwissen, die Erweiterung des Wortschatzes und der Erwerb von »Lernwörtern« sowie das Einüben von Lesestrategien sind hilfreich. Unterstützend

müssen mit dem Kompetenzerwerb das Vertrauen in die eigenen Fähigkeiten und eine leistungszuversichtliche motivationale Orientierung gestärkt und die Schul- und Leistungsängste verringert werden. Meist folgen die Maßnahmen lern- und verhaltenstherapeutischen Prinzipien, d. h. es wird mit kleinen Schritten und korrigierenden Rückmeldungen, oft auch mit Belohnungssystemen, gearbeitet. Einrichtungen der Jugendhilfe oder die Krankenkassen übernehmen bei einer diagnostizierten LRS die Behandlungskosten, wenn es sich um anerkannte Therapieverfahren handelt. Auch wenn die eigentliche Förderung sinnvollerweise außerhalb der Familie stattfindet, ist eine elterliche Unterstützung meist hilfreich. Auch dabei ist wichtig, dass kleinschrittig geübt wird, so dass Erfolgserlebnisse möglich sind. Vor allem das gemeinsame Lesen der Eltern mit ihren Kindern hat sich als vorteilhaft erwiesen.

Textproduktion

Neben dem Rechtschreiben ist auch das produktive Schreiben von großer Bedeutung für das schulische Lernen. Kinder mit Schwierigkeiten im Bereich des Lesens und Rechtschreibens können auch Defizite im produktiven Schreiben – also beim Verfassen von Texten – ausbilden. Es können aber auch Schwierigkeiten bei der Textproduktion auftreten, wenn das Rechtschreiben nicht beeinträchtigt ist. Förderprogramme, die das verhindern sollen, sind vor allem strategieorientiert angelegt und zielen auf die Beeinflussung der unterschiedlichen Phasen beim Schreiben von Texten: auf die Planungsphase, in der Ideen generiert werden und der Schreibprozess vorbereitet wird, auf die Phase der eigentlichen Texterstellung, in der die Ideen versprachlicht und in eine schriftliche Form übertragen werden und auf die Überarbeitungsphase, die einen Abgleich des Geschriebenen mit dem ursprünglich Geplanten beinhaltet. Förder- und Trainingsprogramme, wie sie beispielsweise in der Arbeitsgruppe um Steve Graham und Karen Harris entwickelt wurden, leiten zum strategischen Handeln und zur metastrategischen Kontrolle dieser Phasen an. Wie bei anderen Trainingsprogrammen auch, hat sich eine direkte Vermittlung von Wissen und Fertigkeiten durch die Lehrperson in Kombination mit Modellierungstechniken und Peer-Tutoring-Verfahren als erfolgreich erwiesen.[11]

Rechnen

Erfolgreiche Interventionen bei Rechenschwierigkeiten richten sich an der Art und am Schweregrad einer Schwierigkeit oder Störung und an den Entwicklungsmodellen des mathematischen Kompetenzerwerbs aus. Aufgrund der Differenziertheit der Störungsbilder kann es kein übergreifendes Förderprogramm geben, das allen Rechenproblemen gerecht wird. Schwierigkeiten können schon beim Erwerb von Vorläuferfertigkeiten des mathematischen Denkens und bei den basalen arithmetischen Kompetenzen auftreten, in der Geometrie und bei algebraischen Aufgaben oder beim Lösen von Textaufgaben. Rechenstörungen im Sinne der Diskrepanzdiagnostik werden meist als Beeinträchtigungen im Bereich der grundlegenden arithmetischen Rechenfertigkeiten der Addition, Subtraktion, Multiplikation und Division aufgefasst. Wie lassen sich solche Störungen behandeln?

Eine weniger an der defizitären Performanz schwacher Rechner als vielmehr an der (theoretisch postulierten) Kompetenzentwicklung orientierte Sichtweise bietet Ansatzpunkte früher Förderung. In der Würzburger Arbeitsgruppe um Wolfgang Schneider und Kristin Krajewski wurde ein Programm entwickelt und erprobt, das den Aufbau grundlegender numerischer Kompetenzen und den Erwerb des Anzahlkonzepts unterstützen soll. In ähnlicher Weise zielt das Zahlbegriffstraining einer Dortmunder Arbeitsgruppe auf den Erwerb des Zahlbegriffs und das sichere Beherrschen von Additonsaufgaben. Beide Programme werden im Folgenden vorgestellt.

Das Förderprogramm *Mengen, zählen, Zahlen* (MZZ) von Krajewski, Nieding und Schneider (2007) ist für Kinder im Vorschulalter entwickelt worden und zählt deshalb eigentlich zu den Frühförder- oder Präventionsprogrammen (vgl. Abschnitt 4.2). Es kann aber auch bei rechenschwachen Grundschulkindern eingesetzt werden – was wiederum deutlich macht, dass sich die primär und sekundär präventiven Maßnahmen inhaltlich nicht leicht von den »tertiär präventiven« Interventionen abgrenzen lassen. Dem Trainingsprogramm liegt ein Entwicklungsmodell vorschulischer numerischer Kompetenzen zugrunde, das neben dem Erwerb von Basisfertigkeiten auch den Erwerb des Kardinalitätsprinzips und des Konzepts der Anzahlrelationen umfasst. In 24 halbstündigen Trainingseinheiten werden über einen Zeitraum von zwei Monaten das Zählen und die Kenntnis von Ziffern im Zahlenraum von 1 bis 10 sowie das Konzept der Anzahlen und der Anzahlrelationen vermittelt. Das Vorgehen beruht auf der Annahme, dass die genannten Fertigkeiten und Konzepte als Vorläuferfertigkeiten der mathematischen Kompetenzentwicklung von Bedeutung sind. Die primär- und sekundärpräventive Lernwirksamkeit des Programms ist erwiesen – das gilt auch für seinen Einsatz bei rechenschwachen Grundschulkindern.

Das Dortmunder *Zahlbegriffstraining* (ZBT) von Moog und Schulz (2005) ist für rechenschwache Grundschulkinder entwickelt worden. Trainiert werden das flüssige Vorwärts- und Rückwärtszählen und die flexible Orientierung im Zahlenraum bis 10. Durch kleinteiliges Üben sollen die Zähl- und Abzählfertigkeiten gefestigt und automatisiert werden und es soll Sicherheit in den Konzepten der Anzahlen und der Anzahlrelationen erworben werden. Das Programm

---

Hintergrund: Förderung des Teil-Ganzes-Verständnisses

Ennemoser und Krajewski (2007) haben für 15 rechenschwache Erstklässler in drei Kleingruppen sechs Trainingseinheiten zum Anzahlkonzept und zur Zerlegung von Anzahlen in kleinere Anzahlen realisiert. Zum Einsatz kamen dabei Materialien aus dem Förderprogramm MZZ. Eine Vergleichsgruppe erhielt während dessen ein Lesetraining. Die spezifisch geförderten Kinder waren im Anschluss an die Fördermaßnahme im Hinblick auf ihre mathematische Leistungsfähigkeit (gemessen mit dem DEMAT 1+) überlegen – der größte Leistungszuwachs war im DEMAT-Subtest »Teil-Ganzes« zu verzeichnen. Über die Nachhaltigkeit der berichteten Effekte ist bislang nichts bekannt.

---

geht davon aus, dass ein flexibler Zahlbegriff eine notwendige Voraussetzung des arithmetischen Kompetenzerwerbs darstellt. Bei der Trainingsdurchführung wird zunächst mit konkreten Lernmaterialien gearbeitet, die dann in symbolische, graphische und sprachliche Modalitäten transformiert werden. Die bisherigen Evaluationsstudien belegen die Wirksamkeit des Trainingsprogramms.[12]

Für das Lösen algebraischer Aufgaben (und bei Textaufgaben) haben sich Techniken der Selbstinstruktion bewährt. Ein Beispiel hierfür ist die folgende Anleitung: »Lies die Aufgabe. Was ist gegeben? Was ist nicht bekannt? Brauche ich mehr als eine Gleichung? Wie lautet die Gleichung? Setze die Elemente in die Gleichung ein. Löse die Gleichung. Überprüfe die Lösung.«

Wie für den Bereich der LRS gibt es auch zur Behandlung von Rechenschwierigkeiten neben den bewährten eine größere Anzahl ungeprüfter, potentiell effektiver Förderansätze und alternativer Therapien. Wie bei der LRS fehlen auch hier die spezifischen Wirkungsnachweise für die ganzheitlichen Therapien und Funktionstrainings (meist im Bereich der Wahrnehmung, der Aufmerksamkeit und der Motorik). Davon abzugrenzen sind die nachweislich positiven Effekte von Trainings zum Induktiven Denken. Solche Trainings führen meist zu substantiellen Transfereffekten im Hinblick auf das Lösen mathematischer Aufgaben (vgl. Abschnitt 6.2).

6.2 Förderung der individuellen Lernvoraussetzungen

Zur Förderung individueller Lernvoraussetzungen und zur Steigerung der Lernfähigkeit haben sich insbesondere Trainingsverfahren bewährt, die auf eine Verbesserung der kognitiven Funktionen zielen. Dabei wird davon ausgegangen, dass sich die funktionellen Verbesserungen günstig auf das Lern- und Leistungsverhalten und damit auf den Lernerfolg auswirken – dass es also einen positiven Lerntransfer im Hinblick auf die Bewältigung schulischer Lernaufgaben gibt. Anders als bei der »nachhelfend-wiederholenden« stoffinhaltlichen Wissensvermittlung in den konkreten Inhaltsbereichen der Sachfächer oder bei der Förderung der grundlegenden Fertigkeiten des Lesens, Rechtschreibens und Rechnens ist die Förderung kognitiver Grundfunktionen (wie der Lern- und Gedächtnisstrategien oder der Aufmerksamkeitskontrolle) eine bereichsübergreifende Maßnahme. Bereichsübergreifend sind auch Maßnahmen zur Förderung der motivationalen und der volitionalen Lernvoraussetzungen, wobei sich übrigens im Konzept der *Selbstregulation* ein gemeinsamer Kern der im engeren Sinne kognitiven und der motivationalen sowie emotional-volitionalen Kompetenzen identifizieren lässt.

Als Zielbereiche der Förderung kommen grundsätzlich alle Bereiche individueller

Hintergrund: Training und Trainingswirksamkeit

Trainings sind zielgerichtet geplante und strukturierte Übungsmaßnahmen, die der Vermittlung oder Förderung von Wissen und Fertigkeiten dienen. Trainings gibt es für unterschiedliche Funktionsbereiche – im pädagogisch-psychologischen Bereich sind Trainingsverfahren zur Förderung kognitiver und metakognitiver, motivationaler, emotionaler und sozialer Kompetenzen besonders verbreitet. Bei Langfeldt und Büttner (2008) und bei Klauer (2001a) finden sich dazu zusammenfassende Darstellungen (vgl. auch Fries & Souvignier, 2009; Hasselhorn & Gold, 2006).

Trainings können primär- und sekundärpräventiv sowie zur kurativen Intervention bei bereits bestehenden Lern-, Leistungs- und Verhaltensproblemen eingesetzt werden. Wissenschaftlich begründete Trainings fußen auf einer Entwicklungs- bzw. Erwerbstheorie bezüglich der zu trainierenden Kompetenzen und im Hinblick auf die vorliegende Störung. Die Wirksamkeit eines Trainings muss erwiesen sein. Zur Wirksamkeitsprüfung eines Trainings bedarf es kontrollierter Trainingsstudien – meist ist dabei eine Abfolge formativer und summativer, isolierter und vergleichender Evaluationsschritte üblich (Hager, Patry & Brezing, 2000). Neben dem Nachweis trainingsspezifischer Effekte im Hinblick auf die trainierten Fertigkeiten und Kompetenzen sind auch der Nachweis von Transfereffekten und die Dauerhaftigkeit von Trainingswirkungen wichtige Erfolgskriterien von Trainings (Klauer, 2011).

Vor allem in pädagogischen Zusammenhängen ist die Frage differentieller Trainingseffekte relevant. Ein differentieller Trainingseffekt ist gegeben, wenn etwa die inhaltlichen Vorkenntnisse oder andere individuelle Lernvoraussetzungen den Erfolg einer Trainingsmaßnahme »moderieren« – wenn also Personmerkmale der Trainierten (das können beispielsweise das Geschlecht, der Sprachstatus oder die soziale Herkunft sein) über das Ausmaß des Trainingserfolgs bestimmen. Dass Trainingsteilnehmer mit besseren Ausgangsleistungen (also günstigeren Lernvoraussetzungen) oft stärker von einem kognitiven Training profitieren als solche mit weniger günstigen Voraussetzungen, bezeichnet man als Matthäus-Effekt (nach der Bibelstelle Mt 25,29: »Denn wer hat, dem wird gegeben, und er wird im Überfluss haben«). Es gibt auch Hinweise darauf, dass sog. »Auffrischungsbausteine«, die der Wiederholung wichtiger Trainingsinhalte dienen, die Nachhaltigkeit von Trainingseffekten steigern können (Möller & Appelt, 2001; Souvignier & Trenk-Hinterberger, 2010).

Lernvoraussetzungen in Frage, die im Abschnitt 3.2 als mögliche Bedingungsfaktoren von Lernschwierigkeiten benannt wurden. Wieder bleibt dabei das lerninhaltsbezogene Vorwissen ausgespart – es wird hier als Ergebnis, weniger als Voraussetzung erfolgreichen Lernens betrachtet. Natürlich zielen letztendlich alle Fördermaßnahmen darauf hin, die vorhandenen (Vor-)Wissensdefizite zu beseitigen, weil das bereits vorhandene Wissen die wichtigste Voraussetzung für den Erwerb neuen Wissens ist. Wie sich zeigen wird, sind nicht alle Lernvoraussetzungen leicht zu trainieren bzw. zu modifizieren, so dass sich die Förderpraxis meist auf die Vermittlung von Lernstrategien und die Förderung der Selbstregulation des Lernverhaltens konzentriert – oft geschieht dies allerdings im Rahmen eines integrierten Trainings, das Aspekte der Selbststeuerung der motivatio-nalen, volitionalen und emotionalen Prozesse des Lernens mit einschließt.

Um es vorab und überdeutlich zu sagen: Die individuellen Lernvoraussetzungen von Kindern mit Lernschwierigkeiten und Lernstörungen lassen sich durch geeignete Trainingsmaßnahmen verbessern und das Lernverhalten und die Lernergebnisse dieser Kinder profitieren davon. Eine Beseitigung der Ursachen einer Lernschwierigkeit oder -störung ist damit in aller Regel allerdings nicht verbunden. Und auch zu einem vollständigen Ausgleich von Leistungsdefiziten oder zu einer Verringerung von Leistungsunterschieden zwischen den Schülerinnen und Schülern wird es allein durch ein kognitives Training in aller Regel nicht kommen, weil die Leistungsfähigeren von den Trainings- und Fördermaßnahmen – wenn man sie ihnen anbietet – ebenfalls profitieren werden. Zwar mögen Kinder mit Lernschwierigkeiten eine Fördermaßnahme »besonders nötig« haben, gewährt man sie jedoch allen Kindern, wird die Lernhilfe auch und besonders bei den Kindern ohne derartige Probleme auf fruchtbaren Boden fallen. Um vorhandene Leistungsrückstände und Vorkenntnislücken aufzuholen bzw. zu schließen, müssen deshalb Nachhilfe und inhaltliche Wissensvermittlung hinzukommen. Um das Entstehen neuer Leistungsrückstände zu vermeiden, bedarf es also weiterhin und kontinuierlich besonderer Anstrengung und zusätzlicher pädagogischer Zuwendung.

Aufmerksamkeit

Das bloße Bearbeiten von aufmerksamkeits- und konzentrationsbeanspruchenden Aufgaben oder Materialien bleibt meist ohne nachhaltige Wirkung auf das schulische Lern- und Leistungsverhalten und den Lernerfolg.[13] Das gilt übrigens auch für die früher weit verbreiteten Frostig-Trainings zur Förderung von Wahrnehmungsfunktionen im Vorschulalter. Erfolgreicher scheinen Trainingsverfahren, die zur bewussten Selbststeuerung und Kontrolle des eigenen Aufmerksamkeitsverhaltens anleiten. Solche Programme sind vor allem zur Förderung von Kindern mit einer Aufmerksamkeitsdefizit-/Hyperaktivitätsstörung (ADHS) entwickelt worden. Das *Training mit aufmerksamkeitsgestörten Kindern* (TmaK) von Lauth und Schlottke (2002) ist ein kognitiv-verhaltenstherapeutisch konzipiertes modulares Interventionsprogramm für Kinder im Alter zwischen sieben und zwölf Jahren. Im Basistraining, einem von fünf Therapiebausteinen des TmaK, werden Grundfertigkeiten der Aufmerksamkeitskontrolle eingeübt: »Genau hinschauen! Genau zuhören! Wahrgenommenes genau wiedergeben!« Besonders wichtig ist das Erlernen von »Reaktionsverzögerungen« durch die Verwendung sogenannter Stopp-Signalkarten und das Einüben der Steuerung des eigenen

Aufmerksamkeitsverhaltens durch verbale Selbstanweisungen. Auch ein weiteres Modul, das Strategietraining, wird durch (sechs) Signalkarten unterstützt: »Was ist meine Aufgabe? Ich mache mir einen Plan! Kenne ich etwas Ähnliches? Sorgfältig und bedacht! Halt – Stopp, überprüfen! Das habe ich gut gemacht!«

Walther und Ellinger (2008) haben die Effektivität von Förderprogrammen genauer betrachtet. Die wichtigsten deutschsprachigen Förderprogramme sind Programme mit lernpsychologischem bzw. verhaltenstherapeutischem Hintergrund, wie das *Training mit aufmerksamkeitsgestörten Kindern* (TmaK) von Lauth und Schlottke (2002), das *Therapieprogramm für Kinder mit hyperkinetischem und oppositionellem Problemverhalten* (THOP) von Döpfner, Schürmann und Frölich (2007) und das *Marburger Konzentrationstraining* (MKT) von Krowatschek, Albrecht und Krowatschek (2004). Wie schon bei den Lese-/Rechtschreib- und den Rechenstörungen gibt es neben den wissenschaftlich begründeten eine Reihe alternativer Behandlungsformen, deren Wirksamkeit noch einer empirischen Überprüfung bedarf. Walther und Ellinger schätzen das TmaK und das THOP als bewährte Förderverfahren ein und bezeichnen das MKT, weil es noch nicht genügend Evaluationsstudien gibt, als »potentiell effektiv«. Eine in Göttingen durchgeführte Studie sieht im direkten Vergleich Vorteile des THOP gegenüber dem TmaK, allerdings ist in dieser Studie eine randomisierte (zufällige) Zuweisung der Kinder auf die Vergleichsgruppen nicht erfolgt und auch das Ausmaß der begleitenden Medikation nicht ausreichend kontrolliert worden. In einer groß angelegten, seit 1996 laufenden amerikanischen Längsschnittstudie mit fast 600 Kindern hat sich eine Kombination kognitiv-verhaltenstherapeutischer mit pharmakotherapeutischer Behandlung einer isolierten Therapie, die nur auf einer der beiden Interventionsformen beruht, als überlegen erwiesen.[14]

Arbeitsgedächtnis

Weder die sprachlich-phonologischen noch die visuell-räumlichen Teilfunktionen des Arbeitsgedächtnisses lassen sich in nennenswerter Weise durch gezielte Trainingsmaßnahmen beeinflussen. Man kann aber durch entsprechende Anleitungen lernen, mit den kapazitativen Beschränkungen der Gedächtnisfunktionen besser umzugehen. Im Wesentlichen handelt es sich bei den dazu eingesetzten Förderverfahren um Maßnahmen zur Einübung von Lern- und Gedächtnisstrategien und von Mnemotechniken. Darauf wird weiter unten ausführlicher eingegangen. Die Förderung der visuell-räumlichen Verarbeitungsfähigkeiten durch den Einsatz von Computerspielen oder durch computerunterstützte Trainingsverfahren ist immer wieder Gegenstand von Trainingsstudien gewesen. Im Ergebnis zeigten sich bessere Intelligenztestleistungen nach dem Einsatz dieser Programme, vor allem bei Aufgaben, die Visualisierungen und mentale Rotationen erfordern.[15] Auch in den sogenannten »Denktrainings« von Karl Josef Klauer werden Lern- und Denkstrategien eingeübt, die geeignet sind, Prozesse der Informationsverarbeitung im Arbeitsgedächtnis zu optimieren.

Es gibt zwei Determinanten der Gedächtnisleistung und der Gedächtnisentwicklung, nämlich die Gedächtnisstrategien sowie das deklarative und das prozedurale Metagedächtnis, die sich mit Aussicht auf Erfolg fördern lassen. Die Vermittlung von Wissen über das eigene Gedächtnis und der Erwerb und das Einüben von Gedächtnisstrategien sind aber nur notwendige Voraussetzungen für die leistungsförderliche Wirksamkeit dieser beiden Determinanten. Wesentlich ist, dass zum deklarativen Wissen über Aufgabenanforderungen (»Was macht eine Behaltensaufgabe schwierig?«) und zum Wissen über eine Gedächtnisstrategie (»Wie kann ich mir die Bedeutung eines Fremdworts am besten merken?«) die erforderlichen prozeduralen Kompetenzen hinzukommen und dass die zugehörigen metakognitiven Kontroll- und Regulationsstrategien ebenfalls bekannt sind und tatsächlich eingesetzt werden.[16]

Hintergrund: Induktives Denken

Der Aachener Erziehungswissenschaftler und Psychologe Karl Josef Klauer hat eine Reihe von Trainings zur Förderung des induktiven Denkens (Denktrainings) für Kinder, Jugendliche, Erwachsene und Senioren entwickelt und erfolgreich evaluiert (zusammenfassend: Klauer, 2001b; Klauer & Phye, 2008; Souvignier, 2008a). Induktives Denken ist das Ableiten von Regelhaftigkeiten aus konkreten (Einzel-)Beobachtungen. Klauer versteht darunter die kognitiven Prozesse des Vergleichens und des Feststellens bzw. Erkennens von Gleichheit und/oder Verschiedenheit von Merkmalen und Relationen bei unterschiedlichen Materialarten, insbesondere bei Aufgaben mit verbalem, bildhaftem, figuralem oder numerischem Material. In dieser Weise systematisiert, enthalten die Klauerschen Denktrainings Aufgaben zur Generalisierung und Diskrimination, zur Kreuzklassifikation, zur Beziehungserfassung und -unterscheidung und zur Systembildung. Ein Training besteht aus zehn Sitzungen, in denen insgesamt 120 Aufgaben zu bearbeiten sind. Durch die Methode des gelenkten Entdeckenlassens unterstützt der Trainingsleiter die Lösungsprozesse.

Die Denktrainings führen zu besseren Intelligenztest- und Problemlöseleistungen und zu einem positiven Transfer auf die schulischen Leistungen. Die Effekte sind verhältnismäßig groß und längerfristig stabil. Sonntag (2006) konnte in einer Studie mit Sonderschülern zeigen, dass zusätzliche »Auffrischungssitzungen« den Trainingserfolg sichern und noch verstärken. Marx (2006) hat für ältere Jugendliche mit Lernstörungen und für Jugendliche mit Migrationshintergrund einen nachhaltigen Effekt auf das induktive Denken und einen positiven Transfer auf die schulischen Bewertungen nachgewiesen.

Lernstrategien und ihre metakognitive Regulation

Vom Einsatz von Lernstrategien und Mnemotechniken (letztere werden umgangssprachlich auch Eselsbrücken genannt) können schwache Lerner und Kinder mit Lernstörungen profitieren. Wichtig ist allerdings, dass ein Strategietraining die kognitiven Kompetenzen der Lernschwachen nicht überfordert. Deshalb ist es günstiger, nur wenige Lernstrategien, diese aber gründlich zu trainieren. Übereinstimmend werden die folgenden Prinzipien als entscheidend für den Erfolg eines Strategietrainings angesehen – sie gelten für Strategietrainings im Allgemeinen und für Trainingsmaßnahmen bei Kindern mit Lernschwierigkeiten im Besonderen:

1. explizite Vermittlung strategischen und metastrategischen Wissens, einschließlich des Wissens über den Nutzen der Anwendung von Strategien,
2. modellgeleitetes Einüben selbstständiger Strategieanwendung,
3. Einüben allgemeiner Techniken der Kontrolle und Regulation eigenen Lernverhaltens,
4. Einüben des Strategietransfers durch die Variation von Anforderungen und Aufgaben,
5. Trainingsinhalte so gestalten, dass ein Bezug zu den schulischen Lerninhalten und zur persönlichen Zielmotivation der Trainingsteilnehmer sichtbar wird.[17]

Strategietrainings, die diesen Prinzipien folgen, sind für Lese- und Schreibstrategien, für Strategien des Rechnens und des mathematischen Problemlösens, für den Erwerb von Lern- und Gedächtnisstrategien im Allgemeinen und für einzelne Mnemotechniken (z. B. die Schlüsselwort-Methode) im Besonderen entwickelt und positiv evaluiert worden. Oft richten sie sich nicht explizit an Kinder mit Lernschwierigkeiten oder -störungen und müssen deshalb der Aufnahmefähigkeit und

der Lerngeschwindigkeit dieser Kinder angepasst werden. Dass sie aber auch in dieser Zielgruppe Wirksamkeit entfalten, ist hinreichend belegt.[18]

Kinder mit Lernstörungen und -behinderungen werden oft auch als *passive Lerner* bezeichnet. Damit ist gemeint, dass sie Lernstrategien nur selten aktiv und von sich aus einsetzen, dass sie also ihr eigenes Lernverhalten nur unzureichend kontrollieren und steuern. Die Fähigkeit zur Handlungs- und Willenskontrolle in Lern- und Leistungssituationen ist aber eine wichtige Voraussetzung erfolgreichen Lernens: In dieser Fähigkeit verbinden sich die kognitiven mit den volitionalen Kontrollprozessen. Wie lassen sich die selbstregulativen Kompetenzen, also das deklarativ-metakognitive Wissen über Lernen und Gedächtnis und die prozedural-metakognitiven Lernhandlungen gezielt fördern? Büttner, Dignath und Otto (2008) haben Ergebnisse aus Metaanalysen zusammengeführt, um diese Frage zu beantworten. Zwei Punkte lassen sich festhalten:

1. Die kombinierte Vermittlung kognitiver, metakognitiver und motivationaler Strategien bewirkt größere Effekte als die isolierte Vermittlung von Strategien und
2. Strategien, die sich auf den Inhaltsbereich Lesen beziehen (Lesestrategietrainings), erzielen die größten Effekte.

Ein Beispiel für ein bewährtes strategisch und metakognitiv orientiertes Programm für Kinder mit Lernschwierigkeiten, das sich in den Unterrichtsablauf in Schulen für Lernhilfe integrieren lässt, sind die zuvor bereits genannten *Lesedetektive* von Rühl und Souvignier (2006; vgl. Abschnitt 6.1). Ein Beispiel für ein unterrichtsadditives Programm ist das *Elementare Training bei Kindern mit Lernschwierigkeiten* von Emmer, Hofmann und Matthes (2007). Das Elementare Training fördert motivationale, kognitive und metakognitive Kompetenzen der Selbstregulation in Lernhandlungen. Es richtet sich an Kinder aus Grund- und Förderschulen und kann mit jeweils zwei Kindern in insgesamt 24 Einzelsitzungen durchgeführt werden. Es wird empfohlen, das Motivations- vor dem eigentlichen Lernfähigkeitstraining durchzuführen, beide Bausteine können aber auch unabhängig voneinander eingesetzt werden. Im Motivationsteil des Elementaren Trainings werden realistische Zielsetzungen, leistungsgerechte Selbsteinschätzungen und leistungsdienliche Erklärungen für Erfolg und Misserfolg eingeübt. Im Lernfähigkeitsteil wird der planvolle und kontrollierte Einsatz von Selbstregulationsstrategien geübt. Dazu gehört auch das Erlernen von Techniken der Selbstberuhigung (z. B. Atemtechniken), Selbstbekräftigung und Selbstermutigung. Wie in anderen lernpsychologisch-verhaltenstherapeutisch fundierten Programmen wird auch im Elementaren Training mit Signalkarten (»Stopp – immer mit der Ruhe!«) gearbeitet. Die Besonderheit des Programms besteht in seiner konsequenten Ausrichtung an Kuhls Theorie der Handlungsregulation (vgl. Abschnitt 1.3). Wirksamkeitsprüfungen, die eine abschließende Bewertung des Trainings zuließen, stehen allerdings noch aus.

Leistungsmotivation und Selbstkonzept

Strategietrainings wie das oben beschriebene Elementare Training oder das CORI-Programm (vgl. Abschnitt 6.1) enthalten oft Bausteine zur Förderung der Lern- und Leistungsmotivation. Dabei geht es in diesen Bausteinen vor allem um den Aufbau von Selbstvertrauen in die eigene Leistungsfähigkeit, um ein realistisches Zielsetzungsverhalten sowie um die Veränderung ungünstiger Attributionsmuster für Erfolg und Misserfolg. Oft führen nämlich Schülerinnen und Schüler mit Lernschwierigkeiten ihre schulischen Misserfolge auch dann auf ihre eigene Unfähigkeit und mangelnde Begabung zurück, wenn tatsächlich die (objektive) Aufgabenschwierigkeit, Pech oder die mangeln-

de eigene Anstrengung gute Erklärungen gewesen wären. Sogenannte »Reattribuierungstrainings« suchen hier Änderungen in Richtung günstigerer Erklärungsmuster zu erreichen. Das *integrierte Motivationstraining* von Stefan Fries (2002) kombiniert die Bearbeitung von Aufgaben aus Klauers Denktraining (kognitives Training) mit Übungen zum Zielsetzungs- und Attributionsverhalten bei der Aufgabenlösung. Motivationsförderlich ist auch, wenn die Erkenntnis vermittelt oder bekräftigt wird, dass es einen positiven Zusammenhang zwischen dem Ausmaß der eigenen (Lern-)Anstrengung und dem erzielten Leistungsergebnis gibt. Fast alle Programme zielen das an, da die Entwicklung des Selbstkonzepts eigener Fähigkeiten eng mit der individuellen Lern- und Leistungsgeschichte und mit der Art der Verarbeitung von Lernmisserfolgen verbunden ist.[19]

Die Lern- und Leistungsmotivation der Schülerinnen und Schüler kann auch über eine anregende Gestaltung der unterrichtlichen Situation beeinflusst werden. Borchert (2006) sieht in einem »interessanten« Unterricht einen wichtigen Schutzfaktor der Lernentwicklung auffälliger oder gefährdeter Kinder. Ein Interesse fördernder Unterricht wird die Bestrebungen der Schülerinnen und Schüler nach (Lern-)Autonomie und Kompetenzerwerb gleichermaßen unterstützen. *Interessanter Unterricht* lässt aktives Lernen zu und betont den Anwendungsbezug und die lebenspraktische Bedeutsamkeit der Lerninhalte. Arbeitsformen, die das selbstständige und kollaborative Lernen fördern, unterstützen das und machen neugierig auf diese Lerninhalte.

Lernerfolgsdienliche Ursachenzuschreibungen und die Orientierung an realistischen Bezugsnormen können Kinder leichter erlernen, wenn die Lehrpersonen dies in ihrem eigenen Verhalten »vorleben«. Lehrerinnen und Lehrer weichen deshalb bei den lernschwachen Kindern oft von der sozialen Bezugsnormorientierung ab und bewerten die Lernentwicklung eines Kindes intraindividuell »im Vergleich mit sich selbst«, also den individuellen Lernfortschritt in einer Zeiteinheit. Damit geht oft eine stärkere Form der Individualisierung des didaktischen Handelns einher und das Anbieten von Aufgaben unterschiedlicher Schwierigkeit für unterschiedliche Lerner.

Hintergrund: Spielerisch realistische Ziele setzen

Seit den 70er Jahren wird auf der Grundlage des Selbstbewertungsmodells der Leistungsmotivation versucht, mit einfachen Spielen oder Lernaufgaben den Aufbau realistischer Zielsetzungen und eine erfolgszuversichtliche Ursachenzuschreibung zu fördern (Krug & Hanel, 1976; Fries, 2002; Rheinberg & Krug, 2005). Bei Wurf-, Würfel- oder Labyrinthspielen, wie sie z. B. bei den Textdetektiven (Gold et al., 2004) oder im Elementaren Training (Emmer et al., 2007) zum Einsatz kommen, geht es für die Kinder darum, sich selbst vor dem Handeln ein Ziel zu setzen, den Erfolg eigenen Handelns während des Spiels zu beobachten und Gründe für ein Handlungsergebnis zu benennen und zu bewerten.

Beim Ringwurfspiel muss z. B. ein Wurfziel (eine mit Sand gefüllte Flasche) von einem selbstgewählten Abstand aus mit einem Wurfring getroffen werden. Je nach Entfernung des Werfers erzielt ein Treffer mehr oder weniger Punkte. Natürlich ist es wahrscheinlicher, aus einer näheren Distanz zu treffen, aber der Anreiz, eine größere Punktzahl zu erreichen, verleitet oft zur Wahl eines größeren Abstands vom Wurfziel. Im Verlauf mehrerer Durchgänge lernen die Kinder meist, dass es einen für sie ›angemessenen‹ Abstand gibt – das ist ein Abstand, der eine mittlere Erfolgswahrscheinlichkeit für einen Treffer mit sich bringt. Wird das Ziel nämlich zu anspruchsvoll gewählt, drohen Nullrunden; wird zu vorsichtig taktiert, werden mögliche Punkte ›verschenkt‹. Die Schülerinnen und Schüler müssen Gründe (Ursachen) nennen, die sie für ihre Treffer und Fehlwürfe jeweils verantwortlich machen. Die eigentliche Intervention besteht darin, dass die Kinder – wo notwendig – zu realistischeren Zielsetzungen, erfolgszuversichtlicheren Ursachenzuschreibungen und zu einer positiveren Selbstbewertungsbilanz (sich über Erfolge mehr freuen als über Misserfolge ärgern) angeleitet werden.

Abb. 9: Ringwurfspiel (aus Gold, 2010, S. 77)

Wenn die motivationalen Einstellungen aufgrund kontinuierlich erlebter Misserfolge bereits sehr ungünstig (negativ) ausgeprägt sind, werden allgemeine unterrichtliche Motivierungsstrategien, ein adaptives Lehrerhandeln und ein »interessanter« Unterricht nur noch bedingt helfen können. In solchen Fällen sind gezielte Maßnahmen zur Motivänderung notwendig – mit den oben beschriebenen Ansatzpunkten.

Volition und lernbegleitende Emotionen

Das Initiieren und Ausführen einer Lernhandlung ist letztlich ein Problem der volitionalen Kontrolle, also der Willensstärke. Volitionale Kompetenzen sind ganz entscheidend an der Selbststeuerung des eigenen Lernverhaltens beteiligt – sie sind umso wichtiger, je mehr Selbstständigkeit ein Lehr-Lern-Arrangement zulässt und einfordert. So gesehen weist die Volition eine enge Verbindung mit dem Konstrukt der Metakognition auf, das den Aspekt der Kontrolle und Steuerung der kognitiven Prozesse während des Lernens beschreibt. Die volitionale Kontrolle lässt sich breiter als die metakognitive fassen: als Kontrolle des Lerners über kognitive, motivationale und emotionale Prozesse.

Julius Kuhl (1996) bezeichnet Volition in diesem umfassenden Sinne als Handlungskontrolle, die sich nahezu auf alle Bereiche der Informationsverarbeitung, die beim schulischen Lernen eine Rolle spielen, erstreckt. Trainingsmaßnahmen, die sich auf die Förderung der Handlungskontrolle beziehen, sind deshalb oftmals Bestandteile der bereits erwähnten kognitiven Trainings – so bei den oben beschriebenen Förderprogrammen zur Aufmerksamkeit und zu den Lernstrategien sowie zur metakognitiven Regulation. Das *Elementare Training* von Emmer et al. (2007) bezieht sich in seinem Motivationsteil explizit auf Kuhls Komponenten der Handlungskontrolle:

1. das Abschirmen gegenüber unerwünschten Ablenkungen,
2. das Unterdrücken vorschneller und nicht zielführender Handlungen und
3. die kontinuierliche Kontrolle des Handlungsfortschritts.

Durch das Elementare Training soll die »Handlungsorientierung« des Lerners gefördert werden – denn die gedankliche Orientierung an den eigentlichen Lernhandlungen gilt als Zeichen einer gelungenen Selbstregulation (»Was kann ich tun, um das Problem zu lösen?«). Sehr viel ungünstiger – und in manchen Aspekten dem misserfolgsvermeidenden Motivationstypus vergleichbar – ist die Tendenz zur sogenannten »Lageorientierung«. Das ist die Tendenz, gedanklich in der misslichen Lage zu verharren, die durch eine schwierige Lernsituation oder durch ein Lernhindernis entstanden ist (»Es ist ja alles ganz furchtbar, wie konnte es nur dazu kommen?«). Lageorientierte Lerner entwickeln auch Ängste und Hemmungen, die sich auf das künftige Lernen ungünstig auswirken.

6.3 Adaptive unterrichtliche Maßnahmen

Der »natürliche Ort«, Kinder mit Lernschwierigkeiten beim Lernen zu unterstützen, ist der schulische Unterricht. In Abschnitt 6.2 wurde deutlich, dass es unterrichtskompatible Fördermaßnahmen gibt, um das selbstgesteuerte strategische Lernen zu initieren und zu festigen. Erfolgreiche Unterrichtsprogramme dieser Art beruhen oft auf den instruktionalen Prinzipien des »kognitiven Modellierens« (Scaffolding) und nutzen die kooperativen Elemente des tutoriellen Lernens und der reziproken (wechselseitigen) Instruktion. Solche Prinzipien sind generell wichtige Merkmale einer adaptiven und kognitiv aktivierenden Unterrichtsgestaltung und eines angemessenen Umgangs mit interindividuellen Differenzen innerhalb einer Lerngruppe. Die folgenden Ausführungen zur unterrichtlichen Adaptivität im Umgang mit langsamen Lernern und Lernern mit Lernschwierigkeiten knüpfen eng an die Darstellungen in den Abschnitten 1.5 und 2.4 sowie 3.4 an, nehmen aber eine präskriptiv-intervenierende Sichtweise anstelle der beschreibend-erklärenden ein. Als Voraussetzungen erfolgreichen Lehrens (vgl. Abschnitt 1.5) wurden Kompetenzen und Verhaltensweisen von Lehrerinnen und Lehrern beschrieben, die eine effiziente Klassenführung, einen klar strukturierten Unterricht, eine Maximierung der effektiven Lernzeit, eine flexible Anpassung und Förderorientierung und eine kognitive Aktivierung der Schülerinnen und Schüler zum Ziel haben. Dass dabei auf spezielle Bedürfnisse der Lernschwächeren in besonderer Weise Rücksicht zu nehmen ist, liegt auf der Hand (vgl. Abschnitt 2.4). Offensichtlich ist aber auch, dass dies in heterogenen Lerngruppen und unter Einhaltung eines restriktiven Lehrplan- und Stundenreglements nicht leicht gelingt. Die mangelnde Adaptivität von Unterricht (vgl. Abschnitt 3.4) wird darum auch als eine mögliche Ursache für das Entstehen von Lernschwierigkeiten gesehen.

Guter Unterricht ist natürlich adaptiv. Man fühlt sich an Hans Christian Andersens Märchen über des Kaisers neue Kleider erinnert, was den Neuigkeits- oder Originalitätsgrad dieser Maxime betrifft. Die Aussage wird durch stetiges Wiederholen jedoch nicht weniger wahr, auch nicht, weil sie bereits den reformpädagogisch-idealistischen Ansichten zu Unterricht und Erziehung inhärent war (»Die Kinder dort abholen, wo sie stehen«) und nun (nur) im neuen sprachlichen Gewand der Adaptivität daherkommt. Sie steht wie des Kaisers Blöße in Andersens Märchen für eine offensichtliche, aber schwer einzulösende Erkenntnis, weil es nämlich unbequem und mühsam ist, Adaptivität in konkretes pädagogisches Handeln umzusetzen. Adaptiver Unterricht, also ein unter-

richtliches Vorgehen, das sich an die Besonderheiten und individuellen Bedürfnisse von Kindern proaktiv anpasst, wird präventiv Wirkungen entfalten, die dem Entstehen von Lern- und Leistungsproblemen entgegenwirken. Adaptiver Unterricht ist aber auch dann die Methode der Wahl, wenn die Lern- und Leistungsprobleme bereits manifest geworden sind und wenn es darum geht, möglichst alle Schülerinnen und Schüler ihrem Leistungsvermögen entsprechend zu fördern. Dass es über die unterrichtsadaptiven binnendifferenzierenden Maßnahmen hinaus auch eine schulorganisatorisch differenzierende Antwort auf Heterogenität und auf unterschiedliche Bedürfnisse gibt, wird in Abschnitt 6.4 thematisiert.

Unterricht lässt sich den Bedürfnissen schwächerer Lerner anpassen, indem man das Lernziel, die Lehrmethode oder die zugebilligte Lernzeit variiert. *Lernzieladaptiv* ist der Unterricht dann, wenn das Erreichen unterschiedlicher Kompetenzstufen im Hinblick auf Kenntnisse oder Fertigkeiten nicht nur hingenommen, sondern als Zielzustand von Lehr-Lern-Prozessen regelrecht angestrebt wird. In der Praxis des gemeinsamen Unterrichts ist das für die Lernschwächeren mit einer Verringerung der Aufgabenmenge und -komplexität, also letztendlich mit einer Modifikation der Lerninhalte und einer Verringerung der Leistungsanforderungen verbunden und mit dem Verzicht auf das Anlegen sozialer Bezugsnormen bei der Leistungsbewertung. Die *Adaptation der Lehrmethode* an die unterschiedlichen Lernvoraussetzungen der Schülerinnen und Schüler ist im Rahmen des ATI-Paradigmas häufig Gegenstand quasi-experimenteller Studien gewesen. Jürgen Walter (2008a) hat zu Recht darauf hingewiesen, dass sich die Ergebnisse der pädagogisch-psychologischen ATI-Forschung allerdings nur begrenzt für die Planung und Durchführung von Unterricht nutzen lassen. Die vermutlich nächstliegende und ertragreichste adaptive Maßnahme, die im Umgang mit langsamen und leistungsschwächeren Lernern zu empfehlen ist, ist sicherlich die *Adaptation der Lernzeit*. Allerdings ist auch die unterrichtspraktische Umsetzung der Lernzeitdifferenzierung im herkömmlichen Schulklassenunterricht alles andere als trivial.

Andere Lernziele?

»Gemeinsam Verschiedenes lernen.« So könnte man die Auffassung beschreiben, dass der gemeinsame Unterricht nicht notwendigerweise bei allen Kindern zum gleichen Ergebnis führen muss. In der Tradition des deutschen Schulwesens ist das die am wenigsten gebräuchliche Form der Adaptivität, gehen doch mit unterschiedlichen Lernzielen und Leistungsstandards üblicherweise leistungshomogenisierende Maßnahmen der externen, schulorganisatorischen Differenzierung einher. Mit anderen Worten: Wenn die individuellen Lernvoraussetzungen und die Leistungspotentiale von Schülerinnen und Schülern so unterschiedlich sind, dass sie das gleiche Lernziel aller Voraussicht nach nicht (gemeinsam) erreichen können, erfolgt eine Zuweisung in Schularten unterschiedlichen Niveaus.

Weil die frühe schulorganisatorische Differenzierung nach Leistungen und Fähigkeiten von Beginn an Gegenstand kritischer Betrachtungen war, sind in der Allgemeinen und der Schulpädagogik sowie in der Sonderpädagogik (aber auch in der Bildungspolitik) stets Alternativen diskutiert worden, die eine Anpassung von Lernzielen und Lernanforderungen an die unterschiedlichen Leistungspotentiale innerhalb einer Lerngruppe und damit einen Verzicht auf eine fähigkeitsorientierte Homogenisierung von Lerngruppen zum Ziel hatten. Die Gesamtschuldebatte in den 1970er Jahren hat gezeigt, wie leicht eine pädagogische und auf den Unterricht bezogene Fragestellung dabei unter die Räder bildungs- und parteipolitischer Auseinandersetzungen und Interessen gerät. In der De-

batte um die Auflösung von Lernhilfeschulen und die Eingliederung der Sonderschüler in die allgemeinbildenden Schulen fühlt man sich gelegentlich daran erinnert. Dabei sind sich die Wissenschaftler weitgehend einig: Entscheidend ist eigentlich nicht wo, sondern wie Kinder mit Lernschwierigkeiten unterrichtet werden.

Besondere Methoden?

Alle wirksamen Lehrmethoden wirken grundsätzlich auch bei Schülerinnen und Schülern mit Lernschwierigkeiten und -störungen. Bei ihrer Anwendung ist allerdings darauf zu achten, dass:

1. realistische Lernziele verfolgt werden,
2. die zur Zielerreichung vorgesehene Lernzeit auf das Niveau der individuellen Lernvoraussetzungen abgestimmt ist,
3. genügend Zeit für zusätzliche Hilfen, Wiederholungen und Strukturierungen eingeplant wird und
4. durch leicht lösbare Aufgaben und durch individuelle Rückmeldungen individuelle Lernfortschritte sichtbar gemacht werden, um den Aufbau eines erfolgszuversichtlichen Arbeitsverhalten zu begünstigen.

Dabei gilt: Schülerinnen und Schüler mit Lernschwierigkeiten sind in besonderer Weise auf eine möglichst optimale Unterrichtsgestaltung angewiesen. Anders als die Leistungsfähigeren verfügen sie nämlich nicht über die kognitiven Kompensationsmöglichkeiten, die es erlauben, auch einer unzulänglichen unterrichtlichen Darbietung noch Wissenswertes zu entnehmen.

Geeignet sind alle Methoden, die individuelle Lernprozesse auslösen und erleichtern. Das sind die direkt-instruktionalen Methoden ebenso wie die verschiedenen Formen kooperativen und entdeckenlassenden Lehrens. Unterrichtsmethoden, die der Tradition der direkten Instruktion zuzuordnen sind, zeichnen sich durch eine höhere Steuerungskomponente des Lehrenden und durch eine besondere Verantwortlichkeit des Lehrenden für die Auswahl und (Vor-)Strukturierung der Lehrinhalte und die Abfolge dieser Inhalte aus. Kooperative Lehrmethoden beanspruchen über die Vermittlung und den Erwerb inhaltlichen Wissens hinaus, eine bessere Qualität dieses Wissens und eine leichtere Anwendbarkeit des Erlernten zu befördern. Das nehmen auch die problemorientierten Verfahren des entdeckenlassenden Lehrens für sich in Anspruch.

Selten fehlt in den einschlägigen Übersichtsarbeiten der Hinweis, dass Schülerinnen und Schüler mit Lernschwierigkeiten von den expositorischen Methoden der Direkten Instruktion mit ihrer stärkeren Lenkungskomponente in höherem Maße profitieren als von Methoden, die mehr Eigenverantwortung verlangen.[20] Das ist dann richtig, wenn das instruktionale Vorgehen auf die besonderen Bedürfnisse dieser Lerner abgestimmt ist, wenn also durch eine geeignete Eingangsdiagnostik das (Vor-)Kenntnisniveau präzise bestimmt wird und wenn die darstellende Stoffvermittlung kleinschrittig auf dem bereits Vorhandenen ansetzt, wenn für das angeleitete und selbstständige Üben genügend Zeit eingeplant und das Lernverhalten fortlaufend überwacht und, wo nötig, korrigiert wird und wenn die Lehrperson über den individuellen Lernfortschritt und das erreichte Lernergebnis in geeigneter Weise Rückmeldung gibt.

Die nachweisliche Effektivität der direkten-instruktionalen Elemente bedeutet aber nicht, dass die Methoden des offenen Unterrichts und der Projektarbeit sowie kooperative Lehrformen und das entdeckenlassende Lehren bei Kindern mit Lernschwierigkeiten weniger zu empfehlen wären. Im Gegenteil: Auch für schwache Lerner liegt der Vorteil solcher Methoden auf der Hand, wenn es um den Erwerb anwendungsfähigen und transferierbaren Wissens und um die Förderung des selbstständigen Lernens geht. Es ist allerdings sorgfältig zu prüfen, ob die notwendigen Voraussetzungen gegeben sind, um von diesen Methoden profitieren zu können. So wird es bei schwachen Lernern umfänglicherer Hilfestellungen und einer größeren Zahl von Vorgaben bedürfen als üblicherweise und die Begrenztheit der kognitiven Ressourcen kann zusätzliche Trainingsmaßnahmen im Vorfeld erforderlich machen. Mit anderen Worten: Die Gestaltung der Lernsituation (und von Förderprogrammen) wird durch ressourcenentlastende Maßnahmen in noch höherem Maße den begrenzten Ressourcen der Informationsverarbeitung anzupassen sein als das üblicherweise der Fall ist. Den Einsatz von Lernstrategien, die Fähigkeit zur Selbststeuerung des Lernens, die Planung, Überwachung und Korrektur des eigenen Lernverhaltens – das alles müssen die Lernschwächeren häufig erst noch erlernen.[21]

Mehr Lernzeit?

Schülerinnen und Schüler unterscheiden sich darin, wie viel Zeit sie zum Lernen tatsächlich einsetzen – aber auch darin, wie viel Zeit sie benötigen, um etwas zu erlernen. Vor allem dem letztgenannten Aspekt lässt sich durch die Gestaltung des Lernangebots leicht Rechnung tragen, indem die Unterrichtsdauer in differentieller Weise für jene verlängert wird, die mehr Lernzeit benötigen. In der Praxis läuft dies meist auf Zusatzangebote an den Nachmittagen hinaus – zumindest dann, wenn man nicht die eigentliche Unterrichtzeit durch ein langsameres Voranschreiten und durch zusätzliche Wiederholungen der Stoffinhalte »belasten« will. Die Akzeptanz integrativer Schul- und Unterrichtsmodelle hängt ganz entscheidend davon ab, dass auch die leistungsstärkeren Schülerinnen und Schüler eine angemessene Förderung erfahren und dass sie nicht warten müssen, bis der letzte Schüler ein Lernziel erreicht hat, bevor es weiter geht (vgl. Abschnitt 6.4).

Die Erkenntnis, dass der Lernerfolg letztlich von der für das Lernen aufgewendeten

Hintergrund: Wenn mehr Zeit nicht genügt

Harn, Linan-Thompson und Roberts (2008) haben bei »Risikokindern« die Dauer einer Trainings-maßnahme zur Förderung der Leseflüssigkeit und des Textverstehens von 30 auf 60 Minuten pro Tag verdoppelt und die Auswirkungen dieser Manipulation auf die langfristige Leistungsentwicklung überprüft. Wie in anderen Studien (Al Otaiba & Fuchs, 2006; Simmons et al., 2007) lohnte sich der zusätzliche Aufwand: In der Leseflüssigkeit und im Wortschatz entwickelten sich die zeitintensiver geförderten Kinder besser als Kinder mit vergleichbaren Ausgangsbedingungen, aber kürzerer Inter-vention. Der Befund ist allerdings nur bedingt aussagekräftig, weil es keine nicht geförderte Kontroll-gruppe gab, deren Leistungsentwicklung als Referenz heranzuziehen wäre.

In einer ähnlichen Studie von Wanzek und Vaughn (2008) gab es eine solche Kontrollgruppe. Dort zeigte sich, dass es keinen Unterschied machte, ob die einfache oder die doppelte Trainingszeit inves-tiert wurde und dass es in beiden Trainingsbedingungen nicht gelang, die Entwicklung der Leseflüs-sigkeit bei den Risikokindern entscheidend zu stimulieren. Zumindest bei den hartnäckigen Nonres-pondern nützt also »mehr vom Gleichen« nicht unbedingt. Die Autoren kommen zu dem Schluss, dass die Nonresponder nicht einer Verdopplung der Interventionsdauer, sondern einer anderen (spe-zifischeren) Instruktion bedürfen.

Zeit abhängig ist, gehört seit Carroll und Bloom zum bewährten Wissenskanon der Pädagogischen Psychologie (vgl. Abschnitt 1.5). Für die praktische Unterrichtsgestaltung birgt sie ein nicht unerhebliches Problem: Wo soll die zusätzliche Unterrichtszeit her-kommen, die benötigt wird, damit auch die Leistungsschwächeren zum Lernziel gelan-gen? Und was sollen die schneller Lernenden eigentlich tun, wenn sich die Geschwindig-keit des unterrichtlichen Vorgehens vor-nehmlich an den schwächeren und langsa-meren Lerners orientiert? Das Bereitstellen ergänzenden Lernmaterials, das Anbieten von Aufbaukursen und die Übernahme von Tutorenfunktionen im Rahmen kooperativer Techniken sind einige Möglichkeiten, um auch die Leistungsstärkeren angemessen zu fördern. Eine andere Lösungsmöglichkeit liegt darin, die Bereitstellung zusätzlicher Lernzeiten vornehmlich außerhalb des ei-gentlichen Unterrichts zu realisieren.

Adaptives Unterrichten

Eine bewährte didaktische Alternative zur schulorganisatorischen externen Differen-zierung (»between-school tracking« oder »between-class ability grouping«) sind die leistungs- und voraussetzungsbezogene Bin-nendifferenzierung im Unterricht (»within-classroom grouping«) und das adaptive Unterrichten. Schülerinnen und Schüler wer-den gemeinsam unterschiedlich unterrichtet und zwar gemäß ihrer unterschiedlichen Leistungs- und Fähigkeitsniveaus. Adaptiv wird dieses Vorgehen deshalb genannt, weil eine besondere Anpassung des unterrichtli-chen Vorgehens an die unterschiedlichen Lernvoraussetzungen erfolgt. Es ist wichtig zu betonen, dass die gemeinsame Unterrich-tung von Kindern mit und ohne besonderen Förderbedarf die Bereitstellung zusätzlichen Fachpersonals in den jeweiligen Klassen vo-raussetzt.

Die Grundidee, das unterrichtliche Vor-gehen an die Unterschiedlichkeit der Lerner anzupassen, um individuelle Lernprozesse zu optimieren, durchzieht die Pädagogische Psychologie von Anfang an, zum Gedanken-gut der Pädagogik gehört sie ohnehin. Lee Cronbach und Richard Snow haben das Kon-zept der Adaptivität in den 1970er Jahren mit dem Paradigma der ATI-Forschung wie-der ins Gedächtnis gerufen – einige Jahre zuvor hatten David Ausubel und Franz Wei-nert bereits folgendermaßen formuliert:

»Wenn ich die gesamte Pädagogische Psychologie auf nur ein einziges Prinzip zu reduzieren hätte, würde ich folgendes sagen: der wichtigste Einzelfaktor, der das Lernen beeinflusst, ist das, was der Lernende bereits weiß. Ermittle dies und unterrichte ihn entsprechend.« (Ausubel, 1968/1974, S. vi)

»Die Individuallage des Educandus im Unterricht berücksichtigen heißt, die Ziele und Methoden den interindividuellen Differenzen der Lernkapazität anzupassen.« (Weinert, 1967, S. 29)

Was heißt »entsprechend«, was heißt »anzupassen«? Nachfolgend werden mit Blick auf die Bedürfnisse der leistungsschwächeren Schülerinnen und Schüler und unter Berücksichtigung der Erkenntnisse aus der empirischen Unterrichtsforschung die wesentlichen Charakteristika unterrichtlicher Adaptivität benannt. Im Kern entsprechen sie dem, was guten Unterricht ohnehin auszeichnet: einer ausgeprägten Schülerorientierung und individuellen Unterstützung von Lernprozessen, einem kognitiv aktivierenden und motivierenden Unterricht mit ausreichend Übungs- und Konsolidierungsphasen, der Strukturiertheit und Klarheit in der darstellenden Stoffvermittlung und einer effizienten Klassenführung und Zeitnutzung.

Individualisierung

Aus den Münchner Studien von Franz Weinert und Andreas Helmke weiß man, dass eine Förderung der leistungsschwächeren Schüler möglich ist, ohne die guten Lerner in ihrer Entwicklung zu hemmen. Die besondere Anpassungsleistung besteht darin, hohe Leistungsanforderungen und eine strikte Lehrstofforientierung mit einer sogenannten »Langsamkeitstoleranz« zu kombinieren – also auf eine maßgeblich an der Lerngeschwindigkeit (Effizienz) orientierte Form der Leistungsbewertung zu verzichten.[22] Um eine Überforderung der Leistungsschwächeren zu vermeiden, müssen sie *leichtere Lernaufgaben* erhalten, die an ihre Leistungsfähigkeit angepasst sind und sichtbare individuelle Lernerfolge ermöglichen, und es sollten – zusätzlich zu den direkt-instruktionalen Vermittlungsphasen – Kleingruppen gebildet werden, um eine Intensivierung der individualisierenden Maßnahmen zu erleichtern.

Lerngerüste

Kinder mit Lernschwierigkeiten müssen expliziter, intensiver und unterstützender unterrichtet werden als andere Kinder. Aus einer Reihe von Metaanalysen ist bekannt, dass eine Verknüpfung kleinschrittiger direkt-instruktionaler (darstellender) Vorgehensweisen mit strategieorientierten Elementen, die auf eine Verbesserung der Selbststeuerungskompetenzen zielen, besonders erfolgversprechend ist. Die Methode des kognitiven Modellierens – häufig wird auch die Metapher vom unterstützenden Lerngerüst (Scaffolding) verwendet – gilt als Kernelement eines solchen Vorgehens. Als Lernstützen gelten dabei die Anreize und Hilfen, die die Lehrperson so lange zur Verfügung stellt, wie sie benötigt werden. Ein regelmäßiges Überprüfen des Lernfortschritts und das systematische Üben gehören dazu.

Jürgen Walter (2007) hat die Befunde der Metaanalysen zur Wirksamkeit von Interventionen bei Lern- und Verhaltensstörungen zu einer Mega-Metaanalyse verdichtet und spricht auf dieser Grundlage im Einklang mit den oben genannten die folgenden Empfehlungen aus:

1. möglichst früh zu intervenieren, um spätere Leseschwierigkeiten zu vermeiden (zum Beispiel durch ein Training zur Förderung der phonologischen Bewusstheit),
2. bei Leseschwierigkeiten zunächst die basalen Lesefertigkeiten, wie das Dekodieren und die Leseflüssigkeit zu fördern, aber auch elaborative Lesestrategien und Techniken zur Selbstüberprüfung des Verstehens und Behaltens vermitteln,

3. zur Verbesserung von Gedächtnisleistungen mnemotechnische Strategien einzuüben,

4. zur Leistungsmessung prozessorientierte (formative) diagnostische Verfahren einzusetzen, verbunden mit individuellen Rückmeldungen der Leistungsfortschritte an die Schüler,

5. beim Umgang mit Unterrichtsstörungen und Verhaltensauffälligkeiten operante Methoden des Kontingenzmanagements zu nutzen,

6. Methoden des tutoriellen Lernens einzusetzen.

Peer-Tutoring

Besonderes Augenmerk wird seit einigen Jahren auf den Einsatz und die Wirksamkeit kooperativer Lehrmethoden und tutorieller Lehr-Lern-Arrangements gerichtet. Vor allem in der US-amerikanischen Tradition sind Lerntandems, tutorielle und dyadische Lernsituationen im Umgang mit Lernbeeinträchtigungen mit Verweis auf die von Wygotski vertretene Theorie der Ko-Konstruktion von Wissen weit verbreitet. Die Methode des reziproken Lehrens von Palincsar und Brown (1984) – ursprünglich als Individualtraining zur Verbesserung des Textverstehens entwickelt – gilt dabei als wichtiger Impulsgeber.[23]

Das reziproke Lehren enthält neben modellierenden (die Lehrperson erklärt eine Lesestrategie und demonstriert, ihre Überlegungen dabei verbalisierend, den kompetenten Strategieeinsatz) auch tutorielle Elemente (im Sinne eines Erkenntnisdialogs unter den Schülern) und lässt sich in Kleingruppen, aber auch dyadisch durchführen. Nadine Spörer hat in einigen Studien gezeigt, dass reziproke Lerntandems bei Schülern 3. bis 6. Klassen hilfreich sind, um Lesestrategien zu erlernen und Texte besser verstehen und

---

Hintergrund: Peer-Assisted Learning

Die Methode des reziproken Lehrens (Palincsar & Brown, 1984) basiert auf Wygotskis Theorie der Internalisierung von Wissen durch soziale Interaktion und wechselseitigen Austausch. Schülerinnen und Schüler erlernen das verstehende, strategische Lesen, indem sie durch einen fortlaufenden Wechsel zwischen Lehrer- und Schülerrolle in Kleingruppen vier Lesestrategien gemeinsam erarbeiten: Textabschnitte zusammenfassen, Fragen formulieren, Textschwierigkeiten klären, Vorhersagen über den Textfortgang treffen. Zu Beginn modelliert die Lehrperson den kompetenten Strategieeinsatz.

Beim tutoriellen Lernen wird in Tandems (Dyaden) gelernt, wobei der leistungsstärkere Lernpartner als Modell für den leistungsschwächeren fungiert. Häufig wird das tutorielle Lernen mit Prinzipien des kognitiven Modellierens und der direkten Strategieinstruktion verknüpft, wie beim Peer-Assisted-Learning-Strategies Programm (PALS). Das PALS-Programm von Fuchs, Fuchs und Burish (2000) sieht zum Beispiel vor, dass Lesestrategien zunächst durch die Lehrperson eingeführt, erklärt und modelliert werden, bevor Lerntandems gebildet werden, die den Gebrauch der Lesestrategien dyadisch einüben. Lerntandems bieten den Vorteil, dass alle Schülerinnen und Schüler »offenes« Lernverhalten zeigen müssen. Die positive Interdependenz (beide Partner sind aufeinander angewiesen) macht das erforderlich. Als »Leseförderung auf Augenhöhe« hat Maik Philipp (2010) in seinem Übersichtsartikel treffend den Einsatz von Peer-Assisted-Lernformen im Rahmen einer systematischen Leseförderung für schwache Lerner bezeichnet.

Rohrbeck, Ginsburg-Block, Fantuzzo und Miller (2003) haben eine Metaanalyse zu Verfahren des Peer-Assisted Learning bei Grundschulkindern vorgelegt. Bei insgesamt kleinen bis mittleren Effektstärken kommen sie zu einem interessanten differentiellen Befund: Die am stärksten gefährdete Gruppe, nämlich Kinder aus ethnischen Minderheiten, die in einem ungünstigen Umfeld aufwachsen, profitieren vergleichsweise am meisten von den tutoriellen Verfahren – also an dieser Stelle kein Matthäus-Effekt.

behalten zu können.[24] Auch die in Abschnitt 6.1 beschriebenen Lautlese-Tandems zur Förderung des flüssigen Lesens nutzen das Prinzip des tutoriellen Lernens.

Elmar Souvignier konnte zeigen, dass sich auch mit Schülerinnen und Schülern aus Lernhilfeschulen die kooperative Methode des Gruppenpuzzles durchführen lässt. Das *Gruppenpuzzle* ist eine bewährte kooperative Unterrichtsmethode, bei der die Kinder einer Klasse zunächst in leistungsheterogen zusammengesetzten Stammgruppen zu vier bis fünf Lernenden eingeteilt werden. Jede Stammgruppe hat den gesamten Lernstoff zu bearbeiten, allerdings nicht gemeinsam, sondern arbeitsteilig, indem jedes Stammgruppenmitglied für ein Teilgebiet Verantwortung übernimmt. In sogenannten Expertengruppen finden sich die Lernenden aus den verschiedenen Stammgruppen zusammen, die dasselbe Teilgebiet gewählt haben und erarbeiten dort gemeinsam den Lernstoff. Am Ende kehren sie in ihre Stammgruppen zurück und vermitteln den anderen, was sie gelernt haben. Dabei ist beim Einsatz der Methode bei schwachen Lernern darauf zu achten, dass in der Erarbeitungs- wie in der Vermittlungsphase zusätzliche Hilfen gegeben werden müssen. Auch aufgrund anderer Studien lässt sich eine optimistische Einschätzung abgeben: Werden entsprechende Vorkehrungen getroffen, ist der Einsatz kooperativer Lehrmethoden bei Schülern mit Lernschwierigkeiten möglich und zielführend.[25]

Prozessorientierte Diagnostik

Alle Formen adaptiven Unterrichtens setzen voraus, dass nicht nur die Lernvoraussetzungen und der Kenntnisstand zu Beginn einer Lehreinheit, sondern auch die individuellen Lern- und Leistungsfortschritte zuverlässig festgestellt werden. Diese Anforderung wird gelegentlich als formative Evaluation, als curriculumbasiertes Messen oder als prozessorientierte bzw. veränderungssensitive Dia-gnostik bezeichnet. Diagnostische Verfahren, die das leisten können, müssen sich eng auf die jeweiligen Lerninhalte beziehen. Ihre Funktion besteht vor allem in einer Rückmeldung an die Lehrpersonen über die Angemessenheit und den Erfolg ihres unterrichtlichen Vorgehens. Formativ wird eine solche Diagnostik deshalb genannt, weil sie zur Modifikation des unterrichtlichen Vorgehens und zur Einleitung zusätzlicher Fördermaßnahmen für einzelne Schüler führen kann.

Dass eine systematisch betriebene formative Evaluation mit einer günstigeren Leistungsentwicklung einhergeht, gilt als gesichert.[26] Im Rahmen des RTI-Paradigmas (vgl. Abschnitt 5.5) kommt den regelmäßigen Lernfortschrittsmessungen eine zentrale Bedeutung zu. Sie sind notwendig, um die Wirksamkeit einer Fördermaßnahme fortlaufend zu überprüfen und aus einer möglicherweise unzureichenden Wirksamkeit die notwendigen Schlüsse für das weitere Vorgehen ziehen zu können. Die Identifikation der »Nonresponder«, also der Lerner, die von einer nachweislich wirksamen Fördermethode nicht oder nur wenig profitieren, erfolgt über solche Messungen. Im Sinne eines mehrstufigen Vorgehens können sie dann weitere und intensivere Förderangebote erhalten, bis hin zu einer möglicherweise notwendigen separaten Förderung außerhalb des Regelunterrichts.

Adaptiv planen und handeln

Die beschriebenen Anpassungsleistungen sind bei der Planung und bei der Durchführung von Unterricht zu leisten. Bei der Unterrichtsvorbereitung ist es wichtig, dass unterschiedliche Lerngeschwindigkeiten und Vorkenntnisniveaus der Schülerinnen und Schüler antizipiert werden und dass Erklärungen, Demonstrationen und Übungsbeispiele in unterschiedlicher Komplexität und Anforderungsstruktur überlegt und bereitgehalten werden. Die adaptive Handlungskompetenz im Unterricht zeigt sich zusätzlich darin, dass flexibel und situationsangemessen auf erwartete und unerwartete Lernfortschritte und auf sich abzeichnende Schwierigkeiten reagiert wird und dass fortlaufend mikroadaptive Anpassungen vorgenommen werden. Adaptiv unterrichten bedeutet allerdings auch, dass vom eigentlich Geplanten abgewichen wird, wo erforderlich.[27]

ATI

Das Kürzel ATI steht für »Aptitude-Treatment-Interaction«, eine sinnvolle deutsche Übersetzung hat sich dafür bislang nicht finden lassen. ATI bezeichnet keine besondere Unterrichtsmethode sondern eine Forschungsrichtung. In der Sache geht es um die Untersuchung von Wechselwirkungen (genauer um statistische Interaktionen zwischen zwei Faktoren im Rahmen eines varianzanalytischen Untersuchungsplans) zwischen den Eigenschaften bzw. Fähigkeiten von Personen und den Behandlungsbedingungen bzw. Unterrichtsmethoden, denen sie ausgesetzt sind. Das Besondere ist, dass es offenbar von den Eigenschaften und Fähigkeiten eines Lerners abhängt, mit welcher Lehr- oder Unterrichtsmethode ein Lernziel am besten erreicht werden kann. Anders ausgedrückt: »Die beste« Lehrmethode gibt es nicht, sondern je nach den individuellen Lernvoraussetzungen und Bedürfnissen ist die eine Vorgehensweise für einige Lernern die richtige und eine ganz andere Vorgehensweise eignet sich für andere Lerner besser.

Auch die Homogenität/Heterogenität einer Lerngruppe ist in diesem Sinne ein Merkmal der Behandlungsbedingung bzw. der Unterrichtsmethode. Karl Josef Klauer und Detlev Leutner haben die Geschichte und die wesentlichen Erkenntnisse der ATI-Forschung nachgezeichnet.[28] Bezogen auf die uns interessierende Problematik leistungshomogener bzw. -heterogener Lerngruppen berichten sie Ergebnisse einer Studie, in die 104 Viertklässler einbezogen waren, die je-

weils in Vierergruppen kooperativ zu einer Thematik aus der Biologie zusammen arbeiteten. Dreizehn dieser Vierergruppen waren leistungshomogen zusammengesetzt worden (also entweder nur aus hochbefähigten, nur aus schwach befähigten oder nur aus durchschnittlich befähigten Kindern) und dreizehn Vierergruppen waren leistungsheterogen zusammengesetzt (und zwar jeweils aus einem hoch und einem schwach befähigten Kind sowie aus zwei durchschnittlich Befähigten). Bei der Betrachtung der Lernfortschritte in den Gruppen und für die einzelnen Individuen ist es nun interessant, die Perspektive der unterschiedlich gut befähigten Lerner einzunehmen. Dabei zeigt sich, dass es für Kinder mit guten Lernvoraussetzungen (also für die Hochbefähigten) fast gleichgültig war, ob sie in einer leistungshomogen oder -heterogen zusammengesetzten Lerngruppe lernten. Sie erzielten in beiden Fällen sehr gute Ergebnisse. Für die Leistungsschwächeren ließ sich hingegen ein klassischer ATI-Effekt nachweisen: Sie profitierten in weitaus größerem Maße vom gemeinsamen Lernen, wenn sie in einer leistungsheterogen zusammengesetzten Gruppe waren. Blieben sie unter sich, waren die Leistungsfortschritte bescheiden. Die durchschnittlich Befähigten erzielten in den homogen zusammengesetzten Lerngruppen – wenn sie also unter ihresgleichen lernen konnten – die besten Ergebnisse. Betrachtet man übrigens die Lernergebnisse im Hinblick auf die »mittleren Gruppenprodukte«, dann zeigt sich, dass in den leistungsheterogen zusammengesetzten Gruppen genauso gute Gruppenleistungen erzielt werden wie in den homogen-leistungsstarken Lerngruppen.

Wie sich am Beispiel dieser Studie zeigen lässt, hängt es mit den Lernvoraussetzungen und mit den individuellen Bedürfnissen zusammen, welche Lehrmethode und welches unterrichtliche Setting am besten geeignet sind. Ganz so einfach wie in der beschriebenen Studie lässt sich das Problem der heterogenen Lernvoraussetzungen allerdings in der schulischen Realität nicht immer lösen. Es gibt nämlich »unendlich viele« Merkmale und Lernvoraussetzungen, hinsichtlich derer sich Lerner voneinander unterscheiden. Und es wird im Unterricht kaum möglich sein, zur gleichen Zeit auf alle diese Unterschiede in angemessener, d. h. unterschiedlicher Weise zu reagieren. Letztlich liefe das auf einen vollständig individualisierten Unterricht hinaus.

Klauer und Leutner ziehen aus dem ATI-Paradigma den folgenden Schluss: Wenn die Lehrmethode – also die Art des Unterrichtens – und die Lernanforderungen einen hohen Anspruch an die vorhandenen kognitiven Ressourcen stellen, dann werden stets diejenigen im Vorteil sein, die gute Lernvoraussetzungen mitbringen. Erfordern der Unterricht und das didaktische Vorgehen dagegen nur einen geringen Verarbeitungsaufwand, dann haben auch die weniger gut Befähigten gute Aussicht auf Erfolg. Einen geringeren Verarbeitungsaufwand erfordern vornehmlich solche Lehrverfahren, die hoch strukturiert sind, systematisch und schrittweise vorgehen und zugleich eine hohe Steuerungskomponente enthalten. Höhere Anforderungen an die Informationsverarbeitung stellen hingegen die entdeckenlassenden Verfahren und das selbstgesteuerte Lernen (vgl. Abschnitt 1.5). Guter Unterricht wird sich beide Ansätze zu Nutze machen und ein gutes (gerechtes) Schulsystem wird zum Ziel haben, die besonders Befähigten genauso fördern wie diejenigen mit schlechteren Lernvoraussetzungen.

Ganztagsschule und Nachhilfe

Eine naheliegende Realisation der lernzeitadaptiven Anpassung an unterschiedliche Lernbedürfnisse und -voraussetzungen ist die Verlängerung der Lernzeit in einer schulischen Lernumgebung. Ganztagsschulen mit gebundenem Konzept oder schulische Angebote zur nachmittäglichen Hausaufgabenbetreuung sind hier zuvörderst zu nennen; in Abschnitt 4.4 wurde darauf bereits unter dem Aspekt der Bildungsgerechtigkeit eingegangen. Durch das Nacharbeiten schulischer Aufgaben und durch das Wiederholen und Vertiefen von Unterrichtsinhalten können Lernprozesse unterstützt und Verstehensprozesse nachgeholt werden. Das ist der *Prototyp eines zeitadaptiven Vorgehens*, das den Leistungsschwächeren nutzt, ohne den stärkeren Lernern zu schaden. Natürlich erfordern solche Formen der Ganztagsbetreuung ein abgestimmtes pädagogisches Gesamtkonzept und den Einsatz zusätzlichen Personals.

Das außerschulische Pendant zum Nachmittagsunterricht in der Schule ist die privat (außerfamiliär) organisierte und in der Regel bezahlte Nachhilfe außerhalb der regulären Schulstunden. Jeder dritte bis vierte Schüler, so schätzt man, hat im Verlauf seiner Schulzeit Nachhilfe bekommen – am häufigsten im Fach Mathematik und besonders häufig in der Mittelstufe. Zunehmend werden Nachhilfestunden auch von »unauffälligen« oder sogar leistungsstarken Schülern in Anspruch genommen – dies vor allem im Vorfeld von Bildungsübergängen und vor abschließenden Leistungsbewertungen.

Aussagekräftige Untersuchungen zur Wirksamkeit von Nachhilfe gibt es zwar nur wenige, es ist aber davon auszugehen, dass sich die zusätzliche Lernzeit im Allgemeinen positiv auf die schulische Leistungsentwicklung auswirkt. Unklar bleibt, welche Wirkmechanismen der Wirksamkeit von Nachhilfe zugrunde liegen. Ist es die zusätzliche, Vorkenntnislücken schließende Wissensvermittlung, das Üben und Wiederholen, das Vermitteln von Lernstrategien oder eine andere, angemessenere Form des Erklärens? Unklar ist auch, ob sich der Nachhilfeunterricht langfristig »überflüssig« macht, nachdem die Wissenslücken und Leistungsrückstände geschlossen worden sind.

Hintergrund: Nachhilfe

Das Forschungsinstitut für Bildungs- und Sozialökonomie FiBS hat im Auftrag des BMBF eine Sachstandsanalyse zu Angebot, Nachfrage und Wirksamkeit von Nachhilfe vorgelegt (Dohmen, Erbes, Fuchs & Günzel, 2008). Die Analyse beschränkt sich auf den kommerziellen Nachhilfesektor – und damit auf 25–30 % des Gesamtbereichs. Der weitaus größere Teil der Nachhilfe wird hingegen »privat« organisiert, also von Schülern und Studierenden und den Lehrern selbst. Unter den kommerziellen Anbietern sind die *Schülerhilfe* und der *Studienkreis* die dominierenden Unternehmen. Dohmen (2009) rechnet mit einem Gesamtmarktvolumen von 0,95–1,2 Milliarden Euro pro Jahr und mit einer regelmäßigen Inanspruchnahme von Nachhilfe durch 8–10 % aller Schülerinnen und Schüler, mit deutlich höheren Quoten in der Sekundarstufe (vor allem in der Realschule und im Gymnasium).

Nachhilfe wird selektiv in Anspruch genommen. Schüler in Hauptschulen und in den neuen Bundesländern erhalten seltener Nachhilfe, dies gilt auch für Kinder mit Geschwistern und bei einer ungünstigen Einkommenssituation im Elternhaus. Der Nachhilfemarkt ist intransparent – es ist also kaum möglich, die Qualität eines Anbieters vergleichend zu beurteilen. Wo Qualitätsstandards und Prüfzertifikate vorliegen, beziehen sie sich meist auf Rahmenbedingungen des Angebots und nicht auf die instruktionalen und didaktischen Vorgehensweisen.

Nachhilfe ist zusätzliche Lernzeit zur Schließung von Wissenslücken. Sie kann sich positiv auf die Lernmotivation und auf das Selbstkonzept auswirken. Kontrollierte Studien zur Wirksamkeit von Nachhilfe gibt es allerdings nur wenige – die meisten Untersuchungen sind im Auftrag kommerzieller Nachhilfeinstitute entstanden und nur mit Einschränkungen interpretierbar. Am ehesten genügen noch die Untersuchungen von Ludwig Haag (2001; Mischo & Haag, 2002) den Ansprüchen, die an wissenschaftliche Evaluationen zu stellen sind. Sie sprechen im Ergebnis für die Wirksamkeit von Nachhilfe.

Kritisch wird auf das Problem der Verschärfung der sozialen Selektion im Bildungswesen durch die Inanspruchnahme von Nachhilfe hingewiesen. Klemm und Klemm (2010) bezeichnen deshalb das Nachhilfewesen als »teuren und unfairen Ausgleich für eine fehlende individuelle Förderung« in der Schule.

6.4 Inklusion

Die fast 500 000 Schülerinnen und Schüler mit sonderpädagogischem Förderbedarf wurden in Deutschland im Schuljahr 2006/07 überwiegend (84 %) an Förder- oder Sonderschulen unterrichtet, die übrigen an allgemeinen Schulen. Das entspricht auch der Verteilung im Förderschwerpunkt Lernen, auf den etwa die Hälfte der Kinder mit festgestelltem besonderem Förderbedarfs entfällt. Sowohl im Ausmaß des festgestellten Förderbedarfs als auch in den Anteilen der gesondert oder integrativ Beschulten gibt es erhebliche Unterschiede zwischen den Bundesländern (vgl. Abschnitt 2.4), die Gründe dafür sind vor allem in den unterschiedlichen Schulgesetzen und in den schulorganisatori-schen Traditionen zu suchen. Im Förderschwerpunkt Lernen werden beispielsweise in Sachsen, Sachsen-Anhalt, Niedersachsen und in Hamburg weniger als 5 % der Förderbedürftigen integrativ beschult, in Bremen, Schleswig-Holstein und Baden-Württemberg sind es mehr als 30 %. Die Tendenz zum integrativen Unterricht ist seit Jahren ansteigend. Im Schuljahr 2008/09 waren es im Bundesdurchschnitt bereits 19 %.

In der Erziehungswissenschaft wird meist nicht von Integration, sondern von Inklusion gesprochen, wenn es um das gemeinsame Unterrichten von Kindern mit und ohne »Behinderung« geht. *Inklusion* ist auch der international übliche Terminus. Inklusion ist im Vergleich zur *Integration* der weiter gehende Begriff – er soll die Wertschätzung und die Normalität der Verschiedenartigkeit ausdrücken anstelle einer Abgrenzung von und Hervorhebung der Andersartigkeit. Schülerinnen und Schüler, die in einer Regelschule »wie selbstverständlich« inkludiert sind, sind nichts Besonderes! Weil in den empirischen Studien zur Wirksamkeit integrativer und separativer Beschulung der Integrationsbegriff in aller Regel fortbesteht, wird er nachfolgend synonym zur Bezeichnung Inklusion verwendet. Wenn nicht ausdrücklich anders gekennzeichnet, geht es im Folgenden um die integrative oder separate Unterrichtung von Kindern und Jugendlichen im Förderschwerpunkt Lernen – also von Kindern mit einer diagnostizierten Lernbehinderung. Viele Aussagen lassen sich aber auch auf andere Förderschwerpunkte und auf Kinder mit Lernschwierigkeiten allgemein übertragen.

Inklusive Schulen und ein inklusives Bildungswesen eröffnen gerechtere Teilhabechancen für Kinder mit Förderbedarf insgesamt, im Besonderen aber für Kinder aus sozial schwachen Familien und mit Migrationshintergrund, denn solche Kinder sind an den Förderschulen überproportional häufig vertreten. Die Forderung nach inklusiven Schulen ist nicht neu, sie wurde bereits in den 1970er Jahren erhoben – parallel zum damals vorangetriebenen Auf- und Ausbau des differenzierten Sonderschulwesens. Dass die Forderung nun wieder mehr Gehör findet, hat mit dem Aufschwung der empirischen Bildungswissenschaften und mit der öffentlichen Debatte um die Leistungsfähigkeit des deutschen Bildungssystems im Anschluss an die internationalen Vergleichsstudien zu tun. Die wichtigsten Argumente gegen eine separate (Sonder-)Beschulung sind:

1. Sie ist ungerecht, weil sie Jungen, Kinder aus sozial schwachen Familien und Kinder mit Migrationshintergrund im Hinblick auf ihre Bildungsbeteiligung benachteiligt,
2. nicht zielführend, weil ein Schulabschluss und damit die Möglichkeit zur Aufnahme einer beruflichen Ausbildung zu selten erreicht wird und

3. stigmatisierend und diskriminierend, weil die Kinder aus ihrer vertrauten sozialen Umgebung herausgenommen werden und allein ihre Behinderung zum Wesensmerkmal einer gemeinsamen Unterrichtung mit anderen Behinderten wird.

Hinzu kommt, dass die Ergebnisse empirischer Studien in Bezug auf die schulische Leistungsentwicklung einen Vorteil der separaten Beschulung nicht erkennen lassen. Im Folgenden wird zunächst auf die Befundlage in Deutschland und anschließend auf die Situation in anderen westlichen Ländern eingegangen. Der daraus erwachsende bildungspolitische Druck lässt sich positiv wenden, indem er auf die Erfordernisse und Gelingensbedingungen eines inklusiven Schulsystems verweist.

Die Ergebnisse der Bildungsforschung

Wie bei vielen anderen Studien, die sich mit den Auswirkungen pädagogischer Maßnahmen beschäftigen, ist die Vergleichbarkeit von Stichproben und damit die Aussagekraft und die Generalisierbarkeit von Ergebnissen oftmals eingeschränkt, weil sich die Schülerinnen und Schüler mit sonderpädagogischem Förderbedarf (im Förderschwerpunkt Lernen) nicht unbedingt zufällig auf den eigenständigen Förderschulen für Lernhilfe oder in sogenannten Integrationsklassen befinden. Vielmehr ist zu vermuten, dass sich die Integrationskinder durch bestimmte Merkmale ihrer häuslichen Umgebung, durch die Art und Weise des elterlichen Unterstützungsverhaltens und möglicherweise auch hinsichtlich ihrer individuellen Lernvoraussetzungen in systematischer Weise von den separativ Beschulten unterscheiden. Auf der anderen Seite lässt sich das Ausmaß solcher selbstselektiven Prozesse schlecht abschätzen. Denn obwohl die gesetzlichen Bestimmungen sie eigentlich vorsehen, gibt es vielerorts für die

Hintergrund: Integrative Beschulung und Selbstkonzept

Schule vermittelt nicht nur Kenntnisse und Fertigkeiten, sondern wirkt auch persönlichkeitsbildend. Wenn Auswirkungen unterschiedlicher Beschulungsformen auf die Entwicklung von Kindern mit Lernbehinderungen oder Lernstörungen untersucht werden, sind deshalb neben Leistungsmaßen auch Merkmale des Sozialverhaltens und aus dem affektiv-motivationalen Bereich zu beachten. Vorliegende Studien gehen insbesondere von einem ungünstigeren Selbstkonzept der integrativ beschulten Lernbehinderten aus (Bless & Mohr, 2007; Bear, Minke & Manning, 2002).

Sauer, Ide und Borchert (2007) haben die Entwicklung des schulischen Selbstkonzepts bei mehr als 900 Kindern in integrativen und Sonderschulklassen (Förderschwerpunkt Lernen) in Schleswig-Holstein untersucht. Die Integrationsklassen der Klassenstufen 6–8 waren an Haupt- und Gesamtschulen eingerichtet worden. Erfasst wurde die Selbsteinschätzung der emotionalen, der sozialen und der leistungsbezogenen Befindlichkeit bzw. das subjektiv erlebte Ausmaß der diesbezüglichen Integration. Die Ergebnisse zeigen keine Unterschiede hinsichtlich der selbst eingeschätzten emotionalen und sozialen Integration zwischen den beiden Beschulungsformen. Das soziale und das emotionale Wohlbefinden der lernbehinderten Kinder ist demnach in den Sonderschulen und in den Regelschulen im Niveau vergleichbar – und auch vom Wohlbefinden der Kinder ohne sonderpädagogischen Förderbedarf nicht zu unterscheiden. Schlechtere Selbsteinschätzungen geben die integrativ unterrichteten Lernbehinderten allerdings hinsichtlich ihres leistungsbezogenen Selbstkonzepts an. Das Zutrauen in die eigene Leistungsfähigkeit ist geringer, weil die Kinder fortlaufend mit den besseren Leistungen ihrer nicht förderbedürftigen Klassenkameraden konfrontiert sind.

Eine interessante, in dieser Untersuchungsanlage jedoch nicht prüfbare Fragestellung ist die nach den Ursachen, die den differenten Leistungsselbstkonzepten zugrunde liegen. Üblicherweise werden die ungünstigen Bezugsgruppeneffekte und die vergleichsweise schlechteren Selbsteinschätzungen der Förderbedürftigen für die Differenz verantwortlich gemacht. Eine alternative Erklärung könnte in einer vergleichsweise günstigeren Selbstkonzeptentwicklung bei den Nichtförderbedürftigen liegen, die in den Integrationsklassen unterrichtet werden. Diese Schülerinnen und Schüler entwickeln im Erkennen ihrer überlegenen Leistungsfähigkeit möglicherweise ein deutlich positiveres Selbstkonzept und ein höheres Selbstwertgefühl, als wenn sie ohne die Integrationskinder unterrichtet würden.

Eltern gar keine Wahlmöglichkeit zwischen integrativer und separativer Beschulung.

Die vorliegenden Studien, die vor allem in den 1980er Jahren durchgeführt worden sind, zeichnen hinsichtlich der Lernfortschritte der Lernbehinderten ein relativ einheitliches Bild: Integrativ beschulte Kinder erzielen bessere Schulleistungen und erreichen häufiger einen Hauptschulabschluss als die separativ Unterrichteten. Mehr als die Hälfte der Jugendlichen ohne Hauptschulabschluss besuchten im Übrigen eine Förderschule.[29] Die Überlegenheit des integrativen Settings trifft jedenfalls im Hinblick auf die kognitiven Zielvariablen von Unterricht zu, also für den Erwerb von Kenntnissen und Fertigkeiten. Wo Studien im europäischen Ausland überhaupt möglich waren, bestätigen sie dieses Ergebnis. Uneinheitlich, in ihrer Mehrzahl aber ebenfalls zuungunsten

des integrativen Modells, fallen die Ergebnisse hinsichtlich der Entwicklung des schulischen und leistungsbezogenen Selbstkonzepts und des Selbstwertgefühls und für die affektiv-motivationalen Zielvariablen von Lernen aus. Aufgrund der Leistungsvergleiche mit den nicht (lern-)behinderten Kindern stufen sich die integrativ unterrichteten Lernbehinderten (realistischerweise) allerdings schlechter und ungünstiger ein als in einer Förderschulumgebung. Es ist unklar, in welchem Ausmaß die auf Bezugsgruppeneffekte zurückzuführenden negativen Selbsteinschätzungen einer sonst (noch) günstiger verlaufenden kognitiven Leistungsentwicklung entgegenwirken.

Wie sich Kinder mit besonderem Förderbedarf in ihren schulischen Leistungen und in ihrem Selbstkonzept in integrativen Klassen entwickeln, ist eine naheliegende, aber nicht die einzige Frage, die bei der Evaluation des inklusiven Modells zu stellen ist. Fast mehr noch hat die fachwissenschaftliche, vor allem aber die bildungspolitische Debatte die Frage bewegt, ob sich für die schulische Entwicklung der nicht-förderbedürftigen Kinder ein Nachteil ergibt, wenn sie gemeinsam mit den förderbedürftigen unterrichtet werden. Auch hier ist die Befundlage eindeutig: Die normal und hoch leistungsfähigen Kinder werden in den Integrationsklassen in ihrer Leistungsentwicklung nicht benachteiligt, wenn der Unterricht in diesen Klassen zieldifferent und vorkenntnisadaptiv gestaltet wird.[30] Manchmal wird sogar die Erwartung geäußert, dass sie aufgrund der vergleichsweise günstigeren personellen und didaktischen Situation (teamteaching) von den vielfältigen Differenzierungsmöglichkeiten und von einer intensiveren Schülerorientierung besonders profitieren und dass sie aus dem Erleben von und dem Umgang mit interindividuellen Differenzen zusätzlichen Nutzen ziehen. Nachgewiesen ist das aber nicht.

Der Blick auf die anderen Schülerinnen und Schüler ist nicht nur legitim, sondern notwendig, weil auch eine pädagogisch-sachlich begründete Organisationsmaßnahme (wie der gemeinsame Unterricht) der Akzeptanz und Unterstützung durch die Schulgemeinschaft und durch die Eltern bedarf, um positive Wirkungen entfalten zu können. Bei der Umsetzung von Maßnahmen, die auf mehr Bildungsgerechtigkeit zielen, muss nämlich stets darauf geachtet werden, dass eine Maßnahme keine Nachteile für andere Bildungsteilnehmer mit sich bringt. Wo sich Eltern (und deren Kinder) oder Lehrer dagegen sperren, bleibt der integrative Unterricht hinter seinen Möglichkeiten zurück.

Die Situation in anderen Ländern

In nahezu allen westlichen Ländern ist die integrative Beschulung der lernbehinderten Kinder seit vielen Jahrzehnten üblich (educational mainstreaming), nur die deutschsprachigen Länder sowie Belgien, Dänemark und Lettland wählten in der Vergangenheit einen Sonderweg, dessen Ende sich allerdings abzeichnet. In der Schweiz ist in den 1980er Jahren mit der Einrichtung heilpädagogischen Zusatzunterrichts an den Regelschulen begonnen worden, in Österreich wird seit den 1990er Jahren zunehmend integrativ beschult und die Entwicklung in Deutschland läuft seit einigen Jahren in die gleiche Richtung.

Das US-amerikanische Schulsystem ist dem Grundprinzip gemeinsamer Lernumgebungen mit »minimalen Restriktionen« verpflichtet. Das bedeutet: Soviel Inklusion wie möglich! Möglichst viele Kinder sollen möglichst lange gemeinsam unterrichtet werden. Wenn eine notwendige Fördermaßnahme nicht im Rahmen des Regelunterrichts durchgeführt werden kann, obliegt die Begründungspflicht der Schule. Strenge Anti-Diskriminierungsgesetze sollen gewährleisten, dass die lernbehinderten Kinder in größtmöglichem Umfang am regulären Unterricht teilnehmen können – das gilt auch für Kinder mit anderen Behinderungen. Schulen werden zur Verantwortung gezogen, wenn das nicht zufriedenstellend gelingt. Das alles funktioniert – wenn auch nicht ohne Probleme – vor dem Hintergrund einer gänzlich anderen Tradition der individuellen Lernförderung und Individualisierung von Unterricht. Die individuellen Entwicklungs- oder Förderpläne (IEP) bieten dabei ein bewährtes Instrumentarium, um die genannten Ansprüche einzulösen (vgl. Abschnitt 5.5). Auch die Schulgesetze der deutschen Bundesländer sehen übrigens das Aufstellen individueller Förderkonzepte vor, wenn Förderbedarf diagnostiziert ist: Welche Maßnahmen sind durchzuführen? An welchem Ort? Von wem? Wie lange? Wie wird der Erfolg der Maßnahmen überprüft? Verlässliche Befunde darüber, in welchem Maße und mit welcher Konsequenz solche Vorgaben Eingang in die sonderpädagogische Praxis finden, gibt es allerdings nicht.[31]

Der individualisierte Unterricht soll lernbehinderte Schüler davor bewahren, zurückgelassen zu werden (»No child left behind!«). Handlungsleitend ist dabei die Vorstellung, dass eine gemeinsame Lernumgebung mit minimalen Einschränkungen – d. h. mit möglichst wenig separierender Sonderbehandlung und Diskriminierung – für die Entwicklung dieser Kinder am günstigsten ist. Nur wenn die Individualisierung tatsächlich umgesetzt wird, werden allerdings Diskriminierungen anderer Art vermieden. Denn die bloße Teilnahme am Regelunterricht allein ist nicht ausreichend. Wenn sie nicht mit besonderer Förderung verknüpft ist, kann sie gegenüber einer Sonderbeschulung auch zum Nachteil gereichen.

Der bildungspolitische Druck

Die im internationalen Vergleich isolierte Situation des deutschen Sonderschulwesens und die oben berichteten herkunftsabhängigen Disparitäten der Sonderbeschulung, die dem Grundsatz einer gerechten Teilhabe an den institutionellen Bildungsprozessen widersprechen, haben in den vergangenen Jahren einen nicht unerheblichen bildungspolitischen Druck erzeugt. Mit der Anerkennung der UN-Behindertenrechtskonvention hat sich Deutschland im März 2009 zur Inklusion im Schulsystem völkerrechtlich bindend verpflichtet – eine Umsetzung in die Schulgesetze der Bundesländer muss nun dieser Zusage folgen. War bislang ein Antrag auf Aufnahme in eine Integrationsklasse nur dann erfolgreich, wenn die entsprechenden Plätze am Schulort verfügbar waren, so gibt es künftig ein Anrecht auf das Bereitstellen solcher Integrationsplätze.

Eine inklusive Umgestaltung des derzeitigen Sonderschulwesens scheint also rechtlich geboten. Sie ist aber auch ökonomisch vernünftig. Klaus Klemm (2009b) hat eine Studie vorgelegt, wonach sich der Förderbedarf bei einer integrativen Unterrichtung effizienter befriedigen lässt, als das im separativen System derzeit der Fall ist. Auch ist das System der doppelten Förderorte, wenn also,

---

Hintergrund: Internationale Konvention über Rechte von Menschen mit Behinderung

Die Behindertenrechtskonvention der Vereinten Nationen (UN-BRK) bezieht sich auf Menschen, die körperliche, seelische, geistige oder Sinnesbeeinträchtigungen haben, die sie in Wechselwirkung mit anderen Barrieren am gleichberechtigten Gebrauch ihrer Rechte hindern – das schließt Menschen mit Lernbehinderungen ein. Der Völkerrechtler Eibe Riedel (2010) kommt in einem Gutachten zu der Auffassung, dass mit der Anerkennung der UN-BRK für behinderte Kinder ein Rechtsanspruch auf einen diskriminierungsfreien Zugang zum Regelschulsystem besteht, sofern angemessene Vorkehrungen getroffen wurden. Es sei Aufgabe des Schulträgers, die für die inklusive Beschulung notwendigen Vorkehrungen zu treffen. Zu den angemessenen Vorkehrungen gehört insbesondere die Sicherstellung einer sonderpädagogischen Förderung im Regelunterricht. Eine Sonderschulzuweisung, die gegen den Willen der Erziehungsbefugten ausgesprochen wird, sei mit der UN-BRK nicht vereinbar.

Gutachter Riedel weist darauf hin, dass eine Auflösung sonderpädagogischer Einrichtungen nicht gefordert ist. Eine Zuweisung in solche Einrichtungen sollte aber die Ausnahme, nicht der Regelfall sein. Mit der Verlagerung sonderpädagogischer Kompetenzen an die Regelschulen sind zusätzliche finanziellen Ressourcen nicht erforderlich, allerdings wird es nicht unerheblicher planerischer und organisatorischer Anstrengungen bedürfen. Nach einer Expertise des Bildungsforschers Klaus Klemm (2009b) kann eine solche Umstellung, wenn sie behutsam vollzogen wird, nicht nur kostenneutral erfolgen, sondern auch effizienzsteigernde Wirkungen entfalten. Klemm rechnet vor, dass die derzeitigen Kosten des Sonderschulwesens von etwa 2,6 Milliarden Euro jährlich in einem inklusiven System langfristig besser angelegt seien.

wie es derzeit praktiziert wird, sowohl Förder- als auch Inklusionsschulen vorgehalten werden, weder wirksam noch gerecht. Damit ergänzen die bildungsökonomischen Analysen die aus der empirischen Bildungsforschung bekannten Befunde zur unzureichenden pädagogischen Wirksamkeit.

Aus der Argumentation für das inklusive Modell folgt aber nicht, dass den deutschen Sonder- und Förderschulen ihre teilweise hervorragende pädagogische Arbeit in Abrede gestellt wird. Aufgrund einer (vor allem im Bereich der Förderdiagnostik) qualifizierten Ausbildung und aufgrund ihres oftmals besonderen Engagements sind die Lehrerinnen und Lehrer an den Förderschulen natürlich in der Lage, die Lern- und Leistungsentwicklung ihrer lernbeeinträchtigten Schülerinnen und Schülern zu befördern. Als weitere Vorteile kommen die vergleichsweise günstigen Lehrer-Schüler-Relationen an den Förderschulen und der sogenannte »Schutzraum-Charakter« dieser Einrichtungen hinzu. Die Erfahrungen in den anderen Ländern lassen aber erwarten, dass sich solche positiven Wirkungen auch dann erzielen lassen, wenn die förderlichen Bedingungen im Regelschulsystem bereitgestellt werden.

Natürlich ist nichts gewonnen, wenn Kinder mit ungünstigen Lernvoraussetzungen oder mit einer Lernbehinderung in einer für sie unpassenden, weil zu anspruchsvollen Lernumgebung in einer Regelschule unterrichtet werden: weder für die Leistungsentwicklung noch für die Entwicklung des Selbstkonzepts und der Lernmotivation. Ungünstig ist aber auch, wenn Lernpotentiale dieser Kinder nicht erkannt und genutzt werden, weil mit der Zuweisung in eine Förderschule ein reduziertes Bildungsangebot verbunden ist. Das Problem einer mangelnden Adaptivität der unterrichtlichen Angebote im Hinblick auf die individuellen Lernvoraussetzungen und Leistungspotentiale ist ein grundsätzliches, nicht auf die Inklusionsfrage begrenztes Thema. Fehlerhafte Zuordnungen, die individuelle Über- oder Unter-

forderungen zur Folge haben können, gibt es beim Übertritt in den Sekundarschulbereich genauso wie bei der Zuweisung in Sonderschulen. Hier bedarf es also vermehrter Anstrengungen zur Binnendifferenzierung des Unterrichts.

Erfordernisse integrativen Unterrichts

Wenn es nicht mehr um das »ob«, sondern um das »wie« des gemeinsamen Unterrichtens geht, sind die Gelingensbedingungen der Inklusion angesprochen. Welches sind die besonderen Erfordernisse des integrativen Unterrichts? Der wahrscheinlich wichtigste Grundsatz ist klar und einfach formuliert: Inklusion funktioniert nur mit einer ausgeprägten Form der unterrichtlichen Binnendifferenzierung. Kinder mit besonderen Bedürfnissen benötigen andere und explizitere, aber auch intensivere Formen der Lernunterstützung als ihre Mitschüler. Hinzu kommen eine Reihe von Rahmenbedingungen der pädagogischen Arbeit, bis hin zur Veränderung der Ausstattung und Ausgestaltung von Schulen und Klassenräumen.

Integrationsklassen müssen kleiner sein als andere Klassen und es sollte nicht mehr als eines unter sechs Kindern ein Kind mit sonderpädagogischem Förderbedarf sein. Je nach Klassengröße bedeutet das, dass es drei bis vier solche Kinder in einer Regelklasse geben kann. Grundsätzlich sollten für den Unterricht zwei Lehrpersonen zur Verfügung stehen, um ein ziel-, methoden- und lernzeitadaptives Unterrichten zu ermöglichen. Wo solche Lehrer-Teams aus einem Sonder- oder Sozialpädagogen und einem Regelschullehrer zusammengesetzt sind, wird es bei der gemeinsamen Arbeit einer konzeptionellen Abstimmung und Integration des jeweiligen Professionswissens und der didaktischen Überzeugungen bedürfen. Langfristig wird sich an der Ausbildung der Lehrerinnen und Lehrer etwas ändern müssen, weil sowohl sonderpädagogische als auch allgemein-didaktische Kompetenzen benötigt werden, um in Integrationsklassen zu unterrichten.

Graumann und Rakhkochkine (2007) unterscheiden zwischen der Struktur-, der Prozess- und der Ergebnisqualität integrativen Unterrichts, im Folgenden wird darauf näher eingegangen. Die *Strukturqualität* bezeichnet das Ausmaß der Mittel und Ressourcen, die eingebracht werden müssen, damit integrativer Unterricht stattfinden kann. Das sind vor allem die materielle und personelle Ausstattung der Schulen, also beispielsweise die Zuweisung von Lehrerstellen, besonderen Lernmaterialien und die Bemessung von Förderstunden. Aus den bereits angesprochenen Berechnungen von Klaus Klemm (2009b) geht beispielsweise hervor, dass sich mehr als zwei zusätzliche individuelle Betreuungsstunden pro Schüler mit besonderem Förderbedarf finanzieren ließen, wenn die Mittel des Sonderschulwesens in das allgemeine Schulsystem umgelenkt würden. Es ist ein Kennzeichen der strukturellen Andersartigkeit des integrativen Unterrichts, dass eine größere Heterogenität der Schülerschaft gezielt herbeigeführt wird und dass Ressourcen bereit gestellt werden, um damit umzugehen.

Die *Prozessqualität* bezieht sich auf die eigentliche Organisation und Gestaltung von Unterricht, also darauf, was im Klassenzimmer konkret geschieht. Neben den bekannten Qualitätsmerkmalen guten Unterrichts, die für das integrative wie für das nichtintegrative Unterrichten bedeutsam sind, gibt es einige Merkmale, die sich spezifischer auf die pädagogische Arbeit in Integrationsklassen beziehen. Dazu gehören das Zwei-Lehrer-System, eine ausgeprägtere Projektorientierung des Unterrichts, ein höherer Stellenwert der Diagnostik und eine intensivere Elternarbeit. Damit das Zwei-Lehrer-System funktioniert, müssen die beiden Partner »teamfähig« sein, sich also über Grundprinzipien und Ziele ihres pädagogischen und didaktischen Handelns verständigen können.

In der sonderpädagogischen Tradition galt eine Ausrichtung an »offenen«, projektorientierten und kooperativen Unterrichtsformen wegen ihres besonderen Voraussetzungscharakters lange Zeit als problematisch. Sinnvoll scheinen offene Unterrichtsformen jedenfalls dort, wo sie eine lernzieldifferente Anpassung an die unterschiedlichen Leistungsfähigkeiten zulassen. Projektarbeit und andere reformpädagogisch inspirierte Unterrichtsformen müssen deshalb mit Maßnahmen der Individualisierung und inneren Differenzierung von Unterrichtszielen einhergehen, um die Integrationskinder nicht zu überfordern. Um Maßnahmen der inneren Differenzierung überhaupt planen und einleiten zu können, bedarf es einer professionellen Diagnostik. In der sonderpädagogischen Ausbildung werden solche Kompetenzen vermittelt – wichtig ist, dass die übliche Eingangsdiagnostik durch Verfahren und Maßnahmen einer fortlaufenden Lernfortschrittsmessung ergänzt wird.

Eine intensive Elternarbeit wird an den allgemeinbildenden Schulen in aller Regel nicht betrieben und hängt im Wesentlichen davon ab, welche Initiativen von den Eltern selbst ausgehen. Für die Lehrerinnen und Lehrer mit Integrationsklassen ist es aber sinnvoll und notwendig, eine engere Kooperation mit den Eltern zu suchen. Dabei kommt es darauf an, neben den Eltern der behinderten Kinder vor allem die Eltern der nicht-behinderten Kinder zur Zusammenarbeit und Zustimmung für die Integrationsarbeit zu gewinnen. Wichtig ist auch, dass die Eltern informiert werden, um besser zu verstehen, warum das inklusive Modell auch für ihre Kinder von Vorteil ist. Glaubwürdig wird das vor allem dann, wenn zu erwartende Probleme und Rückschläge nicht schöngeredet werden.[32]

Nun zur *Ergebnisqualität* des integrativen Unterrichts. Natürlich muss der Inklusionsansatz den Nachweis erbringen, dass er für die lernbehinderten Kinder die vergleichsweise bessere Lösung als die separative Beschulung darstellt; darüber hinaus aber, dass die übrigen Kinder in den Integrationsklassen in ihrer Leistungsentwicklung nicht »gebremst« werden. Die empirische Bildungsforschung hat diese Nachweise erbracht (s. o.). Fragt man die Schülerinnen und Schüler der Integrationsklassen selbst, wie sie die gemeinsame Unterrichtung erleben, sind die Einschätzungen ebenfalls positiv. Die Integrationserfahrungen führen auch dazu, dass geistig, körperlich oder im Lernen behinderte Kinder und Jugendliche weniger häufig »abgelehnt« werden, als das in nichtintegrativen Klassen der Fall ist (Ausnahme: aggressiv-verhaltensauffällige Kinder). Die Akzeptanz der Eltern ist hoch – fast 90 % der Eltern nicht-behinderter Kinder würden ihr Kind erneut in eine Integrationsklasse geben.[33]

Lernbehinderungen, Lernstörungen, Lernschwierigkeiten

Die Inklusionsfrage ist bislang eher in unspezifischer Weise behandelt worden – mit einem besonderen Fokus auf Kindern mit einer Lernbehinderung, die meist in einer Förderschule für Lernhilfe unterrichtet wurden. Die Lernhilfeschüler sind auch die zahlenmäßig mit Abstand größte Gruppe unter den besonders Förderbedürftigen (im Schuljahr 2006/07: 225 000), gefolgt von Kindern und Jugendlichen im Förderschwerpunkt »Geistige Entwicklung« (im Schuljahr 2006/07: 76 000). In Kapitel 3 wurde darauf hingewiesen, dass unter Zugrundelegung der diagnostischen Klassifikationssysteme Kinder mit Lernschwierigkeiten (also mit erheblichen schulischen Leistungsproblemen) in unterschiedliche, einander nicht unbeträchtlich überlappende Gruppen eingeteilt werden können: In Kinder mit einer Lernbehinderung (IQ < 85), in Kinder mit einer Lernstörung (IQ > 69) und in sogenannte »langsame« oder »schwache« Lerner. Bei Intelligenztest-

werten unter 55 spricht man üblicherweise nicht mehr von einer Lern- sondern von einer geistigen Behinderung, aber auch nur dann, wenn damit erhebliche Schulleistungsprobleme verbunden sind.

Grundsätzlich richten sich die Forderungen nach einer inklusiven Schule und nach einem integrativen Unterricht auf alle Arten von Behinderungen (also auch auf die Integration von Kindern, die in einem anderen als den oben genannten Förderschwerpunkten besonderer Förderung bedürfen). Meist werden sie aber exemplarisch – auch weil sich die empirische Forschung in erster Linie auf diese Gruppe gerichtet hat – auf den Förderschwerpunkt Lernen konzentriert. Alle vorliegenden Befunde sprechen dafür, dass eine gemeinsame Unterrichtung und eine individuelle Förderung an den Regelschulen hier die erhofften Vorteile bringen können und zugleich dem Gebot der Bildungsgerechtigkeit entsprechen. Am Beispiel der Lese-Rechtschreib-Förderung hat sich gezeigt, dass die »normal Leistungsschwachen« (die oftmals in den Förderschulen unterrichtet werden) und die »erwartungswidrig Leistungsschwachen« (die meist an Regelschulen unterrichtet werden) in ganz ähnlicher Weise von einer intensiven und spezifischen Förderung profitieren. Es spricht wenig dafür, dies in unterschiedlichen Institutionen anzubieten. In besonderer Weise fehlallokiert sind Kinder mit Lernstörungen und langsame Lerner, wenn sie sich an den Förderschulen für Lernhilfe befinden. Ihnen kann in aller Regel mit spezifischen, intensiver und unterstützender konzipierten Angeboten an den Regelschulen effizienter geholfen werden.

6.5 Neurodidaktik

Von »hirnfreundlichem« oder »hirngerechtem« Lernen wird gesprochen, wenn es darum geht, Erkenntnisse aus den Neurowissenschaften bei der Gestaltung von Lehr-Lern-Prozessen zu berüchsichtigen. Häufig ist damit die Erwartung verbunden, dass sich Lernstörungen und -schwierigkeiten besser verstehen und behandeln lassen, wenn neurowissenschaftliche Erkenntnisse genutzt werden. Viele prominente Hirnforscher, darunter z. B. Wolf Singer, Gerhard Roth, Manfred Spitzer oder Gerald Hüther, haben sich in den vergangenen Jahren an der Debatte um das vorschulische und schulische Lernen beteiligt und aus ihrer Sicht Anregungen für Schule und Unterricht und für die Erziehung gegeben. Meist waren das plausible und naheliegende Empfehlungen, auf die es aus der akademischen Pädagogik und aus der Pädagogischen Psychologie drei Standardantworten gab:

1. Das ist nichts Neues, alles ist schon bekannt!
2. Das sind an sich vernünftige Empfehlungen, sie lassen sich aber aus den Ergebnissen der neurowissenschaftlichen Studien gar nicht ableiten!
3. Die Erkenntnisse beziehen sich auf relativ einfache Lernvorgänge und lassen keine Aussagen darüber zu, wie in der Schule gelehrt werden soll!

Aus der Erziehungswissenschaft und aus der Psychologie haben sich z. B. Otto Speck, Nicole Becker und Elsbeth Stern zurückhaltend oder kritisch zur pädagogischen Relevanz neurowissenschaftlicher Erkenntnisse geäußert, in einigen Themenheften erziehungswissenschaftlicher Zeitschriften ist das Thema in den vergangenen Jahren ausführlich diskutiert worden – die Debatte wird hier nicht weitergeführt.[34] Stattdessen wird konstatiert und als hilfreiche Konsolidierung des kognitionspsychologischen Wissens über Lernen und Gedächtnis betrachtet, dass die neurowissenschaftlichen Erkenntnisse dem nicht widersprechen, was man bislang schon über die wichtigsten individuellen Voraussetzungen erfolgreichen Lernens wusste. Die Auffassung, pädagogisch-psychologische

Erkenntnisse, die bisher nur durch Verhaltensbeobachtungen und aus Erfahrungen (auch aus labor-experimentellen Studien) gewonnen wurden, hätten damit eine neurowissenschaftlich Objektivierung erfahren, wird allerdings nicht geteilt. Die Neuro- ist nicht die Referenzwissenschaft des Lernens und Lehrens. Jedoch können neurowissenschaftliche Befunde zusätzliche und einzigartige Beiträge zu einem besseren Verstehen von Lese- und Rechenstörungen (und von Aufmerksamkeitsstörungen) liefern und so zur Entwicklung und Fundierung geeigneter Interventionsmethoden beitragen. Vor allem darauf wird im Folgenden eingegangen.

Lernen und Entwicklung

Die Hirnforschung hat gezeigt, dass Lernen im Gehirn stattfindet, genauer, dass es neuronale Aktivitäten gibt, während gelernt wird. Sie hat auch gezeigt, dass konkrete Verhaltensweisen und pädagogische Interventionen, die auf Verhaltensänderungen (also Lernen) zielen, neuronale Veränderungen im Gehirn hinterlassen. Das legt die Vermutung nahe, dass die neuronalen Prozesse Grundlage der mentalen (kognitiven) Prozesse sind. Die Geschichte der psychologischen Lern- und Gedächtnisforschung muss deshalb nicht umgeschrieben werden. Neurowissenschaftliche Erkenntnisse sind mit der Auffassung, dass sich erfolgreiches Lernen als »gute Informationsverarbeitung« beschreiben lässt, gut vereinbar. Das trifft auf die Modellannahmen zum menschlichen Gedächtnis ebenso zu wie für die grundlegenden behavioralen Lerngesetze und für die konstruktivistischen Theorien des Wissensaufbaus.

Individuelle Voraussetzungen erfolgreichen Lernens sind die Regulation der Aufmerksamkeit, die Funktionstüchtigkeit des Arbeitsgedächtnisses, die Aktivierung von Vorwissen, der Einsatz und die Regulation von Lernstrategien, Interesse und Lernmoti-

Hintergrund: Neuro-Mythen

Usha Goswami, die Leiterin des Centre for Neuroscience in Education an der Universität Cambridge, beklagt dass »Neuromythen« im pädagogischen Feld seit vielen Jahren schädlich Einfluss nehmen (Goswami, 2006). Schädlich deshalb, weil sie wissenschaftlich haltlos sind und zugleich einer Verbreitung und Rezeption seriöser wissenschaftlicher Erkenntnisse im Wege stehen. Die hartnäckigsten Mythen beziehen sich auf die Bedeutsamkeit der Hemisphärenintegration, die Rolle von Lerntypen und die sich schließenden Zeit- und Entwicklungsfenster.

1. *Hemisphärenintegration:* Weil der Zusammenhang zwischen rechter und linker Hirnhälfte im herkömmlichen Unterricht zu wenig beachtet werde, blieben wichtige Lernpotentiale ungenützt. Edu-kinesiologische Übungen und Maßnahmen zum »Überkreuzen« der Hirnhälften sollen hier abhelfen. Die Notwendigkeit einer besseren Hemisphärenintegration lässt sich aus der neurowissenschaftlichen Forschung allerdings gar nicht ableiten. Weder die Hemisphärendominanzen bei gesunden noch die Split-Brain-Experimente bei klinischen Probanden geben Hinweise darauf, dass Hirnhälften durch irgendwelche Übungen aktiviert werden sollten (und könnten). Placebo-Effekte können natürlich positive Wirkungen solcher Übungen vortäuschen.
2. *Lerntypen:* Angeblich gibt es visuelle, auditive oder kinästhetische Lerntypen – und damit einhergehende Präferenzen der Informationsaufnahme und -verarbeitung. Verschiedentlich ist empfohlen worden, Kinder mit entsprechenden Typenbezeichnungen zu versehen, um bei der Präsentation von Lerninhalten eine Passung zum Lerntyp vornehmen zu können. Eine neurowissenschaftliche Grundlage dafür gibt es nicht und auch keine Diagnoseinstrumente, um Lerner zuverlässig als zu einem Typus gehörig zu klassifizieren. Unklar ist auch, was aus einer Lerntypenfestlegung für die unterrichtliche Praxis folgen würde: Soll der präferierte Lerntyp »bedient« werden oder sollen eher die anderen, weniger gut ausgebildeten Zugangswege gefördert werden (Becker, 2007)?
3. *Zeitfenster:* Wenn kritische Entwicklungsphasen nicht genutzt würden, würden sich Zeitfenster schließen und der Erwerb bestimmter Kompetenzen und Fertigkeiten (die Synapsenbildung, die dem zugrunde liegen) sei nicht mehr möglich. Deshalb sind Maßnahmen konzipiert worden, um die mutmaßlich förderlichen Lernanreize bereitzustellen. Der Mythos der ersten Monate oder Jahre (Bruer, 2000) bedarf jedoch zumindest einer relativierenden Präzisierung. Zwar gibt es lernsensible Phasen, insbesondere für den Sprach- und Zweitspracherwerb, sie haben aber für die Teilfunktionen des Sprechens (oder des Musizierens, Lesens oder Rechnens) sehr unterschiedliche zeitliche Erstreckungen, die sich nur schwerlich pädagogisch »harmonisieren« lassen. Außerdem zeichnet sich das menschliche Gehirn durch eine beeindruckende altersunabhängige Plastizität aus: Alle Verhaltensänderungen gehen mit einem neuronalen »Re-Mapping« einher, nicht nur die in den kritischen Phasen erzielten.

vation und eine günstige emotionale Gestimmtheit. Für alle diese Bereiche hat sich zeigen lassen, dass die mit bildgebenden oder impulsableitenden Verfahren berechneten Muster der Gehirnaktivität im Rahmen der kognitionspsychologischen Theorien interpretierbar sind. Das gilt auch im Hinblick auf die Kontrastierung morphologischer Besonderheiten oder hinsichtlich der Spezialisierung anatomischer Strukturen des Gehirns: Wo Vorwissen nicht aktiviert werden kann, ist die Konstruktion von Bedeutung erschwert. Ohne Aufmerksamkeitszuwendung kann nicht gelernt werden. Wichtige müssen von unwichtigen Informationen un-

terschieden werden. Wer sich für einen Lerngegenstand interessiert, wird leichter lernen. Lernerfolge machen zufrieden. Angst und Stress sind ungünstige Lernbedingungen.

Vielleicht die wichtigsten Hinweise aus der neurowissenschaftlichen Forschung sind jene auf die Wirksamkeit »unbewusst ablaufender Prozesse« emotionaler und motivationaler Art, die die kognitiven Prozesse der Informationsverarbeitung begleiten. Gerhard Roth und andere Neurowissenschaftler unterstellen hier nicht zu Unrecht eine gewisse Schwachstelle des kognitionspsychologischen Paradigmas. Neuroanatomisch ist das limbische System mit Teilen der Großhirnrinde,

Hintergrund: Das Forschungsprojekt ReAL

Die Studie ReAL (Neurobehavioral Development of Reading and Arithmetic Skills) ist am IDeA-Forschungszentrum in Frankfurt am Main angesiedelt. Kognitionspsychologen und Neurowissenschaftler untersuchen dort, wie Kinder lesen und rechnen lernen und welche Schwierigkeiten dabei auftreten können. Über einen Zeitraum von insgesamt vier Jahren soll die Kompetenzentwicklung der anfangs Sechsjährigen begleitet werden, neben Verhaltensbeobachtungen kommen dabei auch bildgebende (MRT) und elektrophysiologische (EEG) Messverfahren zum Einsatz. Die Magnetresonanztomographie und die Elektroenzephalographie werden eingesetzt, während die Kinder Lese- und Rechenaufgaben bearbeiten. Die auf diese Weise gewonnenen Daten werden mit den Daten aus den Verhaltensbeobachtungen und Befragungen erzielten in Beziehung gesetzt.

Mehr als 100 Kinder nehmen an der Längsschnittstudie teil, mit der Anfang 2010 begonnen wurde. Über den Stand des Projekts und über erste Ergebnisse informiert die Website www.idea-frankfurt.eu/kinder/projekte/projekt-real.

der Hippocampus-Formation und der Amygdala, an der Schnittstelle zwischen Vorderhirn und den entwicklungsgeschichtlich älteren Regionen des Hirnstamms gelegen, an der Emotionalität und Motiviertheit des Lernens beteiligt. Funktional geschieht dies über dopaminerge (Dopamin) und neuromodulatorische (Noradrenalin) Wirkmechanismen. Die limbischen Hirnregionen werden deshalb auch als »Bewertungszentren« des Lernens bezeichnet. Durch die Aktivität der limbischen Zentren wird »bewertet«, ob etwas interessant und lustvoll oder aversiv und schmerzhaft für uns ist. Die positiv bewerteten Informationen werden leichter aufgenommen und Zustände oder Situationen, die mit ihnen assoziiert sind, werden nach Möglichkeit künftig wieder herbeigeführt – aversive oder neutrale Erfahrungen führen dagegen dazu, dass Wissensinhalte schlechter eingeprägt werden oder dass eine ähnliche Situation künftig eher gemieden wird. Solche positiven und negativen Erfahrungen können beispielsweise im Zusammenhang mit der Selbst- und Fremdbewertung eigenen Lernverhaltens und -erfolgs gemacht werden. Stress und Furcht können überdies eine Lernsituation in einer Weise negativ »färben«, dass eine kognitive Informationsverarbeitung nicht mehr stattfinden kann.

Zu Recht wird deshalb aus neurowissenschaftlicher Perspektive darauf hingewiesen, dass ein positiver emotionaler Zustand und eine allgemeine Motiviertheit oder Lernbereitschaft, die sich aus einer (physiologischen) Belohnungserwartung speist, lernförderlich sind. Motiviertheit und Interesse aktivieren im Übrigen auch die Aufmerksamkeit und das Vorwissen. Und weil die emotional bewerteten Inhalte besser eingeprägt werden als »neutrale«, ist es sicher von Vorteil, wenn die Lehrerinnen und Lehrer versuchen, durch die Art ihrer Präsentation und durch die Gestaltung der Lernsituation eine emotionale Anreicherung zu fördern.[35]

Lehren und Erziehen

Wie Kinder lernen, weiß man also. Wie soll man sie aber aus neurowissenschaftlicher Sicht unterrichten? Die didaktisch-präskriptiven Empfehlungen der Neurowissenschaftler wirken vertraut, trivial sind sie deshalb lange nicht. Eher fällt auf, dass sie sich aus der neurowissenschaftlichen Grundlagenforschung über einfache Lernvorgänge nicht direkt ableiten lassen:

1. Förderung des erfahrungsbasierten Lernens und der Eigenaktivität beim Lernen.
2. Ausreichend Zeit für Wiederholungen und Konsolidierungen vorsehen.

3. Hervorhebung wichtiger Informationen, um die Aufmerksamkeit auf die relevanten Reize zu lenken.
4. Darbietung aufeinander bezogener Informationen in einer optimalen Reihenfolge.
5. Kombination entdeckenlassender Verfahren mit Methoden der direkten Instruktion.
6. Vermittlung organisierender und elaborierender Lernstrategien, um neue Informationen leichter strukturieren und verknüpfen zu können.
7. Kleingruppenarbeit, um die sozialen Interaktionen beim Wissenserwerb zu nutzen.
8. Einsatz unterschiedlicher Medien und Nutzen unterschiedlicher Kodierungsformen.
9. Auswahl von Lerninhalten, die alltagsrelevant sind oder eine persönliche Bedeutung gewinnen können.
10. Motivationale und emotionale Aspekte des Lernvorgangs beachten und für positive Emotionen während des Lernens sorgen.[36]

Diese bewährten Prinzipien gehen über das bereits bekannte nicht hinaus. Besonders interessant sind die neurowissenschaftlichen Beiträge aber dort, wo sie sich auf die Beschreibung und Erklärung von *Lern- und Verhaltensstörungen* beziehen. Wenn sich durch bildgebende Verfahren oder elektrophysiologische Ableitungen neuronale Korrelate von Aufmerksamkeits-, Lese- oder Rechenstörungen auffinden und (im Rahmen kognitionspsychologischer Theorien) interpretieren lassen, kann damit ein Erkenntnisgewinn verbunden sein, der über die bisherigen Verhaltensbeobachtungen hinausgeht. Das gilt auch für klinische Studien, in denen der Nachweis geführt wird, dass sich durch ein systematisches Lesetraining sowohl die kortikale Konnektivität schwacher Leser verändern lässt als auch auf der Verhaltensebene Verbesserungen in der Dekodierfähigkeit sichtbar werden.[37] Andere Beiträge beschreibt Usha Goswami am Beispiel der *Biomarker* für Lesestörungen, als Indikatoren, die geeignet sein könnten, Kinder mit einem erhöhten Risiko für die Ausbildung einer Lesestörung frühzeitig zu identifizieren. In der Medizin sind Biomarker Merkmale (Zellen, Gene, Moleküle oder Enzyme), die auf den (krankhaften) Status physiologischer Prozesse hinweisen. Prädiktiv können sie Auskunft geben, ob eine Erkrankung droht, diagnostisch, ob eine Krankheit bereits besteht.

Hintergrund: Arbeitsgedächtnis und ADHS – eine fMRI-Studie

Eine Forschergruppe der Universität Basel hat 14 ADHS-Kinder und 12 Kontroll-Kinder beim Lösen von Aufgaben beobachtet, die zentral-exekutive Funktionen des Arbeitsgedächtnisses (hier: Updating-Prozesse) beanspruchen. Verwendet wurden sog. N-back-Aufgaben, die eine rasche Reaktion auf einen Reiz (hier: eine Ziffer) verlangen, wenn dieser identisch mit einem Reiz ist, der direkt davor (0-back) bzw. zwei (2-back) oder drei (3-back) Durchgänge zuvor schon einmal präsentiert wurde. Neben den direkt beobachtbaren Leistungsdaten wurden aggregierte Daten zum differentiellen Sauerstoffverbrauch in den aktiven Hirnregionen über die Methode der funktionellen Magnet-Resonanz-Tomographie (fMRI) erhoben. Die ADHS-Kinder wurden zweimal untersucht, einmal mit und einmal ohne vorherige Medikation (Methylphenidat). Auf der Leistungsebene sind die nicht medizierten ADHS-Kinder den Kontrollkindern unterlegen, nach Einnahme des Medikaments erreichen sie aber vergleichbare Leistungswerte. Auf der Ebene der Hirnfunktionen zeigen sich differentielle Aktivationsmuster für die Kontroll- und die ADHS-Kinder, die auch unter der Wirkung von Methylphenidat bestehen bleiben. Vor allem bei den schwierigeren Aufgaben (2-back bzw. 3-back) ist die Aktivation in den frontalen und parietalen Regionen bei den ADHS-Kindern deutlich geringer – auch die Medikation hat darauf keinen Einfluss (Kobel, Bechtel, Weber, Specht, Klarhöfer, Scheffler, Opwis & Penner, 2009; Kobel, Bechtel, Specht, Klarhöfer, Weber, Scheffler, Opwis & Penner, 2010).

Aus der *Dyslexieforschung* weiß man, dass:

1. die phonologische Bewusstheit eine wichtige Rolle beim Lesenlernen spielt,
2. das Erkennen segmentaler Sprachcharakteristika, wie der lautlichen Kontraste (also der Anstiegs- und Abfallzeiten in der Tonhöhe und die Amplitudenwechsel) zu den Indikatoren der phonologische Bewusstheit zählt und
3. Kinder mit Lesestörungen nicht hinreichend sensitiv auf solche lautlichen Kontraste reagieren.

Die frühe sprachliche Mutter-Kind-Interaktion ist entscheidend an der Ausbildung dieser metasprachlichen Kompetenzen beteiligt. Genau an diesem Punkt setzt nun das neurowissenschaftliche Paradigma an. In der von Goswami beschriebenen Forschungslinie werden z. B. elektrophysiologische Messungen genutzt, um die neuronalen Korrelate der mangelnden Sensitivität zu identifizieren. So lässt sich nachweisen, dass Kinder mit Lesestörungen hirnphysiologisch auf lautliche Kontraste tatsächlich nicht sensitiv reagieren. Ist dieser Nachweis geführt, stehen die kognitionspsychologischen Maße und Konstrukte (zur phonologischen Bewusstheit) auf einem »soliden« Fundament. Goswami räumt ein, dass man in aller Regel in der Praxis weiterhin die *kognitiven Marker* zur pädagogischen Diagnostik nutzen wird, weil der Einsatz neuronaler Marker (also das Ableiten ereigniskorrelierter Potentiale mittels EEG) schlicht zu aufwendig sei. Auch die pädagogischen Schlussfolgerungen sind die bereits bekannten: Sprachspiele im Kindergarten, rhythmische Übungen mit Silbenklatschen, Reimen und Singen.[38]

Für den Bereich der *Dyskalkulie* hat Dehaene die neurowissenschaftliche Fundierung seiner Theorie des Kompetenzerwerbs bzw. der Rechenschwäche von Beginn an betont (vgl. Abschnitt 3.1). Dehaene verortet die neuronalen Korrelate der Zahlenverarbeitung und des Rechnens aufgrund klinischer Studien in unterschiedlichen Regionen der Parietal- und Okzipitallappen – unter Beteiligung des präfrontalen Cortex, wenn Anforderungen an das Arbeitsgedächtnis gestellt werden. Es gibt Ergebnisse aus Studien mit bildgebenden Verfahren, die darauf hinweisen, dass beim Abruf arithmetischen Faktenwissens auch andere Regionen – nämlich in den sprachlich spezialisierten Hirnarealen – aktiviert werden. Abnormale morphologische Strukturen und eine geringere neurona-

---

Hintergrund: Neuropsychologie exekutiver Hirnfunktionen

Exekutive Funktionen beinhalten das Planen, Abwägen und Initiieren von Handlungen oder Handlungszielen sowie das Überwachen und Steuern einzelner Handlungsschritte und kognitiver Prozesse. Die im engeren Sinne exekutiven kognitiven Funktionen beziehen sich auf das Planen, Überwachen und Aktivieren sowie auf die Hemmung von kognitiven Prozessen. Neuroanatomisch und funktionell sind vor allem zwei Bereiche des präfrontalen Cortex an den exekutiven kognitiven Funktionen beteiligt, und zwar die dorsolaterale Region (bei Prozessen der räumlichen und konzeptuellen kognitiven Verarbeitung) und die ventrale Region (bei Prozessen der Selbstregulation und des Belohnungsaufschubs). Aufgrund der engen Verbindung der exekutiven Funktionen mit dem Arbeitsgedächtnis sind jedoch weitere, auch subcorticale Strukturen beteiligt. Störungen der exekutiven Funktionen treten z. B. nach Verletzungen des Frontalhirns auf. Sie äußern sich in einer beeinträchtigten Handlungsplanung und -kontrolle, einer mangelnden Impulskontrolle und in Beeinträchtigungen bei der Bearbeitung von Lern- und Gedächtnisaufgaben. Es wird vermutet, dass Lernstörungen und Störungen der Aufmerksamkeit mit beeinträchtigten exekutiven Funktionen einhergehen. Durch Testverfahren wie die AGTB oder die TAP (vgl. Abschnitt 5.2) ist eine testpsychologische Diagnostik der zentral-exekutiven Funktionen im Sinne Baddeleys möglich. Kognitiv-übende und verhaltenstherapeutisch orientierte Verfahren (vor allem beim Störungsbild der ADHS) können zum Training exekutiver Funktionen eingesetzt werden (Rüsseler, 2009).

le Aktivierung bei rechenschwachen Kindern haben sich in Untersuchungen gezeigt, in denen Kinder mit und ohne Dyskalkulie bei der Bearbeitung von Rechenaufgaben verglichen wurden.[39]

Neurodidaktik?

Es ist sinnvoll und hilfreich, dass sich Neurowissenschaftler zu pädagogischen Fragen äußern. Psychologie und Pädagogik wären gut beraten, dem nicht mit abgrenzenden Argumenten sondern dialogorientiert zu begegnen. Die faszinierende Frage, wie Kinder lernen und wie man ihnen dabei helfen kann, ist es jedenfalls wert, dass trans- und interdisziplinär nach den passenden Antworten gesucht wird. Längst ist in Forschungszusammenhängen von »neurokognitiven Faktoren« oder von den »Kognitiven Neurowissenschaften« die Rede, wenn es um die Ursachen von und um Interventionen bei Lernschwierigkeiten geht. Gravierender als das Problem der disziplinären Deutungshoheit über das kindliche Lernen ist jenes der Übertragbarkeit von Erkenntnissen der kognitiv-neurowissenschaftlichen Forschung in die unterrichtliche und erzieherische Praxis. Usha Goswami (2006) spricht diesbezüglich von einer »tiefen Kluft«, die sich derzeit kaum überwinden lasse. Deshalb sei es wichtig, zunächst mit den allenthalben grassierenden Neuromythen »aufzuräumen«, welche die neurowissenschaftlichen (und die wissenschaftlich seriösen) Erkenntnisse überhaupt diskreditierten. Das aber wird für Irritationen sorgen, weil Lehrer und Erzieher in ihrer praktischen Arbeit nicht selten bereits vermeintlich »hirngerechte« Lehrmethoden oder Förderverfahren einsetzen und nun erfahren müssen, dass es eine wissenschaftliche Basis dafür eigentlich nicht gibt. Die Enttäuschung der interessierten Eltern, Lehrer und Erzieher folgt dabei einem Muster, dem sich die psychologische Lernforschung bereits vor mehr als 100 Jah-

ren ausgesetzt sah: Es werden Rezepte und Handlungsanleitungen für die pädagogische Praxis und für den Einzelfall erwartet, wo doch nur allgemeine Gesetzmäßigkeiten, korrelative Zusammenhänge und Wahrscheinlichkeitsaussagen möglich sind.

Von den Neurowissenschaften kann man das Erziehen und Unterrichten nicht lernen. Sie eröffnen aber interessante Einsichten, die unsere Kenntnis über die Gesetzmäßigkeiten des Lernens und über Lernstörungen und -schwierigkeiten vertiefen und erweitern. Diese Einsichten werden in der öffentlichen Wahrnehmung allzu rasch bildungstheoretisch überhöht, was ihrer Bedeutsamkeit nicht entspricht. Begriffe wie »Neurodidaktik« oder »Neuropädagogik« sind in diesem Zusammenhang eher unglücklich gewählt, weil sie das hirngerechte oder hirnfreundliche Lernen und Lehren in einer Weise in den Mittelpunkt rücken, wo der Blick auf den ganzen Lerner und auf die Bedingungen, unter denen gelernt wird, hilfreicher wäre. Nicht ihre Gehirne, sondern die Schülerinnen und Schüler lernen. Pädagogische Interventionen richten sich deshalb an sie – auch wenn diesen Interventionen inzwischen ein zunehmend breiteres Verständnis der physiologischen Prozesse zugrunde liegt, die sie in den Gehirnen der Schülerinnen und Schüler auslösen (können).

Nicole Becker (2006) kritisiert zu recht, dass über Neuropädagogik zwar in der interessierten Öffentlichkeit und auch innerhalb der Disziplinen viel übereinander (Neurobiologen reden über erziehungswissenschaftliche Fragestellungen und Erziehungswissenschaftler über die Neurobiologie) geredet wird, ein wirklicher Dialog aber nicht stattfindet. Deshalb ist auch die pädagogische Relevanz der neurowissenschaftlichen Erkenntnisse nur schwer einzuschätzen. Im Übrigen gilt: Wo sich Neuro- und Erziehungswissenschaft treffen, um Erkenntnisse über das Lernen auf das Lehren und Erziehen zu übertragen, müssen beide Disziplinen bereit sein, voneinander zu lernen. Usha Goswami fordert

deshalb folgerichtig nicht nur eine »neurowissenschaftlich angereicherte Erziehungs-«
sondern auch eine »pädagogisch angereicherte Neurowissenschaft«. Ein erster Schritt
könnte darin bestehen, »klein zu beginnen«
und auf vorschnelle Verallgemeinerungen,
weitreichende Schlüsse und übergeneralisie-
rende Theorien zu verzichten, wo doch nur
fragile Daten aus klinischen oder tierexperi-
mentellen Studien zur Verfügung stehen.

7 Lernen – ein Passungsproblem

»Lernen ist leicht«, war das erste Kapitel überschrieben. Aber Lerner unterscheiden sich darin, wie leicht ihnen das Lernen fällt. Unterschiedlich sind allerdings auch die Förderangebote, die Schülerinnen und Schüler mit ihren unterschiedlichen individuellen Lernvoraussetzungen bekommen, sowie die Intensität, mit der sie solche pädagogischen Angebote wahrnehmen. Unterschiedlich ist auch der Grad der Wirksamkeit, den eine pädagogische Intervention entfaltet. Lernen kann dann zum Problem werden, wenn Lernvoraussetzungen, Lernangebote und die Ziele oder Standards, die in einer Lernsituation oder durch eine Lehrmaßnahme erreicht werden sollen, nicht zusammenpassen.

Diese Sichtweise, dass sich Lernen als Passungsproblem von Lernvoraussetzungen, Lerngelegenheiten und Lernzielen beschreiben lässt, ist weder neu noch besonders originell. Viele Pädagogen haben sie vertreten, als es die akademischen Disziplinen der Pädagogik und der Psychologie noch gar nicht gab. Lee Cronbach hat in den 1950er Jahren mit dem ATI-Paradigma erneut den Blick auf die Passungsproblematik gelenkt und darauf, dass es (im statistischen Sinne) Interaktionen zwischen persönlichen Merkmalen der Lernerinnen und Lerner und der jeweiligen Lehr- oder Unterrichtsmethode gibt, die das Lernen unterstützen soll. Dennoch gerät leicht aus dem Blick, dass nicht die beeinträchtigten individuellen Lernvoraussetzungen als solche und auch nicht ein quantitativ oder qualitativ unzureichendes Unterrichtsangebot allein die Ursachen von Lernschwierigkeiten sind, sondern ein »unglückliches« oder unpassendes Zusammentreffen beider Faktoren – in Kombination mit einem meist normativ gesetzten dritten: dem verbindlichen Lernziel. Diese Trias aus Merkmalen der lernenden Person, unterrichtlicher oder schulischer Lernsituation und dem definierten Lernziel oder Standard ist gleichzeitig zu bedenken, wenn über Ursachen von und Einflussmöglichkeiten bei Lernschwierigkeiten gesprochen wird (Abschnitt 7.1).

In der pädagogisch-psychologischen Tradition stößt man rasch auf den Begriff der unterrichtlichen Adaptivität, wenn von der Passung zwischen Lernern und der Lernsituation die Rede ist. Adaptivität (in der Erziehungswissenschaft ist der Begriff der Differenzierung gebräuchlicher) wird dabei meist als Bringschuld des Unterrichts betrachtet, im Sinne einer »An-Passung« der unterrichtlichen Methode, der Unterrichtszeit oder des Unterrichtsziels an die individuell unterschiedlichen Lernvoraussetzungen. Dabei ist zu beachten, dass das ATI-Paradigma Handlungsanweisungen für einen individualisierten Unterricht gar nicht anbietet. Denn die ATI-Befunde beschreiben bestenfalls allgemeine Gesetzmäßigkeiten: dass sich definierbare Gruppen von Lernern in ihrer Leistungsentwicklung voneinander unterscheiden, je nachdem, mit welcher Lehrmethode sie unterrichtet werden. Auf die Identifikation und individuelle Behandlung einzelner Lerner mit besonderem Förderbedarf zielt dagegen das im deutschsprachigen Raum noch vergleichsweise wenig rezipierte RTI-Paradigma. Damit sich diese Sichtweise als Alternative zur herkömmlichen Diskrepanzdiagnostik etablieren kann, bedarf es allerdings curriculumbasiert-änderungssensitiver Lernfortschrittsmessungen und eines mehrstufigen Vorgehens. In Abschnitt 7.2. wird darauf eingegangen.

Mit der Frage der unterrichtlichen und didaktischen Passung ist auch die Frage verbunden, an welchem Ort Schülerinnen und Schüler mit besonderem Förderbedarf eine solche Förderung erhalten sollen. In den vorangegangenen Abschnitten wurde dazu die Auffassung vertreten, dass es weniger auf das »wo« als vielmehr auf das »wie« der Förderung ankomme. Die Frage wird abschließend unter dem Aspekt der Bildungsgerechtigkeit noch einmal aufgegriffen. Bildungsangebote sollten für alle gleich gut sein – gerecht sind sie dann, wenn auf Ungleiches angemessen, d. h. adaptiv reagiert wird. Es ist ein hoher Anspruch an das inklusive Unterrichtsmodell, einen zeit-, methoden- und/oder zieldifferenten Unterricht so zu realisieren, dass möglichst alle Kinder in der für sie bestmöglichen Weise gefördert werden und so gemeinsam verschiedenes lernen können (Abschnitt 7.3).

Fragen zu Kapitel 7

18. Wie kann man Lerngelegenheiten passend machen?
19. Können alle alles lernen?

7.1 Lernvoraussetzungen, Lernziele und Lerngelegenheiten

Wichtige individuelle *Lernvoraussetzungen* sind das auf einen Lerngegenstand bezogene Vorwissen, die Funktionstüchtigkeit grundlegender Mechanismen und Prozesse der Aufmerksamkeitszuwendung und des Arbeitsgedächtnisses, der Einsatz von Lernstrategien und die Fähigkeit zur Planung und Überwachung der eigenen Lernprozesse, lernförderliche motivationale, emotionale und volitionale Dispositionen sowie die Fähigkeit zur Regulation der motivationalen, emotionalen und volitionalen Prozesse, die das Lernen begleiten oder diesem vorangehen. Hinzu kommen die besonderen Entwicklungsvoraussetzungen im Hinblick auf diese Prozesse sowie die notwendigen sprachlichen und intellektuellen Voraussetzungen, um dem Unterricht folgen zu können.

Wichtige *Lernziele* sind entweder über die Lehr- und Unterrichtspläne der jeweiligen Institutionen festgelegt oder als Standards, d. h. als Zielkompetenzen definiert. Meist sind das Mindest- oder Regelstandards in Bezug auf einen inhaltlichen Kompetenzbereich (z. B. lesen, rechtschreiben, rechnen oder schwimmen können) oder bereichsübergreifende Kompetenzen, wie zuhören können, miteinander kooperieren können oder einen komplexen Sachverhalt in einfachen Worten erklären können. Unterschiedliche Bildungseinrichtungen definieren für die Absolventen ihrer Einrichtungen meist Lernziele unterschiedlichen Anspruchsniveaus. Ziele und Standards sind Anforderungen, die an die Lernenden im Hinblick auf die Ergebnisse ihres Lernens gestellt werden – sie beschreiben aber auch die besonderen Verantwortlichkeiten der Bildungsinstitutionen auf dem Weg zur Zielerreichung.

Lerngelegenheiten sind so zu gestalten, dass sie das Erreichen von zuvor definierten Lernzielen ermöglichen, indem sie die individuellen Lernprozesse angemessen unterstützen. Dabei muss den je unterschiedlichen Lernvoraussetzungen in adaptiver Weise Rechnung getragen werden. Je heterogener eine Lerngruppe zusammengesetzt ist, desto wichtiger ist das Prinzip der Adaptivität – wird es nicht beachtet, bleibt der Lernerfolg des Kollektivs, aber auch jedes einzelnen Schülers hinter dem eigentlich Erreichbaren zurück. Die Adaptivität des Unterrichts ist von der Verwendung konkreter Lehr- und Unterrichtsmethoden unabhängig. Sie lässt sich in Unterrichtsformen des sozialen und entdeckenden Lernens genauso realisieren wie in den darbietenden Methoden direkter Instruktion.

Unterschiedliche *Lernergebnisse* (Leistungen) sind so »normal« wie es die Unterschiede in den individuellen Lernvoraussetzungen auch sind. Sie sind dann problematisch, wenn sich in ihrem Ausmaß eine unzureichende individuelle Förderung widerspiegelt und wenn einige Schülerinnen und Schüler aus diesem Grund unterhalb eines für sie eigentlich erreichbaren Kompetenzniveaus verbleiben oder wenn die von einigen Schülerinnen und Schülern erzielten Leistungen in einem nicht tolerierbaren Ausmaß Mindeststandards unterschreiten. Maßnahmen zur Prävention solcher Problemlagen und zur Intervention bei bereits bestehenden Lernschwierigkeiten können aus unterschiedlichen Zielsetzungen heraus und mit unterschiedlichen Ansatzpunkten eingeleitet und durchgeführt werden:

- Sie können an den defizitären Leistungen und Kompetenzen direkt ansetzen, um Leistungsrückstände oder Kenntnislücken zu beseitigen;
- sie können an den individuellen Lernvoraussetzungen ansetzen, um die Grundlagen der individuellen Lernprozesse zu verbessern;
- sie können auf Seiten der Lehr- und Unterrichtsprozesse ansetzen, um über die Optimierung der Lernumwelt die individuellen Lernprozesse zu erleichtern.

Diese Zielsetzungen schließen einander nicht aus, sondern sie ergänzen sich. Heinz Neber verwendet den Begriff des *remedialen* (ausgleichenden) Lernens, um die Möglichkeiten und Grenzen so verstandener Interventionen zu beschreiben.[1] Dabei ist zu beachten, dass in der Vorstellung eines möglichen Ausgleichs oder einer Kompensation von Defiziten eine normativ-idealistische Zielsetzung mitschwingt. Dies vor allem, wenn mit der Förderung individueller Lernvoraussetzungen die Erwartung verbunden ist, über das »Behandeln der Ursachen« tatsächlich eine »Heilung« von Lernstörungen und Leistungsdefiziten erreichen zu können. Auch im Lernzeitmodell von John Carroll oder bei Benjamin Bloom war das Leitmotiv schon ein überaus optimistisches: Alle können alles lernen, wenn die Lernzeiten und Lerngelegenheiten auf die individuellen Bedürfnisse abgestimmt werden (vgl. Abschnitt 1.5). Realistisch betrachtet sind die tatsächlichen Möglichkeiten weitaus bescheidener, das heißt aber nicht, dass die Interventionen, die an den Lernvoraussetzungen oder an der Lernzeit ansetzen, ohne Wirkung blieben.

Das Ausgleichen von Leistungsdefiziten durch Nachhilfe, Wiederholungen und durch das Gewähren zusätzlicher Lern- und Übungszeiten (»Das Gleiche noch einmal«) wird leicht als »Symptombehandlung«, welche die Ursachen der Störungen außer Acht lasse, diskreditiert. Richtig ist, dass Nachhilfe und zusätzliche Lernzeiten nicht genügen, um künftige Lern- und Leistungsprobleme zu vermeiden. Ebenso richtig ist aber auch, dass das lernzeitadaptive Schließen von Vorkenntnislücken eine notwendige Voraussetzung ist, um den Erwerb neuen Wissens in kumulativen Lernprozessen überhaupt zu ermöglichen. Die Beeinflussung defizitärer Lernvoraussetzungen (z. B. durch die Förderung von Lernstrategien) setzt an den vermeintlichen Ursachen der Lernschwierigkeiten an. Idealerweise wird eine solche Förderung in Kombination und in

Ergänzung mit dem Aufarbeiten inhaltlicher Leistungsdefizite stattfinden. Meist liegt ihr die Annahme zugrunde, dass es sich bei den Kindern mit Lernschwierigkeiten um inaktive oder passive Lerner handelt, die nicht wüssten, wie man richtig lernt und wie man das eigene Lernverhalten selbst regulieren kann. Kognitive Trainings zur Vermittlung von Lernstrategien und zur Einübung von Selbststeuerungskompetenzen haben sich im Allgemeinen als wirksam erwiesen; bei spezifischen Lernstörungen (wie z. B. bei einer LRS) kommen speziell auf das Störungsbild bezogene Trainingseinheiten hinzu.[2]

Auf Seiten der Lehr- und Unterrichtsprozesse sind *institutionell-organisatorische* und unterrichtlich-didaktische Antworten auf die unterschiedlichen Lernpotentiale der Schülerinnen und Schüler und auf ihre unterschiedlichen Lernergebnisse gegeben worden. Mit der Einrichtung von Hilfs-, Sonder- oder Förderschulen wurde in den deutschsprachigen Ländern auf die besonderen Bedürfnisse der Lernschwachen vornehmlich institutionell reagiert – die damit einher gehende räumlichen Separierung hat die natürliche Heterogenität der unterschiedlichen Lernpotentiale schulorganisatorisch verringert. Mit der institutionellen Trennung ist verbunden, dass Schülerinnen und Schüler mit besonderem Förderbedarf anders (z. B. in kleineren Lerngruppen und mit einem höheren Ausmaß an individueller Förderung) unterrichtet werden und dass andere Lernziele und Standards angestrebt werden.

Die Lernzieladaptivität und eine individuelle Förderorientierung müssen aber nicht unbedingt mit einer schulorganisatorischen Trennung der Schülerinnen und Schüler einher gehen, das zeigt die Praxis in vielen anderen Ländern. In den US-amerikanischen Schulen wird das Prinzip der »minimalen Restriktionen« verfolgt – Kinder mit Lernschwierigkeiten werden so lange und in so vielen Fächern wie möglich gemeinsam mit den anderen Kindern unterrichtet (»mainstreaming«). Eine schulorganisatorisch-

räumliche Separierung, also ein sogenanntes »between-school-tracking«, ist dort eher unüblich, dafür gibt es innerhalb von Schulen unterschiedliche Formen der Leistungsdifferenzierung, je nachdem, ob fächerübergreifend Niveaugruppen gebildet werden (»streaming« oder »tracking«) oder ob sich die Leistungsdifferenzierung nur auf einzelne Fächer bezieht (»setting« oder »ability grouping«). Die gesetzlichen Vorgaben der minimalen Restriktionen werden wo möglich im Sinne eines »mainstreaming« umgesetzt, indem Kinder mit besonderem Förderbedarf grundsätzlich gemeinsam mit den anderen Kindern unterrichtet werden, aber eine zusätzliche individuelle Förderung erhalten, wenn es nötig ist, um die (individuell) vereinbarten Entwicklungsziele zu erreichen. Auch in Deutschland zeichnet sich mittlerweile eine Entwicklung in diese Richtung ab (vgl. Abschnitt 6.4).

Die *unterrichtlich-didaktische* Antwort auf Differenzen in heterogenen Lerngruppen ist die innere oder Binnendifferenzierung. Schülerinnen und Schüler mit sonderpädagogischem Förderbedarf können dem Unterricht in integrativen Klassen aber nur dann folgen, wenn sie die Erklärungen und Veranschaulichungen verstehen und wenn die Schwierigkeit der Aufgaben und die Geschwindigkeit des Vorgehens ihren Lernvoraussetzungen angepasst sind. Dazu bedarf es zeitlich begrenzter und flexibel gestalteter Gruppeneinteilungen, einer Variation in Aufgabenanzahl und -schwierigkeit (auch der Bereitstellung zusätzlicher Aufgaben für die leistungsstärkeren Schüler) sowie gezielter zusätzlicher Hilfen und Ermutigungen. Im Hinblick auf die einzelnen Schülerinnen und Schüler entspricht das letztendlich der Konzeption und Anwendung individualisierter Lernprogramme mit einer kontinuierlichen lernprozessbegleitenden Diagnostik (vgl. Abschnitt 5.5). Insgesamt sind das die Kernelemente des adaptiven Unterrichtens. Adaptiv ist aber auch, wenn Lernanforderungen und Lernumgebungen den Erfordernissen und Möglichkeiten guter Informationsverarbeitung angepasst werden, wenn also die begrenzten Ressourcen des Arbeitsgedächtnisses und der Aufmerksamkeit und die entwicklungspsychologisch bedingten Einschränkungen stets mit bedacht werden.[3] Individualisierung ist also in enger Verbindung mit einer kontinuierlichen Lernfortschrittsmessung zu sehen. Nur so kann eine optimale Passung zwischen den individuellen Lernvoraussetzungen und den unterrichtlichen Angeboten erreicht werden.

Ein Kernproblem des remedialen Lernens wie des adaptiven Unterrichtens überhaupt ist die Budgetierung der zur Verfügung stehenden *Lernzeit*. Blooms frühe, auf den Primarbereich bezogene Schätzung, dass die schwächeren Lerner etwa fünfmal so lange zur Erreichung eines Lernziels benötigen wie diejenigen mit sehr guten Lernvoraussetzungen, gibt in etwa die Spannbreite der Differenzen an, die sich auch in den aktuellen Schulleistungsstudien finden lassen. Wo auf eine zeit-, methoden- und zieladaptive »Sonderbehandlung« in separaten Bildungseinrichtungen verzichtet wird, ist deshalb die Frage zu beantworten, wie die inklusiven pädagogischen Ansätze mit den unterschiedlichen Bedarfen der zur individuellen Zielerreichung benötigten Lernzeiten umgehen. Inklusive Ansätze, die an gleichen Lernzielen für Kinder mit unterschiedlichen Lernvoraussetzungen festhalten, werden die Problematik letztendlich nur über eine differentielle Ausweitung der verpflichtenden Lernzeit in den Griff bekommen: Durch schulische *Ganztagsangebote* mit besonderen Stütz- und Förderkursen oder durch Angebote in den Ferien. Die Befunde zum sogenannten »Sommerloch-Effekt« in den Vereinigten Staaten weisen hier die Richtung: Wenn in den vergleichsweise langen Sommerferien Stützkurse für die Kinder mit besonderem Förderbedarf angeboten werden, lässt sich nämlich einer Vergrößerung der (herkunftsbedingten) Disparitäten entgegenwirken. Geschieht in den Sommerferien jedoch

nichts, nehmen die Leistungsunterschiede zwischen den leistungsschwächeren und den -stärkeren Kindern noch deutlicher zu, als das während der Schulzeit der Fall ist. Bernd Ahrbeck und Kollegen haben zu Recht darauf hingewiesen, dass das Prinzip der Lernzeitmaximierung »organisatorisch irgendwann in äußere Differenzierung umkippt« (1997, S. 747), weil ein unendliches Zeitbudget nur dann zur Verfügung steht, wenn man unterrichtsadditive Lernzeiten mit einbezieht.

Im Konzept der unterrichtlichen Adaptivität kulminieren die Auffassungen eines an die individuellen Lernvoraussetzungen abgestimmten Vorgehens. Es vereint die Prinzipien des differenzierenden und individuell fördernden Vorgehens mit formativ-diagnostischen und schülerzentrierten Elementen. Mangelnde unterrichtliche Adaptivität wird aber nicht nur im Zusammenhang mit Lernschwierigkeiten diskutiert – Adaptivität gilt als wichtiges Qualitätsmerkmal von Unterricht überhaupt (vgl. Abschnitt 3.4). Eckhard Klieme spricht von unterrichtlicher Adaptivität, wenn Basisdimensionen guten Unterrichts, wie die Klassenführung, das Lernklima und die erlebte emotionale Unterstützung und das erreichte Ausmaß der kognitiven Aktivierung in angemessener Weise ausbalanciert sind.[4] Aus der Sicht des Lehrerhandelns geht es dabei um ein flexibles, auf die individuellen Lernvoraussetzungen und -fortschritte abgestimmtes Vorgehen, das die Verwendung unterschiedlicher Methoden, Materialien und Aufgaben beinhaltet. Als Kernelemente eines so verstandenen Konzepts unterrichtlicher Adaptivität gelten:

1. eine kognitive Strukturierung des Unterrichts, die individuelle Lernaktivitäten begünstigt,
2. der Einsatz kooperativer Lehr-Lernmethoden, um die besonderen Effekte sozialer Interaktionen bei der individuellen Wissenskonstruktion zu nutzen und

3. eine formative Prozessdiagnostik, um die individuellen Leistungsentwicklungen fortlaufend zu erfassen und um die Ergebnisse dieser Lernstandsmessungen bei der Gestaltung neuer Lernangebote zu berücksichtigen.

Vor allem auf den zuletzt genannten Aspekt – die kontinuierlichen Lernstandserhebungen und die darauf abgestimmten Interventionen – ist in den vergangenen Abschnitten schon häufig verwiesen worden. Im Folgenden wird darauf nochmals eingegangen.

7.2 ATI und RTI, CBM und IEP – die Lösung des Passungsproblems?

Die Akronyme ATI, RTI, CBM und IEP sind bereits eingeführt worden – eine kurze Auffrischung ihrer Bedeutung kann dennoch nicht schaden: Als Aptitude-Treatment-Interaction (*ATI*) wird die auf Lee Cronbach zurückgehende Beschreibung einer leistungsförderlichen Passung zwischen Lernermerkmalen (also Lernvoraussetzungen) und Lehrmethoden (also Lernangeboten) bezeichnet (vgl. Abschnitt 6.3). Unter der Bezeichnung Response-to-Intervention/Instruction (*RTI*) ist eine Herangehensweise im Umgang mit Lernschwierigkeiten und eine neue Art der Definition von »Lernstörungen« bekannt geworden, die sich vom traditionellen Diskrepanzparadigma abhebt (vgl. Abschnitt 5.5). Kinder mit Lernschwierigkeiten und in besonderer Weise förderbedürftig sind demnach jene, bei denen nachweislich wirksame und gezielt eingesetzte vorherige Fördermaßnahmen ohne Erfolg geblieben sind. Um diese Kinder zu identifizieren bedarf es curriculumbasierter und fortlaufender Messungen ihrer Lernfortschritte (*CBM*), ein Vorgehen, das in anderen Zusammenhängen auch als forma-

tive Lernfortschritts- bzw. Lernverlaufsmessung bezeichnet wird (vgl. Abschnitt 5.5). Individuelle Entwicklungs- oder Erziehungspläne (*IEP*) sind Vereinbarungen zwischen Kindern (sowie ihren Eltern) auf der einen Seite und der Schule auf der anderen, in denen für Kinder mit besonderem Förderbedarf festgehalten ist, welche Lernziele in einer Zeiteinheit, z. B. innerhalb eines Schuljahres, erreicht werden sollen. Vereinbart werden dabei auch die Methoden und Maßnahmen, die zur Zielerreichung eingesetzt werden sollen und die Kriterien der Leistungsüberprüfung (vgl. Abschnitt 5.5).

Das ATI-Paradigma hat zwar den Blick auf die Unterschiedlichkeit von Lernvoraussetzungen und Lehrmethoden und auf die am Lernergebnis sichtbare Effizienz der Passung zwischen beiden gelenkt – konkrete Empfehlungen für die Unterrichtsgestaltung oder Ansatzpunkte für die pädagogische Intervention bei Kindern mit Lernschwierigkeiten lassen sich daraus aber nicht ableiten. Für die Einzelfallhilfe war das *deduktiv-nomothetische* ATI-Konstrukt auch gar nicht intendiert gewesen – Jürgen Walter hat aus einer sonderpädagogischen Perspektive heraus daran erinnert. Erst eine am Einzelfall orientierte formative Lernfortschrittsdiagnostik mit den darauf aufbauenden individuellen Lernangeboten zieht aus dem ATI-Paradigma den Mehrwert für das (sonder-)pädagogische Handeln. Genau dieses beanspruchen die am RTI-Konzept orientierten Ansätze.

Im Grunde beschreibt der RTI-Ansatz ein iterativ-diagnostisches Vorgehen mit dem Ziel, jene kleine Gruppe von Kindern zu identifizieren, deren Lernfortschritte auch bei einer zunehmend intensiver gestalteten Dosierung unterrichtlicher Maßnahmen weiterhin hinter der Leistungsentwicklung der anderen Kinder zurückbleiben. Anders als bei der herkömmlichen Diskrepanzdiagnostik wird aber das Leistungsversagen dieser Kinder nicht zum Niveau ihrer intellektuellen Fähigkeiten in Beziehung gesetzt, sondern in Relation zur Qualität und Intensität der pädagogischen Interventionen betrachtet – im Sinne einer Überprüfung des »Ansprechens« (response) auf diese Interventionen. Nur für die hartnäckigen »Nonresponder« wird eine Lernschwierigkeit diagnostiziert, die in letzter Konsequenz zu einem Herausnehmen des Kindes aus dem Klassenverband und zu einer besonderen Förderung Anlass geben könnte. Der Vorteil dieser *induktiv-idiographischen* Herangehensweise liegt darin, dass Merkmale des Lerners *und* Merkmale der pädagogischen Intervention zugleich in den Blick genommen werden, wenn es um die Betrachtung einer Lernstörung und um die Entscheidung über Art und Ort von Förderangeboten geht.

Der Perspektivenwechsel wird deutlich, wenn man sich die RTI-Logik in der pädagogischen Praxis als Abfolge von Handlungsanweisungen (Phasen) vorstellt:

- Überprüfen und sicherstellen, dass im Regelunterricht einer Schulklasse nachweislich wirksame Unterrichtsmethoden (Intervention) eingesetzt werden, dass es also in der Lerngruppe insgesamt zufriedenstellende Lernfortschritte gibt.
- Identifikation von Schülerinnen und Schülern, deren Leistungsentwicklung deutlich hinter der mittleren Leistungsentwicklung ihrer Klasse zurückbleibt: Das sind die Nonresponder, also die vermeintlich »Lernschwierigen«.
- Zusätzliche individuelle Förderung der Nonresponder, die noch im Klassenverband stattfinden kann, z. B. durch eine Ausweitung der Lernzeit, eine intensive Betreuung in Kleingruppen oder durch besondere Stütz- und Förderkurse.
- Feststellen, ob die zusätzlichen Anstrengungen zu einem Ausgleich der Leistungsdefizite geführt haben.
- Wenn das nicht der Fall war: besonderer Förderunterricht für die verbliebenen Nonresponder.[5]

Diese Handlungsanweisungen werden oft als Phasen oder Stufen (tiers) bezeichnet, was

den Prozess- bzw. Verlaufscharakter des pädagogischen Vorgehens nochmals unterstreicht. Es gibt unterschiedliche Auffassungen darüber, wie viele Phasen im Regelunterricht zu durchlaufen seien, bevor ein hartnäckig persistierender Förderbedarf einer besonderen (separaten) Unterrichtung bedarf. Die begleitende, auf das Curriculum bezogene Lernfortschrittsdiagnostik (CBM) ist sicherlich das wichtigste Merkmal von RTI. Sie ist formativ, weil ihre Ergebnisse auf die Gestaltung der individuellen Förderpläne (IEP) und auf die fortwährende Anpassung des unterrichtlichen Vorgehens unmittelbar Einfluss nehmen. Das unterscheidet sie im Übrigen von der summativen Evaluation, die den Erfolg einer pädagogischen Maßnahme und das in einer Lerngruppe oder von einem Individuum erreichte Kompetenzniveau abschließend diagnostiziert. Wichtig ist der Rückmeldungsaspekt der Lernverlaufsmessungen aber nicht nur für die Lehrperson, sondern auch für die Schülerinnen und Schüler selbst.

Im zyklischen Zusammenspiel aus Individualdiagnostik, Förderplan und Lernverlaufsmessung wird auch der Unterschied zur Eingangs- oder Diskrepanzdiagnostik herkömmlicher Art besonders deutlich. Denn bei der systematisch-formativen Lernverlaufsmessung geht es nicht um das einmalige Auffinden oder Herstellen einer optimalen Passung von (gegebenen) Lernvoraussetzungen zu (vorhandenen) Förderprogrammen, sondern um eine prozesshaft-fortlaufende, immer neue Anpassung der pädagogischen Interventionen an die individuellen Lernentwicklungen im Verlauf dieser Interventionen. Diese fortlaufende und flexible *Anpassung* ist gemeint, wenn es um sinnvolle pädagogische Interventionen bei Kindern mit Lernschwierigkeiten geht – und nicht eine statische Optimierung der *Passung* zwischen Lernvoraussetzungen und Lehrsituation.

Nun sollte nicht der Eindruck entstehen, mit RTI und CBM sei eine völlig neue, theoretisch vollständig befriedigende und zugleich unterrichtspraktisch leicht nutzbare Antwort auf die Fragen nach einer brauchbaren Lernstörungsdiagnostik und einer angemessenen und erfolgreichen Intervention bei Lernstörungen gefunden. So neuartig ist der Verweis auf die Instruktions- oder Unterrichtsqualität nämlich nicht, wenn es um die Beschreibung und Erklärung von Lernschwierigkeiten und um Möglichkeiten ihrer Behandlung geht. Lee Swanson hat darauf hingewiesen, dass schon vor mehr als 30 Jahren in ganz ähnlicher Weise zwischen »learning disabled« und »instruction disabled« unterschieden wurde.[6] Allerdings sind gerade in der US-amerikanischen Tradition die didaktogenen, das heißt auf den Unterricht bezogenen Ursachen von Lernschwierigkeiten, lange Zeit nicht thematisiert worden und auch nicht, dass es zu komplexen Wechselwirkungen zwischen individuellen Lernvoraussetzungen und solchen instruktionalen Faktoren kommen kann, die das Entstehen von Lernschwierigkeiten begünstigen. Zum anderen darf man den Aufwand und die Probleme nicht übersehen, die mit dem Anspruch und der Notwendigkeit einer kontinuierlichen und verlässlichen Lernfortschrittsmessung verbunden sind – einer wesentlichen Voraussetzung nämlich, um die Nonresponder überhaupt identifizieren zu können.

RTI und CBM haben jedenfalls den Blick darauf gelenkt, dass Lernschwierigkeiten (wie der Lernerfolg) als veränderliches (Zwischen-)Ergebnis einer reziproken Interaktion zwischen den Lernmerkmalen auf der einen und den pädagogischen Interventionen auf der anderen Seite zu betrachten sind und dass es für das Verständnis und für die Behandlung von Lernschwierigkeiten lohnend ist, die individuellen Leistungsveränderungen zu erfassen, die mit einer Modifikation der pädagogischen Situation einhergehen. Das entspricht einer in Diagnostik und Intervention individuumszentrierten Perspektive, die im Übrigen an die Überlegungen von Wygotski erinnert, wonach die lern- und entwicklungspsychologisch interessantesten Erkenntnisse

jene seien, die sich aus der Beobachtung individueller Entwicklungsfortschritte im Kontext der nächst erreichbaren Ziele und angesichts der angebotenen Hilfen einstellten.

Auf eine Homogenisierung von Lerngruppen und auf eine besondere Beschulung der Kinder mit besonderem Förderbedarf kann so lange verzichtet werden, wie sich in den Phasen vermehrter instruktionaler Anstrengungen, also bei einer optimierten (und individualisierten) unterrichtlichen Situation, die erwünschten Reaktionen (responses) einstellen. Erst wenn alle Korrektur- und Stützmaßnahmen im Regelunterricht erfolglos geblieben sind, ist an eine Herausnahme des Kindes und an eine Sonderbeschulung zu denken. An dieser Stelle hilft aber auch das RTI-Paradigma nicht weiter. Mit dem seit einiger Zeit aus der Mode gekommenen Begriff der »Förderdiagnostik« war etwas ganz ähnliches gemeint gewesen, allerdings ohne die instruktionale Ausgangssituation im Regelunterricht zu thematisieren: Feststellen eines besonderen Lernbedarfs, das Ableiten von Nah- und Fernzielen sowie das Festlegen von individuelle Förderplänen, also Schritten und Methoden des pädagogischen Vorgehens, um diese Ziele zu erreichen – verbunden mit einer prozessbegleitenden Diagnostik zur Bewertung von Lernfortschritten und zur Fortschreibung des Förderbedarfs. Allerdings: Wo RTI und CBM künftig zum Repertoire eines inklusiv angelegten Regelunterrichts werden sollen, sind zuvor durch entsprechende Maßnahmen der Lehreraus- und Fortbildung die notwendigen Kompetenzen dafür zu vermitteln.[7]

7.3 Kein Kind zurücklassen

»No child left behind! Kein Kind bleibt zurück!« Solche normativ-plakativen Zielsetzungen, die aus den nordamerikanischen und nordeuropäischen Bildungssystemen übernommen wurden, signalisieren den Anspruch der Schule, möglichst alle Kinder an grundlegende Mindeststandards heranzuführen. Mit dem US-amerikanischen Bildungsgesetz »No Child Left Behind« (NCLB) von 2001 ist den Schulen eine größere Verantwortlichkeit und Autonomie für den Bildungserfolg ihrer Schüler übertragen worden – verbunden mit der Verpflichtung, das Erreichen von Mindeststandards (vor allem im Lesen, Schreiben und Rechnen) zu gewährleisten. Auch die Verantwortlichkeit und die Einflussnahme der Eltern wurde gestärkt – Eltern erhalten Bildungsgutscheine, um sie an Schulen ihrer Wahl gegen die Vereinbarung eines individuellen Entwicklungsplans (IEP) für ihr Kind einzulösen. Den Schulen und den Lehrpersonen drohen Sanktionen – bis hin zu Schulschließungen und Entlassungen –, wenn die Leistungsvorgaben verfehlt und die Vereinbarungen nicht eingehalten werden. Im Frühjahr 2010 war der Tagespresse beispielsweise zu entnehmen, dass alle 93 Lehrer der Central Falls High School im Bundesstaat Rhode Island entlassen wurden, weil die Kompetenzwerte ihrer Schüler wiederholt den Anforderungen nicht genügten.

In jüngerer Zeit wird in der bildungspolitischen Diskussion allerdings vor überzogenen und unrealistischen Ansprüchen und vor Fehlanreizen im Zusammenhang mit der NCLB-Programmatik gewarnt. In Amerika hat sich die Kritik vor allem an zwei Punkten entzündet. Zum einen, dass die zur Überprüfung der Zielerreichung einer Schule oder einer Klasse regelmäßig durchgeführten Leistungstests und Schulinspektionen die Gefahr eines vornehmlich performanzorientierten Unterrichts bergen, dass also im Unterricht ein unerwünschtes »teaching-to-the-test« stattfindet. Und zum zweiten, dass es durch das System der Bildungsgutscheine und durch die Etablierung von besonderen Vertragsschulen (»Charter Schools«), an welchen die Eltern, die mit der Arbeit ihrer Regelschule unzufrieden sind, ihre Bildungs-

gutscheine einlösen, zu einer unerwünschten Verstärkung der Segregation kommt, weil sich einzelne Vertragsschulen darauf spezialisieren, Angehörige ethnischer Minderheiten zu unterrichten. Diane Ravitch, eine der führenden amerikanischen Bildungspolitikerinnen fasst diese Kritik in ihrer Streitschrift zusammen und korrigiert zugleich frühere Ansichten: Der NCLB-Gesetzgebung, so Ravitch, liege ein verfehltes System von »Messen« (der Schülerkompetenzen) und »Bestrafen/Belohnen« (der Lehrer bzw. Schulen) zugrunde, dessen finanzielle Steuerungsmechanismen zu betrügerischen Manipulationen verleiteteten und dessen marktliberale Wettbewerbskomponente (zwischen Schulen) dem eigentlichen Ziel des Erreichens von Mindeststandards nicht länger dienlich sei.[8] Es würde sich lohnen, die von Ravitch beschriebenen Fehlentwicklungen genauer zu betrachten, bevor man in den Schulgesetzen der deutschen Länder die konkrete Ausgestaltung des neuen Steuerungsmodells der »eigenverantwortlichen Schule« festschreibt.

Ohne eine individuelle Förderung ist die Zielvorgabe, kein Kind zurückzulassen, nicht zu erreichen. Wo es eine leistungshomogenisierende Aufteilung der Kinder in unterschiedliche Schulen und Schulformen (between-school-tracking) nicht geben soll, muss eine didaktische Differenzierung innerhalb von Schulen und Klassen stattfinden, um eine individuelle Förderung der lernschwächeren Kinder zu gewährleisten. So wird die vermeintlich schulorganisatorische letztlich wieder auf eine pädagogisch-didaktische Frage reduziert. Unter dem Aspekt der Bildungsgerechtigkeit ist entscheidend, dass eine optimale individuelle Förderung stattfindet: das setzt eine gründliche Eingangsdiagnostik voraus und eine kontinuierliche Messung der Lernfortschritte zur Feststellung der individuellen Leistungsentwicklung. Mit der summativen Evaluation von Schulen und Klassen und einer teaching-to-the-test Pädagogik hat das allerdings wenig gemein. Zur Förderung müssen bewährte unterrichtliche Methoden eingesetzt werden – abgestimmt auf das bereits vorhandene Wissen und Können und auf den Entwicklungshorizont des in naher Zukunft Möglichen. Dabei ist die pädagogische Grundhaltung der Individualförderung das eigentlich Entscheidende, im Grunde weniger entscheidend ist, wo das geschieht. Allerdings überwiegen die Argumente, die für ein gemeinsames Lernen im Sinne der inklusiven Schulmodelle sprechen, also für leistungs- und altersgemischte Lerngruppen ohne räumliche Separierung.

Die Schule für Lernhilfe kann ein geeigneter Förderort sein, wenn es einen besseren nicht gibt. Ungerecht wäre jedenfalls eine Integration der Kinder mit besonderem Förderbedarf in die Grundschulen und die weiterführenden Schulen, ohne zuvor an diesen Schulen ein umfangreiches Beratungs- und Hilfesystem zu etablieren, das den gemeinsamen Unterricht erst ermöglicht. Es gibt unterschiedliche Modelle, wie das geschehen kann – sie reichen von der vollständigen Schließung der Sonder- bzw. Förderschulen und die Umsetzung des pädagogischen Personals bis zur Einrichtung von Kompetenzzentren, die unterschiedlich organisiert sein können. In Hessen sind beispielsweise in den letzten fünfzehn Jahren *sonderpädagogische Beratungs- und Förderzentren* – meist in räumlicher Angliederung an eine Förderschule – eingerichtet worden. Sie führen in enger Zusammenarbeit mit den allgemeinen Schulen Maßnahmen einer vorbeugenden und integrativen Förderung durch und beraten und betreuen Schülerinnen und Schüler mit besonderem Förderbedarf (und deren Eltern) an der allgemeinen Schule. Zugleich wird die Förderarbeit von allgemeiner Schule und Beratungszentrum mit den Hilfsangeboten der Jugendhilfe und anderer sozialer Dienste verknüpft. Dies mit dem Ziel, dass zunehmend mehr Schülerinnen und Schüler mit erhöhtem Förderbedarf an der allgemeinen Schule verbleiben können.

Werden langsame Lerner, Kinder mit Lern- und Leistungsschwierigkeiten und Kinder mit Verhaltensauffälligkeiten gemeinsam mit »unauffälligen« Kindern unterrichtet, muss auch die Frage beantwortet werden, was das für die Leistungs- und Persönlichkeitsentwicklung der leistungsstärkeren Kinder bedeutet. Für die Akzeptanz der integrativen Beschulung ist es jedenfalls von großer Bedeutung, dass die pädagogischen Bemühungen sichtbar in gleicher Weise auf das Erreichen von Regel- oder Optimalstandards bei den Leistungsfähigeren gerichtet sind wie auf das Erreichen von Mindeststandards bei den Lernschwächeren. Wo das infrage steht, bleibt Inklusionspädagogik angreifbar.

Dass das gemeinsame Lernen mit leistungsfähigeren Mitschülern positive Effekte für die weniger Leistungsfähigen mit sich bringen kann, ohne die anderen in ihrer Entwicklung zu behindern, hat die in Abschnitt 6.3 beschriebene Studie von Saleh, Lazonder und de Jong (2005) exemplarisch gezeigt. Die dort berichteten Befunde entsprechen auch dem aus Metaanalysen zur leistungsbezogenen Binnendifferenzierung (within-class ability grouping) bereits bekannten Muster. Demnach profitieren die schwächeren Lerner tatsächlich davon, wenn sie in einer Gruppe mit durchschnittlich und besonders Befähigten gemeinsam lernen können und für die Leistungsentwicklung der besonders Befähigten ist es nahezu gleichgültig, ob sie in homogen oder heterogen zusammengesetzten Lerngruppen lernen. Bleiben die schwächeren Lerner aber in einer homogenen Lerngruppe unter sich, ist das für ihre Leistungsentwicklung sichtbar weniger günstig. Getrübt wird dieses Ergebnismuster durch die Befunde zur Leistungsentwicklung der durchschnittlich Begabten (und das ist immerhin die zahlenmäßig größte Gruppe): Die »Mittelmäßigen« ziehen nämlich aus dem gemeinsamen Lernen mit den schwächeren Lernern – so zumindest die Ergebnisse dieser Studien – keinen besonderen Nutzen. Sie profitieren dann am meisten, wenn sie in einer leistungshomogenen Gruppe lernen. Mit dieser Problematik wird man sich noch beschäftigen müssen.[9]

Mit ihren Leitlinien vom März 2010 hat sich die Konferenz der Kultusminister auf eine Strategie zur Förderung leistungsschwächerer Schülerinnen und Schüler verständigt. In der Begründung wird aufgeführt, was in den Abschnitten dieses Lehrbuchs bereits thematisiert wurde:

- dass der Unterricht stets vom individuellen Entwicklungsstand der Schülerinnen und Schüler und von den unterschiedlichen Lernpotentialen ausgehen sollte,
- dass individualisierte Lernangebote im Unterricht (und außerhalb des Unterrichts) bereitgestellt und dass differenzierte Leistungsrückmeldungen gegeben werden sollten,
- dass die Verantwortung für die eigenen Lernprozesse und die Fähigkeit zur Selbststeuerung des Lernens gestärkt werden sollen und
- dass das Erreichen eines Hauptschulabschlusses als Mindeststandard anzustreben ist.

Die neuen Leitlinien sind bemerkenswert. Explizit wird anerkannt, dass Schülerinnen und Schüler mit Leistungsschwächen mehr Lernzeit benötigen und dass dies »im Unterricht« und »neben dem Unterricht« realisiert werden muss. *Im Unterricht* selbst durch längere Zeitvorgaben, besondere Lernhilfen und durch Maßnahmen der Individualförderung, unterstützt durch Assistenzkräfte. *Außerhalb des Unterrichts* durch Ganztagsangebote, zusätzliche Angebote in den Ferien und durch die Einführung einer flexibilisierten Schuleingangsstufe, die möglichst auf Stichtagsregelungen verzichtet. Hinzu kommen zusätzliche Förderangebote im Vor- und Primarschulalter, die sich insbesondere auf die Entwicklung der Sprach- und Lesekompenzen von Kindern mit besonderem Förderbedarf beziehen.

Besonders eindringlich wird die Notwendigkeit einer durchgängig individuellen Förderung betont: das Erstellen von Individualdiagnosen, die Dokumentation individueller Entwicklungsverläufe, die Verbindung des leistungsdifferenzierten Regelunterrichts mit dem zusätzlichen Förderunterricht – und die zielgruppenspezifischen Angebote für Kinder mit sprachlichen Problemen, bei spezifischen Leistungsstörungen oder für Schulverweigerer. Man muss abwarten, was aus den Absichtserklärungen folgt. Es sollte aber zuversichtlich stimmen, dass überhaupt der Bedarf einer besonderen Förderstrategie für die leistungsschwächeren Schülerinnen und Schüler gesehen wird. Wichtig ist allerdings, dass am Prinzip und an den inhaltlichen Ansprüchen der Mindeststandards (für den Hauptschulabschluss) festgehalten wird und dass sie nicht unterlaufen werden, um das Vorhandene dem Angezielten besser anzupassen.

Viel ist auf den vergangenen Seiten über die unterschiedlichen individuellen Lernvoraussetzungen und über die Notwendigkeit der Passung von Lernangeboten und Lernvoraussetzungen gesagt worden. Lehrerinnen und Lehrer unterscheiden sich voneinander in der Art und Weise, wie sie ihren Unterricht gestalten. »Teachers make a difference« hatten Good, Biddle und Brophy 1975 ihr Lehrbuch zur Pädagogischen Psychologie getitelt, ohne genau quantifizieren zu können, wie bedeutsam die Unterschiede zwischen den Lehrerinnen und Lehrern eigentlich sind. In der Zeitschrift Science haben Jeanette Taylor und ihre Kollegen (2010) von der Florida State University in Tallahassee anhand der Längsschnittdaten der Florida Zwillingsstudie jüngst eine Antwort versucht. Sie haben in ihrer Studie die Entwicklung der Lesekompetenzen (Flüssiglesen) bei Erst- und Zweitklässlern untersucht, die eine genetische Ähnlichkeit von entweder 100 % (280 eineiige Zwillinge) oder von 50 % (526 zweieiige Zwillinge) aufwiesen. Als Indikator der Unterrichts- oder Lehrerqualität (also als Ausweis der pädagogischen Kompetenz der Lehrer, die sie unterrichteten) wurde die mittlere Leistungsentwicklung der anderen Kinder in ihren jeweiligen Klassen (also ohne die Leistungsdaten der Zwillingskinder) bestimmt. Aufgrund der Variabilität der mittleren Klassenleistungen lassen sich nun unterschiedliche Grade der »Lehrerqualität« mit den individuellen Leistungsentwicklungen der genetisch unterschiedlich ähnlichen Kinder in Beziehung setzen. Wie entwickeln sich die Lesekompetenzen bei unterschiedlich guten Lehrern?[10]

Für die Lesekompetenz wird dem genetischen Einfluss im Allgemeinen ein Anteil von etwa 65 % an der Gesamtvariabilität zugeschrieben. Durch die oben beschriebene Variabilität des genetischen Faktors (50 bzw. 100 % gleiche Gene) lässt sich der genetisch bedingte Varianzanteil an den unterschiedlichen Leseleistungswerten schätzen. Durch die mittleren Leistungswerte in den unterschiedlichen Klassen lässt sich andererseits der Varianzanteil schätzen, der auf die Qualität des unterrichtlichen Angebots zurückgeht – das ist die gemeinsam geteilte Umwelt, wenn sie in der gleichen Klasse unterrichtet werden. Wie bei ihren Klassenkameraden hing auch bei den Zwillingen die individuelle Leistungsentwicklung mit der Unterrichtsqualität zusammen. Je höher diese Qualität allerdings war, je besser die Lehrerinnen und Lehrer also unterrichteten, desto enger war aber auch die genetische Variabilität mit der Leistungsvariabilität assoziiert. Wenn jedoch »schlecht« unterrichtet wurde, kovariierten genetische Ausstattung und Leistungsentwicklung weniger stark: Unzureichende Lernangebote führen also offenbar dazu, dass vorhandene Potentiale nicht ausgeschöpft werden.

Was heißt das? Auch wenn die Lehrerinnen und Lehrer hervorragend unterrichten, wird es divergierende Kompetenzentwicklungen ihrer Schülerinnen und Schüler geben – im Wesentlichen determiniert durch die unterschiedlichen individuellen Lernvoraussetzungen. Von Vorteil ist, dass guter Unterricht alle Lerner an ihr Optimum heranführt – in der Logik der oben beschriebenen Zwillingsstudie bedeutet das, dass die genetischen Potentiale ausgeschöpft werden. Ist die Unterrichtsqualität nicht so gut, gibt es die unterschiedlichen Kompetenzentwicklungen auch. Der entscheidende Nachteil besteht aber darin, dass die vorhandenen Anlagen und Potentiale nicht ausgeschöpft werden. Zwar gilt das für die leistungsschwächeren wie für die leistungsfähigeren Kinder. Für Schülerinnen und Schüler mit Lernschwierigkeiten ist es aber besonders gravierend, weil sie so Gefahr laufen, das Erreichen von Mindeststandards zu verfehlen. Und weil ihnen in aller Regel die Kompensationsmöglichkeiten nicht zur Verfügung stehen, um die im Unterricht verpassten Lerngelegenheiten an anderer Stelle wahrzunehmen.

Damit kommt der Unterrichtsqualität eine wichtige Rolle bei der Prävention und beim Umgang mit Lernschwierigkeiten zu. In den Abschnitten 1.5 sowie 3.4 und 6.3 wurde darauf eingegangen. Dort ist auch auf die Notwendigkeit einer unterstützenden Lernumgebung hingewiesen worden, wo Lehrerinnen und Lehrer sensibel auf Lern- und Verständnisprobleme reagieren und geduldig mit individuellen Schwierigkeiten umgehen. Das schließt eine hohe Sozialorientierung ebenso ein wie die motivationale und emotionale Unterstützung und Wertschätzung der Schülerinnen und Schüler. In den vergangenen Jahren hat die pädagogisch-psychologische Forschung zudem unser Wissen über die individuellen Bedingungen des erfolgreichen und des scheiternden Lernens enorm bereichert. Zu den Schlussfolgerungen aus dieser Forschung gehört auch, dass die begrenzten Ressourcen des Arbeitsgedächtnisses, aber auch die mit der Selbststeuerung von Lernprozessen verbundenen Potentiale beim Unterrichten stets mit zu bedenken sind. Es war ein besonderes Anliegen dieses Lehrbuchs, auf die Wirksamkeit und auf die Spielräume des unterrichtlichen Geschehens hinzuweisen, denn Lernschwierigkeiten sind ebenso wie Schulleistungen überhaupt immer Schwierigkeiten bzw. Leistungen des Lernenden *und* der Schule. Dass die unterrichtlichen Möglichkeiten, auf die Kompetenzentwicklung von Kindern und Jugendlichen und vor allem auf das Ausgleichen von Leistungsunterschieden Einfluss zu nehmen, nicht unbegrenzt sind, ist aber auch zu bedenken. In der Münchner Längsschnittstudie LOGIK, in der anfangs Vierjährige über einen Zeitraum von 15 Jahren mehrfach im Hinblick auf ihre Leistungs- und Persönlichkeitsentwicklung untersucht wurden, hat sich gezeigt, dass frühe Leistungsunterschiede zwischen den Kindern im wesentlichen erhalten blieben – und zwar unabhängig davon, welche Schulform die Kinder später besuchten und von welchen Lehrern sie unterrichtet wurden.[11]

Der Ausgleich von Unterschieden ist aber auch nicht das primäre pädagogische Ziel. Der bestmögliche Unterricht für alle wird die Unterschiede zwischen den Schülerinnen und Schülern ohnehin eher vergrößern als verringern. Entscheidend ist aber, dass Schule alle Anstrengungen unternimmt, um jedem Einzelnen ein elementares Minimum an Bildung zu ermöglichen. Ob der Haupt- oder der Realschulabschluss oder die Bildungsstandards für den Mittleren Schulabschluss diese Bildungsgrundausstattung definieren, ist noch zu vereinbaren. Im Sinne einer gerechten Teilhabe an Bildung scheint die Orientierung an einem solchen Mindeststandard jedenfalls geboten. Was heute als „elementares Minimum", als „Fundamentalqualifikation" oder „Schwellenkonzeption" im Zusammenhang mit der Bildungsgerechtig-

keit diskutiert wird (vgl. Abschnitt 2.5), ist übrigens nicht neu: Heinz Heckhausen hat 1974 von einem „Sockelniveau an Bildung für alle" gesprochen. Und aus entwicklungs- und motivationspsychologischer Sicht und aus der Perspektive der Bildungsgerechtigkeit begründet, weshalb Maßnahmen des Chancenausgleichs bis zur Erreichung dieses Sockelniveaus möglich und gerechtfertigt sind. Heckhausen nennt dazu die vorschulische Entwicklungsförderung, die Förderung der Lern- und Leistungsmotivation, die Sprachentwicklungsförderung und die Förderung der kognitiv-intellektuellen Prozesse als vielversprechende Ansatzpunkte. Viel ist dem aus heutiger Sicht nicht hinzuzufügen.

Mit Chancen- oder Angebotsgleichheit hat das wenig zu tun. Will man auf dem Weg zum Sockelniveau ungünstige Lernvoraussetzungen und schichtspezifische Benachteiligungen ausgleichen, müssen vielmehr höchst ungleiche – aber bedarfsgerechte – Lernangebote gemacht werden. Ungleichheiten der Bildungsergebnisse, die jenseits der erreichten Mindeststandards fortbestehen, wird es natürlich weiterhin geben. Das meritokratische Gerechtigkeitsprinzip, dass also die Zuweisung weiterführender Bildungschancen und Zertifikate nach dem Leistungs- oder Verdienstprinzip erfolgt und dass es dabei auch im Sinne des Gleichheitsprinzips „gerecht" zugehen sollte, gilt weiterhin. Für die im eigentlichen Sinne pädagogische Arbeit wird aber das Bedarfsprinzip handlungsleitend sein: Alle Kinder müssen in adaptiver Weise so gefördert werden, wie es ihren besonderen Bedürfnissen entspricht.[12]

Was wird aus den lernschwierigen Kindern?

Fortbestehende Lernstörungen?
Soziale Probleme
Bildungsverlierer im Erwachsenenalter
Folgekosten der Bildungsarmut

Das weiß man nicht so genau, weil es in aller Regel keine Verlaufsstudien gibt, die den weiteren Lebensweg von Kindern und Jugendlichen mit Lernschwierigkeiten systematisch verfolgen. Bei manchen Erwachsenen persistieren die Problemlagen, andere lernen, mit ihren Schwierigkeiten adaptiv umzugehen – indem sie beispielsweise ihre beruflichen Ziele und Aufgaben in Tätigkeitsfeldern suchen, in denen ihre individuellen Stärken mehr zum Tragen kommen als ihre Defizite. Wieder andere überwinden ihre Schwierigkeiten. Für ausgewählte Problembereiche, wie die Lese-/Rechtschreibschwierigkeit oder die Aufmerksamkeitsdefizit-/Hyperaktivitätsstörung (ADHS) gibt es einige wenige Verlaufsstudien.

Was man allerdings kennt, sind die statistischen Risiken, die damit einhergehen, wenn Jugendliche die Schule ohne Abschluss verlassen und/oder wenn eine Berufsausbildung nicht aufgenommen bzw. nicht abgeschlossen wird. Diese Risiken werden quasi »rückschließend« ermittelt, indem Indikatoren des materiellen und gesundheitlichen Wohlbefindens, der Delinquenz und des Sozialverhaltens nachträglich mit den Kriterien des Schulerfolgs in Beziehung gesetzt werden. Im Zuge einer fortschreitenden Ökonomisierung des Bildungswesens und der bildungspolitischen Diskussion erfreuen sich solche Statistiken besonderer Beliebtheit, weil sie als plakative

Hinweise gelten, wie hoch die Kosten versäumter bildungsbezogener Anstrengungen und Reformen wirklich sind.

Fortbestehende Lernstörungen?

Aus den meisten Kindern mit Lernschwierigkeiten werden Erwachsene mit Lernschwierigkeiten. Das heißt aber nicht, dass es ihnen nicht möglich wäre, im Berufsleben erfolgreich und sozial integriert zu sein. Nicht immer sind die beruflichen Anforderungen mit jenen der schulischen Lernsituationen identisch und nicht für jede berufliche Tätigkeit kommt den im Schulunterricht erworbenen Kenntnissen und Fertigkeiten in gleicher Weise der Status notwendiger Voraussetzungen zu. Larkin und Ellis (2008) haben darauf hingewiesen, dass bei den strategischen schulischen Interventionen, die sich an Jugendliche mit Lernstörungen richten, vor allem die Förderung der Eigenverantwortlichkeit für das eigene Leben (und für das Lernen) im Vordergrund stehen sollte und die Förderung der Fähigkeiten zur Selbstkontrolle, Selbstüberwachung und Selbstverstärkung. Systematisch und bei bedürftigen Jugendlichen mit der nötigen Intensität eingesetzt, können solche strategischen schulischen Interventionen so nicht nur das schulische Lernen erleichtern, sondern auch das Bewältigen der beruflichen Anforderungen.

Nicht immer bleiben die Lernschwierigkeiten bestehen. Einer Schweizer Längsschnittstudie zufolge war die spätere Weiterbildungsfähigkeit der im Alter von 15 Jahren kompetenzschwächsten Schülerinnen und Schüler nur unwesentlich beeinträchtigt. Unter Verwendung der PISA-Daten hat sich gezeigt, dass mehr als die Hälfte der Jugendlichen aus der sogenannten Risikogruppe ohne Verzögerung direkt nach dem Ende der Schulzeit eine Berufsausbildung begonnen haben. Hier wie in anderen Studien gilt, dass zu den positiven Entwicklungsverläufen eine Reihe von protektiven Faktoren (Schutzfaktoren) beitragen – in aller Regel sind sie im Nachhinein jedoch schwer zu erfassen. Wenn allerdings mehrere Risikofaktoren zusammentrafen – vor allem wenn zur niedrigen Lesekompetenz ein Migrationshintergrund hinzukam –, war ein höheres Versagensrisiko gegeben.[1] Im Übrigen wird ein zunehmend größerer Anteil von Studienzugangsberechtigungen nicht mehr über das Abitur an einer allgemeinbildenden Schule erworben, sondern auf anderen Bildungswegen.

Was aus Achtjährigen mit einer LRS im Alter von 25 Jahren geworden ist, haben Günter Esser und Kollegen in einer Stichprobe aus dem Raum Heidelberg/Mannheim untersucht. Verglichen wurden 31 ehemalige LRS-Kinder, 45 ehemalige Kinder mit anderen umschriebenen Entwicklungsstörungen (z. B. Sprachstörungen) und 231 ehemals unauffällige Kinder. Bei den ehemaligen LRS-Kindern waren 17 Jahre später die psychischen Symptome (dissoziales Verhalten, Sucht) im Vergleich zur Kontrollgruppe erhöht, ebenso bei den Selbstauskünften zur seelischen Gesundheit und zur Sinnerfülltheit des eigenen Lebens. Der langfristige Schulerfolg und die Qualität des beruflichen Abschlusses waren in der LRS-

Gruppe und in der Gruppe der ehemaligen Kinder mit Entwicklungsstörungen geringer ausgeprägt. Die ehemals Lese-Rechtschreib-Schwachen waren im Vergleich mit den ehemals Entwicklungsgestörten viermal so häufig, im Vergleich mit den Erwachsenen der Kontrollgruppe sechsmal häufiger von Arbeitslosigkeit betroffen. Andere Studien kommen zu günstigeren Einschätzungen. Gerd Schulte-Körne hat in Marburg eine solche Studie durchgeführt, allerdings ohne den Einbezug einer Kontrollgruppe. Dabei wurden 29 ehemalige LRS-Schüler einer Internatsschule nach 20 Jahren nachuntersucht. Keiner von ihnen war arbeitslos und die psychischen Befindlichkeiten waren im Vergleich zur Norm unauffällig. Die in der Marburger Stichprobe vermutlich protektiv wirksamen Faktoren benennt Schulte-Körne selbst: die überdurchschnittlichen intellektuellen Fähigkeiten der Untersuchungsteilnehmer, ihre höhere Sozialschichtzugehörigkeit sowie die Qualität und Intensität der Förderung in der Internatsschule. Immerhin: Die Ergebnisse der Nacherhebung zeigen auf, dass es einen günstigen Langzeitverlauf der LRS-Störung geben kann – optimale Rahmenbedingungen und eine intensive Förderung vorausgesetzt.[2]

Soziale Probleme

Nicht selten sind die sozialen Kompetenzen von Kindern und Jugendlichen mit Lernschwierigkeiten eingeschränkt – oft ergibt sich dies als Folge mangelnder Anerkennung in den Lerngruppen und bei Gleichaltrigen. Geringere soziale Kompetenzen können dazu führen, dass soziale Situationen eher gemieden werden und dass Freundschaften seltener aufgebaut werden. Die Befundlage lässt sich dahingehend zusammenfassen, dass Jugendliche mit Lernstörungen im Hinblick auf die Qualität ihrer Peerbeziehungen häufig im

Nachteil sind – sie sind in ihren Klassen vergleichsweise weniger beliebt und die Intensität ihrer Freundschaften ist geringer. Hinzu kommt, dass ihre sozialen Fertigkeiten schwächer ausgeprägt sind, ebenso die sozialen Kognitionen, d. h. das Erkennen und Verarbeiten sozialer Informationen gelingt ihnen weniger gut und auch die angemessene Reaktion auf solche Informationen. Bewährte Interventionen zur Verbesserung der sozialen Kompetenzen sind oft verhaltenstherapeutisch orientiert und zielen auf eine Stärkung und Förderung der Selbst- und Fremdwahrnehmung und der emotionalen Selbstregulation.[3]

Aus der Arbeitsgruppe von John McNamara werden zwei Studien berichtet, in denen es um den psychosozialen Status von Jugendlichen und jungen Erwachsenen geht, für die während ihrer (Grund-)Schulzeit die Diagnose einer Lernstörung oder einer ADHS gestellt wurde.[4] Bei den Befragungen wurde – wenig überraschend – deutlich, dass die Schulleistungen in der Oberstufe erheblich beeinträchtigt waren, wenn schon im Primarschulalter eine Lernstörung vorgelegen hatte. Jugendliche mit Lernschwierigkeiten (und mit ADHS) waren auch häufiger Adressaten direkter oder indirekter Gewalt, sie waren weniger glücklich als andere Jugendliche und weniger mit sich zufrieden, neigten jedoch häufiger zu depressiven Gefühlen und schlechten Stimmungen. Auch das gesundheitliche Risikoverhalten (Drogenkonsum) und das Ausmaß an Delinquenz waren bei den Jugendlichen mit Lernschwierigkeiten und mit einer ADHS vergleichsweise stärker ausgeprägt vorhanden. Auch in anderen Studien ist auf die (anhaltende) Komorbidität von Lernstörungen (insbesondere Lesestörungen) und psychischen Störungen sowie Verhaltensauffälligkeiten und Somatisierungstendenzen hingewiesen worden: Jugendliche und junge Erwachsene mit Leseproblemen zeigen vergleichsweise häufiger Symptome von Ängstlichkeit und depressiver Stimmung sowie somatische Beschwerden.[5]

Bildungsverlierer im Erwachsenenalter

Das Risiko, arbeitslos zu werden, variiert mit dem Bildungsniveau. Die OECD-Statistiken für das Jahr 2006 weisen für Männer ohne Hauptschulabschluss eine Erwerbslosenquote von 29 % aus, mit Bildungsabschluss im Sekundarbereich I liegt die Quote bei 20 % und bei einem Abschluss im Sekundarbereich II bei 10 %. Mit den Unterschieden im Bildungsstand sind aber nicht nur Unterschiede im Beschäftigungsstatus verbunden, es gehen auch systematische Unterschiede in der Einkommensentwicklung damit einher. Man schätzt, dass ein Abschluss im Sekundarbereich II (Abitur) oder eine abgeschlossene Berufsausbildung (Lehre) mit einem durchschnittlichen monatlichen Einkommensvorteil von fast 1 000 € zu Buche schlagen. Dieser Zusammenhang – je höher der Bildungsabschluss, desto höher das durchschnittliche Einkommen – wird mit zunehmendem Lebensalter enger – die individuelle Bildungsrendite wird also immer größer.[6]

Folgekosten der Bildungsarmut

Bildungsökonomische Betrachtungen lassen sich aber nicht nur für den Einzelnen, sondern auch für eine Volkswirtschaft insgesamt anstellen. »Was unzureichende Bildung kostet« hat der Münchner Bildungsökonom Ludger Wößmann in einer Studie für die Bertelsmann Stiftung geschätzt: mindestens 2,8 Billionen Euro (also 2 800 Milliarden) innerhalb der nächsten 80 Jahre. Möglicherweise, so Wößmann, wird in diesem Zeitraum sogar auf eine zusätzliche Wirtschaftsleistung von 9,6 Billionen Euro verzichtet, wenn es nicht gelingt, der unzureichenden Schulbildung von etwa 20 % eines Altersjahrgangs durch wirksame Maßnahmen und Reformen entscheidend entgegenzuwirken.[7] Fast drei Viertel der Unterschiede des Wirtschaftswachstums zwischen Staaten lassen sich nämlich durch das Bildungsniveau ihrer Bevölkerung erklären – das zeigen die Ergebnisse der vergleichenden Bildungsstudien.

Wößmanns Rechnung ist so schlicht wie überzeugend: Wenn jeder Fünfte eines Jahrgangs in den schulischen Kernbereichen des Lesens und Rechnens auf einem Kompetenzniveau verbleibt, das für eine qualifizierte Berufsausbildung nicht ausreicht (in der PISA-Studie als »Risikoschüler« bezeichnet) und wenn 8 % eines Jahrgangs die Schule ohne Hauptschulabschluss verlassen, ist der von ihnen zu erwartende Beitrag zur Innovationskraft und zum wirtschaftlichen Wachstum eines Landes nur gering. Im Gegenteil: Viele dieser Jugendlichen werden zumindest zeitweise arbeitslos und auf kostenintensive staatliche Transferleistungen angewiesen sein. Wößmann rechnet nun vor, wie sehr sich frühe Bildungsinvestitionen zugunsten dieser »Risikoschüler« auszahlen. Wenn es gelänge, so sein Rechenmodell, alle Schüler der Risikogruppe auf das nächsthöhere Kompetenzniveau »zu heben«, resultierten die oben angeführten 2,8 Billionen aus zusätzlich erwirtschaftetem Wachstum. Die für die Bildungsinvestitionen zu veranschlagenden Kosten sind demgegenüber verschwindend gering. Die inhaltlichen Vorschläge dazu sind in nahezu allen vorliegenden Expertisen identisch: Frühförderung, Sprachförderung, Ganztagsschule. Wobei sich aus volkswirtschaftlicher Sicht die Aufwendungen vor allem dann auszahlen, wenn gezielt in die frühkindliche Bildung der besonders benachteiligten Kinder investiert wird. Zudem sind die späteren Nachschulungs- und Eingliederungsmaßnahmen nicht nur kostenintensiver sondern auch weniger erfolgversprechend als eine individuelle Förderung zur rechten Zeit. Auf jährlich mehr als 5 Milliarden Euro schätzt man die sogenannten Nachqualifizierungskosten, die entstehen, um für die »Ri-

sikoschüler« den Übergang von der Schule in eine Ausbildungs- oder Berufstätigkeit zu ermöglichen.

Natürlich scheint es plausibel, dass eine intensive frühe – idealerweise vorbeugend wirksame – Förderung von Kindern bei sich abzeichnenden Lernrisiken geboten und vernünftig wäre, weil sie Folgekosten vermeiden hilft, die auf das Bildungs- und Sozialsystem sonst zu einem späteren Zeitpunkt in höherem Maße zukämen. Wird aber der »Leidensdruck« – und hier drängt sich die Analogie zum Präventionsverhalten im Gesundheitsbereich geradezu auf – noch nicht unmittelbar erlebt, bleibt die Akzeptanz vorbeugender Maßnahmen auch im Bildungsbereich in aller Regel gering. Erst wenn die Lernschwierigkeiten schon manifest geworden sind, wenn das Kind also bereits in den Brunnen gefallen ist, wird hingegen die Notwendigkeit abhelfender Interventionen evident. Wo doch präventiv bessere, effizientere und kostengünstigere Hilfen möglich gewesen wären.

Man muss nun kein Anhänger einer bildungsökonomischen Betrachtungsweise sein, um die Überzeugungskraft ihrer Argumentation in der bildungspolitischen Debatte zu nutzen. Auch wenn Wößmanns Hochrechnungen spekulativ erscheinen und einige Annahmen unrealistisch: Schul- und Sonderpädagogen, Bildungsforscher und Pädagogische Psychologen erfahren auf diese Weise (fast unerwartet) eine lang vermisste Unterstützung und Aufmerksamkeit für die lange vertretenen Anliegen einer Intensivierung der individuellen und adaptiven Förderung und eines gemeinsamen Lernens in heterogenen Lerngruppen. Mit dem erklärten Ziel, das Erreichen von Mindeststandards für eine möglichst große Anzahl von Schülerinnen und Schülern zu sichern und die Bildungsarmut zu verringern! Hoffnungsvoll stimmt, dass mittlerweile Wirtschaftsverbände und Gewerkschaften, aber auch Stiftungen und Parteien ganz unterschiedlicher Couleur in dieser Sache im Kern ganz ähnliche Positionen vertreten.

Anmerkungen

Einleitung

1 Kanter (2007), Kretschmann (2007), Klauer & Lauth (1997), Zielinski (1996).
2 Schröder (2005).
3 Betz & Breuninger (1987, 1998).
4 Wößmann (2007) in *Letzte Chance für gute Schulen*. Die hier und an anderen Stellen berichteten Statistiken basieren – wenn nicht anders vermerkt – auf Angaben des Statistischen Bundesamtes (www.destatis.de) oder der Kultusministerkonferenz (www.kmk.org). Die Statistiken finden sich auch in den Berichten des Konsortiums bzw. der Autorengruppe Bildungsberichterstattung (2006, 2008, 2010) und der OECD (2007, 2008).
5 Die OECD-Berichte *Bildung auf einen Blick* erscheinen jährlich, die nationalen Bildungsberichte *Bildung in Deutschland* alle zwei Jahre.
6 Konsortium bzw. Autorengruppe Bildungsberichterstattung (2006, 2010). Zur Problematik der Zuwanderer erster und zweiter Generation in den PISA-Analysen vgl. Stanat, Rauch & Segeritz (2010).
7 Wößmann (2007). Das zugrunde liegende Datenmaterial liefern die OECD-Berichte, der Bericht des Konsortiums Bildungsberichterstattung (2006) und die von den jeweiligen Konsortien herausgegebenen Sammelbände zu den Ergebnissen von PISA und IGLU. Zu den positiven Entwicklungen zwischen PISA 2000 und PISA 2009 vgl. Ehmke & Jude (2010) und Stanat, Rauch & Segeritz (2010).
8 NJCLD (1988), Torgesen (2008), Büttner & Hasselhorn (2011).
9 Orthmann Bless (2007) verweist auf die schulsystemische Perspektive: Mit der Reduktion der Heterogenität ist zugleich eine Entlastung der Regelschule verbunden.
10 Cunha & Heckman (2007), Heckman (2000), Hanushek & Wößmann (2008), Rindermann & Ceci (2009).

Kapitel 1

1 Anderson (2000), Baddeley (1997), Mayer (2003), Mietzel (2007).
2 Hasselhorn & Gold (2006).
3 Baddeley (1997), Baddeley & Longman (1978), Rawson & Kintsch (2005).
4 Neubauer & Stern (2007), Rost (2009a).
5 Gagné (1973), Ausubel (1974), Bloom (1976). Zusammenfassend: Weinert (1996), Helmke & Weinert (1997), Hasselhorn & Gold (2006).
6 Simons, Weinert & Ahrens (1975).
7 Chase & Simon (1973), Chi (1978), Schneider, Gruber, Gold & Opwis (1993).
8 Baddeley (1986, 1997, 2000).
9 Zusammenfassend: Reimann & Rapp (2008).
10 Gigerenzer (2007), Gigerenzer & Goldstein (1996).
11 Renkl (2008).
12 Csikszentmihalyi (1999), Deci & Ryan (1985), Deci, Koestner & Ryan (2001). Zusammenfassend: Möller (2008), Heckhausen & Heckhausen (2006), Helmke (1992).

13 Weiner (1985).
14 Kuhl (1996), Heckhausen & Heckhausen (2006).
15 Pinker (1996), Weinert (2006).
16 Tent (2006), Hasselhorn & Lohaus (2008).
17 Hasselhorn (1996), Hasselhorn & Grube (2006), Bjorklund (2010).
18 Miller (1990), Miller & Seier (1994), Kron-Sperl, Schneider & Hasselhorn (2008).
19 Holodynski & Oerter (2008).
20 Helmke (2009), Weinert & Helmke (1997).
21 Gruehn (1995), Kunter (2005).
22 Helmke (2009), Lipowsky (2009), Renkl (2008), Hasselhorn & Gold (2006), Kunter & Voss (2011).
23 Oser & Baeriswyl (2001), Klieme, Lipowsky, Rakoczy & Ratzka (2006), Baumert & Kunter (2006), Kunter & Voss (2011).
24 Kounin (1970), Evertson & Weinstein (2006). Zusammenfassend: Seidel (2009), Hasselhorn & Gold (2006).
25 Rakoczy (2007), Kunter, Baumert & Köller (2007).
26 Lipowsky (2009), Kluger & DeNisi (1996).
27 Gold (2008), Hasselhorn & Gold (2006), Klauer & Leutner (2007), Renkl (2008).

Kapitel 2

1 Harris (2007).
2 Asendorpf (2006, 2008).
3 Largo & Beglinger (2009).
4 Wößmann (2007).
5 Erhart, Hölling, Bettge, Ravens-Sieberer & Schlack (2007), Kurth, Hölling & Schlack (2008).
6 vbw (2007, 2008), Ehmke & Jude (2010).
7 vbw (2007, 2008), Ditton, Krüsken & Schauenberg (2005), Schümer (2005), Ehmke & Baumert (2007), Stanat (2006, 2008), Stanat & Christensen (2006), Stanat, Rauch & Segeritz (2010), Klieme et al. (2010), Naumann, Artelt, Schneider & Stanat (2010).
8 Walter & Taskinen (2007), Stanat (2008).
9 Roßbach (2008), Hasselhorn & Lohaus (2008).
10 Einsiedler, Martschinke & Kammermeyer (2008), Puhani & Weber (2007).
11 Hölling, Erhart, Ravens-Sieberer & Schlack (2007).
12 Bertram (2008).
13 Esser (2006), zusammenfassend: Stanat (2006, 2008). Baier, Pfeiffer, Rabold, Simonson & Kappes (2010).
14 Stanat, Baumert & Müller (2008), Europäisches Forum für Migrationsstudien (2009).
15 vbw (2009), Hannover (2008). Zur Koedukation: Giesen, Gold, Hummer & Weck (1992), Herwartz-Emden, Schurt & Waburg (2005), Kampshoff (2006). Zu den Modellversuchen in Schleswig-Holstein und in Berlin: Hoffmann, Häußler & Peters-Haft (1997), Hannover & Kessels (2002).
16 Klemm (2009b, 2010a), Werning & Reiser (2008), Ahrbeck, Bleidick & Schuck (1997), Bless (1995), Hildeschmidt & Sander (1996). Differenziert-kritisch zum Inklusionsbegriff: Ahrbeck (2011).
17 Allmendinger (1999), Anger, Plünnecke, Seyda & Werner (2006), Anger, Plünnecke & Seyda (2007).
18 Boudon (1974), Becker (2008), Ehmke und Baumert (2007), Maaz, Hausen, McElvany und Baumert (2006), Gresch, Baumert & Maaz (2009), Maaz, Baumert & Trautwein (2009).
19 Giesinger (2007), vbw (2007). Weitere Beiträge zur Frage der Bildungsgerechtigkeit: Allemann-Ghionda & Crotti (2006), Baur & Häussermann (2009), Stanat (2006), Helbig (2009), Trautwein, Baumert & Maaz (2007), Walter, Ramm, Zimmer, Heidemeier & Prenzel (2006), Maaz, Baumert, Gresch & McElvany (2010).
20 Brenner (2010).
21 Zu IGLU: Bos, Lankes, Schwippert, Valtin & Walther (2004), Bos, Lankes, Prenzel, Schwippert, Walther und Valtin (2003), Bos et al. (2010). Zu LAU: Lehmann, Peek & Gänsfuß (1997).

22 Ehmke & Baumert (2007), Wößmann (2007), Bertram (2008), Lehmann (2008), Maaz & Nagy (2009), Jürges & Schneider (2006), Mühlenweg (2007).
23 Stanat (2006, 2008), Stanat & Christensen (2006).
24 Trautwein, Baumert & Maaz (2007), Schümer (2005), Baur & Häussermann (2009), Walter & Stanat (2008), Stanat, Schwippert & Gröhlich (2010).

Kapitel 3

1 Flechter, Lyon, Fuchs & Barnes (2007), Valtin (2001), Valtin, Hornberg, Buddeberg, Voss, Kowoll & Potthoff (2010).
2 Fuchs, Mock, Morgan & Young (2003), Vaughn & Fuchs (2003), Vellutino, Scanlon, Small & Fanuele (2006).
3 Schrader, Helmke & Hosenfeld (2008), Klieme et al. (2003).
4 Klicpera, Schabmann & Gasteiger-Klicpera (2007), Scheerer-Neumann (1997), Frith (1985), Kintsch (1996), Hurrelmann & Groeben (2006), Ehri & McCormick (1998), Goldammer, Mähler, Bockmann & Hasselhorn (2010).
5 Flechter, Lyon, Fuchs & Barnes (2007), Hoskyn (2008), Wong, Graham, Hoskyn & Berman (2008), Berninger (2008), Wolf (2009), Landerl & Kronbichler (2007).
6 Harris & Graham (1996), Graham & Harris (2003).
7 Grube (2005, 2006), Lorenz (2003), Aster & Lorenz (2005), Gaupp (2003).
8 Dehaene (1997), Dehaene & Cohen (1995).
9 Passolunghi (2006), Bull & Espy (2006).
10 Jacobs & Petermann (2005a), Rourke (1993), Geary (2003), Wilson & Dehaene (2007), Aster (2003).
11 Wood & Cowan (1995), Conway, Cowan & Bunting (2001), Bleckly, Durso, Crutchfield, Engle & Khanna (2003). Zu Aufmerksamkeit und ADHS: Cutting & Denckla (2003), Harris, Reid & Graham (2008).
12 Hampel, Petermann & Desman (2009), Barkley (1997, 2006), Döpfner (2008), Döpfner & Lehmkuhl (2006), Gawrilow (2009), Gawrilow, Schmitt & Rauch (2011).
13 Cornish, Wilding & Grant (2006), Roodenrys (2006), Young, Friedman, Miyake, Willcutt, Corley, Haberstick & Hewitt (2009).
14 Swanson (2006), Swanson, Cooney & McNamara (2008), Swanson & Saez (2003), O'Shaughnessy & Swanson (1998).
15 Swanson, Zheng & Jerman (2009), de Jong (2006), Cain (2006), Pickering (2006b, 2006c), Wagner & Muse (2006), Swanson (2006), Vukovic & Siegel (2006a, 2006b), Swanson, Howard & Saez (2006).
16 Scruggs & Mastropieri (2000), Geary (2003), Graham & Harris (2003).
17 Schneider & Büttner (2008), Siegler (1996), Hasselhorn (1996), Hasselhorn, Mähler, Grube, Büttner & Gold (2010), Pressley (1994), Wong, Harris, Graham & Butler (2003).
18 Rheinberg (2006), Heckhausen & Heckhausen (2006), Vollmeyer & Brunstein (2005), Möller (2008), Holodynski & Oerter (2008), Schiefele (2009).
19 Helmke (1992), Helmke & van Aken (1995), Valentine, DuBois & Cooper (2004), Marsh & Craven (2006), Möller & Trautwein (2009).
20 Whitaker Sena, Lowe & Lee (2007). Für einen Überblick: Frenzel, Götz & Pekrun (2009), Pekrun (2006), Schutz & Pekrun (2007).
21 Zu den »kognitiven Profilen« von Kindern mit DS und NF-1: Fuchs (2006). Zum Arbeitsgedächtnis a) bei Kindern mit Beeinträchtigungen der Bewegungskoordination: Alloway (2006), Alloway, Rejendran & Archibald (2009), b) mit Down-Syndrom: Jarrold, Purser & Brock (2006), Büttner (2008), c) mit Williams-Beuren-Syndrom: Rowe & Mervis (2006), d) mit Autismus: Belleville, Menard, Mottron & Menard (2006), Büttner (2008), e) mit spezifischen Sprachstörungen: Archibald & Gathercole (2006). Zur Neurofibromatose: Cutting & Denckla (2003).
22 Nußbeck (2007), Schulz (2007a), Grimm (2000, 2003), Weinert & Grimm (2008), Mann (2003).

283

23 Buschmann (2009), Buschmann, Jooss, Dockter, Blaschtikowitz, Rupp & Pietz (2008), Buschmann, Jooss, Rupp, Feldhusen, Pietz & Philippi (2009), Schulz (2007b).
24 Alexander, Entwisle & Olson (2001), Stanat, Baumert & Müller (2008), Becker, Stanat, Baumert & Lehmann (2008).
25 Köller & Baumert (2008), Baumert, Maaz, Stanat & Watermann (2009), Hattie (2009).
26 Kunter & Pohlmann (2009), Baumert & Kunter (2006), Bromme (2008).
27 Artelt, Stanat, Schneider & Schiefele (2001).
28 Schaarschmidt (2005), Schaarschmidt & Fischer (2003).
29 Oelkers (2003), Blömeke, Reinhold, Tulodziecki & Wildt (2004), Terhart (2008).
30 Tiedemann & Billmann-Mahecha (2007a), Hopf (2005), Heinze, Herwartz-Emden & Reiss (2007), Dollmann & Kristen (2010), Stanat, Rauch & Segeritz (2010).
31 Bowlby (1969, 1973), Spangler & Zimmermann (2002), Zimmermann & Spangler (2008).
32 Pfeiffer, Mößle, Kleinmann & Rehbein (2007), Baier, Pfeiffer, Rabold, Simonson & Kappes (2010).

Kapitel 4

1 Laucht, Esser & Schmidt (1999), Klein (2007), Walper & Kruse (2008).
2 Wasik, Bond & Hindmann (2006), Love, Kisker & Ross (2005).
3 Roßbach (2006, 2008), Faust (2006), Daseking, Oldenhage & Petermann (2008).
4 Faust (2006), Roßbach (2008), Einsiedler, Martschinke & Kammermeyer (2008).
5 Gisbert (2004), Fthenakis & Oberhuemer (2004), Pramling (1996), Bransford, Brown & Cocking (2000).
6 BISC: Jansen, Mannhaupt, Marx & Skowronek (2002), Mannhaupt (2008). HLL: Küspert & Schneider (2003), Plume & Schneider (2004), Schneider, Roth, Küspert & Ennemoser (1998), Küspert, Weber, Marx & Schneider (2007), Schneider (2008a).
7 Valtin (2010), Lenel (2005), Marx, Weber & Schneider (2005).
8 MZZ: Krajewski, Nieding & Schneider (2007, 2008a), Krajewski & Schneider (2007), Krajewski (2008), Otto & Büttner (2008).
9 Verhaltenstraining für Schulanfänger: Petermann, Natzke, Gerken & Walter (2006). Mich und dich verstehen: Bieg & Behr (2005). Faustlos: Cierpka (2007a, b).
10 Gerber (2009), Bode (2007).
11 THOP: Döpfner, Schürmann & Frölich (2007), Dreisörner (2006). Training mit aufmerksamkeitsgestörten Kindern: Lauth & Schlottke (2002), Lauth, Kausch & Schlottke (2005).
12 STEEP: Egeland & Erickson (1993). Triple P: Sanders (1999), Sanders, Markie-Dadds, Tully & Bor (2000), Hahlweg & Heinrichs (2007). SAFE: Brisch (2007). Das Baby verstehen: Gregor & Cierpka (2005), Cierpka (2009).
13 EFFEKT: Beelmann (2004), Lösel, Jaursch, Beelmann & Stemmler (2007), Beelmann & Lösel (2007). Training mit aggressiven Kindern: Petermann & Petermann (2008).
14 HSET: Grimm & Schöler (1991), SETK 3–5: Grimm, Aktas & Frevert (2001), HASE: Schöler & Brunner (2008), Schöler (2011), MSVK: Elben & Lohaus (2000). Überblick: Weinert, Doil & Frevert (2008), Fried (2004), Roos & Schöler (2007).
15 Roos, Polotzek & Schöler (2010).
16 Für die beiden Positionen: Esser (2006) und Hopf (2005) bzw. Gogolin (2005) und Siebert-Ott (2006). Eine gute Übersicht zu DaZ insgesamt: Jeuk (2010), Kniffka & Siebert-Ott (2008).
17 Weber, Marx & Schneider (2007), Penner (2005), Coninx & Stumpf (2007).
18 Hesse, Göbel & Hartig (2008), Rauch, Jurecka & Hesse (2010).
19 Neuenschwander & Goltz (2008).
20 Schaffner & Schiefele (2008), Retelsdorf & Möller (2008), Ehmke & Siegle (2008), Philipp (2011).
21 Seyda (2009), Biedinger & Becker (2006), Becker & Lauterbach (2008).
22 Wagner, Schober & Spiel (2005).
23 Trautwein (2007, 2008), Trautwein & Lüdtke (2007), Trautwein, Lüdtke, Schnyder & Niggli (2006), Schnyder, Niggli, Cathomas, Trautwein & Lüdtke (2006), Lorenz & Wild (2007), Wild & Gerber

(2007), Lipowsky (2007), Lipowsky, Rakoczy, Klieme, Reusser & Pauli (2004). Metaanalyse: Cooper, Robinson & Patall (2006).

24 Holtappels, Klieme, Rauschenbach & Stecher (2007), Fischer, Kuhn & Klieme (2009).

25 Riebel & Jäger (2008).

26 Petermann, Petermann & Krummrich (2008), Hasselhorn, von Goldammer & Weber (2008), Krajewski, Nieding & Schneider (2008b).

27 Faust (2006), Daseking, Oldenhage & Petermann (2008), Hasselhorn & Lohaus (2008).

28 Maaz, Baumert & Cortina (2008), Maaz, Watermann & Baumert (2007), Paulus & Blossfeld (2007).

29 Lehmann & Lenkeit (2008), Baumert, Becker, Neumann & Nikolova (2009), Köller und Baumert (2008).

Kapitel 5

1 Langfeldt & Tent (1999), Ingenkamp & Lissmann (2005), Hany (2008), Lissmann (2006). Frühe Maßstäbe setzte Klauer (1982) mit dem mehrbändigen Handbuch Pädagogischer Diagnostik.

2 Hesse & Latzko (2009).

3 Rost (2004), Moosbrugger & Kelava (2007).

4 Eine Übersicht zu Lesetests und zu ausgewählten Rechtschreib- und Mathematiktests geben Hesse und Latzko (2009). Lesetests werden in dem von Lenhard und Schneider (2009), Rechtschreibtests in dem von Schneider, Marx & Hasselhorn (2008) und Mathematiktests in dem von Hasselhorn, Marx & Schneider (2005), jeweils in der Reihe »Tests und Trends« herausgegebenen Sammelwerken behandelt.

5 Moosbrugger & Goldhammer (2006), Büttner & Schmidt-Atzert (2004).

6 Lauth & Mackowiak (2006), Barkley (2006), Krusch-Mielke (2007).

7 Pickering (2006a), Schumann-Hengsteler et al. (2010), Hasselhorn et al. (in Druck).

8 Schmidt-Atzert (2006), Stiensmeier-Pelster & Rheinberg (2003), Spinath & Schöne (2003).

9 Lazarus-Mainka & Siebeneick (2000), Mackowiak (2007a,b).

10 Baumann & Kuhl (2003), Fröhlich & Kuhl (2003).

11 Schwenck & Schneider (2006), Langfeldt & Tent (1999), Hasselhorn & Mähler (2006), Hasselhorn, Mähler & Grube (2008), Jacobs & Petermann (2005a), Gasteiger Klicpera & Klicpera (2007).

12 Langfeldt (1978), Büttner & Langfeldt (2003), Langfeldt & Tent (1999), Kretschmann (2006), Petermann & Petermann (2006).

13 Klieme et al. (2003), Lersch (2006, 2010), Uhl (2007), Oelkers & Reusser (2008).

14 Bos & Voss (2008), Drechsel, Prenzel & Seidel (2009).

15 Rosebrock & Nix (2008), Köster & Rosebrock (2009).

16 Lersch (2006, 2007).

17 Weinert (2000), Helmke (2009), Souvignier & Gold (2006), Lersch (2006).

18 Arnold & Kretschmann (2002), Kretschmann (2006).

19 Kretschmann (2006). Ein Verfahren zur Lernverlaufs- bzw. Lernfortschrittsdiagnostik ist die Lernfortschrittsdiagnostik Lesen (LDL) von Walter (2009a).

20 Klauer (2006), Strathmann & Klauer (2008), Strathmann, Klauer & Greisbach (2010), Walter (2008b, 2009b), Diehl & Hartke (2007), Deno (1985).

21 Fuchs & Fuchs (1998, 2006), Vaughn & Fuchs (2003), Fuchs & Deshler (2007), Fletcher, Lyon, Fuchs & Barnes (2007), Fletcher-Janzen & Reynolds (2008), Walter (2008a).

Kapitel 6

1 Weinert (1994), Hasselhorn & Gold (2006), Klauer (2011).

2 Breznitz (1997, 2006), Snellings, van der Leij, de Jong & Blok (2009).

3 Rosebrock, Nix, Rieckmann & Gold (2011), Rosebrock & Nix (2006), Kuhn & Stahl (2003), Fuchs, Fuchs, Hosp & Jenkins (2001), NICHD (2000).

4 Morgan & Sideridis (2006), Erlbaum, Vaughn, Hughes & Moody (2000), Chard, Vaughn & Tyler (2002), Clarke, Snowling, Truelove & Hulme (2010), Hartmann (2010).

5 Landerl & Moser (2006).

6 Al Otaiba, Petscher, Pappamihiel, Williams, Dyrlund & Connor (2009), Denton, Fletcher, Anthony & Francis (2006), Vaughn, Linan-Thompson & Hickman (2003).

7 Gold, Mokhlesgerami, Rühl, Schreblowski & Souvignier (2004), Rühl & Souvignier (2006), Fischer (2008), Schoenbach, Greenleaf, Cziko & Hurwitz (2006).

8 Guthrie, Wigfied & Perencevich (2004), Guthrie et al. (2009), Graham & Bellert (2008), Souvignier (2008b, 2009), Souvignier & Antoniou (2007), Gajria, Jitendra, Sood & Sacks (2007), van Kraayenoord (2010), Artelt, Naumann & Schneider (2010).

9 Tacke (1999, 2005, 2008), Tressoldi, Vio & Iozzino (2007). Zur Leseförderung bei älteren Schülern: Roberts, Torgesen, Boardman & Scammacca (2008).

10 Klicpera, Schabmann & Gasteiger-Klicpera (2007), Gasteiger-Klicpera & Fischer (2008), Naegele & Valtin (2001, 2003), Suchodoletz (2006a), Schulte-Körne (2006), Scheerer-Neumann (2008).

11 Graham, Harris & McArthur (2008), Graham (2006), Glaser & Brunstein (2007).

12 Übersicht: Mastropieri, Scruggs, Davidson & Rana (2008), Landerl & Kaufmann (2008). ZBT: Moog & Schulz (2005). MZZ: Krajewski, Nieding & Schneider (2007). Zu einer intensiven Förderung in Kleingruppen: Fuchs, Compton, Fuchs, Paulsen, Bryant & Hamlett (2005).

13 Frostig (1977), Kavale (1984), Elsner & Hager (1995). Effekte für das Marburger Konzentrationstraining MKT und bei unspezifischen Interventionen (Memory- oder Mikado-Spielen, Bilderbuch-Lesen) berichtet aber Krampen (2008).

14 Dreisörner (2006), Owens et al. (2003).

15 Souvignier (2000, 2001).

16 Büttner, Gold & Hasselhorn (2010), Krajewski & Ennemoser (2010).

17 Mähler & Hasselhorn (2001).

18 Büttner & Hasselhorn (2007), Wong, Harris, Graham & Butler (2003), Scruggs & Mastropieri (2000). Metaanalysen: Hattie, Biggs & Purdie (1996), Souvignier & Antoniou (2007), Wolgemuth, Cobb & Allwell (2008), Dignath, Büttner & Langfeldt (2008), Klauer (2011).

19 Rheinberg & Fries (2001), Rheinberg & Krug (2005), Ziegler & Finsterwald (2008).

20 Adams & Carnine (2003), Souvignier (2003), Swanson & Hoskyn (1998), Forness, Kavale, Blum & Lloyd (1997), Wember (2007), Swanson (1999).

21 Souvignier (2007), Heimlich (2007b), Benkmann (2009), Krajewski & Ennemoser (2010).

22 Helmke (1988), Helmke & Weinert (1997).

23 Palincsar & Brown (1984), Rosenshine & Meister (1994), Borsch (2010).

24 Spörer, Brunstein & Arbeiter (2007), Spörer, Brunstein & Kieschke (2009).

25 Souvignier (1999, 2007), Heimlich (2007a), Jenkins & O'Connor (2003), Borsch (2010).

26 Fuchs & Fuchs (1986), Klauer (2006), Walter (2008a).

27 Rogolla & Vogt (2008), Beck et al. (2008).

28 Klauer und Leutner (2007). Die dort beschriebene Studie stammt von Saleh, Lazonder & DeJong (2005).

29 Bless & Mohr (2007), Bless (2000), Myklebust (2006), Wocken (2007), Haeberlin (1991), Tent, Witt, Zschoche-Lieberum & Bürger (1991), Walter (2002, 2007), Borchert (2007), Klemm (2010b).

30 Dumke (1991), Klemm (2010a).

31 Schuck, Lemke & Schwohl (2007), Ahrbeck (2011).

32 Dumke, Krieger & Schäfer (1989), Reicher (1991).

33 Preuss-Lausitz (1998), Graumann & Rakhkochkine (2007).

34 Beiheft 5/2006 der Zeitschrift für Erziehungswissenschaft, Heft 4/2004 der Zeitschrift für Pädagogik, Herrmann (2006), Speck (2009).

35 Roth (2004), Brand & Markowitsch (2006).

36 Goswami (2008), Brand & Markowitsch (2006), Roth (2004).

37 Keller & Just (2009), Wolf (2009).

38 Goswami (2009). Zusammenfassend: Miller, Sanchez & Hynd (2003), Shaywitz & Shaywitz (2003), Linkersdörfer (2011).

39 Molko et al. (2003), Kucian et al. (2006). Zusammenfassend: Landerl & Kaufmann (2008), Lonnemann, Linkersdörfer, Hasselhorn & Lindberg (2011).

Kapitel 7

1 Neber (1996).
2 Klauer & Lauth (1997), Neber (1996).
3 Borchert (2007), Ahrbeck, Bleidick & Schuck (1997), Krajewski & Ennemoser (2010).
4 Klieme, Pauli & Reusser (2009), Beck et al. (2008).
5 Fuchs, Mock, Morgan & Young (2003).
6 Swanson (2008).
7 Klauer (2006), Walter (2008a).
8 Ravitch (2010, 2000).
9 Lou, Abrami, Spence, Poulsen, Chambers & d'Apollonia (1996), Lou, Abrami & Spence (2000).
10 Taylor, Roehrig, Soden Hensler, Connor & Schatschneider (2010).
11 Schneider & Bullock (2008, 2009), Schneider (2008b).
12 Heckhausen (1969, 1974), Brenner (2010), Becker & Lauterbach (2008).

Was wird aus den lernschwierigen Kindern?

1 Stalder, Meyer & Hupka-Brunner (2008).
2 Esser, Wyschkon & Schmidt (2002), Schulte-Körne, Deimel, Jungermann & Remschmidt (2003).
3 Hutchinson, Freeman & Berg (2008).
4 McNamara, Willoughby & Chalmers (2005), McNamara, Vervaeke & Willoughby (2008).
5 Arnold et al. (2005), Carroll, Maughan, Goodman & Meltzer (2005), Maughan & Carroll (2006).
6 Vbw (2007), OECD (2008), Wößmann (2007), Anger et al. (2006).
7 Wößmann & Piopiunik (2009), Wößmann (2007), Anger, Plünnecke & Seyda (2007), Cunha & Heckman (2007). Gravierende Folgekosten der Bildungsarmut konstatieren auch Entorf und Sieger (2010) nach einer statistischen Analyse der Bildungsstruktur von Haftinsassen, ebenfalls in einer Studie für die Bertelmann Stiftung. Folgt man ihrer Modellrechnung für das Jahr 2009, hätten sich durch eine Halbierung des Anteils der Schulabgänger ohne Hauptschulabschluss 416 Morde, mehr als 13 000 räuberische Erpressungen und mehr als 300 000 Diebstähle (mit insgesamt mehr als 1.4 Milliarden € an Folgekosten) vermeiden lassen. Unzureichende Bildung ist aber nicht für alles verantwortlich. Bei ihrer Fokussierung auf die Deliktgruppen Mord, Raub und Diebstahl bleiben die Autoren nämlich eine naheliegende Gegenrechnung schuldig: Welche Schäden und Folgekosten durch Betrugsdelikte und durch Wirtschaftskriminalität entstehen, oftmals durch Täter, die mit Bildungsarmut in aller Regel nichts zu tun haben.

Literatur

Achtziger, A. & Gollwitzer, P. M. (2006). Motivation und Volition im Handlungsverlauf. In J. Heckhausen & H. Heckhausen (Hrsg.), *Motivation und Handeln* (S. 277–302). Heidelberg: Springer.

Adams, G. & Carnine, D. (2003). Direct Instruction. In H. L. Swanson, K. R. Harris & S. Graham (Eds.), *Handbook of learning disabilities* (pp. 403–416). New York: Guilford Press.

Ahrbeck, B., Bleidick, U. & Schuck, K. D. (1997). Pädagogisch-psychologische Modelle der inneren und äußeren Differenzierung für lernbehinderte Schüler. In F. E. Weinert (Hrsg.), *Psychologie des Unterrichts und der Schule* (Enzyklopädie der Psychologie, Serie Pädagogische Psychologie, Bd. 3, S. 739–769). Göttingen: Hogrefe.

Ahrbeck, B. (2011). *Der Umgang mit Behinderung.* Stuttgart: Kohlhammer.

Allmendinger, J. (1999). Bildungsarmut: Zur Verschränkung von Bildungs- und Sozialpolitik. *Soziale Welt, 50,* 35–50.

Al Otaiba, S. & Fuchs, D. (2006). Who are the young children for whom best practices in reading are ineffective? An experimental and longitudinal study. *Journal of Learning Disabilities, 39,* 414–431.

Al Otaiba, S., Petscher, Y., Pappamihiel, N. E, Williams, R. S., Dyrlund, A. K. & Connor, C. (2009). Modeling oral reading fluency development in Latino students: A longitudinal study across second and third grade. *Journal of Educational Psychology, 101,* 315–329.

Alexander, K. L., Entwisle, D. R. & Olsen, H. R. (2001). Schools, achievement, and inequality: A seasonal perspective. *Educational Evaluation and Policy Analysis, 23,* 171–191.

Allemann-Ghionda, C. & Crotti, C. (2006). Gender und Bildung. Zur Einführung in den Thementeil. *Zeitschrift für Pädagogik, 52,* 315–318.

Alloway, T. P. (2006). Working memory skills in children with developmental coordination disorder. In T. P. Alloway & S. E. Gathercole (Eds.), *Working memory and neurodevelopmental disorders* (pp. 161–185). Hove: Psychology Press.

Alloway, T. P. (2007). *Automated Working Memory Assessment.* London: Harcourt.

Alloway, T. P., Rajendran, G. & Archibald, L. (2009). Working memory in children with developmental disorders. *Journal of Learning Disabilities, 42,* 372–382.

Anderson, J. R. (2000). *Learning and memory* (2nd ed.). New York: Wiley.

Anger, C., Plünnecke, A., Seyda, S. & Werner, D. (2006). *Bildungsarmut und Humankapitalschwäche in Deutschland (Gutachten).* Köln: Institut der deutschen Wirtschaft.

Anger, C., Plünnecke, A. & Seyda, S. (2007). Bildungsarmut – Auswirkungen, Ursachen, Maßnahmen. *Aus Politik und Zeitgeschichte, 28,* 39–45.

Antoniou, F. (2006). *Improving reading comprehension in students with special educational needs.* Aachen: Shaker.

Arbeitskreis Wissenschaftliche Begleitung »Schulanfang auf neuen Wegen« (2006). *»Schulanfang auf neuen Wegen (Abschlussbericht zum Modellprojekt).* Stuttgart: Ministerium für Kultus, Jugend und Sport.

Archibald, L. & Gathercole, S. E. (2006). Short-term memory and working memory in specific language impairment. In T. P. Alloway & S. E. Gathercole (Eds.), *Working memory and neurodevelopmental disorders* (pp. 139–160). Hove: Psychology Press.

Arnold, E. M., Goldston, D. B., Walsh, A. K., Reboussin, B. A., Daniel, S. S., Hickman, E. & Wood, F. B. (2005). Severity of emotional and behavioral problems among poor and typical readers. *Journal of Abnormal Child Psychology, 33,* 205–217.

Arnold, K.-H. & Kretschmann, R. (2002). Förderdiagnostik, Förderplan und Förderkontrakt: Von der Eingangsdiagnose zur Förderungs- und Fortschreibungsdiagnose. *Zeitschrift für Heilpädagogik, 53,* 266–271.

Artelt, C., Naumann, J. & Schneider, W. (2010). Lesemotivation und Lesestrategien. In E. Klieme, C. Artelt, J. Hartig, N. Jude, O. Köller, M. Prenzel, W. Schneider & P. Stanat (Hrsg.), *PISA 2009. Bilanz nach einem Jahrzehnt* (S. 73–112). Münster: Waxmann.

Artelt, C., Stanat, P., Schneider, W. & Schiefele, U. (2001). Lesekompetenz: Testkonzeption und Ergebnisse. In Deutsches PISA-Konsortium (Hrsg.), *PISA 2000. Basiskompetenzen von Schülerinnen und Schülern im internationalen Vergleich* (S. 69–140). Opladen: Leske und Budrich.

Asendorpf, J. (2006). Entwicklungsgenetik. In W. Schneider & F. Wilkening (Hrsg.), *Theorien, Modelle und Methoden der Entwicklungspsychologie* (Enzyklopädie der Psychologie, Serie Entwicklungspsychologie, Bd. 1, S. 461–507). Göttingen: Hogrefe.

Asendorpf, J. (2008). Evolutionspsychologie und Genetik der Entwicklung. In R. Oerter & L. Montada (Hrsg.), *Entwicklungspsychologie* (6. Aufl., S. 49–66). Weinheim: PVU.

Aster, M. von (2003). Neurowissenschaftliche Ergebnisse und Erklärungsansätze zu Rechenstörungen. In A. Fritz, G. Ricken & S. Schmidt (Hrsg.), *Handbuch Rechenschwäche* (S. 163–178). Weinheim: Beltz.

Aster, M. von & Lorenz, J. H. (2005). *Rechenstörungen bei Kindern*. Göttingen: Vandenhoeck & Ruprecht.

Aster, M. von, Schweiter, M. & Weinhold Zulauf, M. (2007). Rechenstörungen bei Kindern. Vorläufer, Prävalenz und psychische Symptome. *Zeitschrift für Entwicklungspsychologie und Pädagogische Psychologie, 39*, 85–96.

Aster, M. von, Weinhold Zulauf, M. & Horn, R. (2005). *ZAREKI-R. Testverfahren zur Dyskalkulie bei Kindern*. Frankfurt: Pearson.

Atkinson, J. W. (1957). Motivational determinants of risktaking behaviour. *Psychological Review, 64*, 359–372.

Atkinson, R. C. & Shiffrin, R. M. (1968). Human memory: A proposed system and its control processes. In K. W. Spence & J. T. Spence (Eds.), *The psychology of learning and motivation* (Vol. 2, pp. 89–195). New York: Academic Press.

Auer, M., Gruber, G., Mayringer, H. & Wimmer, H. (2005). *SLS 5–8: Salzburger Lese-Screening für die Klassenstufen 5–8*. Bern: Huber.

Ausubel, D. P. (1968). *Educational psychology: a cognitive view*. New York: Holt, Rinehart and Winston (deutsch 1974: *Psychologie des Unterrichts*. Weinheim: Beltz).

Autorengruppe Bildungsberichterstattung (2008). *Bildung in Deutschland 2008*. Bielefeld: Bertelsmann.

Autorengruppe Bildungsberichterstattung (2010). *Bildung in Deutschland 2010*. Bielefeld: Bertelsmann.

Baddeley, A. D. (1986). *Working memory*. Oxford: Oxford University Press.

Baddeley, A. D. (1997). *Human memory. Theory and practice* (2nd ed.). Boston: Allyn and Bacon.

Baddeley, A. D. (2000). The episodic buffer: A new component of working memory? *Trends in Cognitive Science, 4*, 417–423.

Baddeley, A. D. & Longman, D. J. (1978). The influence of length and frequency of training session on the rate of learning to type. *Ergonomics, 21*, 627–635.

Bader, H. J., Borsch, F., Gold, A. & Schmidt, S. (in Vorb.). *Spielst du noch oder lernst du schon? Erfahrungen mit einem naturwissenschaftlichen Förderprogramm in Kindertagesstätten.*

Baier, D., Pfeiffer, C., Rabold, S., Simonson, J. & Kappes, C. (2010). *Kinder und Jugendliche in Deutschland: Gewalterfahrungen, Integration, Medienkonsum* (Forschungsbericht Nr. 109). Hannover: KFN.

Baker, J., Schorer, J. & Cobley, S. (2010). Relative age effects. An inevitable consequence of elite sport? *Sportwissenschaft, 40*, 26–30.

Barkley, R. A. (1997). *ADHD and the nature of self-control*. New York: Guilford Publications.

Barkley, R. A. (2006). *Attention Deficit Hyperactivity Disorder: A handbook for diagnosis and treatment* (3rd ed.). New York: Guilford Publications.

Barnett, W. S. (1992). Benefits of compensatory preschool education. *The Journal of Human Ressources, 27*, 279–312.

Barnett, W. S., Jung, K, Yarosz, D. J., Thomas, J., Hornbeck, A., Stechuk, R. & Burns, S. (2008). Educational effects of the Tools of the Mind curriculum: A randomized trial. *Early Childhood Research Quarterly, 23*, 299–313.

Baumann, N. & Kuhl, J. (2003). Der Selbstregulations- und Konzentrationstest für Kinder (SRKT-K) und Erwachsene und der Selbstregulations-Strategietest für Kinder (SRST-K). In J. Stiensmeier-Pelster & F. Rheinberg (Hrsg.), *Diagnostik von Motivation und Selbstkonzept* (S. 183–200). Göttingen: Hogrefe.

Baumert, J. & Kunter, M. (2006). Stichwort: Professionelle Kompetenz von Lernkräften. *Zeitschrift für Erziehungswissenschaft, 9*, 1–52.

Literatur

Baumert, J., Cortina, K. & Leschinsky, A. (2008). Grundlegende Entwicklungen und Strukturprobleme im allgemeinbildenden Schulwesen. In K. Cortina, J. Baumert, A. Leschinsky, K. Mayer & L. Trommer (Hrsg.), *Das Bildungswesen in der Bundesrepublik Deutschland* (S. 53–130). Reinbek: Rowohlt.

Baumert, J., Becker, M., Neumann, M. & Nikolova, R. (2009). Frühübergang in ein grundständiges Gymnasium – Übergang in ein priviligiertes Entwicklungsniveau? *Zeitschrift für Erziehungswissenschaft, 12*, 189–215.

Baumert, J., Becker, M., Neumann, M. & Nikolova, R. (2010). Besondere Förderung von Kernkompetenzen an Spezialgymnasien? Der Frühübergang in grundständige Gymnasien in Berlin. *Zeitschrift für Pädagogische Psychologie, 24*, 5–22.

Baumert, J., Maaz, K., Stanat, P. & Watermann, R. (2009). Schulkomposition oder Institution – was zählt? Schulstrukturen und die Entstehung schulformspezifischer Entwicklungsverläufe. *Die Deutsche Schule, 101*, 33–46.

Bauminger, N. & Mimhi-Kind, I. (2008). Social information processing, security of attachment, and emotion regulation in children with learning disabilities. *Journal of Learning Disabilities, 41*, 315–332.

Baur, C. & Häussermann, H. (2009). Ethnische Segregation in deutschen Schulen. *Leviathan, 37*, 353–366.

Bear, G., Minke, K. & Manning, M. (2002). Self-concept of students with learning disabilities: A meta-analysis. *School Psychology Review, 31*, 405–427.

Beck, E., Baer, M., Guldimann, T., Bischoff, S., Brühwiler, C., Müller, P., Niedermann, R., Rogolla, M. & Vogt, F. (2008). *Adaptive Lehrkompetenz*. Münster: Waxmann.

Becker, B. & Biedinger, N. (2006). Ethnische Bildungsungleichheit zu Schulbeginn. *Kölner Zeitschrift für Soziologie und Sozialpsychologie, 58*, 660–684.

Becker, M., Stanat, P., Baumert, J. & Lehmann, R. (2008). Effekte der Rückkehr in differenzielle Lebensverhältnisse während der Sommerferien auf die Leseleistungen von Kindern mit und ohne Migrationshintergrund. *Kölner Zeitschrift für Soziologie und Sozialpsychologie, Sonderheft 48*, 252–276.

Becker, N. (2006). Von der Hirnforschung lernen? *Zeitschrift für Erziehungswissenschaft, 9*, 177–200.

Becker, N. (2007). Hirngerechtes Lernen und Lehren. *Lernchancen, 58*, 4–13.

Becker, R. (2008). Soziale Ungleichheit von Bildungschancen und Chancengerechtigkeit. In R. Becker & W. Lauterbach (Hrsg.), *Bildung als Privileg: Erklärungen und Befunde zu den Ursachen der Bildungsungleichheit* (3. Aufl, S. 161–189). Wiesbaden: VS.

Becker, R. & Lauterbach, W. (2008). Vom Nutzen vorschulischer Erziehung und Elementarbildung – Bessere Bildungschancen für Arbeiterkinder? In R. Becker & W. Lauterbach (Hrsg.), *Bildung als Privileg* (S. 129–159). Wiesbaden: VS.

Bedard, K. & Dhuey, E. (2006).The persistence of early childhood maturity: International evidence of long-run age effects. *The Quarterly Journal of Economics, 121*, 1437–1473.

Beelmann, A. (2004). Förderung sozialer Kompetenzen im Kindergarten: Evaluation eines sozialen Problemlösetrainings zur universellen Prävention dissozialer Verhaltensprobleme. *Kindheit und Entwicklung, 13*, 113–121.

Beelmann, A. (2006). *Normative Übergänge im Kindesalter: Anpassungsprobleme beim Eintritt in den Kindergarten, in die Grundschule und in die weiterführende Schule*. Hamburg: Kovac.

Beelmann, A. & Lösel, F. (2007). Entwicklungsbezogene Prävention dissozialer Verhaltensprobleme: Eine Meta-Analyse zur Effektivität sozialer Kompetenztrainings. In W. von Suchodoletz (Hrsg.), *Prävention von Entwicklungsstörungen* (S. 235–258). Göttingen: Hogrefe.

Belleville, S., Menard, E., Mottron, L. & Menard, M.-C. (2006). Working memory in autism. In T. P. Alloway & S. E. Gathercole (Eds.), *Working memory and neurodevelopmental disorders* (pp. 213–238). Hove: Psychology Press.

Benkmann, R. (2009). Individuelle Förderung und kooperatives Lernen im Gemeinsamen Unterricht. *Empirische Sonderpädagogik, 1*, 143–156.

Berninger, V. W. (2008). Das lesende Gehirn bei Kindern und Jugendlichen: Ein systemischer Ansatz. In B. Y. L. Wong (Hrsg.), *Lernstörungen verstehen* (S. 185–241). Heidelberg: Springer.

Bertram, H. (Hrsg.). (2008). *Der UNICEF-Bericht zur Lage der Kinder in Deutschland*. München: Beck.

Betz, D. & Breuninger, H. (1987, 1998). *Teufelskreis Lernstörungen* (1. Aufl., 5. Aufl.). Weinheim: Beltz.

Betz, T. (2008). *Ungleiche Kindheiten. Theoretische und empirische Analysen zur Sozialberichterstattung über Kinder*. Weinheim: Juventa.

Betz, T. (2010). Kompensation ungleicher Startchancen: Erwartungen an institutionalisierte Bildung, Betreuung und Erziehung für Kinder im Vorschulalter. In P. Cloos & B. Karner (Hrsg.). *Erziehung und Bildung von Kindern als gemeinsames Projekt. Zum Verhältnis familialer Erziehung und öffentlicher Kinderbetreuung (S. 113–134).* Hohengehren: Schneider.

Biedinger, N. & Becker, B. (2006). *Der Einfluss des Vorschulbesuchs auf die Entwicklung und den langfristigen Bildungserfolg von Kindern. Ein Überblick über internationale Studien im Vorschulbereich* (Working Paper Nr. 97). Mannheim: Mannheimer Zentrum für Europäische Sozialforschung.

Bieg, S. & Behr, M. (2005). *Mich und Dich verstehen. Ein Trainingsprogramm zur Emotionalen Sensitivität bei Schulklassen und Kindergruppen im Grundschul- und Orientierungsstufenalter.* Göttingen: Hogrefe.

Birkel, P. (2007). *Weingartener Grundwortschatz Rechtschreib-Test für 3. und 4. Klassen WRT 3+* (2. Aufl.). Göttingen: Hogrefe.

Bjorklund, D. F. (2010). Remembering on their own: The development of strategic memory. In H.-P. Trolldenier, W. Lenhard & P. Marx (Hrsg.), *Brennpunkte der Gedächtnisforschung. Entwicklungs- und pädagogisch-psychologische Perspektiven* (S. 171–189). Göttingen: Hogrefe.

Bleckly, M. K., Durso, F. T., Crutchfield, J. M., Engle, R. W. & Khanna, M. M. (2003). Individual differences in working memory capacity predict visual attention allocation. *Psychonomic Bulletin & Review, 10,* 884–889.

Bless, G. (1995). *Zur Wirksamkeit der Integration. Forschungsüberblick, praktische Umsetzung einer integrativen Schulform, Untersuchungen zum Lernfortschritt.* Bern: Haupt.

Bless, G. (2000). Lernbehinderungen. In J. Borchert (Hrsg.), *Handbuch der Sonderpädagogischen Psychologie* (S. 440–453). Göttingen: Hogrefe.

Bless, G. & Mohr, K. (2007). Die Effekte von Sonderunterricht und gemeinsamem Unterricht auf die Entwicklung von Kindern mit Lernbehinderungen. In J. Walter & F. B. Wember (Hrsg.), *Sonderpädagogik des Lernens* (Handbuch Sonderpädagogik, Bd. 2, S. 375–392). Göttingen: Hogrefe.

Blömeke, S., Reinhold, P., Tulodziecki, G. & Wildt, J. (2004). *Handbuch Lehrerbildung.* Bad Heilbrunn: Klinkhardt.

Bloom, B. S. (1976). *Human characteristics and school learning.* New York: McGraw-Hill.

Bode, H. (2007). Prävention motorischer Störungen. In W. von Suchodoletz (Hrsg.), *Prävention von Entwicklungsstörungen* (S. 11–28). Göttingen: Hogrefe.

Bodrova, E. & Leong, D. J. (2007). Tools of the mind. The Vygotskian approach to early childhood education (2nd ed.). Upper Saddle River: Pearson.

Borchert, J. (2006). Aufbau von Lern- und Leistungsmotivation in der Schule – eine Literaturübersicht. *Heilpädagogische Forschung, 32,* 191–203.

Borchert, J. (Hrsg.). (2007). *Einführung in die Sonderpädagogik.* München: Oldenbourg.

Borchert, J., Hartke, B. & Jogschies, P. (Hrsg.). (2008). *Frühe Förderung entwicklungsauffälliger Kinder und Jugendlicher.* Stuttgart: Kohlhammer.

Borsch, F. (2010). *Kooperatives Lehren und Lernen im schulischen Unterricht.* Stuttgart: Kohlhammer.

Bos, W. & Voss, A. (2008). Empirische Schulentwicklung auf Grundlage von Lernstandserhebung. Ein Plädoyer für einen reflektierten Umgang mit Ergebnissen aus Leistungstests. *Die Deutsche Schule, 100,* 449–458.

Bos, W., Lankes, E.-M., Schwippert, K., Valtin, R. & Walther, G. (Hrsg.). (2004). *IGLU. Einige Länder der Bundesrepublik Deutschland im nationalen und internationalen Vergleich.* Münster: Waxmann.

Bos, W., Lankes, E.-M., Prenzel, M., Schwippert, K., Walther, G. & Valtin, R. (Hrsg.). (2003). *Erste Ergebnisse aus IGLU. Schülerleistungen am Ende der vierten Jahrgangsstufe im internationalen Vergleich.* Münster: Waxmann.

Bos, W., Hornberg, S., Arnold, K.-H., Faust, G., Fried, L., Lankes, E.-M., Schwippert, K., Tarelli, I. & Valtin, R. (Hrsg.). (2010). *IGLU 2006 – die Grundschule auf dem Prüfstand. Vertiefende Analysen zu Rahmenbedingungen schulischen Lernens.* Münster: Waxmann.

Boudon, R. (1974). *Education, opportunity, and social inequalitiy.* New York: Wiley.

Bourdieu, P. (1983). Ökonomisches Kapital, kulturelles Kapital, soziales Kapital. In R. Kreckel (Hrsg.), *Soziale Ungleichheiten* (S. 183–198). Göttingen: Schwartz.

Bowlby, J. (1969, 1973). *Attachment and loss* (Vol. 1 und 2). New York: Basic Books (deutsche Ausgabe: 1975 und 1976).

Brand, M. & Markowitsch, H. J. (2006). Lernen und Gedächtnis aus neurowissenschaftlicher Perspektive. In U. Herrmann (Hrsg.), *Neurodidaktik* (S. 60–76). Weinheim: Beltz.

Bransford, J. D., Brown, A. L. & Cocking, R. R. (Eds.). (2000). *How people learn. Brain, mind, experience, and school.* Washington: National Academy Press.

Brenner, P. J. (2010). *Bildungsgerechtigkeit.* Stuttgart: Kohlhammer.

Breznitz, Z. (1997). The effect of accelerated reading rate on memory for text among dyslexic readers. *Journal of Educational Psychology, 89,* 289–297.

Breznitz, Z. (2006). *Fluency in reading: Synchronization of processes.* Mahwah: Erlbaum.

Brisch, K. H. (2007). Prävention von emotionalen und Bindungsstörungen. In W. von Suchodoletz (Hrsg.), *Prävention von Entwicklungsstörungen* (S. 167–181). Göttingen: Hogrefe.

Broadbent, D. (1958). *Perception and communication.* London: Pergamon Press.

Bromme, R. (1992). *Der Lehrer als Experte.* Bern: Huber.

Bromme, R. (1997). Kompetenzen, Funktionen und unterrichtliches Handeln des Lehrers. In F. E. Weinert (Hrsg.), *Psychologie des Unterrichts und der Schule* (Enzyklopädie der Psychologie, Serie Pädagogische Psychologie, Bd. 3, S. 177–212). Göttingen: Hogrefe.

Bromme, R. (2008). Lehrerexpertise. In W. Schneider & M. Hasselhorn (Hrsg.), *Handbuch der Pädagogischen Psychologie* (S. 159–167). Göttingen: Hogrefe.

Bruer, J. T. (2000). *Der Mythos der ersten drei Jahre.* Weinheim: Beltz.

Bull, R. & Espy, K. A. (2006). Working memory, executive functioning, and children's mathematics. In S. J. Pickering (Ed.), *Working memory and education* (pp. 94–123). Amsterdam: Elsevier.

Bus, A. G., van Ijzendoorn, M. H. & Pellegrini, A. D. (1995). Storybook reading makes for success in learning to read. A meta-analysis on intergenerational transmission of literacy. *Review of Educational Research, 65,* 1–21.

Buschmann, A. (2009). *Heidelberger Elterntraining zur frühen Sprachförderung. Trainermanual.* München: Urban & Fischer.

Buschmann, A., Jooss, B., Rupp, A., Dockter, S., Blaschtikowitz, H., Heggen, I. & Pietz, J. (2008). Children with developmental language delay (late talkers) at 24 months of age: results of a diagnostic work-up. *Developmental Medicine and Child Neurology, 50,* 223–229.

Buschmann, A., Jooss, B., Rupp, A., Feldhusen, F., Pietz, J. & Philippi, H. (2009). Parent-based language intervention for two-year-old children with specific expressive language delay: a randomized controlled trail. *Archives of Disease in Childhood, 94,* 110–116.

Büttner, G. (2008). Entwicklung mental retardierter Kinder. In M. Hasselhorn & R.K. Silbereisen (Hrsg.), *Entwicklungspsychologie des Säuglings- und Kindesalters* (Enzyklopädie der Psychologie, Serie Entwicklungspsychologie, Bd. 4, S. 649–692). Göttingen: Hogrefe.

Büttner, G. & Hasselhorn, M. (2007). Förderung von Lern- und Gedächtnisleistungen. In J. Walter & F. B. Wember (Hrsg.), *Sonderpädagogik des Lernens* (Handbuch Sonderpädagogik, Bd. 2, S. 281–292). Göttingen: Hogrefe.

Büttner, G. & Hasselhorn, M. (2011). Learning disabilities: Debates on definitions, causes, subtypes, and responses. *International Journal of Disability, Development and Education, 58,* 75–87.

Büttner, G. & Langfeldt, H.-P. (2003). Diagnostik bei Beeinträchtigungen der kognitiven Entwicklung und des Lernens. In A. Leonhardt & F. B. Wember (Hrsg.), *Grundfragen der Sonderpädagogik.* (S. 191–217). Weinheim: Beltz.

Büttner, G. & Schmidt-Atzert, L. (2004). *Diagnostik von Konzentration und Aufmerksamkeit.* Göttingen: Hogrefe.

Büttner, G., Gold, A. & Hasselhorn, M. (2010). Optimierung von Gedächtnisleistungen – Bedingungen und Interventionen. In H.-P. Trolldenier, W. Lenhard & P. Marx (Hrsg.), *Brennpunkte der Gedächtnisforschung. Entwicklungs- und pädagogisch-psychologische Perspektiven* (S. 321–335). Göttingen: Hogrefe.

Büttner, G., Dignath, C. & Otto, B. (2008). Förderung von selbstreguliertem Lernen und Metakognition. In M. Fingerle & S. Ellinger (Hrsg.), *Sonderpädagogische Förderprogramme im Vergleich* (S. 53–66). Stuttgart: Kohlhammer.

Cain, K. (2006). Childrens' reading comprehension: The role of working memory in normal and impaired development. In S.J. Pickering (Ed.), *Working memory and education* (pp. 62–91). Amsterdam: Elsevier.

Carroll, J. B. (1963). A model of school learning. *Teacher College Record, 64,* 723–733 (deutsch 1972: Lernerfolg für alle. *Westermanns Pädagogische Beiträge, 24,* 7–12).

Carroll, J. B. (1993). *Human cognitive abilities. A survey of factor-analytic studies.* Cambridge, UK: Cambridge University Press.

Carroll, J. M., Maughan, B. Goodman, R. & Meltzer, H. (2005). Literacy difficulties and psychiatric disorders: Evidence for comorbidity. *Journal of Child Psychology and Psychiatry 46*, 524–532.

Censabella, S. & Noél, M. (2005). The inhibition of exogenous distracting information in children with learning disabilities. *Journal of Learning Disabilities, 38*, 400–410.

Chard, D. J., Vaughn, S. & Tyler, B.-J. (2002). A synthesis of research on effective interventions for building reading fluency with elementary students with learning disabilities. *Journal of Learning Disabilities, 35*, 386–406.

Chase, W. G. & Simon, H. A. (1973). Perception in chess. *Cognitive Psychology, 4*, 55–81.

Chi, M. (1978). Knowledge structures and memory development. In R. S. Siegler (Ed.), *Children's thinking: What develops?* (pp. 73–96). Hillsdale: Erlbaum.

Cierpka, M. (2007a). Faustlos für Kindergarten und Schule. In W. von Suchodoletz (Hrsg.), *Prävention von Entwicklungsstörungen* (S. 203–214). Göttingen: Hogrefe.

Cierpka, M. (Hrsg.). (2007b). *Faustlos – Grundschule* (2. Aufl.). Göttingen: Hogrefe.

Cierpka, M. (2009). »Keiner fällt durchs Netz.« Wie hoch belastete Familien unterstützt werden können. *Familiendynamik, 34*, 156–167.

Clarke, P. J. Snowling, M. J. Truelove, E. & Hulme, C. (2010). Ameliorating children's reading-comprehension difficulties: A randomized controlled trial. *Psychological Science, 21*, 1106–1116.

Cobley, S., Baker, J., Wattie, N. & McKenna, J. (2009). Annual age-grouping and athelete development. A meta-analytical review of relative age effects in sport. *Sports Medicine 39*, 235–256.

Cobley, S., McKenna, J., Baker, J. & Wattie, N. (2009). How prevasive are relative age effects in secondary school education? *Journal of Educational Psychology, 101*, 520–528.

Coltheart, M. (2005). Modeling reading: the dual-route approach. In M. J. Snowling & C. Hulme (Eds.), *The science of reading: A handbook* (pp. 6–23). Malden: Blackwell Publishing.

Compton, D., Fuchs, D., Fuchs, L. & Bryant, J. (2006). Selecting at-risk readers in first grade for early intervention: a two-year longitudinal study of decision rules and procedures. *Journal of Educational Psychology, 98*, 394–409.

Coninx, F. & Stumpf, P. (2007). *Hören Sehen Lernen: Die Solinger Sprachspiele zur phonologischen Bewusstheit und Laut-Buchstaben Zuordnung*. Göttingen: Vandenhoeck & Ruprecht.

Conway, A. R., Cowan, N. & Bunting, M. F. (2001). The cocktail party phenomenon revisited: The importance of working memory capacity. *Psychonomic Bulletin & Review, 8*, 331–335.

Cooper, H., Robinson, J. C. & Patall, E. A. (2006). Does homework improve academic achievement? A synthesis of research, 1987–2003. *Review of Educational Research, 76*, 1–62.

Cornish, K., Wilding, J. & Grant, C. (2006). Deconstructing working memory in developmental disorders of attention. In S. J. Pickering (Ed.), *Working memory and education* (pp. 158–188). Amsterdam: Elsevier.

Craik, F. I. M. & Lockhart, R. S. (1972). Levels of processing: A framework for memory research. *Journal of Verbal Learning and Verbal Behavior, 11*, 671–684.

Csikszentmihalyi, M. (1999). *Das Flow-Erlebnis*. Stuttgart: Klett-Cotta.

Cummins, J. (1979). Linguistic interdependence and the educational development of bilingual children. *Review of Educational Research, 49*, 222–251.

Cunha, F. & Heckman, J. (2007). The Economics of Human Development. The Technology of Skill Formation. *American Economic Review, 97*, 31–47.

Cutting, L. E. & Denckla, M. B. (2003). Attention: Relationships between Attention-Deficit Hyperactivity Disorder and learning disabilities. In H. L. Swanson, K. R. Harris & S. Graham (Eds.), *Handbook of learning disabilities* (pp. 125–139). New York: Guilford Press.

Daseking, M., Oldenhage, M. & Petermann, F. (2008). Der Übergang vom Kindergarten in die Grundschule – eine Bestandsaufnahme. *Psychologie in Erziehung und Unterricht, 55*, 84–99.

De Jong, P. F. (2006). Understanding normal and impaired reading development: A working memory perspective. In S. J. Pickering (Ed.), *Working memory and education* (pp. 34–60). Amsterdam: Elsevier.

Deci, E. L. & Ryan, R. M. (1985). *Intrinsic motivation and self-determination in human behavior*. New York: Plenum.

Deci, E. L., Koestner, R. & Ryan, R. M. (2001). Extrinsic rewards and intrinsic motivation in education: Reconsidered again. *Review of Educational Research, 71*, 1–27.

Dehaene, S. (1997). *The number sense – how the mind creates mathematics*. New York: Oxford University Press.

Dehaene S. & Cohen L. (1995). Towards an anatomical and functional model of number processing. *Mathematical Cognition, 1,* 83–120.

Deno, S. L. (1985). Curriculum-based measurement: The emerging alternative. *Exceptional Children, 52,* 219–232.

Denton, C., Fletcher, J., Anthony, J. & Francis, D. (2006). An evaluation of intensive intervention for students with persistent reading difficulties. *Journal of Learning Disabilities, 39,* 447–466.

Dhuey, E. & Lipscomb, S. (2010). Disabled or young? Relative age and special education diagnoses in schools. *Economics of Education Review, 29,* 857–872.

Diamond, A., Barnett, S. W., Thomas, J., Munro, S. (2007, November 30). Preschool program improves cognitve control. *Science, 318,* 1387–1388.

Diehl, K. & Hartke, B. (2007). Curriculumnahe Lernfortschrittsmessungen. *Sonderpädagogik, 37,* 195–211.

Dignath, C., Büttner, G. & Langfeldt, H. P. (2008). How can primary school students learn self-regulated learning strategies most effectively? A meta-analysis on self-regulation training programmes. *Education Research Review, 3,* 101–129.

Dilling, H., Mombour, W. & Schmidt, M. H. (Hrsg.). (2000). *Internationale Klassifikation Psychischer Störungen. ICD-10.* Bern: Huber.

Ditton, H., Krüsken, J. & Schauenberg, M. (2005). Bildungsungleichheit – der Beitrag von Familie und Schule. *Zeitschrift für Erziehungswissenschaft, 8,* 285–304.

Dohmen, D. (2009). Der Nachhilfemarkt in Deutschland. Ein Überblick über den Forschungsstand. *Die Deutsche Schule, 101,* 72–83.

Dohmen, D., Erbes, A., Fuchs, K. & Günzel, J. (2008). *Was wissen wir über Nachhilfe? – Sachstand und Auswertung der Forschungsliteratur zu Angebot, Nachfrage und Wirkungen.* Berlin: BMBF.

Döpfner, M. (2008). Hyperkinetische Störungen. In G. Esser (Hrsg.), *Lehrbuch der klinischen Psychologie und Psychotherapie des Kindes- und Jugendalters* (3. Aufl., S. 202–226). Stuttgart: Enke.

Döpfner, M. & Lehmkuhl, G. (2006). Aufmerksamkeitsdefizit-/Hyperaktivitätsstörungen – Neuropsychologie. In H. Förstl, M. Hautzinger & G. Roth (Hrsg.), *Neurobiologie psychischer Störungen* (S. 671–690). Berlin: Springer.

Döpfner, M., Lehmkuhl, G. & Steinhausen, H.-C. (2006). *Kinder-Diagnostik-System KIDS 1: Aufmerksamkeitsdefizit- und Hyperaktivitätsstörungen.* Göttingen: Hogrefe.

Döpfner, M., Schürmann, S. & Frölich, J. (2007). *Therapieprogramm für Kinder mit hyperkinetischem und oppositionellem Problemverhalten THOP* (4. Aufl.). Weinheim: Beltz.

Dollmann, J. & Kristen, C. (2010). Herkunftssprache als Ressource für den Schulerfolg? Das Beispiel türkischer Grundschulkinder. *Zeitschrift für Pädagogik, 56 (55. Beiheft),* 123–146.

Dornes, M. (2008). Frisst die Emanzipation ihre Kinder? Mütterliche Berufstätigkeit und kindliche Entwicklung: Eine Neubetrachtung aus aktuellem Anlass. *Psyche, 62,* 182–201.

Dornheim, D. (2008). *Prädiktion von Rechenleistung und Rechenschwäche: Der Beitrag von Zahlen-Vorwissen und allgemein-kognitiven Fähigkeiten.* Berlin: Logos.

Drechsel, B., Prenzel, M. & Seidel, T. (2009). Nationale und internationale Schulleistungsstudien. In E. Wild & J. Möller (Hrsg.), *Pädagogische Psychologie* (S. 353–380). Heidelberg: Springer.

Dreisörner, T. (2006). Wirksamkeit verhaltenstherapeutischer Gruppenprogramme bei Kindern mit Aufmerksamkeits- und Hyperaktivitätsstörungen (ADHS). *Kindheit und Entwicklung, 15,* 255–266.

Dubberke, T., Kunter, M., McElvany, N., Brunner, M. & Baumert, J. (2008). Lerntheoretische Überzeugungen von Mathematiklehrkräften. *Zeitschrift für Pädagogische Psychologie, 22,* 193–206.

Dubowy, M., Ebert, S., von Maurice, J. & Weinert, S. (2008). Sprachlich-kognitive Kompetenzen beim Eintritt in den Kindergarten. *Zeitschrift für Entwicklungspsychologie und Pädagogische Psychologie, 40,* 124–134.

Dumke, D. (1991). Schulleistungen nichtbehinderter Schüler in integrativen Klassen. *Zeitschrift für Pädagogische Psychologie, 5,* 33–42.

Dumke, D., Krieger, G. & Schäfer, G. (1989). *Schulische Integration in der Beurteilung von Eltern und Lehrern.* Weinheim: Beltz.

Egeland, B. & Erickson, M. F. (1993). *Final report: An evaluation of STEEP, a program for high-risk mothers.* Washington: NIMH.

Ehmke, T. & Baumert, J. (2007). Soziale Herkunft und Kompetenzerwerb: Vergleiche zwischen PISA 2000, 2003 und 2006. In M. Prenzel (Hrsg.), *PISA 2006. Die Ergebnisse der dritten internationalen Vergleichsstudie* (S. 226–247). Münster: Waxmann.

Ehmke, T. & Jude, N. (2010). Soziale Herkunft und Kompetenzerwerb. In E. Klieme, C. Artelt, J. Hartig, N. Jude, O. Köller, M. Prenzel, W. Schneider & P. Stanat (Hrsg.), *PISA 2009. Bilanz nach einem Jahrzehnt* (S. 231–254). Münster: Waxmann.

Ehmke, T. & Siegle, T. (2008). Einfluss elterlicher Mathematikkompetenz und familialer Prozesse auf den Kompetenzerwerb von Kindern in Mathematik. *Psychologie in Erziehung und Unterricht, 55,* 253–264.

Ehri, L. C. & McCormick, S. (1998). Phases of word learning: Implications for instruction with delayed and disabled readers. *Reading and Writing Quarterly, 14,* 35–164.

Einsiedler, W., Martschinke, S. & Kammermeyer, G. (2008). Die Grundschule zwischen Heterogenität und gemeinsamer Bildung. In K. Cortina, J. Baumert, A. Leschinsky, K. Mayer & L. Trommer (Hrsg.), *Das Bildungswesen in der Bundesrepublik Deutschland* (S. 325–374). Reinbek: Rowohlt.

Elben, C. E. & Lohaus, A. (2000). *Marburger Sprachverständnistest für Kinder MSVK.* Göttingen: Hogrefe.

Elder, T. E. (2010). The importance of relative standards in ADHD diagnoses: Evidence based on exact birth dates. *Journal of Health Economics, 29,* 641–656.

Elder, T. E. & Lubotsky, D. H. (2009). Kindergarten entrance age and children's achievement. Impacts of state policies, family background, and peers. *The Journal for Human Resources, 44,* 642–683.

Elsner, B. & Hager, W. (1995). Ist das Wahrnehmungstraining von M. Frostig effektiv oder nicht? *Praxis der Kinderpsychologie und Kinderpsychiatrie, 44,* 48–61.

Emmer, A., Hofmann, B. & Matthes, G. (2007). *Elementares Training bei Kindern mit Lernschwierigkeiten* (2. Aufl.). Weinheim: Beltz.

Ennemoser, M. & Krajewski, K. (2007). Effekte der Förderung des Teil-Ganzes-Verständnisses bei Erstklässlern mit schwachen Mathematikleistungen. *VHN, 76,* 228–240.

Ennemoser, M. & Schneider, W. (2007). Relations of television viewing and reading: Findings from a 4-year longitudinal study. *Journal of Education Psychology, 99,* 349–368.

Entorf, H. & Sieger, P. (2010). *Unzureichende Bildung: Folgekosten durch Kriminalität.* Gütersloh: Bertelsmann Stiftung.

Erhart, M., Hölling, H., Bettge, S., Ravens-Sieberer, U. & Schlack, R. (2007). Der Kinder- und Jugendgesundheitssurvey (KiGGS): Risiken und Ressourcen für die psychische Entwicklung von Kindern und Jugendlichen. *Bundesgesundheitsblatt – Gesundheitsforschung – Gesundheitsschutz, 50,* 800–809.

Erlbaum, B., Vaughn, S., Hughes, M. T. & Moody, S. W. (2000). How effective are one-to-one tutoring programs in reading for elementary students at risk for reading failure? A meta-analysis of the intervention research. *Journal of Educational Psychology, 92,* 605–619.

Esser, G., Wyschkon, A. & Schmidt, M. H. (2002). Was wird aus Achtjährigen mit einer Lese- und Rechtschreibstörung? *Zeitschrift für Klinische Psychologie und Psychotherapie, 31,* 235–242.

Esser, H. (2006). *Sprache und Integration: Die sozialen Bedingungen und Folgen des Spracherwerbs von Migranten.* Frankfurt: Campus.

Europäisches Forum für Migrationsstudien (efms) (2009). *Förderunterricht für Kinder und Jugendliche mit Migrationshintergrund. Evaluation des Projekts der Stiftung Mercator.* Bamberg: Universität Bamberg.

Evans, W. N., Morrill, M. S. & Parente, S. T. (2010). Measuring inappropriate medical diagnosis and treatment in survey data: The case of ADHD among school-age children. *Journal of Health Economics, 29,* 657–673.

Evertson, C. M. & Weinstein, C. S. (Eds.). (2006). *Handbook for classroom management: Research, practice and contemporary issues.* Mahwah: Erlbaum.

Faust, G. (2006). Zum Stand der Einschulung und der neuen Schuleingangsstufe in Deutschland. *Zeitschrift für Erziehungswissenschaft, 9,* 328–347.

Fend, H. (1997). *Der Umgang mit Schule in der Adoleszenz.* Göttingen: Hogrefe.

Fertig, M. & Kluve, J. (2005). *The effect of age at school entry on educational attainment in Germany* (Discussion Paper No 1507). Bonn: IZA.

Fingerle, M. (2010). Risiko, Resilienz und Prävention. In R. Kißgen & N. Heinen (Hrsg.), *Frühe Risiken und frühe Hilfen. Grundlagen, Diagnostik und Prävention* (S. 148–160). Stuttgart: Klett-Cotta.

Fischbach, A., Schuchardt, K., Mähler, C. & Hasselhorn, M. (2010). Zeigen Kinder mit schulischen Minderleistungen sozio-emotionale Auffälligkeiten? *Zeitschrift für Entwicklungspsychologie und Pädagogische Psychologie, 42,* 201–210.

Fischer, N., Brümmer, F., Kuhn, H.-P. & Züchner, I. (2010). Individuelle Wirkungen des Ganztagsschulbetrieb in der Sekundarstufe. *Schulverwaltung. Ausgabe Hessen und Rheinland-Pfalz, 15 (Heft 2),* 41–42.

295

Fischer, N., Kuhn, H.-P. & Klieme, E. (2009). Was kann die Ganztagsschule leisten? In L. Stecher, C. Allemann-Ghionda, W. Helsper & E. Klieme (Hrsg.), *Ganztägige Bildung und Betreuung* (S. 143–167). Weinheim: Beltz.

Fischer, U. (2008). *Leseförderung nach Kompetenzstufen*. Donauwörth: Auer.

Fletcher, J. M., Lyon, G. R., Fuchs, L. S. & Barnes, M. A. (2007). *Learning Disabilities. From identification to intervention*. New York: Guilford Press.

Fletcher-Janzen, E. & Reynolds, C. R. (Eds.). (2008). *Neuropsychological perspectives on Learning Disabilities in the era of RTI*. Hoboken: Wiley.

Forness, S. R., Kavale, K. A., Blum, I. M. & Lloyd, J. W. (1997). Mega-analysis of meta-analyses: What works in special education and related services. *Teaching Exceptional Children, 29*, 4–9.

Frazier, T., Youngstrom, E., Glutting, J. & Watkins, M. (2007). ADHD and achievement: Meta-analysis of the child, adolescent, and adult literatures and a concomitant study with college students. *Journal of Learning Disabilities, 40*, 49–65.

Frenzel, A. C., Götz, T. & Pekrun, R. (2009). Emotionen. In E. Wild & J. Möller (Hrsg.), *Pädagogische Psychologie* (S. 205–231). Heidelberg: Springer.

Fried, A. (2004). *Expertise zu Sprachstandserhebungen für Kindergartenkinder und Schulanfänger. Eine kritische Betrachtung*. München: DJI.

Fries, S. (2002). *Wollen und Können*. Münster: Waxmann.

Fries, S. & Schmid, S. (2007). Lernen bei attraktiven Handlungsalternativen: Das Phänomen der motivationalen Interferenz. *Zeitschrift für Pädagogische Psychologie, 21*, 271–281.

Fries, S. & Souvignier, E. (2009). Training. In E. Wild & J. Möller (Hrsg.), *Pädagogische Psychologie* (S. 405–428). Heidelberg: Springer.

Frith, U. (1985). Beneath the surface of developmental dyslexia. In K. Patterson, J. Marshall & M. Coltheart (Eds.), *Surface Dyslexia, Neuropsychological and Cognitive Studies of Phonological Reading* (pp. 301–330). London: Erlbaum.

Fritz, A. & Ricken, G. (2008). *Rechenschwäche*. Stuttgart: UTB.

Fröhlich, S. M. & Kuhl, J. (2003). Das Selbststeuerungsinventar: Dekomponierung volitionaler Funktionen. In J. Stiensmeier-Pelster & F. Rheinberg (Hrsg.), *Diagnostik von Motivation und Selbstkonzept* (S. 221–257). Göttingen: Hogrefe.

Frostig, M. (1977). *Visuelle Wahrnehmungsförderung* (2. Aufl.). Göttingen: Hogrefe.

Fthenakis, W. & Oberhuemer, P. (2004). *Frühpädagogik international*. Wiesbaden: VS.

Fuchs, D. (2006). Cognitive profiling of children with genetic disorders and the search for a scientific basis of differentiated education. In P. A. Alexander & P. H. Winne (Eds.), *Handbook of Educational Psychology* (2nd ed., pp. 187–206). Mahwah: Erlbaum.

Fuchs, D. & Fuchs, L. S. (2006). Introduction to response to intervention: What, why, and how valid is it? *Reading Research Quarterly, 41*, 93–99.

Fuchs, D. & Deshler, D. D. (2007). What we need to know about responsiveness to intervention (and shouldn't be afraid to ask). *Learning Disabilities Research & Practice, 22*, 129–136.

Fuchs, D., Fuchs, L. S. & Burish, P. (2000). Peer-assisted learning strategies: An evidence-based practice to promote reading achievement. *Learning Disabilities Research and Practice, 15*, 85–91.

Fuchs, D., Mock, D., Morgan, P. L. & Young, C. L. (2003). Responsiveness-to-intervention: Definitions, evidence, and implications for the learning disabilities construct. *Learning Disabilities Research & Practice, 18*, 157–171.

Fuchs, L. S. & Fuchs, D. (1986). Effects of systematic formative evaluation: A meta-analysis. *Exceptional Children, 53*, 199–208.

Fuchs, L. S. & Fuchs, D. (1998). Treatment validity: A unifying concept for reconceptualizing the identification of LD. *Learning Disabilities Research and Practice, 13*, 204–219.

Fuchs, L. S., Fuchs, D., Hosp, M. K. & Jenkins, J. R. (2001). Oral reading fluency as an indicator of oral reading competence: A theoretical, empirical und historical analysis. *Scientific Studies of Reading, 5*, 239–256.

Fuchs, L. S., Compton, D. L., Fuchs, D., Paulsen, K., Bryant, J. D. & Hamlett, C. L. (2005). The prevention, identification, and cognitive determinants of math difficulty. *Journal of Educational Psychology, 97*, 493–513.

Gagné, R. M. (1965). *The conditions of learning*. New York: Holt, Rinehart & Winston (deutsch 1973: *Die Bedingungen des menschlichen Lernens*. Hannover: Schroedel).

Gajria, M., Jitendra, A., Sood, S. & Sacks, G. (2007). Improving comprehension of expository text in students with LD: A research synthesis. *Journal of Learning Disabilities, 40*, 210–225.

Gasteiger-Klicpera, B. & Klicpera, C. (2007). Diagnostik von Schulleistungsstörungen. In F. Linderkamp & M. Grünke (Hrsg.), *Lern- und Verhaltensstörungen* (S. 94–108). Weinheim: Beltz.

Gasteiger-Klicpera, B. & Fischer, U. (2008). Förderung bei Lese-Rechtschreibschwierigkeiten. In M. Fingerle & S. Ellinger (Hrsg.), *Sonderpädagogische Förderprogramme im Vergleich* (67–84). Stuttgart: Kohlhammer.

Gaupp, N. (2003). *Dyskalkulie – Arbeitsgedächtnisdefizite und Defizite numerischer Basiskompetenzen rechenschwacher Kinder.* Berlin: Logos.

Gawrilow, C. (2009). *ADHS.* Stuttgart: UTB.

Gawrilow, C., Schmitt, K. & Rauch, W. (2011). Kognitive Kontrolle und Selbstregulation bei Kindern mit ADHS. *Kindheit und Entwicklung, 20,* 41–48.

Geary, D. C. (2003). Learning disabilities in arithmetic: Problem-solving differences and cognitive deficits. In H. L. Swanson, K. R. Harris & S. Graham (Eds.), *Handbook of learning disabilities* (pp. 199–212). New York: Guilford Press.

Gerber, J. (2009). Frühförderung. In E. Wild & J. Möller (Hrsg.), *Pädagogische Psychologie* (S. 383–403). Heidelberg: Springer.

Giesen, H., Gold, A., Hummer, A. & Weck, M. (1992). Die Bedeutung der Koedukation für die Genese der Studienfachwahl. *Zeitschrift für Pädagogik, 38,* 65–81.

Giesinger, J. (2007). Was heißt Bildungsgerechtigkeit? *Zeitschrift für Pädagogik, 53,* 362–381.

Gigerenzer, G. (2007). *Bauchentscheidungen.* Bielefeld: Bertelsmann.

Gigerenzer, G. & Goldstein, D. (1996). Reasoning the fast and the frugal way: Models for bounded rationality. *Psychological Review, 103,* 650–669.

Gisbert, K. (2004). *Lernen lernen.* Weinheim: Beltz.

Glaser, C. & Brunstein, J. C. (2007). Förderung von Fertigkeiten zur Überarbeitung narrativer Texte bei Schülern der 6. Klasse. Effekte von Revisionsstrategien und selbstregulatorischen Prozeduren. *Zeitschrift für Pädagogische Psychologie, 21,* 51–63.

Gogolin, I. (Hrsg.). (2005). *Migration und sprachliche Bildung.* Münster: Waxmann.

Gold, A. (2005). Lernstrategien und Lernerfolg in der gymnasialen Oberstufe. In G. Büttner, F. C. Sauter & W. Schneider (Hrsg.), *Empirische Schul- und Unterrichtsforschung. Beiträge aus Pädagogischer Psychologie, Erziehungswissenschaft und Fachdidaktik* (S. 101–114). Lengerich: Pabst.

Gold, A. (2008). Lehrstrategien. In W. Schneider & M. Hasselhorn (Hrsg.), *Handbuch der Pädagogischen Psychologie* (S. 245–255). Göttingen: Hogrefe.

Gold, A. (2009a). Leseflüssigkeit. Dimensionen und Bedingungen bei leseschwachen Hauptschülern. In A. Bertschi-Kaufmann & C. Rosebrock (Hrsg.), *Literalität* (S. 151–164). Weinheim: Juventa.

Gold, A. (2009b). Wie sich soziale und neurokognitive Risiken auf das Lernverhalten auswirken. *Forschung Frankfurt, 27 (Heft 1),* 64–66.

Gold, A. (2010). *Lesen kann man lernen* (2. Aufl.). Göttingen: Vandenhoeck & Ruprecht.

Gold, A. & Rühl, K. (2009). Lesedetektive. Strategieorientierte Leseförderung für Leseschwache. *Fördermagazin, 31,* 14–18.

Gold, A., Nix, D., Rieckmann, C. & Rosebrock, C. (2010). Bedingungen des Textverstehens bei leseschwachen Zwölfjährigen mit und ohne Zuwanderungshintergrund. *Didaktik Deutsch, 15,* 59–74.

Gold, A., Mokhlesgerami, J. Rühl, K., Schreblowski, S. & Souvignier, E. (2004). *Wir werden Textdetektive – Lehrermanual & Arbeitsheft.* Göttingen: Vandenhoeck und Ruprecht.

Goldammer, A. von, Mähler, C., Bockmann, A.-K. & Hasselhorn, M. (2010). Vorhersage früher Schriftsprachleistungen aus vorschulischen Kompetenzen der Sprache und der phonologischen Informationsverarbeitung. *Zeitschrift für Entwicklungspsychologie und Pädagogische Psychologie, 42,* 48–56.

Good, T. L., Biddle, B. J., Brophy, J. E. (1975). *Teachers make a difference.* New York: Holt, Rinehart, Winston.

Goswami, U. (2006). Neuroscience and education: from research to practice? *Nature Reviews Neuroscience, 7,* 406–413.

Goswami, U. (2008). Principles of learning, implications for teaching: A cognitive neuroscience perspective. *Journal of Philosophy of Education, 42,* 381–399.

Goswami, U. (2009). Mind, brain, and literacy: Biomarkers as usable knowledge for education. *Mind, Brain, and Education, 3,* 176–184.

Graham, L. & Bellert, A. (2008). Leseverständnisprobleme bei Schülern mit Lernstörungen. In B. Y. L. Wong (Hrsg.), *Lernstörungen verstehen* (S. 245–273). Heidelberg: Spektrum.

Graham, S. (2006). Writing. In P. A. Alexander & P. H. Winne (Eds.), *Handbook of Educational Psychology* (2nd ed., pp. 457–478). Mahwah: Erlbaum.

Graham, S. & Harris, K. R. (2003). Students with learning disabilities and the process of writing: a meta-analysis of SRSD studies. In H. L. Swanson, K. R. Harris & S. Graham (Eds.), *Handbook of Learning Disabilities* (pp. 323–344). New York: Guilford Press.

Graham, S., Harris, K. R. & MacArthur, C. (2008). Schreibunterricht. In B. Y. L. Wong (Hrsg.), *Lernstörungen verstehen* (S. 275–308). Heidelberg: Spektrum.

Graumann, O. & Rakhkochkine, A. (2007). Steigerung der Unterrichtsqualität durch Integration. In K. Arnold (Hrsg.), *Unterrichtsqualität und Fachdidaktik* (S. 299–320). Bad Heilbrunn: Verlag Julius Klinkhardt.

Gregor, A. & Cierpka, M. (2005). Frühe Hilfen für Eltern – Elternschule »Das Baby verstehen«. *Psychotherapeut, 50*, 144–147.

Gresch, C., Baumert, J. & Maaz, K. (2009). Empfehlungsstatus, Übergangsempfehlung und der Wechsel in die Sekundarstufe I: Bildungsentscheidungen und soziale Ungleichheit. *Zeitschrift für Erziehungswissenschaft, 12 (Sonderheft 12)*, 230–256.

Grimm, A. & Schulz, P. (in Vorb.). Das Sprachverstehen bei frühen Zweitsprachlernern: Erste Ergebnisse der kombinierten Längs- und Querschnittstudie MILA. In B. Ahrenholz (Hrsg.), *Wie erwirbt man eine weitere Sprache? Einblicke in die Zweitspracherwerbsforschung und ihre forschungsmethodischen Verfahren*. Tübingen: Narr.

Grimm, H. (2000). Entwicklungsdysphasie. In H. Grimm (Hrsg.), *Sprachentwicklung* (S. 604–640). Göttingen: Hogrefe.

Grimm, H. (2003). *Störungen der Sprachentwicklung* (2. Aufl.). Göttingen: Hogrefe.

Grimm, H. & Schöler, H. (1991). *Heidelberger Sprachentwicklungstest HSET* (2. Aufl.). Göttingen: Hogrefe.

Grimm, H., Aktas, M. & Frevert, S. (2001). *Sprachentwicklungstest für drei- bis fünfjährige Kinder SETK 3–5*. Göttingen: Hogrefe.

Grob, A. & Smolenski, C. (2009). *FEEL-KJ. Fragebogen zur Erhebung der Emotionsregulation bei Kindern und Jugendlichen* (2. Aufl.). Göttingen: Hogrefe.

Grube, D. (2005). Entwicklung des Rechnens im Grundschulalter. In M. Hasselhorn, W. Schneider & H. Marx (Hrsg.), *Diagnostik von Mathematikleistungen* (Tests und Trends, N.F., Bd. 4, S. 105–124). Göttingen: Hogrefe.

Grube, D. (2006). *Entwicklung des Rechnens im Grundschulalter: Basale Fertigkeiten, Wissensabruf und Arbeitsgedächtniseinflüsse*. Münster: Waxmann.

Gruehn, S. (1995). Vereinbarkeit kognitiver und nichtkognitiver Ziele im Unterricht. *Zeitschrift für Pädagogik, 41*, 531–553.

Gruschka, A. (2008). Die faktische Bedeutung fachlicher Kompetenz für den Unterrichtsprozess. *Pädagogische Korrespondenz, 38*, 44–74.

Guthrie, J. T., Wigfield, A. & Perencevich, K. C. (Eds.). (2004). *Motivating reading comprehension. Concept-oriented reading instruction*. Mahwah: Erlbaum.

Guthrie, J. T., McRae, A., Coddington, C., Klauda, S., Wigfield, A. & Barbosa, P. (2009). Impacts of comprehensive reading instruction on diverse outcomes of low- and high-achieving readers. *Journal of Learning Disabilities, 42*, 195–214.

Haag, L. (2001). Hält Nachhilfeunterricht, was er verspricht? Eine Evaluierungsstudie. *Zeitschrift für Pädagogische Psychologie, 15*, 38–44.

Haeberlin, U. (1991). Die Integration von leistungsschwachen Schülern – Ein Überblick über empirische Forschungsergebnisse zu Wirkungen von Regelklassen, Integrationsklassen und Sonderklassen auf »Lernbehinderte«. *Zeitschrift für Pädagogik, 37*, 167–189.

Haffner, J., Baro, K., Parzer, P. & Resch, F. (2005). *Heidelberger Rechentest HRT 1-4*. Göttingen: Hogrefe.

Hager, W. Patry, J.-L. & Brezing, H. (Hrsg.). (2000). *Evaluation psychologischer Interventionsmaßnahmen*. Bern: Huber.

Hahlweg, K. & Heinrichs, N. (2007). Prävention von kindlichen Verhaltensstörungen mit dem Triple P-Elterntraining. In W. von Suchodoletz (Hrsg.), *Prävention von Entwicklungsstörungen* (S. 183–201). Göttingen: Hogrefe.

Hampel, P., Petermann, F. & Desman, C. (2009). Exekutive Funktionen bei Jungen mit Aufmerksamkeitsdefizit-/Hyperaktivitätsstörungen im Kindesalter. *Kindheit und Entwicklung. 18*, 144–152.

Hannover, B. (2008). Vom biologischen zum psychologischen Geschlecht: Die Entwicklung von Geschlechterunterschieden. In A. Renkl (Hrsg.), *Lehrbuch Pädagogische Psychologie* (S. 339–388). Bern: Huber.

Hannover, B. & Kessels, U. (2002). Monoedukativer Anfangsunterricht in Physik: Auswirkungen auf Motivation, Selbstkonzept und Kurswahlverhalten von Gesamtschülerinnen und Gesamtschülern. *Zeitschrift für Entwicklungspsychologie und Pädagogische Psychologie, 34*, 201–215.

Hannover, B. & Schmidthals, K. (2007). Geschlechtsdifferenzen in der Entwicklung. In M. Hasselhorn & W. Schneider (Hrsg.), *Handbuch der Entwicklungspsychologie* (S. 419–428). Göttingen: Hogrefe.

Hanses, P. & Rost, D. H. (1998). Das »Drama« der hochbegabten Underachiever – »gewöhnliche« oder »außergewöhnliche« Underachiever? *Zeitschrift für Pädagogische Psychologie, 12*, 53–71.

Hanushek, E. A. & Wößmann, L. (2006). Does educational tracking affect performance and inequality? Differences-in-differences evidence across countries. *The Economic Journal 116*, C63-C76.

Hanushek, E. & Wößmann, L. (2008). The role of cognitive skills in economic development. *Journal of Economic Literature, 46*, 607–668.

Hany, E. (2008). Pädagogisch-psychologische Diagnostik. In A. Renkl (Hrsg.), *Lehrbuch Pädagogische Psychologie* (S. 389–468). Bern: Huber.

Harn, B., Linan-Thompson, S. & Roberts, G. (2008). Intensifying instruction: Does additional instructional time make a difference for the most at-risk first graders? *Journal of Learning Disabilities, 41*, 115–125.

Harris, J. R. (2007). *Jeder ist anders. Das Rätsel der Individualität*. München: DVA.

Harris, K. R. & Graham, S. (1996). *Making the writing process work: Strategies for composition and self-regulation*. Cambridge: Brookline.

Harris, K. R., Reid, R. R. & Graham, S. (2008). Selbstregulation bei Schülern mit Lernstörungen und Aufmerksamkeitsdefizit-/Hyperaktivitätsstörung (ADHS). In B. Y. L. Wong (Hrsg.), *Lernstörungen verstehen* (S. 157–184). Heidelberg: Spektrum.

Hartig, J. & Klieme, E. (2006). Kompetenz und Kompetenzdiagnostik. In K. Schweizer (Hrsg.), *Leistung und Leistungsdiagnostik* (S. 128–143). Heidelberg: Springer.

Hartmann, E. (2010). Wirksamkeit von Interventionen zur Leseflüssigkeit bei Kindern und Jugendlichen mit Lernbehinderung: Synopse systematischer Übersichtsarbeiten. *Vierteljahresschrift für Heilpädagogik und ihre Nachbargebiete, 79*, 224–238.

Hasselhorn, M. (1996). *Kategoriales Organisieren bei Kindern. Zur Entwicklung einer Gedächtnisstrategie*. Göttingen: Hogrefe.

Hasselhorn, M. (2010). Möglichkeiten und Grenzen der Frühförderung aus entwicklungspsychologischer Sicht. *Zeitschrift für Pädagogik, 56*, 168–177.

Hasselhorn, M. & Gold, A. (2006). *Pädagogische Psychologie. Erfolgreiches Lernen und Lehren*. Stuttgart: Kohlhammer.

Hasselhorn, M. & Grube, D. (2006). Gedächtnisentwicklung (Grundlagen). In W. Schneider & B. Sodian (Hrsg.), *Kognitive Entwicklung* (Enzyklopädie der Psychologie, Serie Entwicklungspsychologie, Bd. 2, S. 271–325). Göttingen: Hogrefe.

Hasselhorn, M. & Lohaus, A. (2008). Entwicklungsvoraussetzungen und Herausforderungen des Schuleintritts. In M. Hasselhorn & R. K. Silbereisen (Hrsg.), *Entwicklungspsychologie des Säuglings- und Kindesalters* (Enzyklopädie der Psychologie, Serie Entwicklungspsychologie, Bd. 4, S. 409–428). Göttingen: Hogrefe.

Hasselhorn, M. & Mähler, C. (2006). Diagnostik von Lernstörungen. In M. Eid & F. Petermann (Hrsg.), *Handbuch der Psychologischen Diagnostik* (S. 618–625). Göttingen: Hogrefe.

Hasselhorn, M. & Mähler, C. (2007). Phonological working memory of children in two german special schools. *International Journal of Disability, Development and Education, 54*, 225–244.

Hasselhorn, M. & Schneider, W. (Hrsg.). (2007). *Handbuch Entwicklungspsychologie*. Göttingen: Hogrefe.

Hasselhorn, M. & Silbereisen, R. K. (Hrsg.). (2008). *Entwicklungspsychologie des Säuglings- und Kindesalters* (Enzyklopädie der Psychologie, Serie Entwicklungspsychologie, Bd. 4). Göttingen: Hogrefe.

Hasselhorn, M., von Goldammer, A. & Weber, A. (2008). Belohnungsaufschub als volitionale Kompetenz: Ein relevanter Bereich für die Schuleignungsdiagnostik? *Psychologie in Erziehung und Unterricht, 55*, 123–131.

Hasselhorn, M., Marx, H. & Schneider, W. (Hrsg.). (2005). *Diagnostik von Mathematikleistungen* (Tests und Trends, NF Bd. 4). Göttingen: Hogrefe.

Hasselhorn, M., Mähler, C. & Grube, D. (2008). Lernstörungen in Teilleistungsbereichen. In R. Oerter & L. Montada (Hrsg.), *Entwicklungspsychologie* (S. 769–778). Weinheim: Beltz.

Hasselhorn, M., Mähler, C., Grube, D., Büttner, G. & Gold, A. (2010). Die Rolle von Gedächtnisdefiziten bei der Entstehung schulischer Lern- und Leistungsstörungen. In H.-P. Trolldenier, W. Lenhard &

P. Marx (Hrsg.), *Brennpunkte der Gedächtnisforschung. Entwicklungs- und pädagogisch-psychologische Perspektiven* (S. 247–262). Göttingen: Hogrefe.

Hasselhorn, M., Schumann-Hengsteler, R., Gronauer, J., Grube, D., Mähler, C., Schmid, I., Seitz-Stein, K. & Zoelch, C. (in Druck). *Arbeitsgedächtnisbatterie für Kinder von 5 bis 12 Jahren (AGTB 5–12)*. Göttingen: Hogrefe.

Hattie, J. (2009). *Visible learning: A synthesis of over 800 meta-analyses relating to achievement*. New York: Routledge.

Hattie, J., Biggs, J. & Purdie N. (1996). Effects of learning skills interventions on student learning: A meta-analysis. *Review of Educational Research, 66*, 99–136.

Heckhausen, H. (1969). Förderung der Lernmotivierung und der intellektuellen Tüchtigkeiten. In H. Roth (Hsrg.), *Begabung und Lernen* (S. 193–228). Stuttgart: Klett.

Heckhausen, H. (1974). *Leistung und Chancengleichheit*. Göttingen: Hogrefe.

Heckhausen, J. & Heckhausen, H. (Hrsg.). (2006). *Motivation und Handeln*. Heidelberg: Springer.

Heckman, J. (2000). Policies to foster human capital, *Research in Economics, 54*, 3–56.

Heckman, J. J., Moon, S. H., Pinto, R., Savelyev, P. A., & Yavitz, A. Q. (2009). The rate of return to the High/Scope Perry Preschool Program. *Journal of Public Economics, 94*, 114–128.

Heimlich, U. (2007a). Didaktik des gemeinsamen Unterrichts. In J. Walter & F. B. Wember (Hrsg.), *Sonderpädagogik des Lernens* (Handbuch Sonderpädagogik, Bd. 2, S. 357–375). Göttingen: Hogrefe.

Heimlich, U. (2007b). Projektunterricht. In U. Heimlich & F. B. Wember (Hrsg.), *Didaktik des Unterrichts im Förderschwerpunkt Lernen* (S. 125–137). Stuttgart: Kohlhammer.

Heimlich, U. & Wember, F. B. (Hrsg.). (2007). *Didaktik des Unterrichts im Förderschwerpunkt Lernen*. Stuttgart: Kohlhammer.

Heinze, A., Herwartz-Emden, L. & Reiss, K. (2007). Mathematikkenntnisse und sprachliche Kompetenz bei Kindern mit Migrationshintergrund zu Beginn der Grundschulzeit. *Zeitschrift für Pädagogik, 55*, 562–581.

Helbig, H. (2009). *Andere Bundesländer, andere Aussichten: Der Wohnort ist entscheidend für die Bildungschancen* (WZBrief Bildung, 8). Berlin: Wissenschaftszentrum.

Heller, K. A. & Hany, E. A. (1996). Psychologische Modelle der Hochbegabtenförderung. In F. E. Weinert (Hrsg.), *Psychologie des Lernens und der Instruktion* (Enzyklopädie der Psychologie, Serie Pädagogische Psychologie, Bd. 2, S. 477–513). Göttingen: Hogrefe.

Heller, K. A. & Perleth, C. (2000). *KFT 4–12+ R. Kognitiver Fähigkeitstest für 4. bis 12. Klassen, Revision*. Göttingen: Hogrefe.

Helmke, A. (1988). Leistungssteigerung und Ausgleich von Leistungsunterschieden in Schulklassen: Unvereinbare Ziele? *Zeitschrift für Entwicklungspsychologie und Pädagogische Psychologie, 10*, 45–76.

Helmke, A. (1992). *Selbstvertrauen und schulische Leistungen*. Göttingen: Hogrefe.

Helmke, A. (1993). Die Entwicklung der Lernfreude vom Kindergarten bis zur 5. Klassenstufe. *Zeitschrift für Pädagogische Psychologie, 7*, 77–86.

Helmke, A. (2009). *Unterrichtsqualität und Lehrerprofessionalität*. Seelze-Velber: Friedrich.

Helmke, A. & Hosenfeld, I. (2003). Vergleichsarbeiten (VERA): Eine Standortbestimmung zur Sicherung schulischer Kompetenzen – Teil 1: Grundlagen, Ziele, Realisierung. *SchulVerwaltung, Ausgabe Hessen/Rheinland-Pfalz/Saarland (1)*, 10–14.

Helmke, A. & van Aken, M. (1995). The causal ordering of academic achievement and self-concept of ability during elementary school: A longitudinal study. *Journal of Educational Psychology, 87*, 624–637.

Helmke, A. & Weinert, F. E. (1997). Bedingungsfaktoren schulischer Leistungen. In F. E. Weinert (Hrsg.), *Psychologie des Unterrichts und der Schule* (Enzyklopädie der Psychologie, Serie Pädagogische Psychologie, Bd. 3, S. 71–176). Göttingen: Hogrefe.

Helmke, A., Helmke, T. & Schrader, F. (2007). Unterrichtsqualität: Brennpunkte und Perspektiven der Forschung. In K. Arnold (Hrsg.), *Unterrichtsqualität und Fachdidaktik* (S. 51–72). Bad Heilbrunn: Klinkhardt.

Herrmann, U. (Hrsg.). (2006). *Neurodidaktik*. Weinheim: Beltz.

Herwartz-Emden, L., Schurt, V. & Waburg, W. (2005). Mädchenschulen zwischen Traditionalismus und Emanzipationsanspruch. *Zeitschrift für Pädagogik, 51*, 343–363.

Hesse, H.-G., Göbel, K. & Hartig, J. (2008). Sprachliche Kompetenzen von mehrsprachigen Jugendlichen und Jugendlichen nicht-deutscher Erstsprache. In DESI-Konsortium (Hrsg.), *Unterricht und Kompetenzerwerb in Deutsch und Englisch* (S. 208–230). Weinheim: Beltz.

Hesse, I. & Latzko, B. (2009). *Diagnostik für Lehrkräfte*. Opladen: Budrich.

Heubrock, D. (1992). Der Auditiv-Verbale Lerntest (AVLT) in der klinischen und experimentellen Neuropsychologie. Durchführung, Auswertung und Forschungsergebnisse. *Zeitschrift für Differentielle und Diagnostische Psychologie, 13*, 161–174.

Heubrock, D. & Petermann, F. (2006). Neuropsychologische Diagnostik im Kindesalter als Perspektive zur Abschätzung des sonderpädagogischen Förderbedarfs. In U. Petermann & F. Petermann (Hrsg.), *Diagnostik sonderpädagogischen Förderbedarfs* (S. 239–257). Göttingen: Hogrefe.

Hildeschmidt, A. & Sander, A. (1996). Zur Effizienz der Beschulung sogenannter Lernbehinderter in Sonderschulen. In H. Eberwein (Hrsg.), *Handbuch Lernen und Lernbehinderungen* (S. 115–134). Weinheim: Beltz.

Hoffmann, L., Häußler, P. & Peters-Haft, S. (1997). *An den Interessen von Mädchen und Jungen orientierter Physikunterricht. Ergebnisse eines BLK-Modellversuchs*. Kiel: Institut für die Pädagogik der Naturwissenschaften an der Universität Kiel.

Hölling, H., Erhart, M., Ravens-Sieberer, U. & Schlack, R. (2007). Verhaltensauffälligkeiten bei Kindern und Jugendlichen. Erste Ergebnisse aus dem Kinder- und Jugendgesundheitssurvey (KiGGS). *Bundesgesundheitsblatt – Gesundheitsforschung – Gesundheitsschutz, 50*, 784–793.

Holodynski, M. & Oerter, R. (2008). Tätigkeitsregulation und die Entwicklung von Motivation, Emotion, Volition. In R. Oerter & L. Montada (Hrsg.), *Entwicklungspsychologie* (6. überarb. Aufl., S. 535–571). Weinheim: PVU.

Holtappels, H.-G., Klieme, E., Rauschenbach, T. & Stecher, L. (Hrsg.). (2007). *Ganztagsschule in Deutschland*. Weinheim: Juventa.

Hopf, D. (2005). Zweisprachigkeit und Schulleistung bei Migrantenkindern. *Zeitschrift für Pädagogik, 51*, 236–251.

Hosenfeld, I., Helmke, A. & Schrader, F.-W. (2002). Diagnostische Kompetenz: Unterrichts- und lernrelevante Schülermerkmale und deren Einschätzung durch Lehrkräfte in der Unterrichtsstudie SALVE. In M. Prenzel & J. Doll (Hrsg.), *Bildungsqualität von Schule: Schulische und außerschulische Bedingungen mathematischer, naturwissenschaftlicher und überfachlicher Kompetenzen* (Zeitschrift für Pädagogik, 45. Beiheft, S. 65–82). Weinheim: Beltz.

Hoskyn, M. (2008). Sprachprozesse und Lesestörungen. In B. Y. L. Wong (Hrsg.), *Lernstörungen verstehen* (S. 91–126). Heidelberg: Spektrum.

Hutchinson, N. L., Freeman, J. G. & Berg, D. H. (2008). Soziale Kompetenz von Jugendlichen mit Lernstörungen: Themen und Interventionen. In B. Y. L. Wong (2008), *Lernstörungen verstehen* (S. 405–438). Heidelberg: Spektrum.

Hurrelmann, B. & Groeben, N. (2006). Textwissenschaftliche Grundlagen. In N. Groeben & B. Hurrelmann (Hrsg.), *Empirische Unterrichtsforschung in der Literatur- und Lesedidaktik* (S. 31–51). Weinheim: Juventa.

Ingenkamp, K. & Lissmann, U. (2005). *Lehrbuch der Pädagogischen Diagnostik*. Weinheim: Beltz.

Jacobs, C. & Petermann, F. (2005a). Diagnostik von Rechenstörungen. In M. Hasselhorn, H. Marx & W. Schneider (Hrsg.), *Diagnostik von Mathematikleistungen* (S. 71–104). Göttingen: Hogrefe.

Jacobs, C. & Petermann, F. (2005b). *Rechenfertigkeiten- und Zahlenverarbeitungsdiagnostikum für die 2. bis 6. Klasse RZD 2–6*. Göttingen: Hogrefe.

Jakobson, A. & Kikas, E. (2007). Cognitive functioning in children with and without attention-deficit/hyperactivity disorders with and without comorbid learning disabilities. *Journal of Learning Disabilities, 40*, 194–202.

Jansen, H., Mannhaupt, G., Marx, H. & Skowronek, H. (2002). *BISC – Bielefelder Screening zur Früherkennung von Lese-Rechtschreibschwierigkeiten* (2. Aufl.). Göttingen: Hogrefe.

Jarrold, C., Purser, H. & Brock, J. (2006). Short-term memory in Down syndrome. In T. P. Alloway & S. E. Gathercole (Eds.), *Working memory and neurodevelopmental disorders* (pp. 239–266). Hove: Psychology Press.

Jenkins, J. R. & O'Connor, R. E. (2003). Cooperative learning for students with learning disabilities: Evidence from experiments, observations, and interviews. In H. L. Swanson, K. R. Harris & S. Graham (Eds.), *Handbook of learning disabilities* (pp. 417–430). New York: Guilford Press.

Jeuk, S. (2010). *Deutsch als Zweitsprache in der Schule*. Stuttgart: Kohlhammer.

Jimerson, S. R. (2001). Meta-analysis of grade retention: Implications for practice in the 21th century. *School Psychology Review, 30*, 420–437.

Jürges, H. & Schneider, K. (2006). Im Frühjahr geborene Kinder haben schlechtere Bildungschancen. *DIW-Wochenbericht, 17*, 209–214.

301

Literatur

Kampshoff, M. (2006). Geschlechtertrennung und Schulleistungen. Ein Blick auf deutsche und englische Studien. *Die Deutsche Schule, 98,* 322–336.

Kanter, G. O. (2007). Gegenstand und Aufgaben einer Pädagogik und Psychologie bei Beeinträchtigungen des Lernens. In J. Walter & F. B. Wember (Hrsg.), *Sonderpädagogik des Lernens* (S. 33–59). Göttingen: Hogrefe.

Kavale, K. A. (1984). A meta-analytic evaluation of the Frostig test and training program. *The Exceptional Child, 31,* 134–141.

Keller, G. & Thiel, R.-D. (1998). *LAVI. Lern- und Arbeitsverhaltensinventar.* Göttingen: Hogrefe.

Keller, T. A. & Just, M. A. (2009, December 10). Altering cortical connectivity: Redediation-induced changes in the white matter of poor readers. *Neuron, 64,* 624–631.

Kintsch, W. (1996). Lernen aus Texten. In J. Hofmann & W. Kintsch (Hrsg.), *Lernen* (Enzyklopädie der Psychologie, Serie Kognition, Bd. 7, S. 503–528). Göttingen: Hogrefe.

Klauer, K. J. (Hrsg.). (1982). *Handbuch Pädagogischer Diagnostik (Bd. 1–4).* Düsseldorf: Schwann.

Klauer, K. J. (Hrsg.). (2001a). *Handbuch Kognitives Training* (2. Aufl.). Göttingen: Hogrefe.

Klauer, K. J. (2001b). Training des induktiven Denkens. In K. J. Klauer (Hrsg.), *Handbuch Kognitives Training* (2. Aufl., S. 165–209). Göttingen: Hogrefe.

Klauer, K. J. (2006). Erfassung des Lernfortschritts durch curriculumbasierte Messung. *Heilpädagogische Forschung, 32,* 16–26.

Klauer, K. J. (2011). *Transfer des Lernens.* Stuttgart: Kohlhammer.

Klauer, K. J. & Lauth, G. W. (1997). Lernbehinderungen und Leistungsschwierigkeiten bei Schülern. In F. E. Weinert (Hrsg.), *Psychologie des Unterrichts und der Schule* (Enzyklopädie der Psychologie, Serie Pädagogische Psychologie, Bd. 3, S. 701–738). Göttingen: Hogrefe.

Klauer, K. J. & Leutner, D. (2007). *Lehren und Lernen.* Weinheim: Beltz.

Klauer, K. J. & Phye, G. (2008). Inductive reasoning: A training approach. *Review of Educational Research, 78,* 85–123.

Klein, G. (2007). Frühe Kindheit und Vorschulalter. In J. Walter & F. B. Wember (Hrsg.), *Sonderpädagogik des Lernens* (S. 221–244). Göttingen: Hogrefe.

Klemm, K. (2009a). *Klassenwiederholungen – teuer und unwirksam. Eine Studie zu den Ausgaben für Klassenwiederholungen in Deutschland* (Positionspapier). Gütersloh: Bertelsmann.

Klemm, K. (2009b). *Sonderweg Förderschulen: Hoher Einsatz, wenig Perspektiven* (Positionspapier). Gütersloh: Bertelsmann.

Klemm, K. (2010a). *Gemeinsam lernen. Inklusion leben. Status Quo und Herausforderungen inklusiver Bildung in Deutschland.* Gütersloh: Bertelsmann.

Klemm, K. (2010b). *Jugendliche ohne Hauptschulabschluss.* Gütersloh: Bertelsmann Stiftung.

Klemm, K. & Klemm, A. (2010). *Ausgaben für Nachhilfe – teurer und unfairer Ausgleich für fehlende individuelle Förderung* (Positionspapier). Gütersloh: Bertelsmann.

Klicpera, C., Schabmann, A. & Gasteiger-Klicpera, B. (2007). *Legasthenie.* München: Reinhardt.

Klieme, E. & Leutner, D. (2006). Kompetenzmodelle zur Erfassung individueller Lernergebnisse und zur Bilanzierung von Bildungsprozessen. Beschreibung eines neu eingerichteten Schwerpunktprogramms der DFG. *Zeitschrift für Pädagogik, 52,* 876–903.

Klieme, E., Pauli, C. & Reusser, K. (2009). The Pythagoras Study. In T. Janik & T. Seidel (Eds.), *The power of video studies in investigating teaching and learning in the classroom* (pp. 137–160). Münster: Waxmann.

Klieme, E., Lipowsky, F., Rakoczy, K. & Ratzka, N. (2006). Qualitätsdimensionen und Wirksamkeit von Mathematikunterricht. Theoretische Grundlagen und ausgewählte Ergebnisse des Projekts ›Pythagoras‹. In M. Prenzel & L. Allolio-Näcke (Hrsg.), *Untersuchungen zur Bildungsqualität von Schule* (S. 127–146). Münster: Waxmann.

Klieme, E., Artelt, C., Hartig, J., Jude, N., Köller, O., Prenzel, M., Schneider, W. & Stanat, P. (Hrsg.). (2010). *PISA 2009. Bilanz nach einem Jahrzehnt.* Münster: Waxmann.

Klieme, E., Avenarius, H., Blum, W., Döbrich, P., Gruber, H., Prenzel, M., Reiss, K., Riquarts, K., Rost, J., Tenorth, H.-E. & Vollmer, H. (2003). *Expertise zur Entwicklung nationaler Bildungsstandards.* Berlin: BMBF.

Kluger, A. & DeNisi, A. (1996). The effects of feedback interventions on performance: A historical review, a meta-analysis, and a preliminary feedback intervention theory. *Psychological Bulletin, 119,* 254–284.

Klusmann, U., Kunter, M. & Trautwein, U. (2009). Die Entwicklung des Beanspruchungserlebens von Lehrerinnen und Lehrern in Abhängigkeit beruflicher Verhaltensstile. *Psychologie in Erziehung und Unterricht, 56*, 200–212.

Klusmann, U., Kunter, M., Trautwein, U. & Baumert, J. (2006). Lehrerbelastung und Unterrichtsqualität aus der Perspektive von Lehrenden und Lernenden. *Zeitschrift für Pädagogische Psychologie. 20*, 161–173.

Klusmann, U., Kunter, M., Trautwein, U., Lüdtke, O. & Baumert, J. (2008). Teachers' occupational well-being and the quality of instruction: The important role of self-regulatory patterns. *Journal of Educational Psychology, 100*, 702–715.

Kniffka, G. & Siebert-Ott, G. (2008). *Deutsch als Zweitsprache – Lehren und Lernen.* (StandardWissen Lehramt). Paderborn: Schöningh.

Kobel, M., Bechtel, N., Weber, P., Specht, K., Klarhöfer, M., Scheffler, K., Opwis, K. & Penner, I.-K. (2009). Effects of methylphenidate on working memory functioning in children with attention deficit/hyperactivity disorder. *European Journal of Paediatric Neurology, 13*, 516–523.

Kobel, M., Bechtel, N., Specht, K., Klarhöfer, M., Weber, P., Scheffler, K., Opwis, K. & Penner, I.-K. (2010). Structural and functional imaging approaches in attention deficit/hyperactivity disorder: Does the temporal lobe play a key role? *Psychiatry Research: Neuroimaging 183*, 230–236.

ippierungen. Münster: Waxmann.

itt Alternative. In K. Cortina, J. Baumert, A. Leschin-
igswesen in der Bundesrepublik Deutschland (S. 437–

ischer Leistungen. In R. Oerter & L. Montada (Hrsg.),
im: Beltz.

10). *Sprachliche Kompetenzen im Ländervergleich.*

exten und Medien umgehen. In: A. Bremerich-Vos, D.
ingsstandards für die Grundschule: Deutsch konkret

dung in Deutschland. Bielefeld: Bertelsmann.

ement in classrooms. Oxford: Holt, Rinehart & Win-
ing, Bern, Huber, Nachdruck der deutschen Ausgabe:

äche in der Grundschule. Hamburg: Kovac.

wäche. In W. Schneider & M. Hasselhorn (Hrsg.),
60–370). Göttingen: Hogrefe.

cksichtigung begrenzter Arbeitsgedächtnisressourcen
denier, W. Lenhard & P. Marx (Hrsg.), *Brennpunkte
dagogisch-psychologische Perspektiven* (S. 337–365).

ische Vorläuferfertigkeiten im Vorschulalter und ihre
bis zum Ende der Grundschulzeit. *Psychologie in Er-*

von Rechenstörungen. In W. von Suchodoletz (Hrsg.),
14). Göttingen: Hogrefe.

the impact of phonological awareness, visual-spatial
er competencies on mathematics achievement in ele-
nal study. *Journal of Experimental Child Psychology,*

. Mengen, zählen, Zahlen: Die Welt der Mathematik

8a). Kurz- und langfristige Effekte mathematischer
amm »Mengen, zählen, Zahlen«. *Zeitschrift für Ent-
logie, 40*, 135–146.

). Zur Bedeutung von Arbeitsgedächtnis, Intelligenz,
Zahlen-Kompetenz beim Übergang vom Kindergarten
id Unterricht, 55*, 100–113.

Literatur

Krampen, G. (2008). Zum Einfluss pädagogisch-psychologischer Interventionen auf die Konzentrations-leistungen von Vor- und Grundschulkindern mit Konzentrationsschwächen. Ergebnisse aus zehn experimentellen Studien. *Psychologie in Erziehung und Unterricht, 55,* 196–210.

Kretschmann, R. (2006). Diagnostik bei Lernbehinderungen. In U. Petermann & F. Petermann (Hrsg.), *Diagnostik sonderpädagogischen Förderbedarfs* (S. 139–162). Göttingen: Hogrefe.

Kretschmann, R. (2007). Lernschwierigkeiten, Lernstörungen und Lernbehinderung. In J. Walter & F. B. Wember (Hrsg.), *Sonderpädagogik des Lernens* (S. 4–31). Göttingen: Hogrefe.

Kron-Sperl, V., Schneider, W. & Hasselhorn, M. (2008). The development and effectiveness of memory strategies in kindergarten and elementary school: Findings from the Würzburg and Göttingen longitudinal memory studies. *Cognitive Development, 23,* 79–104.

Krowatschek, D., Albrecht, S. & Krowatschek, S. (2004). *Marburger Konzentrationstraining (MKT) für Schulkinder.* Dortmund: Borgmann.

Krug, S. & Hanel, J. (1976). Evaluating an achievement motivation training program. *Zeitschrift für Entwicklungspsychologie und Pädagogische Psychologie, 8,* 274–287.

Krusch-Mielke, B. (2007). *Aufmerksamkeitsdefizitsyndrom-Screening für Erwachsene.* Hamburg: Kovac.

Kucian, K., Dosch, M., Martin, E. & Aster, M. von (2006). Impaired neural networks for approximate calculation in dyscalculic children: A functional MRI study. *Behavioral and Brain Functions, 2,* 31.

Kuhl, J. (1996). Wille und Freiheitserleben. Formen der Selbststeuerung. In J. Kuhl & H. Heckhausen (Hrsg.), *Motivation, Volition und Handlung* (Enzyklopädie der Psychologie, Serie Motivation und Emotion, Bd. 4, S. 665–765). Göttingen: Hogrefe.

Kuhl, J. & Christ, E. (1993). *Selbstregulations- und Strategietest für Kinder (SRST-K).* Göttingen: Hogrefe.

Kuhl, J. & Kraska, K. (1992). *Der Selbstregulations- und Konzentrationstest für Kinder (SRKT-K).* Göttingen: Hogrefe.

Kuhn, M. R. & Stahl, S. A. (2003). Fluency: A review of developmental and remedial practices. *Journal of Educational Psychology, 95,* 3–21.

Kunter, M. (2005). *Multiple Ziele im Mathematikunterricht.* Münster: Waxmann.

Kunter, M. & Baumert, J. (2006). Who is the expert? Construct and criteria validity of student and teacher ratings of instruction. *Learning Environments Research, 9,* 231–251.

Kunter, M. & Pohlmann, B. (2009). Lehrer. In E. Wild & J. Möller (Hrsg.), *Pädagogische Psychologie* (S. 261–282). Heidelberg: Springer.

Kunter, M. & Voss, T. (2011). Das Modell der Unterrichtsqualität in COACTIV: Eine multikriteriale Analyse. In M. Kunter, J. Baumert, W. Blum, U. Klusmann, S. Krauss & M. Neubrand (Hrsg.), *Forschung zur professionellen Kompetenz von Lehrkräften – Ergebnisse des Projekts COACTIV* (S. 85–113). Münster: Waxmann.

Kunter, M., Baumert, J. & Köller, O. (2007). Effective classroom management and the development of subject-related interest. *Learning and Instruction, 17,* 494–509.

Kurth, B.-M., Hölling, H. & Schlack, R. (2008). Wie geht es unseren Kindern? Ergebnisse aus dem bundesweit repräsentativen Kinder- und Jugendgesundheitssurvey (KiGGS). In H. Bertram (Hrsg.), *Der UNICEF-Bericht zur Lage der Kinder in Deutschland* (S. 104–126). München: Beck.

Kurth, E. & Büttner, G. (1999). *TPK. Testreihe zur Prüfung der Konzentrationsfähigkeit* (2. Aufl.). Göttingen: Hogrefe.

Küspert, P. & Schneider, W. (1998). *Würzburger Leise Leseprobe (WLLP).* Göttingen: Hogrefe.

Küspert, P. & Schneider, W. (2003). *Hören, lauschen, lernen. Sprachspiele für Kinder im Vorschulalter. Würzburger Trainingsprogramm zur Vorbereitung auf den Erwerb der Schriftsprache* (4. Aufl.). Göttingen: Vandenhoeck & Ruprecht.

Küspert, P., Weber, J., Marx, P. & Schneider, W. (2007). Prävention von Lese-Rechtschreibschwierigkeiten. In W. von Suchodoletz (Hrsg.), *Prävention von Entwicklungsstörungen* (S. 81–96). Göttingen: Hogrefe.

Lames, M., Augste, C., Dreckmann, C., Görsdorf, K. & Schimanski, M. (2008). Der »Relative Age Effect« (RAE): Neue Hausaufgaben für den Sport. *Leistungssport, 38,* 4–9.

Landerl, K. & Kaufmann, L. (2008). *Dyskalkulie.* München: Reinhardt.

Landerl, K. & Kronbichler, M. (2007). Schriftspracherwerb. In L. Kaufmann, H. C. Nürk, K. Konrad & K. Willmes (Hrsg.), *Kognitive Entwicklungsneuropsychologie* (S. 362–382). Göttingen: Hogrefe.

Landerl, K. & Moser, E. (2006). Lesepartner: Evaluierung eines 1:1 Tutoring Systems zur Verbesserung der Leseleistungen. *Heilpädagogische Forschung, 32,* 27–38.

Langfeldt, H.-P. (1978). Die Schullaufbahn »schlechter« Grundschüler an der Hauptschule. *Sonderpädagogik, 8*, 175–182.

Langfeldt, H.-P. & Büttner, G. (Hrsg.). (2008). *Trainingsprogramme zur Förderung von Kindern und Jugendlichen* (2. Aufl.). Weinheim: Beltz.

Langfeldt, H.-P. & Tent, L. (1999). *Pädagogisch-psychologische Diagnostik* (Bd. 2). Göttingen: Hogrefe.

Largo, R. & Beglinger, M. (2009). *Schülerjahre: Wie Kinder bessern lernen.* München: Piper.

Larkin, M. J. & Ellis, E. S. (2008). Strategische schulische Interventionen für Jugendliche mit Lernstörungen. In B. Y. L. Wong (Hrsg.), *Lernstörungen verstehen* (S. 365–403). Heidelberg: Spektrum.

Laucht M., Esser G. & Schmidt M. H. (1999). Was wird aus Risikokindern? Ergebnisse der Mannheimer Längsschnittstudie im Überblick. In G. Opp, M. Fingerle & A. Freytag (Hrsg.), *Was Kinder stärkt – Erziehung zwischen Risiko und Resilienz* (S. 71–93). München: Reinhardt.

Lauth, G. W. & Mackowiak, K. (2006). Diagnostik bei hyperkinetischen und oppositionellen Störungen. In U. Petermann & F. Petermann (Hrsg.), *Diagnostik sonderpädagogischen Förderbedarfs* (S. 67–88). Göttingen: Hogrefe.

Lauth, G. W. & Schlottke, P. F. (2002). *Training mit aufmerksamkeitsgestörten Kindern.* Weinheim: Beltz.

Lauth, G. W., Grunke, M. & Brunstein, J. C. (Hrsg.). (2004). *Interventionen bei Lernstörungen.* Göttingen: Hogrefe.

Lauth, G. W., Kausch, T. E. & Schlottke, P. F. (2005). Effekte von eltern- und kindzentrierten Interventionen bei Hyperkinetischen Störungen. *Zeitschrift für Klinische Psychologie und Psychotherapie, 34*, 248–257.

Lazarus-Mainka, G. & Siebeneick, S. (2000). *Angst und Ängstlichkeit.* Göttingen: Hogrefe.

Lehmann, R. H. (2008). Bildung und Bildungschancen: Wo bleibt die Zukunft unserer Kinder? In H. Bertram (Hrsg.), *Der UNICEF-Bericht zur Lage der Kinder in Deutschland* (S. 82–103). München: Beck.

Lehmann, R. H. & Lenkeit, J. (2008). *ELEMENT. Erhebung zum Lese- und Mathematikverständnis – Entwicklungen in den Jahrgangsstufen 4 bis 6 in Berlin. Abschlussbericht über die Untersuchungen 2003, 2004 und 2005 an Berliner Grundschulen und grundständigen Gymnasien.* Berlin: Humboldt Universität.

Lehmann, R. H., Peek, R. & Gänsfuß, R. (1997). *Aspekte der Lernausgangslage von Schülerinnen und Schülern der fünften Klassen an Hamburger Schulen. Bericht über die Untersuchung im September 1996* (unveröffentlichter Forschungsbericht). Hamburg: Behörde für Schule, Jugend und Berufsbildung, Amt für Schule.

Lenel, A. (2005). *Schrifterwerb im Vorschulalter.* Weinheim: Beltz.

Lenhard, W. & Schneider, W. (2006). *Ein Leseverständnistest für Erst- bis Sechstklässler, ELFE 1–6.* Göttingen: Hogrefe.

Lenhard, W. & Schneider, W. (Hrsg.). (2009). *Diagnostik und Förderung des Leseverständnisses* (Tests und Trends, NF Bd. 7). Göttingen: Hogrefe.

Lepach, A. C. & Petermann, F. (2006). *Memory and Learning Testbattery for children (MLT-C).* Bern: Huber.

Lersch, R. (2006). Unterricht zwischen Standardisierung und individueller Förderung. *Die Deutsche Schule, 98*, 29–41.

Lersch, R. (2007). Unterricht und Kompetenzerwerb. *Die Deutsche Schule, 99*, 434–446.

Lersch, R. (2010). Didaktik und Praxis kompetenzfördernden Unterrichts. *Schulpädagogik – heute, 1*, 1–17.

Leuzinger-Bohleber, M., Brandl, Y. & Hüther, G. (Hrsg.). (2006). *ADHS – Frühprävention statt Medikalisierung.* Göttingen: Vandenhoeck & Ruprecht.

Leuzinger-Bohleber, M., Fischmann, T., Göppel, G., Läzer, K. L. & Waldung, C. (2008). Störungen der frühen Affektregulation: Klinische und extraklinische Annäherungen an ADHS. *Psyche, 62*, 621–653.

Leuzinger-Bohleber, M., Brandl, Y., Hau, S., Aulbach, L., Caruso, B., Einert, K.-M., Glindemann, O., Göppel, G., Hermann, P., Hesse, P., Heumann, J., Karaca, G., König, J., Lendle, J., Rüger, B., Schwenk, A., Staufenberg, A., Steuber, S., Uhl, C., Vogel, J., Waldung, C., Wolff, L. & Hüther, G. (2006). Die Frankfurter Präventionsstudie. Zur psychischen und psychosozialen Integration von verhaltensauffälligen Kindern (insbesondere von ADHS) im Kindergartenalter – ein Arbeitsbericht. In M. Leuzinger-Bohleber, Y. Brandl & G. Hüther (Hrsg.), *ADHS – Frühprävention statt Medikalisierung. Theorie, Forschung, Kontroversen* (S. 238–269). Göttingen: Vandenhoeck und Ruprecht.

Literatur

Liebers, K. (2008). *Kinder in der flexiblen Schuleingangsphase. Perspektiven auf einen gelingenden Schulstart*. Wiesbaden: VS.

Liessmann, K. P. (2006). *Theorie der Unbildung*. Wien: Zsolnay.

Limbird, C. & Stanat, P. (2006). Sprachförderung bei Schülerinnen und Schülern mit Migrationshintergrund: Ansätze und ihre Wirksamkeit. In J. Baumert, P. Stanat & R. Watermann (Hrsg.), *Herkunftsbedingte Disparitäten im Bildungswesen: Differenzielle Bildungsprozesse und Probleme der Verteilungsgerechtigkeit* (S. 257–307). Wiesbaden: VS.

Linderkamp, F. & Grünke, M. (Hrsg.). (2007). *Lern- und Verhaltensstörungen*. Weinheim: Beltz.

Linkersdörfer, J. (2011). Neurokognitive Korrelate der Dyslexie. *Kindheit und Entwicklung, 20*, 4–12.

Lipowsky, F. (2007). Hausaufgaben: Auf die Qualität kommt es an! *Lernende Schule, 39*, 7–9.

Lipowsky, F. (2009). Unterricht. In E. Wild & J. Möller (Hrsg.), *Pädagogische Psychologie* (S. 73–101). Heidelberg: Springer.

Lipowsky, F., Rakoczy, K., Klieme, E., Reusser, K. & Pauli, C. (2004). Hausaufgabenpraxis im Mathematikunterricht – ein Thema für die Unterrichtsforschung? In S. Doll & M. Prenzel (Hrsg.), *Studien zur Verbesserung der Bildungsqualität von Schule* (S. 250–266). Münster: Waxmann.

Lissmann, U. (2006). Schultests. In D. H. Rost (Hrsg.), *Handwörterbuch Pädagogische Psychologie* (S. 665–677). Weinheim: Beltz.

Lonnemann, J., Linkersdörfer, J., Hasselhorn, M. & Lindberg, S. (2011). Neurokognitive Korrelate der Dyskalkulie. *Kindheit und Entwicklung, 20*, 13–20.

Lorenz, F. & Wild, E. (2007). Parental involvement in schooling – results concerning its structure and impact on students' motivation. In M. Prenzel & L. Allolio-Näcke (Eds.), *Studies on the educational quality of schools. The final report on the DFG Priority Programme* (pp. 299–316). Münster: Waxmann.

Lorenz, J. H. (2003). Überblick über Theorien zur Entstehung und Entwicklung von Rechenschwächen. In A. Fritz, G. Ricken & S. Schmidt (Hrsg.), *Handbuch Rechenschwäche* (S. 144–162). Weinheim: Beltz.

Lösel, F., Jaursch, S., Beelmann, A. & Stemmler, M. (2007). Prävention von Störungen des Sozialverhaltens – Entwicklungsförderung in Familien: Das Eltern- und Kindertraining EFFEKT. In W. von Suchodoletz (Hrsg.), *Prävention von Entwicklungsstörungen* (S. 215–234). Göttingen: Hogrefe.

Lou, Y., Abrami, P. C., Spence, J. C., Poulsen, C., Chambers, B. & d'Apollonia, S. (1996). Within-class grouping: A meta-analysis. *Review of Educational Research, 66*, 423–458.

Lou, Y., Abrami, P. C. & Spence, J. C. (2000). Effects of within-class grouping on student achievement: an exploratory model. *Journal of Educational Research, 94*, 101–112.

Love, J. M., Kisker, E. E., Ross, C. et al. (2005). The effectiveness of early Head Start for 3-year-old children and their parents: Lessons for policy and programs. *Developmental Psychology, 42*, 885–901.

Maaz, K. & Nagy, G. (2009). Der Übergang von der Grundschule in die weiterführenden Schulen des Sekundarschulsystems: Definition, Spezifikation und Quantifizierung primärer und sekundärer Herkunftseffekte. *Zeitschrift für Erziehungswissenschaft, 12 (Sonderheft 12)*, 153–182.

Maaz, K., Baumert, J. & Cortina, K. (2008). Soziale und regionale Ungleichheit im deutschen Bildungssystem. In K. Cortina, J. Baumert, A. Leschinsky, K. Mayer & L. Trommer (Hrsg.), *Das Bildungswesen in der Bundesrepublik Deutschland* (S. 205–243). Reinbek: Rowohlt.

Maaz, K., Baumert, J. & Trautwein, U. (2009). Genese sozialer Ungleichheit im institutionellen Kontext der Schule: Wo entsteht und vergrößert sich soziale Ungleichheit? *Zeitschrift für Erziehungswissenschaft, 12 (Sonderheft 12)*, 11–46.

Maaz, K., Watermann, R. & Baumert, J. (2007). Familiärer Hintergrund, Kompetenzentwicklung und Selektionsentscheidungen in gegliederten Schulsystemen im internationalen Vergleich. *Zeitschrift für Pädagogik, 53*, 444–461.

Maaz, K., Baumert, J., Gresch, C. & McElvany, N. (Hrsg.). (2010). *Der Übergang von der Grundschule in die weiterführende Schule. Leistungsgerechtigkeit und regionale, soziale und ethnisch-kulturelle Disparitäten* (Bildungsforschung Bd. 34). Berlin: BMBF.

Maaz, K., Hausen, C., McElvany, N. & Baumert, J. (2006). Stichwort: Übergänge im Bildungssystem. *Zeitschrift für Erziehungswissenschaft, 9*, 299–327.

Mackowiak, K. & Lengning, A. (2008). Das Bochumer Angstverfahren zur Erfassung von Kinderängsten im subklinischen Bereich für Kinder im Vorschul- und Grundschulalter (BAV 3–11). In K. Fröhlich-Gildhoff, I. Nentwig-Gesemann & R. Haderlein (Hrsg.). (2008), *Forschung in der Frühpädagogik* (S. 91–116). Freiburg. FEL.

Mackowiak, K. (2007a). Diagnostik von Ängsten. In F. Linderkamp & M. Grünke (Hrsg.), *Lern- und Verhaltensstörungen* (S. 109–120). Weinheim: Beltz.

Mackowiak, K. (2007b). *Ängstlichkeit, Angstbewältigung und Fähigkeiten einer »Theory of Mind« im Vorschul- und Grundschulalter.* Hamburg: Kovac.

Mähler, C. (2007). Arbeitsgedächtnisfunktionen bei lernbehinderten Kindern und Jugendlichen. *Zeitschrift für Entwicklungspsychologie und Pädagogische Psychologie, 39,* 97–106.

Mähler, C. & Hasselhorn, M. (1990). Gedächtnisdefizite bei lernbehinderten Kindern: Entwicklungsverzögerung oder Strukturdifferenz? *Zeitschrift für Entwicklungspsychologie und Pädagogische Psychologie, 22,* 354–366.

Mähler, C. & Hasselhorn, M. (2001). Lern- und Gedächtnistraining bei Kindern. In K. J. Klauer (Hrsg.), *Handbuch Kognitives Training* (2. Aufl., S. 407–429). Göttingen: Hogrefe.

Mähler, C. & Hasselhorn, M. (2003). Automatische Aktivierung des Rehearsalprozesses im phonologischen Arbeitsgedächtnis bei lernbehinderten Kindern und Erwachsenen. *Zeitschrift für Pädagogische Psychologie, 17,* 255–260.

Mandl, H. & Friedrich, H. F. (Hrsg.). (2006). *Handbuch Lernstrategien.* Göttingen: Hogrefe.

Mann, V. A. (2003). Language processes: Keys to reading disability. In H. L. Swanson, K. R. Harris & S. Graham (Eds.), *Handbook of learning disabilities* (pp. 213–228). New York: Guilford Press.

Mannhaupt, G. (2008). Prävention von Lese-Rechtschreibschwierigkeiten im Kindergarten. In J. Borchert, B. Hartke & P. Jogschies (Hrsg.), *Frühe Förderung entwicklungsauffälliger Kinder und Jugendlicher* (S. 136–148). Stuttgart: Kohlhammer.

Marées, N. von & Petermann, F. (2009). Bullying an Grundschulen. *Psychologische Rundschau, 60,* 152–162.

Marsh, H. W. (2005). Big-Fish-Little-Pond Effect on Academic Self-Concept. *Zeitschrift für Pädagogische Psychologie, 19,* 119–127.

Marsh, H. W. & Craven, R. G. (2006). Reciprocal effects of self-concept and performance from a multidimensional perspective: Beyond seductive pleasure and unidimensional perspectives. *Perspectives in Psychological Science, 1,* 133–162.

Marx, E. (2006). Kognitive Förderung Jugendlicher mit Lernstörungen. Zwei Trainingsexperimente. *Psychologie in Erziehung und Unterricht, 53,* 166–177.

Marx, P., Weber, J. & Schneider, W. (2001). Legasthenie versus allgemeine Lese-Rechtschreibschwäche: Ein Vergleich der Leistungen in der phonologischen und visuellen Informationsverarbeitung. *Zeitschrift für Pädagogische Psychologie, 15,* 85–98.

Marx, P., Weber, J. & Schneider, W. (2005). Phonologische Bewusstheit und ihre Förderung bei Kindern mit Störungen der Sprachentwicklung. *Zeitschrift für Entwicklungspsychologie und Pädagogische Psychologie, 37,* 80–90.

Mastropieri, M. A., Scruggs, T. E., Davidson, T. & Rana, R. K. (2008). Unterrichtsinterventionen in Mathematik für Schüler mit Lernstörungen. In B. Y. L. Wong (Hrsg.), *Lernstörungen verstehen* (S. 309–331). Heidelberg: Spektrum.

Maughan, B. & Carroll, J. (2006). Literacy and mental disorders. *Current-Opinion in Psychiatry, 19,* 350–354.

Mayer, R. E. (1992). Cognition and instruction: Their historic meeting within educational psychology. *Journal of Educational Psychology, 84,* 405–412.

Mayer, R. E. (2003). *Learning and Instruction.* Upper Saddle River, NJ: Prentice-Hall.

Mayringer, H. & Wimmer, H. (2003). *SLS 1–4: Salzburger Lese-Screening für die Klassenstufen 1–4.* Bern: Huber.

Mazzocco, M. & Thompson, R. (2005). Kindergarten predictors of math learning disability. *Learning Disabilities Research & Practice, 20,* 142–155.

McElvany, N. & Artelt, C. (2007). Das Berliner Eltern-Kind-Programm: Konzeption und Effekte. *Psychologie in Erziehung und Unterricht, 54,* 314–332.

McElvany, N. & Artelt, C. (2009). Systematic reading training in the family: Development, implementation, and initial evaluation of the Berlin parent-child reading program. *Learning and Instruction, 19,* 79–95.

McElvany, N., Herppich, S., van Steensel, R. & Kurvers, J. (2010). Zur Wirksamkeit familiärer Frühförderungsprogramme im Bereich Literacy – Ergebnisse einer Meta-Analyse. *Zeitschrift für Pädagogik, 56,* 178–192.

McEwan, P. & Shapiro, J. S. (2008). The benefits of delayed primary school enrollment. Discontinuity estimates using exact birth dates. *The Journal of Human Resources, 43,* 1–29.

McNamara, J., Vervaeke, S.-L. & Willoughby, T. (2008). Learning disabilities and risk-taking behavior in adolescents. *Journal of Learning Disabilities, 41*, 561–574.

McNamara, J., Willoughby, T. & Chalmers, H. (2005). Psychosocial status of adolescents with learning disabilities with and without comorbid attention deficit hyperactivity disorder. *Learning Disabilities Research & Practice, 20*, 234–244.

Mietzel, G. (2007). *Pädagogische Psychologie des Lernens und Lehrens*. Göttingen: Hogrefe.

Milek, A., Lüdtke, O., Trautwein, U., Maaz, K. & Stubbe, T. C. (2009). Wie konsistent sind Referenzgruppeneffekte bei der Vergabe von Schulformempfehlungen? Bundeslandspezifische Analysen mit Daten der IGLU-Studie. *Zeitschrift für Erziehungswissenschaft, 12 (Sonderheft 12)*, 282–301.

Miller, C. J., Sanchez, J. & Hynd, G. W. (2003). Neurological correlates of reading disabilities. In H. L. Swanson, K. R. Harris & S. Graham (Eds.), *Handbook of learning disabilities* (pp. 242–255). New York: Guilford.

Miller, P. H. (1990). The development of strategies of selective attention. In D. H. Bjorklund (Ed.), *Childrens' strategies: Contemporary views of cognitive development* (pp. 157–184). Hillsdale: Erlbaum.

Miller, P. H. & Seier, W. L. (1994). Strategy utilization deficiencies in children: When, where, and why. In H. W. Reese (Ed.), *Advances in child development and behavior* (Vol. 25, pp. 107–156). New York: Academic Press.

Ministerium für Innovation, Wissenschaft, Forschung und Technologie (MIWFT). (2007). *Ausbildung von Lehrerinnen und Lehrern in Nordrhein-Westfalen*. Düsseldorf: MIWFT.

Mischo, C. & Haag, L. (2002). Expansion and effectiveness of private tutoring. *European Journal of Education, 17*, 263–273.

Miyake, A., Friedman, N. P., Emerson, M. J., Witzki, A. H., Howerter, A. & Wager, T. D. (2000). The unity and diversity of executive functions and their contributions to complex «frontal lobe" tasks: A latent variable analysis. *Cognitive Psychology, 41*, 49–100.

Molko, N., Cachia, A., Riviere, D., Mangin, J.-F., Bruandet, M., LeBihan, D. L. et al. (2003). Functional and structural alterations of the intraparietal sulcus in a developmental dyscalculia of genetic origin. *Neuron, 40*, 847–858.

Möller, J. (2008). Lernmotivation. In A. Renkl (Hrsg.), *Lehrbuch Pädagogische Psychologie* (S. 263–298). Bern: Huber.

Möller, J. & Appelt, R. (2001). Auffrischungssitzungen zur Steigerung der Effektivität des Denktrainings für Kinder I. *Zeitschrift für Pädagogische Psychologie, 15*, 199–206.

Möller, J. & Trautwein, U. (2009). Selbstkonzept. In E. Wild & J. Möller (Hrsg.), *Pädagogische Psychologie* (S. 179–203). Heidelberg: Springer.

Moog, W. & Schulz, A. (2005). *Zahlen begreifen – Diagnose und Förderung bei Kindern mit Rechenschwäche* (2. Aufl.). Weinheim: Beltz.

Moosbrugger, H. & Goldhammer, F. (2006). Aufmerksamkeits- und Konzentrationsdiagnostik. In K. Schweizer (Hrsg.), *Leistung und Leistungsdiagnostik* (S. 83–102). Heidelberg: Springer.

Moosbrugger, H. & Goldhammer, F. (2007). *FAKT-II. Frankfurter Adaptiver Konzentrationsleistungs-Test* (2. Aufl.). Göttingen: Hogrefe.

Moosbrugger, H. & Kelava, A. (Hrsg.). (2007). *Testtheorie und Fragebogenkonstruktion*. Heidelberg: Springer.

Moosbrugger, H. & Oehlschlägel, J. (1996). *FAIR. Frankfurter Aufmerksamkeits-Inventar*. Göttingen: Hogrefe.

Morgan, P. & Sideridis, G. (2006). Contrasting the effectiveness of fluency intervention for students with or at risk of learning disabilities: A multilevel random coefficient modelling meta-analysis. *Learning Disabilities Research & Practice, 21*, 191–210.

Mühlenweg, A. (2007). *Educational effects of early or later secondary school tracking in Germany* (Discussion Paper No 07-079). Mannheim: ZEW.

Myklebust, J. D. (2006). Class placement and competence attainment among students with special educational needs. *British Journal of Special Education, 33*, 60–69.

Naegele, I. M. & Valtin, R. (2001). *LRS – Legasthenie in den Klassen 1–10* (Bd. 2). Weinheim: Beltz.

Naegele, I. M. & Valtin, R. (2003). *LRS – Legasthenie in den Klassen 1–10* (Bd. 1). Weinheim: Beltz.

Naumann, J., Artelt, C., Schneider, W. & Stanat, P. (2010). Lesekompetenz von PISA 2000 bis PISA 2009. In E. Klieme, C. Artelt, J. Hartig, N. Jude, O. Köller, M. Prenzel, W. Schneider & P. Stanat (Hrsg.), *PISA 2009. Bilanz nach einem Jahrzehnt* (S. 23–71). Münster: Waxmann.

Neber, H. (1996). Psychologische Prozesse und Möglichkeiten zur Steuerung remedialen Lernens. In F. E. Weinert (Hrsg.), *Psychologie des Lernens und der Instruktion* (Enzyklopädie der Psychologie, Serie Pädagogische Psychologie, Bd. 2, S. 403–443). Göttingen: Hogrefe.

Nelson, C., Zeanah, C., Fox, N., Marshall, P., Smyke, A. & Guthrie, D. (2007, December 21). Cognitive recovery in socially deprived young children: The Bucharest early intervention project. *Science, 318,* 1937–1940.

Neubauer, A. & Stern, E. (2007). *Lernen macht intelligent.* München: DVA.

Neubauer, A., Gawrilow, C. & Hasselhorn, M. (2011). Belohnungsaufschub: Ein Ansatz zur Frühprognose volitionaler Kompetenzen. In M. Hasselhorn & W. Schneider (Hrsg.), *Frühprognose schulischer Kompetenzen* (Tests und Trends, NF Bd. 9, S. 203–220). Göttingen: Hogrefe.

Neuschwander, M. P. & Goltz, S. (2008). Familiäre Bedingungen von Schülerleistungen: Ein typologischer Ansatz. *Psychologie in Erziehung und Unterricht, 54,* 265–275.

NICHD – National Institute of Child Health and Human Development (2000). *Report of the National Reading Panel: Teaching children to read – An evidence-based assessment of the scientific research literature on reading and its implications for reading instruction.* Washington: U. S. Government Printing Office.

NICHD Early Child Care Research Network (1998). Relations between family predictors and child outcomes: Are they weaker for children in child care? *Developmental Psychology, 34,* 1119–1128.

NICHD Early Child Care Research Network (2003). Social functioning in first grade: Associations with earlier home and child care predictors and with current classroom experiences. *Child Development, 74,* 1639–1662.

Nix, D. (2011). *Förderung von Leseflüssigkeit. Theoretische Fundierung und empirische Überprüfung eines kooperativen Lautleseverfahrens im Deutschunterricht.* Weinheim: Juventa.

NJCLD (1988). *Letter to NJCLD Member Organizations.* Washington: NJCLD.

Nußbeck, S. (2007). *Sprache – Entwicklung, Störungen und Intervention.* Stuttgart: Kohlhammer.

O'Shaughnessy, T. & Swanson, H. L. (1998). Do immediate memory deficits in students with learning disabilities in reading reflect a developmental lag or deficit? A selective meta-analysis of the literature. *Learning Disability Quarterly, 21,* 123–148.

OECD (2007). *Bildung auf einen Blick 2007.* Bielefeld: Bertelsmann.

OECD (2008). *Bildung auf einen Blick 2008.* Bielefeld: Bertelsmann.

Oelkers, J. (2003). *Wie man Schule entwickelt.* Weinheim: Beltz.

Oelkers, J. & Reusser, K. (2008). *Qualität entwickeln – Standards sichern – mit Differenz umgehen* (Bildungsforschung Bd. 27). Berlin: BMBF.

Oerter, R. & Montada, L. (Hrsg.). (2008). *Entwicklungspsychologie* (6. Aufl.). Weinheim: Beltz.

Orthmann Bless, D. (2007). Das schulsystemische Paradigma. In J. Walter & F. B. Wember (Hrsg.), *Sonderpädagogik des Lernens* (93–103). Göttingen: Hogrefe.

Oser, F. K. & Baeriswyl, F. J. (2001). Choreographies of teaching: Bridging instruction to learning. In V. Richardson (Ed.), *Handbook of research on teaching* (4th ed., pp. 1031–1065). Washington: AERA.

Otto, B. & Büttner, G. (2008). Mengen, zählen, Zahlen – die Welt der Mathematik entdecken. In H.-P. Langfeldt & G. Büttner (Hrsg.), *Trainingsprogramme zur Förderung von Kindern und Jugendlichen* (2. Aufl, S. 120–130). Weinheim: Beltz.

Owens, E. B., Hinshaw, S. P., Kraemer, H. C., Arnold, E. L., Abikoff, H. B., Elliot, G. et al. (2003). Which treatment for whom for ADHS? Moderators of treatment response in the MTA. *Journal of Consulting and Clinical Psychology, 71,* 540–552.

Palincsar, A. S. & Brown, A. L. (1984). Reciprocal teaching of comprehension-fostering and comprehension-monitoring activities. *Cognition and Instruction, 1,* 117–175.

Passolunghi, M. C. (2006). Working memory and arithmetic learning disability. In T. P. Alloway & S. E. Gathercole (Eds.), *Working memory and neurodevelopmental disorders* (pp. 113–138). Hove: Psychology Press.

Paulus, W. & Blossfeld, H. (2007). Schichtspezifische Präferenzen oder sozioökonomischer Entscheidungskalkül? *Zeitschrift für Pädagogik, 53,* 491–508.

Pearl, R. & Donahue, M. L. (2008). Peerbeziehungen und Lernstörungen. In B. Y. L. Wong (Hrsg.), *Lernstörungen verstehen* (S. 127–156). Heidelberg: Spektrum.

Pekrun, R. (1993). Entwicklung von schulischer Aufgabenmotivation in der Sekundarstufe: Ein erwartungs-mal-wert-theoretischer Ansatz. *Zeitschrift für Pädagogische Psychologie, 7,* 87–97.

Pekrun, R. (2006). The control-value theory of achievement emotions: Assumptions, corollaries, and implications for educational research and practice. *Educational Psychology Review, 18,* 315–341.

Penner, Z. (2005). *Auf dem Weg zur Sprachkompetenz. Neue Perspektiven der sprachlichen Frühförderung bei Migrantenkindern.* Frauenfeld: Kon-Lab.

Perels, F., Merget-Kullmann, M., Wende, M., Schmitz, B. & Buchbinder, C. (2009). Improving self-regulated learning of preschool children: Evaluation of training for kindergarten teachers. *British Journal of Educational Psychology, 79*, 311–327.

Petermann, F. & Petermann, U. (2000). *Erfassungsbogen für aggressives Verhalten in konkreten Situationen* (4. Aufl.). Göttingen: Hogrefe.

Petermann, F. & Petermann, U. (Hrsg.). (2008). *Training mit aggressiven Kindern* (12. Aufl.). Weinheim: Beltz.

Petermann, F. & Petermann, U. (2010). *HAWIK-IV. Hamburg-Wechsler-Intelligenztest für Kinder – IV* (3. Aufl.). Göttingen: Hogrefe.

Petermann, F., Petermann, U. & Krummrich, M. Z. (2008). Erfassung des Sozial- und Lernverhaltens vor dem Schuleintritt. *Psychologie in Erziehung und Unterricht, 55*, 114–122.

Petermann, F., Natzke, H., Gerken, N. & Walter, H. J. (2006). *Verhaltenstraining für Schulanfänger. Ein Programm zur Förderung sozialer und emotionaler Kompetenzen* (2. Aufl.). Göttingen: Hogrefe.

Petermann, U. & Petermann, F. (Hrsg.). (2006). *Diagnostik sonderpädagogischen Förderbedarfs* (Tests und Trends, NF Bd. 5). Göttingen: Hogrefe.

Pfeiffer, C., Mößle, T., Kleinmann, M. & Rehbein, F. (2007). *Die PISA-Verlierer – Opfer ihres Medienkonsums.* Hannover: Kriminologisches Forschungsinstitut Niedersachsen.

Philipp, M. (2010). Leseförderung auf Augenhöhe. Peer-Assisted Learning als geeignetes Format für die Förderung schwacher und schwächster Leser. *Didaktik Deutsch, 15*, 98–115.

Philipp, M. (2011). *Lesesozialisation in Kindheit und Jugend.* Stuttgart: Kohlhammer.

Pickering, S. J. (2006a). Assessment of working memory in children. In S. J. Pickering (Ed.), *Working memory and education* (pp. 242–271). Amsterdam: Elsevier.

Pickering, S. J. (2006b). Working memory in dyslexia. In T. P. Alloway & S. E. Gathercole (Eds.), *Working memory and neurodevelopmental disorders* (pp. 7–40). Hove: Psychology Press.

Pickering, S. J. (Ed.). (2006c). *Working memory and education.* Amsterdam: Elsevier.

Pickering, S. J. & Gathercole, S. E. (2001). *Working memory test battery for children.* London: Psychological Corporation Europe.

Pinker, S. (1996). *Der Sprachinstinkt.* München: Kindler.

Plume, E. & Schneider, W. (2004). *Hören, lauschen, lernen 2. Spiele mit Buchstaben und Lauten für Kinder im Vorschulalter. Würzburger Buchstaben-Laut-Training.* Göttingen: Vandenhoeck & Ruprecht.

Pohlmann, B. & Möller, J. (2010). Fragebogen zur Erfassung der Motivation für die Wahl des Lehramtsstudiums (FEMOLA). *Zeitschrift für Pädagogische Psychologie, 24*, 73–84.

Pollmeier, J., Kleickmann, T., Hardy, I., Tröbst, S., Möller, K. & Schwippert, K. (2009). Entwicklung naturwissenschaftlicher Kompetenz in der Grundschule (Science-P): Naturwissenschaftliches Wissen. In C. Röhner, C. Henrichwark & M. Hopf (Hrsg.), *Europäisierung der Bildung. Konsequenzen und Herausforderungen für die Grundschulpädagogik* (Jahrbuch Grundschulforschung, Bd. 13, S. 199–203). Wiesbaden: VS.

Poloczek, S., Labuhn, A. S., Hasselhorn, M. & Büttner, G. (2009). *Arbeitsgedächtnisfunktionen und Vorläuferfertigkeiten von Lesen/Schreiben und Rechnen bei Drittklässlern mit niedriger Intelligenz.* Poster präsentiert auf der 73. Tagung der Arbeitsgruppe für Empirische Pädagogische Forschung (AEPF), Bochum, September 2009.

Pramling, I. (1996). Understanding and empowering the child as a learner. In D. R. Olson & N. Torrance (Eds.), *The handbook of education and human development* (pp. 565–592). Malden: Blackwell.

Pressley, M. (1994). Embracing the compexity of individual differences in cognition: Studying good information processing and how it might develop. *Learning and Individual Differences, 6*, 259–284.

Preuss-Lausitz, U. (1998). Bewältigung von Vielfalt – Untersuchungen zu Transfereffekten gemeinsamer Erziehung. In A. Hildeschmidt & I. Schnell (Hrsg.), *Integrationspädagogik* (S. 223–240). Weinheim: Juventa.

Puhani, P. A. & Weber, A. M. (2007). Does the early bird catch the worm? Instrumental variable estimates of early educational effects of age of school entry in Germany. *Empirical Economics, 32*, 359–386 (auch: Discussion Paper No. 1827, 2005, Bonn, IZA).

Rakoczy, K. (2007). *Motivationsunterstützung im Mathematikunterricht.* Münster: Waxmann.

Rakoczy, K., Klieme, E., Bürgermeister, A. & Harks, B. (2008). The interplay between student evaluation and instruction. *Zeitschrift für Psychologie, 216*, 111–124.

Rauch, D. P., Jurecka, A. & Hesse, H.-G. (2010). Für den Drittspracherwerb zählt auch die Lesekompetenz in der Herkunftssprache. *Zeitschrift für Pädagogik, 56 (55. Beiheft)*, 78–100.

Raudenbush, S. W. & Bryk, A. S. (2002). *Hierarchical linear models. Applications and data analysis methods*. Newbury Park: Sage.

Rauer, W. & Schuck, K.-D. (2004). *FEESS 1–2. Fragebogen zur Erfassung emotionaler und sozialer Schulerfahrungen von Grundschulkindern erster und zweiter Klassen*. Göttingen: Hogrefe.

Rauin, U. & Maier, U. (2007). Subjektive Einschätzungen des Kompetenzerwerbs in der Lehramtsausbildung. In M. Lüders & J. Wissinger (Hrsg.), *Forschung zu Lehrerbildung* (S. 103–133). Münster: Waxmann.

Ravitch, D. (2000). *Left back: A century of failed school reforms*. New York: Simon & Schuster.

Ravitch, D. (2010). *The death and life of the great American school system: How testing and choice are undermining education*. New York: Basic Books.

Rawson, K. A. & Kintsch, W. (2005). Rereading effects depend on time of test. *Journal of Educational Psychology, 97*, 70–80.

Reicher, H. (1991). Zur schulischen Integration behinderter Kinder. Eine empirische Untersuchung der Einstellungen von Eltern. *Zeitschrift für Pädagogik, 37*, 191–214.

Reijnen, E., Penner, I.-K. & Opwis, K. (2006). Gedächtnisdiagnostik. In K. Schweizer (Hrsg.), *Leistung und Leistungsdiagnostik* (S. 102–109). Heidelberg: Springer.

Reimann, P. & Rapp, A. (2008). Expertiseerwerb. In A. Renkl (Hrsg.), *Lehrbuch Pädagogische Psychologie* (S. 155–203). Bern: Huber.

Renkl, A. (2008). Lernen und Lehren im Kontext der Schule. In A. Renkl (Hrsg.), *Lehrbuch Pädagogische Psychologie* (S. 109–153). Bern: Huber.

Retelsdorf, J. & Möller, J. (2008). Familiäre Bedingungen und individuelle Prädiktoren der Lesekompetenz von Schülerinnen und Schülern. *Psychologie in Erziehung und Unterricht, 55*, 227–237.

Retelsdorf, J. Butler, R. Streblow, L. & Schiefele, U. (2010). Teachers' goal orientations for teaching: Associations with instructional practices, interest in teaching, and burnout. *Learning and Instruction, 20*, 30–46.

Reuter-Liehr, C. (2001). *Lautgetreue Rechtschreibförderung*. Bochum: Winkler.

Rheinberg, F. (2006). *Motivation*. Stuttgart: Kohlhammer.

Rheinberg, F. & Fries, F. (2001). Motivationstraining. In K. J. Klauer (Hrsg.), *Handbuch Kognitives Training* (2. Aufl., S. 349–373). Göttingen: Hogrefe.

Rheinberg, F. & Krug, S. (2005). *Motivationsförderung im Schulalltag: Psychologische Grundlagen und praktische Durchführung* (3. Aufl.). Göttingen: Hogrefe.

Rideout, V. & Hamel, E. (2006). *The Media Family*. Menlo Park: Kaiser Family Foundation.

Riebel, J. & Jäger, R. S. (2008). Kompetenzen von Schulanfängern: Was sollten Schulanfänger können? *Psychologie in Erziehung und Unterricht, 55*, 132–142.

Rieckmann, C. (2010*). Leseförderung in sechsten Hauptschulklassen. Zur Wirksamkeit eines Vielleseverfahrens*. Baltmannsweiler: Schneider Verlag Hohengehren.

Riedel, E. (2010*). Gutachten zur Wirkung der internationalen Konvention über die Rechte von Menschen mit Behinderung und ihres Fakultativprotokolls auf das deutsche Schulsystem* (im Auftrag der Landesarbeitsgemeinschaft »Gemeinsam Leben« Nordrhein-Westfalen). Mannheim: Universität Mannheim.

Rindermann, H. & Ceci, S. J. (2009). Educational policy and country outcomes in international cognitive competence studies. *Perspectives on Psychological Science, 4*, 551–577.

Roberts, G., Torgesen, J., Boardman, A. & Scammacca, N. (2008). Evidence-based strategies for reading instruction of older students with learning disabilities. *Learning Disabilities Research and Practice, 23*, 63–69.

Rogolla, M. & Vogt, F. (2008). Förderung adaptiver Lehrkompetenz: eine Interventionsstudie. *Unterrichtswissenschaft, 36*, 17–36.

Rohrbeck, C., Ginsburg-Block, M., Fantuzzo, J. & Miller, T. (2003). Peer assisted learning interventions with elementary school students: A meta-analytic review. *Journal of Educational Psychology, 95*, 240–257.

Roick, T., Gölitz, D. & Hasselhorn, M. (2004). *Deutscher Mathematiktest für 3. Klassen DEMAT 3+*. Göttingen: Hogrefe.

Roodenrys, S. (2006). Working memory function in attention deficit disorder. In T. P. Alloway & S. E. Gathercole (Eds.), *Working memory and neurodevelopmental disorders* (pp. 187–211). Hove: Psychology Press.

Roos, J. & Schöler, H. (2007). Sprachentwicklungsdiagnostik mittels standardisierter Tests. In H. Schöler & A. Welling (Hrsg.), *Sonderpädagogik der Sprache* (Handbuch Sonderpädagogik, Bd. 1, S. 531–550). Göttingen: Hogrefe.

Roos, J., Polotzek, S. & Schöler, H. (2010). EVAS. *Evaluationsstudie zur Sprachförderung von Vorschulkindern (Abschlussbericht)*. Heidelberg: Pädagogische Hochschule Heidelberg.

Rosebrock, C. & Nix, D. (2006). Forschungsüberblick: Leseflüssigkeit (Fluency) in der amerikanischen Leseforschung und -didaktik. *Didaktik Deutsch, 11*, 90–113.

Rosebrock, C. & Nix, D. (2008). *Grundlagen der Lesedidaktik*. Baltmannsweiler: Schneider Verlag Hohengehren.

Rosebrock, C., Rieckmann, C., Nix, D. & Gold, A. (2010). Förderung der Leseflüssigkeit bei leseschwachen Zwölfjährigen. *Didaktik Deutsch, 15*, 33–58.

Rosebrock, C., Nix, D., Rieckmann, C. & Gold, A. (2011). *Leseflüssigkeit fördern. Lautleseverfahren für die Primar- und Sekundarstufe*. Seelze: Friedrich.

Rosenshine, B. & Meister, C. (1994). Reciprocal teaching: A review of the research. *Review of Educational Research, 64*, 479–530.

Roßbach, H.-G. (2006). Institutionelle Übergänge in der Frühpädagogik. In L. Fried & S. Roux (Hrsg.), *Pädagogik der frühen Kindheit* (S. 280–292). Weinheim: Beltz.

Roßbach, H.-G. (2008). Vorschulische Erziehung. In K. Cortina, J. Baumert, A. Leschinsky, K. Mayer & L. Trommer (Hrsg.), *Das Bildungswesen in der Bundesrepublik Deutschland* (S. 283–323). Reinbek: Rowohlt.

Roßbach, H.-G. & Tietze, W. (2006). Sitzenbleiben. In D. H. Rost (Hrsg.), *Handwörterbuch Pädagogische Psychologie* (S. 706–712). Weinheim: PVU.

Roßbach, H.-G., Kluczniok, K. & Isenmann, D. (2008). Erfahrungen aus internationalen Längsschnittstudien. In H.-G. Roßbach & S. Weinert (Hrsg.), *Kindliche Kompetenzen im Elementarbereich: Förderbarkeit, Bedeutung und Messung* (Bildungsforschung, Bd. 24, S. 7–88). Berlin: BMBF.

Rost, D. H. (2009a). *Intelligenz*. Weinheim: Beltz.

Rost, D. H. (Hrsg.). (2009b). *Hochbegabte und hochleistende Jugendliche. Befunde aus dem Marburger Hochbegabtenprojekt* (2., erw. Aufl.). Münster: Waxmann.

Rost, D. H. & Schilling, S. (2006). Hochbegabung. In D. H. Rost (Hrsg.), *Handwörterbuch Pädagogische Psychologie* (S. 233–245). Weinheim: Beltz.

Rost, D. H., Sparfeldt, J.R. & Schilling, S. (2007). *DISK-Gitter mit SKSLF-8. Differentielles Schulisches Selbstkonzept-Gitter*. Göttingen: Hogrefe.

Rost, J. (2004). *Lehrbuch Testtheorie – Testkonstruktion*. Bern: Huber.

Roth, G. (2004). Warum sind Lehren und Lernen so schwierig? *Zeitschrift für Pädagogik, 50*, 496–506.

Rourke, B. P. (1993). Arithmetic disabilities, specific and otherwise: A neuropsychological perspective. *Journal of Learning Disabilities, 26*, 214–226.

Rowe, M. L. & Mervis, C. B. (2006). Working memory in Williams syndrome. In T. P. Alloway & S. E. Gathercole (Eds.), *Working memory and neurodevelopmental disorders* (pp. 267–293). Hove: Psychology Press.

Rühl, K. & Souvignier, E. (2006). *Wir werden Lesedetektive – Lehrermanual & Arbeitsheft*. Göttingen: Vandenhoeck und Ruprecht.

Rüsseler, J. (2009). *Neuropsychologische Therapie*. Stuttgart: Kohlhammer.

Saleh, M., Lazonder, A. W. & De Jong, T. (2005). Effects of within-class ability grouping on social interaction, achievement, and motivation. *Instructional Science, 35*, 105–119.

Sanders, M. R. (1999). Triple P-positive parenting program: Towards an empirically validated multilevel parenting and family support strategy for the prevention of behaviour and emotional problems in children. *Clinical Child and Family Psychology Review, 2*, 71–90.

Sanders, M. R., Markie-Dadds, C., Tully, L. A. & Bor, W. (2000). The triple p-positive parenting program: A comparison of enhanced, standard, and self-directed behavioural family intervention for parents of children with early onset conduct problems. *Journal of Consulting and Clinical Psychology, 68*, 624–640.

Sauer, S., Ide, S. & Borchert, J. (2007). Zum Selbstkonzept von Schülerinnen und Schülern an Förderschulen und in integrativer Beschulung: Eine Vergleichsuntersuchung. *Heilpädagogische Forschung, 23*, 135–142.

Saß, H., Wittchen, H.-U., Zaudig, M. & Houben, I. (Hrsg.). (2003). *Diagnostisches und Statistisches Manual Psychischer Störungen – Textrevision – DSM-IV-TR*. Göttingen: Hogrefe.

Schaarschmidt, U. (Hrsg.). (2005). *Halbtagsjobber? Psychische Gesundheit im Lehrerberuf. Analyse eines veränderungsbedürftigen Zustands* (2. Aufl.). Weinheim: Beltz.

Schaarschmidt, U. & Fischer, A. W. (2003). *AVEM – Arbeitsbezogenes Verhaltens- und Erlebensmuster* (2. Aufl.). Frankfurt: Swets & Zeitlinger.

Schaffner, E. & Schiefele, U. (2008). Familiäre und individuelle Bedingungen des Textlernens. *Psychologie in Erziehung und Unterricht, 55,* 238–252.

Scheerens, J. & Bosker, R. (1997). *The foundations of educational effectiveness.* Oxford: Elsevier.

Scheerer-Neumann, G. (1997). Lesen und Leseschwierigkeiten. In F. E. Weinert (Hrsg.), *Psychologie des Unterrichts und der Schule,* (Enzyklopädie der Psychologie, Serie Pädagogische Psychologie, Bd. 3, S. 279–325). Göttingen: Hogrefe.

Scheerer-Neumann, G. (2008). Frühe Rechtschreibförderung zur Vorbeugung von Rechtschreibschwäche. In J. Borchert, B. Hartke & P. Jogschies (Hrsg.), *Frühe Förderung entwicklungsauffälliger Kinder und Jugendlicher* (S. 164–177). Stuttgart: Kohlhammer.

Scheffer, D., Kuhl, J. & Eichstaedt, J. (2003). Der Operante Motiv-Test (OMT): Inhaltsklassen, Auswertung, psychometrische Kennwerte und Validierung. In J. Stiensmeier-Pelster & F. Rheinberg (Hrsg.), *Diagnostik von Motivation und Selbstkonzept* (S. 151–167). Göttingen: Hogrefe.

Schiefele, U. (2009). Motivation. In E. Wild & J. Möller (Hrsg.), *Pädagogische Psychologie* (S. 151–177). Heidelberg: Springer.

Schlagmüller, M. & Schneider, W. (2007). *WLST 7–12. Würzburger Lesestrategie-Wissenstest für die Klassen 7–12.* Göttingen: Hogrefe.

Schmalt, H.-D. (1976). *Die Messung des Leistungsmotivs.* Göttingen: Hogrefe.

Schmalt, H.-D. (2003). Leistungsmotivation im Unterricht: Über den Einsatz des LM-Gitters in der Schule. In J. Stiensmeier-Pelster & F. Rheinberg (Hrsg.), *Diagnostik von Motivation und Selbstkonzept* (S. 105–127). Göttingen: Hogrefe.

Schmidt-Atzert, L. (2006). Leistungsrelevante Rahmenbedingungen/Leistungsmotivation. In K. Schweizer (Hrsg.), *Leistung und Leistungsdiagnostik* (S. 223–241). Heidelberg: Springer.

Schmidt-Denter, U. (2008). Vorschulische Förderung. In R. Oerter & L. Montada (Hrsg.), *Entwicklungspsychologie* (6. Aufl., S. 719–734). Weinheim: Beltz.

Schmitt, K., Rauch, W. & Gold, A. (2010). *Updating bei Kindern mit ADHS.* Vortrag auf dem 47. Kongress der Deutschen Gesellschaft für Psychologie in Bremen.

Schneider, W. (1997). Rechtschreiben und Rechtschreibschwierigkeiten. In F.E. Weinert (Hrsg.), *Psychologie des Unterrichts und der Schule* (Enzyklopädie der Psychologie, Serie Pädagogische Psychologie, Bd. 3, S. 327–363). Göttingen: Hogrefe.

Schneider, W. (2004). Frühe Entwicklung von Lesekompetenz: Zur Relevanz vorschulischer Sprachkompetenzen. In U. Schiefele, C. Artelt, W. Schneider & P. Stanat (Hrsg.), *Struktur, Entwicklung und Förderung von Lesekompetenz* (S. 13–36). Wiesbaden: VS.

Schneider, W. (2008a). Prävention von Lese-Rechtschreibschwierigkeiten. In W. Schneider & M. Hasselhorn (Hrsg.), *Handbuch der Pädagogischen Psychologie* (S. 348–359). Göttingen: Hogrefe.

Schneider, W. (2008b). Entwicklung der Schriftsprachkompetenz vom frühen Kindes- bis zum frühen Erwachsenenalter. In W. Schneider (Hrsg.), *Entwicklung von der Kindheit bis zum Erwachsenenalter. Befunde der Münchner Längsschnittstudie LOGIK* (S. 167–186). Weinheim: Beltz.

Schneider, W. & Bullock, M. (2008). Die Längsschnittstudie LOGIK: Versuch einer zusammenfassenden Würdigung. In W. Schneider (Hrsg.), *Entwicklung von der Kindheit bis zum Erwachsenenalter. Befunde der Münchner Längsschnittstudie LOGIK* (S. 203–218). Weinheim: Beltz.

Schneider, W. & Bullock, M. (Eds.). (2009). *Human development from early childhood to early adulthood. Findings from a 20 year longitudinal study.* New York: Psychology Press.

Schneider, W. & Büttner, G. (2008). Entwicklung des Gedächtnisses. In R. Oerter & L. Montada (Hrsg.), *Entwicklungspsychologie* (6. Aufl., S. 480–501). Weinheim: Beltz.

Schneider, W. & Marx, P. (2008). Früherkennung und Prävention von Lese-Rechtschreibschwierigkeiten. In F. Petermann & W. Schneider (Hrsg.), *Angewandte Entwicklungspsychologie* (Enzyklopädie der Psychologie, Serie Entwicklungspsychologie, Bd. 7, S. 237–273). Göttingen: Hogrefe.

Schneider, W., Körkel, J. & Weinert, F. E. (1989). Domain-specific knowledge and memory performance: A comparison of high- and low-aptitude children. *Journal of Educational Psychology, 81,* 306–312.

Schneider, W., Marx, H. & Hasselhorn, M. (Hrsg.). (2008). *Diagnostik von Rechtschreibleistungen und -kompetenz.* Göttingen: Hogrefe.

Schneider, W., Schlagmüller, M. & Ennemoser, M. (2007). *Lesegeschwindigkeits- und verständnistest für die Klassenstufen 6–12 (LGVT 6–12).* Göttingen: Hogrefe.

313

Schneider, W., Gruber, H., Gold, A. & Opwis, K. (1993). Chess expertise and memory for chess positions in children and adults. *Journal of Experimental Child Psychology, 56*, 328–349.

Schneider, W., Roth, E., Küspert, P. & Ennemoser, M. (1998). Kurz- und langfristige Effekte eines Trainings der sprachlichen (phonologischen) Bewusstheit bei unterschiedlichen Leistungsgruppen: Befunde einer Sekundäranalyse. *Zeitschrift für Entwicklungspsychologie und Pädagogische Psychologie, 30*, 26–39.

Schnyder, I., Niggli, A., Cathomas, R., Trautwein, U. & Lüdtke, O. (2006). Wer lange lernt, lernt noch lange nicht viel mehr: Korrelate der Hausaufgabenzeit im Fach Französisch und Effekte auf die Leistungsentwicklung. *Psychologie in Erziehung und Unterricht, 53*, 107–121.

Schöler, H. (2011). Prognose schriftsprachlicher Leistungen und Risiken im Vorschulalter am Beispiel des Heidelberger Auditiven Screening in der Einschulungsuntersuchung (HASE). In M. Hasselhorn & W. Schneider (Hrsg.), *Frühprognose schulischer Kompetenzen* (Tests und Trends, NF Bd. 9, S. 13–31). Göttingen: Hogrefe.

Schöler, H. & Brunner, M. (2008). *Heidelberger Auditives Screening in der Einschulungsuntersuchung HASE* (2. Aufl.). Binswangen: Westra.

Schoenbach, R., Greenleaf, C., Cziko, C. & Hurwitz, L. (2006). *Lesen macht schlau.* Berlin: Cornelsen.

Schöne, C., Dickhäuser, O., Spinath, B. & Stiensmeier-Pelster, J. (2002). *SESSKO. Skalen zur Erfassung des schulischen Selbstkonzepts.* Göttingen: Hogrefe.

Schrader, F., Helmke, A. & Hosenfeld, I. (2008). Stichwort: Kompetenzentwicklung im Grundschulalter. *Zeitschrift für Erziehungswissenschaft, 11*, 7–29.

Schröder, U. (2005). *Lernbehindertenpädagogik.* Stuttgart: Kohlhammer.

Schuchardt, K., Kunze, J., Grube, D. & Hasselhorn, M. (2006). Arbeitsgedächtnisdefizite bei Kindern mit schwachen Rechen- und Schriftsprachleistungen. *Zeitschrift für Pädagogische Psychologie, 20*, 261–268.

Schuchardt, K., Mähler, C. & Hasselhorn, M. (2008). Working memory deficits in children with specific learning disorders. *Journal of Learning Disabilities, 41*, 514–523.

Schuchardt, K., Roick, T., Mähler, C. & Hasselhorn, M. (2008). Unterscheidet sich die Struktur des Arbeitsgedächtnisses bei Schulkindern mit und ohne Lernstörung? *Zeitschrift für Entwicklungspsychologie und Pädagogische Psychologie, 40*, 147–151.

Schuck, K. D., Lemke, W. & Schwohl, J. (2007). Förderbedarf, Förderkonzept und Förderplanung. In J. Walter & F. B. Wember (Hrsg.), *Sonderpädagogik des Lernens* (Handbuch Sonderpädagogik, Bd. 2, S. 207–218). Göttingen: Hogrefe.

Schulte-Körne, G. (2006). Lerntheoretisch begründete Therapieverfahren bei der Lese-Rechtschreib-Störung. In W. von Suchodoletz (Hrsg.), *Therapie der Lese-Rechtschreib-Störung (LRS)* (2. Aufl., S. 33–57). Stuttgart: Kohlhammer.

Schulte-Körne, G. & Mathwig, F. (2004). *Das Marburger Rechtschreibtraining* (2. Aufl.). Bochum: Winkler.

Schulte-Körne, G., Deimel, W., Jungermann, M. & Remschmidt, H. (2003). Nachuntersuchung einer Stichprobe von lese-rechtschreibgestörten Kindern im Erwachsenenalter. *Zeitschrift für Kinder- und Jugendpsychiatrie und Psychotherapie, 31*, 267–276.

Schulz, P. (2007a). Frühdiagnostik: Frühindikatoren und Verfahren zur Früherkennung von Risikokindern. In H. Schöler & A. Welling (Hrsg.), *Sonderpädagogik der Sprache* (Handbuch Sonderpädagogik, Bd. 1, S. 688–704). Göttingen: Hogrefe.

Schulz, P. (2007b). Verzögerte Sprachentwicklung: Zum Zusammenhang zwischen Late Talker, Late Bloomer und Spezifischer Sprachentwicklungsstörung. In H. Schöler & A. Welling (Hrsg.), *Sonderpädagogik der Sprache* (Handbuch Sonderpädagogik, Bd. 1, S. 178–190). Göttingen: Hogrefe.

Schulz, P. & Tracy, R. (2011). *Linguistische Sprachstandserhebung – Deutsch als Zweitsprache (LiSe-DaZ).* Göttingen: Hogrefe.

Schulz, P., Tracy, R. & Wenzel, R. (2008). Entwicklung eines Instruments zur Sprachstandsdiagnose von Kindern mit Deutsch als Zweitsprache: Theoretische Grundlagen und erste Ergebnisse. In B. Ahrenholz (Hrsg.), *Kinder und Jugendliche mit Migrationshintergrund – Empirische Befunde und Forschungsdesiderate* (S. 17–42). Freiburg: Fillibach.

Schulz, P., Kersten, A. & Kleissendorf, B. (2009). Zwischen Spracherwerbsforschung und Bildungspolitik: Sprachdiagnostik in der frühen Kindheit. *Zeitschrift für Soziologie der Erziehung und Sozialisation, 29*, 122–140.

Schumann-Hengsteler, R., Grube, D., Zoelch, C., Mähler, C., Seitz-Stein, K., Schmid, I., Gronauer, J. & Hasselhorn, M. (2010). Differentialdiagnostik der Funktionstüchtigkeit des Arbeitsgedächtnisses bei Kindern mit der AGTB 5–12. In H.-P. Trolldenier, W. Lenhard & P. Marx (Hrsg.), *Brennpunkte der Gedächtnisforschung. Entwicklungs- und pädagogisch-psychologische Perspektiven* (S. 305–319). Göttingen: Hogrefe.

Schümer, G. (2005). Schule und soziale Ungleichheit. *Die Deutsche Schule, 97*, 266–283.

Schutz, P. A. & Pekrun, R. (Eds.). (2007). *Emotions in education*. San Diego: Elsevier.

Schweinhart, L. J. (2000). The High/Scope Perry Preschool Study: A case study in random assignment. *Evaluation and Research in Education, 14*, 136–147.

Schweinhart, L. J., & Weikart, D. P. (1997). The High/Scope Preschool Curriculum Comparison Study through age 23. *Early Childhood Research Quarterly, 12*, 117–143.

Schweizer, K. (Hrsg.). (2006). *Leistung und Leistungsdiagnostik*. Heidelberg: Springer.

Schweizerhof, N. (2009). *Effektivität einer vorschulischen Förderung in der Muttersprache für den Schriftspracherwerb bei Kindern mit Migrationshintergrund* (Diplomarbeit am Institut für Psychologie). Frankfurt: Goethe-Universität.

Schwenck, C. & Schneider, W. (2006). Diagnostik bei Teilleistungsstörungen des Lesens und Schreibens. In U. Petermann & F. Petermann (Hrsg.), *Diagnostik sonderpädagogischen Förderbedarfs* (S. 117–138). Göttingen: Hogrefe.

Scruggs, T. E. & Mastropieri, M. (2000). The effectiveness of mnemonic instruction for students with learning and behavior problms: An update and research synthesis. *Journal of Behavioral Education, 10*, 163–173.

Seidel, T. (2009). Klassenführung. In E. Wild & J. Möller (Hrsg.), *Pädagogische Psychologie* (S. 135–148). Heidelberg: Springer.

Seyda, S. (2009). Kindergartenbesuch und späterer Bildungserfolg. *Zeitschrift für Erziehungswissenschaft, 12*, 233–251.

Shaywitz, S. E. & Shaywitz, B.A. (2003). Neurobiological indices of dyslexia. In H. L. Swanson, K. R. Harris & S. Graham (Eds.), *Handbook of learning disabilities* (pp. 514–531). New York: Guilford Press.

Siebert-Ott, G. (2006). Deutsch (lernen) auf dem Schulhof? Konzeptionelle Mündlichkeit als Basis der Entwicklung schriftsprachlicher Kompetenz in der Zweitsprache. In S. Ehlers (Hrsg.), *Sprachförderung und Literalität* (Flensburger Papiere zur Mehrsprachigkeit und Kulturvielfalt im Unterricht, Sonderheft 3, S. 15–35). Flensburg: Universität Flensburg.

Siegler, R. S. (1996). *Emerging minds: The process of change in children's thinking*. New York, NY: Oxford University Press.

Simmons, D. C., Kame'enui, E. J., Harn, B., Coyne, M. D., Stoolmiller, M., Edwards, L. L. et al. (2007). Attributes of effective and efficient kindergarten reading intervention: an examination of instructional time and design of instruction specificity. *Journal of Learning Disabilities, 40*, 331–347.

Simons, H., Weinert, F. E. & Ahrens, H. J. (1975). Untersuchungen zur differentialpsychologischen Analyse von Rechenleistungen. *Zeitschrift für Entwicklungspsychologie und Pädagogische Psychologie, 7*, 153–169.

Snellings, P., Leij, A., Jong, P. & Blok, H. (2009). Enhancing the reading fluency and comprehension of children with reading disabilities in an orthographically transparent. *Journal of Learning Disabilities, 42*, 291–305.

Sonntag, W. (2006). Auffrischungssitzungen zur Steigerung der Effektivität des Denktrainings für Jugendliche bei lernbehinderten Sonderschülern. *Psychologie in Erziehung und Unterricht, 53*, 178–187.

Souvignier, E. (1999). Kooperatives Lernen in Sonderschulen für Lernbehinderte und Erziehungsschwierige. *Sonderpädagogik, 29*, 14–25.

Souvignier, E. (2000). *Förderung räumlicher Fähigkeiten: Trainingsstudien mit lernbeeinträchtigten Schülern*. Münster: Waxmann.

Souvignier, E. (2001). Training räumlicher Fähigkeiten. In K. J. Klauer (Hrsg.), *Handbuch Kognitives Training* (S. 293–319). Göttingen: Hogrefe.

Souvignier, E. (2003). Instruktion bei Lernschwierigkeiten. In G. Ricken, A. Fritz & C. Hofmann (Hrsg.), *Diagnose: Sonderpädagogischer Förderbedarf* (S. 402–415). Lengerich: Pabst Science Publishers.

Souvignier, E. (2007). Kooperatives Lernen. In J. Walter & F. B. Wember (Hrsg.), *Sonderpädagogik des Lernens* (Handbuch Sonderpädagogik, Bd. 2, S. 452–466). Göttingen: Hogrefe.

Souvignier, E. (2008a). Denktrainings für Kinder und Jugendliche – Programme zur intellektuellen Förderung. In H.-P. Langfeldt & G. Büttner (Hrsg.), *Trainingsprogramme zur Förderung von Kindern und Jugendlichen* (2. Aufl, S. 18–37). Weinheim: Beltz.

Souvignier, E. (2008b). Förderung intellektueller Kompetenzen. In F. Petermann & W. Schneider (Hrsg.), *Angewandte Entwicklungspsychologie* (Enzyklopädie der Psychologie, Serie Entwicklungspsychologie, Bd. 7, S. 389–412). Göttingen: Hogrefe.

Souvignier, E. (2009). Effektivität von Interventionen zur Verbesserung des Leseverständnisses. In W. Lenhard & W. Schneider (Hrsg.), *Diagnose und Förderung des Leseverständnisses* (Tests und Trends, NF Bd. 7, S. 185–206). Göttingen: Hogrefe.

Souvignier, E. & Antoniou, F. (2007). Förderung des Leseverständnisses bei Schülerinnen und Schülern mit Lernschwierigkeiten – eine Metaanalyse. *Vierteljahresschrift für Heilpädagogik und ihre Nachbargebiete, 76*, 46–62.

Souvignier, E. & Gold, A. (2004). Lernstrategien und Lernerfolg bei einfachen und komplexen Leistungsanforderungen. *Psychologie in Erziehung und Unterricht, 51*, 309–318.

Souvignier, E. & Gold, A. (2006). Wirksamkeit von Lehrmethoden. In K. Schweizer (Hrsg.), *Leistung und Leistungsdiagnostik* (S. 146–166). Heidelberg: Springer.

Souvignier, E. & Rühl, K. (2005). Förderung des Leseverständnisses, Lesestrategiewissens und Leseinteresses von Schülern mit Lernbehinderungen durch strategieorientierten Unterricht. *Heilpädagogische Forschung, 31*, 2–11.

Souvignier, E. & Trenk-Hinterberger, I. (2010). Implementation eines Programms zur Förderung selbstregulierten Lesens: Verbesserung der Nachhaltigkeit durch Auffrischungssitzungen. *Zeitschrift für Pädagogische Psychologie, 24*, 207-220.

Souvignier, E., Trenk-Hinterberger, I., Adam-Schwebe, S. & Gold, A. (2008). *Frankfurter Leseverständnistest für 5. und 6. Klassen (FLVT 5–6)*. Göttingen: Hogrefe.

Spangler, G. & Zimmermann, P. (2002). *Die Bindungstheorie: Grundlagen, Forschung und Anwendung* (4. Aufl.). Stuttgart: Klett-Cotta.

Sparfeldt, J. R., Schilling, S. R. & Rost, D. H. (2006). Hochbegabte Underachiever als Jugendliche und junge Erwachsene. Des Dramas zweiter Akt? *Zeitschrift für Pädagogische Psychologie, 20*, 213–224.

Speck, O. (2009). *Hirnforschung und Erziehung*. München: Reinhardt.

Spinath, B. & Schöne, S. (2003). Ziele als Bedingungen von Motivation am Beispiel der Skalen zur Erfassung der Lern- und Leistungsmotivation (SELLMO). In J. Stiensmeier-Pelster & F. Rheinberg (Hrsg.), *Diagnostik von Motivation und Selbstkonzept* (S. 29–40). Göttingen: Hogrefe.

Spinath, B., Stiensmeier-Pelster, J., Schöne, C. & Dickhäuser, O. (2002). *SELLMO. Skalen zur Erfassung der Lern- und Leistungsmotivation*. Göttingen: Hogrefe.

Spitzer, M. (2007). Achtung: Baby-TV. *Nervenheilkunde, 26*, 1036–1040.

Spörer, N., Brunstein, J. & Arbeiter, K. (2007). Förderung des Leseverständnisses in Lerntandems und in Kleingruppen: Ergebnisse einer Trainingsstudie zu Methoden des reziproken Lernens. *Psychologie in Erziehung und Unterricht, 54*, 298–313.

Spörer, N., Brunstein, J. & Kieschke, U. (2009). Improving students' reading comprehensions skills: Effect of strategy instruction and reciprocal teaching. *Learning and Instruktion, 19*, 272–286.

Stadt Offenbach (2009). *Erziehung und Bildung in Offenbach (Bericht 2009)*. Offenbach: Magistrat der Stadt Offenbach.

Stalder, B. E., Meyer, T. & Hupka-Brunner, S. (2008). Leistungsschwach – Bildungsarm? Ergebnisse der TREE-Studie zu den PISA-Kompetenzen als Prädiktoren für Bildungschancen in der Sekundarstufe II. *Die Deutsche Schule, 100*, 436–448.

Stanat, P. (2006). Disparitäten im schulischen Erfolg: Forschungsstand zur Rolle des Migrationshintergrunds. *Unterrichtswissenschaft, 36*, 98–124.

Stanat, P. (2008). Heranwachsende mit Migrationshintergrund im deutschen Bildungswesen. In K. Cortina, J. Baumert, A. Leschinsky, K. Mayer & L. Trommer (Hrsg.), *Das Bildungswesen in der Bundesrepublik Deutschland* (S. 685–830). Reinbek: Rowohlt.

Stanat, P. & Christensen, G. S. (2006). *Where immigrants succeed: a comparative review of performances and engagement in PISA 2003*. Paris: OECD.

Stanat, P., Baumert, J. & Müller, A. G. (2008). Das Jacobs Sommercamp in Bremen. In A. Ballis & K. H. Spinner (Hrsg.), *Sommerschule, Sommerkurse, Summer Learning: Deutsch lernen in außerschulischem Kontext* (S. 14–32). Baltmannsweiler: Schneider Verlag Hohengehren.

Stanat, P., Schwippert, K. & Gröhlich, C. (2010). Der Einfluss des Migrantenanteils in Schulklassen auf den Kompetenzerwerb: Längsschnittliche Überprüfung eines umstrittenen Effekts. *Zeitschrift für Pädagogik, 56 (55. Beiheft)*, 147–164.

Stanat, P., Rauch, D. P. & Segeritz, M. (2010). Schülerinnen und Schüler mit Migrationshintergrund. In E. Klieme, C. Artelt, J. Hartig, N. Jude, O. Köller, M. Prenzel, W. Schneider & P. Stanat (Hrsg.), *PISA 2009. Bilanz nach einem Jahrzehnt*, (S. 200–230). Münster: Waxmann.

Statistisches Bundesamt (2009). *Bevölkerung und Erwerbstätigkeit. Bevölkerung mit Migrationshintergrund – Ergebnisse des Mikrozensus 2007* (Fachserie 1, Reihe 2.2). Wiesbaden: Statistisches Bundesamt.

Staub, F. & Stern, E. (2002). The nature of teachers' pedagogical content beliefs matters for students' achievement gains: Quasi-experimental evidence from elementary mathematics. *Journal of Educational Psychology, 94*, 344–355.

StEG-Konsortium (2010). *Ganztagsschule: Entwicklung und Wirkungen. Ergebnisse der Studie zur Entwicklung von Ganztagsschulen 2005–2010.* Frankfurt: DIPF.

Steiner, C. (2009). Mehr Chancengleichheit durch die Ganztagsschule? In L. Stecher, C. Allemann-Ghionda, W. Helsper & E. Klieme (Hrsg.), *Ganztägige Bildung und Betreuung* (S. 81–105). Weinheim: Beltz.

Stiensmeier-Pelster, J. & Rheinberg, F. (Hrsg.). (2003). *Diagnostik von Motivation und Selbstkonzept* (Tests und Trends, NF Bd. 2). Göttingen: Hogrefe.

Stock, C. & Schneider, W. (2008a). *Deutscher Rechtschreibtest für das dritte und vierte Schuljahr (DERET 3–4+).* Göttingen: Hogrefe.

Stock, C. & Schneider, W. (2008b). *Deutscher Rechtschreibtest für das erste und zweite Schuljahr (DERET 1–2+).* Göttingen: Hogrefe.

Strathmann, A. & Klauer, K. J. (2008). Diagnostik des Lernverlaufs. Eine Pilotstudie am Beispiel der Entwicklung der Rechtschreibkompetenz. *Sonderpädagogik, 38*, 5–24.

Strathmann, A., Klauer, K. J. & Greisbach, M. (2010). Lernverlaufsdiagnostik. Dargestellt am Beispiel der Entwicklung der Rechtschreibkompetenz in der Grundschule. *Empirische Sonderpädagogik, 2*, 64–77.

Suchodoletz, W. von (Hrsg.). (2006a). *Therapie der Lese-Rechtschreib-Störung (LRS)* (2. Aufl.). Stuttgart: Kohlhammer.

Suchodoletz, W. von (2006b). Alternative Therapieangebote im Überblick. In W. von Suchodoletz (Hrsg.), *Therapie der Lese-Rechtschreib-Störung (LRS)* (2. Aufl., S. 167–279). Stuttgart: Kohlhammer.

Suchodoletz, W. von (Hrsg.). (2007). *Prävention von Entwicklungsstörungen.* Göttingen: Hogrefe.

Swanson, H. L. (1999). *Interventions for students with learning disabilities. A meta-analysis of treatment outcomes.* New York: Guilford Press.

Swanson, H. L. (2006). Working memory and dynamic testing in children with learning disabilities. In S. J. Pickering (Ed.), *Working memory and education* (pp. 126–156). Amsterdam: Elsevier.

Swanson, H. L. (2008). Neuroscience and RTI: A complementary role. In E. Fletcher-Janzen & C. R. Reynolds (Eds.), *Neuropsychological perspectives on learning disabilities in the era of RTI* (pp. 28–53). Hoboken: Wiley.

Swanson, H. L. & Hoskyn, M. (1998). Experimental intervention research on students with learning disabilities: A meta-analysis of treatment outcomes. *Review of Educational Research, 68*, 277–321.

Swanson, H. L. & Sáez, L. (2003). Memory Difficulties in Children and Adults with Learning Disabilities. In H. L. Swanson, K. R. Harris & S. Graham (Eds.), *Handbook of learning disabilities* (pp. 182–198). New York: Guilford Press.

Swanson, H. L., Cooney, J. B. & McNamara, J. K. (2008). Lernstörungen und Gedächtnis. In B. Y. L. Wong (Hrsg.), *Lernstörungen verstehen* (S. 39–90). Heidelberg: Spektrum.

Swanson, H. L., Howard, C. & Sáez, L. (2006). Do different components of working memory underlie different subgroups of reading disabilities? *Journal of Learning Disabilities, 39*, 252–269.

Swanson, H. L., Jerman, O. & Zheng, X. (2008). Growth in working memory and mathematical problem solving in children at risk and not at risk for serious math difficulties. *Journal of Educational Psychology, 100*, 343–379.

Swanson, H. L., Zheng, X. & Jerman, O. (2009). Working memory, short-term memory, and reading disabilities. *Journal of Learning Disabilities, 42*, 260–287.

Tacke, G. (1999). *Flüssig lesen lernen.* Donauwörth: Auer.

Tacke, G. (2005). Evaluation eines Lesetrainings zur Förderung leserechtschreibschwacher Grundschüler der zweiten Klasse. *Psychologie in Erziehung und Unterricht, 52*, 198–209.

Tacke, G. (2008). Frühe Leseförderung zur Vorbeugung von Leseschwäche. In J. Borchert, B. Hartke & P. Jogschies (Hrsg.), *Frühe Förderung entwicklungsauffälliger Kinder und Jugendlicher* (S. 151–163). Stuttgart: Kohlhammer.

Taylor, J., Roehrig, A. D., Soden Hensler, B., Connor, C. M. & Schatschneider, C. (2010, April 23). Teacher quality moderates the genetic effect on early reading. *Science, 328*, 512–514.

Tent, L. (2006). Schulreife und Schulfähigkeit. In D. H. Rost (Hrsg.), *Handwörterbuch Pädagogische Psychologie* (S. 647–657). Weinheim: PVU.

Tent, L., Witt, M., Zschoche-Lieberum, C. & Bürger, W. (1991). Über die pädagogische Wirksamkeit der Schule für Lernbehinderte. *Zeitschrift für Heilpädagogik, 42*, 289–320.

Terhart, E. (2008). Die Lehrerbildung. In K. Cortina, J. Baumert, A. Leschinsky, K. Mayer & L. Trommer (Hrsg.), *Das Bildungswesen in der Bundesrepublik Deutschland* (S. 745–772). Reinbek: Rowohlt.

Tiedemann, J. & Billmann-Mahecha, E. (2007a). Leseverständnis, Familiensprache und Freizeitsprache. *Zeitschrift für Pädagogische Psychologie, 21*, 41–49.

Tiedemann, J. & Billmann-Mahecha, E. (2007b). Zum Einfluss von Migration und Schulklassenzugehörigkeit auf die Übergangsempfehlung für die Sekundarstufe I. *Zeitschrift für Erziehungswissenschaft, 10*, 108–120.

Tiffin-Richards, M. C., Hasselhorn, M., Woerner, W., Rothenberger, A. & Banaschewski, T. (2008). Phonological short-term memory and central executive processing in attention-deficit/hyperactivity disorder with/without dyslexia – evidence of cognitive overlap. *Journal of Neural Transmission, 115*, 227–234.

Torgesen, J. K. (2008). Lernstörungen: Konzeption, Geschichte und Forschung. In B. Y. L. Wong (Hrsg.), *Lernstörungen verstehen* (S. 3–38). Heidelberg: Spektrum.

Trautwein, U. (2007). The homework-achievement relation reconsidered: Differentiating homework time, homework frequency, and homework effort. *Learning and Instruction, 17*, 372–388.

Trautwein, U. (2008). Hausaufgaben. In W. Schneider & M. Hasselhorn (Hrsg.), *Handbuch der Pädagogischen Psychologie* (S. 563–573). Göttingen: Hogrefe.

Trautwein, U. & Lüdtke, O. (2007). Students' self-reported effort and time on homework in six school subjects: Between-student differences and within-student variation. *Journal of Educational Psychology, 99*, 432–444.

Trautwein, U., Baumert, J. & Maaz, K. (2007). Hauptschulen = Problemschulen? *Aus Politik und Zeitgeschichte, 28*, 3–9.

Trautwein, U., Lüdtke, O., Schnyder, I. & Niggli, A. (2006). Predicting homework effort: Support for a domain-specific, multilevel homework model. *Journal of Educational Psychology, 98*, 438–456.

Tressoldi, P., Vio, C. & Iozzino, R. (2007). Efficacy of an intervention to improve fluency in children with development dyslexia in a regular orthography. *Journal of Learning Disabilities, 40*, 203–209.

Uhl, S. (2007). *Die Bildungsstandards, die Outputsteuerung und ihre Kritiker*. Wiesbaden: IQ.

Valentine, J. C., DuBois, D. L. & Cooper, H. (2004). The relations between self-beliefs and academic achievement : A systematic review. *Educational Psychologist, 39*, 111–133.

Valtin, R. (2001). Von der klassischen Legasthenie zur LRS – notwendige Klarstellungen. In I. M. Naegele & R. Valtin (Hrsg.), *LRS in den Klassen 1 – 10* (Bd. 2, S. 16–35). Weinheim: Beltz.

Valtin, R. (2010). Phonologische Bewusstheit – eine notwendige Voraussetzung beim Lesen- und Schreibenlernen? *Logos, 18*, 4–10.

Valtin, R., Hornberg, S., Buddeberg, M., Voss, A., Kowoll, M. E. & Potthoff, B. (2010). Schülerinnen und Schüler mit Leseproblemen – eine ökosystemische Betrachtungsweise. In W. Bos, S. Hornberg, K.-H. Arnold, G. Faust, L. Fried, E.-M. Lankes, K. Schwippert, I. Tarelli & R. Valtin (Hrsg.), *IGLU 2006 – die Grundschule auf dem Prüfstand* (S. 43–90). Münster: Waxmann.

van Kraayenoord, C. E. (2010). The role of metacognition in reading comprehension. In H.-P. Trolldenier, W. Lenhard & P. Marx (Hrsg.), *Brennpunkte der Gedächtnisforschung. Entwicklungs- und pädagogisch-psychologische Perspektiven* (S. 277–302). Göttingen: Hogrefe.

Vaughn, S. & Fuchs, L. S. (2003). Redefining learning disabilities as inadequate response to instruction: The promise and potential problems. *Learning Disabilities Research & Practice, 18*, 137–146.

Vaughn, S., Linan-Thompson, S. & Hickman, P. (2003). Response to instruction as a means of identifying students with reading/learning disabilities. *Exceptional Children, 69*, 391–409.

vbw (Hrsg.). (2007). *Bildungsgerechtigkeit*. Jahresgutachten 2007. Wiesbaden: VS.

vbw (Hrsg.). (2008). *Bildungsrisiken und -chancen im Globalisierungsprozess*. Jahresgutachten 2008. Wiesbaden: VS.

vbw (Hrsg.). (2009). *Geschlechterdifferenzen im Bildungssystem*. Jahresgutachten 2009. Wiesbaden: VS.

Vellutino, F. R., Scanlon, D. M., Small, S. & Fanuele, D. P. (2006). Response to intervention as a vehicle for distinguishing between children with and without reading disabilities. *Journal of Learning Disabilities, 39*, 157–169.

Vollmeyer, R. & Brunstein, J. (Hrsg.). (2005). *Motivationspsychologie und ihre Anwendungen.* Stuttgart: Kohlhammer.

Vukovic, R. K. & Siegel, L. (2006a). The double-deficit hypothesis: A comprehensive analysis of the evidence. *Journal of Learning Disabilities, 39*, 25–47.

Vukovic, R. K. & Siegel, L. (2006b). The role of working memory in specific reading comprehension difficulties. In T. P. Alloway & S. E. Gathercole (Eds.), *Working memory and neurodevelopmental disorders* (pp. 89–112). Hove: Psychology Press.

Wagner, H., Ehm, J.-H. & Hasselhorn, M. (2010). »Schulreifes Kind«. Individuelle Voraussetzungen für den Schulstart optimieren. *Lehren & Lernen (Zeitschrift für Schule und Innovation aus Baden-Württemberg), 36*, 8–10.

Wagner, P., Schober, B. & Spiel, C. (2005). Wer hilft beim Lernen für die Schule? Soziales Lernumfeld in Hauptschule und Gymnasium. *Zeitschrift für Entwicklungspsychologie und Pädagogische Psychologie, 37*, 101–109.

Wagner, R. K. & Muse, A. (2006). Short-term memory deficits in developmental dyslexia. In T. P. Alloway & S. E. Gathercole (Eds.), *Working memory and neurodevelopmental disorders* (pp. 41–57). Hove: Psychology Press.

Walper, S. & Kruse, J. (2008). Kindheit und Armut. In M. Hasselhorn & R. K. Silbereisen (Hrsg.), *Entwicklungspsychologie des Säuglings- und Kindesalters* (Enzyklopädie der Psychologie, Serie Entwicklungspsychologie, Bd. 4, S. 431–487). Göttingen: Hogrefe.

Walter, J. (2002). »Einer flog übers Kuckucksnest« oder welche Interventionsformen erbringen im sonderpädagogischen Feld welche Effekte? Ergebnisse ausgewählter US-amerikanischer Meta- und Megaanalysen. *Zeitschrift für Heilpädagogik, 53*, 442–450.

Walter, J. (2007). Meta- und Megaanalyse als Erkenntnismethoden zur Darstellung von Trainingseffekten bei Schülern mit sonderpädagogischem Förderbedarf. In J. Walter & F. B. Wember (Hrsg.), *Sonderpädagogik des Lernens* (Handbuch Sonderpädagogik, Bd. 2, S. 873–896). Göttingen: Hogrefe.

Walter, J. (2008a). Adaptiver Unterricht erneut betrachtet: Über die Notwendigkeit systematischer formativer Evaluation von Lehr- und Lernprozessen und die daraus resultierende Diagnostik und Neudefinition von Lernstörungen nach dem RTI-Paradigma. *Zeitschrift für Heilpädagogik, 59*, 202–215.

Walter, J. (2008b). Curriculumbasiertes Messen (CBM) als lernprozessbegleitende Diagnostik: Erste deutschsprachige Ergebnisse zur Validität, Reliabilität und Veränderungssensibilität eines robusten Indikators zur Lernfortschrittsmessung beim Lesen. *Heilpädagogische Forschung, 34*, 62–79.

Walter, J. (2009a). *Lernfortschrittsdiagnostik Lesen. Ein curriculumbasiertes Verfahren.* Göttingen: Hogrefe.

Walter, J. (2009b). Theorie und Praxis curriculumbasierten Messens (CBM) in Unterricht und Förderung. *Zeitschrift für Heilpädagogik, 59*, 162–170.

Walter, J. & Wember, F. B. (Hrsg.). (2007). *Sonderpädagogik des Lernens* (Handbuch Sonderpädagogik, Bd. 2). Göttingen: Hogrefe.

Walter, O. & Stanat, P. (2008). Der Zusammenhang des Migrantenanteils in Schulen mit der Lesekompetenz: Differenzierte Analysen der erweiterten Migrantenstichprobe von PISA 2003. *Zeitschrift für Erziehungswissenschaft,11*, 84–105.

Walter, O. & Taskinen, P. (2007). Kompetenzen und bildungsrelevante Einstellungen von Jugendlichen mit Migrationshintergrund in Deutschland: Ein Vergleich mit ausgewählten OECD-Staaten. In M. Prenzel, C. Artelt, J. Baumert, W. Blum, M. Hammann, E. Klieme & R. Pekrun (Hrsg.), *PISA 2006. Die Ergebnisse der dritten internationalen Vergleichsstudie* (S. 337–366). Münster: Waxmann.

Walter, O., Ramm, G., Zimmer, K., Heidemeier, H. & Prenzel, M. (2006). PISA 2003 – Kompetenzen von Jungen und Mädchen mit Migrationshintergrund in Deutschland. Ein Problem ungenutzter Potentiale? *Unterrichtswissenschaft, 36*, 146–169.

Walther, P. & Ellinger, S. (2008). Aufmerksamkeits- und Hyperaktivitätsstörungen (ADS/ADHS). In M. Fingerle & S. Ellinger (Hrsg.), *Sonderpädagogische Förderprogramme im Vergleich* (S. 157–192). Stuttgart: Kohlhammer.

Wanzek, J. & Vaughn, S. (2008). Response to varying amounts of time in reading intervention for students with low response to intervention. *Journal of Learning Disabilities, 41*, 126–142.

Wasik, B. A., Bond, M. A. & Hindmann, A. (2006). The effects of language and literacy intervention on Head Start children and teachers. *Journal of Educational Psychology, 98,* 63–74.

Weber, J., Marx, P. & Schneider, W. (2007). Die Prävention von Lese-Rechtschreibschwierigkeiten bei Kindern mit nichtdeutscher Herkunftssprache durch ein Training der phonologischen Bewusstheit. *Zeitschrift für Pädagogische Psychologie, 21,* 65–75.

Weiner, B. (1985). An attributional theory of achievement motivation and emotion. *Psychological Review, 92,* 548–573.

Weinert, F. E. (Hrsg.). (1967). *Pädagogische Psychologie.* Köln: Kiepenheuer & Witsch.

Weinert, F. E. (1994). Lernen lernen und das eigene Lernen verstehen. In K. Reusser & M. Reusser-Weyeneth (Hrsg.), *Verstehen. Psychologischer Prozess und didaktische Aufgabe* (S. 183–205). Bern: Huber.

Weinert, F. E. (1996). Lerntheorien und Instruktionsmodelle. In F. E. Weinert (Hrsg.), *Psychologie des Lernens und der Instruktion* (Enzyklopädie der Psychologie, Serie Pädagogische Psychologie, Bd. 2, S. 1–48). Göttingen: Hogrefe.

Weinert, F. E. (2000). Lehren und Lernen für die Zukunft – Ansprüche an das Lernen in der Schule. *Pädagogische Nachrichten Rheinland-Pfalz, 2,* 1–16.

Weinert, F. E. & Helmke, A. (Hrsg.). (1997). *Entwicklung im Grundschulalter.* Weinheim: Beltz.

Weinert, S. (2006). Sprachentwicklung. In W. Schneider & B. Sodian (Hrsg.), *Kognitive Entwicklung* (Enzyklopädie der Psychologie, Serie Entwicklungspsychologie, Bd. 2, S. 613–719). Göttingen: Hogrefe.

Weinert, S. (2007). Spracherwerb. In M. Hasselhorn & W. Schneider (Hrsg.), *Handbuch der Entwicklungspsychologie* (S. 221–231). Göttingen: Hogrefe.

Weinert, S. & Grimm, H. (2008). Sprachentwicklung. In R. Oerter & L. Montada (Hrsg.), *Entwicklungspsychologie* (S. 502–534). Weinheim: Beltz.

Weinert, S. & Lockl, K. (2008). Sprachförderung. In F. Petermann & W. Schneider (Hrsg.), *Angewandte Entwicklungspsychologie* (Enzyklopädie der Psychologie, Serie Entwicklungspsychologie, Bd. 7, S. 91–134). Göttingen: Hogrefe.

Weinert, S., Doil, H. & Frevert, S. (2008). Kompetenzmessungen im Vorschulalter: Eine Analyse vorliegender Verfahren. In H.-G. Roßbach & S. Weinert (Hrsg.), *Kindliche Kompetenzen im Elementarbereich: Förderbarkeit, Bedeutung, Messung* (S. 89–209). Berlin: BMBF.

Weinstein, C. E. & Mayer, R. E. (1986). The teaching of learning strategies. In M. C. Wittrock (Ed.), *Handbook of research in teaching* (pp. 315–327). New York: MacMillan.

Weiß, R. H. (1998). *CFT 20. Grundintelligenztest Skala 2 (CFT 20) mit Wortschatztest und Zahlenfolgentest.* Göttingen: Hogrefe.

Weiß, R. H. (2008). *CFT 20-R mit WS/ZF-R. Grundintelligenztest Skala 2 – Revision – (CFT 20-R) mit Wortschatztest und Zahlenfolgentest – Revision (WS/ZF-R).* Göttingen: Hogrefe.

Weißhaupt, S. Peucker, S. & Wirtz, M. (2006). Diagnose mathematischen Vorwissens im Vorschulalter und Vorhersage von Rechenleistungen und Rechenschwierigkeiten in der Grundschule. *Psychologie in Erziehung und Unterricht, 53,* 236–245.

Wenzel, R. Schulz, P. & Tracy, R. (2009). Herausforderungen und Potential der Sprachstandsdiagnostik – Überlegungen am Beispiel von LiSe-DaZ. In H. H. Reich & H.-J. Roth (Hrsg.), *Dokumentation der FörMig-Herbsttagung 2007: Von der Sprachdiagnose zur Sprachförderung* (S. 45–70). Münster: Waxmann.

Wember, F. (2007). Didaktische Prinzipien und Qualtitätssicherung im Unterricht. In U. Heimlich & F. Wember (Hrsg.), *Didaktik des Unterrichts im Förderschwerpunkt Lernen* (S. 81–89). Stuttgart: Kohlhammer.

Werning, R. & Reiser, H. (2008). Sonderpädagogische Förderung. In: K. S. Cortina, J. Baumert, A. Leschinsky, K. U. Mayer & L. Trommer (Hrsg.), *Das Bildungswesen in der Bundesrepublik Deutschland* (S. 505–539). Reinbek: Rowohlt.

Whitaker Sena, J., Lowe, P. & Lee, S. (2007). Significant predictors of test anxiety among students with and without learning disabilities. *Journal of Learning Disabilities, 40,* 360–376.

Wieczerkowski, W., Nickel, H., Janowski, A., Fittkau, B. & Rauer, W. (1981). *AFS. Angstfragebogen für Schüler.* Göttingen: Hogrefe.

Wild, E. & Gerber, J. (2007). Charakteristika und Determinanten der Hausaufgabenpraxis in Deutschland von der vierten zur siebten Klassenstufe. *Zeitschrift für Erziehungswissenschaft, 3,* 326–380.

Wilson, A. J. & Dehaene, S. (2007). Number sense and developmental dyscalculia. In D. Coch, G. Dawson & K. Fischer (Eds.), *Human behavior, learning and the developing brain: Atypical development.* New York: Guilford Press.

Wocken, H. (2007). Fördert Förderschule? Eine empirische Rundreise durch Schulen für »optimale Förderung«. In I. Demmer-Dieckmann & A. Textor (Hrsg.), *Integrationsforschung und Bildungspolitik im Dialog* (S. 35–59). Bad Heilbrunn: Klinkhardt.

Wolgemuth, J., Cobb, R. & Allwell, M. (2008). The effects of mnemonic interventions on academic outcomes for youth with disabilities: A systematic review. *Learning Disabilities Research & Practice, 23,* 1–10.

Wolf, M. (2009). *Das lesende Gehirn.* Heidelberg: Spektrum.

Wolter, A., Cordes, S., Wannemacher, K., Orr, D., Holzkamm, I., Stratmann, F., Hübner, U. & Jauer, W. (2007). *Ressourcen des Studiums oder: Der lange Arm der Familie* (HIS Magazin 3/2007). Hannover: HIS.

Wong, B. Y. L. (Hrsg.). (2008). *Lernstörungen verstehen (3. Aufl.).* Heidelberg: Spektrum.

Wong, B. Y. L., Harris, K. R., Graham, S. & Butler, D. L. (2003). Cognitive Strategies Instruction Research in Learning Disabilities. In H. L. Swanson, K. R. Harris & S. Graham (Eds.), *Handbook of learning disabilities* (pp. 383–402). New York: Guilford Press.

Wong, B. Y. L., Graham, L., Hoskyn, M. & Berman, J. (2008). *The ABCs of Learning Disabilities.* Burlington: Elsevier.

Wood, N. & Cowan, N. (1995). The cocktail party phenomenon revisited: How frequent are attention shifts to one's name in an irrelevant auditory channel? *Journal of Experimental Psychology: Learning, Memory, and Cognition, 21,* 255–260.

Wößmann, L. (2007). *Letzte Chance für gute Schulen.* München: ZS Verlag.

Wößmann, L. & Piopiunik, M. (2009). *Was unzureichende Bildung kostet.* Gütersloh: Bertelsmann.

Wygotski, L. S. (1934/1977). *Denken und Sprechen.* Hamburg: Fischer.

Young, S. E., Friedman, N. P., Miyake, A., Willcutt, E. G., Corley, R. P., Haberstick, B. C. & Hewitt, J. K. (2009). Behavioral disinhibition: Liability for externalizing spectrum disorders and ist genetic and environmental relation to response inhibition across adolescence. *Journal of Abnormal Psychology, 118,* 117–130.

Ziegler, A. & Finsterwald, M. (2008). Attributionstraining. In W. Schneider & M. Hasselhorn (Hrsg.), *Handbuch der Pädagogischen Psychologie* (S. 416–427). Göttingen: Hogrefe.

Zielinski, W. (1980). *Lernschwierigkeiten.* Stuttgart: Kohlhammer.

Zielinski, W. (1996). Lernschwierigkeiten. In F. E. Weinert (Hrsg.), *Psychologie des Lernens und der Instruktion* (Enzyklopädie der Psychologie, Serie Pädagogische Psychologie, Bd. 2, S. 369–402). Göttingen: Hogrefe.

Zigler, E. & Styfco, S. J. (1994). Is the Perry preschool better than head start? Yes and no. *Early Childhood Research Quarterly, 9,* 269–287.

Zimmerman, F. J., Christakis, D. A. & Meltzoff, A. N. (2007a). Television and DVD/Video viewing in children younger than 2 years. *Archives of Pediatrics & Adolescent Medicine, 161,* 473–479.

Zimmerman, F. J., Christakis, D. A. & Meltzoff, A. N. (2007b). Associations between media viewing and language development in children under 2 years. *Journal of Pediatrics, 151,* 364–368.

Zimmermann, P. & Fimm, B. (2000). *Testbatterie zur Aufmerksamkeitsprüfung (TAP).* Würselen: Psychologische Testsysteme.

Zimmermann, P. & Spangler, G. (2008). Bindung, Bindungsdesorganisation und Bindungsstörungen in der frühen Kindheit: Entwicklungsbedingungen, Prävention und Intervention. In R. Oerter & L. Montada (Hrsg.), *Entwicklungspsychologie* (S. 689–704). Weinheim: Beltz.

Züchner, I. (2009). Zusammenspiel oder Konkurrenz? In L. Stecher, C. Allemann-Ghionda, W. Helsper & E. Klieme (Hrsg.), *Ganztägige Bildung und Betreuung* (S. 266–284). Weinheim: Beltz.

Stichwortverzeichnis

Stichwortverzeichnis